回首“文革”

——中国十年“文革”分析与反思

下册

主　编　张　化　苏采青
副主编　郑　谦　王寅城

中共党史出版社

我所知道的“文革”发动内情

李雪峰

批判罗瑞卿

1965年12月7日，接到通知要我到上海参加中央的会议。当时我正在下面抓“四清”。7日，我从河北永年县赶回北京，8日由北京飞到上海，行前对会议内容一无所知。

12月9日开始开会。会议由林彪主持，毛主席没有参加，会议的主要内容是批判罗瑞卿。

批判罗瑞卿的起因，是11月林彪让叶群从苏州到杭州向毛主席告罗的状。林让叶到杭州，告诉她要躲开什么人，直接找到主席。叶群到了杭州也不容易见到毛主席。主席也不知道她有什么事，让她等。她就和主席的秘书徐业夫谈了谈。她在杭州打电话请示林彪，想给主席写个东西送上去。林彪批评她：你糊涂!真蠢!意思是必须向毛主席本人讲，叶群又去，写了一个条子，要求面谈。这样才见到毛主席。

据说讲了5个小时，主席听了5个小时。主席问得很仔细，但一直不表态，最后，主席相信了叶群的话。

这时罗瑞卿正在云南视察工作。12月10日，中央要他马上回来，到上海开会。罗完全没有思想准备，接到通知就飞往上海。一下飞机，由上海市委书记陈丕显和空军司令员吴法宪迎接，将他送到一个地方，警卫森严，实际是软禁。罗瑞卿是搞保卫工作的，他一住下，马上就明白自己已失去自由，非常生气，又莫名其妙，也不知道为什么。他始终没有参加会议。李井泉不知道，还给罗瑞卿送桔子。

我参加的那个组是总理主持，有贺龙，还有叶群等知情人。

叶群在会上介绍她与主席谈话的过程。她揭发罗瑞卿和刘亚楼两个人躺在床上，密谈一直到天黑。（刘已于1965年5月病故，生前为空军司令员。）说罗瑞卿要刘亚楼转告叶群四条意见：

1.林总早晚要退出政治舞台。不退也要退，现在不退出，将来也要退出政治舞台；

2.要好好保护林总的身体；

3.今后林总再不要多管军队的事情了，由罗总长去管好了；

4.一切由罗管，要放手叫他去管。还说罗骂林是“占着茅坑不拉屎”，等等。

在会上，邓小平比较和缓，传达了毛主席12月2日在海军的报告上对罗瑞卿问题作的批示，内容是：“那些不相信突出政治，对于突出政治表示阳奉阴违，而自己另外散布一套折中主义（即机会主义）的人们，大家应当有所警惕。”总理也很谨慎，态度不很明朗。贺龙讲了几句。

林彪在会议上宣布撤销罗瑞卿的职务（书记处书记、副总理、国防部副部长、总参谋长、军委秘书长）。

我当时想，罗是听毛主席话的，和毛、林的关系从来都是可以的，怎么一下子成了现在这样？!

会上规定不准记录，也没有讲怎么传达。会议开得十分秘密。13日会议结束。

16日我飞回北京。要向下传达，因为没有记录只能是口头传达。我当时兼北京军区政委，在军队本应由军队的廖汉生同志传达，但他说军队、地方一块传达，非要我传达。我是第一政委，没办法，只好传达了。我也没多说，写了一个很短的提纲，后来又在华北局传达，要点就是毛主席决定开会批判罗瑞卿，大家都赞成。会后，军队就开始批罗了。

搞掉罗瑞卿，不等于说毛主席就十分信任林彪。主席考察干部是反复的、长期的。他批评彭德怀时就说过林彪：“别的事都是马列主义，就是对他自己的病的看法是唯心主义。”林将自己的病看得过重了。抗美援朝这么大的一件事，高级干部理应为之拼命的，然而主席提出让林彪指挥时，他竟推了，还认为不应出兵，自己跑到苏联养病去了。这件事和斯大林有什么关系不知道，但很可能是走的高岗这条线。高岗和斯大林有直接的来往，而高岗进行反刘少奇活动首先找的就是林彪。联系到早在长征途中的会理会议上林就反过主席，主席碰到困难的时候林会怎么样，主席一定会反复考察的。

1964年9月28日至10月12日罗马尼亚领导人毛雷尔、齐奥塞斯库在中国访问期间，曾劝中国同苏联和好。主席顶了，意思是不行，要和好，苏联总要有个表示，先讲话（自我批评），百分之九十的责任应该是他们的；林就在一旁说百分之九十九。“文革”初期，主席讲不宜搞急刹车，林就赶快讲：如果急刹车可能摔下来。林总是这样，总是表示和主席的意见完全相同，而且讲的比主席讲的还厉害。主席一讲完话，他马上讲两句话，第一句是毛主席发表了非常重要的指示，第二句是我完全拥护。他的这些做法也可以使主席从另一个方面考虑：你一直捧我做啥？实际上，林越是捧主席，主席就越警觉。本来，把罗瑞卿搞下去，林彪就突出了，但主席对林也不完全放心，自己一直牢牢掌握着军队。不然为什么定了一条：文革期间不准调动军队，调一个排也要军委主席签字，就是必须由毛主席签字。可见毛还是不完全放心，不让林有权调动军队。

第一次杭州会议

1966年上半年实际是“文化大革命”的准备、酝酿时期。

上海会议后，1966年1月21日，江青由上海赶到杭州和林彪商量“文艺革命”问题。林向总政下达指示，2月2日至20日，江青根据林的委托在上海召开部队文艺工作座谈会。江说：“在文艺方面，有一条与毛泽东思想相对立的反党反社会主义的黑线”，“这条黑线专了我们十七年的政”，“该是我们专他们的政的时候了”。3月22日林彪将座谈会纪要报中央常委。纪要经毛主席修改三次，再由林报中央，4月10日以中共中央文件下发。

3月8日凌晨，邢台发生地震。我们正在天津召开华北局书记处生活会。8日晚周总理召开紧急会议，研究进行救护、救灾工作。我当时表示要去邢台。总理说：你先不动，我先去。

总理赴邢台视察后，12日到16日在天津参加华北局的会议。16日总理作报告，会议结束，我们回到北京。

会议还未结束时，我就接到通知，让我到杭州开会。

17日我从北京乘飞机到上海，而后乘火车到杭州，我们住在新落成的西泠宾馆。忙中偷闲，住下后游了苏堤。

当天下午5时我们就到主席那里开会，主席住在刘庄。参加会议的有中央政治局成员加上六大区书记，总理、彭真都在。小平同志没有来，他为了躲开处理罗的事，到三线视察去了。林彪似到场。

这次会议我有记录，会开得很自由，没有正式报告，主要是毛主席讲。他先是扯些闲话，很随便的，然后讲到文化革命，点了乔木的名字（他未到会），批评了吴冷西，说：“我看你们只是半个马列主义者，半个三民主义，你们自己做结论，算不算马列主义？”大家也听出来不只是这几个人的事，而是批评文化工作方面的问题。主席也没有讲得那么透。

大家听着，哑口无声，谁也不能表态。陶铸是勇敢的，敢讲话，这次也很谨慎。参加会议的人相互之间也不敢多说话，又都想试探一下，了解情况，但是谁也不主动，也不敢主动。

当时彭真的地位还可以，是中央秘书长，还管着罗的事。记得会议中间，他去接电话，回来说罗（3月18日）跳楼把腿摔坏了。这时毛主席有些惊讶的样子，问：“为什么跳楼？”然后讲了一句：“真没出息！”听起来那意思是官司刚开始打，就跳楼，官司还在后头呢。我想主席还在观察，从事后的事态发展也可以看出。主席为什么讲这句话，因为中央还未做结论嘛。主席还在考虑还可能牵扯到什么人。

三月会议主要点了杨尚昆、陆定一的事，还听了江青介绍召开部队文艺工作座谈会的情况。会议对罗的揭露就多了。一边倒，群情激奋。光听会上的揭发，罗的问题就大了。

20日上午会议结束。

21日，陶铸领头，大区书记们参观了花坞、玉泉。我们离开杭州到上海。23日从上海飞回北京，当天召开书记处会议。

第二次杭州会议

杭州会议后，学术批判不断升温。4月9日—12日中央在北京召开书记处会议，会议内容之一就是研究学术批判的问题。

会后马上就召开了第二次杭州会议，又叫政治局常委扩大会议。

我于14日从邯郸返京，15日飞上海，从上海到杭州。当时来的人比较少，就安排在西泠宾馆（八层楼）。

彭真来得晚，我们还换了一下房子，住在同一层。

叶帅也来得晚，来了就问我：“这个会议是干什么，三月不是刚开了会？”

我说：“我也不知道。”

叶帅说：“送彭真上飞机时，彭真和我讲了两句话，说现在又出事了，他出事了。”

彭真到杭州后，要求和毛主席见面谈话。彭真和徐业夫讲时我正在旁边。彭说：“我要求和主席见面，只讲20分钟。请你转告。”徐业夫会转告的，可是主席没有见彭真。这样我们就知道事情大了。

会还没有正式开，18日关于彭真问题的材料就出来了。一个材料是4月16日《北京日报》以三个版的篇幅发表的批判吴晗、邓拓、廖沫沙“三家村”的文章，并加《北京日报》《前线》的编者按。在编者按中有所检查，并提到《前线》发刊词。康生讲这是个假批判，真包庇，假装自我批评。又说《前线》也发了一篇文章，他始终没有看到。我们知道“三家村”的问题牵涉到北京市委。

4月18日《解放军报》发表社论，是按照江青召开的《部队文艺工作座谈会纪要》的精神写的。社论宣布：无产阶级文化大革命的高潮已经到来。

19日开始开会。

20日、22日、24日、25日在主席那里开了几次会。主席谈得很活跃、和缓，但讲话中插的那几句话就重了。主席说：北京的空气很沉闷，他不愿在那里住，愿到上海来。那时柯庆施和江青已联系较多。1965年初，江青就躲到上海来密谋策划批判吴晗的《海瑞罢官》一文。

我们在西泠宾馆吃过饭出去散步时，六个大区书记包括刘澜涛在内，没有一个敢和彭真并行，也不和他讲话。我还和他讲话，因为彭真1938年就是我的上级，关系可以。但我们也只能讲些废话，“天热了……”。谁也不敢讲正题。

4月21日少奇访问巴基斯坦、阿富汗、缅甸三国后回到杭州，主持了类似政治局的会议。因为少奇从3月26日就不在国内，对这段情况根本不了解，所以会议实际是总理主持。在会上少奇点了两个人的名。

王任重说：主席讲得很好，很重要，是否将毛主席的讲话整理成一个文件下发全党。陈伯达说：那你根据你的记录写一下。这就是《五·一六通知》的由来。王任重记录的特点是谁的话都记，但只记要点。我的记录是记毛主席的原话，但是别人的插话就记不下来了。我一看他的记录同我的不尽相同，就没有往外拿我的记录稿。王任重起草的文件，后来改动很大，康生说改了八遍。（但也有另一种说法，比如刘志坚回忆：4月14日总理把他叫到钓鱼台8号楼说，中央确定刘和陈亚丁到上海参加一份中央文件的讨论和修改，这就是《五·一六通知》。16日他俩飞上海，当天陈伯达、康生、江青召开会议让大家讨论，5月1日刘回到北京。这就是说，第二次杭州会议还没有开，中央已在组织人起草《五·一六通知》了。）

4月24日，会议基本通过《中国共产党中央委员会通知》（即《五·一六通知》）草稿。

会议结束，中央指定我和宋任穷两个人和彭真一道乘飞机回京，明是陪送，实是押送。在26日晚杭州到上海的火车上，27日上海到北京的飞机上，都没话讲。开始三个人在一起，面对面干坐着，后来宋任穷离开前舱，到工作人员那边，只剩下我和彭真。大家心里都明白，我们俩的任务是“护送”他回来。

到机场后，我们各自坐车走了。后来有人说我把彭真交给安子文了，这是不对的。

上海会议搞罗，三月会议点杨尚昆、陆定一，四月会议批北京市委，批彭。这时谁都知道，问题刚刚开了个头，远没有完。谁也搞不清下一步如何发展。这时的北京大家都很紧张，到处打听消息。

五月政治局会议

五月政治局会议一般说法是3日开始，先召开了几次座谈会，由康生、陈伯达、张春桥介绍情况。我更多的精力是放在北京市、华北局，准备开华北工作会议，工作十分紧张。

5月7日中央文件正式通知，我去北京接彭真的工作任第一书记，主持北京市工作。

5月11日下午中央政治局扩大会议第一次全体会议由刘少奇主持。少奇、小平、总理等都坐在主席台上。毛主席仍在外地没有回来参加。

我坐在第一排，对着主席台的左手。我的左边是聂帅，右边是彭真。我走进去，坐下看见桌子上放一张文件，字有核桃大，我拿起看是林彪的手书，未看得很清楚，大致是说他证明叶群和他结婚时的纯洁的处女之类的话，说严慰冰的揭发信全系造谣。

彭真已经知道是我接他的工作，他交待我去后应注意的事。他站在那里俯身对我说：“你去了之后……”刚开始讲，听见有人在后面拿着什么材料念。彭真一听就火了，态度激昂，回过身朝着后面大声说：“谁是第一个喊叫万岁的!”证明历史上是他先喊主席万岁的。坐主席台上的少奇马上制止，吵架就停了。

此时，当我拿起来看林彪的手书，还未看明白，就听见聂帅拿着林彪的手书，生气的冲着主席台上的人说：“发这个做啥？收回!”这等于是给主席台上提意见。

这事和政治局又没关系，这种事还发文件，丢人！可笑！这个文件是针对陆定一和他夫人严慰冰的。这么严肃的会，发这种文件，真让人啼笑皆非！很快文件就收回了。

不久，中央派人通知彭真，停止他出席会议。

从会上看，少奇是同情彭真的，认为他有错误，但不同意这样搞。看得出少奇有气，压力很大，表情不自然。他主持会议，等于反对他自己。总理也很慎重，不讲话。康生挺得意。

5月16日上午9时，在人大会堂召开政治局扩大会议第二次全体会议。会议仍是少奇主持。小平讲话，介绍《五·一六通知》内容。

讨论通知时，大家都是赞成的，没有提出不同意见。因为是扩大会议，少奇说所有参加会的人都有权举手。全体举手通过，一字未改。这个《中国共产党中央委员会的通知》，因为是5月16日通过的，又叫《五·一六通知》。通知重点批判《二月提纲》，说它是“反对把社会主义革命进行到底，反对以毛泽东同志为首的党中央的文化革命路线，打击无产阶级左派，包庇资产阶级右派，为资产阶级复辟作舆论准备”，是“彻头彻尾的修正主义”。通知说，“撤销原来的‘文化革命五人小组’及其办事机构，重新设立文化革命小组，隶属于政治局常委之下。”通知中最严重的话是：“混进党里、政府里、军队里和各种文化界的资产阶级代表人物，是一批反革命的修正主义分子，一旦时机成熟，他们就要夺取政权，由无产阶级专政变为资产阶级专政。这些人物，有些已被我们识破了，有些则还没有被识破，有些正在受到我们信用，被培养为我们的接班人，例如赫鲁晓夫那样的人物，他们现正睡在我们的身旁，各级党委必须充分注意这一点。”《通知》一通过，形势就严重了。

这次会议还通过了中央工作小组关于罗瑞卿错误问题的报告。

会议休息了两天，到18日继续开，仍是刘少奇主持。林彪在会上发表讲话，即有名的“五一八讲话”。

林彪在正式讲话前问陆定一：“我对你怎么样？”

陆定一说：“很好。”

林说：“我对知识分子历来是很尊重的（言外之意，我知道你是大学生），你怎么那么整我。”

因为林彪点了名，会后，政治局常委继续开会，决定停止陆定一出席会议。当时，我们还在外面没有走。陆定一则在旁边的屋里等着。

邓小平喊我进屋，让我和李富春去跟陆定一谈话，通知他不再出席会议。

富春非叫我领头。我让他：“你是政治局的。”

我们俩站起来，从开会的地方到陆定一房间的门口只有几步路，谁也不愿意走在前面，一直并行，走得很慢。走到门口，他推我，我年轻，只好服从。一进门，我就靠边坐下。坐下后，应由他先说，他又推说让我先说。陆都看到了。我只好先讲。传达了邓小平的一句话：“中央决定从现在起停止陆定一同志出席这个会议。”这是小平找我谈的，谁找富春说的我不知道底细，只能讲这一句。既不能批评，也不能同情。

陆定一说：“雪峰同志，我可是要搞共产主义的，我还希望我能看到共产主义!”他讲话的声音很大。看出他负担很重。我们也无法回答。

我劝慰：“会议定了，休息吧。事情总会弄清楚的。”富春也说：“是啊，事情总会弄清楚的，中央决定……”

林彪讲话事先做了准备，他有个简单的提纲，字有核桃大，他说：“这次是政治局扩大会，上次毛主席召集的常委扩大会，集中解决彭真的问题，揭了盖子。这一次继续解决这个问题。罗瑞卿的问题，原来已经解决了。陆定一、杨尚昆的问题，是查地下活动揭出来的，酝酿了很久，现在一起来解决。四个人的问题是有联系的，有共同点。主要是彭真，其次是罗瑞卿、陆定一、杨尚昆。”他杀气腾腾，大讲“政变”，从古到今包括世界各国的政变，认为我们社会主义国家也会有。他没有点名，但大家都知道是指刘少奇。刘没有讲什么。

5月23日，会议通过对彭、罗、陆、杨的处理决定，进行专案审查。调陶铸担任中央书记处常务书记，兼中宣部部长，调叶帅任中央书记处书记兼军委秘书长，我任北京市委第一书记。讨论时我说：“我一个人不行，调一个人做副书记。”候选人提了两个，吴德和华北局的什么人。1936年我和吴德搭过班子。他在枣园工作过，康生了解他。最后决定吴德任第二书记，郭影秋、高扬文、马力为书记。

24日又发了《关于陆定一同志和杨尚昆同志错误问题的说明》，这两个文件都下发到县团级。

康生陈伯达骗我到北大讲话

5月25日上午政治局扩大会议结束，下午2时许，北京大学哲学系党总支书记聂元梓等七人在北大学生食堂的东墙上贴出大字报，题目是《宋硕、陆平、彭珮云在文化大革命中究竟干些什么？》宋硕是北京市委大学部部长，陆平是北京大学党委书记，彭珮云是北大党委副书记。大字报的矛头直指北京市委大学部和北大校党委，也就是指向北京市委。后来才知道这是康生搞的，他早就派他老婆曹轶欧等人到北京大学串联了。

大字报一出来就将党内矛盾公开了，而且这是1957年以来第一次在北大出现大字报，一下子就引起轰动。学校内部，学生马上分成两派，一派是反对大字报的，一派是拥护大字报的，两派各说各的理，互不相让，形成对立。在辩论中青年人火气大，有个别人动手，以致互相推推搡搡。而且北大有许多留学生，消息马上传到国外。北大的校门历来是敞开的，外面的人闻讯后纷纷进去看大字报。

这天晚上我接到陈伯达的电话，他要我去北大，说：“形势严重，怕大字报上街，怕串连。现在很多人到北大看大字报，怕人们上街游行。”看来他们放了火，还不知毛主席的态度，怕火烧到自己，急于稳住阵地。

我说：“我不能去，因为中央没有正式通知，师出无名。”这时吴德已到北京，但我和吴德还未正式到北京市委上班，以华北局的名义去也不行。

陈讲：“形势严重，很可能发生游行。在北大如何贴大字报要做工作，不要上街。”我想，非中央讲话不可，我也不能给主席打电话，现在夜半三更，也不能和少奇联系，因而没有答应。又拖了一下。

陈伯达着急了，第三次给我打电话，话讲到这种程度：“非你老兄出台不行了。”我还是不答应，他又说：“我们一块去。”他是政治局候补委员，已内定是中央文革小组组长，负责运动的。我没有办法，只好同意了。

这时外事办副主任张彦也来电话说，他刚从康老那里回来，康老让我和蒋南翔一起去。康老的意见是，大字报可以出，但不要搞到各个学校去，不要上街。总理也指示了几条：正面讲毛的伟大决定，对大字报要做几条规定。工作要说服，不能压，要负责人亲自去做工作。张彦说：先和你打个招呼，康生还要找你。

过了一会，康生就来电话了。我先讲了张彦转告的话，他说：蒋南翔已经来过了，你不来也可以。我说：陈伯达来过电话，要我讲话。康生听了表示可以。

这时，陈伯达又来电话催我。我说：“我等你。”我考虑，我一个人上台让群众一包围，我连个报信的人也没有，就找解学恭、池必卿来开会商量。我说我在台上，你们散在台下，聂元梓是太行的干部，池必卿可以做做聂的工作。这一切都安排好了，已是12点多了。我和陈伯达联系，陈这时却说：“我正在改一篇社论，去不了。”陈伯达要我去北大后开个紧急会议。（这暴露了康、陈两个人的互相勾结。）

我赶到北大临湖轩时，陆平正在主持校党委会。教育部部长蒋南翔、副部长刘仰峤也在。他们已经开过了一个八百人的党团员干部会。我先听了一段汇报，就说：“已经开过了，那就算了吧。”蒋说：“雪峰同志你既然来了，我们就再开一次。”

陪我上主席台的是刘仰峤和张彦。又要开会，我讲什么？我就叫张彦再提供一些情况，传达周、康、陈的指示。我一边听一边想，心里生气，为什么把我推到台上，算啥!我请张彦先讲讲，我主持会。他不讲，我问总理还有什么指示，他说没有了。

等于原班人马又开了一次会，在党团干部会上我讲了25分钟。后来群众概括为几条：1.不提倡写大字报；2.大字报要内外有别；3.要有领导；4.要有步骤；5.不一定开大会声讨，等等。

会后，我回到家里，睡不着，心里考虑，中央还未吭气，我这样做合适不合适？天还没大亮，就给少奇打了个电话，不想碰了个钉子。我刚说我在会上代表中央、包括总理讲了话，他马上顶了一句：“你不能代表!”

我赶快就说：“那怎么办？我马上写一个检讨，需要公布就公布。”

少奇说：“那也不要。”说完就把电话挂上了。我一听就知道事情不在我这儿。这句话把我解脱了。

通过这一天的事，觉得康、陈是对我来了个突然袭击。本来我对康、陈有些看法，但当时也不敢太怀疑，因为他们都是老资格的同志。

毛主席决定发表第一张大字报

5月31日，陈伯达亲自到《人民日报》社，改组《人民日报》社，撤了吴冷西社长的职务，宣布中央确定派工作组进驻。这是中央派的第一个工作组，而且由陈伯达宣布，并由他领导。

改组后的第二天，6月1日，《人民日报》发表社论《横扫一切牛鬼蛇神》。社论指出：“革命的根本问题是政权问题。……有了政权，就有了一切。没有政权，就丧失一切。因此，无产阶级在夺取政权之后，无论有着怎样千头万绪的事，都永远不要忘记政权，不要忘记方向，不要失掉中心。”这篇社论实际将林彪五一八讲话精神公布于众。社论宣布：“一个无产阶级文化大革命高潮，正在占世界人口四分之一的社会主义中国兴起。”

6月1日，我们正在开华北工作会议，由我传达五月政治局扩大会议的决定。下面递了一个条子，说是由康老那里送过来的文件。我打开一看是康生写的条子。内容是毛主席在杭州对聂元梓大字报的批示，并说今天就要公布。毛主席批示的内容，因为时间仓促，看得很匆忙，我已记不清了。考虑到事关重大，我在会上念了康生写的条子。

6月1日晚8点，中央广播电台全文播放了聂元梓的大字报，毛主席称赞它是“全国第一张马列主义的大字报”。这一下子火就点起来了。

康生欣喜若狂，他有一次在大会上说：“大字报广播后，我感到解放了。”而大字报广播后我就十分被动，因为我在北大的讲话与毛主席的评价显然不同。

当天晚上，张承先率少数工作队员进了北京大学。

6月2日，《人民日报》第一版以醒目标题《北京大学七同志一张大字报揭穿了一个大阴谋》，全文刊登了聂元梓的大字报，并发表了评论员的文章《欢呼北大的一张大字报》。评论员的文章说“北京大学是‘三家村’黑帮的一个重要据点，是他们反党反社会主义的顽固堡垒”，并说北大的党组织是“假共产党，是修正主义的‘党’”，说“你们的‘组织’就是反党集团，你们的纪律就是对无产阶级革命派实行残酷无情的打击”。各高等院校纷纷效仿北大，揪斗校系领导，冲垮各级组织，从此全国高校陷于混乱，一发而不可收。

评《五·一六通知》

谭宗级

毛泽东同志是伟大的马克思列宁主义者和无产阶级革命家、战略家、理论家，他为中国人民的解放事业和社会主义事业建立了不朽的功勋，并为全世界被压迫民族的解放和人类进步事业作出了重大的贡献，这是有目共睹、举世公认的客观事实。但是，毋庸讳言，他在晚年也犯了严重错误，这主要是他亲自发动和领导了使党、国家和人民遭到建国以来最严重的挫折和损失的“文化大革命”。

毛泽东同志发动“文化大革命”的主要论点是：“一大批资产阶级代表人物、反革命的修正主义分子，已经混进党里、政府里、军队里和文化领域的各界里，相当大的一个多数的单位的领导权已经不在马克思主义者和人民群众手里。党内走资本主义道路的当权派在中央形成了一个资产阶级司令部，它有一条修正主义的政治路线和组织路线，在各省、市、自治区和中央各部门都有代理人。过去的各种斗争都不能解决问题，只有实行文化大革命，公开地、全面地、自下而上地发动广大群众来揭发上述的黑暗面，才能把被走资派篡夺的权力重新夺回来。这实质上是一个阶级推翻一个阶级的政治大革命，以后还要进行多次。”（《关于建国以来党的若干历史问题的决议》）

这些“左”倾错误论点，首先集中表现在毛泽东同志亲自主持制定的、经1966年5月16日中共中央政治局扩大会议通过的《中国共产党中央委员会通知》（通称《五·一六通知》，以下简称《通知》）中，以后曾被概括成所谓“无产阶级专政下继续革命的理论”。这个《通知》，是1957年以来党内“左”倾错误思想的发展和集中表现，是指导“文化大革命”的一个纲领性文件。因此，剖析《通知》，对于进一步认清“文化大革命”在理论、方针、政策上的错误，从中汲取教训，是有益的。

1966年3月28日至3月30日，毛泽东同志在上海同康生、江青、张春桥等人谈话，指责《二月提纲》混淆阶级界限，不分是非，是错误的。同时，他还提出要支持左派，建立队伍，进行“文化大革命”。根据康生传达的毛泽东同志的上述指示，中央书记处于4月12日作出决定，成立文化革命文件起草小组，起草一个通知，彻底批判《二月提纲》的错误，并撤销这个提纲。4月，在上海由陈伯达、康生、江青、张春桥、王力、关锋、戚本禹、姚文元等人组成中央文化革命文件起草小组，负责起草《通知》。《通知》先后八次易稿，经过毛泽东同志多次修改审定，于4月24日提交在杭州召开的中央政治局常委扩大会议基本通过。然后，由中央政治局扩大会议于5月16日正式通过，作为党内文件下发到县、团一级党委。一年以后，经毛泽东同志批准，于1967年5月16日在《人民日报》公开发表。

从《通知》的结构来看，它包括三个部分。一是前言，宣布撤销《二月提纲》和文化革命五人小组及其办事机构，提出重新设立中央文化革命小组，隶属于中央政治局常委之下。二是罗织《二月提纲》的十条罪状，逐条进行无限上纲的错误批判，提出一整套开展“文化大革命”的“左”的理论、方针、政策。三是要求各级党委立即停止执行《二月提纲》，夺取文化领域中的领导权，号召向党、政、军、文各界的“资产阶级代表人物”猛烈开火。

《通知》涉及的范围很广，问题很多，本文仅就其中的几个主要问题作一些初步的剖析。

一

马克思主义认为，正确地分析政治形势和阶级力量的对比，是党制定路线、方针、政策的客观前提和科学依据。“文化大革命”的理论、方针、政策之所以错误，首先就在于它对党内和国内的形势作了违反实际的主观臆断。

1966年5月全面发动“文化大革命”的时候，我国工人阶级领导的，以工农联盟为基础的人民民主专政即无产阶级专政的政权已经建立17年，基本完成对生产资料私有制的社会主义改造也已有10年，剥削阶级作为阶级已经基本消灭，国内政治经济形势虽然经历了曲折，但暂时困难业已克服。党内虽然存在这样那样的弊端，但总的路线是正确的，广大干部是好的和比较好的，人民是团结的，社会是安定的，人民政权是巩固的，社会主义建设取得了很大成就。以上是这一时期的主导方面。虽然社会主义革命的任务还没有最后完成，国内还存在某些残余形态的阶级斗争，上层建筑和经济基础之间、生产关系和生产力之间某些不相适应的方面也需要继续调整。对于党和国家肌体中确实存在的某些阴暗面，只要采取正确的方针和政策，这些问题并不难解决。总之，当时并不存在进行一个阶级推翻一个阶级的政治大革命的政治基础和经济基础。而《通知》却无视这一基本形势，错误地把剥削阶级已经基本消灭的社会主义社会看成是阶级对抗始终存在的社会，把我国的现实描绘得一团漆黑。

《通知》在第九条里对60年代前期整个意识形态领域的形势和基本情况作了这样的描述：“对于一切牛鬼蛇神却放手让其出笼，多年来塞满了我们的报纸、广播、刊物、书籍、教科书、讲演、文艺作品、电影、戏剧、曲艺、美术、音乐、舞蹈等等，从不提倡要受无产阶级的领导，从来也不要批准。”

这种概括一笔抹煞了建国17年来我国思想文化战线上的成就和主流，而认为学术界、教育界、新闻界、文艺界、出版界等五界和上述报纸、广播等十三个方面，所有这些文化领域各种艺术形式无一例外地都是“资产阶级专了无产阶级的政”，都是毒草丛生、牛鬼蛇神充塞的黑暗世界，这些论断是完全不符合当时的实际情况的。

60年代初期，我国文化思想领域存在的主要问题是“左”倾思潮严重，党内和国家民主生活受到了削弱以至破坏。在1957年反右派斗争、

1959年“反右倾”之后，一方面是心有余悸，另一方面是“宁左勿右”的思想情绪日益滋长，抓辫子、扣帽子、打棍子的现象相当普遍。这种情况，直到传达毛泽东同志1962年1月在七千人大会上的讲话和1962年3月周恩来、陈毅同志在广州全国科学工作会议和戏剧创作会议上的讲话以后，才有所缓和。

但为时不久，毛泽东同志便在同年9月召开的党的八届十中全会上重提阶级斗争，把社会主义社会中仅在一定范围内存在的阶级斗争作了扩大化和绝对化的估计，断言在整个社会主义历史阶段中，资产阶级都将存在，并有资本主义复辟的危险，强调阶级斗争“必须年年讲，月月讲，天天讲”。以后又发出关于文学艺术的两个批示，认为文艺界的“许多部门至今还是‘死人’统治着”，文艺团体和文艺刊物已“跌到了修正主义的边缘”，文化部已蜕变为“帝王将相部，才子佳人部，或者外国死人部”。

在这种情况下，学术文化领域里的“左”倾思潮又发展起来，错误地批判了一系列文艺作品和学术观点，打击了许多文艺界和学术界的代表人物。有的还被说成是服务于某种反党反社会主义的目的，因而对他们的批判实际上成为政治定罪。到1965年底，江青、张春桥、姚文元炮制的批判新编历史剧《海瑞罢官》的文章出笼后，特别是报上公开点名批判吴晗、邓拓、廖沫沙、翦伯赞等同志后，无限上纲，罗织罪名，这种政治批判愈演愈烈。《通知》下达后，两类不同性质的矛盾被严重混淆。从此，“资产阶级反动学术权威”、“反革命修正主义分子”、“反共老手”、“三反分子”的帽子满天飞，陷人于罪的棍子到处打，大兴“文字狱”，造成了严重的后果。

《通知》不仅对思想文化战线的形势和基本情况作了错误的估计和判断，而且对60年代中期整个党内和国内的形势也作了同样错误的估计和判断。最使人惊心动魄的就是《通知》中的这样一段话：“混进党里、政府里、军队里和各种文化界的资产阶级代表人物，是一批反革命的修正主义分子，一旦时机成熟，他们就会要夺取政权，由无产阶级专政变为资产阶级专政。这些人物，有些已被我们识破了，有些则还没有被识破，有些正在受到我们信用，被培养为我们的接班人，例如赫鲁晓夫那样的人物，他们现正睡在我们的身旁，各级党委必须充分注意这一点。”而且《通知》还说，这样的“反党反社会主义的资产阶级代表人物”，不是“个别的”，而是“中央和中央各机关，各省、市、自治区，都有这样一批资产阶级代表人物”，这也就是认为“资产阶级代表人物”不仅篡夺了思想文化领域的领导权，而且渗透到党、政、军和文化界的各个领域，遍及从中央到地方的各级领导机关。照此说来，我们的党和国家已经是危机四伏，眼看就要“党变修、国变色”了。这是一幅对社会主义现实作了多么严重的歪曲的图画。

正是基于这样的错误估计，所谓“文化大革命”远远超出了文化的范围，后来毛泽东同志也说所谓“文化大革命”其实是所谓“一个阶级推翻一个阶级”的“政治大革命”，但实际上这样的形势和随之而来的任务并不存在。因此，无怪乎全党同志和各级领导干部要对这场“革命”的发动感到“很不理解，很不认真，很不得力”了。这场运动根本违反了人民的意愿，当然不可能得到人民群众的真心实意的拥护和支持。它的失败是必然的，不可避免的。

二

《通知》在理论上背离了马克思列宁主义、毛泽东思想的基本原则，在一系列重大理论和政策问题上混淆了是非。

首先，《通知》严重混淆了人民内部思想认识上、学术观点上的矛盾，同革命和反革命的敌我矛盾之间的界限，提出要用彻底揭露，彻底批判、打倒、清洗的方法来解决人民内部的思想问题，精神世界的问题。《通知》把敌我矛盾的政治问题和人民内部的学术问题完全等同起来，然后又把政治问题视为禁区，不准讨论，不许被批评者申辩。《通知》以马克思、恩格斯在《共产党宣言》中提出的“一切阶级斗争都是政治斗争”的论断为依据，来抹煞政治和学术的区别，这是根本不正确的。应当怎样理解“一切阶级斗争都是政治斗争”这一问题？列宁解释说：“‘一切阶级斗争都是政治斗争’——这是马克思的名言，但是，如果把这句话理解成工人同业主的任何斗争在任何时候都是政治斗争，那就错了。这句话应当这样理解：工人同资本家的斗争随着这个斗争逐渐成为阶级斗争而必然成为政治斗争。”①

更何况，“文化大革命”的斗争，根本就不是统治阶级和被统治阶级之间、无产阶级和资产阶级之间的阶级斗争。据说“文化大革命”的目的是批判和反对修正主义，但是正如十一届六中全会决议所说：“‘文化大革命’被说成是同修正主义路线或资本主义道路的斗争，这个说法根本没有事实根据，并且在一系列重大理论和政策问题上混淆了是非。‘文化大革命’中被当作修正主义或资本主义批判的许多东西，实际上正是马克思主义原理和社会主义原则，其中很多是毛泽东同志自己过去提出或支持过的。‘文化大革命’否定了建国以来十七年大量的正确方针政策和成就，这实际上也就在很大程度上否定了包括毛泽东同志自己在内的党中央和人民政府的工作，否定了全国各族人民建设社会主义的艰苦卓绝的奋斗。”其结果是“上述的是非混淆必然导致敌我的混淆”，坚持社会主义道路，坚持马列主义、毛泽东思想的党的各级领导干部被说成是“反党反社会主义的修正主义分子”、“走资派”；在学术上有成就的、著名的社会主义的知识分子被说成是“反动学术权威”，一律加以批判、打倒。

《通知》认为，把学术问题和政治问题区别开来，就是“要把文化领域的政治斗争，纳入资产阶级经常宣扬的所谓‘纯学术’讨论。”（第二条）很明显，《通知》根本不承认有什么学术讨论、理论探讨，武断地认定一切学术问题都是政治问题，这不仅完全违背了在学术上必须实行“百家争鸣”、自由讨论，必须反对企图用粗暴、简单的方法来解决思想问题的做法，而且其结果必然是把错综复杂的学术领域里的不同意见简单地归结为两家：不是无产阶级一家，就是资产阶级一家，把“百家争鸣”说成实际上是“两家争鸣”。这就在实际上既取消了肃清封建主义

① 《列宁全集》第4卷，第191—192页。

思想遗毒的任务，也忽视了我国当前小资产阶级思想的大量存在，而这样一来，就使一系列正确的理论观点，都可以被贴上“资产阶级”、“修正主义”、“反党反社会主义”的标签，于是这个斗争就变成了你死我活的“阶级斗争”。

《通知》提出无产阶级学术要消灭资产阶级学术的方针，这就背离了马克思列宁主义、毛泽东思想对待历史遗产一贯的理论和原则。马克思、恩格斯对资产阶级的学术成果，如对德国的古典哲学、英国的古典政治经济学、法国的空想社会主义所采取的批判继承的方针，这是人所共知的。列宁对所谓“无产阶级文化派”作过坚决的斗争，批判过所谓要消灭资产阶级文化，否定文化遗产，鼓吹文化虚无主义，想要凭空创造纯而又纯的“无产阶级文化派”的错误口号。针对“无产阶级文化派”的文化虚无主义，列宁在1920年10月发表了题为《青年团的任务》的著名演说，反复强调学习人类创造的全部知识的极端重要性。列宁指出，无产阶级文化并不是从天上掉下来的，也不是那些自命为无产阶级文化专家的人杜撰出来的，只有确切地了解人类全部发展过程所创造的文化，只有对这种文化加以改造，才能建设无产阶级的文化。“无产阶级文化应当是人类在资本主义社会、地主社会和官僚压迫下创造出来的全部知识合乎规律的发展。”①毛泽东同志早在1938年10月党的六届六中全会上就曾提出：“从孔夫子到孙中山，我们应当给以总结，承继这一份珍贵的遗产。”②应当说，这些道理都是人们所熟知的。

与此相反，《通知》却要消灭资产阶级学术，请问怎样消灭呢？林彪、江青、康生、陈伯达一伙在“文化大革命”中的种种倒行逆施，回答了这个问题。这就是：凡是不符合他们帮派口味的。管它是无产阶级的、马克思主义的和社会主义的观点和原则，一律斥为“封、资、修”的“黑货”而加以封禁、销毁，对这些作品的作者一律予以打倒，甚至投入监狱，从肉体上加以消灭，一时之间造成了百花凋零、万马齐喑的严重局

① 《列宁全集》第1卷，第348页。

② 《毛泽东选集》第2卷，第534页。

面。那时在林彪、江青一伙的封建法西斯的淫威下，连郭沫若同志也不得不违心地宣布要把自己的著述统统付之一炬!所谓消灭资产阶级学术的方针，说到底，就是毁灭文化的方针。执行这一方针造成的恶果是：抓辫子、扣帽子、打棍子的现象到处盛行；说假话、搞迷信、打砸抢愈演愈烈，造成了一场文化学术的大灾难。

其次，《通知》主张“在上层建筑其中包括在各个文化领域”实行专政（第四条）。上层建筑是建立在社会经济基础之上的政治法律制度和社会意识形态。《通知》说无产阶级要“在上层建筑其中包括在各个文化领域”对资产阶级实行专政。什么是“专政”呢？列宁说得好：“专政，这是一个残酷的、严峻的、血腥的、痛苦的字眼，这样的字眼是不能随便乱讲的。”[①]这就是说，专政是一种强制手段，通常是指掌握政权的统治阶级在政治斗争中为解决敌我矛盾时所采取的一种极端的政治措施。谁对谁实行专政，这只能是政治领域里的事，在社会主义国家里，如果把专政手段移用于思想文化领域，那就大错特错了。按照马克思主义的观点，解决思想文化方面的问题，只能用批判的武器，不能用武器的批判；只能以理服人，不能以势压人。正如毛泽东同志所说：“对待人民内部的思想问题，对待精神世界的问题，用简单的方法去处理，不但不会收效，而且非常有害。”因为一定的思想和文化作为一种观念形态，是一定社会的政治和经济反映。某种社会意识形态的改变，只能伴随着一定的政治和经济的变革才能实现。因此，企图采取专政的手段来强制解决某种思想文化问题，不但在理论上是错误的，而且在实践上也是十分有害的。在“文化大革命”中，某种观点、某种作品、某一出戏、某部影片，一旦被认为有问题，常常把持有这种观点的人和这些作品的作者都当作阶级敌人、革命对象，而对他们实行专政，造成的后果是极其严重的。以后，“四人帮”变本加厉地提出所谓“在思想领域专政”，“在意识形态专政”，“把文化部办成意识形态里的公安部”，以及张春桥鼓吹所谓“全面专政”论，都是彻头彻尾反马克思主义的论调。这种论调，就是

① 《列宁选集》第3卷，第835页。

把“一切阶级斗争都是政治斗争”这一论断歪曲引用、任意延伸的结果。“四人帮”肆意抹煞思想文化领域里的斗争同政治领域里的阶级斗争的区别，在他们看来，似乎思想文化领域里的一切斗争都是政治斗争，都是敌我斗争，都要实行专政，这是他们敌视人民的反革命本性所决定的。

再次，《通知》否认真理的客观性，主张真理的阶级性。“在真理面前人人平等”，这个命题本来是马克思主义的观点，表明真理是客观的。客观真理是不依人们的意志为转移的，任何人都有权探索真理，宣传真理，捍卫真理。不论是谁掌握了真理，人们就应该尊重他。尊重他的意见，即尊重真理，服从真理。马克思、恩格斯对于掌握了真理（包括掌握了部分真理）的人，从来都是采取尊重和学习的态度的。这就是一种平等待人的态度。尽管有的人是地地道道的资产阶级学者，马克思、恩格斯照样吸取他们学说中的合理部分，用来建立和证实自己的理论，并不因人废言。马克思、恩格斯对待黑格尔、费尔巴哈、亚当•斯密、李嘉图、圣西门、欧文、傅立叶等的态度，便是明显的例证。马克思主义正是批判地吸取他们学说中的合理部分才创立起来的。同样，列宁并没有因为普列汉诺夫在后期犯了机会主义错误，而否定他前期在俄国传播和宣传马克思主义的历史功绩，这也是一种平等待人的态度。毛泽东同志也多次强调，真理只有一个；不要跟一个人，要跟真理，谁发现了真理，就服从谁，管他是挑大粪的，还是干别的什么的。“我们除了科学以外，什么都不要相信，就是说，不要迷信。”这表明，“在真理面前人人平等”是无可非议的马克思主义观点，而《通知》却认为这个观点否认了真理的阶级性，斥之为“资产阶级口号”。但真理有阶级性的说法是错误的。马克思主义认为，真理是客观事物及其规律性在人的意识里的正确反映，这就是说，从人们的认识形式来说它虽然是主观的，但就其内容来说却是客观的。真理是客观的，它包含着不依任何个人、集团、阶级的主观意志为转移的客观内容。尽管人们的阶级立场、观点和方法不同，观察同一对象会得出不同的甚至相反的结论，但是，认识同一对象的真理只能有一个，只有符合客观规律的认识才是真理。因此，真理是没有阶级性的。承认真理有阶级性，就是否定马克思主义关于真理客观性的观点，就会陷入诡辩论和相对主义。《通知》以真理有阶级性的错误论断来批判“在真理面前人人平等”的正确观点，恰好证明这一观点是不可驳倒的。

《通知》接着又把在真理面前是否人人平等的论题一下子改变为完全不同的论题，它问道：“无产阶级对资产阶级斗争，无产阶级对资产阶级专政，无产阶级在上层建筑其中包括在各个文化领域的专政，无产阶级继续清除资产阶级钻在共产党内打着红旗反红旗的代表人物等等，在这些基本问题上，难道能够允许有什么平等吗？”（第四条）很明显，这些问题和在真理面前人人平等是截然不同的两类问题，这种改换论题的批判当然是很错误的。批判在真理面前人人平等这一马克思主义观点，便否认了客观真理，否认了真理的客观标准，就在客观上助长了林彪、康生、江青一伙的封建法西斯的文化专制主义。人们在真理面前不是平等的，这就意味着在真理面前像在封建社会一样有人身依附关系、等级关系，只有某些人或某个人才有权有资格掌握真理，其他的人只有等待这些人的“恩赐”，才能看见真理的光辉。而掌握真理的人，又一定是睿智非凡的伟大天才。这种人的地位越高，真理就越多，地位达到最高峰，他就成了真理的化身了，他的话就成了不可移易的“金科玉律”。这种真理化身的人的言论，只能成为信仰的对象，而不能成为研究的对象，别人无权研究，最多只能进行注解阐释。谁如果要探讨、研究这些言论是否正确，就会被认为亵渎神圣，大逆不道，横祸便会从天而降。在林彪、“四人帮”横行时期，我们党的好女儿张志新同志对“文化大革命”提出了异议，不仅被开除党籍，陷身囹圄，而且竟惨遭杀身之祸。这种理论上的专制主义，在“文化大革命”中还用法律的形式固定下来，最突出的是《公安六条》中规定的“恶毒攻击”罪，不少冤案都由此而来。粉碎“四人帮”以后，这种“权力真理”观并未绝迹。坚持“两个凡是”错误方针的同志，实质上还是坚持“权力真理”论。这种观点，无疑是十分错误的。

最后，《通知》还割裂“破”和“立”的辩证关系，主张以“破”代“立”。必须全面理解破和立的辩证关系。破，是对旧事物的批判和否定；立，是扶植和支持新事物的产生、成长和发展。这两者既有区别，又有联系，它们绝不能互相取代，决不能说：“‘破’字当头，‘立’也就在其中了。”毛泽东同志早在《新民主主义论》中说过：“不破不立，不塞不流，不止不行。”可见破和立是不同的两个范畴，绝不能说，立等于破，可以以立代破；也不能说，破就是立，可以以破代立。我们打碎了国民党反动派旧的国家机器，还要建立工人阶级领导的人民民主专政的新政权。我们没收了官僚资本企业，进行了对农业、手工业和私人资本主义工商业的社会主义改造，同时建立了国营和集体所有的两种公有制的社会主义经济，而且还要经过长期的坚持不懈的建设和斗争，才能逐步建立起现代化的，高度文明、高度民主的社会主义国家。怎么能够说“‘破’字当头，‘立’也就在其中了”呢？我们干革命，破并不是目的，不是为了得到一个被打碎的旧社会的废墟，而是为了在这个废墟上建立新社会，创造新生活。破，是为立扫清道路、创造条件的。立，才是我们革命的目的。破的任务是艰巨的，但立的任务往往更艰苦更困难，需要花费更大的气力，更长的时间，决非一蹴所能成就的。把破当成目的，说破就是一切，这绝不是马克思主义的观点。在急风暴雨的革命时期，破无疑是中心任务，那时应当破字当头。但是，当工人阶级取得了全国政权以后，破的任务虽还未完成，但立的任务即建设的任务却日益成为矛盾的主导方面，成为全国工作的重心。我们党提出工作着重点的转移，就是表明我们已把立提到首要地位，也可以说是立字当头。这是合乎辩证法的，不能说是任何时候都要“破字当头”。老是破，不稳定，没有安定团结的政治局面，怎么谈得上立、谈得上建设？应当说，没有破是不可能立的。但是没有立，也不可能达到真正的破；没有立，社会主义、共产主义社会不会自行到来。如果我们不能建立崭新的社会主义制度，并且把它建设好，资本主义的东西就不可能真正彻底破除掉。因此，《二月提纲》说的“要有破有立”，“没有立，就不可能达到真正、彻底的破”，这些话不是没有道理的，而《通知》却斥之为：“这实际上是对资产阶级的思想不准破，对无产阶级的思想不准立，是同毛主席的思想针锋相对的，是同我们在文化战线上进行大破资产阶级意识形态的革命斗争背道而驰的，是不准无产阶级革命”。（第六条）这样无限上纲，大张挞伐，实际上是割裂破和立的辩证关系，从而为林彪、“四人帮”大搞破的绝对化，推行“破就是一切，破就是立”的“捣乱哲学”大开方便之门。

三

分清敌我是革命的首要问题，也是《十六条》强调的“文化大革命的首要问题”。毛泽东同志一再论述分清敌我的极端重要性，他着重指出：“革命党是群众的向导，在革命中未有革命党领错了路而革命不失败的。”[①]恰恰在这个关系革命成败的首要问题上，毛泽东同志亲自发动和领导的“文化大革命”严重混淆了敌我，犯了令人痛心的错误。《通知》由于对形势的错误分析和判断，并在一系列重大理论和政策问题上混淆了是非，以致错误地把党和国家各级组织中的领导干部视为“支持资产阶级学阀的党内走资本主义道路的当权派”、“反革命修正主义分子”，把许多有才能、有成就的知识分子视为“反动学术权威”，号召对他们要“彻底揭露”、“彻底批判”，直至夺取他们的“领导权”，“清洗这些人”。实际上，是把各级领导干部和学有专长的知识分子作为革命对象统统打倒。

在我们党内，各级领导干部绝大多数是走社会主义道路的，他们是社会主义事业的骨干力量。虽然党内也混进了个别的阶级异己分子、蜕化变质分子等，但在党内并没有资产阶级。“党内走资本主义道路的当权派”究竟指什么人，从1965年1月中央政治局会议制定的《二十三条》提出这一概念，直至“文化大革命”结束，并无确定的标准，完全凭个人的好恶来决定，因而同样一个人在“文化大革命”中竟可以昨天是“走资派”而被打倒，今天是革命派又成为结合的对象，明天因不合“造反派”的口味再度被打成“走资派”。这种变幻莫测的政治沉浮，完全要看干部对“文化大革命”和造反派的态度如何来判定。在“文化大革命”中，“走资派”的范围已经扩展到上自党中央副主席、国家主席，下至基层

① 《毛泽东选集》第1卷，第3页。

党支部书记，甚至连炊事班长、汽车班长、生产组长也都成了夺权的对象。因为“走资派”的内涵不清，只要沾一点“权”的边都可以被说成是“当权派”，而“当权派”就可以被打成“走资派”。不仅如此，而且“走资派”这一概念的外延很广，随便可以打出成千上万个“走资派”来。正因为“走资派”是这样一个既不确定又不科学的概念，林彪、江青两个反革命集团便可以利用它来打倒他们想打倒的任何人。林彪、江青之流在“文化大革命”中之所以能够猖獗一时，大搞“普遍罢官”、“全面夺权”、“打倒一切”，就是利用了这个把阶级斗争扩大化的“走资派”的“左”倾概念。

总之，“走资本主义道路”的涵义不明确，“当权派”所指又非常广泛，使用这一概念，便错误地把党内大多数的领导干部都看成是“资产阶级代表人物”，只能扩大打击面，而被林彪、江青等野心家、阴谋家利用来作为“打倒一切”的根据。在“文化大革命”期间，林彪、江青一伙滥施淫威，致使大批党政军领导干部无辜受到诬陷和迫害。如党的八届中央政治局委员和候补委员33人，除去世的3人外，遭受诬陷的达20人之多，约占总数的67%；八届中央委员、候补中央委员共194人，除有病、去世的31人外，遭到诬陷、“靠边站”的96人，约占总数的58.9%。仅北京市的干部和群众，在“文化大革命”中因冤案而死的即达9804人之多①。实践表明，“走资派”这个概念并不是“科学的抽象”，而是制造冤假错案的方便手段，我们必须坚决摒弃这个“左”倾错误的概念。

《通知》第九条提出“反击资产阶级反动‘权威’”，结语又要求“彻底揭露那批反党反社会主义的所谓‘学术权威’”。以后，《十六条》又规定要批判所谓“反动学术权威”。所谓“反动”，不言而喻，指的当然是政治上的反动，这是属于敌我矛盾的用语。但其结果，凡是权威的，即有才能、有成就的知识分子，统统被看成就是“反动”的学术权威，都被纳入清洗、打倒之列，甚至我们党在思想文化路线上战斗几十年、卓有成就的老同志也不能幸免。在林彪、江青一伙肆虐横行的日子里，文

① 参看《中华人民共和国最高人民检察院特别检察厅起诉书》（1980年11月2日）。

化界的大批知名人士横遭迫害，仅文化部及其直属单位遭受迫害的就达2600余人之多[①]。

总之，由于混淆了敌我的界限，就使广大干部、广大知识分子以及同情他们的广大群众受到了打击和迫害。

以上从形势估计、混淆是非、混淆敌我等几个方面，对《通知》作了一些初步的剖析。由此我们应当得到什么教训呢？教训就是：对于一个执政的无产阶级政党来说，应当经常注意坚持马克思列宁主义，坚持社会主义道路，不断地自觉地揭露和克服自己组织中确实存在的阴暗面，坚决防止和避免走上脱离人民、压迫人民、蜕化变质的道路，这的确是一项长期的严肃的任务，是一个需要认真研究和正确解决的重大课题，绝不可等闲视之。在解决这个问题的时候，必须对党和国家的政治状况作出符合实际的估量；必须严格区分和正确处理敌我矛盾（这是部分的、小量的）和人民内部矛盾（这是主要的、大量的），而决不可以主观臆断，夸大敌情，以致混淆是非，混淆敌我；必须依靠党的组织和人民群众，而决不可以抛开党的组织和人民群众；必须凭借社会主义法制的手段，运用符合宪法、法律和党章的正确措施加以解决，而决不可以破坏社会主义民主和法制。总之，决不可以采用《通知》中提出的“文化大革命”这种完全错误的理论、方针和方法。在社会主义条件下进行所谓“一个阶级推翻一个阶级”的政治大革命，既没有经济基础，也没有政治基础。它必然提不出任何建设性的纲领，而只能造成严重的混乱、破坏和倒退。历史已经判明，“文化大革命”是一场由领导者错误发动，被林彪、江青反革命集团所利用，给党、国家和各族人民带来严重灾难的内乱。仅仅进行一次，已经使我们深受其害，至今犹有余痛，以后决不能再搞了。这是我们党和人民付出了惨重牺牲得来的历史教训，我们一定要永志不忘。

恩格斯在1893年给丹尼尔逊的信中说过：“没有那一次巨大的历

① 参看《中华人民共和国最高人民检察院特别检察厅起诉书》（1980年11月2日）。

史灾难不是以历史的进步为补偿的。”[①]我们党全面地深刻地总结和汲取了“文化大革命”中及其以前的“左”倾错误的历史教训，从党的十一届三中全会以来采取了一系列拨乱反正的重大措施，重新确立了马克思主义的思想路线、政治路线和组织路线，提出了把我国建设成为现代化的，高度文明、高度民主的社会主义国家的宏伟纲领，找到了建设具有中国特色的社会主义的正确道路，采取了许多端正党风、严肃党纪和恢复党的优良传统的有力措施，并且在实际工作中取得了巨大的成就，使我们国家出现了安定团结、兴旺发达的生动景象，目前正在为全面开创社会主义现代化建设的新局面而努力奋斗。中国人民有志气、有能力、有信心，相信我们的党和国家，一定能够像恩格斯所预言的那样，用历史的巨大进步来补偿这场历史的巨大灾难。

① 《马克思恩格斯全集》第33卷，第149页。

关于工作组存废问题

穆　欣

“文化大革命”开始的时候，党内高层领导围绕着工作组的存废问题发生争论。这实质上是对进行“文化大革命”的目的和方法的争论。主要表现为对“乱”的不同看法，是要“天下大乱”与有领导、有限制、有秩序地开展运动的分歧。毛泽东是主张“乱”的。1966年7月8日，他在给江青的信中说：天下大乱，达到天下大治。过七八年又来一次。牛鬼蛇神自己跳出来。8月23日，他又在工作会议上说：主要问题是各地对所谓“乱”的问题采取什么方针。我的意见，乱它几个月，坚持相信大多数是好的，坏的是少数。没有省委也不要紧，还有地委、县委呢！……1967年夏季他在外地视察中说：“有些地方前一段好像很乱，其实那是乱了敌人，锻炼了群众。”阴谋在“乱中夺权”的林彪更是惟恐天下不乱，他和江青一伙勾结起来，到处制造社会动乱。8月8日，林彪来钓鱼台在中央文化革命小组讲话时公然宣称，要“弄得天翻地覆，轰轰烈烈，大风大浪，大搅大闹，这半年就要闹得资产阶级睡不着觉，无产阶级也睡不着觉”。他发表过自己的“乱子观”：“乱子有两重性，这是毛主席早就讲过，有好的一面，有坏的一面。不要只看坏的一面，看不到好的一面，坏的方面可以向好的方面转化。总的方面不可能出大乱子，我们的军队很巩固，我们的生产上升，一些学生、青年他们闹文化革命，能出得了什么乱子，是不可能出大乱子的。这就是我们对乱子这个问题的看法，这就是我们的乱子观。”而党中央的多数人及党的各级领导人对这场运动的目的、方法都没思想准备，更不能理解和听从中央文革小组支持和纵容的那些狂暴、极端的言行。他们主张保持各级党组织对运动的领导，对于已经普遍出现的混乱局面能够予以控制，对于正在泛滥开来的无政府主义思潮和狂暴的行动能有一定的约束。在以往历次政治运动中，党常用派工作组的方法加强领导，发动群众。因此，派工作组就被认为是维持党的领导和社会秩序所必须采取的措施，当时派工作组在组织上也是符合党的集体领导制度的。

“文化大革命”初期派工作组到一些单位领导运动，原是中央政治局常委扩大会议的决定，并且事先请示过在外地的毛泽东，征得了他的同意。中央文革小组不但没有表示异议，陈伯达还当了全国第一个工作组——中央派往人民日报社临时工作组组长。不久，这事却被毛泽东和中央文革小组指责为镇压群众，破坏“文化大革命”，成为刘少奇下台的直接导火线。作为中央文革小组组长的陈伯达，在这事件上扮演了极不光彩的角色。他曾洋洋自得地说：“我是第一个工作组组长，又第一个提出撤销工作组!”这句脸皮厚的俏皮话，恰好道出他是一个出尔反尔的政客。

决定在“文化大革命”中派工作组，始于1966年5月29日中共中央政治局常委扩大会。经刘少奇、周恩来、邓小平及有关领导同志研究，决定由陈伯达率工作组去人民日报社，由河北省委书记张承先去北京大学。经报告毛泽东同意后，5月31日，陈伯达率工作组进驻人民日报社。张承先于6月1日率工作组进驻北京大学。新华社于6月3日向全国作了报道。此后，北京和全国各地区陆续派出了工作组。

工作组受到各校大多数师生的欢迎，也遭到少数造反派的反对。江青和陈伯达、康生一伙这时乘机煽动，从中捣鬼，鼓吹“造反有理”、“打倒一切”，使群众在如何对待工作组的问题上，分成了两派，有些学校发生赶工作组的现象。这时毛泽东在派工作组问题的态度上有所改变。6月9日，他在杭州忽然对前去汇报运动情况的刘少奇、周恩来、邓小平说：“派工作组太快了并不好，没有准备。不如让他乱一下，混战一场，情况清楚了再派。”实际上，这时需要派工作组的地方都已经派去了。

6月20日前后，北京高等院校驱赶工作组的风波达到高潮。

6月18日，北京大学发生了乱斗现象。全校有40多名党团干部、教师、学生被斗，工作组闻讯立即赶到现场加以制止。当晚，工作组长张承先向全校作了广播讲话。他说，避开工作组乱批乱斗的做法是有害于革命的行动。今天发生的事件本身就是一场复杂的阶级斗争。他号召大家擦亮眼睛，不要上坏人的当。并宣布了几项规定，如以后批斗人要经工作组批准等。工作组并把这一事件的发生和处理经过，写成简报上送中央。20日，刘少奇将北京大学工作组制止乱打乱斗事件的简报转发全国，认为："北大工作组处理乱斗现象的办法是正确的，及时的。各单位如果发生这种现象，都可参照北大的办法处理。"不少地方党委确实参照了北京大学工作组的办法，使乱批乱斗现象得到一定程度的控制。但以后，转发简报这件事被江青等说成是"镇压学生运动"的事件。

6月20日，北京师范大学和北京地质学院都发生了造反派赶工作组的"六•二〇"事件。针对北京地质学院造反派反工作组，国家经委第一副主任陶鲁笳、地质部副部长兼党委书记何长工指示工作组"要沉着顶住"。何长工等地质部、中央工交政治部负责人向师生讲话，批评少数人闹事、围攻工作组，指出工作组是革命的。

6月21日，清华大学也发生反对工作组的事件。这天，工程化学系20岁的学生蒯大富在一张大字报上写批语，大意是：现在，权在工作组手里，不代表我们，要再夺权。蒯大富在前几天就提出要赶走工作组，6月24日，清华造反派在工作组召开的群众大会上批判工作组。工作组长叶林讲话，指出：蒯大富要向工作组夺权，这是一种反革命行为。6月26日，广大师生员工在清华园举行了"拥护工作组"的示威游行。根据刘少奇的指示，清华工作组进行"反蒯斗争"。

在外地的毛泽东，看到中央转发的《北京大学文化革命简报（第九号）》，却认为"六•一八"事件不是反革命事件，而是革命事件。毛泽东在工作组问题上的变化，陈伯达和康生、江青等是清楚的。这时中央文革小组同刘少奇、周恩来、邓小平等中央领导同志之间在派工作组问题上的分歧加深了。

6月20日，即在北京不少院校师生造反派学生驱逐工作组并已知道毛泽东态度改变了的时候，陈伯达根据江青的意见，代表中央文革小组在中央政治局常委汇报会上提出一个书面建议，其中说道：“建议全国大中学校、机关单位在适当的时候成立文化革命小组，领导文化革命运动”，“在最必要的时候，可以由上级派工作组。”他主张撤出派到各学校和各单位的工作组。

在工作组存废去留的问题上，与会的大多数同志都不同意陈伯达的意见，会上没有讨论陈伯达的这个建议，邓小平还对他批评了一顿。

这天深夜，陈伯达气急败坏地回到钓鱼台，先在自己的房间里哭了一场。之后，跟大家谈起此事唉声叹气，满腹牢骚。他说，我这个小组长不能干了。今天晚上邓小平同志主持会议，我在会上写了一个条子，提出取消工作组。他对我的意见根本不理，把字条往旁边一扔，不在会上讨论。我这个组长还怎么当？我非辞职不可。他还毫无道理地指责出席会议的刘志坚：“他是副组长，却不支持我！”

以后，一连几天，陈伯达见人就发牢骚。当时人们在钓鱼台工作都十分紧张，每天都工作18小时以上，很少休息，几乎没有睡觉的时间。当时笔者还和陈伯达一起住在15楼，他在二层，我住楼下。平时只要没有会议，陈伯达比谁都睡得早。某天午夜，他被这事“气”得睡不着觉，下楼到我房间里，往沙发上一坐，又是牢骚连篇，说非辞职不可，还说他想到天津“休息”，说在那里有他的“朋友”；又“骂”周扬不该这时住在那里（笔者按：当时周扬因病在天津治疗），“害”得他不好去！这位平常一本正经的“夫子”，此刻向我讲这一些不着边际的话，只是无聊的发泄。自然无须“劝说”，只好搁下事情听他。望着他那忧心忡忡、煞有介事的神气，心里不禁闪现一种轻蔑的感觉：这同某些人“撂挑子”有什么两样！

后来平静了一阵子，这桩事情却还没有完。7月9日，在北京召开的“亚非作家紧急会议”闭幕。周恩来总理在人民大会堂宴会厅设宴祝贺会议成功，并与刘少奇等党和国家领导人在宴会前会见参加会议的各国代表。事先，总理亲自打电话来说，要陈伯达参加会见，并叫中央文革小组全体成员出席宴会，新华社将趁此机会公开报道中央文化革命小组成立的事。我把这事告诉陈伯达，他并没有表示异议。

这天的宴会结束很晚，回到钓鱼台办完当天的事情已近午夜。这时正是报社里紧张时刻。因为多日没回报社，就赶回去看看有什么事。不料回到报社刚一上楼梯，就有人从楼上跑下来说：钓鱼台来电话，说有要紧的事情，叫你马上回去！

回到钓鱼台，午夜已过。径往陈伯达住处去问。他说：你给总理打个电话，说我不同意公开报道我是中央文革小组组长。

根本没料想到，那么急迫地催我回来竟是为了这事。陈伯达房间里有直通总理的电话机，拿起来就可以通话。当时我想，既然这样着急，他为什么不直接早一点给总理打电话？隔壁住有两位秘书，楼下还有关锋这个“大”秘书，为什么不就近叫秘书打电话，却老远地把我从报社找回来？而且此事总理有言在先，他既然不同意公开小组长的身份，当初为何不说？刚才在宴会厅见到总理为何不说？何况这时宴会消息应是早由新华社发出、广播电台广播过了，叫总理怎么办？联想陈伯达近日那些牢骚，深感这是故意给总理出难题，通过总理向中央施加压力；同时大概也是检验我的态度。想到这里，我就对他说：“已经这么晚了，有关今晚会见、宴会的新闻，早都广播过了。全世界都正盯着中国的文化大革命，这时再把你的意见告诉总理，他该怎么办？如果让新华社和广播电台发出‘修改稿’，加以‘更正’，明天全世界的报纸都会把这件事作为‘头条新闻’，还会加上种种揣测和对我们的诽谤！总理太辛苦了，可能已经休息，还是别再打扰他了吧！”陈伯达听我这样讲，满脸不高兴，沉默好大一会儿，对我说：“好吧，你们都不愿意打，也就算了。”他讲“你们”，不晓得是否在我之前先曾叫别人打这个电话，别人也没有打。事后他的秘书说，在我走后，陈伯达自己还是给总理打了电话，纠缠了很长时间。总理自然不会同意他。第二天见报的这次会见和宴会新闻中，都说陈伯达是以“中共中央政治局候补委员、中央文化革命小组组长”身份出席的。同时报道周恩来在宴会讲话中有“我和康生、陈伯达、陶铸三同志一起代表中国人民和中国政府，向亚非作家们表示热烈的祝贺”这样的话。

陈伯达关于撤销工作组的意见，在7月13、19、22日的中央会议上，又连续三次提出，主张把它全部撤销。当时与会的大多数人都不同意立即撤出所有的工作组，陈伯达的意见被否决。刘少奇以后在党的八届十一中全会上曾经谈到陈伯达意见被否决的情况：“陈伯达同志早就提了不派工作组，提了三次……第一次提出来没有多讨论。第二次陈伯达书面提出两条，讨论时多数同志还是要工作组，我也发言要工作组，认为工作组有方便之处，要去就去，要撤就撤。当时我曾考虑，这样大的运动，北京各院校部分党组织已经瘫痪了，怕中断了党的领导不好。第三次，伯达同志又提出这个问题，又讨论了一次，多数同志还是不主张撤。我仍是以前的观点，我认为这一方法较机动，没有下决心撤，要看一看。同时，主席快回来了，回来再请示决定。”

7月18日，毛泽东回到北京后，情况很快发生了变化。

4月下旬在杭州召开中央政治局常委扩大会后，毛泽东仍然滞留南方。6月15日，他离开杭州西行，18日到达湖南湘潭，当天回到韶山。在韶山近旁山谷中的滴水洞宾馆住了10来天，6月28日到达武汉。直到7月16日他在武汉畅游长江，18日回京的消息在报纸上公布后，全国人民才知道他的行踪。7月8日，毛泽东在武汉写给江青的那封信，其中谈到他对整个“文化大革命”的战略设想，是研究毛泽东发动“文化大革命”全盘思路的重要文件。

毛泽东回到北京当天，就要中央文革小组送去北京大学、清华大学、北京师范大学、中国人民大学四校有关“文化大革命”运动的简报；同时听了中央文革小组的汇报。第二天，他又听取了刘少奇的汇报，指出派工作组是错误的。毛泽东对前一阶段的运动表示不满，认为北京的“文化大革命”冷冷清清，学生运动受到压制。以后他说，回到北京后，感到很难过，冷冷清清。有些学校大门都关起来了，甚至有人镇压学生运动。谁去镇压学生运动？只有北洋军阀！共产党怕学生是反马克思主义的。他批评中央政治局常委汇报会在6月3日制定的“八条规定”，说：“内外有别”是怕革命。大字报贴出来又盖起来，这样的情况不能允许，这是方向错误。要赶快扭转，把一切框框打个稀巴烂！

有人说，毛泽东回京后偏听偏信江青的汇报，决定撤销工作组。其实，江青一直留在上海，比毛泽东还晚两天回到北京。这年11月28日，江青在文艺界大会上说："毛主席是7月18日回到北京的，我是7月20日回到北京的。原来应该休息几天，但是听了陈伯达同志，康生同志，以及在京的中央文化革命小组的同志们的意见，我就报告了毛主席。"

如前所述，早在6月初旬，毛泽东就已改变对派工作组的态度。在促成毛泽东迅速决定撤销工作组的问题上，中央文革小组方面，陈伯达起了比较大的作用。

毛泽东回京不久，便住进钓鱼台第12号楼。7月24日和25日，毛泽东召集中央文革小组全体成员开过两次会。7月24日午后，毛泽东在钓鱼台12号楼召集中央文革小组全体成员和各中央局书记开会，讨论准备提交党的八届十一中全会的《中国共产党中央委员会关于无产阶级文化大革命的决定》（即《十六条》）草稿。这次是毛泽东第一次与中央文革小组全体成员见面。当时他穿着一身陈旧的白色睡衣，坐在楼下大厅中央等候大家。与会者中初次见毛泽东的人，未免怯场，大都绕到他背后去就座。凡属初见面或不很熟悉的，他都回头望着问询姓名。看来这天他比较高兴，会场里气氛也比较热烈。其后他在谈话中给中央文革小组鼓劲，说："中央好多部，没有做多少好事，文革小组却做了不少好事，名声很大。"

等人到齐，毛泽东说：今天各大区的书记和文革小组的成员都到了。会议的任务是搞好文件，主要是改变派工作组的做法，由学校革命师生及中间状态的一些人组织学校文化革命小组来领导文化大革命。学校的事只有他们懂得，工作组不懂。有些工作组搞了些坏事。学校文化大革命无非是斗和改，工作组起了阻碍运动的作用，我们能斗能改吗？如翦伯赞写了那么多书，你还没有读，怎么斗怎么改？学校的事"庙小神灵大，池浅王八多"。所以要依靠学校内部的力量，工作组是不行的。只有让他们自己搞，才能搞好。你也不行，我也不行，省委也不行。要斗要改都要靠本校本单位，不能靠工作组。工作组能否改成联络员，改成顾问权力太大了，或者叫观察员。现在不只是一个北大的问题，而是全国的问题，如果照原来那样搞下去，是搞不出什么名堂来的。工作组阻碍革命，也有不阻碍革命的。工作组阻碍革命势必变成反革命，西安交大不让人家打电话，不让人家派人到中央。有人插话说：北大工作组有错误。附中有40多人提出要撤销工作组组长张承先的职务。毛泽东说：有的工作组阻碍运动，包括张承先在内。

后来他又一次指出：有的工作组就是阻碍运动，如清华、北大。

从7月22日起，毛泽东四次派陈伯达、康生、江青前往北京大学去同师生见面，他们以“调查文化大革命运动情况”为名，挑起北大师生对“六·一八事件”的辩论，煽动群众起来反对工作组。毛泽东听取了江青等人的汇报，听了学生辩论的录音。7月22日晚上，江青和陈伯达、康生带领中央文革小组成员来到北京大学，召集全校师生参加的万人大会，支持师生造反，反对张承先为首的工作组。接着，中央文革小组成员又在7月23、25、26日连续三次前往北京大学同师生见面。

7月25日，毛泽东又在12楼召集中央文革小组全体成员开会，指出全国95%的工作组犯了方向性的路线错误，下令撤销工作组。他说，工作组起坏作用，阻碍运动。不要工作组，要由革命师生自己闹革命。根据毛泽东的话，北京市委很快作出了撤销工作组的决定。

当天晚上，江青和陈伯达、康生第三次到北京大学，在东操场召开万人辩论大会，揪斗工作组组长张承先。他们把对北大工作组的态度问题，提到阶级斗争的高度。康生竟在讲话中说：“有人把北京新市委派来的工作组，说成是党中央派来的，毛主席派来的。你们别听那一套，毛主席一个工作组也没有派!”学生办的造反小报上说，康生这样讲后，“革命师生豁然开朗，原来那些声称‘党中央派来’、‘毛主席派来’的工作组都是假的，肯定有人在捣鬼!”7月26日，江青和陈伯达、康生在北京大学万人大会上提出：撤销工作组，罢张承先的官。陈伯达说：“在张承先为首的工作组这个问题上，争论这么激烈不是偶然的，这是阶级斗争的反映。我们赞成许多同志的意见，我们建议撤销以张承先为首的工作组，这是一个阻碍同学们进行文化大革命的工作组，是障碍物，要撤掉这个障碍物。”接着又说：“我们第一个建议是：撤销以张承先为首的工作组。第二个建议是在你们这里成立文化革命小组、文化革命委员会。……”

7月27日，江青和陈伯达、康生带领中央文革小组成员又到北京师范大学煽风点火。他们原已将工作组组长孙友余撤职，但仍诬蔑工作组“斗争的矛头不是对准黑帮分子，对准地、富、反、坏、右，而是对着革命的师生。”指责“孙友余在同学中造成分裂”。进而煽动说：“工作组是石头，阻挡你们前进的道路”，“你们同学要求撤销工作组，我们中央文化革命小组讨论了这个建议，觉得这是一个很好的建议。”康生也诬蔑“孙友余这个组长没有把黑帮分子紧紧抓住，而是把矛头指向了我们同学”。他还白昼见鬼，硬是闭着眼睛瞎说：“彭真大黑帮要去北大、人大准备政变，要夺取政权，孙友余却说是造谣!你们看孙友余是什么立场!同学们，你们想一想，这样替彭真黑帮辩护，应该不应该罢他的官呢？”

7月25日，毛泽东召集中央文革小组成员开会下令撤销工作组，当天中央政治局常委汇报会即决定撤销工作组。27日，由中央文革小组起草撤销工作组的决定，毛泽东亲自作了修改。28日，即以中共北京市委名义公布这个《关于撤销各大专学校工作组的决定》（适用于中等学校）。《决定》说，“在工作组撤销之后，大专学校的文化大革命由全校师生员工分别选举，成立各级文化革命的群众组织，负责领导”。当时在造反派中流行“踢开党委闹革命”、“踢开工作组闹革命”的口号，在这个“根据中共中央指示”作出的《决定》中完全得到了肯定。

7月29日，中共北京市委在人民大会堂召开全市大专院校和中等学校师生文化大革命积极分子大会。李雪峰宣读了北京市委7月28日的决定。邓小平、周恩来、刘少奇都讲了话。邓小平说：“必须说明，在党的北京新市委建立以后，以新市委名义向各大中学校派出工作组，这是根据中央的意见办的”，“现在市委根据毛主席、党中央的指示，撤销工作组”，“有同志说，老革命碰到新问题，的确是这样。”周恩来讲话时也说了这次“文化大革命”是“老革命遇到新问题”。最后讲话的是刘少奇。

“文化大革命”期间，毛泽东经常住在人民大会堂西南角的118室，就在主席台后面右侧。这天会议中间，我偶尔走到主席台后面时，见毛泽东正坐在118室门外椅子上谛听前台的讲话。我见他跟我打招呼，问他怎么不到前台？他微笑着摇摇头。回到前台，其他曾到后台见过毛泽东的同志都在猜他出不出来？这时刘少奇正在讲话。他说：“我也是在党中央工作的人员之一。党中央（包括我在内）热烈支持北京高等、中等学校革命的同学、革命的老师、革命的员工进行无产阶级文化大革命”，“至于怎样进行无产阶级文化大革命，你们不大清楚，不大知道。你们问我们，我老实回答你们，我也不晓得。我想党中央其他许多同志、工作组的成员也不晓得”，“我现在要讲一句老实话，包括我在内，我们现在只能向你们学习，只能听取你们的意见，不能提出什么意见来帮助你们，我们不了解情况。”他说：“派工作组是中央决定、中央同意的。现在发现，工作组这个方式不适于当前文化大革命运动的需要，中央决定撤退工作组。”其后他还讲到：“在运动中间要保护少数，保护那些意见不同，而占少数的人。……不只是错误的意见是少数，有的时候正确的意见也可能是少数。我自己有这个亲身经验，有些意见我提得并不错，讲得并不错，结果是少数。毛主席在过去一段时期内，也有过这种情形。……”

在刘少奇讲话结束的话音未消、还未来得及拿起放在桌上的讲稿走开的时候，毛泽东突然从后台走出来。疾步行走带出来的风，把刘少奇的讲稿扇到地毯上。刘少奇正弯腰去捡拾，毛泽东已到舞台的前沿向众人招手（他没有讲话），全场响起震耳的欢呼声。这种情景，给人们留下永远难忘的印象。

这次会后，北京和全国都迅速撤销了工作组。但工作组的问题还没有完，中央第一线的刘少奇、邓小平长时间为此受批判。8月1日，在党的八届十一中全会上，刘少奇向全会作关于十中全会以来中央工作的报告时，对派工作组的事承担了责任。在刘少奇讲话时，毛泽东几次打断他，尖锐地批评派工作组是犯了“方向路线错误”。陈伯达接着发言时，毛泽东插话说：“工作组不管怎样是做了坏事，一不能斗，二不能批，三不能改”，“起了一个镇压群众、阻碍群众的作用；起了坏作用。一般说，就是90%以上的工作组干尽了坏事。”在8月4日中央政治局常委扩大会上，毛泽东讲话时严厉指责派工作组是“镇压学生运动”、“是路线错误”，“是一种白色恐怖，这种白色恐怖是中央发动的”。他还在插话中声色俱厉地指斥说：“牛鬼蛇神，在座的就有！”指责刘少奇“你在北京专政嘛，专得好”。

8月5日，毛泽东写了《炮打司令部——我的一张大字报》。8月7日，全会印发了这张大字报，并附聂元梓等7人的大字报。

毛泽东这张大字报，提出中央另外有一个资产阶级司令部，虽然没有点名，但是谁都可以看出，是指刘少奇等中央第一线负责人。自从批判《海瑞罢官》以来，斗争对象不断升级，现在终于直接点明了发动这次“文化大革命”的主要锋芒所向。

这张大字报发表后，江青和康生等一伙即乘机攻击刘少奇，谢富治还攻击邓小平。而出席全会的多数人对它有意见，但在当时紧张的气氛中又不敢表示。

陈伯达看到毛泽东这张大字报后，迅速写出一张《拥护毛主席的大字报》，从“理论”上加以发挥：

完全拥护毛主席八月五日写的一张大字报。一个共产党员，在大的政治斗争的关键，忘记了群众，忘记了阶级分析，看不见阶级大变动的新动态，还进行镇压群众，这就是脱离了马克思主义的轨道，脱离了毛泽东思想的轨道，同无产阶级革命政党的方针政策背道而驰。这样做不是把无产阶级革命事业引向胜利，而是把无产阶级革命事业引向失败，引向资本主义复辟。大海航行靠舵手——毛主席把党的领导从最近一两个月的错误路线引回到无产阶级的正确路线上来，这是党的伟大胜利，无产阶级的伟大胜利，我国社会主义的伟大胜利，同时是国际无产阶级的伟大胜利。马克思曾经说过，社会主义革命可能由法国首先发动而由德国来完成，但没有实现；列宁也设想过社会主义革命可能由俄国首先发动而由德国、法国、英国来完成，但也没有实现。现实的历史可否说社会主义革命由俄国首先发动而由中国来完成的呢？看看现在修正主义在苏联篡党、篡军、篡政，把苏联引向资本主义复辟的道路，那里正从革命走向反动，走向对列宁、斯大林的背叛。难道这不像人们所说国际的希望在中国吗？

看种种因素，最关键的问题是因为我们有毛泽东思想的领导。列宁说过，没有革命的理论就没有革命的运动。确实是这样，没有毛泽东思想就没有我们这样伟大、光荣、正确的中国共产党，就没有新中国，就不能使我们新中国在世界上建成为一个伟大的社会主义的模范国家。

现在的无产阶级文化大革命，就是为扫除资产阶级和一切剥削阶级的思想在我们社会主义道路上的障碍，让毛泽东思想能够为最广泛的群众所掌握，因而变成更宏伟的力量。我相信能够做到这样，中国的伟大成就将进一步像翻山倒海地激醒全世界。

毛泽东的大字报印发给全会与会者前夕，毛泽东于8月6日晚要秘书通知在大连养病的林彪到会。林彪即飞回到北京，看过这张大字报，也立即表态，火上加油，就工作组问题发表了讲话：

派工作组本身是方向路线性错误，是资产阶级反动路线的产物。工作组在某些负责人的错误领导下，一般地贯彻了“排除干扰”、“捉游鱼”，挑动群众斗群众、学生斗学生，把群众打成“反革命”的错误路线。

工作组有几种情况：少数对上边这条路线有所抵制，但也给运动增加了种种清规戒律，束缚了群众的手脚，程度不同的犯了右倾错误。

另一种是忠实地执行了这条资产阶级的反动路线。

最甚的是发展了这条资产阶级的反动路线，疯狂地镇压革命群众，有意把一些革命同志打成“反革命”。这些人是政治扒手，这些工作组当权派是反党、反社会主义、反毛泽东思想的右派分子，他们与所在单位党内走资本主义道路的当权派勾勾搭搭，采取联合行动，制造种种事件。对这些必须进行坚决斗争，对其方向性路线的错误，要彻底批判。

有些虽然撤了工作组，但其错误并未加以彻底批判，甚至由于某些人的阴谋，根本未加批判，那里的群众还未真正发动起来，打成“反革命”的同志还未平反，这些必须立即从根本上改变。

是不是每个工作组成员都是不革命的，是反革命的？每个工作组都有右派分子？要进行阶级分析。从总体看多数还是革命的，不同程度的犯了错误，极少数的资产阶级右派分子，是反革命分子。是不是黑帮分子，要听听那些受害者的控诉，要看本单位群众的揭发，由那里群众决定。派工作组及工作组所执行的方向性路线性错误，必须批判，一切流毒必须彻底肃清。

陈伯达这时发言异常骄横。他说："我们这些人是旁观者，旁观者清。感到工作组进去，不必要的地方太多了。群众斗群众，学生斗学生，背后工作组起作用，它在那里坐山观虎斗。……这实际上不是进行文化大革命，是在想把那些朝气勃勃的学生都打下去，把真正积极搞文化革命的打下去。"陈伯达咄咄逼人，越说越来劲，居然指责刘少奇："我们很多同志当了官，做什么事情就不容易听别人的意见，他的话不能侵犯。（毛泽东：神圣不可侵犯，做官当老爷惯了。）这个问题的确存在，我碰到过很多场合。他说的就算，旁人说的就不算。如果这一点不解决，我们是要发生修正主义的。"江青也在这次全会的一次小组会上怒气冲冲地说："7月22日晚上（汇报会）……我们的组长、顾问没有发言权，讲一句话就被打断。"

工作组的问题逐步升级，毛泽东提出了更为严厉的批评，先是认为工作组犯了方向、路线错误；以后，工作组又被作为"资产阶级反动路线"的具体体现和刘少奇的一大罪状，受到了长时间的批判。陈伯达对刘少奇的指责也更加激烈，曾在这年10月的中央工作会议上说："他们在这场触及人们灵魂的大革命中把国民党的'训政'搬出来了，他们把群众当成阿斗，把自己当成诸葛亮。"陈伯达始终抓住这个问题不松手，直到将刘少奇彻底整垮。

但是，历史终于无情地否定了陈伯达。1980年2月29日，党的十一届五中全会通过的《关于刘少奇同志平反的决议》中特别指出：文化大革命初期，派工作组到一些单位指导运动，是我党多年来解决基层问题的一种做法，不存在一条由刘少奇同志制定和推行的"资产阶级反动路线"。这就为当年的工作组的问题作了结论。

回忆“文化大革命”初期的“五十天路线错误”

——从“6·18”事件到“7·29”大会

李雪峰

“文化大革命”初期中央任命我兼任北京市委第一书记，吴德为第二书记，组成新市委。《人民日报》1966年6月4日公布了这一任命。从此我被深深地卷入这场史无前例的大风暴中。

虽然当时我们对许多事情不能理解，但还是遵循着党内一贯的老传统，忠实地执行毛主席和中央的各项决定。从我到北京市工作至我被罢官前后两个月时间，毛主席说我犯了50天的路线错误。在此期间中央日常工作一度由少奇和小平同志主持。那时中央大多数负责同志对突如其来的混乱局势都主张要采取措施加以稳定。北京市首当其冲，向各大专院校派去工作组，市委因此被定为执行刘、邓资产阶级反动路线，我曾在工人体育场召开的十万人大会上作检查。这个时期，除了中央文革小组的少数人外，中央的负责同志并不了解毛主席的意图，因而只是按照北京市的状况指导工作，力求稳定大局，把运动引导到党的领导之下。我所犯的所谓50天的路线错误只不过是一个小波澜，一场更大的风暴正在孕育之中。

一、刘少奇“6•20”批示

6月1日以后，北京的大字报多极了，铺天盖地。我们没有时间看，让秘书分头去看，他们也看不过来，也看不完。我们完全是仓促上阵，对聂元梓反对彭真的由来不甚了了，对北京各大学、中学的情况也不甚了解。当时中央已对彭真的问题定了性，彭真、刘仁同志都住在家里，已停止工作。在中央讨论北京市委书记处名单时，我对彭、刘既没有讲好话，也没有讲坏话。中央决定在北京新市委中保留原来的三位书记：万里、陈克寒、赵凡。

从一开始，就有一个错误的舆论，意思是新市委领导属于“保皇派”，说我们放手不够，因而北京市“保皇派”的势力很大，大字报中“保”的内容多。我向中央汇报是如实汇报客观情况。当时大字报的内容确实不像后来那么上纲上线，因为共产党17年来确实做了不少好事，得到群众的拥护，很多群众对“文革”不理解，因此“揭露”性的大字报较少。但是毛主席却认定以彭真同志为首的北京市委是“针插不进、水泼不进的独立王国”，派我去的任务是揭开盖子，反“旧市委”。我们也只能照此对前市委，特别是市委主要领导进行批判。成立新市委，群众敲锣打鼓欢迎，庆祝。但我心里明白，我想党中央在考验我能否执行中央方针，能否打开局面。我不了解情况，对许多问题不理解，看到形势的发展是跳动的，根本跟不上。

为什么叫“旧市委”？因为《人民日报》公布成立新市委，因而人们称原来的市委为“旧市委”。这种说法如同叫国民党的政权为旧政权一样，因此原市委的领导和工作人员对此很有意见。

中央每次开会都是要求放手、更放手。我们在华北局也是这样传达、布置。会上“保守”的倾向比较大，怎么突破这一关？怎么跟得上毛主席对聂元梓大字报的评价？大家共同一点，都认为毛主席这次发动“文化大革命”比历次运动都猛。安子文讲：“三反”就很厉害，那时毛主席在怀仁堂讲，“国共合作，现在是真正的国共合作”（他的意思是指共产党向国民党学习腐化）。当时限期两天之内发动群众，如发动不起来统统撤职。什么叫发动群众？就是让群众骂你。安子文说，那时，只怕人家不骂你。这实际是为保官而斗争。第一炮打官僚主义，炮打司令部，朝我来。有男女关系的问题很快就解决了，或者用私人、家属来了找工作等等，从小事开始。经历了这么多次运动，但是大家谁也没有想到“文革”来得这么猛。

放手发动群众，放手也不容易。怎么个放法？放给谁？谁是群众？只能一步一步做。很难，很难。

6月1日到10日是宣传阶段。10日参加杭州会议回来之后觉得，毛主席虽然态度不那么明确，中央也不那么痛快，但是胆子要大，还是要干嘛！每天做说服工作：不要怕，准备垮台。王任重当时主持中南局的工作，他的思想和我们一样，但是他离中央远，又是中央文革小组副组长，并曾提议起草《五一六通知》，因而到12月份才垮台，被解除工作。

6月3日上午11时，中央在少奇同志家召开会。少奇主持，小平讲话，总理在，参加会议的有陈毅（外交口）、薄一波（工交口）、李先念（财贸口）、陶鲁笳（农村口）、叶剑英、陈伯达、康生、汪东兴、陶铸，我和郭影秋代表北京市参加。大家在会上说，现在搞运动总得有个办法。大家议论了七条，我建议再加一条群众路线。小平首先表示：好，同意。

讨论完了，我觉得这件事情比较大。因为要传达，中央又没有指示，我就从头念了一遍，大家都同意。陈毅讲了一段话，他表示很高兴，对我说：你再说一遍。他拿出小本子记。当时他也很紧张，外办、外语学院闹得很厉害。

八条指示的主要内容是：1.大字报要贴在校内；2.开会不要妨碍工作、教学；3.游行不要上街；4.内外区别对待，不准外国人参观，外国留学生不参加运动；5.不准到被揪斗的人家里闹；6.注意保密；7.不准打人、污蔑人；8.积极领导，坚持岗位。

制定出八条之后，我说：“有了这八条就好办了，现在需要向下讲。”

小平说：“开个十万人大会，一杆子插到底，新市委上任。”

我说：“还得准备，先分开讲。今天晚上开第一次会，包括机关干部；第二次包括学校，分开讲。工作几天再看看情况。”

他说：“好。”

6月4日，《人民日报》公布了中共中央改组北京市委的决定；6月6日北京新市委宣布成立新的《北京日报》、《北京晚报》编委会；6月15日，北京新市委和共青团中央决定改组共青团北京市委；6月18日《人民日报》公布中共中央、国务院关于改革高等学校招生考试办法的决定。

6月16日《人民日报》发表了《南京大学革命师生揪出反党反社会主义的反革命分子匡亚明》的消息和社论《放手发动群众彻底打倒反革命黑帮》。这篇社论无疑给北大的学生点了一把火，因为学生们认为陆平的问题比匡亚明大得多，而且是中央点了名的，但是至今未被斗争过。由于陆平等领导被工作组隔离，他们找不到，于是他们就斗那些能找到的人。

6月18日上午9时，北京大学全体工作队队员都到教学区开会，学生们独自在学生宿舍区学习、开会。化学系、生物系、东语系、西语系、中文系、无线电系的学生利用工作组不在期间，在学生宿舍区先后斗了40多名正和同学们一起学习的教师、党员干部和两名学生干部（其中一名是西语系学生团支部书记吴然，他是烈士子弟、原市委大学部部长吴子牧的养子）。以一、二年级的学生为主，在39楼设了“斗鬼台”，将墨汁倒在被斗人的脸上，拿厕所的纸篓作成高帽子戴在被斗人头上，罚跪，少数人还扭打被斗者。事件发生后，其他同学赶快报告工作组，有的高年级的同学挺身而出制止：“说理斗争不要打人”。工作组领导小组张承先等同志和各系工作组同志闻讯后赶赴现场，讲话制止。11时以后，情况缓和下来。

工作组认为，这次事件的发生“主要是坏人有意捣乱，还很可能是有组织、有计划的阴谋活动”。针对上述情况，领导小组立即采取以下紧急措施：

下午1时召开各系工作组组长紧急会议，分析了上午的事件，提出这次事件与运动初期所出现的问题根本不同（聂元梓大字报公布之后，北大校园即出现过打人的现象），坏人搞了我们一下，但坏人也暴露出来了。因此决定抓住这件事，教育群众，把问题交给群众讨论，辨明是非，擦亮眼睛，提高觉悟，增强革命警惕性。以系为单位召开全体师生员工大会，揭露今天事件的阶级斗争的本质，号召大家提高警惕，严防坏人破坏。会后即分组讨论，要求19、20、21日连续3天组织讨论、对照、检讨。

当晚10时，工作组主持召开全体师生员工大会。由张承先广播讲话，主要讲了工作组要坚决支持真正左派的革命行动。同时指出，避开工作组乱打乱斗的做法是有害于革命运动的行为，批评了乱批、乱斗干部的做法是违反党的政策，指出这种做法会被而且已被坏人利用，揭露了当场被抓住的几个坏人的情况。并要求全体师生员工组织讨论。工作组还作了一些具体规定：斗争人要经过工作组讨论、批准，等等。

当夜北大工作组给中央写了简报，即《北京大学文化革命简报》（第九号）。简报报告了事件的经过和他们处理的情况。报告认为：“主要是坏人有意捣乱，还很可能是有组织、有计划的阴谋活动。”并说：“除了这些坏人以外，参加乱斗的还有两种人：一种是本身有问题的人，怕火烧到自己身上，乘机表现自己，假装积极，抓‘替死鬼’，乱打乱斗；另一种人还是单纯从个人出气出发，不听工作组的劝告，不顾党的政策，不顾文化大革命的整体利益”并报告了他们已采取的四项措施。当天张承先向我汇报了情况，我也同意上述简报的内容。

6月19日少奇以中央名义转发了这份简报，加上批语：“中央认为北大工作组处理乱斗现象的办法，是正确的，及时的。各单位如果发生这种现象，都可参照北大的办法办理。”这个简报于20日下发。刘少奇认为牛鬼蛇神出动了，和毛主席的看法有分歧。

当时，我们处理的事情太多，隔了一两天，大约是21日、22日我看到刘少奇对北大工作组简报的批示，才知道中央转发了这份简报。当然，我们贯彻了中央的指示，6月下旬，让北大以及工交系统的工作组在华北局工作会议上介绍了经验。我们派马力（新市委秘书长）到清华去看蒯大富，那时清华工作组正在斗蒯大富。

二、我的6月23日讲话

6月23日我在北京饭店召开的市委工作会议上讲话，提到毛主席讲过“一个游鱼三个浪”的话。我解释：不要把这件事（指“6.18”事件）看得那么重，但大体还是按照刘少奇意见讲的，只是把语气变了一下。说：现在形势大好，“各校反动势力，反动观点，反动活动出台了。”反革命拦腰一截，把我们的运动截了一下。有反革命也没有什么了不起，抓起来不就完了！“在这个紧要关头，共产党员要站出来，否则纳吉要上台。”由此而来的是下面运动中开始“抓游鱼”。当时讲话时，还以为这是发动群众的一种办法。

在6月23日讲话中，我还提出恢复党团组织活动，因为我认为北京市的党员、团员，党组织、团组织，大多数是好的，是拥护毛主席、拥护党中央的。有的过去就对前北京市委反党反社会主义“黑线”进行过抵制和斗争；有的虽然一时受了蒙蔽，但是在“三家村”和它的根子被揭露以后，他们立即行动起来，投入了战斗；有的虽然犯了错误，但是他们在党和群众的教育、帮助下，许多人正在同错误彻底决裂，放下包袱，轻装前进。我们的共青团是党的忠实的得力助手。我们的党员、团员，百分之九十五以上是好的，是革命的。6月30日《北京日报》根据我讲话的精神发表了社论《共产党员、共青团员一定站在革命斗争最前列》。

后来批斗我，给我罗织的两大罪状，第一是参与制定“八条”，第二即是“6•23”讲话，“抓游鱼”。

运动来得猛，情况复杂。我们难以了解全面情况，又没有思想准备，就是每天应付各种意想不到的情况，一天累得要命。但6月份对我的冲击还不大。机关里的大字报渐渐多了，我也没有多看，因为实在顾不上。后来这也是一条罪状：不看大字报，不上“前线”。

新市委成立之初，有同志提出，北京市郊区“四清”搞得不彻底，需要总结经验，秋后进行“四清”复查。于是集中了8000名农村“四清”工作队队员召开北京市“四清”干部会议，会址在西苑旅社。会议一开始，几个大专院校的造反派头头就派人到队员驻地串联、煽风点火，要求揪斗“四清”工作团的领导干部，即原各区县局领导同志。他们指责和批判“四清”干部会的领导小组同志，说会议开得冷冷清清，不批不斗，包庇黑帮，镇压群众。在此情况下，会议无法进行，我们商量后经市委批准，宣布散会。但少数人不走，坚持说散会是个大阴谋，他们的活动得到当时《红旗》杂志社及中央文革的支持。时隔不久，大约是6月份，8000人又复会，住在市委党校。会议变了性质，集中批斗“四清”干部会的领导小组成员，同时我也成为被批判者之一。造反派批判我们开的“四清”干部会是执行刘、邓资产阶级反动路线，包庇黑帮、镇压革命群众。为此我后来作过多次检讨。事后查明，复会以后中央文革有联络员在会上支持批判我们的那一派。这样会上逐步形成两派，有一派是保我们的，力量很小。复会搞了几个月，散会后，有些造反派头头回到各区县又搞武斗，搞打砸抢。

三、陈伯达发牢骚，康生发脾气

7月15日，康生、陈伯达在一次会上闹了一场。

康生给我讲，他们派了一个工作组到北大，要开一个会听听汇报。我说：我们也派了一个工作组（实际上是指我的秘书们）。是否两个工作组一起汇报？他同意了。7月15日，康生主持中央文革小组和市委书记处联席会议，听上述两个工作组汇报。但由于陈伯达发牢骚、康生发脾气，两个工作组谁也没有汇报成。

会议刚一开始，陈伯达就站起来，大发牢骚：“我是政治研究室的主任。政研室人少，人家看不起，没有人找我们。人微言轻，我讲话人家不听。我要到天津去。”他还要我向陶铸转达他去天津的要求。我一听，这不是批评我们吗？

陈伯达还没讲完，关锋就接上去讲了一大段，意思是你们都给刘、邓汇报，不给我们讲。他讲得系统，口气挺凶，表示十分不满。

康生在这次会上也发了一通脾气。他主要谈了北京师范大学工作组组长孙友余的问题。他很不满地说，他说话、文革小组的人说话不算数，没有人听，等等。市委分工吴德负责北师大。不知康生发这个脾气有什么由来。

中央文革这么一闹，工作组没法汇报了。原定的日程全打乱了，还把我们批了一顿。我很生气。

四、怀仁堂会议

怀仁堂会议可能是14、15、16日一直开到18日，也可能中间有停顿，或者白天不开，晚上开。现在记不准确了。会议有汇报，有讨论，因为每天都发生许多新的情况。

7月18日下午，我参加了怀仁堂的会议[①]。常委刘少奇、邓小平、总理等坐在前排，我们都坐在后排。开始是汇报会，少奇、小平要我们讲讲学校的情况。吴德汇报了大学情况，胡克实汇报了中学情况，我汇报总的情况，并在他们汇报时插话。陶鲁笳具体汇报了林学院的情况。陶鲁笳是大学委员会主任，大学委员会还是总理批准成立的。薄一波支持陶鲁笳的意见。陈毅在会上发表意见较多。支持我们看法的是多数，后来人家说，“你们都讲话了”。谢富治没吭声。总理参加了1小时就走了，可能有外事活动。

胡克实的汇报通过了。吴德的汇报没有通过，还要改。

当时各大学都在酝酿赶走工作组。王光美在清华工作组，因此刘少奇了解的情况较多。他在会上讲得十分尖锐，批评中央文革一些人说：“照你们这个做法，才是真正挑动群众斗群众。这个搞法不成。我们这里有材料”。他的意思是，正常的做法是派工作组，工作组在党委的领导下工作，党委不行了，由工作组代替。他是反对赶走工作组的。

---

① 据《刘少奇年谱》下卷和《周恩来年谱》下卷记载，刘少奇主持的这次怀仁堂中央政治局常委扩大会议，是7月19日举行的。

这时，康生出来讲话：“少奇同志，我们也有材料。”口气虽然和缓，但实际和少奇顶起来了。

康生刚讲完，陈伯达接着说。他的福建话我不能完全听懂，他讲的大意是批评各级党委不能深入到这场急风暴雨之中，不深入群众，不敢放手发动群众。他的话等于把各地党委都打了，把责任放到刘邓的身上。小平站起来，叉着腰，十分气愤地说：“我们要讲得客观一些，要了解第一线的困难。什么叫放手？!要不要政策？!我们不行，你们上去。你们那样行，我们统统撤出来。党委垮了，工作组没有了，党的领导在哪里？谁来放手发动？你们根本没有搞过群众运动，你们去试试看！”

康生顶刘少奇，陈伯达和小平干起来，这真是冤家对头。

这个会议没有设专人记录。我坐在靠着记录席里面的一个沙发上。会议正开着，看见江青蹑手蹑脚进来了，在靠着记录席外边的沙发上坐下，把手里的包放在沙发上。她是偷着进来的，没有和主持会议的少奇打招呼。我心中一惊，想，她是不是从毛主席那来的，想提醒一下少奇同志，但是因离得太远，做不到。江青完全看到争吵的场面。我没有看到江青记录，她只是听。

当时少奇、小平非常激动，他们不会注意有人进来。

为什么叫“刘邓资产阶级反动路线”，就是因为在“文化大革命”发动初期的几个关键点上，他们看法一样，站在一起。

这种场合还轮不上我们发言。

就是这天，毛主席从武汉回到北京。后来宣布怀仁堂会议停止，这样的会议再没有召开①。

五、毛主席回到北京

7月18日毛主席回到北京。少奇、小平根本不知道主席回来。主席一

① 据《刘少奇年谱》下卷和《周恩来年谱》下卷记载，7月22日召开了由刘少奇主持的中央政治局常委扩大会议，讨论《北京市高等院校文化大革命初步规划》。刘少奇在讲话中再次表达了对工作组应当帮助教育，不同意赶走工作组的意见。

回到北京，康生、陈伯达、江青先去。少奇听到了就去了，走到门口，被挡了驾。少奇知道有事了。

24日晚8时半，毛主席在丰泽园召开会议。我和吴德都参加了。没有通知少奇、小平同志参加。据说少奇听到消息马上赶到丰泽园，看到外面停着很多车子，就没有往前走。另一种说法是，他走到门口，警卫不让他进去，只好回去了。

到会的各大区书记一看两位主帅没有来，知道情况有变，都比较紧张。我也没有敢记录，是会后追记的。

开始让我汇报。我的话不多，刚说到“北京大学七个人的大字报，现在七个人有分裂”，毛主席插话：“分裂怕什么？世界万物都要有分裂！”碰了钉子，我就没有再往下讲。

毛主席讲：“没有反映，没有报告。”他的意思是批评少奇、小平封锁他。

康生讲：“我们的汇报也不多。”

主席说：“什么不多，没有！”主席对这些事都是亲自抓的。

陈伯达是否到会已记不清，因当时正在起草十六条。后来我从安徽回到北京后与吴德谈过两天，他记得参加的人还多。

主席说：“依靠工作组不行。教授，你们了解？工作组原来搞什么的，搞军、工、农。学校情况你们了解？”意思是工作组不行，确定要撤工作组。他说：“中央好多部，没做多少好事。文革小组却作了不少好事，名声很大。”

会议快结束时，陶铸请示：“主席是否找少奇、小平同志谈一下”。他于1966年6月到北京，担任中央书记处常务书记兼中宣部部长。少奇、小平都不在场，一个是副主席，一个是总书记，我们也觉得不合适。

主席说：“你谈，你去传达。”主席说话的口气表面上平和，实际上很重了。

散会后，我有事请示少奇同志，到他家里一看，陶铸也在，刚刚开始向少奇、小平传达。少奇让我坐下，参加他们的会。我忙说：“我有事，马上要去处理。”就出来了。

7月25日主席召集会议，仍然以工作组为主要议题，又和缓地讲了若干道理。

六、起草十六条

7月24日、25日在主席那儿（丰泽园）开会时，中央正在起草十六条。主席让陶铸把文件起草好。陶铸主持，中央文革的人参加。

十六条最初的草稿是二十三条，到会者在讨论中将二十三条归纳为十六条。起草十六条开了好几次会。因为我不是起草小组的成员，有时参加，有时不参加。只参加过两次大会讨论。

各大区的书记都来了。他们到北京的时间有早有晚，参加会议的次数有多有少，他们都坐不稳。他们认为北京还能及时得到中央的指导，或有中央领导支持市里工作；他们远离中央，没有人替他们说话，没有回转余地。因此他们在会上讲话不多，大家都自顾不暇。

最早起草的二十三条上，有主席在杭州讲的“黑帮”、“保皇派”等名词，还下了定义。毛主席说这太长了，因而把这些名词都勾去了。改为“在当前，我们的目的是斗垮走资本主义道路的当权派，批判资产阶级的反动学术‘权威’，批判资产阶级和一切剥削阶级的意识形态，改革教育，改革文艺，改革一切不适应社会主义经济基础的上层建筑”。

在讨论“要文斗不用武斗”放在何处时，有人提出不要放在“批判时”之后，但是也没有反复推敲。最后写为“在进行辩论的时候，要用文斗，不用武斗”。

关于“文革”与四清的联系，文件规定：“大中城市的文化教育单位和党政领导机关，是当前无产阶级文化革命的重点。”乡村也应搞文化大革命，四清已搞完的，可以接着搞，四清没有完的，也可以接上搞，也可以搞完后再搞。后来9月14日在周恩来的提议下，中共中央发了《关于县以下农村文化大革命的规定》。规定中说：“县以下各级的文化大革命，仍按原‘四清’的部署结合进行，依靠本单位的革命群众和广大干部把革命搞好。”规定学生“均不到县以下各级机关和社、队去串联”。“秋收大忙时，应集中力量搞好秋收秋种和收购，'四清'运动可以暂时停下来。"这样使农村的运动压了一下。

七、中央文革小组到北大

7月25日下午，在北大历史系学习的我的女儿二林打电话问黄秘书（黄正在北大工作组办公室同张承先同志谈事）：学校里的大喇叭广播中央文革小组和北京市委到北大开会，听两派意见，问小黄是否知道。黄秘书完全不知道。张承先同志也不知道。我正在钓鱼台开会，也完全不知道。

我和吴德、陶鲁笳赶快开会商量，确定新市委赶快要去人。那时我们已知道毛主席回到北京之后，亲自做清华学生贺鹏飞（贺龙之子）的工作。

晚上，我和陶鲁笳赶到北京大学东操场。在会场边有个房子是室内体育馆。江青走到里屋，康生在外屋坐着，我就问他："今天是开什么会？"康生说："我也不知道。"

等一开会我就完全明白了，他讲的是假话。

我们进会场时经过一个月亮门，见到二林站在人群中，她向我打了一个招呼。当时北大对工作组发生很大的争论，二林和同学们在7月20日贴出大字报，提的口号是"批评工作组，拥护工作组"。人家要挖这张大字报的黑后台，我没有和她多讲话。

各大区的书记也在主席台上就座。我坐在主席台上，听着江青、康生等人的讲话。江青主持会议。康生说："我们是受毛主席的委托向大家问候。现在我介绍一下几位同志：中央文革副组长：江青同志、刘志坚同志、王任重同志、张春桥同志，文革小组成员姚文元同志、戚本禹同志……"，他还介绍了几位大区书记，以及"中央文革小组办公室"的曹轶欧（这位是他的"贤内助"）。

然后江青讲话，她说："毛主席让我们做你们的小学生，就是说，做革命的学生。革命的同学，教职员，如果需要我来，我们招之即来。我们是革命的勤务员。革命的跟我们一块儿，不革命的走出去。我听说，你们有几派不同的意见，有争论。现在请你们来讲讲，给我们听听。”

随后康生讲话：“我们听说，同学们在若干问题上有各种不同意见。这是很好的现象，是正常的现象，真理通过辩论更清楚了。比如‘6•18’，有人说是反革命的事件，有人说是革命的。到底是什么性质的？是革命的，反革命的？还是既是不革命的，也不是反革命的？比如对工作组，有人把北京新市委派来的工作组，说成是党中央派来的，毛主席派来的。你们不要听他那一套！你们别听那套！毛主席一个也没有派。你们的工作组是新的北京市委派来的。从6月1日到现在快两个月了。工作组怎么样？听说有各方面的意见，有的说是好的，有的讲有错误，有的讲有严重的路线错误。到底是什么错误？你们大家敞开讲，不要怕，什么都可以讲，不要有顾虑。有的说工作组在这里好，有的说不在这里好。文化大革命怎样搞？靠你们搞还是靠工作组‘包办’？文化大革命怎样做法？陆平、彭珮云又怎样斗法，蒯伯赞、冯定之类的又怎样斗？怎么做法？可以辩论、研究。希望听听你们的意见。”他提了一连串的问题，倾向性十分明确，富有煽动性。

我没有讲话，坐在后排，低着头想事情。这时我的脑子完全乱了，气很大：这么大的会，文革小组亲自搞，谁给你们的权力！我们是中央任命的。康生你这是做啥？！偷偷摸摸！工作组是我们派的？我感到这个人要两面派。难道陈伯达带领去《人民日报》的工作组，也是北京市委派的？在北大，除了张承先工作组之外，实际上比这个工作组去得早的不也有一个曹轶欧的工作组吗？那又是谁派的呢？我也没有听清楚他们在会上再讲些什么。

学校两派辩论，“保”的意见多，保工作组的一派发言时，康生插话批评。下面递条子：“你们说民主，为什么插话压制我们？”康生说：“民主嘛！你们能讲，我们不能讲？！”

下雨了，会议没有开完就散了。

7月26日晚上接着开，仍是江青主持。

北大附中的一位同学讲话，她是反工作组的，她的口才很好，做了充分准备。保工作组的也有几位同学讲了话，但是讲得比较软。其他保工作组的都未上台发言。

陈伯达讲话说："今天在会上听到各种不同的意见，争论得很激烈，很尖锐，这是正常现象，是阶级斗争的规律。"然后宣布："我们赞成大家的意见，撤销以张承先为首的工作组。实际上工作组是压制同学革命的盖子，我们建议新市委把这个盖子揭开。我们很多同志受了一种旧社会的影响，由于旧社会的习惯势力，受了资产阶级、剥削阶级思想的影响，好像没工作组就不能革命。我们要破坏这个习惯势力。任何革命都不能由别人包办代替。""第二个建议，在你们这里成立文化革命小组、文化革命委员会、文化革命师生代表会，这是文化革命的权力机关。这个小组成员、委员会成员、代表会代表，不能由人指定，而应由民主选举。"最后他说："党的领导的标准是什么呢？就是党中央的领导，毛主席的领导。党代表怎么才能代表党的领导？就是执行党中央、毛主席的指示。同学们说'6·18'事件就是根据党中央、毛主席的指示精神，群众来斗争牛鬼蛇神的，我认为这种做法是妥当的。"他借群众之口宣布"6·18"事件是"革命事件"。

江青讲话装腔作势："毛主席没有来。但是同学每张纸条，每个意见他都看。你们看，我这不是装了一包吗？"

中央文革小组的倾向引起保工作组的同学的不满，递条子："你们对不同意见为何不鼓掌？"康生说："有个同学递条子说'你们对不同意见为何不鼓掌'，我们都是共产党员，我们有自己的立场，自己的观点。我们同意的就鼓掌，不同意的就不鼓掌嘛。为什么非要我们鼓掌呢？"

会开到11点，江青讲话，说到北大来了四趟。讲着讲着突然说："阶级斗争搞到我家里来了。特务搞到我家里来了。张少华在不在？再看看张承先的干部路线，在领导核心中有一个张少华。她的母亲张文秋是全国通报的政治骗子，张少华她自己说是毛主席的儿媳妇，我们根本不承认。"她边说边哭。张少华的名字我第一次听说。据说张少华赶快离开了学校。

江青把干部子弟骂了一顿，然后又点了历史系的教师郝斌，说郝斌

“坚决执行前市委的修正主义路线，实行反攻倒算，围攻李讷（江的女儿）”；然后就批工作组，点了张承先、吴振声（教育部的干部）的名字。她说：“这就是阶级斗争。阶级斗争到我们家里来了！这就是张承先！这4年，我在文艺界工作，受了多少迫害！我本来没有心脏病，现在我心脏也不好了。我也要控诉。”

最后康生做总结，他说，我们小组组长陈伯达已回答了昨天他提出的三个问题。他说：“我认为，张承先工作最大的错误有两个：第一，50天来，不是真正的教育同志们，使同志们认识到北大的文化革命要整个北大革命师生搞。这一点就是不相信群众，不依靠群众，不走群众路线。第二，50天来，北大整个学校连个文革委员会也没有组织起来，各系有的也是工作组代替进行的，不是真正放手发动群众，相信群众，依靠群众。因此他在路线上、思想上、组织上，都犯了严重错误。”“你们组织文化革命委员会时，必须紧紧掌握毛泽东思想这面红旗，相信自己，相信党，相信毛主席，我们的一切事业都会前进，都会胜利。有的这样讲：你是不是不要党的领导了？真正接受党的领导，就是贯彻执行党中央、毛主席的指示。”他要大家学习“九评”。从那以后，50天的错误就成了一个定论。

在这个会上，中央文革小组宣布罢了张承先工作组组长的官。

我的脑子完全乱了，十分生气。宣布工作组犯了路线上、思想上、组织上的错误，事先也不打个招呼，谁给你们的权力？!这是什么民主？!他们讲的话有些我也没有听见。

会快开完时，江青走近我问：“你讲不讲？”

我说：“我不讲。”我已很清楚，这样搞矛头是对着我们的。

江青又说：“你讲讲吧。”

我仍坚持：“我不讲了。”

江青转身回到主席台，冲着麦克风就说：“请新市委书记讲话”。她带头鼓掌。这毫无道理。

我完全没有准备，讲得很乱：“工作组在你们那里，什么时候批判，什么时候要让他们来，他们就来。工作组是中央派来的，我们对具体的事情也不了解。工作组都是四面八方来的人，情况不明，随传随到，奉陪到底。”

“奉陪到底”这句话等于和文革小组对上了。他们记住这句话，并怀恨在心。3年多后的1970年在华北会议上和我算账，又提出这句话。江青他们对“奉陪到底”之所以这样牢牢记住，其根源就是我在许多问题上同他们的看法有分歧，如支持不支持聂元梓的问题；派工作组的问题；要不要党的领导，依靠不依靠党团组织；该不该讲八项政策；斗不斗黑帮；该不该保留原北京市委的三位书记；对清华造反派蒯大富是支持还是镇压，等等。过了两天，7月28日，在北京展览馆召开的海淀区学生大会上，江青接见一位北大学生时，怒气冲冲地说：“李雪峰算老几，我只要用一个指头，就可以把他捅倒!”果然过了十几天，8月16日我被罢了官。

7月27日，江青、康生带文革小组到北京师范大学。这次连听同学意见的形式也不要了。康生说：“首先，师范大学斗黑帮分子程今吾斗得好。我们经过调查，孙友余这个组长，没有把程今吾这个黑帮分子紧紧抓住，而是把矛头指向了我们同学。”他实际上宣布打倒孙友余。

江青讲得就更明确了：“工作组是石头，阻碍你们前进的道路。”她点了工作组组长孙友余的名字，说他们在同学中制造分裂，号召同学们斗争他们。还说：“你们同学要求撤销工作组，我们中央文革小组讨论了这个建议，觉得这是一个很好的建议。”中央还没有宣布，她就向群众公开了。

康生在讲话中宣称彭真2月底3月初要搞政变，宣布为反工作组的谭厚兰平反。他说：“孙友余别有用心地说：‘林杰（北师大毕业生，中央文革工作人员）要整左派学生，林杰后头是关锋，关锋后头是陈伯达，关锋后头还有一条黑线’……我们是不是黑帮？是不是黑线？”

康生派关锋亲自抓林杰、谭厚兰。市委分工由吴德联系北师大。吴德讲话做事谨慎，康生认为吴德态度好些。后来吴德担任了北京市委第一书记。

在7月26日前后，具体日期已记不清了，地质学院要斗薄一波。吴德请示总理后，去了地质学院，为的是说服大家要文斗不要武斗。他一去就被人家包围了，成了笼中鸟。实际上人家早就准备好了。

当时大家都不清楚，少奇糊涂，小平也糊涂。小平见了我说：“苦了雪峰了。”少奇说：“批批也好，是个锻炼。”我心里真为他们担心。但我们见了面也不敢多讲话。

八、7月29日万人大会

因为中央文革到处宣布工作组犯了50天路线性错误，撤销工作组，这样中央不得不决定28日由新市委作出《关于撤消各大专学校工作组的决定》（适用中学）。29日，新市委在人大会堂召开万人大会，宣布这个决定，由我主持大会。

小平同志讲话，他说：“我以中央工作者的名义讲几句话。市委宣布从大中学校撤销工作组。必须说明：在党的北京新市委建立以后，以新市委名义向各大中学派出工作组，这是根据中央的意见办的。当时旧市委垮了，新市委工作人员少，各大中学校，革命学生和教师起来闹革命，纷纷要求新市委派人领导运动。新市委只好向各方面救援，学校工作组一种是新市委直接派出的；一种是在新市委要求下，中央各部门、河北省及‘四清’工作组抽调的干部，临时集合起来，由新市委派出的；另一种是在市委要求下，由中央各部门、国务院各部门派出的。”他否定了中央文革说工作组是新市委派的说法，承担了责任。

他说：“我们这个决定是比较匆促的。还有的决定，例如中学集训、军训等问题的决定也是比较匆促的。有的同志说老革命遇到新问题，的确是这样。而工作组到各校，又是非常仓促的，没有经过充分的研究和讨论，我们在中央工作的同志，在市委工作的同志，自己搞这样史无前例的运动，也没有经验，也没有在一些方面给工作组做具体的交待。工作组的同志按老一套的工作方法去指导运动，有些不好的工作组还违背我们党历来对待群众运动的方针，自己搞一套，瞎指挥，乱闹一通；结果在一个多月中把轰轰烈烈的革命运动搞得冷冷清清，有的学校甚至弄得很糟糕。这是个很大的教训，也是一个很重要的经验。基本的教训是，对于广大的革命师生的革命自觉性和创造性估计不足，对于革命的思想水平、政治水平和革命本领估计不足，对于大鸣、大放、大字报、大辩论的文化大革命的群众路线方法，领导群众自我教育、自我锻炼、自我革命，从而推动和带动我们无产阶级专政下面实行广泛民主的伟大意义估计不足。”他认为：“工作组有的是好的，有的是比较好的，但是也犯了这样那样错误的，有的是犯有严重错误的，他们压制群众，打击革命左派和不同意见的人，严重地违反了党的方针政策，把方向扭到错误的方面去，阻碍文化大革命运动的发展，引起广大师生对他们的不满，批评他们，以至要求撤换他们，这是完全合理的。工作组的大多数同志在主观上是想把事情搞好的。”他的讲话与中央文革小组在北大的讲话调子显然不一样，口气和缓。他讲到老革命遇到新问题。

总理讲话中也说到工作组不是新市委派的。他说：“6月3日北京新市委成立，因此群众一方面敲锣打鼓庆贺，一方面要求派工作组。我们匆忙做出决定派工作组。对学校我们过去没有经验，特别是政府派去的工作组。很多工作组工作方式就是老一套，当然，小平同志刚才讲了，也有的是老革命遇到新问题。绝大多数工作组主观要求是好的，但方法不对，效果不好。”他说：工作组撤销后，留在学校，向你们学习。只要能认真检查，他们绝大多数是好同志，你们会了解他们。他们也会了解你们。总理讲政策性的东西，讲要文斗。

最后少奇同志讲话，他说：“我也是党中央工作人员之一，党中央包括我在内，热烈支持北京高等、中等各学校革命的同学、革命的教师、革命的员工进行无产阶级文化大革命!这是我们党中央的总方针，把无产阶级文化大革命进行到底!至于怎么进行无产阶级文化大革命？你们不大清楚，不大知道，就问我们：‘革命怎么革？’我老实回答你们，诚心回答你们：‘我也不晓得。’我想党中央许多的工作人员，也是不知道主要靠你们革，靠各学校的广大的师生员工在革命的实践中间来学会革命。你们现在有饭吃，吃饱了也不上课，干什么呢？干革命，你们干革命就是由你们闹!”“派工作组是中央决定的，中央同意的。现在工作组这个形式不适合当前无产阶级文化大革命运动的需要，中央决定撤出工作组。"他建议学生"在运动中间要保护少数，保护那些意见不同，而占少数的人"。

会议刚开始，毛主席就到人大会堂，在后台走来走去，一直在那听前台同志的发言。我递了一个条子告诉刘少奇，可是刘少奇正在讲话，比较激动，没有注意到。

翟英（李雪峰同志夫人——编者）她们当时坐在台下，听得比较清楚。听到刘少奇还讲了："反对毛主席也不一定是反革命"。少奇说："清华大学有一个学生写了这么一个口号，叫做'拥护党中央，反对毛主席'，同学们就揍他。这是反动的标语。一揍他，那么多的人揍，公安部门只好暂时拘留，这是一种保护性的拘留。如果你们暂时保护他的自由，让他活动，就放回来。不妨大局嘛。保护几个月再作结论。不论是对于黑帮，对于牛鬼蛇神，对于反革命分子、右派分子、假革命、假左派等等，一般都要到后期来作结论。在作结论以前，暂时保护一下，让他活动一下，活动一个时候，我看没有坏处。"

翟英还注意听到邓小平讲："我们跟了毛主席几十年，难道现在就不跟了？"

我当时主持会，十分紧张，有些话我都没有听清。

少奇讲完后，毛主席突然走上主席台，同群众见面。台下的群众掌声雷动，鼓掌长达10分钟。毛主席没有讲话。

"五十天路线错误"，我一直不清楚他们是如何算出来的。从6月3日到7月22日江青、陈伯达到北大活动，整整是50天。

党的八届十一中全会评述

贺　源　张沱生

《关于建国以来党的若干历史问题的决议》指出："1966年5月中央政治局扩大会议和同年8月八届十一中全会的召开，是'文化大革命'全面发动的标志。"毛泽东同志在1970年12月同美国友好人士斯诺的谈话中也指出："1966年5月16日中央政治局扩大会议就决定搞文化大革命，1966年8月召开了中央十一中全会，十六条搞出来了。"两者说法的角度虽然不同，但却共同反映了这样一个历史事实：即"文化大革命"的发动是一个过程，单有5月中央政治局扩大会议而没有8月八届十一中全会，还不足以说明"文化大革命"已经全面发动起来。这是合乎历史实际的说明。由此可见，八届十一中全会在党的历史上虽然没有任何的积极意义，但它在十年动乱史上的地位和作用却是至关重要的。因此，根据所见材料，对这次全会的有关情况作出一点说明，以进一步了解"文化大革命"发生的原因及其教训，无疑是必要的和有益的。

一、八届十一中全会召开的背景

通过《五·一六通知》的5月中央政治局扩大会议一开过，特别是毛泽东同志6月1日批准广播了聂元梓等人的"第一张大字报"以后，"文化大革命"便在全国开展起来。当时面临的局面是：北京市委和北京大学党委改组，彭真等同志被打倒，许多重要负责干部受批判靠边站，被陈伯达率领工作组于5月底夺了权的《人民日报》，极力把《五·一六通知》精神和上述事件影响捅向全国，整个北京以至全国在6月上旬即开始发生很大的混乱，许多学校、机关以至工厂的正常秩序眼看难以维持，纷纷要求上级派人加强领导。在此期间，毛泽东同志不在北京，按照惯例，中央工作由刘少奇同志主持。刘少奇同志对这场运动虽然极其缺乏思想准备，但他当时对“文化大革命”还是从好的前途方面来理解。他说：“过去中央千方百计想寻找一条途径，以纠正、杜绝各级干部正在滋长起来的官僚主义作风和脱离群众的现象。社会主义教育运动是一次尝试，希望文化大革命是一个更好的机会。”[①]因此，在他主持工作期间，总是想方设法加强党的领导，希望使运动能在正确的轨道上前进。他在考虑到上述情况以后，于6月初和邓小平同志一道主持召开中央政治局常委扩大会议，决定由中央各部派出工作组进入北京各高等院校，并决定由团中央派工作组负责中学“文化大革命”，协助各单位党委把运动的领导权掌握起来；同时，还制定了“中央八条”指示，提出运动要“内外有别”、“注意保密”、“大字报不要上街”、“不要游行示威”、“不搞大规模声讨会”、“不要包围黑帮住宅”等等，试图扭转越来越混乱的局面。

派工作组，这是当时的一般客观要求，也是我党多年来行之有效的一种工作方法。对于这一措施，毛泽东同志开始也是同意的，如5月底由陈伯达率领到人民日报社夺权的工作组，6月初到北京大学的工作组，即是经过毛泽东同志批准同意派出的。甚至到7月初，毛泽东同志在刘少奇、邓小平同志关于工业交通企业和基本建设单位《文化大革命运动部署问题》的请示报告上，还明确批示同意他们的办法，并指示“应当迅速”将他们主持起草的中央、国务院通知发下去。在这个通知中，就有分别不同情况派出工作队的意见。虽然在6月中旬，他在杭州会议上曾说过不要急急忙忙派工作队一类的话，但是直到他回北京以前，一直没有明确表示过坚决反对的意见。

---

① 见1980年12月5日《工人日报》，《胜利的鲜花献给您》。

当时虽然派出了工作组，但是由于“文化大革命”的指导方针根本错误，因而并未能真正扭转越来越严重的混乱局面。6月中旬，北京几乎没有一个学校不发生混乱事件。正如中央当时所指出的：“出现了越来越带着普遍性的打人、侮辱党员、干部等带有破坏性的不好的苗头。”为了维护社会主义法制，制止乱打乱斗现象，6月20日，党中央根据刘少奇同志的意见，决定将北京大学工作组制止“六•一八”乱打乱斗事件的第九号简报转发全国，并在批语中指出：“北大工作组处理乱斗现象的办法是正确的，及时的。各单位如果发生这种现象，都可参照北大的办法处理。”中央指示下达后，对稳定社会秩序起了一定的积极作用。

7月18日，毛泽东同志回到北京。他在听了中央文革小组的汇报以后，就完全改变了他原来对派工作组问题的看法。于7月24、25日，连续发表批评工作组的讲话。他认为，工作组“起坏作用，阻碍运动”，应当“统统驱逐之”。事实上，不仅工作组被指责犯了错误，几乎所有的党委后来也都受到了同样的指责。当然也有例外，当时陈伯达等极少数几个工作组就没有受到指责。这就表明，问题的实质不在于工作组这种形式，而在于工作组执行什么方针、政策。

对工作组问题的错误指责，江青、康生、陈伯达一伙起了很坏的作用。早在6月20日，他们即利用毛泽东同志关于不要急急忙忙派工作队的意见大作文章，向中央提出摆脱党的领导的所谓两项建议：其一，建议全国大中学校、机关单位在适当时候，由群众选举成立文化革命小组，领导文化革命运动；其二，在最必要的地方，最必要的时候，可以由上级派工作组，其成员“应当是无产阶级革命派，不是资产阶级保皇派”。他们所说的所谓“最必要”，实际上是“不必要”。陈伯达在8月11日给毛泽东同志的信中表白，这是他们用“很婉转的方式”，表示他们不同意派工作组和要求撤出工作组的意见。他在这封信中说：“在6月20日以前，小组同志察觉到很多工作组阻碍运动，因此，主张文化大革命必须由群众自己进行，由群众自己选出来的文化革命小组主持工作。”显而易见，中央文革小组的这一主张，是要完全摆脱党的领导，使运动不受任何约束地大乱下去，以便他们乱中夺权。当中央文革小组的这两项所谓建议在6月

21日的中央汇报会议上一经提出，理所当然地遭到刘少奇、邓小平同志的严厉驳斥。他们严正指出，这种作法是“不要党的领导”。江青、康生、陈伯达一伙怀恨在心，到处搜集工作组的所谓“问题”给刘少奇、邓小平等同志罗织罪状，等毛泽东同志一回到北京，便进行诬告。毛泽东同志偏听偏信了他们的汇报，明确表示支持他们的意见，轻率地改变了中央的决定，于7月25日下令、27日由中央正式作出决定撤出了全部工作组。工作组一撤，江青、康生、陈伯达等把“一切权力归文革”的口号一喊，于是各级领导纷纷靠边站，许多单位党委名义尚存，实际不起作用了。

当时全党所以赞成派工作组，一方面表现了对“文化大革命”的不理解，另一方面也是一种自觉和不自觉的抵制和斗争。当时许多老同志提出：我们国家1965年形势很好，1966年5月以前形势也不错，为什么突然要来一个“文化大革命”？百思不得其解。刘少奇同志7月29日在群众大会上说：“怎样进行无产阶级文化大革命，你们不大清楚，不大知道。你们问我们，我老实回答你们，我也不晓得”周恩来同志后来直到11月15日接见部分院校红卫兵代表时还说：“我真没有想到现在放手让你们来闹革命，连做梦也没有想到。”像党中央的副主席尚且如此，至于各级领导干部和全党对于这场“文化大革命”的认识就更加可想而知了。由于无法理解，当然在行动上也就会有“很不认真”、“很不得力”的表现。所谓三个“很不”，所谓“老革命遇到新问题”，这在当时是普遍存在的。对于刘少奇、邓小平等同志来说，主要是不赞成“乱”，所以力主派工作组；对于毛泽东同志来说，也并不是主张越乱越好，而是主张“不要怕乱”，是想通过一定的“乱”来达到“治”，所以在同意派工作组的同时又提出不要急急忙忙地派的意见；而江青、康生、陈伯达一伙则是别有用心，惟恐天下不乱，所以坚决反对派工作组。这就是5月中央政治局扩大会议以后一段时间内，中央领导层对“文化大革命”的基本态度。

本来，按照实际情况决定工作方针，这是毛泽东同志的一贯思想。当时的客观形势是需要采取紧急措施“刹车”，或至少对混乱局面加以控制，不使其进一步恶化。但是毛泽东同志错误地认为，当时还乱得不够，主张改变派工作组的政策，“由革命师生自己搞革命”，并且对部分人起来“造反”破坏党纪国法的行为给予错误的赞扬。这在客观上无异于给正在泛滥着的无政府主义和极左思潮以火上加油，使那些投机分子、野心分子和阴谋分子更加猖狂和得意忘形。

以上情况说明，在5月中央政治局扩大会议以后的一段时间里，在中央，围绕派工作组问题上的分歧和斗争，使刚刚开始的“文化大革命”遇到了“阻力”。从“左”倾错误看来，为使这场“文化大革命”不至“夭折”，就必须采取更为有效的措施，做进一步的发动工作。这就构成了召开党的八届十一中全会解决刘少奇、邓小平同志所谓“问题”的基本条件。

二、八届十一中全会的基本情况

1966年8月1日至12日，由毛泽东同志主持，在北京召开了八届十一中全会。在此之前，7月27日至30日召开了预备会议。 参加这次会议的有中央委员会委员和候补委员。中央常委除陈云同志请假外都出席了会议（林彪开始请假，中途返回参加了会议的后半段）。列席会议的有各中央局和各省、市、自治区党委的负责人，中央文革小组的成员，中央有关部门的负责人，所谓首都高等院校师生的“代表”（如聂元梓等）。除中央常委外，与会人员编为华北、东北、华东、中南、西南、西北六个组。中央文革小组成员分别参加各组活动。会议原定议程主要是讨论和批准1962年9月八届十中全会以来中央政治局关于国内国际问题的重大决策和重大措施；讨论并通过《中国共产党中央委员会关于无产阶级文化大革命的决定》（即《十六条》）。但是会议进行中，却根据毛泽东同志个人的意见改变了议程，开展了对所谓“刘少奇资产阶级司令部”的斗争，并在会议结束前对党中央的领导机构进行了大的改组。这次会议使党的集体领导原则和民主集中制进一步遭到破坏。会议气氛非常紧张，出现纷纷检讨，人人自危的情况。同时，会议期间对毛泽东同志的个人崇拜发展到了狂热的程度，会议后期，对林彪也进行了吹捧。终于，全会在大多数同志内心很不理解甚至十分抵触的情况下，通过了一系列错误决定、决策。

整个会议(包括预备会议),大致可分为三个阶段。

7月27日至30日的预备会议为第一阶段。是分组讨论和修改《十六条》;讨论毛泽东同志7月24日、25日关于批评和撤销工作组的指示,为正式开会作准备。在会议召开的前一天晚上,部分与会者参加了北京大学撤销工作组的群众大会。在讨论中,会议各组都表态拥护毛泽东同志关于撤销工作组,由群众自己选举文化革命小组或文化革命委员会来领导运动的“决策”,认为“打破了旧框框”,找到了“新的工作方式”、“新的群众组织形式和斗争形式”,“具有非常重大而深远的意义”。许多同志还认为,派工作组“主观愿望还是好的”,“也起了一定作用”,但随着运动的发展,“这种形式已不适应”,“逐渐成为运动发展的障碍”。认为有些工作组下去是去“治乱”,这是不相信群众的表现。也有不少同志提出:“工作组撤走后,如何体现党的领导,是一个重要的问题。”提出在许多党委瘫痪的情况下,广大党团员迫切要求领导,党团组织在运动中怎样活动的问题,亟待解决。从这些情况可以看出,尽管当时毛泽东同志已对派工作组作了严厉的批评,但与会大多数同志主要还是从工作方法的角度来看待这个问题的。

8月1日至3日为会议的第二阶段。8月1日全会正式开幕。总书记邓小平同志、中央副主席周恩来、刘少奇同志先后在会上讲话。刘少奇同志报告了十中全会以来中央关于国内外问题的重大决策和措施。毛泽东同志在会上作了插话。其中再次对派工作组进行了批评,指出派到大专学校和中等学校的工作组,百分之九十都犯了方向性的错误,提出“不要迷信自己”,“做官当老爷”。同日,毛泽东同志给清华附中红卫兵复信,对红卫兵的“造反”行动表示“热烈支持”。他的信于当日作为会议文件下发。在以后几天的分组讨论中,与会同志的发言,都表示拥护刘少奇同志的讲话。但讨论重点一直还是集中在“文化大革命”问题,特别是工作组的问题上。大家根据毛泽东同志的批评,纷纷谈认识、摆情况、作检讨。许多同志谈到,对于这次文化大革命,直到最近仍然处于很不理解,很不认真,很不得力的状态。并且开始上纲上线把这次的问题提到“革命不革命”的高度来检查自己。

8月4日至12日，为会议的第三阶段。按照议程，会议本应在8月5日通过《十六条》而宣告结束。但是，在8月4日的中央政治局常委扩大会上，毛泽东同志发表了使到会大多数同志感到震惊的讲话，全会日程被延长了。毛泽东同志说：“在前清时代，以后是北洋军阀，后来是国民党，都是镇压学生运动的。现在到共产党也镇压学生运动。”他说：这次的问题，“说得轻一些是方向性的问题，实际上是方向问题，是路线问题，是路线错误，违反马克思主义的。”“所谓走群众路线，所谓相信群众，所谓马列主义等等都是假的。已经是多年如此，凡碰上这类事情就爆发出来，明明白白站在资产阶级方面反对无产阶级。”“这是镇压，是恐怖，这个恐怖来自中央。”刘少奇同志当时表示了他自己的态度，说他在北京，要负主要责任。毛泽东同志说：“你在北京专政嘛！专得好！”毛泽东同志的这些批评是非常严厉的，当然也是非常错误的。会议决定原定当天开的大会不开了，要求参加常委扩大会的同志分别回到各组，传达毛泽东同志的讲话。8月5日，毛泽东同志又写了《炮打司令部——我的一张大字报》，指责自6月上旬派工作组以来的“五十多天里，从中央到地方的某些领导同志……站在反动的资产阶级立场上，实行资产阶级专政，将无产阶级轰轰烈烈的文化大革命运动打下去。”并说：“联系到一九六二年的右倾和一九六四年形‘左’而实右的错误倾向，岂不是可以发人深醒的吗？”大字报虽未点名，但所指是明显的。紧接着，根据毛泽东同志的指示，中央向各地发出电报宣布：“中央1966年6月20日批发北京大学文化革命简报（第九号）是错误的，现在中央决定撤销这个文件。”8日又下发了正式文件。这样全会很快地转向讨论毛泽东同志的大字报和对所谓“刘少奇资产阶级司令部”的批判。《十六条》被推迟到8日才通过。

《炮打司令部》的大字报是7日才印发给会议的。在此之前，与会大多数同志并不知道有这张大字报，大家还是讨论4日下午传达的毛泽东同志在常委扩大会上的讲话，但当时会场的气氛已变得非常紧张。毛泽东同志如此严肃的批评，使与会者感到问题很严重，大家都表示拥护毛泽东同志的讲话，检讨自己犯了“路线错误”。一些同志表示，听了毛泽东同志的讲话，思想上震动很大，感到“现在摆在我们面前的问题，是跟不跟主席革命的问题，主席把话讲透了，我们应该想透，……绝不要走到相反的方面去。”8月4日下午，刘少奇、邓小平两同志在小组会上作了自我批评。刘少奇同志说：“主席不在家这一段，由我主持工作，决不逃避责任。中心问题是，站在资产阶级立场上，反对群众运动。”“这次文化大革命，群众起来要民主，主席又这样大力支持，把我们夹在中间，这也是上压下挤。”“革人家的命可以，革我们的命可不可以，这是个大问题。要下决心，革我们自己的命，无非是下台。我们这些人可以下台，你下决心让他革，反而可以不下台，你不让人家革，就非让你下台不可。”但是，尽管如此，在毛泽东同志大字报下发以前，除很少数人外，绝大多数同志都还是在检查自己的“问题”，并未把矛头指向刘少奇等同志。

但是，毛泽东同志的大字报下发后，从8月8日开始，会议转入了对刘少奇等同志的批判。从当时的发言来看，与会大多数同志，尽管事先已听了毛泽东同志7月24日、25日及8月4日的指示，又经过了几天来的讨论，在思想不通的情况下尽量上纲上线，但无论如何也没想到党内还有“资产阶级司令部”的问题，因此对毛泽东同志的大字报都感到突然，不理解。但在当时的情况下，也都不同程度地表示了拥护的态度。

林彪、中央文革一伙在这一阶段中推波助澜，起了极坏的作用。

林彪本来已向中央请假，并未参加会议，8月4日，他认为全会即将结束，连夜从大连打电话给中央表明他对《十六条》修正稿的态度，说：“这个决定，是一个很革命的决定，它保证了能横扫一切牛鬼蛇神，保证了能把运动更坚决而正确地扩大和深入起来并长期坚持下去。”“我完全同意中央全会的看法和方针。”但在全会日程延长之后，根据毛泽东同志的决定，林彪于6日飞回北京参加了会议。8日，林彪接见中央文革小组成员，并在讲话中表示坚决支持毛泽东同志发动“文化大革命”。他说：“这次文化大革命最高司令是我们毛主席。”“运动开始蓬蓬勃勃、轰轰烈烈，中间泼冷水，泼下去了。毛主席又把局面扭转过来了，不然，文化大革命就会夭折、中断，……现在重整旗鼓再进攻。”又说：“我们毛主席把文化大革命作为专题，作为大事，作为一个战略任务，是共产主义运动中的创举，是社会主义建设所必需。”“要在运动中把资产阶级反动权威打倒，使他们威风扫地，要弄得天翻地覆，轰轰烈烈、大风大浪、大搅大闹，这样就使得资产阶级睡不着觉，无产阶级也睡不着觉。……毛主席是统帅，你们作战斗员，进行全国的大战斗，任务很大。”同时，林彪大搞毛泽东同志的个人崇拜。他说：“不少人不能正确评价主席思想，认识主席思想的伟大。毛主席是当代无产阶级最杰出的领袖，是最伟大的天才，有最高的革命责任感，最现实的革命精神。毛泽东思想经过长期革命斗争的考验，是无产阶级最高的理论，是世界上无产阶级最高水平的著作，是我们有史以来最高水准的著作。我们不以此为武器，为动力，不重视，就要犯大错误。中央政治局常委的一些人不重视这一点，就是很大的错误，如同苏联人民丢掉列宁主义一样。”林彪的讲话，很快在全会上作了传达。8月11日，会议又印发了林彪在5月中央政治局扩大会议上的讲话（即“五•一八讲话”）。

与此同时，中央文革小组江青、康生、陈伯达之流以反刘英雄自居，大肆煽风点火。陈伯达写的《拥护毛主席的大字报》一文作为大会文件下发。其中说：“毛主席把党的领导从最近一两个月的错误路线引回到无产阶级的正确路线上来，这是党的伟大胜利，无产阶级的伟大胜利，我国社会主义事业的伟大胜利，同时是国际无产阶级的伟大胜利。马克思曾经说过：社会主义革命可能由法国首先发动，而由德国来完成。但没有实现。列宁也设想过，社会主义革命可能由俄国首先发动，而由德国、法国、英国来完成，但也没有实现。现在的历史可否说明社会主义革命由俄国首先发动，而由中国来实现呢？……难道这不像人们所说的国际的希望在中国吗？”康生在他的发言中说：“在今年5月举行的政治局扩大会议上，我曾经说过，毛泽东思想，准确地说，应当是毛泽东主义。”“毛泽东思想是不是超过了马克思主义和列宁主义呢？我认为是超过了。”“有的常委不举毛主席思想红旗，我久有感觉。”张春桥在发言中说：“他（指刘少奇）讲毛主席调查研究的方法不适用了。我在64年看了记录……完全是赫鲁晓夫在‘二十大’的口吻，作秘密报告的口吻！”姚文元在他《永远跟着毛主席前进》的大字报中说：“《炮打司令部》打的什么？是用马列主义的炮弹，毛泽东思想的炮弹，打掉司令部里的资产阶级的反动思想，反动路线。”

江青在全会上对所谓“炮打司令部”问题的解释起了非常恶劣的作用。当有的同志发言说到毛主席的《炮打司令部》就是炮打我们这些犯了错误的高级干部时，江青立即表示反对，她说：“我反对这种混淆是非的意见”，“北京有两个司令部”，“一个是代表资产阶级的司令部，一个是代表无产阶级的司令部。同志们注意这些用辞：‘长资产阶级威风，灭无产阶级志气，又何其毒也！’‘发人深醒’。主席一般不用这样的辞。”后来关锋在发言中便按照江青的腔调说：“在我们党内有两个司令部。一个是毛主席的司令部；一个是某几个中央领导同志的司令部。后一个司令部是反对毛泽东思想的司令部，修正主义的司令部。现在要打的就是这个司令部，必须把这个司令部打垮。”

在江青作这样的解释之前，许多同志认为主席炮打的是我们司令部里面犯错误的同志，并且多是批评刘少奇同志所谓对主席思想有抵触，不服气，自以为是，想与主席平起平坐、比赛等“问题”。在此之后，便接受了江青的提法，批判所谓的“资产阶级司令部”。在这一阶段中，邓小平、朱德、陈云、邓子恢、薄一波及其他许多同志也都受到不同程度的批判。后来还有人建议中央组织专门小组审查刘少奇同志的“问题”。

10日下午，在继续批判刘少奇同志的同时，开始讨论会议公报。

这次会议，一方面对所谓“刘少奇资产阶级司令部”进行了猛烈的批判，另一方面对毛泽东同志的个人崇拜达到了狂热的地步。本来，毛泽东同志在会前（7月25日）曾经指示，今后不要再用“最高最活”、“顶峰”、“最高指示”等语言。但是会议期间制定的一个贯彻这一指示的文件中却说：“林彪同志提出这些话是正确的”，“这些非常生动、通俗和鲜明的语言，在群众学习和斗争中发生了积极作用。”“主席指示：今后不用这类语言。大家认为这是伟大领袖的谦逊态度。我们应当按照主席的指示办。……考虑到群众情绪 和当前斗争的需要，不宜 于突然全部停止使用这类语言。”此外还提出，“反党黑帮”反对这些提法，是从“根本上反对毛泽东思想”，等等。8月7日中央批发这个文件要各地“遵照执行”。这个文件同时作为会议文件下发。很显然，这样一个文件，根本不可能纠正那些错误的提法，而只能使其继续沿用下去。文件刚刚下发，就有同志在会上发言建议，“党内还是要大讲特讲把毛主席的话当作最高指示，当作最高原则，与对外宣传区别。”当场许多同志表示赞同，并且认为，“最高指示”等作为群众语言要一直保留下去。

在称颂毛泽东同志的同时，对林彪也大肆进行褒扬。认为他“毛泽东思想伟大红旗举得最高”，“最突出无产阶级政治”，“一贯忠于毛主席”，“跟毛主席最紧、跟得最好”，等等。认为毛主席的接班人“必须是主席最好的学生”，“这样的人只有林彪，这已是众望所归”。还有的同志在全会选举之前，当得知毛泽东同志改组中央领导机构的意图后提出：“我们党，毛主席是最高统帅，林彪同志是副帅。今后的一切大政方针，都要由主席和林彪同志来决定，其他人都是做具体工作的。”因此，在这次全会上林彪成为“副统帅”已是大势所趋了。

8月12日召开大会，改组了中央领导机构。大会通过了候补中央委员递补为中央委员名单；通过了撤销和补选中央书记处书记的决定；补选了中央政治局委员、候补委员；选举了中央政治局常务委员会；补选了中央书记处书记。大会还通过了会议公报。

选举结果，政治局常委由原来的7人扩大为11人：毛泽东、林彪、周恩来、陶铸、陈伯达、邓小平、康生、刘少奇、朱德、李富春、陈云。在会议通过的公报中提出：“毛泽东同志天才地、创造性地、全面地继承、捍卫和发展了马克思列宁主义，把马克思列宁主义提高到一个崭新的阶段。毛泽东思想是在帝国主义走向全面崩溃，社会主义走向全世界胜利的时代的马克思列宁主义。”又说：“全会认为，林彪同志号召人民解放军在全军展开学习毛泽东同志著作的群众运动，为全党全国树立了光辉的榜样。”接着，提出了林彪的所谓“三十字学习方针”，要求“进一步在全党全国推广”。公报将全会狂热的个人崇拜之风吹向全国。

在12日的闭幕会上，毛泽东同志讲了话，他说：“这次全会所决定的问题，究竟是正确的还是不正确的，要看以后的实践。我们所决定的那些东西，看来群众是欢迎的。比如中央主要的一个决定就是关于文化大革命，广大的学生和革命教师是支持我们的，而过去那些方针，广大的革命学生跟革命教师是抵抗的，我们是根据这些抵抗来制定这个决定的。”“对犯错误的同志总是要给他出路，要准许改正错误。不要认为别人犯了错误，就不许他改正错误。我们的政策是惩前毖后，治病救人，一看二帮，团结——批评——团结。”“我们这个党不是党外无党，我看是党外有党，党内也有派，从来都是如此，这是正常现象。”“比如说对群众运动就有两派，不过是占多占少的问题。”

最后，林彪在闭幕会上做了简短讲话，他强调说：“这一次会议，从头到尾都是主席亲自领导的。”“这次会议解决了重大问题。在这次规模伟大的文化大革命进行过程中间，发生了严重的路线错误，几乎扼杀了这一革命，使之停顿下来，中断下来，倒退下来，在这种危险的时候，主席出来扭转了这种局势，使这次文化大革命能够重整旗鼓，继续进攻，打垮一切牛鬼蛇神。”“今天又把组织机构解决了，保证了我们今后工作能够更加落实。”

三、几点看法

从八届十一中全会的整个过程和它所作出的决定以及运动的实际发展情况看，这次全会是5月中央政治局扩大会议的继续和发展，是全面开展“文化大革命”的再一次发动。全会以后，从8月18日至11月26日，毛泽东同志先后八次接见了来自全国各地的1300万师生和红卫兵，从此一改所谓“冷冷清清”的局面，“文化大革命”便在全国各条战线、各行各业、各个角落更加“轰轰烈烈”地开展起来。在毛泽东同志“左”倾方针的指导下，在林彪、江青一伙的极力煽动下，“文化大革命”很快出现了冲击各级党政机关、“踢开党委闹革命”、批判所谓“资反路线”、揪斗所谓“走资派”的高潮，全国陷入了大动乱之中。

为什么说八届十一中全会是5月中央政治局扩大会议的继续和发展，并把它作为全面发动“文化大革命”的标志呢？

第一，“文化大革命”取得了中央全会的正式承认，更加合法化了。

5月中央政治局扩大会议，虽然通过了由毛泽东同志主持制定的充满“左”倾错误的《五·一六通知》，从而使“左”倾指导方针在党中央占据了统治地位，但是，多数同志特别是政治局常委的多数同志是不赞成《五·一六通知》的观点的。毛泽东同志1967年5月在接见阿尔巴尼亚军事代表团时曾说：当时多数人不同意我的意见，有时只剩下我自己，我只好将我的看法带到八届十一中全会上去讨论。可见当时问题并没有解决，党中央对开展“文化大革命”的问题存在着严重的分歧。值得注意的是，既然是多数人不同意，但是《五·一六通知》还是通过了。显然，这是在毛泽东同志错误地运用个人的权力和威望的情况下通过的。由此表明，毛泽东同志的个人专断作风，此时即已达到了使党中央的集体领导原则和民主集中制遭到相当破坏的程度，他的“左”倾错误的个人领导实际上已开始取代党中央的集体领导。

但是，从紧接着发生的事情就可看出，毛泽东同志虽然运用个人的权威把“文化大革命”发动了起来，但运动并没有完全按照他的意图发展，在他回到北京以前的一段时间（五十多天）内，运动一度出现过由“轰轰烈烈”到“冷冷清清”的情况。在毛泽东同志看来，这主要是由于刘少奇、邓小平同志派工作组“镇压”造成的。这也表明，在此期间，党中央的集体领导还没有达到完全破坏的程度，还在一定程度上起着作用。毛泽东同志深切地感到运动有“阻力”，他自己的一套东西不能畅行无阻，这就使他下决心非作进一步的解决不可。在江青、康生、陈伯达等人的鼓噪下，于是他决定召开八届十一中全会。他在全会上说：“这次会议要解决问题，否则很危险”。“如果不开这次全会，再搞几个月，我看事情就要坏得多。”所谓“危险”、“坏得多”，不难看出，他是担心党内多数同志这样对抗下去，“文化大革命”将有流产的可能。这就说明，十一中全会实际上是要解决5月中央政治局会议没有解决的问题。虽然5月会议精神已传达贯彻到全党，但是全会将比政治局扩大会议具有更大的权威性，他是要通过全会把进行“文化大革命”的“左”倾主张作为法定的东西让全党接受下来。全会的实际情况也表明，尽管大多数同志思想不通，仍然是“三个很不”，但是在当时的历史条件下，由于党内个人专断和个人崇拜积习已深，使毛泽东同志个人的权力和威望达到了高峰，全会已无力纠正他的错误，而是全盘接受了他的“左”倾主张。这样，“文化大革命”就正式取得了全会的承认，全党就只能是坚决照办，而不能再在行动上有任何不同的表示了。

第二，斗争的主要目标进一步挑明了。

《五•一六通知》指出：“文化大革命”不仅要“彻底揭露”、“彻底批判”各种文化界的“资产阶级反动立场”和“反动思想”并夺取领导权，而且“必须同时批判混进党里、政府里、军队里和文化领域的各界里的资产阶级代表人物，清洗这些人，有些则要调动他们的职务。尤其不能信用这些人去做领导文化革命的工作。”并说“这些人物，有些已被我们识破了，有些则还没有被识破，有些正在受到我们信用，被培养为我们的接班人，例如赫鲁晓夫那样的人物，他们现正睡在我们的身旁。”这一段话，显然是非常错误的，完全混淆了是非与敌我。但人们还只能从泛指的涵义上去理解它。十一中全会一召开，刘少奇等同志的被贬和被批判，使人们“大开眼界”、“恍然大悟”。在此之前，对于党内中高级干部来说，普遍认为所谓“赫鲁晓夫”大概就是指彭、罗、陆、杨，脑子里更没有所谓“资产阶级司令部”的概念。到了十一中全会，毛泽东同志指责刘少奇等同志的讲话一发表，《炮打司令部》的大字报一写，加上江青等人对所谓“司令部”问题的解释，人们虽然感到莫大的震动，但从此“文化大革命”主要锋芒应当指向哪里，却是清楚明白了。原来所谓“赫鲁晓夫式的人物”，并不只是彭、罗、陆、杨，还有比他们更大的刘少奇和邓小平，并且正是由他们组成了党内的所谓“资产阶级司令部”，与毛泽东同志的无产阶级司令部“分庭抗礼”。这样，比起《五•一六通知》来，这次全会对“文化大革命”的主要斗争目标，就指点得更加具体、更加明确、更加集中了。由于全会集中力量解决所谓“司令部”的问题，这就给全党树立了一个错误的榜样，自此以后从中央到地方各级党委以至基层单位，几乎无一例外地都发生了以人划线的情况，各种形式的诬蔑诋毁领导干部的所谓“百丑图”应运而生。凡是被划到刘少奇同志一边的，统被称为“最大的一小撮”，必属打倒之列。这次全会虽然不是造成“文化大革命”史上一切重大冤、假、错案的发端，但它确实给林彪、江青一伙利用党的错误在全国掀起“打倒一切”、“全面内战”提供了极为有利的条件，它是我们党和国家发生十年内乱的一个极为重要的“加油站”。

第三，搞“文化大革命”的章程更加明确了。

5月中央政治局扩大会议虽然制定了《五·一六通知》，但它只是在大政方针上确定了“文化大革命”非搞不可，至于具体怎么搞法，并无明确的规定。到了十一中全会，制定了《十六条》，“文化大革命”怎么搞法就有了具体的章程了。

《十六条》的主要错误在于：

（1）提出“这次运动的重点，是整党内那些走资本主义道路的当权派”。这是沿用了“四清”运动的提法。这个提法在“四清”运动中曾伤害了不少的基层干部，但那毕竟是局部的并且是基层范围的错误。这次把它引申到全党、全军、全国，这就为打倒一大批党和国家的各级领导干部提供了重要的理论依据。

（2）提出要在群众中划分左、中、右派，“坚决依靠革命的左派”，“彻底孤立最反动的右派”，“争取中间派”。这种提法，不仅在客观上将造成群众间的对立和分裂，而且势必使一些投机分子、野心分子、阴谋分子得以在“左”倾方针掩护下猖狂作乱。

（3）提出“让群众自己教育自己”、“自己解放自己”，并充分运用“四大”的方法来进行“文化大革命”。这种貌似群众路线而实际上是否定党的领导的必要性、崇拜自发性的错误方法，即使在党的指导方针基本正确的时候，也会使好人挨整，坏人嚣张，破坏党的领导，脱离人民群众。而在“文化大革命”指导方针根本错误的前提下，这种方法就只能是为极左思潮和无政府主义行为的滋长泛滥大开方便之门，就不可避免地造成严重的动乱局面而难以收拾。此外，《十六条》还提出由群众选举产生的“文化革命小组、文化革命委员会和文化革命代表大会”“是无产阶级文化革命的权力机构”的主张。这在实际上是把党的领导甩在一边了。这个提法后来很快被林彪、江青、康生、陈伯达一伙所利用，提出“一切权力归文革”的口号，在全国掀起了“踢开党委闹革命”的浪潮。

当然，从字面上看，《十六条》也有一些合理的或比较正确的条文。比如提出：必须严格分别两类不同性质的矛盾；对于干部队伍区别对待，干部好的和比较好的是大多数，要团结百分之九十五以上的干部和群众；要用文斗，不用武斗；不要把文化大革命同发展生产对立起来；要提倡唯物辩证法，反对形而上学等等。这也正好从一个方面说明，毛泽东同志发动“文化大革命”虽然是极端错误的，但是他的出发点，还是想把我们党和国家搞好，这是不能与林彪、江青一伙利用“左”倾错误把党和国家推向灾难的深渊同样对待的。

但是，整个说来，由于发动“文化大革命”的指导方针根本错误，作为具体贯彻这一根本错误方针的《十六条》的规定，占主导地位的当然也就不可能是正确的方面。而且正是由于根本指导方针的错误，比较正确的条文事实上也就不可能得到贯彻执行。实践证明，《十六条》同《五•一六通知》一样，也是一个充满了“左”倾错误的指导“文化大革命”的纲领性文件，并且是《五•一六通知》的具体化和进一步发展。如果说《五•一六通知》是“文化大革命”的动员令，那末《十六条》就是“文化大革命”的具体的行动纲领。单有《五•一六通知》而无《十六条》，“文化大革命”就难以全面发动起来并持续开展下去。

第四，“文化大革命”进一步获得了组织的保证。

“文化大革命”前夕，在毛泽东同志的错误指导和林彪、江青一伙的诬陷下，错误地展开了对彭、罗、陆、杨的批判斗争，是为“文化大革命”扫除障碍所作的第一个重要的组织准备。5月中央政治局扩大会议决定成立中央文革小组，并让它获得了很大的权力，成为所谓“毛主席司令部领导文化大革命的一个最重要的总参谋部”。虽然后来它逐步取代了中央书记处和政治局，但在十一中全会召开以前，它毕竟还是一个执行机构，形式上它还暂时不能撇开和超越政治局擅作主张，一时还难以起发号施令的作用。关锋7月24日在一封信中说：运动出现“逆流”，是由于党中央“实际掌握着运动的人”“他们不同中央文化革命小组打招呼。

中央文化革命小组成为攻击的对象”。这段话是中央文革小组当时所处地位的一个写照。而“文化大革命”的实际进展，又不能令毛泽东同志满意。问题的关键是党中央原班人马还在某种程度上发挥着作用。这既是林彪、江青一伙篡党夺权的严重障碍，也是使毛泽东同志的“左”倾意图难以贯彻到底的重要原因。所以他下决心要把那些阻碍运动的人搬掉。

改组后的中央领导机构，常委虽然扩大了，由原来的7人扩大为11人，保留了刘少奇、邓小平等同志，但是由于实际上去掉了四位副主席，刘少奇、朱德、陈云等同志地位明显下降，刘少奇、邓小平同志和其他一些同志相继受到审查批判，而林彪地位大大上升，陈伯达、康生也一跃而为政治局常委，全会不久江青当了中央文革代理组长，这就使决策权集中到更少数人、实际上集中到毛泽东同志一个人手上了。到这时，毛泽东同志“左”倾错误的个人领导实际上取代了党中央的集体领导。

对于全会改组党中央领导机构的意义，毛泽东同志在全会闭幕会上曾作过这样的评论：这回“可能比过去好一些，因为过去没有这样公开的决定，并且这次有组织的保证。这回组织有些变动，政治局委员、政治局候补委员、书记处书记、常委的调整，就保证了中央这个决议以及公报的实行”。

毛泽东同志所以作出这样重大的错误决策，从他的主观愿望来说，同样是出于使党和国家不改变颜色这样一种考虑。问题在于，他对党和国家的形势作了完全违反实际的估量，似乎资本主义复辟的危险迫在眉睫，特别是在他的“左”倾指导方针在实际工作中遭到某些抵制的时候，又错误地认为是“大权旁落”了，是“正确路线”遇到障碍，因而对中央许多领导人都采取了不信任的态度，并采取了完全错误的斗争方针和方法。毛泽东同志对于林彪也并非没有戒心，但是由于他的“左”倾错误已发展到了不能自拔的程度，大错已经铸成，他也就不可能从根本上识破野心家的全部用心。选定惯于投机的林彪作为他的接班人，并重用江青、康生、陈伯达这些人来搞“文化大革命”。这是他伟大的一生中最大的失算，也是我们党的一个沉痛教训。

这次全会错误的发生，不是孤立的偶然的，必须历史地客观地进行分析和研究。这次错误的发生，除了毛泽东同志的“左”倾错误和林彪、江青一伙的阴谋活动以外，正如十一届六中全会决议所说，党也是有一些责任的。党的责任主要在于：在“文化大革命”前的十年间，对毛泽东同志在阶级斗争和个人专断上发展得越来越严重的错误，对林彪、康生等人别有用心地利用和助长毛泽东同志错误的活动，没有采取切实有效的措施予以纠正和制止，以致使“一言堂”和“一边倒”的现象逐步滋长起来；到了制定《五·一六通知》的时候，党中央集体虽然还能发表某些不同意见，但是违心地举手同意搞“文化大革命”的事情已经发生了；而到了十一中全会，则几乎丧失了抵制“左”倾错误的能力，尽管思想不通也无济于事，最后还是以一致表示拥护而使“文化大革命”以得全面发动起来。这种极不正常情况的出现，虽然不是我们党整个历史发展趋势的必然，但却是前十年局部的、个别的错误日积月累的必然结果。这个教训是极其深刻的。它告诉我们：无论如何，要重视对“左”倾错误的批判和斗争，再不能视“左”倾为革命，视正确为右倾了；同时在反对一种倾向的时候，也要防止另一种倾向的产生。它还告诉我们：无论如何要反对个人崇拜，包括任何形式的个人崇拜，一定要建立健全党规党法，防止权力过分集中于个人，反对个人专断，防止野心家乘虚而入。十一届三中全会以来，党中央在这方面做了很多工作，这是我们重新走向胜利的重要保证。

红卫兵运动述评

印红标

红卫兵在“文化大革命”中充当了非同寻常的角色。它曾如骤起的飓风横扫中华大地，震惊世界。它裹挟了整整一代青少年，带着他们的狂热追求、暴烈行动和痛苦反思，留下了深深的历史印迹。它一向被当作“文革”的产儿和象征，时时搅动过来人的心绪，也为后来者留下了诸多的思索。它已引起中外学者日益增长的关注。本文以北京红卫兵为主线，试就红卫兵的活动和思潮作一简要评述，以求抛砖引玉。

红卫兵的活动自1966年春至1978年秋，凡12年，可分为五个阶段。

一、红卫兵的萌生（1966年5月底至7月下旬）

红卫兵响应“文化大革命”的呼唤，在对所谓“修正主义教育路线”及“黑帮”、“黑线”的批判声中自发产生。由于受到工作组的干涉，红卫兵的活动仅限于北京为数甚少的几所中学。

1966年初春，中国的政治形势已是“山雨欲来风满楼”。对吴晗、邓拓、廖沫沙“三家村”的政治批判已将锋芒指向中共北京市委，文化教育界朝不保夕。5月，中共中央政治局扩大会议通过了发动“文化大革命”的文件——《五·一六通知》。敏感的青年学生已觉察到政治风暴前夕的紧张气息。长年的政治灌输，使一代青年对毛泽东的绝对正确和权威深信不疑，随时准备为反击“资本主义复辟”，挥戈上阵。然而大多数学生并不清楚运动将如何进行，只是跟随报刊，在学校党、团组织领导下表示决心。

5月底，北京两所学校，发生了对历史有重大影响的事件：5月25日，北京大学哲学系党总支书记聂元梓等人在康生、曹轶欧怂恿下写了针对北京市委大学部和北大党委的大字报；5月29日，清华大学附属中学一些学生建立了自发的“文化大革命”“战斗”组织——红卫兵，揭开了红卫兵运动的序幕。

红卫兵的发起者们是清华附中富于政治激情、为接班人的强烈使命感驱使着的学生，大多学习成绩尚佳，来自领导干部家庭。重点学校高效的“以阶级斗争为纲”的政治教育和良好的文化教育，干部家庭的政治氛围和灵便的上层信息来源，学校、社会对干部子女的特殊信任和器重，使十几岁的中学生产生了早熟的政治意识和敢作敢为、无所顾忌的政治勇气和活动能力。他们幼稚而真诚地相信中国面临中央出修正主义，党变“修”、国变色的危险，他们期待着在一场保卫毛主席和红色江山的阶级大搏斗中一试身手，成长为革命事业的接班人。受到毛泽东对“教育革命”指示的直接影响，他们冲击的目标首先是教育方针。

红卫兵认为学校和教师不突出政治，宣传资产阶级思想，搞分数挂帅，招生和培养学生骨干不重视出身成分，批评校领导对运动领导不力。他们的观点在学生中引起争论，与校领导形成对立。

5月29日，这些批评校领导的学生聚集在圆明园，讨论形势，形成了自发的“战斗”组织，取名“红卫兵”。6月2日，他们第一次以“红卫兵”署名，在校园贴出大字报。红卫兵的誓言和大字报充满空泛而气势不凡的革命词藻，针对学校领导和教师所执行的教育方针，得到校内外许多持相同观点的中学生的支持。6月1日毛泽东批示广播聂元梓大字报以后，北京大、中学校领导普遍受到冲击，清华附中领导也难以维持局面。

从6月上旬开始，共青团中央受党中央委托向北京市中学陆续派出工作组，代替原学校党政机构，领导“文化大革命”。清华附中工作组进校后，即宣讲党中央关于运动的八条政策规定，并说校方压制学生是错误的，支持了包括红卫兵在内的学生的“革命行动”。

6月初，北京大学附属中学部分学生成立与清华附中红卫兵类似的自发学生组织——“红旗战斗小组”。这两个组织是红卫兵的发起组织。

北京的大、中学校经历了6月初的短暂混乱以后，开始在工作组领导下开展运动。工作组根据党领导政治运动的通常作法，一方面代行党委职权，负责控制运动，使之有领导有秩序地进行，一方面贯彻党中央关于“文革”的指示，发动群众，组织“左派”骨干队伍，对所谓“反党黑帮、黑线”、“修正主义”进行揭发批判。工作组进校时，受到师生群众的热烈欢迎，但很快发生了种种矛盾。

工作组在校期间，组织学生对原校领导、教职工中“有问题”的人进行“揭发批判”，虽然阻止了无组织的乱斗，却也伤害了一批教育界的领导干部和教师，造成与部分教师、干部的矛盾。这是由“文革”错误的指导方针决定的，是错误地估计教育界和知识分子状况的结果。从运动方式上看，很大程度上沿用了“四清”运动的做法。

工作组组织的“左派”骨干队伍，是能够依靠工作组开展工作的“文革”运动积极分子，基本是“根红苗正”的党、团员学生，在干部子女较多的大、中学校，干部子女，尤其是高级干部子女往往占据了显赫的学生领袖地位。

工作组进校不久，一些学校的学生开始对工作组的领导方针和具体做法提出批评，一些学生在对原校领导的评价或其他政治性问题上提出不同意见。就总的倾向而论，学生的情绪是偏激的。6月20日以后，北京几十所大学及少数中学发生批评和驱赶工作组的事件。在北京主持中央工作的刘少奇、邓小平等领导人坚持通过工作组实行党对运动的领导，努力支持工作组的工作，但对学生中存在的问题作了过于严重的估计，下决心排除干扰。6月23日，刘少奇在批转中共中南局、西北局的“文革”报告时批示：“当牛鬼蛇神出笼攻击我们的时候，不要急于反击。要告诉左派，要硬着头皮顶住，领导上要善于掌握火候。等到牛鬼蛇神大部分暴露了，就要及时组织反击。”批示要求，“对大中学生中的反党反社会主义分子，一定要把他们揪出来”。对于高中应届毕业生中的一些人，“经过市委批准，可以批判斗争和戴帽”。一些学校工作组贯彻这一批示，给一部分怀有不同动机起来造反或轰赶工作组，指责工作组的青年学生加上或准备加上“假左派，真右派”、“右派学生”、“反党分子”的政治罪名。信任工作组的学生更多地滥用政治帽子。这就重犯了类似1957年反右派斗争中的错误。被批斗的学生压而不服，矛盾激化。

“文化大革命”的发动者希望调动学生，造成“天下大乱”。中央文革小组的陈伯达、康生从6月下旬起，几次提出撤回工作组、被刘少奇、邓小平拒绝[①]。

红卫兵与工作组的关系独具特色。清华附中工作组进校初期认为红卫兵的成员是“文革”中率先批判修正主义的积极分子，出身好，对他们的“革命热情”予以支持，但后来逐渐发现红卫兵难以驾驭，于是得出结论：在运动中学生离开党团组织另外自发建立的一些左派组织多数在运动初期起过积极作用，但长期下去，后果不好，不利于无产阶级专政和党的绝对领导。工作组根据党中央在京领导人和团中央提出的“消化红卫兵，溶化红卫兵”，“逐步把红卫兵溶化到团组织中来”的政策，劝红卫兵自动解散，回班级参加共青团组织的活动，并安排红卫兵核心成员中比较合乎理想的学生担任学校分团委委员。但是红卫兵既参加共青团组织的活动，又保持独立的组织[②]。在“文革”运动的领导方针问题上，红卫兵认为工作组强调政策，防止过激的做法是“搞折衷主义”，“只强调团结，不强调斗争”，“火药味不浓”[③]。工作组与红卫兵的矛盾一天天发展，但是清华附中工作组力争主要通过诱导解决红卫兵问题，而红卫兵则力争工作组的支持，不使关系破裂。双方都想以策略取胜。因而直到工作组被毛泽东批判，虽然双方的争执、摩擦不断，却没有反目成仇。

---

① 参见苏采青：《红卫兵运动及其历史教训》。收入全国中共党史研究会编《中共党史中国革命史讲座》。

② 据笔者对当事人的访问和其他文字资料。

③ 转引参见《当代中国的青年》编辑办公室编《中国青年工作大事记》。

清华附中的情况并不多见。北京大学工作组派驻北大附中的工作组则断然取缔了红旗战斗小组，红旗战斗小组感受到了强大的政治压力。也有个别工作组支持了红卫兵，如团中央派出的石油学院附中工作组。

总的看来，由于工作组对运动的控制，红卫兵的组织和活动受到限制。

二、红卫兵运动的兴起（1966年7月下旬至9月底）

1966年7月中下旬，毛泽东以及中央文革小组对工作组的批判、对红卫兵的支持，中共中央八届十一中全会对“革命青少年”“闯将”的“革命大方向”的充分肯定，把红卫兵推上了中国政治的大舞台。8月18日毛泽东接见红卫兵，红卫兵开始形成全国规模的青少年学生的政治运动。8月下旬，红卫兵冲向社会，“破四旧，立四新”，“大串连”，造成中国社会的巨大动乱。这一期间红卫兵的主导者是早期红卫兵或称：“老红卫兵”。“老红卫兵”把主要矛头指向前北京市委、教育和文化界以及社会上的“黑帮”、“牛鬼蛇神”，以狂暴、野蛮的方式破坏文化，摧残知识分子、部分领导干部和群众，其组织原则带有浓厚的血统论色彩，思想特征是狂热地追求对毛泽东的个人崇拜和阶级斗争的极端扩大化。

7月18日，毛泽东从南方返回北京，7月25日正式肯定中央文革小组的意见，指责工作组镇压学生运动，“起坏作用，阻碍运动”，明确说：“不要工作组，要由革命师生自己搞革命”①，随后党中央下发撤销工作组的文件，从而确立了在学校直接发动和依靠群众开展运动的方针。中央文革小组成员自7月23日以后频繁到北京的高等院校讲话，鼓动学生就工作组的方针路线进行辩论，支持学生批判工作组。

7月25日，北大附中红旗战斗小组的彭小蒙在北京大学举行的辩论会上发表言词激烈的批判工作组的造反演讲，当场受到江青的称赞。

清华附中红卫兵在7月28日举行的“海淀区中学革命师生代表大会”

① 参见中共中央党史研究室：《中共党史大事年表》。

上，把他们写的论“革命造反精神”的大字报和给毛泽东的信交给出席大会的江青，请江青转呈毛泽东，并请毛泽东对他们的观点及与工作组的争论问题作指示。

8月1日，毛泽东给清华附中红卫兵复信，对红卫兵两篇大字报所提的“造反有理”的口号及彭小蒙7月25日的演说表示热烈的支持，说“在文化大革命运动中，凡是同你们采取同样革命态度的人们，我们一律给予热烈的支持。”毛泽东还告诫红卫兵要有团结群众、解放全人类的胸怀[①]。毛泽东的这封信及清华附中红卫兵论造反精神的大字报作为中共中央八届十一中全会的文件及附件发出。8月3日，当时任中央文革小组副组长的王任重召见清华附中红卫兵主要负责人，把毛泽东的复信内容转告他们。

工作组受到批判之前，只有北京市海淀区少数中学的激进学生互相串连，学习清华附中红卫兵和北大附中红旗战斗小组，成立名称不一的自发组织，毛泽东批评工作组、支持红卫兵以后，北京的中学生和少数大学生纷纷起而仿效，红卫兵初步形成有众多学生参加的政治活动。

红卫兵运动的兴起，伴随着关于一副对联的辩论。6月至7月间，北大附中学生流传着一副关于阶级路线的对联——“老子英雄儿好汉，老子反动儿混蛋”，并引起争论。这副对联把“左”的阶级路线推向极端，反映了“文革”初期一部分政治活跃的干部子女的优越感和对特权的追求。工作组对“对联”提出了批评。7月底8月初，工作组被批判以后，从北京的中学开始，掀起了“辩论对联”的狂潮。“对联”“辩论”到哪里，哪里拥护“对联”的“红五类”（即革命干部、革命军人、革命烈士、工人、贫下中农）子女就成立红卫兵，红卫兵的星火，伴着“辩论”“对联”的疾风迅速在北京市中学燃成燎原之势。“对联”强化了红卫兵作为“红五类”子女“左派阶级队伍”的意义，把清华附中红卫兵最初并非严格的倾向变为组织原则。

---

① 中国人民解放军政治学院训练部：《中共党史教学参考资料》（“文化大革命”时期），第31页。

红卫兵是作为敢于冲破工作组束缚的"革命闯将"受到毛泽东支持和中央文革小组赏识的。然而，红卫兵运动一旦初具规模即沿着自身的逻辑发展，追求"红五类"的标准而忽视在工作组问题上的分歧。相当一批曾受到工作组信任的学生领袖热烈地或有保留地赞同"对联"的精神，以其光荣的家庭出身毫无争议地成为自己学校红卫兵的发起者。他们或者听到小道消息后争取主动，表示"批评工作组，帮助工作组"，或者在形势逆转时宣布与工作组决裂，也有人坚持保护工作组。而曾被工作组批判过的"右派学生"，大多刚刚解除或正在争取解除政治压力，一时难以拉起自己的队伍。"对联"所体现的"红五类"特别是干部子女的政治优越感以及对这种优越感的支柱——"英雄""老子"的尊敬，沟通了相当一部分干部子女之间的共同情感，掩盖了在工作组问题上的分歧。8月12日和20日北京工业大学三系文革小组长即后来的红卫兵负责人谭力夫关于"对联"的大字报和演讲，典型地表现出这种思想状况。

"对联"的"辩论"和红卫兵的兴起，给予非"红五类"子女的是屈辱。"辩论"中发言者必须首先自报出身，学生中依不同出身被公然划分为不可逾越的等级。这对一批青年造成的精神创伤是深重的，也成为后来造反派红卫兵崛起的重要原因之一。

"对联"明显地违背党的一贯政策，脱离群众，也使红卫兵有偏离"文革"大方向的危险：放松批判工作组，阻碍最大限度地发动学生造反。"对联"引起"文革"领导者的不安。8月2日，中央文革小组成员关锋答学生问时说：学生提出"对联"是为了贯彻阶级路线，精神是好的，但不全面，不策略，不要这样提。8月5日，中央书记处和中央文化革命小组研究决定，不要组织"红五类"子弟协会之类的团体，红卫兵以"红五类"子女为核心，但要团结广大群众[①]。8月6日，康生、江青代表中央文革小组在北京天桥剧场和中学红卫兵专门谈了"对联"的问题。江青说："我不完全同意""对联"，"那种封建术语不能代表新的思想"，"我

① 参见：周恩来1966年8月5日在清华大学群众大会上的讲话及同期中央文革小组成员讲话。

觉得应该不在枝节问题消耗精力，大敌当前，要对付敌人，要横扫一切牛鬼蛇神”。江青建议把“对联”改为“父母革命儿接班，父母反动儿背叛”“横批：理应如此”。

中央文革小组表态以后，“对联”的“辩论”逐渐平息，但红卫兵的组织原则没有发生任何变化。

工作组撤出后，与红卫兵负责人合为一体的各校文化革命委员会或筹委会填补了权力空白，领导学生批斗当时被打成“反党反社会主义的黑帮”、“反动学术权威”、“牛鬼蛇神”的领导干部、知识分子，尤其是教师；批判工作组。共青团中央因领导北京市中学工作组而受到批判，团中央书记处被改组。8月13日至15日，红卫兵和中学生一度占领团中央机关办公楼，批斗团中央领导干部①。红卫兵于8月13日召开了批斗小流氓大会。在红卫兵的一系列批斗活动中不断出现打人现象，很多学校强迫所谓“牛鬼蛇神”进行“劳动改造”，施以体罚和人身侮辱。

这一时期红卫兵的主要成员是中学生，活动区域主要在北京市。这一时期建立起来的红卫兵以及与其成分和思想倾向相同的红卫兵后来习惯上被称为“老”红卫兵，以示与8月18日以后成立的其他类型红卫兵的区别。

1966年8月18日是红卫兵运动走向全国，正式形成强大的政治运动的转折点。这一天，毛泽东参加了“首都庆祝无产阶级文化大革命群众大会”，与百万群众见面。他在天安门城楼上接见了红卫兵的代表，接受了红卫兵献上的袖章，与红卫兵代表进行了谈话。当天，中央人民广播电台报道了毛泽东接见红卫兵的消息，第一次通过官方宣传媒介对红卫兵作了介绍。第二天，《人民日报》第一版以头条位置刊登两幅照片，一幅是毛泽东和林彪在天安门城楼向群众鼓掌，一幅是毛泽东佩戴红卫兵袖章向“百万文化大革命大军”挥手。中共中央的人事变动和红卫兵作为八届十一中全会新精神的体现为全世界瞩目。

红卫兵刚刚在天安门亮相，即做出触及中国社会各个角落、震动

① 转引参见《当代中国的青年》编辑办公室编《中国青年工作大事记》。

世界的惊人之举——“破四旧”。8月17日毛泽东接见红卫兵的前一天深夜，北京二中红卫兵起草了《最后通牒——向旧世界宣战》，宣布“要批判和砸烂一切旧思想、旧文化、旧风俗、旧习惯。对资产阶级统治的一切阵地，理发馆、裁缝铺、照相馆、旧书摊……等等，统统都不例外。”8月19日，红卫兵走上街头，“破四旧”。毛泽东的支持使红卫兵具有了超越法规、“所向披靡”的威力。20日，“破四旧”出现高潮。22日，新华社发出消息，23日各大报刊头版报道：“‘红卫兵’猛烈冲击资产阶级的风俗习惯，广大革命群众最热烈最坚决地支持‘红卫兵’”。“破四旧”活动中，红卫兵“勒令”取消一切被指责为反映封建主义、资本主义、修正主义思想、文化、风俗、习惯的事物，于是一切带有传统和外来文化印记的事物都在破除、砸烂之列，随处可见更改店铺字号，捣毁文物古迹，查禁焚烧图书典籍，封闭教堂庙宇，赶走神甫尼姑的活动；毛泽东说过，革命是暴烈的行动，于是红卫兵查抄了“牛鬼蛇神”的家，把他们关进“劳改队”，游街，拷打，原籍在农村者被驱逐出北京等大城市，让他们“饱尝”“群众专政”的“铁拳”；红卫兵要创造红彤彤的社会主义新天地，决不允许任何滋生资本主义的温床存在，于是通令合并一切个体经济，强制或要求私人房产主“自愿”将所有权交公，私人存款“自愿”放弃利息，资本家停止领取定息……

红卫兵“破四旧”，冲向社会，得到了“以毛主席为首的党中央”的支持。《人民日报》发表社论《好得很》，并发表干部、群众支持红卫兵的言论。公安部门、街道办事处、一些单位的领导人向红卫兵提供“牛鬼蛇神”的名单。凡此种种为红卫兵“破四旧”推波助澜，“文革”的动乱从学校和文教界蔓延到社会各个角落。在“破四旧”最高潮的8月下旬至9月底的40天内，据统计，仅北京市就有1700多人被打死，33600多户被抄家，84000多名所谓“五类分子”被赶出北京[①]。红卫兵所到之处，再找不到一片安定的土地了。

红卫兵“破四旧”造成社会的严重混乱和无政府状态，蜂拥而起的

---

① 转引自王年一：《“文化大革命”第一阶段述评》，《党史研究资料》1984年。

红卫兵山头林立，通令五花八门，揪斗、抄家、打人之风日甚一日，波及一些高级领导干部，这些情况引起一些有政治眼光的红卫兵领袖人物的不安。他们认为，必须讲究政策，建立革命秩序，纯洁红卫兵队伍才能使运动持久深入，赢得群众支持，发展和巩固红卫兵的造反成果。8月24日，北京市西城区31所中学的红卫兵发起成立首都红卫兵纠察队西城分队（简称“西纠”），不久东城区、海淀区也成立了红卫兵纠察队。西城区纠察队宣布自己的“职责和权利”是：学习、执行、宣传、捍卫毛泽东思想；“坚决地协助红卫兵的革命造反行动”；“坚决镇压地、富、反、坏、右、资和他们孝子贤孙的反革命行动”；“有权撤销一切不符合毛泽东思想的宣传品和禁令”；“有权检查各学校、各机关、各工厂、各单位的红组织”；“有权扣押假红卫兵和流氓”；保卫重要的国家机关和主要街道[①]。可见，纠察队具有指导、监察一切红卫兵的特殊权力。一批高级干部子女掌握了西城区纠察队的领导权。8月27日，清华附中红卫兵发表《对目前形势的十点估计》，在肯定红卫兵“破四旧”“好得很”的前提下，要求红卫兵按照中共中央“十六条”规定的政策办事，不要武斗，要注意团结和争取群众。

“破四旧”开始不久，党中央通过报刊要求红卫兵执行政策，希望红卫兵联合起来。国务院和中共北京市委领导人力图通过红卫兵内部的力量掌握红卫兵的活动，他们为红卫兵西城纠察队提供了物质的支持和具体的指导，与之保持经常联系。

“西纠”先后颁布了十三条通令，主要内容是强调政策，如规定：严禁查抄国家机关和国家负责干部的家，“力争不出现武斗”，以后又进一步明令“严禁打人，严禁体罚及变相体罚，严禁侮辱人”。通令的这些内容在当时对缩小武斗和混乱局面有一定作用。纠察队还在红卫兵的一些活动中维护秩序，曾竭力阻止某些大学生冲击国家机关，揪斗领导人的行为。但是纠察队既要协助红卫兵造反，就不可能真正制止武斗。纠察队员和作为纠察队主力的几所中学的红卫兵就有私设刑堂、私刑拷打、

① 《首都红卫兵纠察队（西城分队）宣告成立》（1966年8月25日）。第10期，第7页。

体罚、侮辱人的行为，打人致死的事情屡屡发生。

红卫兵的粗暴、骄横引起愈来愈多群众的反感。红卫兵凌驾于其他学生之上，纠察队凌驾于一般红卫兵之上的状况，使学生中的矛盾扩大。纠察队阻止冲击某些领导干部，阻止更广大群众加入运动的倾向令中央文革小组不满。

“破四旧”开始不久，“大串连”进入高潮。1966年6月，北京及全国大、中学校停课以后，各城市内学生的串连已十分活跃。8月，外地学生，特别是天津大学学生成批赴京上访，受到中央的注意。中央文革小组8月16日接见外地来京学生，对他们表示欢迎。“破四旧”开始以后，北京红卫兵奔赴各地点“文革”之火，扩大战果，“大串连”（特指省际串连）一浪高一浪地发展起来。8月31日，毛泽东接见外地来京师生，周恩来讲话，代表中央支持串连，并宣布决定全国大学生的全部和中学生的一部分代表分期分批到北京来串连。9月5日，中共中央、国务院就外地师生来京串连发出通知，做了具体安排。从8月18日至11月26日，毛泽东8次接见1300多万各地红卫兵和师生。

“大串连”加快了全国动乱的节奏。“大串连”沟通了各地红卫兵的联系，把最早造反的北京红卫兵的做法推向全国，“破四旧”、“批判资产阶级反动路线”、“炮轰走资派”、造“牛鬼蛇神”的反，这些官方宣传工具难以详细介绍的运动内容和方式迅速传遍全国。“大串连”进一步推进了对毛泽东的个人崇拜。“大串连”突破各省市领导对“文革”或多或少的不理解和抵制，把“以毛主席为首的党中央”的方针带到全国城乡。国家为“大串连”付出了巨大的物质代价。直至1966年12月1日，中央发出通知，暂停乘车串连，随后，又要求停止步行串连，“大串连”才算告一段落。

1966年8月18日以后，红卫兵运动扩大到全国，也卷入了各地学生中的不同思潮。对本地区，本学校领导持不同态度的学生各自成立红卫兵。在北京，“老红卫兵”的反对派也陆续建立独立的红卫兵。8月27日至9月6日，北京先后建立了三个大专院校红卫兵司令部。红卫兵不再是思想倾向单纯、一致的队伍，红卫兵内部的矛盾、派别发生、发展了。但直到10月初，老红卫兵仍是红卫兵运动的主流。

三、红卫兵运动的发展（1966年10月至1967年1月）

1966年10月开始的对所谓“资产阶级反动路线”的批判进一步把红卫兵的造反狂潮引向党内，引向“资产阶级司令部”，加速了红卫兵运动新成分的生长和内部的分化。“造反派”红卫兵在中央文革小组的支持和操纵下膨胀起来，逐渐取代老红卫兵成为红卫兵运动的主流，他们激烈地批判“资产阶级反动路线”，冲击领导机关和领导干部，把主要矛头指向“走资派”、“资产阶级司令部”，随后参与了全面夺权。老红卫兵在“文革”的新进程中衰落、分化，其中坚力量进行了反抗，但在中央文革小组和造反派红卫兵的打击下遭到失败。

1966年10月，毛泽东提出彻底批判“资产阶级反动路线”。10月1日林彪的国庆讲话和10月出版的《红旗》杂志第13期社论向群众发出批判“资产阶级反动路线”的号召。10月5日，中共中央批发中央军委、总政《关于军队院校无产阶级文化大革命的紧急指示》，要求地方大中学校也要贯彻执行，这个指示的要点是取消工作组撤出后由院校党委领导运动的规定，要求为运动初期被校党委和工作组打成“反革命”的人平反。10月9日至28日，中央召开工作会议，主要内容是批判“资产阶级反动路线”。10月16日陈伯达在会上就“文革”中的“两条路线”斗争做了长篇发言。10月24日，毛泽东指示“大量印行”陈伯达的讲话，“每个支部，每个红卫兵小队起码有一份。”批判“资产阶级反动路线”运动在“无产阶级司令部”号令下全面展开。

批判“资产阶级反动路线”实质上是进一步否定在“文革”中坚持党委、工作组领导的方针，推行由“以毛主席为首的无产阶级司令部”直接发动群众，进行“文革”的方针，把群众的斗争矛头引向党内的“资产阶级司令部”。当时被指责为“资产阶级反动路线”的主要有：派工作组领导运动的方针，工作组、党委领导运动时“压制群众”和把一些群众定为“反革命”、“反党分子”、“右派分子”的做法，工作组撤出时扶植和支持成立文革筹委会的做法，地方党组织阻止学生进京“大串连”，“对联”提倡的血统论及其实际运用等等。1966年秋冬，批判“资产阶级反动路线”最突出的问题是要求领导干部“认错”和“平反”。1967年以后又加上批所谓“经济主义”和“打击一大片，保护一小撮”。

批判“资产阶级反动路线”的直接后果是领导机关和领导干部普遍受到冲击，造反派兴起，在红卫兵运动中是造反派红卫兵的兴起和老红卫兵的衰落和分化。

1966年10月6日，北京举行了由“红卫兵第三司令部”等“少数派”红卫兵发起的“全国在京革命师生向资产阶级反动路线猛烈开火誓师大会”，周恩来、陈伯达、江青出席大会并讲话。此后，在大中学校开始了大规模的批判“资产阶级反动路线”的运动。“少数派”红卫兵要求“彻底平反”，销毁有关材料，揪斗工作组。这些活动受到党的领导干部的广泛抵制，因而批判工作组就扩大为普遍冲击党委。大、中学校文革筹委会、老红卫兵执政时期的政策也受到指责，逐渐丧失权威。“劳改队”大多解体，“牛鬼蛇神”一时无人过问，有些甚至加入“造反派”组织。对老红卫兵的“血统论”的批判很快发展为批判干部子女的“特权思想”，批判“特权阶层”。要求“平反”和批判“特权阶层”，为“矛头向上”冲击高级领导干部扫清了思想感情障碍。这一时期，部分群众对此前运动中“左”倾错误的愤懑和厌恶，被“文革”领导者调动起来，引导到更加“左”的方向。这是在“文革”中反复出现的现象。

在批判“资产阶级反动路线”中，造反派红卫兵发展起来。“少数派”在中央文革小组的支持下空前积极的活动，提高了影响力，很多在批判“资产阶级反动路线”中解除了政治压力和歧视的学生和教师参加或自行成立群众组织，批判血统论以后，群众组织的构成不再受家庭出身的限制，队伍迅猛扩大。这些在批判“资产阶级反动路线”中成立或发展起来的群众组织习惯上自称为“造反派”，多用“公社”、“兵团”之类名称，中央和社会一般仍视这类组织为红卫兵。

造反派红卫兵成员的特点是广泛性，多样化。造反派红卫兵 的骨干和领袖很多是在“文革”之初以及以往运动中政治上受过伤害的青年学生，没有显要的家庭背景。造反派红卫兵的成员多数来自一般劳动者包括当时被当作资产阶级、小资产阶级的知识分子家庭，也有出身剥削阶级家庭的青年。他们因受过血统论的歧视而对特权有本能的反感。《出身论》的作者，青年工人遇罗克就是在北京市中学的造反派中找到知音，成立了“首都中学生革命造反司令部”，主办《中学文革报》，发表了批判血统论的文章，因而招致杀身之祸。

造反派红卫兵在政治上由“右派”、“狗崽子”到“革命派”的转变完全仰仗中央文革小组的支持，因而造反派红卫兵把中央文革小组当作救星和靠山。这些没有高层家庭背景的学生只有从中央文革小组那里才能得到外界难以知晓的上层信息和在运动中不可或缺的政治支持。中央文革小组则因在党政军领导体系中缺乏根基，看中造反派红卫兵在斗争“走资派”问题上无牵无挂的“彻底性”，给予他们鼓励和支持，同时逐渐疏远，抛弃了与领导干部有血缘联系，不愿“矛头向上”的老红卫兵。

批判“资产阶级反动路线”运动开始以后，造反运动的主要目标从文教界、社会基层的“牛鬼蛇神”转向党和政府的领导干部。老红卫兵受到指责，而一向为老红卫兵鄙视、反感的学生也公然打起造反大旗。“文革”的新发展违背了第一批红卫兵的设想。老红卫兵不论从理智还是从情感上都难以接受。他们开始怀疑，开始抗争，最初的反抗被造反派列入“十二月黑风”。北京航空学院红卫兵“八一纵队”和“八一野战团”于11月24日至12月2日接连贴出四篇质问中央文革小组的大字报，抨击中央文革小组偏袒“少数派”，扩大学生中的矛盾，是“新形式”的“资产阶级反动路线”。北京林业学院文革筹委会和红卫兵的负责人李洪山等人12月2日贴出大字报《踢开中央文革小组紧跟毛主席闹革命》，12月8日李洪山又贴出大字报批评陈伯达10月在中央工作会议上的讲话。12月5日，北京市海淀区几所中学老红卫兵联合发起成立首都红卫兵联合行动委员会（简称：联动）。联动在成立宣言中提出：“资产阶级反动路线的新形式乃是对当前运动的最大威胁”。联动拥护四位军委副主席的讲话精神（即陈毅、贺龙、徐向前、叶剑英11月13日在军队院校师生大会上告诫群众防止"左"倾错误的讲话精神），反对批判"资产阶级反动路线"的种种活动，反对造反派学生特别是其先锋——首都红卫兵第三司令部。他们根本不承认造反派是红卫兵，为与名目繁多的造反派组织相区别，联动成员穿起军装，戴上宽大的，红卫兵草创时曾一度采用过的无字红袖章，这显然是在唤起老红卫兵的传统精神。殊不知正是这些，令人联想到"红色恐怖"的"红八月"，想起"狗崽子"的叫骂声和自视高人一等的"自来红"的形象。联动没有对老红卫兵的过去进行公开的认真的反省，反而引以为自豪。联动在一部分干部子女中赢得热烈的响应，却很少得到干部子女圈子以外的支持。大多数工农子女不愿再做追随者。

中央文革小组对这股对抗"文革"深入发展的"黑风"采取了强硬的手段。12月16日，中央文革小组成员在"北京中学批判资产阶级反动路线誓师大会"上讲话，江青说红卫兵纠察队是执行"资产阶级反动路线"的"宪兵"，要对"杀人、打人"的纠察队员实行专政，并借此打击曾支持"西纠"的国务院、北京市委的领导干部。当江青呵斥道："血统高贵，精神贵族，什么东西！"的时候，台下造反派报以热烈的掌声，而老红卫兵感到了没齿不忘的耻辱。会后，纠察队骨干被拘捕，活动地点被查抄。与此同时，大、中学校抨击林彪和中央文革小组的学生也被拘捕。

中央文革小组的政治高压激怒了曾经是天之骄子的老红卫兵，联动进行了更猛烈的带有红卫兵特色的反抗。12月26日，在联动召开的大会上，署名"红后代"所拟的口号博得了全场的狂热喝彩："中央文革某些人不要太狂了！""坚决批判中央文革某些人为首的新的资产阶级反动路线！""反对乱揪革命老前辈！""谁敢乱捕革干、革军子女小心狗头！""革命的革干、革军子女不是好惹的！"[①]联动六次到公安部要求释放被捕的红卫兵，其中多次冲进公安部，与工作人员发生暴力冲突。1967年1月中旬以后，中央文革小组、公安部、《红旗》杂志宣布联动是"反革命"组织，联动的活动场所被造反派捣毁，许多成员被拘捕。

① 见1966—1967年红卫兵出版物。

造反派红卫兵与老红卫兵的斗争在中央文革小组和专政机关的干预下，以造反派的得势和老红卫兵的失利告终，以大学生为首的造反派红卫兵成为红卫兵运动的主流。但是老红卫兵没有向造反派屈服，他们在悲剧性的失败面前，在一片夺权的叫喊声中似乎对红卫兵的追求有了更清晰的历史眼光：“我们要让历史来作证！”[①]“干部子弟要掌权！”“二十年以后的世界是我们干部子弟的，你们靠边站！”[②]造反派不无忧虑地评论道：“掂一掂，这话分量不轻啊！”[③]

至1967年1月，老红卫兵队伍彻底瓦解，其中坚分子被驱逐出或被迫退出“文革”舞台，其余或消沉、颓废，或逐渐转向造反派立场。在干部子女问题不突出的地区和学校，不同红卫兵之间的分歧转为造反派之间的派性斗争。严酷的事实使老红卫兵陷入深深的苦闷。

至1966年底1967年初，造反派红卫兵从“少数派”发展为压倒多数，造反派的主要活动从争取平反发展为冲击“资产阶级司令部”，批斗一大批党和国家领导干部和夺权。中央文革小组抛弃、打击老红卫兵的进程即是与造反派红卫兵建立紧密联系的过程。“无产阶级司令部”找到了新的“铁拳头”，造反派找到了靠山，少数头头看到了攫取权力的途径。清华大学井冈山兵团总负责人蒯大富在张春桥指使下，组织了12月25日大游行，把“打倒刘少奇”的口号推向社会。12月，戚本禹出面指使北京航空学院红旗战斗队总负责人韩爱晶到成都挟持彭德怀至北京进行批斗，百般折磨。此类残害党和国家领导人的事件比比皆是。

11月初，中央文革小组支持造反派红卫兵到工厂串连，“煽风点火”。12月，中央公开号召红卫兵到工厂、农村鼓动工人、农民造反，学校和工厂、社会上的造反派由此相互声援，联成一气。1967年1月，上海红卫兵参加了上海市夺权的“一月风暴”，此后，各地红卫兵都是夺权中的一支劲旅。

---

① 清华附中红卫兵：《评“出身论”》，转引自北京大学编《文化大革命通讯》，第9期。

② 北京101中学老红卫兵给北大附中井冈山兵团的匿名信。

③ 清华附中井冈山兵团：《二十年后看世界，谁主沉浮》，《兵团战报》，1967年3月2日。

四、红卫兵运动的极盛和衰落（1967年2月至1968年9月）

从“全面夺权”至所谓“全国山河一片红”即除台湾省外，各省、市、自治区革命委员会的建立，是“文化大革命”摧毁各地党政权力机构，建立“新”权力机构的充满激烈斗争的历史过程。以政治权力的争夺为中心，红卫兵运动几经起伏，一度达到顶点，随后逐步衰落，走向消亡。

1967年1月开始的“全面夺权”加剧了各地的混乱，为数众多、各自为政的红卫兵围绕夺权发生重重矛盾。为控制局面，巩固夺权成果，尽早建立“文革”的“新生”权力机构革命委员会。1967年初，中央提出了一系列旨在约束红卫兵，逐渐把红卫兵从社会召回校园的措施。1月至3月，中央文革小组成员讲话，中央报刊发表文章要求红卫兵整风，加强组织纪律性，克服小团体主义、宗派主义、无政府主义，实现造反派的“大联合”，某些红卫兵提倡的“怀疑一切”的口号受到批判。1967年2月、3月，北京的红卫兵实现“大联合”，分别成立大、中学校红卫兵代表大会，“红代会”被作为各地红卫兵“大联合”的样板。1966年12月31日，中共中央、国务院下达《对大中学校进行短期军政训练的通知》，1967年1月，北京一批大、中学校开始军训试点，2月，毛泽东批示北京卫戍区的大中学校军训试点报告，肯定了军训的作法。3月7日，毛泽东对《天津延安中学以教学班为基础实现全校大联合和整顿巩固发展红卫兵的体会》作了批示，指示“军队应分期分批对大学、中学和小学高年级实行军训，并参预关于开学、整顿组织、建立三结合领导机关和实行斗、批、改的工作。”由此，军训工作全面铺开，3月7日，《人民日报》发表社论《中小学复课闹革命》，要求中小学复课，大学进行“斗、批、改”。3月19日，中共中央发出停止全国“大串连”的通知。但是由夺权而来的种种矛盾很快使这些约束红卫兵的措施流于形式。

1967年2月，中共中央政治局和军委的几位老一辈革命家进行了“二月抗争”，许多地方的夺权遇到阻力，出现反复，造反派受到打击。有鉴于此，中央文革小组再次调用红卫兵、造反派，以巩固运动成果，推进

“文革”的进展。3月，北京师范大学井冈山公社总负责人谭厚兰在中央文革小组指使下联合其他群众组织“炮轰谭震林”，要求“反击全国自上而下的复辟逆流”。3月底4月初，北京航空学院红旗战斗队总负责人韩爱晶在叶群、戚本禹指使下发出北航红旗声明，要“打倒徐向前，炮轰陈毅、叶剑英”。这一“反击逆流”的活动很快蔓延到全国，刚刚开始收敛的红卫兵运动再度膨胀起来，同年7、8、9月达到高峰。

此时，红卫兵在批判所谓“刘少奇、邓小平为首的资产阶级司令部”、揪斗“走资派”、“叛徒”、“特务”等问题上方向一致，并且大有以此邀功，争先恐后之势。天津南开大学八一八红卫兵在康生等人唆使下揪“叛徒”，为中央肯定，大出风头，各地红卫兵纷纷仿效，掀起揪“叛徒”、“特务”、“假党员”的恶浪。

1967年4月1日《人民日报》发表戚本禹的文章《爱国主义还是卖国主义？》，把对刘少奇、邓小平的“大批判”推向高潮。6月，在江青等人鼓动下，北京一些高校红卫兵联合其他部门的造反派成立了“中南海揪刘火线指挥部”，声言要把刘少奇揪出中南海。7、8月间，各造反派组织竞相在中南海西门安营扎寨，据统计，有20万人卷入。8月，经毛泽东传话，“揪刘火线”才逐步撤离。

1967年夏，中央文革小组和林彪集团为推进“文革”，打击军队中的一批领导干部，提出“揪军内一小撮”的口号，指责许多地区的军队在“支左”中压制了造反派，支持了保守派，保护了走资派，鼓动造反派冲击军队领导干部。7月30日，新华社播发的《红旗》杂志第12期社论明确提出：“要把军内一小撮走资本主义道路当权派揭露出来，从政治上和思想上把他们斗倒、斗臭。”北师大井冈山公社、清华大学井冈山兵团等红卫兵组织在自己主办的小报上登出《打倒带枪的刘邓路线》等文章，宣称：两个司令部的夺权斗争进入了夺枪杆子的“第三阶段”。蒯大富、韩爱晶根据林彪在军队问题上“要大作文章”的话和王力的示意，再度提出“打倒徐向前”，派人绑架徐向前未遂，即抄了徐向前的住所和办公室。8月22日，红卫兵火烧英国代办处，制造了最严重的红卫兵涉外事件。

此时各地红卫兵互相支援，大批学生涌到外地，红卫兵再度在社会上大冲大杀。与1966年夏季的“冲向社会”不同，这次红卫兵的成分不再是老红卫兵，而是造反派红卫兵，主要目标不再是“四旧”、“黑帮”、“牛鬼蛇神”，而是“刘邓资产阶级司令部”即党、政、军的大批领导干部，并且红卫兵和社会上的造反派联合成势力不等的派系，各派红卫兵之间大动干戈，兵戎相见。与一年前红卫兵相同的是狂热的思想，暴烈、野蛮的行为方式，以及由此造成的“天下大乱”的无政府状态。

1967年夏季的红卫兵运动具有空前的规模，几乎卷进了整整一代青年学生，大批教职工参加红卫兵组织，教职工群众组织与学生组织在“大联合”中合流。红卫兵的宣传手段不仅仅是散发油印传单，而是主办了数以千万计的铅印、油印小报、杂志，建立了遍及全国的群众组织信息交流网络。著名大学的红卫兵组织和红卫兵联合组织的联络站派驻全国主要城市和热点地区。红卫兵造反派的联合活动动辄万人，十万人以至百万人。一个城市发生问题，不通过官方宣传媒介，不出24小时，就会在全国红卫兵中引起反响。大、中学校红卫兵在省、市有红卫兵代表大会及其常设机构，其核心成员进入地方权力机构——革命委员会，参与地方重大事务的决策（尽管这种“决策”多为“贯彻”，实权不在红卫兵领袖之手），各地大、中学校的革命委员会里都有红卫兵组织的代表参加。在拥护和服从“以毛主席为首的无产阶级司令部”的领导，积极参加“文化大革命”的前提下，红卫兵一度得到了相当程度自主成立政治性团体、办报，集会，游行的权利。社会主义国家历史上绝无仅有的高度“大民主”，调动了青年学生强烈的政治参与激情，驱使他们为“文化大革命”赴汤蹈火。

造反派红卫兵在成为红卫兵的主流，参与夺权以后，内部很快发生了分歧。从1967年3、4月开始，发展为日益激烈的公开的派性斗争。权力的争夺是派性斗争的核心，红卫兵的组织方式和思想特点加剧了派性斗争的严重性。

红卫兵是学生的政治性团体，是以“毛主席为首的党中央”肯定的学生群众参与“文化大革命”的组织方式，它的重要特点是分散。中央允许并鼓励红卫兵和其他群众组织存在，但反复强调不准成立全国性的组织，曾取缔了1966年底、1967年初成立的几个全国性群众组织。中央设法使群众组织保持本单位组织的本色，对跨行业、跨地区的组织持十分慎重的态度，只支持保持分散特点的“大联合”、红代会，从未鼓励群众组织的统一。这一方针显然是为便于领导和控制，防止出现全国性的政党性质的团体，防止借用群众组织的力量打倒“资产阶级司令部”的同时出现尾大不掉的局面。毛泽东一向主张一元化领导，反对多元政治的倾向。

分散的群众组织参与政治运动很容易出现意见分歧，形成派别之争。高度集中的政治体制和“斗争哲学”的传统观点，使小团体之间不可能形成共存、竞争的民主秩序。阶级斗争的观念和“以我为核心”的一元化政治思想，使红卫兵认定不击垮对手就不能自立。这种中央的高度集权、个人专制，基层的山头林立，派斗不止，无政府状态是“无产阶级专政下大民主”的极致，完全与现代民主制度南辕北辙。

红卫兵内部派性斗争的核心问题是权力。红卫兵的派性分歧有些是从“文革”之初“造反”和“保守”的矛盾转化而来，有些是造反派内部的重新分化。“一月风暴”以后，三结合的“新生”政权为红卫兵参与政权提供了机会，权力对红卫兵头头发生侵蚀作用。红卫兵头头越来越多地把为个人、小团体攫取和巩固权力作为头等问题。干部“三结合”问题是派别斗争的焦点之一，“走资派”本无清晰的界定，因而，除公认的“走资派”外，红卫兵对干部个人的评价极容易发生争执。各派红卫兵都想扶植现在自己一边的干部进入委员会，加强自己的势力，同时打击与对立派合作的干部。那些急于摆脱被批斗境遇的干部也希望得到群众组织的认可。“支左”是派性斗争的另一个焦点。1967年秋季以前，军队“支左”大多是支持一派，因而不同的部队，地方部队和野战部队，在支持哪一派群众组织的问题上常常发生分歧，部队领导人与地方领导人的关系往往影响了部队“支左”的倾向。军队的态度加剧了红卫兵的派性矛盾。以“三结合”的革委会为中心，红卫兵的派性卷入了领导干部、军队的矛盾，无休止地发展。派性斗争初为文斗，争吵无济于事，复拳脚相加，动以棍棒，民兵、兵器工厂及军队的卷入，使武斗有了升级到动用武器的可能。江青的“文攻武卫”口号为武斗之风火上浇油。种种原因使红卫兵自相残杀的惨剧遍及全国。

权力斗争、派性的武斗的升级脱离了群众的直接利益，造反派红卫兵群众逐渐失去当初争取平反和摆脱“血统论”之类政治歧视时发自内心的激情。在少数头头和骨干沉溺派性斗争、武斗，丧失良知，如痴如狂之时，红卫兵群众增长了厌战情绪，1967年夏季的大疯狂过后，多数群众走向逍遥。

1967年夏季及其以后一段时间是“文革”思潮走向理论化的时期。上上下下的造反文人都力图对“文化大革命”进行理论解释和论证。11月，陈伯达、姚文元将毛泽东关于“文化大革命”的理论归纳为“无产阶级专政下继续革命的理论”六条要点，经毛泽东同意，公开发表。造反派红卫兵的“笔杆子”们也纷纷就“文化大革命”的理论展开讨论和争辩，这类文章多属阐发中央精神，但也有反映部分造反派独立政治意识的文字，其中引人注目的有1968年1月公诸于世的湖南省长沙市中学生杨曦光的长篇文章《中国向何处去》，这是极“左”思潮的代表作之一，有相当大的影响。《中国向何处去》一文猛烈抨击“官僚”，要求政治体制的“革命”，建立类似巴黎公社的政治体制。文章说，极“左”派的“文化大革命”纲领是“推翻新生的资产阶级，建立类似巴黎公社的没有官僚的新社会——中华人民公社”。文章称一月夺权“革命”是“以暴力推翻新官僚资产阶级的统治”，短时间内，权力由“官僚手中转到激情澎湃的工人阶级手中”。文章把“走资派”当作“一个阶级”加以反对，说周恩来是所谓“中国‘红色’资本家阶级目前的总代表”，认为革委会的政权形式是“军队和地方官僚”起主导作用的政权形式，不是巴黎公社式的政权，是一种退却。文章赞扬1967年8月的“全面内战”，说其意义是由人民自己组织武装力量，使军队脱离官僚控制，造成中华人民公社的武装，认为10月以后再度退却。文章提出，中国应向“中华人民公社”发展，前景是毛泽东的“五·七指示”描述的理想社会主义“公社”。《中国向何处去》按照极“左”派的意图解释毛泽东的某些观点，以理论形式集中表现了激进的造反派思潮，将其发展到一般造反派不曾深想或不愿承认的程度。极“左”思潮确实是“形左实右”的。极“左”思潮违背国家的基本政治原则，也违背“文化大革命”的指导思想。《中国向何处去》发表不久，就受到中央文革小组和周恩来的批判，文章作者被逮捕。

1967年7月至9月，毛泽东视察了华北、中南、华东三大区，针对“全面内战”的形势，作出一系列指示，全面坚持“文化大革命”，同时着重扭转无政府状态，努力恢复对局面的控制，引导由“乱”到“治”。关于红卫兵，毛泽东指示：“革命的红卫兵和革命的学生组织要实现革命的大联合”，“要用文斗，不要搞武斗”，“要告诉革命造反派的头头和红卫兵小将们，现在正是他们有可能犯错误的时候。”9月中旬以后，毛泽东的这些指示陆续传达到学生群众。10月以后，中共中央根据毛泽东的部署公开发布一系列文件，制止武斗，要求造反派按系统实现“大联合”，大、中、小学“复课闹革命”，召回外出的学生。各地也采取了相应的措施。从1967年秋冬开始，红卫兵的活动被限制在校园里，但是派性依旧，“复课”徒有其名。

1968年3月下旬，林彪、江青一伙蓄谋打倒杨成武、余立金、傅崇碧，鼓吹粉碎“二月逆流的新反扑”“反右倾”。4月20日，《人民日报》社论引用毛泽东的话：“对派性要进行阶级分析”，提出“必须坚持无产阶级革命派的派性”。一些红卫兵头头认为这是中央重新启用他们的信号，是他们重整旗鼓的机会。3月20日北航红旗战斗队的《红旗》报发表文章《不许否定革命小将——驳唯“派性”论》，5月1日发表文章《红卫兵万岁——彻底粉碎否定革命小将的右倾翻案逆流》。打倒杨、余、傅，批判“右倾逆流”的直接结果之一是红卫兵派性的再度膨胀。

1968年春季以后，北京几所大学的派性武斗屡禁不止，逐步升级。清华大学校园内两派红卫兵进行了长达三个月的“百日武斗”，破坏严重。群众对此十分厌恶。更重要的是：红卫兵已成为实现毛泽东新的战略部署的障碍。1968年7月27日，按毛泽东指示，北京60多个工厂，3万人的“首都工人毛泽东思想宣传队”开进清华大学，整顿秩序，制止武斗。工宣队遭到以蒯大富为主要负责人的井冈山兵团“团派”的武力对抗，工宣队5人死亡，731人受伤。7月28日凌晨3时半，毛泽东召见北京红卫兵“五大领袖”：聂元梓、蒯大富、韩爱晶、谭厚兰、王大宾，林彪、周恩来等陪同接见谈话。进行了5小时。毛泽东说：今天是我找你们来商量制止大学武斗的问题，怎么办？文化大革命已经搞了两年了，你们现在一不斗，二不批，三不改。斗是斗，你们是在搞武斗。你们脱离了工人、农民、战士、学生的大多数。毛泽东说：现在是轮到你们小将犯错误的时候了。不要脑子膨胀，甚至全身膨胀，闹浮肿病。毛泽东严厉地说道：在武斗问题上，不听劝阻，就是土匪、国民党，就要歼灭。毛泽东的训斥和诱导有效地制止了大学红卫兵头头的对抗，保证了工宣队的进驻，武斗停止了。群众，包括一般红卫兵对此是欢迎的。8月25日，中共中央发出派工宣队进驻学校制止武斗的通知。次日公布了毛泽东关于工宣队在学校长期留下去，永远领导学校的指示。7月下旬以后，中央报刊接连发表文章，强调工人阶级的领导作用，知识分子、知识青年必须恭恭敬敬、老老实实接受工农兵的再教育，批评的矛头指向包括红卫兵、知识青年在内的整个知识分子层。颇有政治经历的学生已很清楚，青年学生叱咤风云的时代过去了。一些学校的红卫兵宣告解散，其他大部分自行解体。工宣队掌握了学校的领导权力。至此，作为具有特殊历史作用的红卫兵运动结束，这个由毛泽东亲自呼唤出来“大闹天宫”的“孙大圣”，又经毛泽东之手压在了五行山下。

五、红卫兵运动的尾声（1968年10月至1978年10月）

1968年10月以后，曾经以“革命造反”行动震动中外的红卫兵陆续毕业，离校，走向社会，大批中学生上山下乡，书写了红卫兵运动的续篇。全国中学普遍重建新型的红卫兵——“模范学生红卫兵”。

至1968年9月底，全国除台湾省外的省、市、自治区都成立了革命委员会，“文革”的夺权阶段结束，进入“斗批改”阶段。大、中学校在工人、解放军、贫下中农宣传队、革委会的领导下开展运动。原有的红卫兵组织解体，与武斗有牵连的头头受到审查。同时，毕业分配工作全面展开，至1970年底，原在校学生均已离校。红卫兵一代人走到了社会的底层，在荒谬的上山下乡运动中，在动荡、艰辛的蹉跎岁月里，他们继续追求着，付出了血汗，也尝到了苦果，陷入了前所未有的痛苦和深沉的思考。

1968年10月以后，工人、解放军宣传队在新入学的中学生中重建红卫兵。新的红卫兵不是自成体系的，而是在驻校工、军宣队，革委会，党、团组织领导下，按教学班组（当时改称“排、班”）组成。吸收红卫兵重视家庭出身，也看政治表现。共青团恢复组织生活前，它是学校的“先进”学生组织；共青团恢复以后，在大部分地区它是共青团领导的预备队或外围组织，在上海，它是共青团在中学的组织形式。

1968年秋至1978年秋10年中的红卫兵作为“文革”“新生事物”而存在，他们也喊“造反有理”的口号，但没有走出校门的重大造反行动。这种类型的红卫兵按领导者的意图和“文革”中后期的需要塑造“模范”学生，是“文革”的模范中学生组织。在此期间，大学没有重建红卫兵。

“文革”中后期，严酷的政治、社会现实，特别是林彪事件的发生，极大地震撼和教育了早已满腹疑团的青年，促使当年的红卫兵反省和重新认识祖国的前途命运、“文化大革命”以及他们自己的作为。思想的牢笼在风雨如磐的祖国城乡一片接一片地坍塌。1976年，全国人民对黑暗政治的抗议汇成了悲壮的四五运动。青年们，不论是青工还是知青，不论曾经是老红卫兵还是造反派，甚至包括“模范红卫兵”，不约而同地走向天安门。群众的政治激情再度高涨，但方向与十年前截然相反。1966年是参加“文革”的狂热，1976年是埋葬“文革”的激情。历史最终宣告了谁是胜利者。1976年金色的10月，与人民为敌，不可一世的“四人帮”得到了惩罚。

“文革”既已结束，它的“新生事物”亦失去了光彩，各地红卫兵逐渐停止活动。1978年共青团十大正式决定取消红卫兵。红卫兵终于在中国的大地上消失了。

六、关于红卫兵评价的几个问题

红卫兵运动是以毛泽东为首的中共中央错误发动和领导、有青年学生广泛参加的方向错误的青年运动。红卫兵运动被当作发动“文革”的工具，在“文革”初期起了“急先锋”的作用，造成了巨大的破坏。红卫兵思潮是毛泽东晚年错误思想的产物，反映了“文革”前思想教育工作的弊病，折射出中国社会结构的矛盾。

毛泽东是红卫兵的思想和政治的“红司令”。毛泽东关于社会主义社会阶级斗争的观点在“文革”前夕已经随着一系列政治运动和个人崇拜的膨胀掌握了青年。1966年5月29日第一支红卫兵的成立虽然没有上层指使，却无疑是毛泽东关于“文化大革命”的思想和战略决策的产物。红卫兵的发起者主要来自最接近领导层和最容易了解毛泽东及党中央意图的干部子女，他们用行动响应了毛泽东的号召。毛泽东发现了红卫兵，支持红卫兵，把红卫兵的思潮和组织形式作为自下而上发动青年学生和群众，冲破党委及工作组领导体系的制约，掀起群众运动狂潮的手段。毛泽东的支持是红卫兵从个别学生组织发展为全国规模政治运动的决定性因素；毛泽东领导“文革”的战略需要是红卫兵内部主流派别更迭（如造反派代替老红卫兵）及红卫兵运动平息、红卫兵重建的根本原因。毛泽东成功地塑造、调用、随后放弃了红卫兵，而红卫兵对毛泽东的部署所知甚少，完全不能把握自己的命运。

“文革”期间，所谓“以毛主席为首的无产阶级司令部”以及其他追随毛泽东的领导人也不同程度地影响着红卫兵运动。受到毛泽东信赖由陈伯达、康生、江青等人领导的中央文化革命小组是中共中央直接领导和指挥“文化大革命”群众运动的机构，中央文革小组与著名的红卫兵组织和领袖保持密切联系，鼓动并负责引导红卫兵运动的方向，起了极为恶劣的作用。林彪等人也支持了红卫兵运动。

众多的党政军地方领导干部虽然对“文革”不理解，但拥护毛泽东的领导，表示支持红卫兵运动。1967年1月夺权以后，中央提出“三支两军”、成立“三结合”的革命委员会。军队介入地方运动，许多地方领导干部努力争取红卫兵、造反派的理解和支持，军队干部、地方干部、群众组织领导人之间的关系复杂化。随着军队和地方领导干部逐渐在革委会中起主导作用，各派红卫兵作为“三结合”一方代表的作用下降，而实际上更多地变为领导干部之间争取领导权力的筹码。1968年夏季“全面内战”的背后，分明有军队和地方领导干部的强有力的影子。

中央的老一辈领导干部对红卫兵的态度与上述几种情况不同。红卫兵诞生不久，刘少奇等领导人一度表示对学生革命热情的支持，同时不赞同成立独立于党、团体系之外的群众组织，与红卫兵发生矛盾。毛泽东公开支持红卫兵之后，高层领导干部一般也表示支持红卫兵。当时许多高级干部子女充当了红卫兵的领导人。老干部对红卫兵的态度一般表现为要求红卫兵注意政策，不要武斗，不要把主要矛头指向党内领导层，不要普遍地“炮轰”当权派。在老干部和老红卫兵受到打击和迫害以后，1967年2月，中央的一批老一辈领导干部对迫害“联动”提出了愤怒的抗议，对造反派红卫兵提出了严厉的批评。但他们无力改变毛泽东的决心。

红卫兵运动是在共产党特殊形式的领导下进行的。“文革”前，共产党对青年采取一元化的层层党、团组织的系统领导方式。“文革”初的短时间内，党曾向学校派遣工作组，代行基层党组织领导职权。工作组撤出后，掌握党中央权力的毛泽东通过中央文革和官方宣传媒介，绕过层层党组织，直接领导红卫兵，即采取了毛泽东、党中央——中央文革——红卫兵的领导模式。这是一种特殊的领导方式而不是放弃了领导。红卫兵在“文革”中喊得非常响亮的“誓死保卫党中央”的口号是有实际内容的。红卫兵运动的错误主要是由党的全局性失误造成的。

60年代青年的弱点是红卫兵运动所以能够形成的另一个重要原因。红卫兵所表现出的对毛泽东狂热的个人崇拜，对领袖、中央决策的盲目、愚昧的服从，非人道的野蛮行为等等，人们已多有描述，这里应该指出的是红卫兵的这些特征集中反映了“文革”前十年思想教育的失误。

“文革”时的大、中学生都是在1957年以后开始接受政治教育的。

1957年以后的思想政治工作受着日趋严重的“左”的错误的影响，带有极强的政治动员的特点，政治即“革命”的要求改造了一切，淹没了一切。这种政治教育压抑青年的个性发展，排斥人道、人性以及古代和外来的人类进步文明。这种政治教育以闭封为前提，造就僵化，愚昧的头脑。这种教育把青年培养成自觉的“革命”工　具：平时做齿轮和螺丝钉，政治运动来临时“党指到哪里就打到哪里”。在“文革”前夕，政治教育已经以压倒一切的势头掌握了青年一代。当时青年思想中积极的因素，如较强的社会责任感，政治热情，英雄主义气概，助人为乐等等，无不服从于政治斗争的目标。因而在权力高度集中在中央，集中在领袖个人手中，而全体青年的政治激情被高度动员起来的情况下，领袖的一句话即有召来千军万马的魔力。

红卫兵思潮在毛泽东关于“文化大革命”的思想，即“无产阶级专政下继续革命”的思想指导下，在“文化大革命”的实践中产生、发展，但不等同于毛泽东本人思想。它是红卫兵对毛泽东的思想和“文化大革命”的理解，它随着“文革”政治形势的发展而演变，因红卫兵成分的多样化而有不同的流派。其中，最引人注目的是老红卫兵思潮和造反派红卫兵思潮。

老红卫兵思潮直接承袭“文革”前的“阶级斗争为纲”的理论。在社会分析方面，它认为：中国资本主义复辟的主要危险来自“地主、资产阶级及其知识分子”，为数不多的走资派是阶级敌人在党内的代理人，资本主义复辟的典型构想是回到1949年之前的旧中国，是原来的地主、资产阶级、国民党卷土重来。因而“文革”打击的重心在“地主、资产阶级及其知识分子”、一小撮走资派。这种思潮指导下的行动是“破四旧”、批判文化教育路线、知识界人士、文教界及北京市委“包庇资产阶级分子”的领导干部。老红卫兵的斗争矛头偏重党外，偏重“阶级敌人”、“反动文人”。在阶级路线问题上，老红卫兵思潮强调“红五类”，特别是党政军领导干部子女朴素的阶级感情和革命家庭的熏陶，认为只有这些人是真正可以依靠的接班人，同时强调剥削阶级家庭的反动影响，排斥出身这些家庭的青年，其极端表现形式是“老子英雄儿好汉，老子反动儿混蛋，基本如此”这副对联。老红卫兵思潮的主要倡导者和骨干基本是干部子女，其追随者多为工农子女。当“文革”深入，冲击到几乎整个领导干部层时，老红卫兵从“革命”转为“保守”，要求保护老干部；当“反特权”的口号提出以后，大部分工农子女放弃了老红卫兵思潮。老红卫兵思潮，尤其是血统论的独特之处在于革命自豪感背后隐藏着的对政治、社会特权的追求，这是苏联模式国家普遍存在的权力和财产集体世袭倾向的具体表现。

造反派红卫兵思潮继老红卫兵思潮之后成为红卫兵运动的主要思想潮流。在社会分析问题上，造反派思潮认为：中国资本主义复辟的主要危险来自党内走资派，即党和国家的一批领导人背叛马列主义，搞修正主义，背叛人民，成为新兴资产阶级，由公仆变为骑在人民头上的特权阶层。“资产阶级知识分子”受走资派的庇护，是走资派的帮凶。苏联是资本主义复辟的典型，因此，“文革”的主要目标应是打倒走资派，造反派极端分子还提出建立“没有官僚的中华人民公社”。造反派指责老红卫兵有血统论、特权思想，说，正是那些以“自来红”自居的干部子女最容易“和平演变”为新兴资产阶级的少爷、小姐。

造反派红卫兵思潮有两种倾向。第一种倾向：要求平等的社会、政治地位和权利，反对特权，反对走资派。其锋芒集中在社会问题上，反对依出身把青年分成三六九等，批判“特殊化”的干部子女寄宿制学校，批判“维护特权”的走资派。这一倾向对批判“资产阶级知识分子”兴趣不大。北京等大城市重点中学的许多造反派学生组织具有这种倾向，这些组织的主体多为知识分子及其他“非红五类”子女。遇罗克的《出身论》等文章部分地反映了这种思想倾向。

造反派思想的第二种倾向主要从政治斗争的角度反对走资派，以平等和平均的要求反对特权。这种思想倾向的着眼点放在领导层的斗争，津津乐道于党内路线斗争，其倡导者往往有政治上被打击的经历。这种倾向对平等的理解是宽泛的，既包括机会的平等也包括结果的平等，即平均，因此领导干部高高在上，脱离群众，高薪，教育上的分数挂帅，以分数择优录取的高考制度都被列为批判对象，工农子女比重较大的许多大学造反派红卫兵表现出这种倾向。如果说第一种思想倾向中的平等观还具有某些现代意识的话，那么第二种倾向中的平等观则是传统的再现。造反派思潮中两种倾向的分野并不清晰，第二种倾向占优势并逐渐同化了第一种倾向。

老红卫兵和造反派思潮的矛盾是中国社会结构矛盾的间接反映：毛泽东的号令在处境不同的人群中引起不尽相同的反响。人们从两种思潮的存在不难看到苏联模式国家社会结构上的矛盾及其不断提出的问题：特权和反特权。毛泽东的“继续革命”思想和“文化大革命”似乎给了受官僚特权压抑的人们新的希望。然而事实是：毛泽东的“文化大革命”不是铲除特权的“革命”，造反派的思想武器不外中国农民传统的“均贫富、等贵贱”。“革命”、“造反”的结果是摧毁了中国文明与进步的因素，导致封建的大倒退。老红卫兵和造反派思潮虽然不是全无道理，但就其主体而言都没有走出中国传统的封建思想的樊篱。

红卫兵运动过去20年了，改革开放已使当代青年面貌一新，但是当年红卫兵的教训对今天投身社会主义经济和政治体制改革的青年仍有着重要的启示。

“文革”初期三个回合的斗争

苏采青

“文化大革命”初期经济战线三个回合的斗争，主要是涉及1966年8月党的八届十一中全会上通过的《中国共产党中央委员会关于无产阶级文化大革命的决定》（以下简称《十六条》）中所谓“抓革命、促生产”这一方针的是与非问题。

《十六条》的第十四条指出，“无产阶级文化大革命，就是为的要使人的思想革命化，因而使各项工作做得更多、更快、更好、更省”。“无产阶级文化大革命是使我国社会生产力发展的一个强大的推动力。把文化大革命同发展生产对立起来，这种看法是不对的”。这两段话表明了毛泽东对待政治与经济的关系，即此处所讲的：“革命”与生产的关系的基本观点。当时讲的“抓革命”的特定含义就是抓“文化大革命”，按照其“纲举目张”的逻辑，就是只要把“文化大革命”抓上去，就会自然地将生产促上去，它反映出毛泽东在探索中国社会主义道路的过程中，已经认定“文化大革命”是“使我国社会生产力发展的一个强大的推动力”。因此，他才要下大决心排除一切障碍，把“文化大革命”发动起来。

然而，社会实践让人们看到的只是“文化大革命”对社会生活和生产建设的破坏性冲击。于是，从中央到地方的一批领导同志义不容辞地作了一而再、再而三的努力，尽量限制“文化大革命”对生产建设的破坏性影响，力图限制“文化大革命”在经济领域的全面发动。

在1966年5月到12月，整个“文化大革命”的发动阶段，发生在经济战线上的发动与反发动的斗争，大致分为三个回合：①6月至7月间为第一个回合的斗争；②8月至9月间为第二个回合的斗争；③10月至12月间为第三个回合的斗争。这后一次斗争主要集中于工业交通座谈会。虽然斗争未能阻挡“文化大革命”的全面发动，但是，党内健康力量所进行的这些斗争无疑是“文化大革命”十年历史中的一个重要篇章。

1966年6月至7月间第一个回合的斗争

最初一次限制“文化大革命”在经济领域发动的努力，发生在1966年6、7月间，刘少奇、邓小平和周恩来为此作了卓有成效的努力。

还在1966年5月中央政治局扩大会议通过发动“文化大革命”的《五·一六通知》前后，林彪、江青、康生、陈伯达等人就紧锣密鼓地大搞其惟恐天下不乱的活动了。他们首先从北京大学点火，从批判北京市委发难。6月1日后陈伯达操纵《人民日报》连发7篇社论，号召“反修防修”。煽动“横扫一切”。于是，北京的部分青少年学生首先起来“造反”，由学校而社会，使工业交通、基本建设第一线的基层单位也开始发生动乱。日益紧张的局势，使党中央第一副主席兼国家主席刘少奇和中央书记处总书记兼国务院第一副总理邓小平十分焦虑，为了防止局势的继续恶化，刘少奇、邓小平特地于6月30日联名写信给当时在南方的毛泽东。他们在信中如实地报告了国民经济各部门运行不正常的情况，并提出了采取限制性措施的建议，其要点如下：

最近工业交通和基本建设的计划完成得不算好，特别是钢、钢材、煤的产量开始下降，质量下降的情况尤为突出，事故增多。基建任务原计划上半年完成百分之四十到四十五，现在只能完成百分之三十五六。“目前，文化教育方面文化大革命运动正在展开，中央和省市领导必须用很大力量领导这方面的运动。如果工矿企业、基本建设等基层单位一齐动起来，领导上顾不过来，容易出差错”。“在京同志讨论之后，认为在文化大革命的部署方面，重点放在文化教育部门、党政机关。对于工业、交通、基建、商业、医院等基层单位，仍按原定的四清部署和二十三条结合文化大革命进行。”

在信的末尾写道：“这是一个重要决定，请主席考虑决定。拟了一个通知稿，请审核。”

刘少奇、邓小平的信引起了毛泽东对生产情况的关注。7月2日，毛泽东在刘少奇、邓小平的来信上写了批示：“同意你们的意见，应当迅速将此通知发下去。”

当天，中共中央、国务院发出了《关于工业交通企业和基本建设单位如何开展文化大革命运动的通知》（以下简称《七•二通知》）。《七•二通知》的主要内容如下：

最近时期，一部分产品质量下降，事故增多，设备维修计划完成得不好，某些产品（如钢、钢材、木材和煤炭）的产量开始出现下降的情况，某些基本建设项目的施工进度，也开始出现迟缓的现象，外贸方面开始有所下降。对于这些刚刚露头的问题，各级党委必须看得见，抓得起，立即采取措施，加以解决。要大抓生产，特别要注意大抓质量。高温雨季已经到来，防洪、防风、防暑工作也急需妥善安排。

目前，各地党委需要用很大力量领导正在开展的文化教育方面的革命运动，同时也应注意到工矿企业和基本建设单位必须保证完成国家任务的特点。因此，中央认为，工业交通企业和基本建设（包括设计施工单位）的文化大革命，要和四清运动结合起来，按照《二十三条》的规定，按照各地原来确定的部署，分期分批地有领导地有计划地进行。不要打无准备、无把握的仗，不要全国厂矿企业一哄而起。否则，不但不能取得文化大革命的成功，而且会使生产建设遭到损害。

《七•二通知》下达数日后，周恩来回到北京，立即狠抓经济工作。当时担任国家建委主任的谷牧回忆道：“我们这些人，在这一段已经受到了大字报的‘炮轰’，但都在背着十字架兢兢业业地工作。关于三线建设和基建工程兵问题，中央书记处由小平同志主持，国务院由周总理主持，都听过我们的汇报。我还就西南铁路前线指挥部存在的一些问题，于7月7日专门向总理汇报过，他表示完全支持我的意见。那天下午，总理还在各口汇报‘文革’情况的会议上宣布：‘三线建设与一、二线不同，不能受文革的影响。’在那一段时间里，国务院和中央书记处都还保持运转，周总理一刻也没有放松对经济建设工作的领导，而且他已经看出这场运动可能给经济建设工作带来的不利影响，抓得比以前更紧了。”①

在周总理的关怀下，7月22日，中共中央、国务院又发了一个《关于工业交通企业和基本建设单位如何开展文化大革命运动的补充通知》（以下简称《七·二二通知》），进一步将不同单位的情况加以区分，分别提出了要求。《七·二二通知》的主要内容如下：

……在文化大革命的部署上，应当根据不同部门、不同行业、不同地区的情况，分别先后缓急，有领导、有计划、分期分批地进行。

这次文化大革命的重点是文教部门和党政机关。地专以上的党政机关一律要开展文化大革命。县以下的党政机关、农业水利方面的基层单位以及城市的基层组织（如公安派出所、街道居民组织等）的文化大革命，同工交、基建和财贸方面的基层单位一样，要和四清运动结合起来，按照《二十三条》规定，有领导、有计划地，分期分批地进行。

省级商业部门的各个专业公司的文化大革命，究竟是单独开展，还是结合四清进行，由各省、市、自治区党委决定。

目前在工矿企业参加劳动实习的大专学校和中等技术学校的学生，可以全部调回，参加原学校的文化大革命。

正在开展文化大革命的党政机关，必须集中力量把文化大革命搞深搞透。同时，要指定必要的人员，组织一个班子，抓生产、抓建设、抓业务、抓科研（这些人员也要轮流参加文化大革命）；要经常掌握情况，……保证今年国民经济计划的完成，争取超额完成，并且从现在起就抓紧明年国民经济计划的编制工作，以保证年度计划之间的衔接。

当前要抓紧夏季粮、油的收购，丰收地区应当在坚决不购过头粮的原则下，力争多收购一些，以丰补歉。城乡都要抓紧计划用粮，节约用粮，要很好地安排农民生活，力争少销和不销；城市也要严格控制销售，反对浪费。

① 《我们的周总理》，中央文献出版社1990年版，第17—18页。

一线、二线和三线地区的基本建设单位的文化大革命，应当在积极贯彻执行备战备荒为人民的伟大战略方针的原则下，按照不同情况，区别对待，分别先后，妥善安排。一线和二线地区基本建设单位开展运动的时间，可以早一些。大小三线地区的建设是一项十分重要的战略任务，为了抢时间，加快建设进度，这些地区的建设单位，特别是国防尖端项目和民用骨干项目的建设单位，开展运动的时间，要在保证建设任务按时完成的前提下，根据任务的紧迫程度和主管部门能否派出工作组的情况，进行安排，有的可以早一些，有的可以晚一些。中央各部派到三线地区担任指挥工作的负责干部（包括总工程师），应当坚守岗位，继续执行工作任务。个别人员必须调回参加运动的，应当派相当的负责干部去顶替。

设计单位的文化大革命，一般应当和四清运动结合起来，分期分批地进行。正在开展文化大革命的设计单位，在搞好文化大革命的同时，必须保证完成设计任务，按照国家计划的要求，按期交付设计图纸，保证设计质量正在现场进行设计工作的人员，仍应留在原地坚持工作。

科学研究单位，应当同其他文教部门一样，作为文化大革命的一个重点。但考虑到许多科学研究单位，担负着当前生产建设和国防尖端技术迫切需要解决的科研课题，必须保证按计划完成任务，因此，这些单位的运动，在步骤安排上应与一般的文教部门有所不同，凡是本单位领导力量强，或者上级部门已经派去较强的工作组，可以开展运动。如果本单位领导力量不强，而上级又派不出工作组的，可以暂不开展运动，先安排学习文化大革命的文件和进行科学研究工作。开展运动的单位，对于新产品、新材料、新技术的研究课题和中间试验项目，以及新产品、新材料的小批试制任务必须按期完成。承担其他单位协作任务的人员，不要调动，应当继续按照原定计划进行科研试制工作。

《七·二通知》和《七·二二通知》明确了当时“文化大革命”的重点放在文教单位和地专以上党政机关。工交企业、基建、财贸等基层单位则必须保证国家计划任务的完成。这些单位的“文化大革命”要与原来的“四清”计划相结合，按照《二十三条》规定，分期分批地进行。这样就严格地限制了开展“文化大革命”的范围，起到了稳定基层、稳定生产建设单位的作用，暂时制约了“文化大革命”对社会经济生活的震动和破坏，不过，时隔不久，社会动乱便大大地升级了。

1966年8月至9月间第二个回合的斗争

第二次限制“文化大革命”在工交企业和农村全面铺开的努力，发生在9月间。那是针对8月份兴起的红卫兵运动的冲击，为保证完成三秋任务而展开的。

毛泽东7月18日由武汉回到北京后，陆续采取了若干措施，进行“文化大革命”的全面再发动。林彪、江青等人乘机推波助澜。从7月下旬到8月，主要发生了以下几件事：

首先是撤销工作组，批判工作组。毛泽东回京听取各方面汇报后，因不满意“文化大革命”的冷冷清清的局面，面对工作组问题上两种对立的主张，支持了否定工作组的中央文革小组，严厉批评了中央第一线的领导同志，决定撤销派驻各校的工作组，“由革命师生自己搞革命。”

毛泽东在8月1日，即党的八届十一中全会开幕的当天，亲自给清华大学附属中学红卫兵复信说：“热烈地支持”他们，说他们的行动表明“对反动派造反有理”。

8月7日，全会印发了毛泽东写的《炮打司令部——我的一张大字报》，把斗争矛头引向中央第一线的领导同志。

8月8日，林彪在全会期间的一次谈话中说：中央文革小组“这几个月起了作用，今后还希望起更大作用”。“要闹得翻天覆地，轰轰烈烈，大风大浪，大搅大闹，这半年要闹得资产阶级睡不着觉，无产阶级也睡不着觉”。

8月12日，全会通过了《十六条》。林彪主持了全会的闭幕式并总结说：在文化大革命中，“发生了严重的路线错误，几乎扼杀了这一个革命，使之停顿下来，中断下来，倒退下来。在这种危险的时候，主席出来扭转了这种局势，使这次文化大革命能够重整旗鼓，继续进攻，打垮一切‘牛鬼蛇神’，破‘四旧’，立‘四新’，使我们社会主义的建设除了物质的发展以外，精神上思想上得到健康的发展。今天又把组织机构解决了，保证了我们今后的工作能够更加落实。”林彪在此处讲的解决了组织机构的问题，是指全会在闭幕前，突然在原定议程之外，仓促地改组中央领导机构，通过此次改组，林彪突然被列名于毛泽东之后，成为党中央第二号人物，而刘少奇、邓小平却在受到推行所谓错误路线的责难之后，使他们实际上失去了在党中央的领导权。

八届十一中全会以后，8月18日，毛泽东在天安门广场接见百万红卫兵和师生之后，红卫兵运动便风起云涌般地发展开来。在林彪号召的破‘四旧’，立‘四新’的蛊惑下，一部分红卫兵大干打、砸、抢、抄、抓的非法活动，并且开始到各地串连点火，“炮打”各级党政领导，社会秩序陷入混乱，使社会生活和经济建设第二次受到破坏性的大冲击。据当时各省、自治区汇报的材料，红卫兵组织已由城市扩展到农村、工矿企业等基层单位。黑龙江双城县人委报告：“8月22日，双城县召开点火大会，炮打司令部，揪斗当地县委书记、县长。到9月22日止，全县21个公社已有11个公社和生产大队揪斗基层干部。不少基层干部为躲避揪斗而出走他乡，生产无人负责。”类似情况各地都有。当时担任国家计委主任的余秋里回忆说：“红卫兵大串连，使正常的交通运输秩序被打乱了；‘停产闹革命’，使一大批生产企业处于停产半停产状态；由于很多部长遭到批斗、靠边站，国务院各经济部门的工作也运转不灵，面临瘫痪半瘫痪的局面。”[①]谷牧回忆说：“这期间，‘文革’的风浪已经冲击到地方党政领导机关和经济管理部门、工矿企业。国家机关中，也闹起了群众组织，与社会上的红卫兵相呼应。学生冲击机关的事件不断发生。8月25日，就有建工学院和琉璃河水泥厂的200多人包围建材部，揪斗赖际发部长，罚站罚跪，还动了手。”[②]

为了防止事态继续恶化，确保秋收、秋种、秋购三秋任务按时完成，

---

① 《我们的周总理》，第42—43页。

② 《我们的周总理》，第20页。

党中央、国务院在周总理、陶铸的主持和坚持下，在9月份采取了一系列有力措施，竭力限制“文革”浪潮对社会经济生活的第二次大冲击。

据谷牧回忆：“这年9月初，经李富春同志提议，毛主席批准，余秋里同志和我被通知协助国务院领导同志抓经济工作，每人分管十个部。”谷牧写道：“总理当时最焦虑的是：这场‘革命’越闹越大，将会破坏我国的社会生产力，产生比‘大跃进’更为严重的后果。他经常找我们了解经济工作方面的重大情况和问题。有一次，他对我们说：‘你们可得帮我把住经济工作这个关啊!经济基础不乱，局面还能维持，经济基础一乱，局面就没法收拾了。所以，经济工作一定要紧紧抓住，生产绝不能停。生产停了，国家怎么办?不种田了，没有粮食吃，人民怎么能活下去?还能闹什么革命？’对于我们每天汇的生产报表，他都要仔细审看。哪个铁路局的货运量掉下去了，哪个煤矿的产量降低了，哪种产品的原料供应不上了，他都要认真查阅原因，并和我们一起商量解决的办法和措施。”①

当时采取的主要措施如下：

9月2日，中共中央、国务院发了《关于铁路企业单位分期分批地开展文化大革命运动和整顿车站、列车秩序的通知》。

9月5日，《人民日报》发表社论《用文斗不用武斗》。

9月7日，中共中央、国务院做出决定：“从九月十日起，派人民解放军不带武器，协助铁路维护联运列车、联运车厢和各停车站的秩序。”

9月14日这一天，中央连发两份文件，重申中央、国务院7月2日和7月22日两个通知仍然有效。同时，针对近期出现的严重情况做出了若干新的应急规定。一份是中共中央《关于县以下农村文化大革命的规定》（简称《农村五条》），另一份是中共中央《关于抓革命、促生产的通知》（简称《工厂六条》）。这两个文件明确提出了以下要求：①工业、农业、交通、财贸等部门立即加强或组成各级指挥机构，确保生产建设、科研、设计、市场、收购等工作的正常进行；②各有关单位和行业的职工都应

① 《我们的周总理》，第18—19页。

当坚守岗位；③学生和红卫兵不要进入那些单位去串连，干预它们的部署，影响它们的生产和工作；④已经开展文化大革命的单位，要把文化大革命放到业余时间去搞，在这些单位不采取直接罢官的做法，未开展文化大革命的单位可以推迟进行，等等。

9月15日，在第三次接见各地来京师生大会上，周总理发表了显然与林彪讲话调子不同的讲话。周总理讲话强调了以下各点：

“毛主席亲自主持制定的十六条指出：

‘无产阶级文化大革命是使我国社会生产力发展的一个强大的推动力。’‘无产阶级文化大革命，就是为的要使人思想革命化，因而使各项工作做得更多、更快、更好、更省。’

‘搞好工农业生产，关系很大，它关系到我国社会主义建设，关系到第三个五年计划，关系到城乡人民生活，关系到无产阶级文化大革命。’

‘广大的工人，公社社员，科学技术人员和机关企业干部，都应当坚守生产岗位，不失时机地掌握生产环节，把在文化大革命中焕发出来的冲天干劲，用到工农业生产和科学实验中去!’

‘为了有利于工农业生产的正常进行，大中学校的红卫兵和革命师生，现在不要到工厂、企业单位和县以下的机关、农村人民公社去进行革命串连。那里的革命，要按照原来的‘四清’部署，有计划、有步骤地进行，工厂农村不能像学校那样放假，停止生产来搞革命。革命学生要尊重工农群众，信赖工农群众，相信工农群众完全可以依靠自己把革命搞好。’

‘秋收、秋种的大忙季节已经到来。大中学校的红卫兵和革命师生，应当有组织地到农村去参加劳动，帮助秋收，学习贫下中农的革命干劲和勤劳的品质。’”

9月15日，《人民日报》配合宣传中央两个文件精神，再发社论《向工农兵致敬向工农兵学习》，紧急呼吁：“生产是不能停下来的。工厂、农村的文化革命，应当按原来的‘四清’运动部署结合进行。农村在秋收大忙的时候，可以把运动暂时停一下。大、中学校的红卫兵和革命师生，不必要到工厂、农村去进行革命串连，干预那里的部署。”社论强调指出：“工人、公社社员、机关企业干部不能像大、中学校的学生那样放假，也不要到外地去进行革命串连。”

9月25日，中央发文，同意总参谋部、总政治部的建议，在农村、工矿企业、事业单位、党政机关、群众团体，不成立红卫兵等组织，主要还要搞好民兵工作。

9月26日，中央发文，同意华东局9月25日来电，关于学生和红卫兵不能到医院进行串连，医院文化大革命，按四清运动部署进行的意见。

在周总理、陶铸、李富春等领导下进行的上述各项工作，迅速缓解了从8月份支持红卫兵运动以来对经济生活带来的第二次破坏性大冲击，及时地保证了农村三秋任务的完成。但是三秋尚未完全结束，形势又急转直下。

1966年10月至11月上旬第三个回合斗争的开始

林彪、江青等人为了搞乱全国，在乱中夺权，一直处心积虑地企图打倒中央第一线不赞成他们主张的领导人。在6月和8月两次煽风点火没有完全奏效的情况下，10月，他们又连续采取了几个搅乱全国的重大步骤。

首先，林彪利用建国17周年纪念大会宣称：八届十一中全会以后，“以毛主席为代表的无产阶级革命路线，同资产阶级反对革命路线的斗争还在继续”。同日，《红旗》第13期社论则抛出了批判所谓“资产阶级反动路线”的文章。社论写道：“十六条，是两条路线斗争的产物，是以毛主席为代表的无产阶级革命路线战胜资产阶级反动路线的产物。”它把“文化大革命推向一个新的高潮”。“但是，两条路线的斗争并未就此结束。有些地方，有些单位，两条路线的斗争还是很尖锐、很复杂的。”因此，“对资产阶级反动路线必须彻底批判。”紧接着，中共中央于10月5日批转了中央军委、总政治部根据林彪提议写成的《关于军队院校无产阶级文化大革命的紧急指示》。这份文件的基本精神是“根据林彪同志的建议，军队院校的文化大革命运动，必须把那些束缚群众运动的框框统统取消，和地方院校一样，完全按照十六条的规定办。”“以前军委总政对院校文化大革命的个别规定，如关于军队院校的文化大革命运动在撤出工作组后由院校党委领导的规定；关于指挥学校的学员队开展文化大革命的作法与连队相同的规定；关于只在军种兵种院校范围内不在军种兵种院校范围外和地方学校串连的规定等，已不适合当前情况，应当宣布取消。”在这个文件前面，中共中央写了以下批语：“中央完全同意军委、总政关于军队院校无产阶级文化大革命的紧急指示。中央认为，这个文件很重要，对于全国县以上大中学校都适用，同样应当立即向全体学生和教职员工原原本本的宣读，坚决贯彻执行。”当天，中央军委根据林彪指示，在北京工人体育场召开了有10万名地方院校师生参加的大会，作了传达。次日，在同一地点又开了有10万名地方院校师生参加的大会，进行宣读。声势浩大的宣传使这个文件的适用范围扩及到了一切单位。一股“踢开党委闹革命”，“批判资产阶级反动路线”的浪潮由此掀起。

为了继续解决大多数领导干部对“文化大革命”表现出的“很不理解、很不认真、很不得力”的问题，从10月9日到28日，召开了长达20天的中央工作会议，集中批判在全党具有很大影响的刘少奇、邓小平。在这次会上，林彪、陈伯达指名攻击刘少奇、邓小平执行了一条“压制群众、反对革命”的路线，高度评价了“文化大革命”和红卫兵运动。陈伯达说：“伟大的红卫兵运动震动了整个社会，而且震动了全世界。红卫兵运动的战果辉煌。可以无愧地说，整个文化革命运动比巴黎公社，比十月革命，比中国历来几次大革命的群众运动，都来得更深刻，更汹涌澎湃。这是国际上更高阶段的无产阶级革命运动。”

10月24日，毛泽东对陈伯达的讲话写了批语：“改稿看过，很好。抓革命、促生产两句，是否在什么地方加进去，请考虑。印成小本，大量发行，每个支部，每个红卫兵小队，至少有一本。”

随后，陈伯达的讲话被印成《无产阶级文化大革命中的两条路线》的小册子广为散发。于是，红卫兵串连的声势大振，无政府主义思潮大肆泛滥，再度形成高潮。这一段红卫兵运动的内容已不再是破“四旧”，立“四新”，而是以“批判资产阶级反动路线”的名义，在各地揪斗不支持他们“造反”的各级领导干部。

总之，林彪的国庆讲话、10月5日的《紧急指示》和陈伯达的小册子，起到了八届十一中全会后再一次全面发动“文化大革命”的三把“火”的作用，于是全国城乡都被“批判资产阶级反动路线”的浪潮所席卷。工农业生产建设受到的破坏性冲击远远地超过了前两次。

据余秋里回忆：这一年的10月，“全国到处掀起了‘踢开党委闹革命’的浪潮。”“红卫兵大串连，严重地打乱了全国工业生产和交通运输的正常秩序，几乎天天都接到告急电报，不是这里铁路中断，就是那里生产瘫痪。”[①]据当时各地报告，在11月上旬，从中央到地方，工农业主管部门的领导干部都被卷入运动，领导班子瘫痪，各省、市、自治区厅、局以下生产指挥系统失灵。在工交企业基层单位，因学生进厂串连，导致许多厂矿停工停产。各地机械工业制品大量减少，不少工厂生产设备的维修被搁置。铁路待运物资大量积压，客货列车晚点现象严重，常常发生围车、拦车和阻止列车开行以及各种乘车纠纷。有些工厂企业工人擅离生产岗位，成群结队到车站强行登车上访。

在严重的形势下，周恩来焦虑万分，谷牧、余秋里、刘西尧都清楚地记得，周总理曾多次讲过：“我就不相信革命抓好了，生产就会自然上去。”谷牧回忆说：“如果说，1966年8月份召开的八届十一中全会是把‘文革’推向高潮的第二个大动作（第一个是《五一六通知》的发出），那么，这年10月召开的中央工作会议则是第三个大动作。在这次会议上，所谓‘刘邓司令部’的问题提出来了，少奇、小平同志在会上作检查，失去了作为中央常委的实际权力。林彪、康生、陈伯达、江青等人，经过几个月的经营，此时攫取了实际领导权。‘文革’运动的底牌到此揭开了，周总理的处境益发困难了。”“记得就在那次中央工作会议期间，我们曾在人民大会堂东大厅向他汇报过经济建设遭受严重干扰的情况，并

① 《我们的周总理》，第44、45页。

请示了一些问题，但都没有得到明确答复。当时他双眉紧蹙，严肃地说：‘你们提的问题我都认真听了，但需要中央常委研究才能定下来。’一听此话，我们就明白了形势的严峻。令人钦佩的是，就是在这种困难境地中，周总理为了国家和人民的利益，仍然努力发挥小平同志在《答意大利记者奥琳埃娜·法拉奇问》中所说的那种‘中和作用’和‘减少损失的作用’。”[①]余秋里回忆说：周总理“一向对我们讲：工农业生产绝对不能中断，经济建设一定要尽可能设法进行下去，否则，后果不堪设想。他反复强调，工交企业要业余闹革命，要坚持8小时工作制，要保证生产活动的正常进行”[②]。

按周总理指示精神，10月30日，就工人离厂外出串连问题，中央答复安徽省委并各中央局、各省、市、自治区党委：“请按照《十六条》中第十四条和中央九月十四日‘关于抓革命，促生产的通知’的精神，对工人群众进行正面教育”，“坚持生产岗位，不要到厂外去串连”。10月31日，中共中央、国务院又发出《关于维护铁路运输秩序的紧急通知》。但是，当时已经是令行不止的形势。11月8日，张春桥、戚本禹在接见北航红旗5个学生时，公然不顾中央历来禁令，私下支持学生到工厂去串连。张春桥说：“搞工厂是个方向问题，我们打算下一步应该这样走。”11月10日，上海发生了以王洪文为首的“工总司”聚众卧轨拦车，阻断沪宁交通的“安亭事件”。

当天，《人民日报》发表了《再论抓革命促生产》的社论。在起草这篇社论的过程中，陶铸与中央文革小组的王力等人进行了针锋相对的斗争。陶铸一再坚持要以抓革命促生产的方针为前提，将工交企业与文教单位区别对待的精神。社论发表前，周总理亲自主持讨论，反复强调生产建设不能中断、停滞的重要性，严肃批驳了只强调“抓革命”而根本不讲生产建设的错误论调，并坚持按此意见定稿，决定于11月10日见报。这篇社论重申：文化大革命应当“分期分批地进行”，“在城乡生产单位

① 《我们的周总理》，第22—24页。

② 《我们的周总理》，第44页。

搞文化大革命，同学校搞文化大革命，条件是不完全一样的”。“工矿企业、事业单位和人民公社，都绝对不能停止生产，工农业生产稍有间断，就会影响到人民的经济生活。国民经济是一个整体，一个环节扣一个环节，只要某一个部门脱节，就可能影响全局。”社论强调指出：在工矿企业、事业单位和农村里搞文化大革命，“必须在生产以外的时间进行，利用业余时间进行，而不能占用生产的时间，不能离开生产岗位。要自觉的遵守劳动纪律。任何影响生产的行为，都会带来严重的后果”。社论指出：“工农群众可以向上级、向中央反映情况，提出意见，但绝不应该到外地去串连”。社论要求“革命的学生应当坚信工农群众是能够自己起来闹革命、自己解决自己的问题的，谁也不能包办代替。还要特别注意，不要从外头去干预工农业的生产活动和生产部署”。为了保证实现上述各项要求，社论指出加强领导是极为重要的：“一定要学会领导。凡是开展文化大革命的单位，都要按照中央的规定，在统一领导下组成两个班子。一个班子领导文化大革命，一个班子领导生产，既分工又合作，不要各自为政”。

王力等人利用掌握的权力，在坚持各级党委的统一领导这个最关键的问题上，公然将“党委”二字抹去，只剩下“在统一领导下，组成两个班子”。两字之差却表明了一方要坚持党委领导，一方要踢开党委领导。两种对立观点的斗争，已经进一步尖锐化。谷牧回忆说：“王力在一次会上攻击说，工人闹革命的高潮，被‘抓革命促生产’的社论压制下去了。”“他们公开污蔑周总理是‘救火队长’，污蔑我们这些人是‘救火队员’。”余秋里回忆说：“戚本禹等人甚至恶毒地攻击说：‘文革中存在着新文革和旧政府的矛盾’，明目张胆地把攻击的矛头对着周总理，狂妄地叫嚣要打到旧政府。”而且更为严重的是在行动上猖狂地与国务院分庭抗礼，另搞一套。

11月11日，张春桥代表中央文革小组前去上海处理安亭事件。张春桥赴沪后，背着华东局和上海市委，擅自签字承认“上海工人造反总司令部”的组建及其卧轨拦车的恶性事件是“革命行动”。张春桥此行在中央文革小组支持下采用了先斩后奏的手法，事后才得到毛泽东的认可。

这一来就在事实上完全推翻了中共中央、国务院自7月以来连续发出的关于工交企业“文化大革命”的有关规定，从而为合法地搞乱工交企业开了先例。哈尔滨等城市也相继成立了全市性跨行业的工人群众的造反组织。究竟在工交企业还要不要坚持原来的部署，执行分期分批和业余闹革命等规定已经成为刻不容缓的问题。

1966年11月中、下旬第三回合斗争的发展

在险恶的形势下，中央和地方主管经济工作的一批领导同志，以周恩来、陶铸、谷牧、余秋里为代表，又进行了一次旗帜鲜明、针锋相对的斗争。

11月中旬，周恩来征得毛泽东同意，让余秋里抓紧准备召开计划会议，力求把1967年的计划安排得早些、好些，让谷牧组织几个人研究在工交系统如何抓革命促生产的问题。尽可能使工业生产减少损失。11月15日，余秋里正式写了一个报告给分管计划工作的李富春副总理，提出拟在全国计划会议开始的时候，“先用五天时间座谈工交企业文化大革命运动和当前生产中迫切要求解决的问题”。当天，李富春批示：“拟予同意。送主席、林总、总理、陶铸、任重同志。”李富春还指示：“文化大革命和生产分别座谈，由谷牧、秋里分别负责。”

11月16日，工交企业座谈会开始，参加会议的有5部（冶金、化工、水电、铁道、机械）7市（北京、上海、天津、沈阳、哈尔滨、武汉、广州）以及各大区有关负责同志。会议座谈讨论是围绕中央文革小组提出的《十二条（草案）》展开的。原定的5天会期被大大超过，实际开了近20天。

以中央文革小组名义起草的《关于工厂文化大革命的十二条指示（草案）》（以下简称《十二条》），是陈伯达等人得知要讨论这个问题时抢先搞的。余秋里回忆说：陈伯达“于11月13日中午通知我和谷牧同志到他那里去谈这件事，并要我们在一周之内提出意见退给他。14日下午，总理召开各口碰头会，谷牧同志把陈伯达找我们去的情况作了汇报，总理

当即决定把'文革小组'的文稿拿到17日在京西宾馆召开的全国计划和工交工作会议上讨论，听取大家的意见。"[①]但是，在该稿尚未拿到工交座谈会上讨论的11月17日，陈伯达、王力等人又抢先定稿，召集了所谓职工代表会，宣读了该稿，煽动群众闹事。王力在会上说，工人阶级是文化大革命的领导力量和最积极的因素，对文化大革命负有特大责任。工矿企业的工人群众起来进行文化大革命是大势所趋，好得很，是不可阻挡的。陈伯达说，这个文件你们讨论通过后，加上《十六条》、《军委、总政的紧急指示》等中央文件，就作为文化大革命的指导文件。

与王力、陈伯达的如意算盘相反，在工交座谈会上，中央文革小组的《十二条》却受到与会者的一致反对，并且提出了许多针锋相对的意见。据当时中央文革小组派去参加工交座谈会的记者在11月19日至26日所写的《快报》反映，基本情况如下：①与会者认为，工厂搞大民主、大串连势必影响生产。国家计委负责人李人俊说：文化大革命如果全面铺开，时间集中，问题集中，生产肯定要受到影响，影响的程度很难预料。他说，目前生产已有停顿趋势，科研、尖端项目、协作项目已基本上停止，基本建设也开始受到影响。其他代表就此问题作补充插话，认为当前生产主要靠吃老本，库存材料已经很少，问题越来越多，马钢、武钢都有停产危险。因此，会议认为，开展文化大革命，只能分批分期地进行。②一致提出对工交系统要区别对待。西南地区的同志说，工交战线还是高举毛泽东思想伟大红旗的，形势还是大好的。要求《十二条》对这一点要作出明确的估计。谷牧提出对工交系统的干部状况也要估计一下，这样写文件时才好提出问题。③与会者强调要坚持党委统一领导，一致认为建国十几年来工交系统的各级党委还是好的。东北地区的同志说，工厂里无论如何要由党委领导，下边再分两摊，不然非受影响不可。大家指出，《十二条》只提了统一领导，连党的领导都没有提，许多人对此很不理解。④工人搞文化大革命不要建立联合组织。各大区负责人表示，这是他们最关心的一个问题，担心各种组织中会出现两派对立的现象。东北

① 《我们的周总理》，第45—46页。

地区的同志说，如果各种组织都建立起来，麻烦就更多了，不是打架就是停产。还有的说，现在工厂里的组织已经不少了，有工会、职工会、民兵，还有党、团，还建立那么多群众组织干啥？他们要求对于建立全市性工人联合造反组织问题不要松口。哈尔滨和上海的同志都主张取消已经建立起来的全市性的工人组织。⑤与会者不同意把学校搞文化大革命的一套搬进工厂。他们担心学生进工厂串连会搞包办代替，搞乱工厂。有的部长非常义愤地说：“现在的问题是学生到工厂去是向工人学习，还是领导工人搞革命？这是问题的实质，问题的核心。”他们要求在文件上写上“不能让学生和工人结合起来造反”。⑥关于革命和生产的关系问题是各大区和各部门领导人极为关注的问题。他们气愤地说，如果允许生产受影响，哪怕是允许有个马鞍形，就可以放手去闹革命。水电部长刘澜波说：如果既要抓革命，又要促生产，那么，我们的方针就得好好研究了。现在弄得人心情不舒畅，人家积极搞生产，说人家是保皇。

事后，周恩来在谈到这次会议的情况时说，会议对中央文革小组提出的《十二条》“基本上是全盘否定”，“也反映出不满的情绪”。周恩来说，当他于11月24日到会时，“刘澜波、吕正操、吕东这些部长们哄堂而起，说到最后都站起来。”周恩来说，“他们这种思想也不是孤立的”，“反映了客观上的思想动态”。当林彪问他，会上“有几个通的”？周恩来回答说：“我所接触的那些部长、省委来的人，没有几个通的。大多数很不理解。”事实确是如此，这些同志身处逆风恶浪，仍然忧国忧民，以完成国家的生产建设计划为己任，在最严峻的考验时刻，他们仍然坚持党的实事求是的思想路线，敢于说真话，报实情，竭尽努力，试图扭转已经相当混乱的形势，防止工农业生产建设遭受更大的破坏。

谷牧等同志把大家的意见集中起来搞了一个修改稿。对此事，谷牧回忆说：修改稿明确写上了“‘十七年来，工交战线基本上是执行毛主席革命路线的’这个总精神，除此之外，还对原稿作了一些增删合并，增加了以下三条实质性的内容：（1）工业化大生产具有连续性和社会协作性，不能停产闹革命，只能有步骤地分期分批地搞；（2）工人参加‘文革’活动，只能在业余时间内进行，八小时工作制不能侵犯；（3）学生不能到工厂去串连。修改后的稿子，由原来《十二条》变成了《十五条》，第十五条就是一句话：‘此件精神也适用于财贸系统。’这是按照当时主管财贸口工作的姚依林同志的意见加上的，依林同志一再说：‘你的列车上一定要多挂一个车皮，把财贸捎上。’”谷牧说：11月21日下午5时，陈伯达打电话要我和余秋里同志立即去他那儿。一见面，陈伯达就发火说，自己是小小老百姓，谁也瞧不起，责怪我们改了他搞的《十二条》。

谷牧说：“回到中南海后，就径直去找周总理，谈了刚才的情况。总理说：‘没有这么严重吧！明天午间，我和陶铸同志再听一次你们汇报。’”22日，“午间，参加了总理、陶铸、富春同志主持开的碰头会，并在会上汇报了昨天下午到陈伯达那里的情况，晚上10点我接到李富春同志电话，说我汇报的情况，他和总理已经报告了主席……”[①]23日，谷牧向与会同志传达了李富春对他讲的毛泽东的指示。大意是：工交企业的“文革”可以分期分批的搞，在业余时间闹革命，要支持工人群众建立革命组织。关于文件的制定，毛泽东说，《十五条》不行，可以另写，讨论出来看看，然后再拿到底下去征求意见。毛泽东的指示显然突破了中央从7月以来的一条重要规定，这是因为他已经支持了张春桥对安亭事件的处理。在当时的特定历史情况下，毛泽东的话一言九鼎。

有鉴于此，周恩来在11月22日向毛泽东汇报工交座谈会的情况后，判明了形势发展的趋势，只好努力把这场斗争引向妥协。11月24日，周恩来到工交座谈会讲话，使会议发生了某种转折。他语重心长地说：现在的形势是“工交欲罢不能”。“浪潮来了，要站在浪潮的头里。因势利导，顺势搞下去，就能领导，背着浪头会被浪头冲掉”。既然已经“挡不住，不如疏导”。他还说：“这个惩罚是我们过去造成的。我们不来承受谁承受？我们不入地狱谁来入地狱？我们不来入虎穴谁入虎穴？”“没有一点精神准备不行”，“做好思想准备，领导好了，也不至于那么严重”。在毛泽东表态以后，陈伯达也摸到了底数，他把修改任务揽了过去，搞出了《中共中央关于抓革命促生产的十条规定（草案）》（以下简称《工业十

① 《我们的周总理》，第26—27页。

条（草案）》），并提交会议讨论。

毛泽东的表态虽然对于陈伯达的《十二条》和谷牧的《十五条》各有取舍，但基本精神是坚持全面发动“文化大革命”，又要保证生产。这使来自经济工作第一线的工交座谈会的与会者不可能从思想上认同。但与会者听了周恩来24日讲话后，知道周总理已无力回天，对陈伯达拿出来的《工业十条（草案）》才不得已表示接受，同意上报。同时，仍然表明了他们保留看法，认为既然允许工人群众在“文化大革命”中建立群众组织，允许工人业余时间在全市范围内进行串连，包括允许学生在工人业余时间到工厂串连，那么其他诸如坚持八小时工作制，业余闹革命，保证产品质量，完成生产定额等等就难以保证。

1966年12月第三回合斗争的高潮

林彪、江青等人从他们派去的中央文革记者的快报中，早已了解到工交座谈会的动态，并做了压制打击的准备。12月4日至6日，林彪主持中央政治局扩大会议，让谷牧汇报工交座谈会情况，并正式通过《工业十条（草案）》。谷牧的汇报，构成为第三个回合斗争的高潮。

谷牧、余秋里等在周恩来、陶铸的支持下，根据通知要求，认真准备了一份《汇报提纲》。12月4日，谷牧向中央政治局扩大会议作了口头汇报。他系统地提出了企图与搞乱工交企业的指导思想完全对立的一系列意见和建议。

谷牧首先汇报了会议简况，然后就工交系统搞文化大革命的有关问题作了汇报。谷牧说：对于在工交系统搞文化大革命，“应当承认干部当中的抵触情绪是存在的”。“大家议论到在工交系统文化大革命的具体做法上究竟怎么做，才能实现主席抓革命促生产这个方针，做到革命生产双丰收”。“是不是应该从工交系统的实际情况出发”，“我们研究提到工交企业有这么三个特点：一、工业建设方面基本上执行了主席制定的社会主义改造和社会主义建设的总路线”。“特别是从去年主席提出三线建设这个号召以后，三线建设的许多项目都上得比较快”。“是不是可以这样看，……工交系统基本上执行了主席制定的社会主义改造和社会主义建设的总路线。二、工人阶级队伍虽然也有政治不纯、组织不纯的状况，但基本上是个好队伍，我们党的事业基本上依靠工人阶级这个队伍”。“这个队伍是参加劳动的，是三大革命运动的主力军”。“一般的厂长、副厂长、工程师、车间主任这样的干部大量的都是从老工人里面提拔起来的，都是前一个时期的劳模、生产积极分子，同职工有密切联系。……这个队伍是不是可以讲基本上是个好队伍。三、工厂同学校不一样，它不能停产，不能放假闹革命。同时，工业是个有机的整体，特别是重工业，一环扣一环，一个地方出毛病，常常影响全局。有些行业，像铁路、电讯、航运、电力等，有高度的集中性，要有集中统一的指挥。列宁讲的，办企业千万人的行动要服从一个统一的意志。……一个近代化的企业不保持一个集中统一的指挥是不成的。……所以说，近代企业连续性、集中性很强，需要一个集中统一的指挥。生产不能中断。所以，是不是考虑这些特点应该照顾到”。

“三个特点，工交系统基本上执行了主席的路线；工交队伍基本上是个好队伍；工交生产不能中断生产的连续性。这几点同学校、文教系统，同高级领导机关、各部委、各省委的情况不一样。是不是考虑我们文化大革命的做法应当有不同。”

“从这些特点出发，十条照顾了这些特点，如坚持八小时工作制；文化革命的活动只能利用业余的时间进行；遵守劳动纪律，完成生产定额，保证产品质量；健全领导生产的班子；工人群众不能到外地串连等。因此，拥护十条。”

此外，还有三方面的问题，“一、分期分批问题。从一个城市来看已经全面展开了，不存在分期分批问题。比如三线重点项目成昆铁路，铁道兵师以下正面教育没有展开。要保证1968年7月1日通车，这任务不能受影响。二机、七机的尖端项目也必须有计划……二、工矿企业规章制度的破立问题。规章制度的破立，同思维方面、意识形态方面的破立问题还有区别。有关生产的管理、操作的管理、产品质量、安全生产方面的一些规程，要革命的干劲和科学的态度相结合。有些东西还不能一个厂说要破就破了。……我们接受1959年、1960年那次的经验教训，那次有的单位把所有的规章制度付之一炬，就造成了一个短时间内比较被动的局面。三、群众起来闹革命，有相当一部分是属于这些性质的问题：想改成全民所有制；临时工、合同工想当正式工；艺徒制度的改革；前几年精简下乡的人员要回来，等等。……有许多问题牵涉到国家制度，今天还很难得到全部解决，各地分别解答说不清楚，是不是中央能够统一发一个通知，这个工作就好办了。”

“此外，还有一些具体问题：厂矿里的平反问题，与四清怎样结合法？要求中央另外有所指示。”

谷牧还谈到，“大家担心的就是厂矿里面的派别组织”，“现在相当多的厂都有两派以上组织”，比如，“北京绝大多数厂矿、哈尔滨80%的厂矿、上海1200多个厂矿、天津300多个工矿”。此外，好多大城市已有三四个、五六个组织的，上海已有十几个组织。形成这种状况，“有内因，也有外因。外因就是串连的学生。学生到厂里支持厂里少数派。凡有派别组织的，发展结果都很难解决，有的发展成打群架，影响生产，少数得不到支持，就派代表到北京请愿告状。”

谷牧继续谈到关于“领导问题”的情况：“在党的统一领导下成立两个班子，从部到省没有完全落实。”“生产指挥系统，两个班子的问题，到现在还没有完全解决，基层企业有相当数量干部精神状态不太好，思想相当混乱。到会同志都反映，现在都有点怕。……哈尔滨被斗干部占49%。（徐向前插话：有这么多坏人？二分之一，两个人就有一个呀!……）另外，到会同志反映，各级领导讲话不灵的情况相当普遍……”

谷牧说：“我们觉得从工业系统的情况来看，恐怕还要认真宣传《关于正确处理人民内部矛盾的问题》的指示，恐怕大量的还是属于人民内部的矛盾。要按照党的方针政策办事。同时，要把干部的劲鼓起来，要求干部挺身而出，敢于坚持党的方针、政策，敢于进行批评自我批评，敢于坚持原则，敢于斗争。”

谷牧最后强调说：“如果上述工矿企业三个特点站得住脚的话，有这么个考虑，对于运动中犯错误的干部恐怕不能全部采取停职。……只要不是反党反中央，不是黑帮黑线，不是坚持资产阶级反动路线的，到适当的时候，要做一些工作，保他们一下……厂矿企业不同于学校，学校里半年里没有党的组织没有什么了不起。……工厂里面党的组织恐怕不能中断。还能领导的党组织还继续实行领导。……请中央批准，各中央局、各省市，工交各部进一步把抓生产的班子落实一下，……反正各个主管部门从上到下的领导指挥系统要建立起来，不能中断。”并且指出，中央《七•二通知》、《七•二二通知》及《农村五条》、《工厂六条》等，凡与《工业十条（草案）》不相抵触的，仍然有效，否则，以《工业十条(草案)》为准。

以上可见，谷牧的汇报，有理有据，切中要害，它不仅反映了工交座谈会参加者们的呼声，也表达了所有关心党和国家命运的干部群众的意志。谷牧的汇报是“文化大革命”发动阶段党内健康力量与林彪、江青等人进行斗争的一篇代表作。

1966年12月第三回合斗争的尾声

谷牧汇报后，林彪、江青等人立即以汇报为靶子对谷牧、陶铸展开了围攻批判。在12月5日，林彪主持的会议上，江青首先攻击工交战线的领导人都“毫无阶级感情，给工人戴上几百斤重的石头，完全是反革命，搞了修正主义那一套玩艺儿”。张春桥集中攻击汇报中所讲的工交战线的第一、二个特点，蛮横地指责说，所谓工交战线基本上执行了主席的路线，工交队伍基本上是个好队伍的估计，都是站不住脚的，“看不到企业存在的两条路线斗争”，“反映了一部分走资本主义道路当权派的情绪”。康生故作姿态地把他的发言涂上一层理论色彩，他说：“资本主义要复辟，工厂企业这环的问题很大，因为这是个经济基础。”“从挖资本主义根子来看，工矿企业的文化大革命更重要。”康生还毫无根据地说：“工厂存在的问题不一定比学校存在的问题少”，“现在的工厂也是没有资产阶级的资产阶级式的工厂”。关于群众组织和党组织的领导问题，陈伯达诡辩说：“在文化大革命群众运动中总要有文化革命的群众组织”。“党团组织都要在文化大革命中考验考验，另外组织一个领导生产的班子领导生产”。王力等人还在12月6日会上对陶铸发动突然袭击，指责陶铸以生产压革命。王力攻击说：工厂文化大革命已经历两起两落，前两次都被压下去了。这次是第三次起来，又发了社论《再论抓革命，促生产》，在起草这个社论的过程中，陶铸“就是主张要压”。“主要的就是讲生产”，“主要的方面不是鼓励革命”，相反，“骂得很厉害，批评得很凶，这些词句都是陶铸同志坚持的”。王力还说：“陶铸同志很坚持要党委统一领导工厂的文化大革命”，“我问陶铸同志和在座的同志：北京哪一个厂能够统一领导”？“统一领导就是镇压革命”。王力还对《汇报提纲》作了一个总的结论。他说：“提纲是集中反映了一套错误的东西，就是不要搞文化大革命”。王力此话的确是一语中的。

12月6日，会议主持者林彪对于工交座谈会及其《汇报提纲》作了彻底否定的总结讲话。他说：这次工交座谈会开了20天，“会议开得不好，是错误的，思想很不对头”。并说：“昨天的会（指谷牧的汇报）把工交会议原来的一套完全打乱了，来了一个一百八十度的大转变”，要“把那个《汇报提纲》里面三大特点的头两点彻底打破。如果不打破那个东西，就无所谓工交战线上的文化大革命”。

林彪、江青等人的发言，从反面反映出工交座谈会是怎样旗帜鲜明地抵制和反对“文化大革命”的“左”倾错误的，它揭示了这场斗争的实质就是抵制在工交战线开展“文化大革命”。当时斗争的双方都十分清楚，工交战线特殊论，就是反对在工交战线开展“文化大革命”的同义语。然而，在当时的历史条件下，任何人也难以阻止这场灾难的发展，“文化大革命”不可避免地要从文化教育单位和党政机关扩展到全国各个领域。对于毛泽东的天下大乱达到天下大治的思想，当时任何人都难以改变它。何况，林彪、江青等人处心积虑地要在全国制造动乱，以乘机实现他们篡党夺权的反革命野心。林彪就一再强调说：“现在需要来一个一百八十度的大转变”，“第一阶段是搞学校中间的文化大革命，现在已经进入到工业，进入到农业，进入到社会。席卷全国，震动全世界”。

要“有意识地把它扩大起来，深入起来，坚持下去”。为了把这种企图变为现实，林彪强调“干部是关键问题”，“关键问题是领导问题”。一个月之后，中央文革小组一伙人擅自宣布打倒陶铸。陶铸被诬为“中国最大地保皇派”、“叛徒”、“资产阶级司令部第三号人物”。

这次中央政治局扩大会议对陶铸等一批领导同志施加的压力是很大的，谷牧当时戏称为“万吨水压机”。在此种政治高压下，他们迫不得已作了“检查”。请看陶铸等领导同志当时的发言。陶铸说：“工业农业文化大革命问题，我要负主要责任。坚持老框框。《工业六条》、《农村五条》还是结合四清来搞，怕乱了生产。写了‘抓革命、促生产’的两篇社论”。陶铸还谈到他主张不搞全市性工人组织，不赞成工人离厂串连，同意《汇报提纲》的某些观点，都是由于“思想上没有解决问题”。陶铸说，“八届十一中全会以后，各省问题没有完全解决，中央工作会议也没有完全解决。各省的抵触还很大，思想还不通，在许多方面表现还有怀疑情绪”。陶铸表示：“在这种情况下，中央拿我这样一个例子来批判、来教育各地，我看很好”。与此同时，余秋里、谷牧与到会其他领导人也谈到，“通也得通，不通也得通”，“我们总不如主席那么站得高，看得远嘛!”“一时不通，也要相信主席的真理正确”。会议就在“充满政治高压和不得已而为之的气氛下，正式通过《工业十条（草案）》”。会后，于12月9日，《中共中央关于抓革命、促生产的十条规定（草案）》（即《工业十条》）正式下达全国试行。

《工业十条》规定：

要“由群众选出能够代表自己的文化革命小组、文化革命委员会或文化革命代表会议，让群众在无产阶级文化大革命中自己教育自己，自己解放自己。”

“八小时以外的时间，除了每周一次讨论生产问题以外，都由群众自己商量安排，进行文化大革命。”

“由工人群众认真讨论，健全或者改选领导生产的班子，这个班子对国家生产计划的完成和超额完成，担负责任。”

“工人群众在文化革命中有建立革命组织的权利。”

“各单位工人群众之间、工人群众组织之间，可以在业余时间，在本市革命串连，交流文化革命经验。”

“学生可以有计划地到厂矿，在工人业余时间进行革命串连，交流革命经验，还可以有计划地和工人一起上班，一起劳动，一起学习，一起讨论文化革命问题。工人也可以派代表到本市学校进行革命串连。”

由上可知《工业十条（草案）》照顾到了工业生产的连续性，规定了坚持八小时工作制及健全领导生产的班子等条款。正是这些条款凝结了工交座谈会正义斗争的某些成果。但是，这个文件的基本精神却有一个很大的变化。在此以前，中央坚持工交企业的“文化大革命”要纳入四清运动，与原定四清部署相结合，分期分批，进行正面教育。而《工业十条（草案）》的基本精神却强调要把四清运动纳入“文化大革命”，放手开展“四大”。对此，邓小平在6日会议发言中作了一个极好的概括：“解决工矿企业里一些老大难的问题是不是要用大民主的方法、发动群众的方法来搞？关键问题是这个。”这个《工业十条（草案）》，“基本上就是搞大民主，用文化大革命的方法来搞企业的革命化”。当时陈伯达一再强调：“这个十条，有个根本的东西，它是思想革命化领先，把这个东西打掉了，就打掉了十条。”按照这个文件规定，八小时以外的时间，主要是“进行文化大革命”，“批判资产阶级反动路线”，“工人群众在文化大革命中有建立革命组织的权利”，“可以在业余时间，在本市革命串连”，等等。从此，“文化大革命”迅速突破原来规定的范围，扩展到全国工交战线各部门的所有基层单位，并且同大、中学校学生联结起来。之后的形势，如12月26日《人民日报》在《迎接工矿企业文化大革命的高潮》的社论所说：“现在，一个无产阶级文化大革命的新高潮正在全国工矿企业中兴起。”

在《工业十条（草案）》的影响下，全国城市财贸单位、商业服务业等基层单位也相继效法，用大鸣、大放、大字报、大辩论的方法开展“文化大革命”

12月15日，林彪又主持中央政治局扩大会议，通过在农村开展“文化大革命”的文件。当天，《中共中央关于农村无产阶级文化大革命的指示（草案）》（简称《农村十条（草案）》），下发全国试行。这一文件，同样把原来坚持的“文化大革命”纳入“四清”部署的规定，改为“把四清运动纳入文化大革命中去”，并要求在农村建立和发展红卫兵，开展“四大”，社队之间进行串连，“还可以组织一批革命师生下乡串连”，等等。至此，“文化大革命”迅猛发展，遍及全国城乡，终于酿成天下大乱的局面。

《工业十条（草案）》的通过和下达执行，是“文化大革命”发动阶段经济战线限制与反限制斗争基本结束的标志。但是，林彪、江青等人并未就此罢休，这场斗争的结尾是他们用阴谋手段打倒陶铸。

1966年12月下旬，陈伯达、康生、江青就在有关会议上对陶铸继续进行围攻打击，说他是“以生产压革命”的罪魁祸首。12月26日，陈伯达让《人民日报》在《迎接工矿企业文化大革命的高潮》的社论中写道：“在工矿企业内部进行文化大革命，是要经过严重斗争的。党内一小撮走资本主义道路当权派，极少数顽固地坚持资产阶级反动路线的人，他们口口声声也讲抓生产，其实，他们是借口抓生产来压革命，抓生产是假的，压革命是真的。”

1967年1月4日，陈伯达、江青、康生利用接见湖北来京揪王任重代表团的时机，突然宣布陶铸是“中国最大的保皇派”，“陶铸实际是刘邓路线的忠实执行者，刘邓路线的推广是同他有联系的”。陈伯达等人还煽动群众“整陶铸的材料”。在陈伯达讲话后，“揪出陶铸”，“打倒陶铸”的大字标语立即贴了出来。1月8日，毛泽东在批评了陈伯达、江青的同时，也默认了打倒陶铸的事实。从此，这位中央政治局常委、中央书记处常务书记兼国务院副总理和中宣部长等重要职务的领导同志就在未经过任何合法程序的情况下靠边站，直到受尽种种迫害于1969年10月30日含冤去世。这是“文化大革命”初期党中央内部健康力量在斗争中付出的重大代价之一。

然而，只要搞“文化大革命”，就必然会给生产建设带来破坏。“抓革命，促生产”的方针根本就不是一个发展我国社会生产力的正确方针。只要这个矛盾存在，党内健康力量还将进行斗争。

评“批判资产阶级反动路线”

王年一

1966年6月到1967年年初，中国刮起了批判所谓“资产阶级反动路线”的政治风暴。批判“资反路线”，是为了全面发动“文化大革命”。而批判“资反路线”的过程，实际上就是全面发动“文化大革命”的过程。为了研究的方便，可以把这个批判运动分为三段：1966年10月以前为一段，10月以后为一段，1967年年初又是一段。三段既相互联系，又各有其特点。在对每一段的剖析中，笔者试图着重地说明：到底有没有“资反路线”？为什么要批判“资反路线”？批判“资反路线”为什么是完全错误的？它的严重后果是怎样的？

一

1966年6月到9月，“资反路线”这个概念还没有提出，但是实际上已经在批判“资反路线”了。

背景是：毛泽东认为“全世界一百多个党，大多数的党不信马、列了”，“有些反党分子……他们是要整个打倒我们的党和我本人”（毛泽东1966年7月8日给江青的信），认为“中央出了修正主义”，号召“向中央进攻”（毛泽东1966年3月下旬的谈话，见《中共中央文件》中发〔66〕267号附件二），认为已经出现了“一大批反党反社会主义的资产阶级代表人物”，号召“清洗”他们。他对中国社会现状十分不满，要建立一个如他在《五·七指示》里所勾画的理想社会。他关于“文化大革命”的若干主要论点已经形成，并决心凭借个人的崇高威望发动“人类从未经历过的最伟大的革命变革”（这是毛泽东在姚文元《评反革命两面派周扬》里加的文字）——“文化大革命”。他要公开地、全面地、由下而上地发动广大群众来揭发我们的“黑暗面”，使所有干部都受到检验，使亿万群众提高识别好人和坏人的能力，受到阶级斗争大风大浪的锻炼，取得“反修防修”的经验，使中国永远保持鲜红的颜色。这一切凝聚为一个基本方针，就是“天下大乱”。要通过“天下大乱”，达到“天下大治”。毛泽东对中央集体已经不信任了，他的若干意图秘而不宣（1967年5月，林彪在毛泽东与外宾谈话时插话说：“现在中央领导同志凡是在群众中有威信的，全是毛主席事先将文化大革命的底交给他们了，所以他们没有犯错误。”这个“底”，中央集体当然是不知道的）。

现在回过头来看得很清楚，这是对党内（特别是中央）和国内的状况作了违反实际的估计，对什么是修正主义没有作出正确的解释，并且离开了民主集中制的原则，采取了错误的斗争方针和方法。其症结在于，在全党对社会主义时期各种问题的认识都不成熟的背景下，在1957年以后阶级斗争“左”倾错误发生与发展的过程中，毛泽东在建设一个什么样的社会主义和如何建设社会主义这个根本问题上逐步形成了主观主义的主张。中央集体则正在筹划第三个五年计划，对“文化大革命”的发动不仅没有思想准备，而且在实际上持不同意见。他们在对所谓“彭、罗、陆、杨反党集团”的错误批判和处理中已有切肤之痛，深感党内生活已经极不正常；但是由于领导制度的弊端和复杂的社会历史原因，已经难于制止“文化大革命”的发动。他们不了解毛泽东的若干意图，不知道“文化大革命”应该怎样开展（《五·一六通知》笼统而含混。刘少奇1966年7月29日在人民大会堂万人大会上说：“怎样进行无产阶级文化大革命，你们不大清楚，不大知道。你们问我们怎么革。我老实回答你们，我也不晓得，我想党中央其他许多同志、工作组的成员也不晓得。”），处于第一线对“文化大革命”又不能置之不理，因而只好按照自己对“文化大革命”的理解（刘少奇希望通过“文化大革命”“纠正、杜绝各级干部正在滋长起来的官僚主义作风和脱离群众的现象”，见刘平平等《胜利的鲜花献给您》，载1980年12月5日《工人日报》）、党的传统经验和毛泽东的某些意图来进行工作。中央集体努力坚持党的基本原则，但是不得不顾及毛泽东的某些意见，既有所抵制，又有所贯彻。这样复杂的背景，便演变为所谓“毛主席的革命路线”同“资反路线”的斗争。

陈伯达1966年10月25日在中央工作会议上说：“资产阶级反动路线从何而来呢？这次文化大革命的错误路线主要表现在怀仁堂几次会议上的汇报和决定的一些问题。”1966年6月上旬在怀仁堂召开的中央政治局常委扩大会议上，汇报的内容主要是北京各高等学校的混乱情况和广大师生的派工作组的要求，决定的问题主要是派工作组和作了若干规定。

这要从聂元梓等七人的大字报说起。这张大字报是康生、曹轶欧利用《五·一六通知》的错误秘密怂恿的产物。中央集体反对这张大字报，北京新市委和北大广大师生也很不赞成，而毛泽东却予以极高的评价。这件事深刻地反映了在“文化大革命”的目标、方针、方法等问题上的分歧。大字报在中央人民广播电台的广播和在《人民日报》的登载，点了“文化大革命”的第一把火。顷刻之间全国许多大中学校贴出指责和反对党委（或党支部）和党委书记（或党支部书记）的大字报，使党委（或党支部）陷于瘫痪状态。学校领导和一些教师受到冲击，情况日益恶化。

领导瘫痪，情况混乱，工作组问题随之而来。刘少奇在这个问题上是慎重的。他多次给在杭州的毛泽东打电话汇报请示，没有得到明确的回复。他和邓小平飞往杭州向毛泽东汇报运动情况，并请毛泽东回京主持工作，毛泽东委托刘少奇相机处理运动问题。刘少奇回京后，主持政治局常委扩大会议，决定向大中学校派出工作组，作出“内外有别”等规定（规定有八条，大意是：内外有别；大字报不要上街；斗争会只能在学校开，不要开大规模的声讨会；不要上街游行示威；不要串连；不要包围黑帮住宅；防止坏人破坏；注意保密。八条没有形成成文的指示），并经毛泽东同意决定学校放假半年闹革命。在这以前，毛泽东曾批准工作组进驻人民日报社和北大。

派出工作组曾经被认为是典型的“资反路线”，需要着重分析一下。北京派出工作组将近一万人，是中央集体决定的。广大师生也有此要求（康生也不得不承认这一事实。他在1966年7月29日接见学生时说：“当时有些校部、校党委瘫痪了，垮了，各校向北京新市委要求派工作组，……工作组去时，学生很欢迎，敲锣打鼓。”）。据说毛泽东说过不要匆匆忙忙地派工作组，其实客观情势决定了非马上派出不可。工作组派出之时，谁也没有说过这就犯了错误，毛泽东也没有说过。（江青1966年11月28日在首都文艺界大会上说：“对于派工作组这个问题，我个人也有一个认识过程的。”张春桥1966年8月6日接见天津学生代表时说：“运动搞了两个月，我们才看出派工作组不合适，毛主席在运动搞了四十多天就看出派工作组不适合领导大专学校文化大革命。”）工作组体现了党的领导，坚持了“内外有别”等正确原则，遏制了造反，这是正确的或比较正确的主要方面；不少工作组也有错误的方面，这就是在不同程度上犯了阶级斗争扩大化的错误。而错误的方面也是由多种原因造成的，根本原因是不知道“文化大革命”怎样搞而又受了毛泽东关于开展“文化大革命”的某些言论（这些言论一般是概念不明、界限不清的）的影响。毛泽东3月下旬的谈话，重要精神之一是反对“右派”；一些工作组按照自己对“右派”的理解，过分严重地打击了首先向党委造反者。毛泽东主张“横扫一切牛鬼蛇神”；一些工作组就把有这样那样问题或所谓“问题”的同志看成“牛鬼蛇神”而加以打击。毛泽东号召批判所谓“反动学术权威”，一些工作组就狠狠打击所谓“反动学术权威”。工作组在若干问题上是根据毛泽东的言论、《五·一六通知》、《人民日报》社论行事的，在若干问题上按照中央第一线的指示行事，在另一些问题上又各行其是，情形极其复杂。

北京大学发生了乱打乱斗所谓“黑帮分子”的六一八事件，刘少奇等同意北大工作组的意见，否定了这个事件，毛泽东却充分肯定了这个事件。这类具体问题上的分歧，又反映了指导思想上的对立。毛泽东从这时起就开始否定派工作组了。他在7月18日回到北京后，多次严厉地批评派工作组，否定中央集体的决定。工作组的错误当然可以批判，问题在于毛泽东不仅恰恰否定了工作组正确或比较正确的方面，而且从根本上否定了派工作组。把工作组的“左”看作“右”，认为工作组“阻碍运动”，要“统统驱逐之”，所以总的说是以更“左”的观点来批判的，并不是批判了真正的错误。究竟为什么要否定工作组、否定派工作组呢？为什么否定工作组坚持党的领导、坚持“内外有别”等原则这些正确方面呢？毛泽东的回答很清楚：工作组“阻碍运动”。否定了工作组和派工作组又由谁来领导运动呢？答案只能是：毛泽东要打破常规地使“天下大乱”，而根本不顾及坚持党的领导问题，根本不同意“内外有别”等原则。由此可见，毛泽东与中央集体在工作组问题上的分歧实质上是“天下大乱”与有组织有领导有限制地开展运动（这时已经不得不开展了）的分歧。由此可见，党内根本不存在什么“资反路线”，存在的是对党的领导的坚持和对造反运动的遏制——实际上也就是对“天下大乱”的抵制。

对所谓“资产阶级反动路线”的批判，产生了十分严重的后果。

一是人为地制造了无政府主义。专断地决定撤出全部工作组，造反派受到莫大的鼓舞，以更激烈的言论和行动造反。党委（或党支部）既已瘫痪，工作组又已撤出，各学校继“踢开党委闹革命”之后又“踢开工作组闹革命”，很快处于无领导的状态，无政府主义开始泛滥。从6月28日起，江青、陈伯达等人多次提出各校要成立“文革委员会”一类的组织来领导运动，因群众分裂而成立不了。个别学校有过“文筹”，没有权威，领导不了运动。这种无政府状态正符合“天下大乱”的要求。

二是错误地否定了中央第一线。在8月4日召开的政治局常委扩大会议上，毛泽东突然发表了十分激烈的讲话，指责刘少奇和中央第一线“镇压学生运动”，“站在资产阶级方面反对无产阶级”，认为不准串连“是镇压，是恐怖，这个恐怖来自中央”。8月5日，在《炮打司令部——我的一张大字报》中指责“从中央到地方的某些领导同志”“实行白色恐怖”；又在对《人民日报》评论员文章《欢呼北大的一张大字报》所作的批注中号召“坚决抵制”“危害革命的错误领导”。这些都是为改组中央领导机构作舆论准备的。根据毛泽东的意见，八届十一中全会错误地改组了中央领导机构。这次改组的实质，是取消努力坚持八大路线的中央第一线。

三是狂热地掀起作为造成全国大动乱的重要因素的红卫兵运动。批判了“镇压学生运动”，就坚决支持红卫兵了。全国第一个红卫兵组织，是5月29日在清华附中秘密组成的。清华附中红卫兵6、7月间先后写出《无产阶级的革命造反精神万岁》、《再论无产阶级的革命造反精神万岁》两篇文章，其主题就是文中的八个大字：“造反有理”、“越乱越好”。团中央和工作组认为它是反动文章，中央文革小组却将其送给了毛泽东。毛泽东推荐给八届十一中全会，又赞扬了红卫兵的造反精神。8月18日，毛泽东在天安门城楼接见了红卫兵，红卫兵给他戴上了红袖章，由此红卫兵运动作为批判“资反路线”的产物而风起云涌。红卫兵一成运动就冲向社会，冲向全国，进行大串连。毛泽东因为要把“文化大革命”的烈火燃遍全国而支持大串连。短短的三个多月中，到北京串连的达一千几百万人次，在全国各地串连的还不知有多少。花费了数以亿计的金钱，演出了一场自己搞乱自己、自我戕害的闹剧——这就是与“资反路线”对立的“革命路线”！

这些重大错误当时都被看成批判“资反路线”的“伟大胜利”，这就必然要导致更大的错误。

二

1966年10月，毛泽东提出“彻底批判资产阶级反动路线”。周恩来不同意这一提法，他专门找了毛泽东表明自己的看法，毛泽东仍然坚持自己的意见。（详见高文谦：《艰难而光辉的最后岁月》，载《文献和研究》1986年第1期，《人民日报》1986年1月5日转载，《历史在这里沉思》一书收入）林彪10月1日在建国十七周年庆祝大会上的讲话和《红旗》杂志第13期社论《在毛泽东思想的大路上前进》（都经毛泽东审阅过），明确提出“资产阶级反对革命（的）路线”、“资产阶级反动路线”的概念，公开号召全国对其进行“彻底批判”，这时说：“两条路线的斗争更尖锐、更复杂了。”

在这以前，在八届十一中全会闭幕以后的四十多天中，有几个矛盾突出：（一）学校师生在对工作组的看法上的分歧突出。观点不同，形成派别，斗争激烈。尽管具有崇高威望的毛泽东批判了工作组，号召造反，但是由于党的长期教育或怕将来再来一个“反右派”等原因，大中学校中的多数人仍然认为不能全盘否定党委和工作组，反对乱揪乱斗，这是毛泽东和中央文革没有预料到的。（二）无政府主义突出。特点有三：一是上头大搞无政府主义。江青等所谓“中央首长”到处讲话，任意推翻中央的决定和国务院的规章制度，煽动“矛头向上”。二是乱揪乱斗，死揪工作组长、围攻省（市、区）委一类的事情到处发生。三是打人、抄家成风。打人大概始于北大六一八事件，随着六一八事件被视为“革命事件”而在事实上被肯定。周恩来、陈毅、陶铸等苦口婆心说服学生不要打人，可以说毫无效果。抄家始于破所谓“四旧”，破“四旧”是根据林彪5月18日的讲话，由《人民日报》社论《横扫一切牛鬼蛇神》提出的号召。中央报刊实际上赞扬过抄家，抄家所得还曾被“无产阶级司令部”视为“红卫兵战果”，抄家之风自然愈刮愈盛。（三）生产下降突出。8、9月间生产不断下降，铁路交通运输因红卫兵大串连而骤然变得十分紧张。

在这种情况下，继林彪10月1日讲话和《红旗》杂志发表第13期社论之后，10月5日中央又批发了军委、总政《关于军队院校无产阶级文化大革命的紧急指示》，宣布取消“军队院校的文化大革命在撤出工作组后由院校党委领导的决定”，宣布取消“那些束缚群众运动的框框”；并于10月9日至28日召开了二十一天的以批判“资反路线”为主旨的中央工作会议，毛泽东主持了会议，批发了林彪、陈伯达在会上的长篇讲话。从此，造反派对“资反路线”的批判如火如荼，错误愈陷愈深，完全混淆了是非。

（一）八届十一中全会以前就没有什么“资反路线”，八届十一中全会改组中央领导机构以后，刘少奇等实际上已经靠边挨批，既没有提出任何主张，更没有干预运动，哪有什么“资反路线”需要“彻底批判”！当时说“路线错误”由派工作组演变而来，这是说不通的：1.派工作组即使算作错误也早已纠正。工作组早已撤出。周恩来8月22日在清华大学讲话，10月9日接见清华红卫兵代表时讲话，都说过：“中央问题在十一中全会已经解决了。”毛泽东10月25日在中央工作会议上也说过：北京的问题，到现在可以说基本上解决了。2.学校中多数人保党委保工作组与少数人反党委反工作组的斗争，表面看来由派工作组引起，实质上是坚持党的原则与奉行毛泽东晚年错误思想的斗争。即使从来没有过派工作组这样的事，也会发生这类斗争。全盘否定党委和全盘否定工作组是错误的，人们当然要起来抵制。由此可见，问题的症结恰恰在于支持反党委和反工作组。3.八届十一中全会闭幕以后的种种矛盾，显然由批判“资反路线”所引起，不是派工作组造成的。当时批判“资反路线”不摆事实，不讲道理，说不出“资反路线”的纲领，说不出为什么矛头向上、大乱特乱是正确的，说不出“路线斗争”何以“更尖锐、更复杂”了。这也难怪，因为根本不存在什么“资反路线”，只好含糊其辞。

（二）本来就“左”了，又批所谓“右”，批“镇压革命”，规定“把那些束缚群众运动的框框统统取消”，南辕北辙，越批越“左”。广大干部和群众有很多正当的顾虑，陈伯达10月10日在中央工作会议上讲话却批判“怕字派”。陈伯达说：“怕字派说，群众乱来，不讲道理，不守规矩，闹得很糟。怕字派说，群众把他们习惯的秩序打乱了，使他们的事情不好办。怕字派说，文化大革命妨碍生产，一闹文化革命，生产就不好进行了，生产计划就没有保证了……”这些明明是正确的反映，却硬要批判，又讲不出道理来，只好贬之为“怕字派”。

（三）10月5日紧急指示实际上规定了“踢开党委闹革命”。紧急指示适用于一切单位，全国各级党委的领导由此中断。否定各级党委的领导就在很大程度上否定了党的领导。陈伯达等人作过许多辩解，说“党的领导是毛泽东思想的领导”、“党的领导是党中央、毛主席的领导”，这显然是片面的。紧急指示何以作此规定？中央何以迫不及待地加以转发？无非两个原因：一是要让一切党组织在运动中经受考验；一是认为党组织在运动中已成“绊脚石”，不能领导运动。这两条无疑都是极其错误的。说到底，既要“天下大乱”，就只能依靠造反派，而不可能依靠各级党委；正是要依靠造反派“火烧”、“炮打”各级党委，所以，在军委、总政作出紧急指示宣布取消党委领导后，中央对此指示立即加以转发。

（四）把“让群众自己教育自己、自己解放自己”提到“路线”的高度，作出了“革命的群众运动天然是合理”的论断，公然宣扬毛泽东在《在晋绥干部会议上的讲话》中所批判过的“群众要怎么办就怎么办”，公然把党和群众对立起来。

这一段与上一段的不同，突出地表现在对待刘少奇的态度上。在八届十一中全会上，有人要给刘少奇贴大字报，毛泽东要周恩来去劝阻。（周恩来1967年4月19日参观工艺美术革命造反展览会时说过：“八届十一中全会贴刘少奇的大字报，主席叫我去解释。”）北大在8月20日以后贴出一批攻击刘少奇的大字报，陈伯达奉毛泽东之命于8月24日去北大阻止。而在十月中央工作会议以后，则听任造反派贴出“打倒刘少奇”的大字报。在前一段，不许《炮打司令部——我的一张大字报》在社会上传播。陈伯达8月24日在北大讲话，周恩来9月10日在首都红卫兵座谈会上讲话，都说禁止传抄。而在这一段，陈伯达10月16日在中央工作会议上的讲话引用了《炮打司令部——我的一张大字报》全文，毛泽东批发了这个讲话，《炮打司令部——我的一张大字报》迅速传遍全国。态度的变化，表明错误的发展。

毛泽东在思想上是矛盾的。10月25日他在中央工作会议上讲话，一方面认为中央的问题已经基本上解决，认为刘少奇和许多干部的问题都是人民内部矛盾，明确表示：“我是不要打倒你们的，我看红卫兵也不一定要打倒你们”；另一方面又支持红卫兵对广大干部的冲击，认为冲得好，认为“文化大革命”不能煞车。这是矛盾的。他过去的正确思想还在部分地起作用，他不赞成打倒许多干部，而他为彻底改变现状的愿望所驱使，又支持冲击。这二者是不能调和的。而他最终坚持了“天下大乱”的方针，亦即错误思想占了上风，所以在全国开展了“彻底批判资产阶级反动路线”的运动。

在全局性的问题上混淆了是非，必然要自食其果。当时，各种矛盾都趋于激化。（一）红卫兵内外矛盾重重，纵横交错，更难解决。（二）两派矛盾更加突出。学校、机关、团体、军队院校和文体单位甚至大军区机关迅速出现两派，水火不容。群众斗群众成为普遍现象。（三）混淆两类不同性质的矛盾发展到冲击一切的程度。全国各级领导干部大都遭受了残酷斗争。这是“统统取消”“束缚群众运动的框框”的必然结果。领导干部的极大多数，本来就对“文化大革命”很不理解，现在更有了恐惧感和恶感。（四）炮打所谓“无产阶级司令部”的事件屡次发生。反对中央文革小组、林彪、江青、陈伯达、康生、戚本禹的大字报不断出现（其中既有正确反对的，也有以“左”反“左”、以右反“左”的），这就是所谓“十一月黑风”、“十二月黑风”。江青一伙对此十分头疼，也不唱“相信群众，依靠群众”的高调了，下令抓人。（五）生产大幅度下降。

严峻的问题是怎么办？可供抉择的方案无非三个：一是拖下去，二是改过来，三是大干一场。拖下去矛盾不会自然解决，此案不可取；改弦易辙，绝对不可能；只有把“文化大革命”进行到底。林彪特别是江青一伙要大干一场，为了制造“理由”而人为地把刘少奇的问题大大升级：不止是“五十天”的问题了，而且是“十年、二十年”的问题。这是林彪、康生12月初在中央常委会议上说的。他们是否揣度了毛泽东的意图，不得而知，但可以断言，最后决策者是毛泽东。

《十六条》关于工矿、农村原则上不开展“文化大革命”的规定和毛泽东批准的中央其他几个关于工矿、农村原则上不开展“文化大革命”的文件被推翻了，毛泽东批准了《中共中央关于抓革命、促生产的十条规定（草案）》和《中共中央关于农村无产阶级文化大革命的指示（草案）》，“文化大革命”扩大到工矿、农村。这是走向全国大动乱的严重步骤。这个批准，蕴含着依靠工人阶级进行“文化大革命”的意思。本以为工人站出来事情就好办了，其实大谬不然。实践证明，矛盾不是减少了，而是大为增加。这时虽然也在枝节问题上纠正错误，如批准了北京市委11月19日关于禁止抓人拷打的通告，批转了哈尔滨师院搞好团结的经验，然而，既然否定了各级党委的领导，既然提出了“十年、二十年”的问题，既然把“文革”扩大到工矿、农村，全面夺权、全国动乱就是不可避免的了。

三

运动的发展，出乎人们意料。周恩来一再说他“做梦也没有想到”（1966年10月28日在中央工作会议上的讲话，12月13日接见科学院院“文革”代表时的讲话）。陈伯达说：“有些发展情况，预见不到。原来提出文化大革命，就没有估计到红卫兵运动。”（1966年10月24日在《人民日报》社对学生的讲话）王力说：“好多东西在十一中全会时都没有想到”（1966年11月18日对从苏联回国的留学生的讲话）。值得注意的是毛泽东也没有料到。1966年10月25日，他在中央工作会议上说：“时间很短，来势很猛。我也没有料到”。原定学生放假半年闹革命，10月下旬决定放假一年。

还有一个重要情况也是毛泽东没有料到的，就是“文化大革命”受到相当广泛的抵制。

周恩来的特殊的斗争（李富春1966年12月3日在国家部长级干部会上说：“总理讲，我不入虎穴，谁入虎穴？我不入地狱，谁入地狱？”）和陈毅、叶剑英、陶铸等的抵制，这里就不说了。广大党员和党外群众的抵制，相当集中地反映在一个引人注目、发人深思的现象上：到了1966年年底，造反派在全国多数地区、多数单位还是少数派。出于对毛泽东和党的信赖，人们拥护“文化大革命”（也不得不拥护）；而党的长期教育和种种顾虑，又使他们自觉或不自觉地抵制了若干错误做法。

各级领导干部搞不通，跟不上，自不待言。奇怪的是客观条件不容许他们跟上，因而他们的抵制还是一种很特别的情形，就是客观上的而非主观上的。例如，关于贯彻《十六条》，周恩来说过：“八•八决定（即《十六条》）公布后，还没有来得及贯彻到全国，不少党政干部还没有思想准备，红卫兵就起来了，接着大串连，炮轰司令部，两条路线斗争。”（1966年10月22日接见“多数派”代表时的讲话）周恩来又说：“十一中全会后，各地省委回去后，会议精神还没有传达，我们的红卫兵已经冲进去了。省委还没有传达讨论，没有很好地领会，就冲进去，使他们来不及讨论。”（1966年11月27日在接见全国各地红卫兵大会上的讲话）势所不能，就只好不贯彻或不全面贯彻了。关于贯彻十月中央工作会议精神，情况尤有甚焉。1966年10月28日，周恩来在中央工作会议上布置了会议精神的传达。他说：“主席提倡各省回去召开三级干部会议，赞成公开开会，不开秘密会。你们下车以后，可能被捉去，所以要发一个通知，对红卫兵讲清楚，让你们好好传达，集中力量开好会。”中央发了通知，一些红卫兵竟然置之不理。王力1966年11月18日对从苏联回国的留学生讲话时说：“三级干部会议开不起来，红卫兵不让他们检查。”一些领导干部一下火车、飞机就被红卫兵揪走了，有些省、市、自治区的会议被红卫兵冲掉了，这样就根本谈不到对中央工作会议精神的认真贯彻。广大领导干部对“文化大革命”无疑是有抵触的，但也确实存在“非不为也，是不能也”的情形。毛泽东在十月中央工作会议上认为冲得好，他说：“现在学生不是冲得厉害吗，……这一冲，我看有好处。过去多少年我们没有想的事情，这一冲就要想一下。”正是红卫兵贯彻毛泽东的指示冲击各级领导干部、冲击会场造成了严重干扰。毛泽东的指示自身发生了抵牾——这是毛泽东的思想上矛盾的反映。他要来一场“最伟大的革命变革”，但是他也不知道“文化大革命”怎么革法。发动“文化大革命”是主观主义的，不可能有正确的方针、步骤、方法。1966年的实践说明，运动领导上杂乱无章、自相矛盾、随波逐流。号召与支持造反引起重重矛盾，又归咎于“资反路线”，张冠李戴，因而不仅解决不了问题，反而出现了既要各级领导干部贯彻而在实际上又不让他们贯彻这样的怪事。

1966年年底、1967年年初，全国大乱。一大批党政军领导人被揪斗、被打倒甚至被监禁，各级党委、各级政权机构瘫痪，群众分裂，无政府主义横行，社会主义民主和法制荡然无存。这就是1966年“彻底批判资产阶级反动路线”的“成果”!1967年初，张春桥一伙又将“资产阶级反动路线新反扑”的罪名强加给当时的上海市委，指责其搞“反革命经济主义”。其实这不过是为夺权而编造出来的借口而已。可以认为，1967年初号召全国全面夺权是否定各级党委的领导、号召与支持造反等一系列错误的合乎逻辑的发展，是彻底批判“资反路线”的最为严重的恶果。

从清华大学两派看“文化大革命”中群众组织的对立和分歧

唐少杰

1966年6月，一支由528人组成的全国最庞大的工作组进驻清华大学，接管了清华“文化大革命”（以下简称“文革”）运动领导权。工作组进校后，清华大学各级干部被挂职审查。即使在工作组撤走之后，清华校内出现的几个红卫兵组织也未能解决干部问题。在短短的4个月里，广大干部及教师受到不同程度的冲击和迫害。同年12月19日，清华最大的红卫兵组织、在当时一统清华“文革”的“井冈山兵团”成立。不久，兵团内部出现了不同意见，对包括干部问题在内的一系列问题分歧日益加剧。1967年3月《红旗》杂志第5期发表了关于清华工作组在干部问题上执行“资产阶级反动路线”的调查报告及评论员文章，以此为契机，清华4月14日出现了辩论干部问题的串联会，亦称“四一四革命串联会”。5月底，“井冈山兵团四一四”总部（“四派”）成立，形成了与兵团总部（团派）对立的局面。直到次年发生了闻名全国的清华七二七事件，两派不仅进行了铁与血的武斗，而且经历了颇具“文革”群众问题代表性的论战。

当时，两派的分歧和冲突，既有深厚的社会基础和明显的政治背景，也有突出的理论意义和广泛的思想影响。如《四一四思潮必胜》所言：“清华大学四一四与‘团派’的原则分歧和组织上的分裂是具有全国性的普遍意义的。”[①]的确，全国性的“四派”诸如河南“河造总”、成都“红成”、重庆“八一五”及四川“产业军”、长沙“高司”、哈尔滨“山上派”，甚至还有武汉“百万雄师”等等，全国性的“团派”诸如河南“二七公社”、成都“八二六”、重庆“反到底”、长沙“湘江风雷”、哈尔滨“炮轰派”、武汉“工造总”等等，都可在清华两派的论战中或多或少地发现相应的影子或痕迹。即使在30年后的今天来看，清华两派的论战也是“文革”群众运动中所谓造反派与保守派之间分歧、分裂直至双方由武斗走向消解的历史命运的非常典型、鲜明和很有意义的案例。

一

清华两派不可能提出各自独有的理论，而是根据流行的正统“文革”理论加以应用和发挥，通过大字报等形式的论战提出或形成了各自的思潮。所谓思潮，即介乎系统理论与日常认识之间的流行于一定时期的观点或见解。任何群众运动都具有贯穿、调整及重新组合该运动的群众心理和群众行为的某种思潮。清华两派的论战正是在彼此的思潮交锋中体现出所谓造反派与保守派之间的对立。这集中表现为以下三点：

一、如何理解“文化大革命”

“四派”认为，“文革”是在无产阶级专政下进行的，其目的是部分改善和加强这一专政，因此，那些要彻底改善这一专政而否定或打倒一切的言行都是十分错误的。“四派”的观点主要体现在1967年8月出版的《四一四思潮必胜》一文[②]。该文针对“团派”所代表的观点，强调“文革”与其他革命的区别在于它是共产党执政下的大革命，成为其对象的走资派“只是一小撮”。走资派在党内、在政权机器内未占统治地位，未

① 红代会清华大学《井冈山》报编辑部：《井冈山》，1967年8月26日专刊。

② 《井冈山》1967年8月26日专刊。

形成新的资产阶级特权阶层。也正因此，“十七年来我国的阶级阵线是基本稳定的。经济基础基本上是共产主义化的”。无论“文革”中阶级关系有何变化，“也决不可能来个‘大翻个儿’，也决不可能划分什么‘老保阶级’、‘造反阶级’。十七年来，掌权的工农兵还是工农兵，十七年来受压迫的资产阶级、地富反坏右，还是资产阶级、地富反坏右”。“文革”中，阶级关系是基本不变的。基于阶级阵线的不变，“四派”把“文革”的主要对象看作两个：走资派和地富反坏右。

这篇文章还着重指出，“文革”中的极左思想由否认“文革”与其他革命的区别而夸大阶级关系的变化，把人民内部少数人接受教育的过程当作阶级关系的大变动、大翻个的过程，断言在“文革”后财产和权力必须再分配，进而从“左”的方面复辟资本主义。正是由此问题“四派”与“团派”分道扬镳。这个问题也是“文革”中全国绝大部分地区的造反派分裂并形成所谓两支造反派队伍的分歧焦点，具有全国性的意义。尽管两派在解决同走资派的矛盾时是统一的并在斗争中结为战友，“但是在夺权问题上，即由谁来掌权，依靠谁，团结谁，镇压谁这个阶级阵线问题上，两派的分歧就急剧地爆发、激化，发展为组织上的分裂，有的地方以至于发生激烈的武斗。几乎在每个地区，当文化革命的主要矛盾稍稍下降时，四一四派和团派在思潮上的分歧就会迅速上升。”这就造成了两派对“文革”的任务、策略、目的等问题上的对立。“文革”在解决了走资派问题之后，两派及其思潮谁战胜谁的问题就会迅速提到日程上来，两派的分歧和斗争使“文革”出现了复杂的情况，走资派问题被群众派别之间的矛盾激化所超越，“文革”由最初的清洗走资派转向群众派别的内战。

“四派”指出，“团派”在1967年武汉七二〇事件之后夺军权时错误地认为，全国性的内战、全国性的武装夺权已不可避免，“文化大革命”已演变为“武化大革命”。殊不知军权牢牢掌握在毛主席手里，绝不能像以往冲击省市委而夺权那样去冲击军区而夺军权。“文革”的进程绝不是像“团派”所想象的那样，“全国内战是打不起来的”。

与“四派”的理解截然相反，“团派”强调，“文化大革命和民主革命从根本上来说即从本质上来说是相同的”[1]。以毛泽东的指示为依据，团派著文认为：“文革”与1949年前中共领导的民主革命在“革命的首要问题，革命的根本问题，革命的实质问题上”是相同的。“四派”提出“文革”和民主革命的“根本不同论”，“就是否认文化大革命是政治革命、政权革命、一个阶级推翻另一个阶级的大革命；就是否认对走资派篡夺了的部分国家机器（也就是资产阶级国家机器），必须实行彻底打碎的马克思列宁主义、毛泽东思想的基本原则。一句话，‘根本不同论’就是文化大革命的‘取消论’！”[2]

“团派”认为，“无产阶级专政时期最主要的敌人，混杂在我们的队伍中”[3]。“四派”看不到这一点，否定作为“文革”理论基础之一的“无产阶级专政下继续革命的学说”，提出关于十七年以及“文革”之际，“阶级关系不变论”作为自己的根本主张，力图把同资产阶级、地富反坏右的阶级斗争与同走资派的阶级斗争相提并论。因此，“团派”和“四派”的斗争，“归根到底，也就是……承认不承认社会主义条件下阶级斗争在本质上依然是政权的问题，承认不承认党内走资派是无产阶级最危险的敌人的问题，总之承认不承认在无产阶级专政下无产阶级要继续革命，并且最重要的是开展无产阶级文化大革命的问题”[4]。“四派”的“阶级关系不变论”就是“阶级斗争熄灭论”。按照这种“不变论”的逻辑，“中国就根本没有走资派，就根本不存在修正主义路线，就根本没有资产阶级篡夺政权的烂掉了的单位，就根本没有必要进行文化大革命。”[5]

实际上，两派关于如何理解“文革”的论战不但源于各自的现实利益，而且一开始就来自毛泽东关于“文革”的主张与部署的矛盾及缺

① 《井冈山》1967年8月26日专刊。

② 《井冈山》1967年8月26日专刊。

③ 红代会清华井冈山联合总部原四一四干部办公室编：《大字报选编——批判干部问题上资产阶级反动路线专集》（三），第15页，1967年10月。

④ 《井冈山》第151期，1968年7月5日。

⑤ 《井冈山》第151期，1968年7月5日。

陷[①]。显然，四一四思潮与毛泽东的"文革"思想是相抵触的。从清华两派看全国"文革"，造反派与保守派理解"文革"的主要分歧是各自所持的"阶级关系大变动论"与"阶级关系不变动论"的对立。两派都囿于阶级斗争及阶级关系的理论套式，这不仅表明两派的局限，而且从同一理论套式和"文革"理论中推演出了截然相反的理解，正显示出进行"文革"所依据的所谓"无产阶级专政下继续革命理论"的矛盾性和不确定性。

二、如何评价"文化大革命"前十七年

"团派"声称，清华大学是修正主义教育路线的典型，是复辟资本主义的战略据点之一。清华十七年来实行的是地地道道的资产阶级专政，是一个烂掉的单位，是一个针插不进、水泼不进的资产阶级独立王国[②]。因此，对于旧清华十七年不仅要在组织上"大翻个儿"，而且要在头脑中彻底砸烂[③]。要坚决反对旧清华"十七年红线主导论"，坚决反对旧清华"上黑下红论"。

"四派"指出，清华"文革"前十七年虽然有一些缺点，但是，"十七年来，毛泽东思想的阳光照耀着清华"[④]。因此，不能对清华的十七年一概否定。应坚决反对旧清华"黑线上下连续论"。谁要把十七年说得一团漆黑，谁就是否定十七年的无产阶级专政，谁就是往我们党的

① 例如，毛泽东1967年1月通过上海一月夺权发出全国性夺权的号召："从党内一小撮走资本主义道路当权派手里夺权，是无产阶级专政条件下，一个阶级推翻一个阶级的革命，即无产阶级消灭资产阶级的革命"。经过毛泽东审阅的总结夺权经验的《红旗》杂志1967年第3期社论中称："夺权斗争，必须实行马克思主义的打碎旧的国家机器的原则"。但是，毛泽东在同年2月12日召见张春桥、姚文元时指出："'彻底改善无产阶级专政'的口号是反动的，是推翻无产阶级专政，建立资产阶级专政。正确的说法只能是部分改善无产阶级专政"，并提出了包括一些原有干部在内的组成文革权力机构革命委员会的"三结合"原则。然而，到1968年4月，毛泽东又说："无产阶级文化大革命，实质上是在社会主义条件下，无产阶级反对资产阶级和一切剥削阶级的政治大革命，是中国共产党及其领导下的广大革命人民群众和国民党反动派长期斗争的继续，是无产阶级和资产阶级斗争的继续"。

② 《井冈山》第77期，1967年8月24日、8月26日专刊。

③ 《井冈山》1967年12月21日增刊。

④ 《大字报选编——批判干部问题上资产阶级反动路线专集》(一)，第11页。

脸上抹黑。“四派”还强调，“十七年来，以毛主席为代表的无产阶级革命路线在我们党内是占统治地位的，近几年来也是这样。”[①]不仅如此，即使“对刘少奇路线也要一分为二”[②]。

如何评价“十七年”的问题几乎是两派在一切关于“文革”问题上对立的主要原因之一。如何评价“十七年”实质上关系到如何理解和如何进行“文革”。两派群众所采取的立场、策略、行为和评价，更多地取决于他们在十七年中这样那样的经历和直接间接的利益。从清华到全国，造反派几乎无一例外地大造“十七年”的“反”，而保守派却反其道而行之。然而，不但保守派是由“十七年”塑造的，即使是造反派在很大程度上也是由“十七年”所塑造的。今天，当我们回顾这种因对“十七年”评价各异而产生两派分裂的巨大历史创伤时，更应该对“十七年”作出全面的、历史的评价。

三、如何对待干部队伍

“团派”认为，说清华大多数干部是好的或比较好的，但不能回避他们过去犯有错误甚至严重错误，因为他们在“文革”前的表现不足取，他们绝不是左派，绝不是无产阶级当权派，而是资产阶级当权派。清华干部大都是中间派，摇摆于无产阶级与资产阶级之间、毛主席革命路线与修正主义路线之间，充当了教育界资产阶级专政的工具。“清华的干部特别是基层干部是复辟旧清华的社会基础”[③]。

“团派”根据毛泽东以及林彪的有关讲话，把“文革”当作一场批判干部的运动。不仅“文革的群众批干运动天然合理”，而且批判干部才是“文革”的真谛，“否定批干运动就是否定文化大革命”，“今后的文化大革命，大约都会伴随一场群众批干运动”[④]。所以，清华大多数干部都应降职使用或当老百姓，更不能让走资派混入三结合机构，否则资本主

---

① 《大字报选编——批判干部问题上资产阶级反动路线专集》(一)，第2页。

② 上海市上海中学编：《历史的判决》，载《思潮集》，1968年。

③ 《大字报选编——批判干部问题上资产阶级反动路线专集》(一)，第5页。

④ 《大字报选编——批判干部问题上资产阶级反动路线专集》(三)，第18页。

义复辟随时都是可能的[①]。“如果不正确对待干部队伍中存在的严重问题，看不到解决清华干部问题的复杂性、艰巨性……就有使文化大革命走过场的危险。”[②]

“四派”则指出：“对干部问题上的分歧，追其根源，最根本的是对十七年国家政权性质的估计不同，对文化大革命的任务认识不同。”[③]毛主席关于团结95%的干部的指示依然适用于清华。清华广大干部无论在以往斗争及历次政治运动中还是在本职工作中，基本上执行的是毛主席革命路线[④]。他们是革命的好干部，他们有错误和缺点，应允许他们改正，允许他们投入革命，不能把他们作为打击对象，对他们要“勇敢地保，热情地帮，大胆地用”，“只有保住他们，无产阶级文化大革命才能胜利”[⑤]。

“四派”认为：能否解放和大胆使用干部，关系到建立一个什么样的政权这个革命的根本问题。没有大批革命干部进入各级领导班子，红卫兵小将夺的权就有可能丧失，因为小将自身有许多缺陷。大胆使用干部就必须使革命小将让权、放权。没有一大片干部的彻底解放，没有一大批革命干部作为权力机构的领导和中坚，而由“团派”来独揽大权，肯定是行不通的[⑥]。随之，“四派”提出的“造反派只能夺权而不能掌权”，即“造反派不能坐江山论”在全国不少地方及群众派别中流行开来。

“文革”发展到一定阶段，两派都无法绕过干部问题。这一问题由于两派的矛盾已不可调和，不仅变得日益严重和突出，而且带有全局性的影响。“文革”初期，几乎每一单位、部门和地区，干部问题都成为关系到谁来掌握运动的主导权的问题。若问什么是“文革”两派认识的主

---

① 《大字报选编——批判干部问题上资产阶级反动路线专集》（三），第14页。

② 《井冈山》第36期，1967年4月18日。

③ 《大字报选编——批判干部问题上资产阶级反动路线专集》（一），第2页。

④ 《大字报选编——批判干部问题上资产阶级反动路线专集》（二），第18页。

⑤ 《井冈山》1967年7月5日新3号。

⑥ 《大字报选编——批判干部问题上资产阶级反动路线专集》（三），第9页。

要分歧？回答应当是干部问题。

二

界定对立的群众组织及划分所谓造反派与保守派，是“文革”研究中一个颇为复杂而棘手的问题。实际上，群众组织中，既有造反派与保守派的对立，也有两派各自内部的分化，例如，十分明显的就是造反派内的激进者与温和者之分，更有两派的交叉、渗透甚至部分重合。所以，纯粹的造反派与保守派之分是不成立的。因为，常常出现的是，两派对“文革”的一些理论、策略和行动等有所认同，但是，一旦涉及到两派各自的根本利益时，会泾渭分明地列出自己的阵势。因此，在这个意义上，“造反派”与“保守派”是可以划分的。

清华大学两派的对立表明：以“团派”为代表的所谓造反派是“文革”的骨干力量。它的产生既得益于“文革”发动者和领导者的意图和支持，又符合“文革”自身的性质和要求。在此意义上，若是没有造反派，“文革”很难成为全国规模的、关系到亿万人民生活的群众性运动，很难成为触及到社会制度及国家政权的“大革命”（或曰“大造反”）。因而，“造反派”大体上可指拒斥过去本单位或本地区的领导体制，否定已有的干部权威和推行怀疑一切、打倒一切的群众派别。但是，造反派在行动上的异常激进最终导致它自身走向消亡的归宿。在一定程度上说，造反派的兴起与消亡是“文革”的一个缩影。

以“四派”为代表的保守派是“文革”当时的所谓“修正主义”力量。无论从全局还是某一局部，保守派都不可能原原本本地接受“文革”理论，都不可能进入“文革”实践的主流。尽管说“四派”具有“代表了从右的方面抵制‘文革’最完整、最系统的理论体系”有点言过其实，但它所掀起的“四一四思潮”的确成为“文革”中“河归旧道十七年”[①]的主流。相比于诸多类型的极左思潮，四一四思潮成为“文革”中非常少

① 宋永毅：《文化大革命中的异端思潮》，《二十一世纪》（香港），1996年8月号第36期。

有而又影响到全国的所谓右派思潮。这一派从种种方面对“文革”的疑虑、困惑、批评和失望，不断从思想上销蚀着“文革”理论，从实践上动摇“文革”的正统权威，最终在其著名的四一四思潮中否定了“团派”主张的“文革”。

那么，“文革”作为所谓“群众自己教育自己、自己解放自己”的大运动为什么必然会出现群众的对立和冲突呢？亦即群众问题的根本方面是什么？对此虽有不同解说，但我认为，这些问题可从“文革”前和“文革”时的群众利益来把握，具体地讲，可从群众为了自身的利益驱动和利益分化来把握。包括清华在内的全国“文革”两派的结构大致上显示出：造反派主要是由出身相对低下、“文革”前或“文革”最初本人遭受挫折或家人经历坎坷以及竭力在“文革”中改变自己地位的激进群众所组成；而保守派主要是由受原有干部影响和作用的，或在“文革”前本人经历较顺或家人处境较佳的群众所组成。两派的结构如此不同，他们就必然对“文革”有截然不同的理解和行动。所以，“文革”两派的利益既涉及“文革”前的利益格局，也涉及“文革”中的利益转换；既包括有形的物质利益，也包括无形的精神利益；既有不同阶层群众交织在一起的不同利益，也有相同阶层群众分化开来的相同利益。当然，这种种利益在群众中表现得非常广泛、复杂、曲折甚至隐晦，但其表现途径有几点值得特别注意：一是与非群众性的上层利益有关；二是与“文革”前作为群众顶头上司的干部利益有关；三是与“文革”中因运动的开展暂时无职无权的干部利益有关；四是与对立的群众利益有关。

“文革”两派的利益渊源还表明：虽然造反派和保守派各自都不可能摆脱“文革”理论的羁绊，但是两派都能从这一理论自身的破绽或弊端中找到各自的依据而采取不同的立场参加运动。“文革”理论主要由三个内容及相应的衍生方面所构成：一是“阶级斗争论”及“继续革命论”；二是“群众运动论”及“全面专政论”；三是领袖个人崇拜及领袖极权权威。不过，这三个内容及衍生方面从未形成完全契合的有机体系，而是更多地散见于党的文件、报刊社论、首长讲话甚至鼓动口号之中，特别是毛泽东关于“文革”一系列的指示中。两派都从“文革”理论的巨大矛盾中找到有利于自己的“批判的武器”，并进而从事旨在打击对方的“武器的批判”。“文革”两派之间既无真正的胜利者，也无彻底的失败者，两派彼此消解，同归于尽，因为两派都会被一些别有用心的“文革”领导者利用、制衡，甚至制裁。尽管如此，两派对“文革”理论的不同解释，更重要的是不同应用，充分显示出“文革”群众运动及群众组织特有的认识背景、理论底蕴和思潮氛围。

“文革”两派的对立还告诉人们，群众组织面临着一个无法解决的矛盾，即在它们存在的相当短的时间里，组织内的相对有序性和组织外的绝对无序性之间的矛盾。“有序性”往往表现为造反派处在一种夺权后自身变为“准政权”的状态，而保守派处在一种与造反派问鼎大权的“影子政权”的状态，亦即两派都具有在结构上力求健全、功能上不断强化甚至使整个组织准军事化的特点。“无序性”则使这些组织无一例外地既对自己在“文革”中的地位和角色不能自主，又对自己的命运乃至整个“文革”的命运无能为力。同时，“文革”群众组织必然带有暴力的特性，“武斗”就是其集中的表现。这种暴力性证明了这些群众组织远不像国外某些“文革”研究者所说的是什么民主组织，而是某种集体的或大众的具有专制性因素和特征的组织。另外，这些群众组织也不是中国共产党传统意义上的群众组织。

“文革”两派的斗争焦点在于：如何评价“文革”前十七年的历史和如何对待本单位、部门或地区原有的中、基层干部。“文革”的悖论之一在于部分地否认“文革”前十七年中华人民共和国的无产阶级专政性质，至少是断定教育界等领域存在着资产阶级专政，“文革”由此才显得必要。否定十七年还是肯定十七年，这是清华两派关系的一个死结，更是全国各地造反派与保守派之间纠纷的一个顽症。“否定十七年”一直贯穿于整个清华“文革”的过程之中。这就使清华“文革”初期带有如下的特色：“否定十七年”必然否定十七年中任职或成长起来的各级干部。因此，“文革”又可以说是“文革”崛起的造反派与“文革”前的干部队伍的一场较量。

“文革”初期，群众派别、干部势力和军队的介入，常常构成某一地区或单位格局的鼎立之势。随着形势的发展，不管是上至毛泽东本人还是下至各个地方或单位临时权力机构，都没有彻底地解决广大中、基层干部的“归属”问题，这些干部一时处在所谓走资派与普通群众之间的“夹缝”地带。他们无法主导现实，无法退回到过去，只能要求“解放”、要求平反、要求工作，渴望置身于“文革”之中。他们不可避免地同把“文革”当作一种批干运动的造反派相冲突，利用各种机会和施展各种才能与之进行难以调和的斗争，并在不同程度上制约了与造反派对立的群众组织。就清华而言，干部问题成为“文革”初期不可逾越、不可化解的难题；就全国而言，干部问题使得“文革”群众问题格外复杂和沉重。所以，“文革”群众运动及群众问题不可能是纯群众性的。

毛泽东在“文革”开始不到两个月时致信江青，他写道：“文革”作为“在全党全国基本上（不可能全部）打倒右派”和“横扫牛鬼蛇神的运动”是“一次认真的演习……有些机关（例如北大、清华），盘根错节，顷刻瓦解”[①]。然而，“顷刻瓦解”只是由于来自党内上层的高压才使北大、清华等校的党政系统陷于瘫痪。例如，清华两派论战时，有人就责问：原高等教育部部长、清华大学校长兼党委书记蒋南翔于1966年6月被罢免，究竟是由下层群众“揪”出来的，还是由上层领导“抛”出来的呢？显然，对于干部队伍的重大打击肇始于毛泽东发动“文革”的意图和策略，而广大群众不可能是使干部队伍陷于“顷刻瓦解”的发端者，他们只不过是尽其所能地甚至尽其所需地把上述意图和策略加以转换、扩大而变成活生生的现实。毛泽东所说的“瓦解”难以成立，至少就清华而言，“文革”刚刚进行了10个月，以广大中、基层干部为中坚的群众组织——“四派”的成立和运行说明了清华干部队伍没有“瓦解”。这些干部经过“文革”初步的“洗礼”后“死而复生”，他们所发挥的政治功能及所释放的政治能量，致使“文革”战车在清华园里不可能完全循着毛泽东及“文革”的推波助澜者所指定的轨道行驶下去，不得不屡遭缓滞。

---

① 《“文化大革命”研究资料》（上册），国防大学出版社1988年版，第56页。

目前，在国外研究“文革”的学者中流行“两个文革说”。仅从学理上讲，这种把“文革”划分成“领袖文革”与“群众文革”的说法有可能大大激活对“文革”广泛而深入的研究，有可能把关注“文革”更大地投向人民群众之中，因而“两个文革说”仿佛成为1996年“文革”爆发30周年、结束20周年之际国际上“文革”研究的热点。但是，我认为，无论在历史上还是在逻辑上都不存在一个脱离毛泽东、形成全国规模的和群众独立、自主、自觉、自为的所谓“群众文革”。在“文革”这场历史剧中，作为发动者和领导者的“编剧兼导演”与作为人民群众的“演员”或“观众”中间不可能是彼此平等或并列的关系，不可能是互相独立或互相反对的关系，更不可能是舍弃了该剧的时空条件而只有后来的评论者们所界定的关系。

在清华“文革”中，所谓“群众文革”从来就不是统一的，从来就没有什么范式，从来就不是由群众主宰的，而是矛盾多样并带有深厚的宿命色彩。的确，包括清华在内的群众斗争使“文革”之始相对短暂的斗黑帮、揪走资派很快被毛泽东等人未曾预料到的持久的群众对立和巨大的群众冲突所代替，对此，能说存在着一个所谓“领袖文革”面对着无数个相互矛盾甚至敌对的所谓“群众文革”吗？也正是由于毛泽东一声令下，在不到20个小时里，数万名工宣队员开进清华园，一下子扭转了清华“文革”进程，给全国“文革”带来了转折性的影响，而那些把所谓“群众文革”加以夸大甚至绝对化的论者对此该当何论呢？“两个文革说”给我们的重要启示在于，我们应该不断地研究并解答为什么在“文化大革命”全部问题中，群众问题是最深重、最具有持久影响力的问题。

对上海“一月革命”的几点看法

王年一

研究“文化大革命”不能不研究上海的所谓“一月革命”。“一月革命”是怎么酿成的？毛泽东为什么支持上海夺权？反革命分子张春桥怎样起了特别恶劣的作用？诸如此类的问题都需要回答。不揣鄙陋，这里写下一些看法。

一

1966年11月10日发生了王洪文等人卧轨拦车的“安亭事件”。张春桥在处理这一事件中的表现极不寻常，这为“一月革命”埋下了伏笔。

事件发生后，上海市委即向周恩来作了报告。陈伯达根据周恩来的指示，做了两件事：（一）电告华东局第三书记韩哲一，要华东局和上海市委顶住，不能承认“上海工人革命造反总司令部”（简称“工总司”）是合法的组织，不能承认卧轨拦车是革命的行动。中央文革决定派张春桥回沪说服工人。（二）致在安亭的上海工人电。电文指出：“你们这次的行动，不但影响本单位的生产，而且大大影响全国的交通，这是一个非常大的事件。希望你们现在立即改正，立即回到上海去，有问题就地解决。”又说：中央文革派张春桥即日回沪处理此事。

张春桥离京前，陈伯达把致工人电原稿给了他，陶铸指示：中央不同意工人成立全国、全市性的组织，决不能承认“工总司”和肯定他们的行动。11月12日，张飞抵上海，即去安亭，与王洪文等几个头头打得火热，并在大会上当众答应第二天回上海解决问题。11月13日，从下午1点开始，张在上海文化广场与工人座谈，他说：“这是我个人的意见：如果工厂文化大革命不搞，即使导弹上了天，卫星上了天，生产大发展，中国还会变颜色。”“安亭事件向主席报告了。”“上海工人起来了，这是好事，这是中央希望的。……上海的工人文化大革命可能走在全国的前面，上海应该创造好的经验。”“工人同志要开大会，批判资产阶级反动路线，完全是革命的。”“上海工人革命造反总司令部，工人认为要存在，可以存在下去。”下午3点半，张讲话，完全同意“工总司”提出的五项要求，还在书面五项要求上写上“同意”并签名。五项要求是：“（1）承认上海市工人革命造反总司令部是合法的组织。（2）承认一一九大会以及被迫上北京控告是革命的行动。（3）这次所造成的后果，全部由华东局、上海市委负完全责任。（4）曹荻秋必须向群众作公开检查。（5）对上海市工人革命造反总司令部今后工作提供各方面方便。”

这与周恩来、陈伯达、陶铸和华东局、上海市委的意见截然相反，与中央一系列文件的精神截然相反。耐人寻味的是：张春桥是先斩后奏的，而中央文革迅速同意了他的处理。张春桥说过：“我组织手续并不完备，没有和华东局同志商量，也没有和市委同志商量，更没有和中央文革小组打电话，因为来不及就下了决心。然后从文化广场回到我住处，才给陈伯达同志打电话，……把五条协议以及对这个问题的认识报告给了他。这样文革小组就讨论我在文化广场所讲的五条。到了晚上，文革小组给我打电话来，认为我在文化广场对这个问题的判断是完全正确的。”（1966年11月16日在苏州铁路中学接见“工总司”在苏州的工人时的讲话）

张春桥这一手确实不同凡响，阴险诡谲表现得淋漓尽致。他深知毛泽东要把“文化大革命”进行到底的决心、支持造反派的态度和要把“文化大革命”引向工矿的意向，因而忽出“奇招”，顺水推舟地提供了全国第一个强有力的工人造反派。他深知批判所谓“资产阶级反动路线”使各种矛盾激化，全国和上海的形势名曰“大好”，实则大为不妙，因而只要工人回到上海，出现工人造反派正是求之不得的事，决不会因支持工人造反派而获罪。他之所以先斩后奏，决不是因为“来不及”，而是要露一手。他之所以敢于别出心裁，不仅因为中央文革里大都是他的同伙，而且因为他后面有着几千名工人造反者和卧轨玩命的亡命之徒王洪文之流，他以上海的事态压北京。他的卑鄙目的，不仅在于把上海市委置于群众的对立面，给上海市委强加以顽固推行“资反路线”的罪名，不仅在于扶植反对市委的力量，不仅在于为自己培植反革命帮派势力，而且在于把“文化大革命”的邪火迅速烧到工矿，造成全国动乱，以便实行夺权。他的诡计得逞了。11月16日，毛泽东批准了他的处理，并且指出：可以先斩后奏，总是先有事实，后有概念。毛泽东为什么批准，我们在下文再说。张春桥踌躇满志，他说：“这一段时间内，虽然时间不长，……对我来说，也会成为永远忘记不了的事情。”（同上）“工总司”得到如此的支持，在全国也属罕见。支持在“造反宣言”中声称要“夺权”的“工总司”就意味着迟早要否定上海市委，也就是埋下了“一月革命”的定时炸弹。

中央文革一伙人此后放肆地煽动工人“造反”。11月16日，戚本禹对来自全国各地的工人造反派讲话，他说：“上海市工人要成立团体，不让他们成立，……轰起来了，闹起来了，解决了。”“我教你们办法，……你们把三千多人分成三班，包围省委。他不答复你们的要求，你们就不走。”如此等等，不一而足。

二

毛泽东批准了张春桥对安亭事件的处理，这不仅与“工总司”有关，更 与工矿开展“文化大革命”有关。而工矿开展不开展与如何开展“文化大革命”，正是“文化大革命”如何发展的关键问题。

中央原先确定工矿原则上不开展“文化大革命”。1966年6月30日，刘少奇、邓小平请毛泽东审批中共中央、国务院《关于工业交通企业和基本建设单位如何开展文化大革命的通知》，并给毛泽东写信，说明文件的基本精神在于：“文化大革命”“重点放在文化教育部门、党政机关。对于工业交通、基建、商业、医院等基层单位，仍按原定的四清部署和二十三条结合文化大革命进行”。毛泽东7月2日复信同意，同日通知下达。《十六条》的有关规定，与通知的精神一致。为了制止“造反”浪潮对工矿的波及。9月14日中共中央下达《关于抓革命、促生产的通知》，规定“在党委统一领导下”“进行充分的正面教育”。当周恩来后来在一个会议（1966年12月6日中央常委会议）上说到“过去我们批准的，工厂、农村不能搞（文化大革命）”时，林彪还插了话：“我们也是同意的。”但是，10月间，在猛烈批判“资反路线”的刺激、诱发下，工矿人数极少的造反派开始“造反”，这正中中央文革的下怀。11月8日，张春桥与“北航红旗”五人谈话，说：“搞工厂是个方向问题。我们打算下一步应该这样走。”11月中旬，正当张春桥去上海、安亭、苏州时，陈伯达等人草拟了《关于工厂文化大革命的十二条指示》；11月17日还拿到工人代表座谈会上去征求意见。《十二条》基本精神有两个：一是“工人群众起来进行文化大革命……好得很”；一是“各级党委、工矿领导要认真贯彻执行毛主席、党中央关于‘抓革命、促生产’的指示”。有了张春桥对“工总司”的支持和毛泽东的批准，“左”的《十二条》被认为“右”了，被推翻了。张春桥说：“《十二条》要大修改，根本不是正式文件。”（1966年12月6日接见“工总司”赴京代表团时的讲话）

以张春桥支持“工总司”为契机，毛泽东把希望寄托在工人造反派身上。当时形势严峻。这里有两个重要情况：（1）批判“资反路线”使种种矛盾激化。群众中两派的矛盾到了水火不容的程度，混淆两类不同性质的矛盾到了冲击一切的程度，无政府主义到了炮打所谓“无产阶级司令部”的程度，生产下降到了难以制止的程度。（2）“文化大革命”的错误做法遭到广泛的抵制。陈毅等老帅实际上代表老一辈无产阶级革命家，于11月间两次在数万人大会上大声疾呼，反对错误做法。上海50万市民在“《解放日报》事件”中反对“工总司”等造反派的胡作非为。广大干部、群众内心对造反派不满，毛泽东和中央文革支持的造反派仍然是少数派。在这种情况下，张春桥别有用心地通过支持“工总司”提供了解决问题的药方，这就是今后主要依靠工人造反派。这本来是火上加油，饮鸩止渴，但是毛泽东既想彻底改变社会面貌，也指望通过工人阶级走上“文化大革命”的舞台来摆脱重重矛盾，就把希望寄托在工人造反派身上。

在工矿开展“文化大革命”的问题上，中央、国务院、中央文革内部有过尖锐的斗争，这集中反映在11月下旬的工交座谈会上。陶铸鲜明地站在正确方面。王力说过：陶铸“千方百计地阻止对刘邓反动路线的批判，……特别是工农运动起来，更是沉不住气了。工人农民刚起来，形势好得很，他认为不得了了，一定要压下去。”“陶铸还反对提‘反动路线’这个词呢！”（1967年1月9日在新华通讯社的讲话）周恩来也力图阻止错误的发展。工交座谈会上对“文化大革命”种种错误做法的不满，周恩来11月22日如实向毛泽东作了汇报。他要谷牧搞了一个汇报提纲，反映工交战线的真实情况。陈伯达指责汇报提纲，被周恩来顶了回去。参加工交座谈会的部长们也站在正确方面。周恩来12月6日在中央常委会议上说过：“这次座谈会……讨论伯达同志的《十二条》，批判得体无完肤，一无是处。”“中央各部的同志说了很多意见。说到什么问题时，几个部长一哄而起，站起来围着我，说明大家的抵触情绪不小。”“林总问我有没有一个通的，我说我接触到的没有，多数不通。”

林彪、江青、康生等人站在错误方面，他们利用与助长“左”倾错误，提出“工矿问题比文教战线更加严重”的荒谬观点。林彪10月25日在中央工作会议上还说：“我们平常抓经济建设是抓得紧的，这是好的。”这时却说：一定要彻底打破“工矿比较纯洁”和“工矿是高举毛泽东思想红旗的”的估计，在工矿把“文化大革命”搞彻底。康生12月4日在中央常委会议上说：“资本主义复辟，在工厂方面，关系很大，因为它是经济基础。”他在会上还胡扯了一番“理论”：“社会主义工业向着资本主义发展的情况：它们形式上是‘公’，实际上是‘私’，形式上是‘新’，实际上是‘旧’，形式上是社会主义，实际上是资本主义。”康生还提出了批判所谓“生产力论”的口号。更加严重的是：为了证明在工矿开展“文化大革命”的必要，林彪作出了“刘、邓不仅是五十天的问题，而是十年、二十年的问题。工交战线受刘、邓的影响很大”的荒谬论断，还把“文化大革命”说成是“对全党的批判运动，批判干部的运动”。

12月初的中央常委会议在工矿开展“文化大革命”问题上作出了完全错误的结论。“左”倾的《十二条》变成更加“左”倾的《十条》（即《关于抓革命、促生产的十条规定（草案）》）。毛泽东批准了《十条》，不久又批准了《关于农村无产阶级文化大革命的指示（草案）》。确定在工矿、农村开展“文化大革命”，这是一个严重的步骤。这固然是批判“资反路线”的恶果，也与张春桥支持“工总司”有着难解难分的因缘。随之而来的是全国动乱，正是全国动乱孕育了“一月革命”。

三

1966年12月，形势险恶。一大批党政军领导人被冲击、被打倒，甚至被囚禁，群众之间的矛盾尖锐，无政府主义猖獗，社会主义民主和法制几乎荡然无存，生产继续下降，人民惊慌地注视着“文化大革命”。“文化大革命”骑虎难下，进退维谷。

在这个月里，毛泽东有一些重要言论。他对张春桥等人说，要批判《论共产党员的修养》，要进行全国性的大批判（转引自张春桥1967年2月25日与华东局造反派座谈时的谈话）。他对一个兄弟党的领导人说，两条路线的斗争，实际上是在“文化大革命”中，更加尖锐更加集中地暴露出来罢了，其实它是长期存在的东西（转引自康生1967年3月10日在军以上干部会议上的讲话）。他还说过：“单反赫鲁晓夫修正主义是不够的，还要反我们党内的修正主义，不然的话，再过多少年，中国的颜色就会变了，到那时候就晚了。过去做了一些，只是修修补补，没有当作整个阶级斗争去做。”（转引自席宣《关于“无产阶级专政下继续革命的理论”》，载《党史通讯》1983年第1期）毛泽东在12月25日对中央文革成员说：“上海的形势大有希望，工人起来了，学生起来了，机关干部起来了，‘内外有别’的框框可以打破。”并且估计1967年将是“全国全面开展阶级斗争的一年”（转引自《中共党史大事年表说明》第200页）。毛泽东12

月下旬审阅姚文元的《评反革命两面派周扬》时在文末加了一段话：“无产阶级文化大革命是触及人们灵魂的大革命。它触动到人们根本的政治立场，触动到人们世界观的最深处，触动到每个人走过的道路和将要走的道路，触动到整个中国革命的历史。这是人类从未经历过的最伟大的革命变革，它将锻炼出整整一代坚强的共产主义者。”他还审定了《人民日报》、《红旗》杂志1967年元旦社论《把无产阶级文化大革命进行到底》。1967年1月2日，他说：开展全国全面的阶级斗争，重点是北京、上海、天津、东北（转引自张春桥1968年2月5日在上海市革委会扩大会议上的讲话）。

从这些文献资料中可以清楚地看出，毛泽东执著于他的建设社会主义的“左”倾空想，坚持“文化大革命”的错误。他不能面对现实，不能接受实践给予的启迪和警告，这样就没有别的选择，只有在“全国全面开展阶级斗争”。他为了证明坚持“文化大革命”的正确，一方面毫无根据地对党内路线斗争做了新的解说，一方面毫无根据地给予“文化大革命”无以复加的高度评价。他决心大干一场以彻底改变现状，对未来抱有更多更大的幻想，“左”倾错误急剧升级。

1966年的实践充分说明，毛泽东并不知道“文化大革命”怎么革（“文化大革命”的发动是主观主义的，本来就没有正确的方法、步骤），只是一味支持“造反”而已。从1967年元旦社论提出的1967年四项任务中可以看出，还是既提不出任何积极的主张，也提不出“文化大革命”如何发展的意见。尽管“一月革命”的怪胎已躁动于全国动乱的局势和大干一场的决心的母腹之中，但是这时并没有提到也没有想到“全面夺权”。

既然寄希望于上海的造反派特别是上海的工人造反派，江青一伙就开始做文章了。在他们无法无天地打倒陶铸（他因正确地反对批判刘少奇和邓小平、反对批判“资反路线”、反对在工矿和农村开展“文化大革命”而获罪）的同一天，张春桥、姚文元赶回上海策划夺权，为他们制造的怪胎催生。在1966年12月，张春桥就秘密策动上海市委机关徐景贤等人“杀出来”。12月下旬，他又制造了“康平路事件”，镇压上海“工人赤卫队”，进而把上海市委和各级组织搞瘫痪。1967年1月1日，他在致上海电中公然宣称：曹荻秋不能出来了，陈丕显的账要清算。1月2日，他指使“工总司”等造反组织成立了“打倒上海市委大会筹委会”。凡此种种，导致了文汇报社和解放日报社的夺权。“上海的桃子熟了。”（张春桥1967年3月8日接见山西省太原市代表时回顾“一月革命”的讲话）1月4日张、姚回到上海后，找“工总司”的头头和徐景贤等人谈话，透露了毛泽东1月2日指示，策划夺权。1月6日，他们主要依靠“工总司”和上海市委机关造反组织，召开了“彻底打倒以陈丕显、曹荻秋为首的上海市委大会”，宣布不再承认曹荻秋为上海市委书记、市长，勒令陈丕显交代所谓“罪行”。会后，全市的实际权力落到张、姚等人手中。张春桥说过：“一月六日的大会上就夺了权了。”（1967年2月24日在上海文化广场的讲话）会前是报告了中央的，中央默许而未明确表态。

张、姚很明白，开一次大会还不够，要牢牢地在实际上控制上海，特别是控制上海的经济部门，这样才能得到承认。从来只抓“革命”，破坏生产的张、姚，旋即指使造反派成立“上海市抓革命促生产火线指挥部”。这是一箭三雕：一是“坚决响应”毛泽东的号召，“高举”抓革命、促生产的旗帜，上可以取悦毛泽东，下可以讨好上海市民；二是把破坏生产的罪名强加给上海市委，置上海市委于死地，不动声色地取代上海市委；三是颇为“正当”地扶植和支持造反派。1月8日这个指挥部成立后，夺取了许多局的领导权。张春桥说：“我和姚文元商量，……搞了个联合指挥部，这才夺了权。……我们把这些情况报告了毛主席，毛主席从文汇报的夺权肯定了这是必要的。”（1967年10月22日接见安徽代表时的讲话）毛泽东1月8日同中央文革成员谈话中所说“不要相信，死了张屠夫，就吃活毛猪”等内容，就在实际上表示了这种肯定。

这个谈话和据此写成、又经毛泽东审定的《人民日报》1月9日编者按语相当微妙：它在实际上号召全国进行全面夺权，却无号召夺权的语句；它在实际上肯定了上海的夺权，但也无明确肯定的字样。《人民日报》1月9日转载《告上海全市人民书》，还删去了“以曹荻秋为代表的上海市委”一语。无论就全国还是就上海全市来说，在夺权问题上，毛泽东大概还要看一看。

当时，陈丕显支持而张春桥反对那个反经济主义的《紧急通告》。（详见金春明《上海“一月革命”的前前后后》，载《党史通讯》1983年第十八期）《紧急通告》 1月9日在《文汇报》发表，毛泽东因其切中时弊而大为赞赏，要中央文革代拟中央致上海市各革命造反团体的贺电。中央于1月11日发出贺电。张春桥却把自己装扮成反经济主义的“英雄”，把大搞经济主义的罪名栽在陈丕显、曹荻秋头上，翻云覆雨，莫此为甚。（经济主义是江青一伙搞起来的，请见《当代中国的经济体制改革》一书第131—132页。该书说“一九六六年十一月二十六日”江青接见了“红色劳动者造反总团”的头头，“十一月”应作“十二月”。又，江青在这以前就煽动搞经济主义。1966年12月18日，她在人民大会堂接见造反派代表时说：“合同工是刘少奇搞的”，“是资本主义的一套”）《紧急通告》已经指出“上海市委被打倒”，但它毕竟不是夺权的通告；中央贺电高度评价了《紧急通告》，但其主旨是反经济主义，而不是号召夺权。事实上已经同意上海夺权，但尚无明确表示；这实际上已经含蓄地号召全国夺权，但尚未明确提出。毛泽东知道事件的分量，要明确支持与号召夺权，尚费踌躇。

老奸巨猾的张春桥，很能揣摩毛泽东的思虑，这时不失时机地提出了所谓“大联合”问题。这是在1月12日上海“欢呼中央贺电，彻底粉碎资产阶级反动路线新反扑大会”上，通过“工总司”等组织发起建立全市性的“造反派组织联络站”提出的。所谓“大联合”实质上是大分裂，但是这个提法有种种妙用：既可以用以冒充民意，又可以用以使造反派聚集在自己周围，还可以用以约束和压制反对自己的群众。尽管如此，“大联合”毕竟是正面的、动听的提法，所以迅速被采纳和推广。1月15日，上海市“红卫兵第三司令部”夺了市委、市人委的权。张、姚以不是“大联合”为由未予承认，并花言巧语地报告了中央，还说什么“群众”要求张春桥、姚文元主持“上海新市委”工作。张春桥说过：“主席看见我们的报告后，对我们行动非常支持。主席连夜召开政治局会议，认为上海这个办法好。以前北京由中央决定自上而下改组，没有解决问题。由群众提出，哪些人可以当领导，担任什么工作，这个办法好。”还说：“一月十六日，主席批准夺旧市委、旧人委的权。”（1968年2月5日在上海市革委会扩大会议上的讲话）

1月16日批准之说可信。周恩来1967年1月26日在工交各部造反派座谈会上说过：“到一月十六日决策了”。就在这一天，《人民日报》刊登《红旗》杂志评论员文章《无产阶级革命派联合起来》，文章引用了毛泽东的“最新指示”：“从党内一小撮走资本主义道路当权派手里夺权，是在无产阶级专政条件下，一个阶级推翻一个阶级的革命，即无产阶级消灭资产阶级的革命。”文章高度赞扬上海的夺权，号召“坚决向党内一小撮走资本主义道路的当权派夺权”。文章是毛泽东审定的。这是“文化大革命”中第一次明白无误地号召全国全面夺权。至此，历史性的错误铸成。在社会主义社会还要搞“一个阶级推翻一个阶级的革命”，是非常悖理的。

杨秀峰生前以全国人大常委法制委员会副主任的身份，在一篇文章（《审批林彪、江青反革命集团案为区别处理罪和非罪树立了范例》，载1981年1月8日《人民日报》）中说：“还有一些问题，林、江一伙的罪责，和领导上的错误交叉、纠缠在一起，不能分清，例如‘一月风暴’、‘二月逆流’等”。“一月革命”是张春桥、姚文元在中央文革支持下，利用急剧升级的“左”倾错误，一手制造的。“文化大革命”一错再错，批判“资反路线”造成天下大乱，提供了夺权的条件，张、姚又提供了夺权的“样板”，使得迷信“文化大革命”因而根本不可能改弦更张的毛泽东不得不走上号召夺权的歧路。在全局上坚持“文化大革命”错误的情况下，在天下大乱的局面已经造成的情况下，号召夺权不是什么“伟大的战略部署”，而是唯一的去路——也是绝路。《五·一六通知》和《十六条》虽然提出了“夺权”问题，但是在1966年5月、8月未必就想到要号召全国进行全面夺权。不能说这个号召与《五·一六通知》、《十六条》无关，但是肯定可以说它与1966年底进退维谷的局势、对前景怀抱主观主义的空想更加有关，它是错误发展的必然结果。

正义的抗争
——所谓“二月逆流”的前前后后

曾　涛

1966年，毛泽东亲自发动和领导了“文化大革命”。在半年多的时间里，“文化大革命”运动从党政领导机关和文教部门开始，迅速扩展到工交财贸系统和广大农村，继而又发展成为全国全面性的夺权。林彪、江青反革命集团利用毛泽东发动“文化大革命”的“左”倾错误，进行种种阴谋活动。他们煽动怀疑一切，打倒一切，别有用心地搞乱党、搞乱国家、搞乱军队，策动迫害党和国家各级领导干部，篡夺党和国家的领导权。对于“左”倾错误和林彪、江青反革命集团的阴谋，党和人民进行了抵制和斗争。1967年2月前后，中共中央政治局和中央军委的一些领导人谭震林、陈毅、叶剑英、李富春、李先念、徐向前、聂荣臻等，面对全国日益形成的“打倒一切”、“全面夺权”的严重局势，挺身而出，在军委碰头会上和政治局常委碰头会上，对“文化大革命”的错误作法，提出了强烈批评，对林彪、江青等人的倒行逆施进行了针锋相对的斗争。

一

1967年1月初，经毛泽东批准，中共中央军委决定在北京召开军委碰头会，会议集中讨论处理军队开展“文化大革命”的有关问题。在会上，林彪主张军队要搞大民主。他说：“机关要彻底搞”，“对老干部有的要烧，不但烧，有的还要烧焦……有的关起来，有的戴高帽子，有的抄家，有的贴大字报，有的一般的开会批评”。刚被任命为军委文革小组顾问的江青和陈伯达、康生等也在会上推波助澜，认为人民解放军“滑到了修正主义的边缘”，并说，军队不是世外桃源，不能搞特殊，要军队立即开展“四大”。林彪、江青等人的意见，遭到叶剑英，徐向前，聂荣臻和大多数与会者的坚决反对，他们认为军队战备任务很重，必须保持稳定，不应开展“四大”，并对随意揪斗军队领导干部、随意抓人、抄家、戴高帽子等做法表示强烈愤慨。

1月中旬，围绕批判和揪斗萧华问题，发生了“大闹京西宾馆”事件。1月19日下午，在京西宾馆召开军委碰头会。在会上，江青、陈伯达、康生仍然要军队开展“四大”，叶剑英、徐向前、聂荣臻表示反对，两种意见针锋相对。这时，叶群借两次接见军事院校来京师生的事情，指责萧华破坏文化大革命，必须公开向军队院校师生作检查。江青说：萧华是刘志坚的黑后台，是军内执行资产阶级反动路线的总代表。陈伯达说，萧华不像个战士，像个绅士，要把几百万解放军带到资产阶级道路上去。江青说：今天晚上召开万人批斗大会。萧华，你要向群众交待问题。萧华站起来反驳道：我12岁参加革命，我参加革命还是毛主席带出来的，我自认为几十年来从没有反对过毛主席，如果说我在工作中有错误，可以，但是硬说我是三反分子不行。江青不允许萧华申辩，她拍桌子喝道：你有本事到万人大会上去讲!因军委从未讨论过批判萧华的问题，军委几位副主席对批判萧华持保留意见，徐向前在散会时郑重宣布：今天的会议要严格保密，不准外传。但会后，会议内容很快被透漏。当晚，造反组织知道了中央文革要批判萧华，就抄了萧华的家，萧华从后门走脱，才免遭揪斗。

1月19日夜，周恩来听了叶剑英、聂荣臻关于江青要开万人大会批斗萧华的情况报告后，立即请示毛泽东。毛泽东说：告诉他们，这个会不要开。周恩来把毛泽东的指示告诉了中央文革小组组长陈伯达，陈伯达慌乱地说：总理，头天我多吃了几片安眠药，昨天，在京西宾馆里讲错了话，请你向主席解释一下，江青得知此事，气得摔文件，不满地说：都是总理多事，捅到主席那，让我们怎么收场？康生则说：萧华躲得了今天，还能逃得了明天。当叶群知道毛泽东的指示后，急忙打电话，布置京西宾馆收回19日会议纪录和录音，并让全部销毁。毛泽东、周恩来保护了萧华。

1月20日上午，军委碰头会继续在京西宾馆举行。叶剑英、徐向前、聂荣臻公开表示了对中央文革小组19日批判萧华的不满。会上，当谈到许多军队领导干部被抄家和揪斗的情况时，萧华也讲了昨天晚上被抄家的经过。徐向前听了这些情况后，气愤地拍着桌子说：我们搞了一辈子军队，人民的军队，难道就叫他们几个毁了吗？叶剑英也愤怒地拍着桌子说：萧华是我保护起来的，如果有罪，我来承担！还说：谁想搞乱军队，决不会有好下场。叶剑英由于过于气愤，拍桌子时拍伤了右手掌骨。这件事，后来成了被诬为“二月逆流”的一条主要“罪行”。

中央文革小组在军委碰头会上批判萧华，不过是他们搞乱军队，煽动揪斗军队领导干部许多事情中的一件。当时，军队已陷于混乱，许多部队的领导干部被揪斗，各地频繁发生冲击军事机关的事情，军队指挥系统已经很难正常运转。1月23日，中共中央、国务院、中央军委、中央文革小组发布《关于人民解放军坚决支持革命左派群众的决定》后，军委碰头会议就军以上机关开展“文化大革命”的方法，以参加会议的全体人员的名义向毛泽东提出建议：一、大军区、省军区的文化大革命要分期分批进行，要同地方文化大革命错开，何时开始，要经中央军委批准；二、坚持文斗，不武斗，不许抓人，不许动手打人，不许戴高帽子，不许游街，不许抄家；三、军队不许夺权；四、在外地串连的军队人员一律返回本单位；五、运动一定要坚持党委领导的原则；六、不许冲击和占领军队领导机关。1月24日下午，徐向前亲自去林彪家里，反映当时军队的混乱状况，提出自己的意见。林彪最后同意军委发一个文件，即军委八条命令。林彪这样做的目的，一方面想利用“文化大革命”中的混乱，打倒反对自己的力量；另一方面，又不想乱到否定自己“权威”的地步。

文件起草后送给毛泽东，毛泽东认为军委八条很好，批示照发。随后，中央军委又连续发布一系列的指示和规定，这些指示和规定对稳定军队起了积极的作用。

中央军委的《八条命令》，反映了军委碰头会议大多数人员稳定军队的意愿，这个命令的颁布是军委领导集体同林彪、中央文革小组在军队开展“文化大革命”问题上，进行斗争后取得的一个重要成果。在军委碰头会上，军委领导集体同中央文革小组的斗争，无疑是坚持党的原则的二月抗争的一个重要组成部分。

上海“一月夺权”以后，全国全面夺权，大批老干部被打倒，国家政治和经济生活，已处于瘫痪状态。此时，毛泽东密切关注着全国夺权形势的发展。他发现在全国全面夺权中，普遍存在着夺权的组织中领导干部很少，有“打倒一切”的问题。在无政府主义思潮的影响下，甚至有的地方提出“彻底改善无产阶级专政”的口号。毛泽东意识到，没有有经验的领导干部站出来支持夺权和掌权，“文化大革命”无法继续进行，甚至无产阶级政权有失去的可能。为此，毛泽东发表了反对“打倒一切”的谈话，提出“文化大革命”是无产阶级专政下的革命；党的领导还是要的，批驳了彻底改善无产阶级专政的口号。并对中央文革小组的独断专行提出了严厉的批评。

2月5日，张春桥一手筹划的“上海人民公社”正式宣告成立。陈伯达还试着为“上海人民公社”起草了章程。毛泽东知道此事后，严厉地批评了中央文革小组说，上海成立公社，中华人民共和国成立中国公社，这就发生了国际上重新承认中国的问题。像这样大的问题，不请示就擅自作主，发号施令。这样下去岂不是要搞独立王国！

2月5日，毛泽东召开了中央常委扩大会议。除中央常委林彪、周恩来、陈伯达、康生、李富春出席外，叶剑英、江青、王力参加。在会上，周恩来反映由于一些人被打倒，书记处负责的日常工作没人抓。毛泽东说：现在是文革小组代替了书记处。在这以前，中央1967年1月11日致上海市各造反团体的贺电中已经加上了中央文革小组的署名。从此，中央文革小组与中共中央、国务院、中央军委并列。在这个会上，毛泽东拿出2月4日中央文革小组对湖南省军区2月3日关于“湘江风雷”的情况报告所作的批示，对陈伯达、江青、康生说，为什么匆忙发出这个指示？也不送给我看。毛泽东进一步批评说，文革小组没有民主集中制，这怎么行？……一直到现在还没建立起制度。不只是文革小组内部没有民主集中制，而且对我也不报告，文革小组没有经过正式会议作出过决定，各人说各人的，康生说一套，陈伯达说一套，江青说一套，对上也没有报告。

2月6日，毛泽东再次召开中央常委扩大会议。毛泽东批评了中央文革小组，说：你们文化革命小组，毫无政治经验，毫无军事经验。运动发动起来了，你们有功，你们现在骄傲。老干部统统打倒，你们掌权掌得起来？毫无经验，没有领导过罢工，没有指挥过打仗和群众运动，只是做了一些调查研究工作。陈伯达对我从不接触，不谈心，就是送一点文件来。江青眼睛向天，天下没有几个看得起的人。江青和陈伯达从来没有劝过我，一个要节省一点，一个对干部要宽大一点。毛泽东在谈到干部问题时说：对干部，不要不许革命。徐向前，我保，住到我这里来。江华、江渭清、杨尚奎、刘俊秀、谭启龙，这些人还是要保吧！犯了错误就打倒，就要打到自己头上来了。你们就不犯错误？陶铸是犯了错误，可是一下子就捅出去，不同我打招呼，也没有同林彪同志、总理打招呼。上脱离，下没有同干部、群众商量。你们不也是十一中全会选举的吗？抓人只能抓反革命，不能抓犯错误的人，陶铸、刘少奇、邓小平、陈云、贺龙、朱德等等。毛泽东接着说：今后，每周到我这里谈一次。在座的，再加上李先念、谭震林、聂荣臻、关锋、戚本禹，不要另外搞三、四个常委的小组。平常我要多看些材料，一周一次会。日常工作总理多做一些。

毛泽东对中央文革小组在处理重大问题时擅自作主，不请示报告和肆意打倒老干部的做法进行严厉的批评后，要中央文革小组开会批评陈伯达、江青，并叫王力马上打电话叫张春桥、姚文元来北京。毛泽东对中央文革小组的批评引起了老同志们的共鸣，这些谈话成为引发二月抗争的重要原因。所以，二月抗争发生后，毛泽东曾经指出，这些老同志是“借我批评文革的东风”。

2月8日开始，周恩来在怀仁堂主持召开中央政治局常委碰头会议，由当时主管中央党、政、军日常工作的负责人和中央文革小组成员参加，研究“抓革命，促生产”问题。在2月11日和16日的会议上，政治局委员谭震林、陈毅、叶剑英、李富春、李先念、徐向前、聂荣臻等对“文化大革命”的错误作法进行了强烈的批评，他们提出了三个重大原则问题：（一）运动要不要党的领导。叶剑英质问陈伯达等人说：上海夺权，改名为上海公社，这样大的问题，涉及到国家体制，不经政治局讨论，就擅自改变名称，又是想干什么？革命，没有党的领导吗？不要军队吗？谭震林指出：不要党的领导，一天到晚，老是群众自己解放自己，自己教育自己，自己闹革命。这是什么东西？这是形而上学？（二）老干部应不应该都打倒。谭震林对张春桥等人说：你们的目的，就是要整掉老干部。你们把老干部一个一个打掉。这一次，是党的历史上斗争最残酷的一次，超过历史上任何一次！李先念说：现在这样搞，团结两个百分之九十五还要不要？老干部都打倒了，革命靠什么？现在是全国范围内的大逼供信。陈毅说：在延安，过去有人整老干部整得很凶。……这个历史教训，不能忘记。（三）要不要稳定军队。叶剑英严正地谴责中央文革小组：你们把党搞乱了，把政府搞乱了，把工厂、农村搞乱了！你们还嫌不够，还一定要把军队搞乱！这样搞，你们想干什么？徐向前说：军队是无产阶级专政的支柱。这样把军队乱下去。还要不要支柱啦？

毛泽东得知在怀仁堂会议上争论起来以后，让汪东兴去怀仁堂参加会议，了解情况。当汪东兴到达时，会议已临近结束。散会后，周恩来向汪东兴介绍了会议情况。汪东兴回去后，向毛泽东作了汇报。

2月17日，谭震林在激愤的情绪支配下，写信给林彪痛斥江青等人，对他们随意打倒老干部表示了极大的愤懑，并表示了自己抗争到底的决心。他在信中指出：江青不听主席的指示，真比武则天还凶。江青一伙手段毒辣是党内没有见过的。一句话，把一个人的政治生命送掉了。许多高级干部弄得妻离子散，倾家荡产，我们党被丑化到无以复加了。我想了好久，最后下了决心，准备牺牲，决不允许他们，再如此蛮干。

周恩来对谭震林等人提出的坚持党的领导、保护老干部、反对打倒一切的意见是支持和赞同的。他根据毛泽东1、2月份的几次讲话精神，发表了自己的意见。2月17、18两日，周恩来在接见群众组织代表和财贸口司局长以上干部的会议上讲话时说：中央的党权、政权、军权都是大权，政权里有财权等，这些权不能夺。……群众解散了党组，党组可以由群众宣布解散吗？党组还得恢复。周恩来在讲话中还谈到要保护老干部，反对打倒一切的作法。

从周恩来、谭震林等老一辈革命家发表的意见中可以看出，二月抗争是试图纠正“文化大革命”的“左”倾错误的一次努力。

二

2月16日，怀仁堂政治局常委碰头会散会后，张春桥、姚文元和王力向江青汇报了怀仁堂会议的情况。江青在听完汇报后说：这是一场新的大路线斗争。陈毅、谭震林是错误路线代表；徐向前、叶剑英、李先念、余秋里附和错误路线；总理、康生、陈伯达在路线斗争中动摇；只有谢富治一个人站在正确路线一边；江青说要立即报告主席。不久，毛泽东处通知：叫张春桥、姚文元、王力立即到人民大会堂。

2月16日晚10时左右，张春桥、姚文元、王力到人民大会堂。张春桥向毛泽东汇报了下午怀仁堂政治局常委碰头会议的情况。张春桥汇报完，毛泽东沉默了很久以后说，这个问题性质是很明确的，就是要刘、邓上台，在上海就是要陈、曹上台。现在是第一要抓军队，第二要抓地方，第三要抓干部，第四生产要搞好，要抓煤炭和铁路。

2月16日晚，张春桥、姚文元、王力从毛泽东处回到钓鱼台后，3人又一同去见江青，张春桥向她转述了毛泽东的谈话内容后，张春桥说他和姚文元17日回上海。江青对张春桥说，你晚一天回去，明天你同总理谈一次话，主席讲过了‘文革小组代替了书记处’，你要总理把文革小组当书记处看待，党和国家的重大问题，要先提到文革小组讨论。

2月17日下午，在钓鱼台16号楼会议室，张春桥根据江青的旨意找周恩来，告诉总理昨天的怀仁堂会议是一场新的大路线斗争，已报告主席以及主席作了什么指示，最后提出要总理把中央文革小组当书记处看待，党和国家的重大问题要先在中央文革小组会议上提出来讨论。

2月18日后，张春桥、姚文元回上海。江青要王力跟她一起去向林彪汇报怀仁堂会议情况和毛泽东的指示。王力是按照他和张春桥、姚文元整理的材料向林彪汇报的。

2月18日深夜至19日拂晓，毛泽东召集部分政治局常委开会，严厉批评了在怀仁堂会议上提意见的老同志。参加会议的有周恩来、叶群（代表林彪）、康生、李富春、叶剑英、李先念、谢富治。毛泽东在会上说，中央文革小组执行十一中全会精神，错误是百分之一二三。谁要否定“文化大革命”办不到，并说，大闹怀仁堂，就是要搞资本主义复辟，让刘、邓上台。这次会议责令陈毅、谭震林、徐向前“请假检讨”；由周恩来主持召开中央政治局扩大会议批评陈毅、谭震林、徐向前；由周恩来同陈毅谈话，由李先念、谢富治同谭震林谈话，由叶剑英、李先念、谢富治同徐向前谈话，传达会议精神。

2月16日，怀仁堂政治局常委会议上，老同志们的发言引起毛泽东的不满，是因为，毛泽东主观上认为“文化大革命”是为了“巩固无产阶级专政，防止资本主义复辟”，而老同志对“文化大革命”中许多错误做法及对中央文革小组提出的批评，是要纠正“文化大革命”的“左”倾错误，涉及到否定“文化大革命”的问题，这些当然是毛泽东不能同意的。

2月19日，在毛泽东严厉的批评了谭震林等人之后，林彪在谭震林2月17日写给他的痛斥江青的信上写了一段话，“主席：谭震林最近的思想糊涂堕落到如此地步，完全出乎意料之外。”并把信转送毛泽东。毛泽东批：“已阅”。

2月19日凌晨，康生在钓鱼台向陈伯达、王力、关锋、戚本禹谈毛泽东2月18日召集部分政治局常委开会的情况时说：我跟主席这么多年，从来没见过他发这么大的脾气。又说：这场路线斗争胜利了。而后，康生又将这一情况告诉了江青。江青授意康生在批评陈毅、谭震林、徐向前的政治局扩大会上作主要发言。

2月23日，中央文革小组召开会议，讨论开政治局扩大会议批评陈毅、谭震林、徐向前的问题。会议确定了参加批评会的人员名单：周恩来、陈伯达、康生、李富春、叶剑英、李先念、谢富治、余秋里、江青、王力、关锋、戚本禹、萧华、杨成武、叶群、谷牧、汪东兴，被批评的陈毅、谭震林、徐向前也参加，名单由周恩来报毛泽东和林彪批准。会议议定，开会时间由周恩来决定和通知。

从2月25日到3月18日，周恩来在怀仁堂主持召开了7次政治局生活会。印发了会议文件《2月16日怀仁堂碰头会议》。江青、康生、陈伯达、谢富治等人猛烈地攻击提意见的老同志。康生说，这是一种政变的预演，一种资本主义复辟的预演!江青说，保护老干部，就是保护一小撮叛徒、特务。还指责周恩来那天主持会议，发生路线问题，没有坚持原则。陈伯达则在会上提出，2月16日怀仁堂会议上的斗争是两个司令部斗争的继续，并且同社会上的反革命复辟有联系。

在批评会上，李富春主动承担责任，说：副总理们的意见在他家里议论过，毛泽东批评陈伯达、江青的指示是他向副总理们传达的。康生说他是“俱乐部主任”。在会上，谭震林、陈毅、徐向前被迫作了检讨，周恩来也被迫作了检讨。3月21日，毛泽东、林彪接见军以上干部会议的参加者以后，周恩来、陈伯达、康生向毛泽东、林彪汇报了政治生活会的情况。会后，江青、康生、陈伯达都声称这次“路线斗争取得了伟大胜利”。

2月27日，陈伯达给毛泽东报送了《北京政法公社在天津小站支持了谁？》的材料，他在材料上批：“这是一个闹资本主义复辟的例子。”毛泽东2月28日写了批语：“从上到下各级都有这种反革命复辟现象，值得注意。”在中央文革小组会上，陈伯达把这个批语和材料给周恩来和中央文革小组成员传看。同时提出打退反革命复辟逆流的口号。江青、陈伯达等人借机把老一辈革命家的正义抗争，诬蔑为“二月逆流”。借批判“二月逆流”，于2、3月间开始掀起所谓“反击全国自上而下复辟逆流”的浪潮。

1967年3月间召开了军以上干部会议。4月间召开了军委扩大会议。在会上，林彪、江青、陈伯达、康生等继续把矛头指向参加二月抗争的老同志，说他们“是刘、邓路线的代表”，攻击他们“搞资本主义复辟”。3月间，陈伯达在军以上干部会议上的讲话中提到，最近，我写了个材料给毛主席看，毛主席批示，从上到下，各级都有反革命复辟的现象，值得注意。夺权斗争是反对资本主义复辟的斗争。目前，有些地方，有些部门在夺权的斗争中，就有资本主义复辟的现象。会议期间，江青提议在军以上干部会上印发2月16日怀仁堂会议文件，提了几次，毛泽东都不同意，他最后明白地说，因为牵涉到总理，所以不发。江青不死心，4月在军委扩大会议上，授意王力在小组会上讲讲怀仁堂会议的情况，江青说，本来主席已经同意在这个会上发怀仁堂会议文件，后来考虑国务院那个文件涉及总理，才决定不发，这件事是要叫这个会上的人知道。王力在小组会上作了发言，他说：二月逆流从上到下都有。二月逆流，在中央就是有人直接反对毛主席，反对林副主席，反对中央文革。十六条也反了，群众教育自己也反了，说是形而上学。他们自封代表老干部，说老干部统统打倒了。去年11月到今年1月，是革命形势大发展，叫做一月革命。这时形势好得很。无产阶级司令部批评左派组织的一些毛病，中央文革也检查自己工作中的一些缺点。他们利用这个机会，以为抓到了一根稻草，就进行反攻。有的坏人就跳出来了，这种人本来就是坏蛋，就是刘、邓路线的忠实走狗。王力的这次讲话上了会议简报，江青把简报送毛泽东，毛泽东看后对王力说，你放了炮，要注意不要伤害总理。

二月抗争虽然受到毛泽东的批评，但老同志们提出的有些意见是和毛泽东1、2月间几次谈话的意见是一致的，毛泽东还是采纳了老同志们的某些意见。例如：规定夺权后要成立党的组织，没有党的组织的要成立核心小组；要稳定军队；要保护老干部等。

1968年10月召开的中国共产党八届扩大的十二中全会上，林彪、江青又一次对“二月逆流”进行了批判。在全会的分组会讨论开始前，江青、康生在中央文革碰头会上，首先提出要批判“二月逆流”的参加者，确定将这些人编到各个小组中去，布置各组向这些老同志追问的问题。江青每天晚上在碰头会上都要听取汇报，然后布置各组第二天批判的内容。

在分组讨论一开始，林彪、江青等人就组织围攻批斗参加所谓“二月逆流”的陈毅、叶剑英、李富春、李先念、徐向前、聂荣臻（谭震林被取消参加会议的权利）和所谓“一贯右倾”的朱德、陈云。10月17日，江青等人在全会第一小组会上对参加“二月逆流”的老一辈革命家进行围攻和诬陷。他们说，国务院、中央军委的领导人“一个在京西宾馆、一个在国务院”，“二者合流”，“是一个集团”，“是反对毛主席、林副主席，反对十一中全会，反对文化大革命”，“说‘保护老干部’，实际上保护刘、邓、陶，保护叛徒、特务、死不改悔的走资派，为一小撮走资派及其在各地的代理人翻案”。诬陷叶剑英、徐向前“在京西宾馆煽动干部反对毛主席，反对文化大革命”，“乱党乱军”、“要夺军权”。诬陷谭震林是“叛徒”。江青等人把上述罪名强加给受批判的老同志，迫使他们一次又一次地交代和检讨。

10月26日，林彪在全会上讲了话。他说：“‘二月逆流’是党的八届十一中全会以来发生的一次最严重的反党事件，是刘、邓路线的继续。”这之后，康生则在全会小组会上说：“‘二月逆流’的性质是很严重的，是资本主义复辟的预演。”批了段时间以后，有些人提出来没有什么好批的了，说来说去还是那几句话。江青知道后说：不行，要批深批透，要批到他们都认错为止。周恩来将情况报告了毛泽东，毛泽东说：不要再批了。

10月31日，毛泽东在全会上讲话。他说：对于“二月逆流”这件事，……经过差不多半个月……十八天，就比较了解了。……在这个全会上，由他们犯过错误的同志，说明他们的问题，大家又对他们有些质问，又再说明他们的问题，又再质问，好像经过这么几次反复嘛，大家就比较清楚了。这件事嘛，要说小，就不那么小，是件大事。要说那么十分了不起呢，我们在北京的人看，也没有什么十分了不起，是一种很自然的现象。因为他们有意见嘛，不同嘛，他要说嘛。……几个人在一起，又都是政治局委员，又是副总理，有些是军委副主席，我看也是党内生活许可的了。他们也是公开出来讲的，也不是完全不公开的。……

10月31日，全会通过的《中国共产党第八届扩大的第十二次中央委员会公报》说：“全会严肃地批判了那个反对八届十一中全会决定、反对无产阶级文化大革命、反对以毛主席为首、林副主席为副的无产阶级司令部的一九六七年的‘二月逆流’。全会认为，击溃‘二月逆流’和今春那股为‘二月逆流’翻案的邪风，这是毛主席的无产阶级革命路线粉碎资产阶级反动路线的一个重大的胜利。”

三

1971年9月间，林彪反革命集团夺取最高权力、策动武装政变的阴谋被彻底粉碎以后，11月14日，毛泽东在接见成都地区座谈会的参加者时说：“你们再不要讲他（指叶剑英——引者注）‘二月逆流’了。‘二月逆流’是什么性质？是他们对付林彪、陈伯达、王、关、戚。那个王、关、戚要打倒一切，包括总理、老帅。老帅们就有气嘛，发点牢骚。他们是在党的会议上，公开的，大闹怀仁堂嘛！缺点是有的。他们吵了一下也是可以的。同我来讲就好了。那时候我们也搞不清楚。”毛泽东为参加二月抗争的老同志平了反。

1972年1月6日，陈毅逝世。1月10日，毛泽东亲自参加陈毅追悼会。在追悼会开始之前，毛泽东对张茜说，陈毅同志是一个好人，是一个好同志。陈毅同志是立了功劳的。他为中国革命、世界革命作出了贡献，这已经作了结论了嘛。陈毅同志是能团结人的。毛泽东还说，要是林彪的阴谋搞成了，是要把我们这些老人都搞掉的。

1972年12月间，毛泽东又问及了谭震林的近况。周恩来立即写信给当时主管这一工作的负责人，说谭震林是好同志，“当时大闹怀仁堂是林彪故意造成打倒一大批老同志的局势所激成的”，“应该让他回来”。在周恩来的督促下，谭震林不久回到北京。

彻底为“二月逆流”平反，是在“文化大革命”结束以后。

1978年11月间，中共中央召开工作会议。陈云在小组会上发言，要求解决“文化大革命”中遗留的一批重大问题，得到与会者的拥护。在中央工作会议上，党中央郑重宣布，为因“二月逆流”案件受到冤屈的所有同志，一律恢复名誉，受到牵连和处分的所有同志一律平反。

1981年6月27日，中共十一届六中全会一致通过《中国共产党中央委员会关于建国以来党的若干历史问题的决议》，《决议》公正的评价了谭震林、陈毅、叶剑英、李富春、李先念、徐向前、聂荣臻等老一辈革命家同林彪、江青反革命集团所作的斗争，彻底否定“二月逆流”的诬称。

邓小平指出：所谓“二月逆流”，不是逆流，是正流，是同林彪、“四人帮”的反复斗争。“文化大革命”是一场全局性的、长时间的“左”倾严重错误，造成持续十年之久的大灾难。在这十年中，党和人民对“左”倾错误进行了顽强的抵制，也同林彪、江青反革命集团进行了反复英勇的斗争，历经几起几落，但是，一直没有停止过。二月抗争无疑是党和人民在“文化大革命”中同“左”倾错误和林彪、江青反革命集团进行的艰难曲折斗争的一个重要组成部分。它将作为老一辈无产阶级革命家捍卫党的原则的正义斗争载入史册。

试析“三支两军”的实践活动及其客观作用

赵国勤

“文化大革命”中人民解放军的“三支两军”是奉中央军委命令，于1967年3月19日以后陆续开始的。“三支两军”的具体实践活动有五个方面，即“支左”、支农、支工、军管、军训，同时还担负有制止武斗、军事保护等项工作。对“三支两军”这个在特殊历史时期发生的特殊事物如何看待和评价，至今仍有不同看法，特别是有人把对“支左”的评价代替对整个“三支两军”工作的评价，或不适当地强调“三支两军”消极作用的一面。本文拟对“三支两军”的实践活动及其客观作用作一初步的探讨和分析，以就教于史学界的同志们。

一、制止武斗，稳定局势，是当时形势和人民群众的迫切需要

“三支两军”是在“文化大革命”的“左”倾错误与反革命的干扰破坏交织一起，使国家和人民群众陷入严重灾难的形势下开始的。说“文革”乱得不可收拾，主要表现为以下几个方面：（一）毛泽东支持推广了1967年上海市的“一月夺权”，从此“造反派”争相夺权之风刮遍全国，大混乱和大动荡就此开始；（二）同年2、3月份，参加“二月抗争”的政治

局内的老一辈无产阶级革命家多人，遭到批判和围攻，党中央政治局停止活动，中央“文革”小组完全取代了中央政治局。这实际上是发生在党中央内部的一次夺权；（三）同年3月，毛泽东错误地认定了薄一波、安子文等所谓“六十一人叛徒集团”案，接着在全国又刮起了“揪叛徒”之风，使党中央大部分领导成员和各省市主要负责人被排斥于领导工作之外；（四）同年5月间，林彪、江青、陈伯达、康生、张春桥等人串通一气，对刘少奇、邓小平等人罗织罪名，施以批判和陷害，在全国煽动起了打、砸、抢、抄、抓的歪风。他们大搞恐怖活动，并把这些无法无天之举称为“红色风暴”、“好得很”；（五）同年7月间，江青提出了“文攻武卫”和“打倒军内一小撮走资本主义道路当权派”这两个煽动性口号，使群众“造反”组织之间的派争、派仗迅速升级为武斗和内战。他们成群结队地冲击军事机关和营房，抢夺解放军的枪械弹药，用于武攻武卫的厮杀。一些武斗严重的地方和单位，“造反”组织之间的厮杀、混战，是以机关枪、手榴弹、炸药包、迫击炮分高低，扎营、筑垒、封街、封楼、封院，高音喇叭声和枪炮声通宵达旦，造成交通中断、停工、停产、停业，使城镇居民失去了基本的生活条件，人民的生命财产受到严重威胁；（六）同年8月间，江青、谢富治提出“砸烂公、检、法”，使人民专政机关很快陷入瘫痪，不能行使打击敌人、保卫人民的职能。可以说，1967年的7、8、9月“天下大乱”正是在“一月夺权”后，形势恶性发展的结果。

人民解放军的“三支两军”正是在这种天下大动荡、大混乱、大混战的形势下开始工作的。“支左”在1月份最先开始，其他四项工作在3月底以后也陆续展开。人民群众在天下大乱的危难之中，把期望寄托在人民子弟兵快些出面和处理上。所以，在1967年4月到7、8、9月间，广大人民群众发自内心地欢迎解放军部队进驻地方单位。邓小平后来所作的“当时军队不出面不能维持局面，出面是正确的”这一论断是十分符合实际的。

在“三支两军”开始后的半年左右时间里，有少部分指战员受上级派遣直接进点，担负“三支两军”的某一方面、某一单位和部门的专项工作，但大部分指战员和建制分队担负了制止武斗、安抚群众生活、维护社会治安的工作。干这些工作是艰苦而危险的，要任劳任怨、有时还要付出鲜血和生命。但是，急群众之所急、应革命之所需、排难解纷，这正是人民军队的天职。这时，部队指战员所做的工作有：（一）制止武斗，阻止“打、砸、抢”，坚持“打不还手，骂不还口”，有时还需排人墙隔离武斗的双方人员，虽然石头、砖头往身上落，被骂作“阿斗兵”、“保皇兵”，还得坚决完成任务。（二）为城镇居民武装巡逻、拉粮、运煤、运菜、运垃圾（当时只有军人、军车还可以在武斗的势力封锁区内行动，地方车辆上街要挨对立面的枪击）；保护商店、粮店、煤店、饭店、旅店、影剧院的开门营业（没有军人在场，打、砸、抢就要影响正常营业）；组织恢复公路和铁路交通，担任押运、护车、护路的“解放军毛泽东思想宣传员”。这些工作，若是在枪林弹雨的情况下，部队不去干，地方上已无能为力了。（三）以武力取缔危害社会生活和一般秩序的“打、砸、抢”反动组织和团伙。（四）在8、9月天下混战、武斗嚣张的严重局面下，许多指战员临危不惧地制止激烈的武斗，连团长、师长、副军长也常亲临制止武斗的现场。在吉林省、武汉地区、徐州地区、四川的万县地区等许多武斗严重、交通受阻的危难之地，人民解放军为控制局面作出了巨大的努力，付出了沉重的代价，起到了不可否认的积极作用。

关于对宣传“要文斗，不要武斗”怎样看待？我认为，认识到不仅武斗不对，连文斗也不该搞、不该对它加以保护和倡导，只有在党的十一届三中全会以后才能做到，而在当年，极少有人能有这样的认识。所以，对于当年宣传“要文斗，不要武斗”，应该历史地、具体地分析。坚决制止武斗，毕竟有利于党、国家和人民群众的根本利益，毕竟能使众多的干部少受皮肉之苦，使人民减少损失和伤亡，毕竟控制和稳定了局势。对于人民军队所做的这些艰苦工作，还是应该肯定的。

二、对于“支左”的反思和辨析

“文革”前期，人民解放军奉令“支左”是指去支持当时被称为“左派”的一部分人。彻底否定“文革”以后，有人认为“支左”就是支派，由于“文革”中的各派群众造反组织的大方向都错了，所以“支左”也就等于完全错了，没有任何积极作用可言，对于“支左”工作也应该彻底加以否定。我并不完全赞成这个推理结论。我认为“支左”的实践活动，应该以两点论加以估价，即它既起了积极作用，又带来了一些消极的后果。

“支左”起于1967年1月23日《中共中央、国务院、中央军委、中央文革小组关于人民解放军坚决支持革命左派群众的决定》。同年3月19日，“支左”并入“三支两军”整体工作。同年9月，毛泽东到外地视察期间曾指出：“在工人阶级内部，没有根本的利益冲突。在无产阶级专政下的工人阶级内部，更没有理由一定要分裂成为势不两立的两大派组织。”由于毛泽东提出要实行革命大联合，消除派性，全军和全国上下，立即朝此努力，“支左”也就转变为促进团结与联合的工作了。从此的“支左”变为事实上的“和稀泥”：不管是什么组织、什么派，都合到一起，成立“大联委”或筹建三结合的革命委员会。所以，事实上的“支左”只存在了8个多月。

“支左”的实践活动，可以1967年9月划线，前八个月是支一派压一派，所谓“支左”就是支派；后一段是1969年4月召开党的九大以前的一年半时间，所干的是“支群”、“和稀泥”、成立“大联委”，筹建革命委员会的工作。后一段，部队是在摘掉“支左宣传队”和“支左办公室”牌子的情况下工作的，而且凡是成立了革委会的单位和部门，部队就要撤点回营。也就是说，“支左”和“支群”的实践活动，基本上是发生在“文革”第一阶段里的复杂而又前后有明显变化的过程中。

“支左”开始的头两个月，怎样“支左”并不明确，部队的任务不固定，工作不正规，人员也不进点。比如说有的单位“造反”派组织要夺权，事先派代表找到部队，要求声援。部队首长按他们约定的时间、地点，派去一个排或者一个连，指战员们高举语录，大唱语录歌，到场喊口号：“解放军和革命左派心连心!”“坚决支持革命左派的革命行动!”地方的“造反”组织则回敬喊“解放军万岁!”“解放军是革命左派的坚强后盾”之类的口号。待把当时风行一时的口号都喊完了，“造反”派已经在楼里把印夺了，把保险柜封了。这样把权夺到手后，部队也就向后转，回营房了。至于“造反”派是怎么夺的权，当权派又是怎么交的权，部队几乎从不过问、也不参与。在“三支两军”的任务正式下达后，“支左”才正式并入“三支两军”的头一项工作，部队有了“支左办公室”，并派出了“支左宣传队”。

正式的“支左”是从支派开始的，搞的是支一派、压一派，亲一派、疏一派。因为当时党中央就是以“两个司令部”划线的，党中央强调的是群众组织分两派，必有一“革”、一“保”。所以，下边也自然以“革”与“保”分派，群众组织争相论证自己是革命派，对方是“保守派”和“保皇派”。这使部队很为难，因为这就要事先识别出谁是“左派”、谁是“保守派”，以便决定支谁和压谁。识别的主要标准就是看谁“紧紧把握了斗争的大方向”——批斗“走资派”。所以解放军一进点，群众组织就争相表现自己大方向的正确，所谓“走资派”也就在群众组织的摆弄下，频频挨批受苦了。“支左宣传队”当时最讲求的是“屁股坐正了没有？”坐偏了就要检讨，自视坐正了，上级也认可了，就表态，开始旗帜鲜明地支一派、压一派。结果制造了矛盾，挑起了派争。被支的和被压的群众组织互不服气，都标榜“最革”、“最纯”、“拥军”、“大方向始终是正确的”；指斥对立面组织是“保守派”、“大杂烩派”、反军派、“大方向始终是错误的”等等。而“支左”的人员则是处于进退维谷、左右为难的境地，无法当好这个“判官”。因为政策上只允许支一派、压一派，若是两派都支持，又成了“和稀泥”，旗帜不鲜明。所以，八个月的“支左”制造了很多矛盾，挑起了派争和派仗，消极后果也十分明显。

“支左”实践活动的后一阶段，是从1967年9月开始的。“支左”由前一阶段的支派转变为各派都支持，力主中止派争，消除派性，搞所谓的“无产阶级革命派大联合”。这一转化，等于是走向“支群”。部队的同志是在检讨以前支一派、压一派的错误中，求得受压一方的谅解，让双方联合起来，按“最高指示”行事，尽早成立大联委和革委会。这后一阶段一年多的工作比较好做，凡是成立了大联委的单位要报喜、报捷，所以每天都有鞭炮和锣鼓声。凡是成立了革委会的单位和部门，解放军宣传队就撤出，“支左”、支工、支农、军训在那里就结束了。所以，事实上在党的九大召开前夕，“支左”的工作以及除“军管”以外的“三支两军”工作已基本结束。继续在地方发挥影响的只是“三结合”的军方代表，已是少数同志了。

我认为，对于“支左”的前后实践活动，应该进行一分为二的分析，不应一概否定。因为，若没有“支左”实践活动的后一阶段的努力，由“天下大乱”向所谓的“天下大治”和“祖国山河一片红”形势的转化不会那么快。

三、“支农”、“支工”中的积极作用和消极后果之反思

“支农”、“支工”即派部队去支援工农业生产。其主要使命是去地方贯彻党中央“抓革命，促生产”的有关政策规定，其中尤其强调的是“促生产”。支工、支农宣传队开赴工厂和农村之后，要求广大工人和农民群众坚持八小时工作制和工余时间闹革命，同外流、旷工、停产、擅离职守、敷衍了事等自由主义、无政府主义、个人主义的错误倾向作斗争，坚决把工农业生产搞上去。谁不坚持生产，就要受到破坏和违背党中央关于“抓革命，促生产”指示的强大舆论的压力，甚至会被说成是干扰“毛主席的战略部署”。在这种情况下，广大工农群众坚持了生产，工业生产的损失减少了，并获得了农业生产的连续增收。在支工、支农的实践中，广大指战员同工农群众共同奋斗，为把生产搞上去，在人力、物力、车辆等方面尽了很大努力，是起了积极作用的。

关于“支农”和“支工”中的消极后果，主要表现在以下方面：（一）在“支农”中，有些地区的部队同志不顾客观条件，片面地强调“农业学大寨”，推行了某些形式主义和教条主义的经验和做法，如修大寨田、“坡改梯”、评“公”字分、学习小靳庄等，在一定程度上引起农民的担心和反感，有的则劳民伤财，浪费了大量人力物力；（二）在“支工”中，由于军队同志大多数不懂专业技术和经营管理，难免发生生产管理上的失误，影响、束缚了地方同志的积极性。少数进入企业领导班子的军

代表，在后来组织工厂“清队”，搞“斗、批、改”的过程中，犯了混淆敌我界限、是非界限、科学与谬误界限的错误，酿成了一些消极的后果；（三）个别担任了领导工作的宣传队负责人和军代表滥用职权，搞不正之风，在工人群众中的影响很坏，有损于人民解放军的威信。

四、“军管”、“军训”中的积极作用和消极后果之反思

“军管”即指派部队对一些地区、部门、单位、系统等实行军事管制；“军训”即指派部队对大、中、专院校师生职工进行军事训练。

“军管”主要是针对边海防要害地区，电台、电站、电厂、自来水公司、煤气公司等部门，邮电、民航、海运、铁路、重要科研等大系统以及公检法专政机关的。总之，对于凡是可能发生意外和正乱得不可收拾的地区、部门、单位、系统，都以军事管制来控制和管理。一经军管，单位的安全和秩序就有了基本保障，避免了外来的干扰和冲击，混乱开始被控制，正常工作也可以进行了。对“军管”如何看待？（一）“军管”是去地方单位直接掌权，“军管会”是权力和职能机构，它要代行所管单位、部门、系统的行政和党务职权。所以，“军管会”实际上是所管单位进行“文革”和正常工作的组织领导者。“军管会”隶属于派出部队的党委，同时也对上级机关乃至党中央负责。有些实施了“军管”的单位、部门、系统在后来成立了革委会，然而军管尚未奉令解除，“军管会”的权力仍在革委会之上。军事管制的工作，其职责和服务方向均是双重的，它保证了受军管各单位的正常工作，同时又理所当然地为“文革”一整套错误的方针和政策服务；（二）军事管制工作的积极作用是突出的，但也发生了一些失误，酿成一些消极的后果，这也在所难免，况且这一工作，在整个“三支两军”中是直接到地方单位掌权主事的，它所持续的时间也最长，所以“军管”的成绩和缺点、错误都相对多一些；（三）绝大多数的军管会的领导同志以及工作人员缺少专业科学知识和管理经验，外行当家主事，自然难以管好受军管的部门；（四）军管系统也有个别人利用

职务和权力谋私利，搞不正之风，有损军队的形象和威信；（五）与“军管”工作相关，但又有所区别的单纯性军事保护工作，如对机要部门、重要建筑和设施、重要科研机构等等的军事保卫是很必要的，有益的，基本上不存在什么消极的后果。

“军训”工作，主要是搞军事技术基础训练，派往学校的指战员被称为“军训队”或“解放军毛泽东思想宣传队”。军训工作在1967年的混乱情况下，在动员、教育、组织广大师生返校闹革命、复课闹革命等方面，是起了积极作用的，也减少了一些不应有的动乱和损失。同时，组织学生们进行一些队列、投弹、射击、野营拉练的军事训练，也增强了广大青少年的军事素质和组织纪律观念。军训工作后来逐渐发生了一些偏差，产生了一些消极后果，其主要原因和表现如下：（一）“军训队”的职权日渐拓宽。后来由于毛泽东强调工人阶级要领导一切，要占领教育阵地，学校又开进“工宣队”。事实上这两个队都是教育战线的门外汉，不仅极端缺乏教学管理经验，而且其人员的文化素质也较低。因此，他们不可避免地办了一些蠢事，也发生了一些失误。他们在领导“斗、批、改”和、“清队”工作中，犯有一定程度的混淆是非、混淆敌我、混淆科学与谬误界限的错误；（二）“军训队”和“军宣队”的部分人员，在运动的发展中，基于前段军训工作的基础，被结合在“大联委”、革命领导小组、革委会的领导班子中。相当一部分连、排职干部担任了中学的负责人和大学系、办一级的革命领导小组组长或主任，副团和科一级的干部担任了大学的革委会主任或党委书记。这些同志的资历、职务、水平、能力和文化素养等多方面的条件与他们所担负的职责均是极不相称的，所以，他们管得愈宽、愈久，对教育事业的贻误就愈大。

总之，我认为“三支两军”实践活动的客观作用和效果均带有明显的两重性。它既起了积极的作用，又带来了一些消极的后果。参加“三支两军”的人员在极其困难复杂的情况下，做了大量工作，由于这些工作，缓和了紧张局面，维护了社会秩序，保护了一批干部，减少了工农业生产和人民生命财产的损失。这些成绩的取得，除了广大指战员的努力外，也由于长期形成的人民军队的崇高威信和人民对军队的爱护和支持。但是

“三支两军”又是在特定的历史条件下不得不采取的非常措施，考虑到“三支两军”的领导关系和人员素质，因此，“三军两支”工作产生了许多缺点错误，带来了一些消极的后果，造成了军队和地方、军队内部的一些隔阂，损害了人民军队在广大群众中的声誉，这也是必然的。而当初若没有“三支两军”，从多方面看都是不行的，这就是“三支两军”的必要性之所在。事后一些年，人们在反思中，终会得出一个总的印象——对于人民军队的“三支两军”，只能一切从实际出发地去讲“两句话”，即党的十一届六中全会《决议》中所概括的：“派人民解放军实行‘三支两军’，在当时的混乱情况下是必要的，对稳定局势起了积极的作用，但也带来了一些消极的后果”。要持两点论予以客观估价，到什么时候，也要把它的本质属性与它的实践活动联系起来，辩证地看。对这一特殊的复杂的、又是在“文化大革命”的整个错误指导思想之下出现的事物，不应该武断地简单肯定或简单否定，更不应将它与彻底否定“文革”本身混为一谈。

刘少奇的悲剧与悲剧中的刘少奇

张　化

“文化大革命”是一场悲剧。它的悲剧含义，不仅在于对党、对国家、对那个年代受过影响的大多数人来讲，是与挫折和灾难联系在一起的，而且在于当人们被卷入这场运动时，许多人都没有意识到它会带来怎样的恶果，真诚地对它寄予良好的愿望，包括刘少奇在内。

刘少奇在“文化大革命”中的遭遇是一场悲剧。它的悲剧含义，不仅在于刘少奇冤案本身，而且在于当“文化大革命”发动时，他对这场“革命”的对象、性质毫无所知，及至有所认识后，只能悲愤地抗议，悲壮地抗争，直至悲惨地离世。

刘少奇之悲，是全党之悲。这是共和国历史上最大的冤案，也是“文化大革命”中最为世人瞩目、最引后人深思的事件之一。在刘少奇诞辰一百周年、含冤去世近三十周年之际，写作此文不仅是回顾刘少奇的最后岁月，而且试图通过考察他在这场运动中的思想变化、行为方式及最终结局，重温刘少奇当时对党和国家建设提出的一些问题。认真思考这些问题，对于我们总结历史教训，防止悲剧重演，是一件有意义的事情。

一

“文化大革命”虽然是毛泽东发动和领导的，却是经中央全会通过的一场政治运动。在其发动阶段，引人注意的是，1966年的5月中央政治局扩大会议是刘少奇主持的；会后一段时间里的“文化大革命”运动，也是由刘少奇领导的。然而，后来的事实表明，《五·一六通知》中所称的“现正睡在我们的身旁”的“赫鲁晓夫那样的人物”恰恰是刘少奇！他就是这场“革命”的主要目标！这样令人难以置信的事情所以能够发生，固然与刘少奇对“文化大革命”的酝酿过程毫无所知，缺乏思想准备有关；与毛泽东当时享有的崇高威望、党内盛行的个人崇拜和高度集中的领导体制有关；此外，当时高级领导干部的思想状况也是不应忽视的方面。从“文化大革命”发动前后刘少奇的思想状况来看，这场“革命”与他思想中的某些认识存在着相通之处，这构成了他接受“文化大革命”的思想基础。

第一，注意到党员干部队伍中的蜕化变质、贪污腐化等现象，担心党被“和平演变”，出现修正主义，因而拥护开展反修防修运动。把党员干部队伍中存在的官僚主义、贪污腐化等现象，提到关系党和国家前途的高度来对待，是建国后刘少奇多次强调的问题。他说：“社会主义国家有可能出工人贵族”[①]，党外很多人担心，共产党没有当权是好的，当了权是不是会腐化？“如果我们不注意，不留心，党也可以变质”[②]。由此出发，他衷心拥护毛泽东提出的反修防修思想、赞同在开展国际反修斗争的同时，在国内开展防修运动，并把社会主义教育运动、实行半工半读的教育制度、干部参加劳动，当作防止资本主义复辟，防止产生修正主义的三项根本措施[③]。对于“文化大革命”的到来，刘少奇虽然缺乏思想准备，但是，他仍从克服党员干部队伍中的不良现象的角度来理解这场运动。他说：“过去中央千方百计想寻找一条途径，以纠正、杜绝各级干部正在滋长起来的官僚主义作风和脱离群众的现象。社会主义教育运动是一次尝试，希望文化革命是一个更好的机会。”[④]

① 《刘少奇年谱》下卷，中央文献出版社1996年版，第492页。

② 《刘少奇年谱》下卷，中央文献出版社1996年版，第566页。

③ 《刘少奇年谱》下卷，第603、622、628页。

④ 刘平平、刘源、刘亭亭：《胜利的鲜花献给您》，引自《刘少奇的最后岁月》，中央文献出版社1996年版，第15、54页。

第二，对党和国家存在的问题作出过于严重的估计，夸大了阶级斗争的严峻形势。随着阶级斗争扩大化错误的发展，刘少奇与当时党中央的大多数领导人一样，逐渐把党员干部队伍中存在的问题与阶级斗争联系到了一起。社会主义教育运动开始后，他不仅认为：“当前中国社会出现了严重的尖锐阶级斗争情况”，拉拢腐蚀干部，“建立反革命的两面政权”是“敌人反对我们的主要形式”，而且提出干部犯“四不清”的错误，不仅有下面的根子，还有上面的根子，“和平演变”已经演变到高级机关中的某些人了[①]。由于对阶级斗争形势的严重估计，1965年年底“彭、罗、陆、杨”事件的出现，虽然让刘少奇感到意外，对某些问题“难以置信”[②]，但在“文化大革命”发动后，他仍沿着“四清”运动的思路，接受了毛泽东对这场“大革命”对象的认定，认为：“文化大革命”的“主要锋芒，是指向混进党里、政府里、军队里和各种文化界的资产阶级代表人物，特别是指向党内一小撮反党反社会主义反毛泽东思想的当权派”，“这和四清运动的主要打击目标是一致的”[③]。

第三，主张由工作队发动群众，开展夺权斗争，来解决基层的问题。由于对阶级斗争形势的严重估计，在“四清”运动中，刘少奇认为，在基层群众没有发动起来以前，不能强调团结百分之九十五以上的干部、依靠基层领导[④]，而要求“重新组织革命的阶级队伍”[⑤]，由工作队领导整个运动；之后，他又提出：“凡是被敌人操纵或篡夺了领导权的地方，都必须进行夺权的斗争”[⑥]。这种工作方法一直延续到“文化大革命”发动之后。5月政治局扩大会议结束后，为了使哄然而起的群众运动“走上轨道”，刘少奇等人沿用了“四清”运动的方法，向大、中学校派出工作组。派工作组的作法，虽然主要是为了防止混乱局面扩大，但是工作组进入

① 《刘少奇年谱》下卷，第592页。

② 刘平平、刘源、刘亭亭：《胜利的鲜花献给您》。

③ 刘少奇、邓小平主持制定的《中共中央、国务院关于工交企业和基本建设单位如何开展文化大革命运动的通知》，1966年7月2日。

④ 《刘少奇年谱》下卷，第592页。

⑤ 《中共中央关于目前农村工作中若干问题的决定（草案）》（前十条），1963年5月。

⑥ 《关于社会主义教育运动夺权斗争的指示》，1964年10月，《刘少奇年谱》下卷，第608页。

学校后，宣布停止原校领导的职务，对文教单位一、二把手和一批知名教授、专家进行揭发批判，这又是沿袭党开展阶级斗争的传统作法，在一定程度上贯彻夺取“文化领域中的领导权”的思想。

由此可见，“文化大革命”发动前后，刘少奇与毛泽东在对阶级斗争形势的估计方面表现出了某些相似之处。当阶级斗争的迷误深入到党中央领导层内部时，这种思想状况，或许是刘少奇在对“文化大革命”缺乏思想准备的情况下，接受《五•一六通知》中那些严重混淆敌我的论断的一个原因。不过，刘少奇在接受“文化大革命”的同时，对阶级斗争的认识还有一些不同于毛泽东的地方。主要表现在：

第一，对阶级斗争的范围应有所控制，不要影响到经济建设。这是刘少奇的一个特点。在阶级斗争扩大化错误严重发展的八届十中全会上，刘少奇提出传达会议精神时要有个范围，免得把阶级斗争联系得很广，免得把全党的力量都用去对付阶级斗争，是一个比较明显的事例。值得注意的是，刘少奇提出不要把阶级斗争联系得很广的针对性是：自留地的多少，生产责任制和包工包产等。他认为，把这些问题联系到阶级来分析，容易划分不清[①]。这与他在经济调整过程中对家庭副业、自留地、自由市场、包工包产等问题作了较多的思考有关。在这次会上，毛泽东接受了刘少奇的意见。全会结束后，虽然阶级斗争扩大化的错误严重发展，但是，经济调整工作还能按原定计划继续进行，这对恢复国民经济起了重要作用。“文化大革命”发动后，为了不影响经济工作的开展，刘少奇仍然强调，运动的重点是清除反党反社会主义反毛泽东思想的人和资产阶级的权威人物，不要转移目标、分散视线[②]；要坚守工作岗位，抓生产、抓工作等。1966年6月30日，针对工交企业和基建单位的产量、质量下降，事故增多，没有完成计划的情况，他和邓小平给毛泽东写信，提出应把运动的“重点放在文化教育部门、党政机关”，并主持制定了工交企业和基建单位开展“文化大革

① 《刘少奇年谱》下卷，第559页。

② 《刘少奇年谱》下卷，第641页。

命”运动的通知，要求：各级党委抓革命、促生产，工交企业和基建单位的“文化大革命”要在工作队领导下，和“四清”运动结合起来，分期分批有领导有计划地进行等。这个通知对于防止混乱局面扩展到工农业领域起了一定作用。

第二，阶级斗争要在党的领导下进行，不要打倒一切。这是刘少奇的又一特点。1965年初，讨论社会主义教育运动《二十三条》时，刘少奇与毛泽东就在“四清”运动的性质和对象等问题上发生了分歧。刘少奇认为，“四清”运动中，四清与四不清的矛盾是主要的，运动的性质是人民内部矛盾跟敌我矛盾交织在一起。毛泽东却认为，没有什么内外交叉，性质是反社会主义，重点是整党内走资本主义道路的当权派。对于“党内走资本主义道路的当权派”这一提法，刘少奇起初也是不同意的，他认为，还是有什么问题解决什么问题，最好不要说成“派”，一说“派”，涉及的人就多了[①]。这里，刘少奇的意见虽然带有阶级斗争扩大化的影响，但其中包含的不要简单划线、把对立面搞得太大的意向却是明显的。“文化大革命”发动后，要求坚持党的领导，不要打倒一切，仍是刘少奇反复强调的问题。他说：不要党的领导、中断党的领导是不好的。不要把党、团组织放在一边，建立、健全党、团组织应作为一条任务。还说：不要把什么人都说成是黑帮，不能对所有具有资产阶级教育思想的人都批判，只是批判少数代表人物。不要打倒一切[②]。

“文化大革命”发动前后，刘少奇对阶级斗争认识的这些特点，是与60年代以来他思想上交织并存的两种发展趋向联系在一起的。一方面，他思想上存在着阶级斗争扩大化的发展趋向；另一方面，他沿着60年代初提出的“干部要熟悉社会主义经济发展规律”的口号[③]，继续进行经济体制改革的试验，倡导试办托拉斯，推广两种劳动制度、两种教育制度等。这种复杂的思想状况当时在党内具有代表性。由于这一点，刘少奇等领导人在“文化大革命”发动阶段，与毛泽东既有相似之处，

---

① 黄峥：《刘少奇的一生》，第400—401页。

② 《刘少奇年谱》下卷，第642、644页。

③ 《刘少奇年谱》下卷，第526页。

也有不同之处。这些“相似”和“不同”，导向了他们既接受“文化大革命”，又对这场运动表现出“很不理解，很不认真，很不得力”，与毛泽东要公开地、全面地、由下而上地发动群众，“由天下大乱达到天下大治”的设想差距甚远。

然而不管怎样，由对党员干部队伍中存在问题的担心开始，沿着阶级斗争扩大化的道路，一步步走向接受“文化大革命”，这是刘少奇的悲剧所在。

二

八届十一中全会前后，随着毛泽东对工作组问题的严厉批评，刘少奇开始认识到自己与毛泽东在“文化大革命”问题上存在的严重分歧。从这时起，刘少奇对运动的性质有了进一步认识，对党内存在的问题也有了深刻体会。

第一，强烈感受到党中央民主生活的不正常。作为中央一线的主要领导人，对“文化大革命”发动前后的许多事情一无所知，是刘少奇屡次觉察到的问题。1966年彭真主持制定的《二月提纲》，经过中央常委讨论同意，并在专程去外地向毛泽东汇报后，作为中央文件下发。不久，毛泽东却个人决定撤销并批判《二月提纲》。同样，5月政治局扩大会议的准备工作，是毛泽东亲自抓的，刘少奇几乎没有参与，但是却由他主持会议，通过事先确定的文件。如此等等，不会不在这位中央一线主要领导人的心中留下印象。通过《五·一六通知》时，针对有的同志提出有几处标点和用语不妥，建议做细微改动，却被陈伯达、康生一一否定的情况，刘少奇说了一段含义颇深的话：“开政治局扩大会议叫大家讨论，结果提了意见不改，连几个字都不能改，这不是独断专行吗？这不是不符合民主集中制吗？我原来考虑过改一点，现在大家意见还是不改的好，不如原来的好。”这些话虽是就文件本身而言，但刘少奇对党内“独断专行”现象的感受亦包含其中，对个人崇拜的无奈也流露其间。会议结束时，他直言：自己对“文化大革命”也是糊涂的。很不理解，很不认真，很不得力，包括我在内[1]。这次会上，这位“糊涂的”主持者，与不厌其详地介绍毛泽东一系列最新指示和《五·一六通知》起草情况的康生、陈伯达等人形成的鲜明对照。此时，谁是中央一线的领导人和会议的主持者已经不具实质意义。刘少奇似乎明白自己在领导核心中实际上所处的地位。

7月中旬，随着毛泽东回到北京，对派工作组问题提出严厉批评，各大专学校的工作组旋即被撤销。快速变化的形势又一次把刘少奇置于“糊涂的”境地。7月29日，在北京市宣布撤销工作组的大会上，刘少奇说：至于怎么样进行文化大革命你们不大清楚，你们问我们，我老实回答你们，我也不晓得。面对万名群众，这位中央主要领导人坦陈“不晓得”，无异于是把他对党内生活的部分感受公之于众。这次会上又一个值得注意的地方是，他提出了“保护少数”“是一个重要问题”的建议。他说：在运动中要保护那些意见不同而占少数的人。不只是错误的意见是少数，有的时候正确的意见也可能是少数。不要把辩论会变成斗争会[2]。对于清华大学一个学生写了“拥护党中央，反对毛主席”的口号，他说到运动后期再作结论，并认为，“反对毛主席也不一定是反革命”[3]。这些话，既袒露心迹，又发人深思，他隐约感到的矛盾、是非和难于言表的提醒、告诫尽含其中。在长期的斗争中，刘少奇曾为树立毛泽东思想的旗帜作过重要贡献。以后，又在历次关键时刻坚定地维护毛泽东的威信，包括对党内正在出现的个人崇拜现象加以某种肯定。现在，当他强烈感受到党中央民主生活不正常时，提出“反对毛主席也不一定是反革命”，可以说是思想的重要转变。

第二，明白了这场运动的矛头所向。八届十一中全会上，刘少奇模糊感觉到的问题明朗化了。会议开始后，刘少奇报告中央政治局日常工作。当讲到工作组问题时，毛泽东频频插话，多次打断刘少奇的发言，会议气氛异常紧张。在政治局常委会已经不能平等讨论问题的情况下，刘少奇

---

① 《刘少奇年谱》下卷，第638页。

② 《刘少奇年谱》下卷，第647页。

③ 李雪峰：《回忆“文化大革命”初期的“五十天路线错误”》，《中共党史研究》1998年第4期。

在8月4日中南组发言时，不得已给自己扣上了各种政治帽子，如“站在资产阶级立场上，反对群众运动”等；但言辞中仍流露出他对党内生活的真切感受。他说：这次文化大革命，群众起来要民主，主席又这样大力支持，把我们夹在中间，这也是上挤下压，看你是否支持群众。革人家的命可以，革我们的命可不可以？一个多月前，他还在政治局常委会上说，对这场运动要善于领导、敢于领导，要站在运动的前面[①]。现在，意识到自己成了“上挤下压”的矛盾焦点，成了看“革”自己的“命”可不可以的对象，是刘少奇思想的一个变化。在同一天的政治局常委扩大会上，毛泽东对派工作组一事提出了更加严厉的指责，并声色俱厉地说：牛鬼蛇神，在座的就有。面对毛泽东的指责，刘少奇再也难以抑制内心的激动，回答说：无非是下台，不怕下台，有五条不怕[②]。8月5日，毛泽东写了《炮打司令部——我的一张大字报》，终于揭开了他自认为1962年以来存在于党中央内部的矛盾和性质，也进一步揭开了刘少奇在一个长时间里感觉党中央民主生活不正常的根本原因。

还在两个多月前，通过《五·一六通知》后第三天，刘少奇和周恩来、邓小平会见一位外国党领导人时，都以为“中国党内的赫鲁晓夫、修正主义者”已经挖出来了[③]。现在，他却被明确地指责为“资产阶级司令部”的核心人物，从这时起，他的命运发生了重大变化。他很快成为揭发批判的主要对象，在党内的排名从第二位降到第八位。当天，刘少奇从建工学院回来后，说：“我不能再到建工学院去了，看来我不配领导文化大革命”[④]。这句“不配领导”标志着刘少奇思想的醒悟。这以后，刘少奇谈到工作组问题时，不再像以前那样一味检查自己犯了错误，他的回答有了变化。1966年10月，当工作人员问他派工作组怎么不请示毛主席

---

① 《刘少奇年谱》下卷，第648、641页。

② 《刘少奇年谱》下卷，第648页。“五不怕”即毛泽东过去提倡的：不怕撤职，不怕开除党籍，不怕老婆离婚，不怕坐牢，不怕杀头。

③ 转引自《周恩来传》下卷，中央文献出版社1998年版，第1841页。

④ 刘振德：《机要秘书的回忆》，《刘少奇的最后岁月》，中央文献出版社1996年版，第70页；第76页。

时，他说：“请示也会犯错误，我没想到派工作组会犯错误。同意派工作组的同志们也没想到会犯错误。”“现在还没有看到一篇能说清楚为什么派工作组就是路线错误的文章”。他还说：我“没有资格领导文化大革命。历史将证明，这次文化大革命将产生深远的影响”[①]。1967年7月4日，他再次作检查时说：“在毛主席不在北京时，是毛主席党中央委托我主持党中央日常工作的。”[②]“在工作组派出之后的五十多天中，我是一直支持工作组的，这样就增加了工作组犯错误的可能性和严重性。”[③]这里，他似乎是在勾画一年前自己充当的可悲角色。他认为工作组错误的关键在于自己，自己虽然受托主持中央日常工作，但“没有资格领导文化大革命”；由于自己对工作组的支持，造成了工作组犯“错误”。他对工作组“错误”的必然性与偶然性的分析，值得人们深长思之。

第三，顾全大局，承担责任，试图及早结束“文化大革命”。在对“文化大革命”进行反思的过程中，刘少奇努力去作的一件事情是，承担责任，试图把受自己牵连的大批干部解脱出来。八届十一中全会结束时，他表示：主席不在北京时，中央在“文化大革命”中所犯的路线错误，主要由我负责。其他同志所犯错误，我也有责任。并保证：我当遵守党起码的纪律，不搞两面派，不搞地下活动。有问题摆在桌面上来。1967年1月13日，刘少奇当面向毛泽东提出两点要求：（一）这次路线错误的责任在我，主要责任由我来承担，尽快把广大干部解放出来，使党少受损失。（二）辞去国家主席、中央政治局常委等职务，和妻子儿子去延安或老家种地，以便尽早结束文化大革命，使国家少受损失[④]。在批判大会上，刘少奇尽管受到种种无理对待，仍耐心回答群众的提问，并严格遵守党的纪律，站在维护党和毛泽东的立场上。身处逆境，仍实践着自己在《论共产党员的修养》中提倡的：每一个党员应该“在必要的时候能够

① 刘振德：《机要秘书的回忆》，《刘少奇的最后岁月》，中央文献出版社1996年版，第70页；第76页。

② 《刘少奇传》下卷，中央文献出版社1998年版，第1064页。

③ 《刘少奇年谱》下卷，第657页。

④ 《刘少奇年谱》下卷，第649、654页。

忍受各种误解和屈辱而毫无怨恨之心”，“受得起误会、打击，以至委屈冤枉”[①]，是刘少奇在这一阶段的重要特点。

作为对党的建设有过许多贡献的重要领导人，在个人崇拜的狂热气氛中才意识到个人崇拜对党和国家政治生活的严重危害，而提出“保护少数”的问题，但在试图制止这场错误的运动时，却无能为力，这是刘少奇的悲剧之二。

三

1966年10月中央工作会议后，强加给刘少奇的罪名越来越多。随着对刘少奇批判的不断升级，他逐渐认识到，这场运动不是严肃的党内斗争，不论对个人、还是对国家，都是一场悲剧。从此，他用各种可能的方法奋起抗争，却难以改变悲惨的结局。

坚决反驳各种造谣诬蔑。1967年2月，刘少奇在写给周恩来的一封信中诉说：“最近我看了一些大字报，感到忧虑和不安。”“他们把我当成敌人了，怎么办？”[②]然而，刘少奇的被打倒已渐成定局。对于一些人在“革命”名义下对自己的造谣、诬蔑，刘少奇深恶痛绝。他愤慨地说：“宪法成了废纸，党内斗争从来没有这么不严肃过。”[③]他一次又一次地致信党中央、毛泽东，反驳强加给自己的各种罪名，说明事实真相，并要求中央进行调查。1967年8月8日，刘少奇再次致信毛泽东并党中央，郑重声明：“当我看到说我的目的就是要‘反党’、‘反社会主义’、‘反毛主席’、‘反毛泽东思想’、‘要在中国复辟资本主义’、‘要阴谋篡党篡国’等，我是不能接受的，因为我从来没有这样想过。而我想的都是同这些相反的。”他再次提出“请求毛主席、党中央免除我党内党外的一切职

① 刘少奇：《论共产党员的修养》，甘肃人民出版社1980年版，第40、74页。

② 刘振德：《机要秘书的回忆》，《刘少奇的最后岁月》，第105页。

③ 刘振德：《机要秘书的回忆》，《刘少奇的最后岁月》，第111页。

务”[1]，并写明：“我已失去自由”[2]。但是这些声明和要求毫无回音。

用宪法捍卫公民的人身权利和国家主席的尊严。刘少奇除了一次次地申诉、争辩以外，还寄希望于国家的根本大法——宪法能对社会混乱起到制止作用。他曾拿出《中华人民共和国宪法》劝阻子女跟着红卫兵组织去破“四旧”、抄家。当造反派“勒令”他写检查，对他进行批斗时，他手持《中华人民共和国宪法》抗议道：“我是中华人民共和国的主席，你们怎样对待我个人，这无关紧要，但我要捍卫国家主席的尊严……你们这样做，是在侮辱我们的国家”。“破坏宪法的人是要受到法律的严厉制裁的”[3]！当“革命”狂潮席卷全国时，刘少奇试图以国家宪法来捍卫公民的人身权利，维护国家主席的尊严，虽然对阻止揪斗无济于事，却在当代中国史上留下了警示世人的悲壮之举。

意识到“有人要逼我当反革命”，平静地立下遗嘱。对刘少奇的批判声势越来越大，他及家人受到的人身侮辱不断增多。1967年4月9日，当刘少奇获悉清华大学要组织30万人大会批斗王光美时，他胸中的激愤又一次爆发了。他告诉家人：“有人要逼我当反革命”。我不会自杀的，除非把我枪毙或斗死。“将来，我死了以后，你们要把我的骨灰撒在大海里……大海连着五大洋，我要看着全世界实现共产主义，你们要记住，这就是我给你们的遗嘱！”

寄希望于历史和人民。1967年5月11日，中共中央发出通知，主要针对刘少奇的“大批判运动”由北京扩展到全国。在刘少奇所能做的一切都已经做过，特别是他先前对现实的希望都落空之后，只有把希望寄托于未来，寄托于历史和人民。他对王光美留下了最后一句话：“好在历史是人民写的。”以后，刘少奇失去了申辩的机会和条件，沉默成为他表示抗争的方式。这是他曾经使用的手段和方法均未见效后，唯一能采取的抗争形式。他满含冤屈，沉默无语，孤独一人，重病在床，仍恪守着自己的诺言：不自杀，不反党。

---

① 《刘少奇年谱》下卷，第658页。

② 刘平平、刘源、刘亭亭：《胜利的鲜花献给您》。

③ 刘平平、刘源、刘亭亭：《胜利的鲜花献给您》。

仍为国家主席，在政治陷害和精神摧残的双重打击下，在“宪法成了废纸”的感叹中悲惨离世，是刘少奇的悲剧之三。

刘少奇在“文化大革命”中的遭遇是悲痛而深刻的。这一悲剧发生的深层原因，涉及党中央领导层在社会主义建设中的认识分歧以及党和国家领导体制和种种弊端。本文难以详加论述。在此想强调的是，刘少奇去世近三十年来，中国在改革、开放的进程中发生了很大变化，但是，刘少奇等领导人当年尖锐地提出的一些问题，在新的历史时期仍然以不同形式、程度不同地存在于我们的现实生活中，应引起我们的高度重视。

其一、怎样解决干部队伍中的腐败问题？“文化大革命”和刘少奇的悲剧告诉我们：解决党内的腐败问题，决不能走阶级斗争的老路，不能采用大民主和群众运动的办法。如果这样，不但反不了腐败，而且会给国家带来灾难性后果。如何加强党内外的民主监督，对各级领导干部形成监督和制约机制，是应该认真考虑并付诸实践的问题。

其二、深化政治体制改革，从制度入手加强党的建设。作为对党的建设有过重要贡献的领导人，刘少奇在“文化大革命”中试图制止党的错误却无能为力，试图推翻各种造谣诬蔑也无济于事，这是发人深省的现象。这一现象反映出在复杂的历史条件下，党章规定的党内民主生活原则的脆弱性，说明在党的建设中，除强调思想建设以外，还应看到制度建设的重要。这大致涉及两个方面：一是，要反对个人崇拜现象和权力的高度集中，增强党员的民主意识，切实加强民主集中制；二是，要正确对待不同意见，在探索中国社会主义建设道路的问题上，允许不同意见存在，保护持不同意见的少数人。

其三、不断肃清封建遗毒，加强国家的民主法制建设。作为国家领导人，刘少奇在“文化大革命”中惨遭迫害，悲惨离世的事实，为我们昭示了加强社会主义民主法制建设的重要性。在我们这样一个封建影响很深的国家，不断加强民主和法制建设，完善民主和法律制度，从各个方面肃清封建思想的影响，保护公民的人身自由，是社会主义精神文明建设的重要内容，也是提高整个民族的现代化水平的标志之一。

“刘少奇专案组”始末

黄　峥

在“文化大革命”中，“刘少奇专案组”采取弄虚作假、刑讯逼供等恶劣手段伪造证据，于1968年9月炮制出三本所谓“罪证材料”，将中共中央政治局常委、国家主席刘少奇打成“叛徒、内奸、工贼”。设立这个专案组，既没有中共中央的文件，也没有全国人大常委会的决议，更没有通过中共中央全会和全国人民代表大会。那么，这个“专案组”究竟是怎样成立起来的呢？它都干了些什么呢？

一

1966年8月中共八届十一中全会后，刘少奇受到批评，不再参与中央领导工作；10月中共中央工作会议后，全国开展了批判“刘、邓资产阶级反动路线”的浪潮。但在这时以及之后的一段时间里，许多事实证明，毛泽东仍把刘少奇作为党内问题和人民内部矛盾对待，并非要打倒刘少奇，也没有要对他立案审查。

1966年11月3日，在接见红卫兵的群众大会上，毛泽东在天安门城楼特地走到刘少奇跟前，询问了他的工作、生活情况。当刘少奇表示要到群众中去接受锻炼时，毛泽东说：你年纪大了，就不要下去了。这一情景，通过电视传播到了全国。1967年1月初，北京建筑工业学院两派红卫兵组织几次“勒令”刘少奇到该院检查。毛泽东获悉后派人转告刘少奇不要去。1月13日，毛泽东把刘少奇接到人民大会堂谈话，要他“好好学习，保重身体”。1月17日，毛泽东在会见一位外国党的领导人时的谈话中还称“刘少奇同志”，并且说：“刘、邓是不是能选上（按：指中央委员），我的意见还是应该选上。”2月12日至18日，毛泽东在同张春桥、姚文元的三次谈话中讲到：刘少奇看来九大还要选他当中央委员。

毛泽东什么时候改变了不打倒刘少奇的态度呢？根据现有材料分析，作出这一决定的时间大约是1967年3月。

3月16日，毛泽东同意在重印《毛泽东选集》时删掉原有赞许刘少奇的一段话。同日，经毛泽东批准，中共中央印发了关于61人出狱问题的材料，在批语中用了“刘少奇策划和决定”、“刘少奇、张闻天这个叛卖的决定”等严厉的字眼。3月21日，毛泽东同意调查刘少奇的历史问题。在这段时间里，戚本禹的批刘文章《爱国主义还是卖国主义》在最后一稿中增加了攻击、责问刘少奇的“八个为什么”，称刘少奇为“假革命、反革命”。这篇文章经毛泽东批准，于3月30日公开发表。

是什么促使毛泽东改变了对刘少奇的态度？主要是两个原因。

首先是由于林彪、江青一伙的阴谋陷害。林彪、江青集团中的骨干分子，几乎都是靠反刘少奇起家和攫取高位的。他们当然不愿意继续保留刘少奇的任何职位，从而对他们的政治地位和野心形成威胁。同时他们懂得，不经过毛泽东，打倒刘少奇是不可能的。于是，他们借用群众揭发和专案工作等名义，竭力对毛泽东施加影响。

早在1966年8月，中共八届十一中全会尚未结束，叶群于8月11日、12日两次找人口授诬陷刘少奇的材料，要他写成书面揭发。13日，林彪看了写出来的材料。14日，林彪在家里找这个人谈话，要他把书面揭发改成向林彪、毛泽东写信的形式上报，并说“这样更政治化些”。当天，林彪就把这封信和诬陷刘少奇的材料批送江青，要她“酌转”毛泽东。

在诬陷刘少奇的阴谋活动当中，康生是一个十分毒辣的角色。1966年8月13日，由康生妻子曹轶欧出面向中央一位领导同志写信，揭发王光美的所谓问题，并攻击刘少奇包庇王光美。这封揭发信在部分中央领导同志中作了传阅。9月16日，康生亲自给毛泽东写信，重提1936年薄一波等61人经组织决定出狱一事，并说什么“少奇的决定，就使这些人的反共叛党合法化了”。康生阴险的这一招，使毛泽东把刘少奇和整个干部队伍的问题看得更加严重。

在“怀疑一切”极左思潮的影响下，群众中也捕风捉影地揭发出了各种各样的问题。许多造反派、红卫兵组织把那些道听途说、张冠李戴的事情郑重其事地整理上报。林彪、江青等人利用这一情势，有计划、有预谋地将这类材料择要报送毛泽东，有的在一定范围内印发、传阅。在相当长一段时间里，形形色色的揭发材料，包括说刘少奇几次被捕叛变等假材料，源源不断地通过各种渠道摆在了毛泽东的面前。

从毛泽东以后的多次谈话看，在这些连篇累牍的材料中，对他影响最大的还是所谓被捕叛变问题，终于促使他从根本上改变了对刘少奇的看法。后来他在接见外宾以及内部谈话中，在讲到刘少奇问题时，一再说“那时还不知道他的历史情况”，是“我们红卫兵现在查出来的材料”，并多次讲了“被捕叛变”的例子。

其次，随着“文化大革命”局势的恶性发展，1967年以后，在上海“一月风暴”的影响下，各地造反派纷纷抢印夺权，派性恶性膨胀，局势混乱不堪。毛泽东虽然采取了命令解放军“三支两军”、号召大联合、停止大串连等一系列措施，但未能奏效。

1967年2月发生了谭震林、陈毅、叶剑英等老一辈革命家拍案而起，反对“文化大革命”的所谓“二月逆流”事件。同时，所谓“向走资派夺权”的部署在全国各地引起干部群众的不满，受到普遍抵制。毛泽东既然在全局上坚持“文化大革命”，当然不能容忍这种行为。他认为刘少奇虽然被批判了，但运动遇到了“刘少奇代理人”的抵抗，“从上至下各级都有这种反革命复辟现象”。这样，为了用釜底抽薪的办法击退所谓的复辟逆流，为了通过“团结一致、共同对敌”来克服派性，在一定程度上控制全国性的动乱，于是一错再错，把刘少奇作为靶子，彻底打倒。

林彪、江青一伙在“倒刘”问题上起了极为卑劣的推波助澜作用。他们除了不断向毛泽东递送诬陷材料外，还利用各种机会煽风点火，在社会上制造“倒刘”舆论，使之成为既成事实。

1966年12月18日下午，张春桥在中南海西门以中央文革小组副组长的身份召见清华大学造反派头头蒯大富，指使他发动“倒刘”行动。12月24日，戚本禹在北京矿业学院宣称“刘、邓是党内最大的走资本主义道路的当权派”。12月26日，康生在人民大会堂接见“全国红色劳动者造反总团”时，公然将刘少奇称作“赫鲁晓夫”。蒯大富从张春桥那里领受旨意后，于12月25日发动“打倒刘少奇”的大规模行动，率领数千人到天安门广场召开“誓师大会”，又分几路到北京主要闹市区广播、演讲、散发传单，大量张贴“打倒刘少奇”、“和刘、邓血战到底”的大字报、大标语，并且醒目地贴到了天安门城墙上。12月27日，北京高等院校造反派在工人体育场召开“彻底批判刘、邓资产阶级反动路线大会”，在社会上刮起了一股“倒刘”狂潮。

与此同时，江青等人有意发动各方面力量加强“倒刘”舆论。12月30日，江青、王力、关锋、姚文元到清华大学，对蒯大富表示“坚决支持”。12月31日，江青单独召见刘少奇的女儿，策动她起来造父亲的反。在戚本禹的直接指使下，从1967年1月1日起，中南海内的造反派多次去刘少奇住处骚扰、围攻、批斗。1967年1月4日，康生在人民大会堂小礼堂把准备好的一卷刘少奇讲话材料交给蒯大富，要他“回去后组织批判”。蒯大富回校后即组织人马贴出了大量批刘大字报。1月6日，清华大学的造反派将刘少奇、王光美骗出中南海，并将王光美绑架到清华大学，随即又在社会上大肆宣传了这次所谓“智擒王光美”事件。1月9日，谢富治在接见全国公检法系统赴京代表时，号召“全国政法战线立即行动起来，向赫鲁晓夫式的人物刘少奇、邓小平开火”。

由于江青等人的策动，到1966年底、1967年初，“倒刘”活动蔓延到全国，并且愈演愈烈。毫无根据地攻击、丑化刘少奇的行动到处出现，全国已经形成了“打倒刘少奇”的舆论环境。

对刘少奇进行专案审查，就在这种种复杂背景下开始了。

二

1966年冬，在极左思潮泛滥的情况下，“倒刘”气氛日浓，社会上冒出了一些揭发刘少奇、王光美有所谓“历史问题”的材料。在12月的一次中央碰头会上，议论了这些情况并提议组织班子进行审查。但当时刘少奇还是中央政治局常委、国家主席，因此不便直接设立审查刘少奇的专案组，决定先设立王光美专案组。大约在12月15日至18日之间，拟了一个“王光美专案小组领导成员名单”。这份手写的字迹潦草的名单侥幸保存了下来。它既没有标题，也没有日期，更没有注明是在什么会议上、由哪些人研究决定的。然而，就是这份无头无尾的名单，成了设立“王光美专案组”的依据。名单全文如下：

谢富治（组长）

江　青　汪东兴

萧　华

叶　群

伯　达（顾问）

据当事人回忆，名单中江青换成汪东兴，是江青出于某种原因自己提出来的，要陈伯达当顾问，是林彪提议的。从字迹看，圈掉江青、添上汪东兴，是林彪的手迹，“伯达（顾问）”几个字则是陈伯达所写。这两处的字体和其余名字的字体不一样，显见是后来所作的增改。在这份名单的上方，还写有“王光美专案小组领导成员名单1966.12.18.富治同志交来”字样，这是专案组管理档案的工作人员标上的。

领导成员确定后，从军委办公厅、公安部等单位抽调了4名工作人员。1966年12月18日晚，由谢富治、汪东兴主持，在中南海西楼一个小会议室召集抽调来的人员开会，正式成立专案组，当时宣布“名称暂叫中央办公厅丙组”。谢富治在会上说：“中央决定成立一个专案组审查王光美。”他拿出上面介绍的那份专案小组领导成员名单，交给专案组，要他们好好保存。

1967年3月，刘少奇问题明显升级。3月9日、10日，陈伯达、康生在部队军以上干部会议上讲话，点名对刘少奇从历史到现实进行了系统的批判。3月21日下午7时半，毛泽东、林彪等中央政治局常委接见与会人员后，留下来议论一些问题。议论中对有人提到“刘耀祖案中涉及刘少奇在1929年叛党嫌疑问题”作了研究，决定把这方面的材料交丙组专案办公室即“王光美专案组”调查研究。据戚本禹回忆，这项工作当时指定由康生分管。

这次议论没有记录，后来也没有形成文件。康生似乎对这种方式有点心虚而这件事又归他分管，所以事后他让工作人员手写了一分备案性质的“关于专案问题纪要”，其中说：汇报中涉及到有人控告××自首叛变和刘耀祖案中涉及刘少奇在1927年叛党嫌疑问题。共同研究之后，决定：“关于刘少奇1925年在长沙被捕、1927年叛党嫌疑及1929年在沈阳被捕等材料，交丙组专案办公室调查研究。”康生亲笔在最后注了一行小字：“1967年3月25日林彪、恩来、伯达、康生都看过”。

这份手写的不伦不类的东西，就成了对刘少奇进行专案审查的依据。

据参加过刘少奇专案工作的萧孟回忆，1967年夏有一次他问康生：设立刘少奇、王光美专案组有没有文字的批示？康生说，毛泽东在西郊机场接见红卫兵时他曾汇报过，并写过一个备忘记录交给了中央办公厅负责人。现在分析，康生所说的“备忘录”，就是这份“关于专案问题纪要”。

需要指出的是，这份手写件表明，当时只是决定把有关材料“交丙组专案办公室调查研究”，并没有提出要成立刘少奇的专案组，但康生、江青等人在后来的实际操作中却设立了一个相当庞大的“刘少奇专案组”。

这个专案组的名称很混乱。1966年12月刚成立时叫“王光美专案小组”，对外叫“中央办公厅丙组”。1967年3月康生在那份“备忘录”中又把它叫作“丙组专案办公室”。1967年5月中旬，谢富治向“丙组”人员宣布，丙组改为“刘少奇、王光美专案组”，对外叫“五〇四组”，组织上归中央专案审查小组第一办公室领导。在专案组的文件中，也是几种名称混用，有时单独用"王光美专案组"或"刘少奇专案组"，有时用"刘少奇、王光美专案组"或"刘、王组"。

这个专案组在中共八届十二中全会对刘少奇定案后继续存在，大约到1973年6月后才结束。这期间有一个值得注意的现象：虽然专案审查刘少奇从1967年3月已正式开始，5月以后进展加速，但一直到1968年4月中旬以前，关于刘少奇案情的各种请示报告仍用"王光美专案组"的名义。1968年4月下旬起才用"刘少奇、王光美专案组"的名义，这可能也是江青、康生、谢富治等人心虚的一种表现。

专案的领导成员和工作人员变动更大。1966年12月刚成立时领导成员中有萧华，萧华不久遭到诬陷迫害，当然也就不可能再参与其事。1967年9月11日，谢富治亲笔写了一个便条，里面说："王光美专案成员于下：江青、谢富治、戚本禹、汪东兴、叶群组成王光美专案小组。"这里所说的"王光美专案小组"实际上已经是"刘少奇、王光美专案组"。

究竟多少人参加了刘少奇、王光美专案的工作？现在已经难以准确统计。专案组的机构几经改组、扩充，人员也就一再调整、增加。1966年12月刚组建"王光美专案小组"时，只有几名相对固定的工作人员，以后陆续增加到数十人。工作人员中经常有人调进调出，有些人只参与了某一项工作或一段时间的工作。有一个时间，在专案组正式机构之外还建立了若干个"外围组"，担负一些次要工作。至于从一些省、市、地方部队和红卫兵组织中抽调人员配合工作或参与一部分工作的，那就更多了。例如集中关押该案嫌疑犯的北京第二监狱，一次就从军队借调了100多名干部作审讯工作。为查所谓"1929年刘少奇在沈阳被捕叛变"的证据，光沈阳一地就组织了400人的"彻查队伍"查阅敌伪档案，结果一无所获。

专案工作人员中有些人因不被信任而调离，有的甚至被关押坐牢。1967年11月，谢富治下令将公安部抽来的人全部撤出，另从军队调入一批干部取而代之。曾担任专案负责人的萧孟，被江青点名批评，于1967年11月被逮捕入狱。

尽管专案人员有很大变动，但这项工作一直处在江青、康生的操纵之下，前台的直接负责人则主要是谢富治。

1968年2月22日，谢富治在专案组的一份报告上批道：“大叛徒刘少奇一案，主要工作都是由江青同志亲自抓的。今后一切重要情况的报告和请示都要直接先报告江青同志。”6月27日下午，谢富治又专门向专案组人员谈了这一问题，当时专案组一个工作人员的笔记本上就记录着谢富治的指示：“今后，应当原原本本的向江青同志报告，并要把犯人的原件供词送上。”“要有组织观念，脑子里要有个江青同志，重大事要请示江青同志，有利于把案子搞好，有利于把叛徒抓完，有利于把文化大革命搞好。”据戚本禹回忆，中央常委分工由康生负责刘少奇一案，对此他还提供了一个细节，说：“主席把这样重要的工作委之于康生，康生很高兴。那时陈伯达与康生闹矛盾，把康的夫人从中央文革办公室挤走了，康的情绪一度不大好。主席委托他这项重要任务以后，他的情绪又好起来。”

整个专案工作过程受江青、康生、谢富治这三个人操纵和直接指挥的痕迹是非常明显的。要事都要向他们直接汇报，专案材料和工作报告都要首先经过他们之手才能上报或作进一步处理。他们还不断地发出各种各样的指示，然后要专案组照办、落实。稍不如他们的意，就要批评、整顿，一直到按他们的旨意行事、达到他们的要求为止。

三

中共十一届三中全会以后，中央纪律检查委员会和中央组织部对刘少奇一案进行了复查。结果证明，在江青、康生、谢富治主持下搞出来的《关于叛徒、内奸、工贼刘少奇罪行的审查报告》，完全是凭伪证拼凑成的，所有指控都不能成立。

伪证为什么能够制造出来？原因很复杂。主要是林彪、江青一伙有意诬陷，而“文化大革命”中的极左路线，则为他们的非法活动提供了条件。1966年底，“打倒刘少奇”的舆论和行动从北京蔓延到全国。12月，北京地区一些老红卫兵，因为刘少奇鸣不平，被中央文革下令抓了起来。中央政治局常委、书记处常务书记陶铸，也因为有过一些保护刘少奇、邓小平的言论，被打成“中国最大的保皇派”，于1967年1月被突然打倒。在“打倒一切、全面内战”的局势之下，社会秩序一片混乱，法制破坏殆尽，使江青之流得以为所欲为，大售其奸。

伪证是怎样制造出来的？现在看来，直接的手段主要是弄虚作假、逼供信。间接的手段大体有以下三个方面。

一是先定性，后罗织罪名。1966年12月下旬，在尚未对刘少奇作任何审查的情况下，江青一伙就宣称刘少奇是打倒对象，鼓动造反派采取“倒刘”行动。12月31日江青对刘少奇女儿说：“刘少奇的问题早就定了，现在不解决，是因为怕全国人民转不过弯来。”到了1967年，设立了刘少奇专案，但还没有进行调查取证，可江青、康生等人在不同场合的讲话中，提到刘少奇时总要毫无根据地冠以“反革命”、“大叛徒”等帽子。1967年3月30日发表的戚本禹《爱国主义还是卖国主义》一文，以权威的口吻宣称：“你（指刘少奇）根本不是什么‘老革命’！你是假革命、反革命，你就是睡在我们身边的赫鲁晓夫！”8月4日康生对专案人员说：“刘、邓、彭、罗、陆、杨等是老干部、老革命吗？他们是一贯的反毛泽东思想的大叛徒、老反革命。”谢富治曾对专案组工作人员说：“对刘、邓、陶要作拼死的斗争，坚决打倒。办案就是伟大的革命，就是你死我活的斗争。”

在一段时间里，专案组费尽心机仍未找到能说明刘少奇有所谓“自首叛变”的证据。江青对此大为恼火，1968年3月13日她在八个专案组会议上说：“我觉得你们现在主要是思想不解放，右倾保守。要解放一下思想么！”她武断地说：“刘少奇是个大叛徒、大内奸、大特务，小将整理的材料，比你们整理的好，你们现在的材料有进展，但有好多东西没有超过红卫兵的材料。”

二是对办案人员威逼利诱。江青、康生等人对抽调来参加专案工作的人员用又打又拉的手法不断施加压力，严密控制。康生曾假惺惺地对办案人员说：“你们的前途很伟大，不要骄傲；你们是中央信任的干部。

一个同志为党中央所信任、所依靠，比什么级别都重要。”“你们填干部履历表，填上哪年哪月在中央搞专案，比提级还光荣。”江青也多次吹“搞专案的同志是无名英雄”，“是毛主席的好战士”。平时，他们一再强调专案对象都是敌人，对这些人要狠。1967年10月23日谢富治在中央专案小组办公室会议上说：“所有列入专案的，都是反对以毛主席为首的无产阶级司令部的人，要同这些人作坚决的不可调和的斗争，绝不能施仁政，不能妥协。”康生说：“现在打的是尖锐的隐蔽的国共战争，没有坚强的阶级立场，专案是搞不好的。”当办案人员稍有不慎，或有不同意见，轻者被他们斥为“右倾”，重者逮捕入狱，有的受到处分或送回原单位挨批。“刘少奇、王光美专案组”的领导班子换了三次，有二人被关进监狱。

1968年3月江青批评“刘少奇专案组”说：“有个案子我很不满意。王世英说他半身不遂，还能全家去照相，摔了一跤也没有死。你们右倾，不要嫌我说话尖锐，王世英是怎么回事？我看萧孟对他就是有包庇。”6月27日谢富治也批评专案组说：“你们老犯错误，老不转变，怎么行呢？是否仍按萧孟的胆大包天办事？”萧孟曾是专案组的负责人之一，后来被关进秦城监狱5年，1979年12月他在回忆中说：“他们不断给专案组施加压力，反右倾。在调查、看材料中如实反映某些情况时，就以客观主义、扩散专案材料等罪名，停止专案人员工作，查封档案材料，有的被赶出专案组，甚至被关起来。搞专案的人思想负担很重，精神压力很大。在我被关进秦城监狱后，甚至有这种想法，宁肯坐牢，也比按那些人的旨意昧着良心办事为好，倒感觉自慰一些。”

三是剥夺被审查人申辩、申诉的权利。无论是刘少奇、王光美本人，还是那些牵连进来的审查对象，都没有机会也不准许为自己辩护、申诉。专案组在存在的3年时间里，从未同刘少奇、王光美接触过，一次也没有听取过他们的申述。据萧孟说：“专案组曾向江青、康生、谢富治等提出这个问题，但他们拒不同意专案组和刘少奇见面和接触。这一方面说明对专案组的人不信任，另外，怕露出破绽，甚至怕专案组受影响而不能按着他们的指令办事。”

对其他受到牵连的人和“嫌疑人员”，一旦被列为审查对象，就只能交代问题，不能申辩和上诉。这些人只要一为自己辩解，便被斥为“不老实”、“翻案”，受到更加严厉的批斗。审讯时对为自己辩护的供词，不写入审讯记录，不准写书面材料，写出了也被扣压，不让办案人员上报和转送。有时办案人员反映一点这方面的情况，就被指责为“右倾”、“为某某人翻案”。

肆意关人捕人，然后加以刑讯逼供，是江青等人操纵“刘少奇专案组”炮制伪证的直接手段。

一开始，江青等人曾寄希望于能找到物证。因此他们一方面动员全国各地揭发，一方面不惜劳民伤财组织大批人马从故纸堆中查找。在毫无所得的情况下，只好不择手段从犯人嘴里掏口供。

为获取口供，专案组先后以莫须有的罪名关押了一批人。其中有很多是高级干部、高级知识分子、民主人士，也有普通的居民、炊事员、保姆。据不完全统计，被专案组直接关押的有64人。至于因专案需要或稍有嫌疑而由有关部门、单位收审的，那就更多了。

在专案组关押的人中，有相当一部分是江青、康生、谢富治直接指示的。1981年1月最高人民法院特别法庭在对林彪、江青反革命集团主犯的判决书中说：“1967年，江青为了制造诬陷刘少奇的伪证，决定逮捕关押河北省副省长杨一辰（原中共满洲省委组织部干事）、中国人民大学教授杨承祚（原辅仁大学教授、王光美之师）、天津市居民王广恩（原奉天纱厂协理）和刘少奇的炊事员郝苗等11人。”实际上这11人仅是江青一人单独指示的，还不包括她和别人共同批的在内。

江青一伙抓人是非常随意的，且手段卑鄙。这里举两个例子。

1967年9月1日，中国人民大学的红卫兵组织“人大三红”给江青报送一份揭发材料。其中说：北京大学地球物理系主任苏士文同王光美1946年到军调部工作有关，王光美曾介绍苏士文去张家口参观。江青不作任何调查，即在这份材料上批道：“可考虑拘留苏士文。红卫兵抄过他家。寄给我的东西，我转给富治同志了。”她似乎有些心虚，又在旁边加批：“要群众揪送也可，又及。”江青在这句加批的话下面划了一道粗线和4个圆圈，以示重要。谢富治心领神会，指示说：“完全同意江青同志意见，由群众揪送公安机关审讯。”这样，苏士文就被以群众揪送公安局的名义关了起来。

“人大三红”的这份材料上还有这样一句话：“据×××一家交代，转让给王光美的保姆祁妈只在王光美家干了几个月就走了。”江青对这句平平常常的话竟如获至宝，在旁边批道：“一定要找到祁妈！请东兴同志注意。”这个叫祁妈的人当然也很快被“找到”并关了起来。可是，祁妈只是一个普普通通的保姆，她的名字叫孙淑珍。在她莫名其妙地被关了两年之后，专案组1969年10月在《重点审查对象表》中写道：“孙淑珍，北京市崇文区南里街道托儿所保育员。关押地点：陶然亭监狱。关押原因：给杨承祚、袁绍英和王光美当过保姆，有参与美特王、杨、袁特务活动嫌疑。经查实，本人历史未发现政治问题，与王、杨、袁系雇佣关系。处理意见：释放原单位。”

江青之流为迫害刘少奇随意关人捕人，由此可见一斑。

专案组关押人用了逮捕、拘留、监护、隔离审查、办学习班等不同名义，但目的都是一个，就是要从这些人身上逼出能将刘少奇定罪的口供。他们将人抓来之后，采取勒令交代、长期隔离、日夜审讯、轮翻批斗、软硬兼施等手段，编造假情况，拼凑假证据。1968年9月“刘少奇、王光美专案组”整理上报的三本所谓“罪证材料”，主要就是这种逼供信的产物。

专案的本意是指需要专门处理的重要事件或案件。在“文化大革命”中，它被作为审查、打倒干部的一种常用的方式。难以计数的干部被列为专案审查对象，造成了大量的冤假错案。林彪、江青集团更是把专案作为他们篡党夺权的一个工具，通过设立和操纵专案机构，罗织罪名，将一大批功勋卓著的老一辈革命家和高级干部打成叛徒、特务、反革命。“刘少奇专案组”是其中最突出的一个。1978年12月中共十一届三中全会总结了这方面的沉痛教训，指出：“会议认为，过去那种脱离党和群众的监督，设立专案机构审查干部的方式，弊病极大，必须永远废止。”

“革命委员会”始末

关海庭

“革命委员会”是文化大革命中我国省及其以下各级政权和各基层单位领导机构的基本组织形式，并在很长一段时间内被当做新生事物大加赞颂，在中国政治制度发展史上留下了深深的印迹。深入研究“革命委员会”这一组织形式产生和发展的全过程，从中总结出有益的经验教训，对于进一步完善我国社会主义政治制度，有着重要的现实意义。

一

在“革命委员会”出现之前，1966年8月8日中共中央《关于无产阶级文化大革命的决定》（即十六条）指出：文化革命委员会是群众在共产党领导下自己教育自己的最好的新组织形式，它是无产阶级文化革命的权力机构。文化革命委员会不应当是临时性的组织，而应当是长期的常设的群众组织。这里把文化革命委员会定性为无产阶级文化大革命时期群众组织性质的权力机构。它同后来的作为一级权力机构的“革命委员会”是有区别的，但是在当时已显露出作为一级权力机构的端倪。在这个文件的指导下，1966年下半年，全国各地成立了大量的群众自发组织，其中有些组织采用“革命委员会”的名称，如“红卫兵上海市大专院校革命委员会”、“赤卫军上海市大专院校革命委员会”。这些组织显然不是一级权力机构。作为一级权力机构的“革命委员会”的出现，乃是1967

年全面夺权的产物。

1966年12月25日，毛泽东在一次会议上说：1967年是全国全面展开阶级斗争的一年。根据毛泽东的谈话内容，1967年1月1日，《人民日报》、《红旗》杂志发表题为《把无产阶级文化大革命进行到底》的社论，提出1967年是“向党内一小撮走资本主义道路的当权派和社会上的牛鬼蛇神展开总攻击的一年”。4日，张春桥、姚文元以“中央文革小组调查员”的身份从北京回到上海，紧急策划夺权。4日和5日，上海《文汇报》和《解放日报》先后宣告夺权。6日，以上海市32个“造反派”组织的名义，夺了上海市的党政大权，刮起了所谓的“一月风暴”。对此，毛泽东于8日说：“这是一个阶级推翻一个阶级，这是一场大革命”。11日，根据毛泽东的指示，以中共中央、国务院、中央军委、中央文革小组的名义，给上海市各“革命造反团体”发出贺电。贺电说：“你们这一系列的革命行动，为全国工人阶级和劳动人民，为一切革命群众，树立了光辉的榜样”。林彪、张春桥等人利用毛泽东的错误，推波助澜。1月23日，林彪在确定夺取党和国家领导权的方针时说：“无论上层、中层、下层都要夺，有的早夺，有的迟夺”；“或者上面夺，或者下面夺，或者上下结合夺”。1月22日，张春桥说：“我们对所有的权都要夺”①。“山雨欲来风满楼”，一场“全面夺权”的局面已经不可避免了。

夺权以后，新产生的政权采取什么样的组织形式，这是当时迫切需要解决的问题。“革命委员会”作为夺权后以新生事物出现的一级权力机构，最早出现于上海玻璃机械厂。1967年1月初，上海玻璃机械厂夺权以后，一部分“革命造反派”面对厂里生产无人过问的情况，建立了小组、车间、科室的“革命生产委员会”。当时建立“革命生产委员会”的出发点是好的，其主导倾向是针对革命和生产的无政府状态，“贯彻中共中央关于抓革命，促生产的号召，力争夺取革命和生产的双胜利”②。“革命生产委员会”这个名字本身就反映了这个主导思想。1967年1月20

① 《历史的审判》，群众出版社1981年版，第51页。

② 1967年1月11日《文汇报》。

日，上海《文汇报》又以《革命生产委员会显示强大生命力》为题，报导了"上海玻璃机械厂第三车间工人成立革命生产委员会以来，把革命和生产命运紧紧掌握在自己手里，生产面貌焕然一新"的经验。可是，当时一些临时负责人，根本没有要长期夺权的思想准备，所以，当各车间、科室的"革命生产委员会"成立后，许多人便放弃了对厂级"革命生产委员会"筹备工作的领导①。正在这时，1月22日，《人民日报》发表了题为《无产阶级革命派联合起来，夺走资本主义道路当权派的权》的社论，提出"革命的干部、革命的学生，一定要同工人运动、农民运动相结合"，建立新的政权机构。社论不仅号召要向走资派夺权，而且实际上又提出了新机构中要有革命干部和革命群众的代表。1月23日，《人民日报》转载了上海《红卫战报》的《赞"革命生产委员会"》的文章。文章报道了上海玻璃机械厂的工人造反队向"走资派"夺权，成立了群众自己管理自己的机构——"革命生产委员会"，并称这是一个极其伟大的创举。1月24日，上海玻璃机械厂毛泽东思想战斗队宣布接管原厂级革命生产委员会筹备组，并宣布原先的候选人名单作废。然后，由全体造反队员讨论提名，提出了17人的名单，由他们组成厂革命生产委员会②。

上海玻璃机械厂的经验在全国引起了反响。1967年1月17日，北京光华木材厂的"红色造反者"开始夺权，废除当时工厂实行的"三级一长制"，并在后来成立了厂部、车间和科室的革命生产委员会和革命生产勤务组③。显然，这是学习上海玻璃机械厂经验的结果。

随后，1月22日，青岛市23个单位组成的"革命造反委员会"宣告成立，并正式接管了青岛市委、市人民委员会的一切权力。1月23日，中共中央、国务院、中央军委、中央文革小组发出《关于人民解放军坚决支持左派群众的决定》，要求中国人民解放军"积极支持广大革命左派群众的夺权斗争"。解放军到地方支"左"，成为"革命委员会"组成的又一个重要前提。1月31日，《人民日报》转载《红旗》杂志1967年第3期社论《论

① 1967年2月2日《文汇报》。

② 1967年2月2日《文汇报》。

③ 《红旗》杂志1967年第3期。

无产阶级革命派的夺权斗争》。社论说："毛主席把北京大学的全国第一张马列主义的大字报称为二十世纪六十年代的北京人民公社宣言时，就已英明地天才地预见到我们的国家机构，将出现崭新的形式。"社论指出，在夺权过程中，要由革命群众组织的负责人、当地驻军的负责人和党政机关的革命的领导干部，建立临时的权力机构，负责领导夺权斗争。这里首次提了新建立的政权要以"三结合"作为基本组织形式。同日，黑龙江省成立了全省的临时最高权力机构——"红色造反者革命委员会"。这是在全国省、市、自治区一级政府机构中，第一个以"革命委员会"命名的机构。2月2日，《人民日报》以《东北的新曙光》为题发表社论，指出黑龙江省的经验是：革命群众组织的负责人，人民解放军当地的负责人和党政机关的革命领导干部，组成"三结合"的临时权力机构。

上海夺权后，张春桥把筹建上海市领导机构的情况报告了陈伯达，其成员有张春桥、王洪文、马天水、王维国等人。这个组成包括了革命干部、军队代表和"革命群众"代表三部分人。陈伯达将《红旗》杂志第3期社论中的内容告诉了张春桥，又向张春桥透露：主席正在考虑建立北京人民公社的名单。善于投机钻营的张春桥马上找了十多个造反派组织的头头座谈，提议把新建立的机构叫做"上海人民公社"，这个提议当即获得赞同。2月5日，上海人民公社正式宣告成立。针对新建立的政权名称不统一的状况，2月12日，毛泽东为此事专门召见张春桥、姚文元说：原想建立北京人民公社，后考虑到国家体制改变的问题很复杂（国家体制的改变，又牵涉到外国是否承认问题）。因此，还是叫革命委员会好一些。上海一时改不过来，可以过一段时间。2月19日，中共中央发出《关于夺权斗争宣传报导问题的通知》，规定各省、市、自治区和各城市的政权组织形式，一般的不要采用人民公社的名称。2月24日，根据毛泽东和中共中央的指示，上海成立的"上海人民公社"改称为"上海市革命委员会"。

从"革命委员会"出现的历史背景和全过程来看，"革命委员会"是全面向"走资本主义道路的当权派"夺权的必然结果。毛泽东之所以要发动群众砸碎旧的领导机构，建立"革命委员会"这个新型的领导机构，其出发点是防止资本主义复辟。但由于他对阶级斗争形势的错误估计，其社会后果是严重的。毛泽东对当时阶级斗争形势的基本判断是：相当一部分“权不在我们手里，而在‘走资派’手里”。既然这样，那么进行全面夺权也就势在必行了。毛泽东没有对“走资派”作出过明确的解释，党和政府的文件也没有规定“走资派”的具体标准。“文化大革命”中，党和国家以至企事业单位的各级领导干部，绝大多数都曾经被打成了“走资派”。实践证明，“走资派”是一个任意性很大的非科学概念。结果只能是打击一大片，伤害了大批干部。

二

“革命委员会”开始是作为无产阶级专政的临时权力机构，但是在全面夺权浪潮的推动下，这一“新生事物”日益向前发展。1967年《红旗》杂志第5期发表社论《论革命的三结合》，传达了毛泽东的最新指示：“在需要夺权的那些地方和单位，必须实行革命的三结合的方针，建立一个革命的、有代表性的、有无产阶级权威的临时权力机构。这个权力机构的名称，叫革命委员会好”。根据毛泽东的指示精神，“革命委员会”这个权力机构形式进一步完善。从量的覆盖面上，“革命委员会”逐步扩展成为既是省以下各级政权的组织形式，又是各企事业和农村基层单位领导机构的组织形式。2月23日，上海市革命委员会做出决议，要求市、区县的最高权力机构、工厂企业的权力机构、学校的权力机构，都要建立“革命委员会”的组织形式；从质的内涵上，“革命委员会”内部“三结合”的组织结构，在不同部门具有不同的内容，也越来越完善。“三结合”的革命委员会，在各级政府机构，是由革命群众代表、人民解放军代表和革命干部代表组成，农村人民公社以下由民兵代表代替解放军代表。在工厂企业中，是由革命干部代表、民兵代表和工人代表组成；在各大中专学校，是由革命学生代表、革命教职员工代表、革命领导干部代表组成。后来，到了1968年7月27日，北京60多个工厂的3万人组成“首都毛泽东思想宣传队”进驻北京大专院校，宣传毛泽东指示，制止武斗，促进联合。这以后便赋予了大专院校“革命委员会”的“三结合”以新的含义，即革命干部代表、教职员工和学生代表、工人宣传队代表。后来，随着军队支“左”范围的扩大，革命干部、革命群众代表、军队代表的“三结合”便具有了普遍意义。

这种革命的“三结合”，对于稳定当时各单位的形势，保证各项工作的正常运转，起了一定的积极作用。但是，用政治领导体制科学化的标准来衡量，是值得研究的。“三结合”的三者之间怎样有机地结合，哪部分人在政权内部居于重要地位，在制度上都没有明确的规定。只有《红旗》杂志1967年第5期上发表的社论《论革命的“三结合”》论述了这个问题。社论指出：三结合中，“三者缺一不可，忽视或者低估那一方面的作用，都是错误的”，“必须充分发挥革命群众组织负责人的作用”，革命干部应该“在这个机构中起核心作用和骨干作用”，人民解放军代表也要起重大作用。这是除要求革命干部起核心作用较为具体外，其他都是笼统的提法，而革命干部起核心作用在当时是根本做不到的。实际上，在“革命委员会”建立的初期，由于军队代表以局外人士的面目结合进“革命委员会”，同地方上的一些复杂事件牵连较少，军队代表掌握着实际的权力；地方干部代表则因为刚刚“亮相”或“解放”，心有余悸，不能正常地发挥作用，处于附庸的地位。后来中央决定“三支两军”人员撤回部队，要求地方干部担任主要领导职务，革命干部的作用才开始发挥出来。至于“革命群众”代表，由于他们本来就不是经过群众正常选举担任领导的，在群众中没有威信，很难开展工作。事实证明，这种“三结合”不是从是否懂业务、有能力、有群众基础等条件来考虑的，而是以“夺权”作为政治背景来衡量，同时又没有经过正常的民主程序加以确认，所以是不科学的。

在“革命委员会”发展的过程中，除了最早成立“革命委员会”的省市外，大多数“革命委员会”一般是在当地军管会、军区（军分区）或主要是由部队支“左”人员组成的“革委会”筹备小组的领导下建立的。至于“革命委员会”内部成员的产生，则同最初一样，其基本特征，是排斥社会主义民主的正常程序。

“革命委员会”成员一般不通过选举产生，是经过所谓“反复的争论、酝酿、协商、审查，才推选出来的”。这种推选，很大程度上取决于群众造反派组织的状况和审查机关的主观意志。全国29个省、市、自治区“革命委员会”的4000多名委员中，包括其中大约半数左右的群众代表，都没有经过民主选举。而当时把“革命委员会”成员“不是选举产生的，而是直接依靠广大革命群众的行动产生的”，看做是比以前单纯用选举产生的更合于无产阶级的民主，更合于民主集中制①，是完全错误的。在当时，谁都可以拉一帮人，成立一个组织，做为群众组织的代表。显然，这为一些投机分子和坏分子掌握权力造成了可乘之机。

在当时各级党组织还没有恢复的情况下，“革命委员会”实际上取代了各级党组织，实行一元化的领导。但是在一些比较早的成立了“革命委员会”的省和重要单位，开始逐步恢复党的组织生活，并在“革命委员会”内部成立“党的核心小组”，决定大政方针。1967年10月27日，中共中央发出《关于已经成立革命委员会的单位恢复党的组织生活的指示》。《指示》就中共青海省党的核心小组10月19日来电请示在成立了“革命委员会”的单位恢复党的组织生活的问题作了肯定的答复，要求各地都应这样做。12月2日，中共中央、中央文革小组将《关于整顿恢复重建党的组织的意见和问题》下发各地征求意见。文件建议在“革命委员会”中建立党的核心小组，基层成立支部和小组，来实施党的组织领导。

随着各级“革命委员会”的相继建立，毛泽东和中共中央开始总结“革命委员会”的经验。1968年3月30日，《人民日报》、《红旗》杂志、《解放军报》发表社论《革命委员会好》。社论除了把“三结合”作为“革命委员会”的基本经验大加赞扬外，还把精兵简政作为一条重要经验。在省、市、自治区等各级政权机构的“革命委员会”中，一般设办事组、政治工作组、生产指挥组、保卫组。同时，对原党政机关工作人员进行了大量精简。例如，当时大多数省级“革命委员会”成立时，全部工作人员只有200人左右，为原省委、省人委工作人员的1/30。在工厂，一般

① 《吸收无产阶级的新鲜血液》，《红旗》1968年第5期。

设革命、生产和生活三个办公室[①]。1968年7月11日，《人民日报》发表通讯，把河南省灵宝县“革命委员会”作为实行“精兵简政”的典型树立起来，并加上编者按，要求各级“革命委员会”走“精兵简政”的道路。到1974年11月8日，《人民日报》又以《来自灵宝的新经验》为题，再次介绍了灵宝县“革命委员会”实行“精兵简政”的经验。灵宝县“革命委员会”仅设立办公室、宣传部、组织部和生产指挥部四个科室，机关实际工作人员47人，通过这种精干的机构，实行一元化领导。当时成立的各级“革命委员会”，在人数上确实比以前的机构减少了许多，但这决不是积极意义上的“精兵简政”，这是因为：第一，这样简陋的机构设置和不切实际的人员精简，是无法应付社会多方面多层次的各种需要的。对于一个主要依靠行政手段管理社会生活一切方面的国家来说，这种不适应就更加突出。实际上，各级“革命委员会”成立不久，就开始相继增设机构，增加工作人员；第二，这种精简造成“革命委员会”内部机构设置极其不合理。在各级政权机构的“革命委员会”中，一般设政治、生产、保卫、办事四个机构。这种设置强化了领导机构“突出政治”、“阶级斗争”的职能，而大大削弱了各级政府组织领导生产和社会经济的职能。一个生产指挥组，包括了农、工、商、林、渔、牧、副各业，无法适应现代化生产和社会经济发展的要求；第三，这种“精简”是以排斥一大批革命干部为基本政治背景的。

从1967年1月上海夺权起，到1968年9月初西藏、新疆两个自治区的“革命委员会”同时成立，经历20个月，全国（除台湾外）29个省、市、自治区先后成立了“革命委员会”。这标志着“文化大革命”的夺权任务已经基本完成。

三

党的九大以后，开始了恢复各级党组织的工作。1970年10月28日，中

① 参见1968年4月1日《人民日报》。

共中央发出《关于召开地方各级党代表大会的通知》。《通知》提出要陆续召开地方党代表大会，产生新的党委，并要求新党委成立以后，不另设重叠的办事机构，“革命委员会”的办事机构基本上就是党委会的办事机构。后来各级党委成立后，新党委和原来的“革命委员会”是两块牌子一套班子，党委的第一书记基本上都兼任“革命委员会”的主任。“革命委员会”这种体制把以往的党政不分、政企不分的一元化发展到极端，成为一种党政合一、政企合一的混沌体。这种一体化的政治体制，只适应了阶级斗争扩大化的需要，而不适应管理现代国家的要求。

林彪反革命集团被粉碎以后，中共中央开始重新考虑部队的“三支两军”问题，这直接涉及“革命委员会”的组成问题。1972年8月21日，中共中央发出《关于征询对三支两军问题的意见的通知》，并附《关于三支两军若干问题的决定》（草案）。文件决定：“三支两军”人员撤回部队；凡建立党委的地方和单位，军管、军宣队、支左领导机构撤销，少数军队干部转业留在地方工作；“三支两军”人员撤回后，各级地方党委成员适当调整，更多地挑选地方干部担任主要领导职务。此后，大部分参加到“革命委员会”的军队代表陆续返回部队，特别是企事业等基层单位的军队代表。但也还有一些军队代表留在地方，主要是在党政机关和省市一级的“革命委员会”担任主要负责人。不久，1973年1月1日，《人民日报》、《红旗》杂志、《解放军报》发表《新年献词》，指出各级领导机构要按照老中青三结合的原则逐步完善。这以后，“革命委员会”内部原来意义上的革命干部、军队、群众代表的三结合政权形式，已经不作为普遍原则存在了，而被新的意义上的老中青三结合的形式所取代了。

1975年1月13日至17日，四届全国人大在北京举行。大会通过的《中华人民共和国宪法》规定：“地方各级‘革命委员会’是各级人民代表大会的常设机关，同时又是地方各级人民政府”。这实际上第一次对“革命委员会”这一组织形式通过立法的程序加以确认。

实现政治权力运行的程序化，是政治体制科学化、制度化的重要内涵。无论是横、纵向权力的划分，还是政权形式的改变，都应经过必要的程序，由一定的立法机构确认。我国“文化大革命”期间新建立的政权形式“革命委员会”，在建立8年以后，才通过立法机关把“革命委员会”作为一种政权形式确定下来，这是极不正常的。

四届全国人大以后，邓小平主持中央日常工作，并开始对各方面的工作进行全面的整顿，其中包括对“革命委员会”内部结构的整顿。随着党中央、国务院对经济工作进行整顿的开始，“革命委员会”内部结构的一些严重问题日益暴露出来，主要表现为：第一，“革命委员会”中的一些“造反派”头头闹派性，破坏安定团结，干扰生产的正常运转。如前所述，在“革命委员会”建立过程中，大批“造反派”骨干结合到“革命委员会”中去。这些“造反派”头头进入“革命委员会”后，他们与社会上的一些人相结合，以原来的造反派组织为基础，成立新的帮派势力。这成为“革命委员会”内部和整个国家政治生活长期难以安定团结的重要原因。第二，“革命委员会”中懂得业务的知识分子较少，无法承担起科学领导和管理各项工作的任务。为此，在全面整顿的过程中，采取了一些措施，调整了“革命委员会”内部结构。第一，把派性严重的造反派头头调离“革命委员会”的领导岗位。邓小平在1975年2月25日召开的全国工业书记会议上的讲话中明确指出：“现在闹派性已经严重妨碍大局。要把闹派性的头头从原单位调离，调动后又钻出来的新的头头再调，不服从调动不发工资”。会后，铁道部长万里率领工作组，先后去徐州、太原、郑州、长沙等地，重新配备领导班子，对派性严重的领导干部采取组织措施，并法办了33个煽动闹派性的造反派头头和坏人。第二，在“革命委员会”中，特别是科技界的各级“革命委员会”中，要增加知识分子的比例。邓小平在听取《科学院工作汇报提纲》时指出：“一不懂行，二不热心，三有派性的人不能留在领导班子里。科研人员中有水平有知识的可以提为所长。”此后，科学院等单位先后提拔了一批科技人员担任领导职务。遗憾的是，这些对“革命委员会”内部结构的调整，后来都被当做“右倾翻案风”加以批判。

1977年10月15日，中共中央发出《关于召开第五届全国人民代表大会的通知》。《通知》要求各省、市、自治区在本年10月份至12月份分别召开人民代表大会，由“革命委员会”向大会报告工作，选举新的“革命委员会”。之后，从1977年10月至1978年2月，各省相继召开了省人大，选举产生了各省新的“革命委员会”。这改变了以前完全依靠“革命群众行动”产生“革命委员会”的非程序性、非民主性的错误做法。

1978年2月26日至3月5日，五届人大一次会议在北京举行。会议通过的《政府工作报告》指出，各级“革命委员会”，是我国的地方政权机构；要按毛泽东同志提出的接班人五项条件和老中青三结合的原则，改选各级“革命委员会”。今年内全国的省辖市、自治州、县和公社，都要分别召开人代会，选好新的“革命委员会”。地区一级是省的派出机构，不设“革命委员会”。工厂、生产大队、学校、商店以及机关和其他企、事业单位，除了实行政企合一的厂矿企业外，都不是一级政权，不再设立“革命委员会”，而应分别实行党委领导下厂长、大队长、校长、经理等的分工负责制。会议通过的宪法也做了相应规定。这实际上把国家的政权形式同各基层单位领导机构的组织形式区别开来，为以后最终取消“革命委员会”做了一定的准备。1979年7月1日，五届二次全国人大通过的《关于修正“中华人民共和国宪法”若干决定的决议》，决定取消地方各级“革命委员会”名称，改为地方各级人民政府。“革命委员会”最终退出了中国的历史舞台。

从以上可以看出，“革命委员会”完全是“文化大革命”的产物，是国家政治体制和国家行政工作上的一次重大倒退。随着“文化大革命”的结束，它的取消是理所当然的。

知识青年上山下乡的原因及评价*

延续了二十多年的城镇知识青年上山下乡，随着“文化大革命”的结束和改革开放时期的到来而终止了。

如何评价这场持续四分之一世纪的上山下乡，十多年来人们一直在不断地进行探索和反思。中国知识青年上山下乡为什么缘于50年代，又为什么延续27年之久，特别是怎样看待“文化大革命”期间那场震撼人心的上山下乡运动？这场运动的历史教训是什么？在这里，就人们关切的几个基本问题作一些探讨。

一、城镇知识青年上山下乡引发和持续的经济原因

中国城镇知识青年上山下乡的起因，是缘于50年代中期困扰政府的城镇就业问题，倡导者的初衷是想通过动员城镇青年参加农业生产，减轻城镇的就业压力。

所谓就业问题，说到底是一个经济问题。50年代初，刚刚从旧中国废墟上建立起来的新中国，千疮百孔，百废待兴，特别是面对着旧社会遗留下来的庞大失业群体，急需得到安置。但是，由于政府的财力、物力所限，不可能把失业人员都安置在城镇。因此，当时政府在解决就业问题时，采取多种渠道、多种办法安排就业。动员农村有家的失业

* 此文为顾洪章主编、胡梦洲副主编的《中国知识青年上山下乡始末》（中国检察出版社1996年版）的结束语的主要部分。文章标题系作者所加。

人员回乡参加农业生产就是其中一项重要措施，并且收到了很好的效果。从而给国家领导人一个很大的启示：农村是解决城镇多余劳动力的广阔天地。

1953年，在国民经济得到恢复的基础上，开始了新中国的第一个五年计划。从此，我国的国民经济走上了计划经济体制的轨道，劳动就业制度也开始实行统一分配。城镇能够容纳的就业人数，取决于执行计划经济所需要的劳动人数。计划内不能安置的人员，则号召他们上山下乡。实际上，为了多安排一些人就业，在招收职工时常常超出实际需要，形成两个人的饭三个人吃，三个人的活儿五个人干，企业劳动生产率一直难以提高，严重地阻碍了经济的发展与提高，削弱了企业积累资金的能力，反过来又进一步限制了投资规模和就业规模的扩大。加上长期以来，在“左”的思想指导下，盲目追求“一大二公”，变集体所有制企业为全民所有制企业，把小集体合并为大集体，严格限制甚至取缔个体经济，杜绝了失业人员自谋职业的出路。这就使得城镇就业的路子越来越窄，一旦企事业单位不招工，就只剩下上山下乡一条路了。因而组织城镇不能升学就业的人员下乡，就是理所当然的了。

由于“左”的思想指导与计划经济体制所造成弊端的影响，我国国民经济出现了间歇性的大上大下。于是，就发生了这样一种景象：随着我国国民经济发展过程中出现大上大下，知识青年上山下乡也相应地出现了潮起潮落。不过经济发展速度的高峰与低谷同动员上山下乡的高峰与低谷，正好呈反向运行。

例如，1956年，我国基本完成对农业、手工业和资本主义工商业的社会主义改造，国民经济得到了很大发展，第一个五年计划原订的主要指标，大都提前实现，旧社会遗留下来的失业问题基本得到解决。可以说是新中国经济发展的第一个高峰。但同时，出现企业招工过多，经济效益下降，财政也出现赤字，不得不在1957年提出整顿。停止招工并精简人员，号召不能升学就业的中小学毕业生参加农业生产，根据刘少奇南下讲话写的《人民日报》社论，即《关于中小学毕业生参加农业生产问题》一文中提出：“从事农业是今后安排中小学毕业生的主要方向”。并且将这个精神写进了《全国农业发展纲要》，把动员城市青年学生下乡放到了重要的地位。

紧接着，1958年出现了“大跃进”高潮。一时间，竟然感到城里劳动力不够，还从农村招工2000多万人。这个时候上山下乡也就没有必要了。然而好景不长，很快就由于城里口粮紧张，国家财力、物力困难，不得不再次提出调整。在1962年至1965年的调整期间，不仅把2000多万新近从农村招来的人员全部动员返回农村，还动员了近200万城镇知识青年和其他人员上山下乡。

在“文化大革命”中，知识青年上山下乡运动的起伏，又注入了政治因素（这在下面还要提到），但仍然与经济因素紧密相关。“文化大革命”的初期，由于红卫兵运动的冲击，上山下乡一度停止。到1968年，积压了三届初、高中毕业生等待分配，而当时国民经济受到“文化大革命”的严重破坏，经过1962年至1965年三年调整后，国民经济本来已经出现恢复和发展的好形势，却再度转变为停滞和倒退。许多企业停产、停工，在职人员尚且无所事事，自然不再需要增加新人。这就面临着一个三届毕业生如何分配的大难题。正如当时毛泽东指出的：“毕业生分配是个普遍问题，不仅有大学，且有中小学”。分配原则，政府设想是面向农村，面向边疆，面向工矿，面向基层。而那个时候能够面向工矿的只是很少一部分人。大部分人要面向农村和边疆。这就是1968年、1969年形成知识青年上山下乡运动高潮的经济原因。

至1970年，“老三届”毕业生基本安排完毕，其中绝大部分是上山下乡。从而使得城镇就业压力有所减轻，上山下乡人数也就相应减少。同年12月，政府提出了第四个五年计划纲要，在“左”的思想影响下，这个纲要规定的指标是比较高的。相应地城里招工人数逐年增加，下乡人数逐年减少。再次呈现出经济发展速度高峰同动员上山下乡低谷之间的反向运行。

1971年12月，周恩来总理在全国计划会议上指出，国民经济发展中的基本建设战线过长，导致“三个突破”，带来财力、物力供应紧张，必须压缩基本建设规模，减少甚至暂停招收职工。于是，又引发了1972、

1973年的新一轮上山下乡高潮。

以上可以看出，在实行改革开放政策以前的20多年里，在我国国民经济的周期性大上大下过程中，动员城镇青年及城镇其他人口下乡，一直是各个经济调整时期为了克服当时经济困难所采取的一项重要措施。它对减轻城市负担、阻遏农村人口盲目涌入城市，保证国民经济的恢复和发展，起着不可忽视的作用。

一位美国教授托马斯·伯恩斯坦，在其所著的《上山下乡——一个美国人眼中的中国知青运动》一书的中文版前言中，有这样一段话：

“许多第三世界国家都面临着源于无法遏止的城市人口膨胀和城市失业率日渐高涨的社会压力。它们的政府在向城市移民的浪潮及就业能力要求而与日俱增的教育的压力面前束手无策。相对这种一般的状况而言，中国曾是一个引人注目的例外。在这个国家曾实行的一系列的控制城市膨胀、促进农村发展以及使教育与经济发展实际相适应的措施中，一个重要的举措就是将城市中学毕业生送到农村和边疆去安家落户……这无疑是本世纪任何一个国家中最大的一项社会实验。”

美国教授的这段话比较真实，客观地表达了中国党和政府的决策者发起上山下乡的本意和初衷。虽然上山下乡高潮的出现，常常是在经济工作出现问题之后形成的，但正是为了纠正错误、解决经济工作中的问题，才有必要动员城市人口下乡。从这个意义上说，上山下乡就像一个不得不咽下的苦果。如果说，在我们这个人口众多、贫困落后的国家，上山下乡伴随经济兴衰而起伏，有其一定历史必然性的话，那么，转变上山下乡的决策，也必然要依赖于国民经济体制的整体改革和国民经济的全面发展。

二、上山下乡运动走入歧途并最终失败的政治原因

知识青年上山下乡，离不开起伏跌宕的经济背景，也同样离不开变化莫测的政治背景。随着一次又一次的政治运动，知识青年上山下乡也打上了政治烙印，及至十年动乱期间竟然变成一场政治运动。

（一）把组织和动员知识青年上山下乡，同培养无产阶级革命事业接班人联系起来，开始给上山下乡注入了政治内容。

1965年4月22日，周恩来在安置工作会议上要求各地党委和政府在组织和动员知识青年上山下乡时，应当从关怀后代、培养革命接班人、建设社会主义新农村、逐步缩小以至消灭“三大差别”的深远意义来看待这项工作。在这里，周恩来并非是随心所欲地发挥，而是严格按照毛泽东的指导思想办事的。

50年代初期，毛泽东面对西方帝国主义军事威胁和封锁禁运，不曾有过畏惧。然而，对美国国务卿杜勒斯1953年提出的实行“和平演变”，把希望寄托在社会主义国家的第二代、第三代、第四代人的身上的策略，却引起了毛泽东的忧思。1956年，苏联又出现了赫鲁晓夫的反斯大林事件，毛泽东对此更是忧心忡忡，因为堡垒是最容易从内部攻破的。对于来自革命阵营内部的颠覆和破坏，远比外部的敌人要危险。毛泽东一次又一次提醒各级干部防止“和平演变”问题，并为此提出了反对国内外修正主义、防止“和平演变”的一系列措施。

为了反修、防修，毛泽东特别强调要培养千百万无产阶级革命事业接班人，应当说这是可以理解的。问题是如何培养，到什么地方培养。当时突出了到最艰苦的地方去，去与工农群众相结合，低估了学校教育的作用。

1965年6月，高等教育部根据毛泽东关于培养革命接班人的指示精神，向中共中央提出了《关于分配一批高等文科毕业生到县以下基层单位工作的请示报告》。报告提出“计划在两年内抽调高等学校毕业生1万人，先参加‘四清’运动（指清政治、清经济、清组织、清思想），两年后再有计划、有重点地分配他们到县以下的基层单位工作。”中共中央在批转这个报告时指出：“分配一批大学生到农村，是实现知识分子同工农群众相结合，培养革命事业接班人的有效途径之一”。可以说，从这个时候起，就给城镇知识青年上山下乡的意义加进了反修、防修的因素，并且预示着城镇知识青年上山下乡将要长期进行下去。

（二）知识青年上山下乡在“文化大革命”中发展成为一场政治运

动，完全偏离了试图解决就业问题的初衷。

1968年12月，毛泽东发出“知识青年到农村去，接受贫下中农的再教育，很有必要”的号召以后，立即在全国掀起了知识青年上山下乡高潮。一年多时间里，积压在城里的三届初高中毕业生大都走向农村。至此，一度震撼全国、轰动世界的红卫兵运动，终于为上山下乡运动所替代。从某种意义上说，知识青年到农村去接受再教育，是红卫兵运动的一种继续，是“文化大革命”酿成的苦果，也是所谓“教育革命”的一种表现形式。

毛泽东亲自发动和领导的“文化大革命”，出发点是防止资本主义复辟、维护党的纯洁性和寻求中国式的社会主义道路。然而由于对社会主义阶级斗争扩大化的认识，对党和国家政治形势的错误估计，导致了一场混淆敌我的全面内乱。“文革”初期，广大青年学生出于对党、对毛泽东同志的信赖及防止国家改变颜色的真诚愿望，纷纷参加红卫兵，走上社会“造修正主义的反”，“造反”浪潮很快席卷全国。在林彪、江青等一伙野心家别有用心的挑动下，红卫兵同社会上各行各业的造反派联合一起，到处揪斗“走资派”，冲击各级领导机关，停课、停产闹革命，导致武斗连绵不断，流血事件时有发生，全国陷于一片混乱，最终到了无法控制的地步。

1968年底，由于进行所谓的“教育改革”，大专院校一直停止招生，而中等学校虽已明令复课，但经过几年的停课闹革命，领导班子不健全，甚至瘫痪，加上严重缺少教材和经费，教学设施也遭到严重破坏，一时难以恢复，这些都给学生复课和升学造成极大困难。特别是毕业生分不出去，新生就进不来。毕业生分配问题成了突出的社会问题。

毛泽东发出“知识青年到农村去”的号召之后，形势立即大变。这是因为，既然接受贫下中农的再教育很有必要，其他方面就没有多少选择余地了，下不下乡成了一个政治态度问题。在政治风浪的驱动下，“毛主席的话我们听，毛主席挥手我前进”，“越是困难的地方越要去”。一时间，学生争先恐后下乡，甚至整班整组成建制地下去，形成轰动效应，出现了所谓“一片红”。而安置地区不管有无条件，也作为政治任务接收，从而隐藏了日后难解的矛盾。这时候的上山下乡，已经完全是一种政治运动，它与“红卫兵”运动的本质一脉相通。不同的是红卫兵要造党内“走资本主义道路的当权派”的反，要横扫一切“牛鬼蛇神”；而上山下乡是接受贫下中农的再教育，改造自己的世界观，是造自己头脑里那种轻视劳动、轻视劳动人民的资产阶级思想的反。

“到农村去，接受贫下中农的再教育”同“上山下乡参加农业生产、在农村安家立业”，显然是两个不同的概念。前者属于政治思想范畴，而后者属于社会经济范畴。两个目的，两个范畴，原本应该有两种不同的做法。但在实际执行中，却是难解难分，这就形成理论上的混乱与执行过程中的矛盾。

所谓“再教育”，就是说过去在学校那一段没有教育好，需要进行“回炉”，补上“同工农群众相结合、与工农群众打成一片”这一课。因为，毛泽东认为，过去17年是资产阶级知识分子统治我们的学校。自然，培养出来的学生其世界观也是资产阶级的。所以必须接受劳动人民的再教育。当然，工人阶级也是劳动人民，而且是劳动人民中间的先锋队。那么，为什么不能让城里青年学生就近接受工人阶级的再教育，却要他们上山下乡去接受贫下中农的再教育呢？这在理论上是解释不通的。但从经济上可以说得清楚，那就是工矿企业容纳不了那么多人，而社会上又不容许“吃闲饭”。这样，就只好强调去农村接受贫下中农的再教育了。

接受“再教育”，既然是作为学校教育的继续，就应该有个期限，一二年，二三年，总该有个结束，教育好了，允许他们回城就业或继续升学。如果是这样，青年本人及其家长还是能够接受的。但是，“文化大革命”一革就是10年，“左”的错误一直统治着政治、经济、文化教育等各个方面，使我国的国民经济迟迟不能走上正常发展的轨道。城镇不能为青年提供更多的就业机会，也就很难做到所有下乡青年都回城。于是就出现了一部分下乡青年能够回城，而多数青年只能长期留在农村。加上“走后门”不正之风盛行，特别是有些权势人物的子女回城了，引起群众的强烈不满，加剧了社会矛盾。福建一名小学教员李庆霖为此向毛主席上书“告御状”。经毛主席指示后，虽然对不正之风进行了查处，但“走后门”之类的事终难禁绝。

为了稳定下乡青年，在“左”的错误思想指导下，舆论上也出现了一些自相矛盾的宣传。一方面说知识青年到农村去是为了接受“再教育”，是为了培养无产阶级革命事业接班人；一方面又要求知识青年一辈子扎根农村，当一辈子“社会主义新农民”。后来甚至把在下乡青年中的正常招工、招生，说成是“拔根”，还把“拔根”与“扎根”的辩论上升到阶级斗争的高度，使知识青年上山下乡运动成为一个碰不得的禁区，谁都不敢轻易表态。

舆论的压力能够起到暂时的稳定作用，但压服不等于心服。只要根本矛盾没有解决，就很难消除群众的不满情绪。这种情绪，蓄之既久，发之必猛。终于在中共十一届三中全会宣布实行改革开放政策后，出现了席卷全国的知青请愿、闹事，最后以“大返城”收场。这场延续多年的上山下乡运动，也就很快宣告结束。

三、“知青”的历史奉献功不可没

知识青年上山下乡是一个复杂的历史过程，其基本出发点及其相应的若干做法，在“文革”前和“文革”中是有很大区别的。所以，必须作历史的分析，不能以固定的目光和尺度去看待不同历史背景下产生的事物。比如，从1962年开始在全国范围内展开的知识青年上山下乡，正常进行了4年多，基本上是按计划有组织进行的。对城市青年来说，留城还是下乡，都有一定的选择余地。恰恰是在这种社会气氛和心态之下，一些青年怀着建设社会主义新农村的抱负，愿做新中国第一代新式农民。像60年代初的董加耕、侯隽，都是品学兼优的高中毕业生，由于当时我们国家处在“三年困难时期”，粮食问题成了主要矛盾，他们出于忧国忧民，毅然放弃高考，立志下乡务农。他们尽管遭受了种种挫折，依然走着自己选定的人生之路，无悔无怨，至今没有离开这块热土。

然而，“文化大革命”时期的上山下乡，可说是历史为这代青年人所规定的一条必走的人生之路，有那么几年除了上山下乡，几乎别无选择。

上山下乡知识青年在这条道路上，有过幻想和自豪，有过宝贵青春的荒废和生活自信心的动摇；而引为荣耀的是他们那种为国分忧、艰苦奋斗的高尚精神。不管他们是否自觉，上山下乡知青中的绝大多数人都是按照毛泽东思想的指导，按照时代的需要来塑造自己的。“扎根农村干革命，青春献给新农村”、“毛主席的战士最听党的话，哪里需要哪里去，哪里艰苦哪安家”，这是他们在广大农村随时修正自己人生航标的指南。在党和国家处于最困难的岁月里，他们用自己孱弱的身躯同农村父老乡亲一起，支撑着共和国大厦。他们把自己最宝贵的青春和才智奉献给了祖国农村和边疆的建设事业。从祖国北疆的黑土地到南疆的橡胶林，从茫茫戈壁滩到东海之滨，祖国的山山水水都留下了他们的业绩。

在上山下乡知识青年中，有的当了中小学教师，成为贫乡僻壤传播文化的种子；有的当了“赤脚医生”，为缺医少药的农民解除病痛；有的立志于农业科学技术的研究和应用，为发展农业生产作出了可喜的贡献；有的被推选为生产队会计、保管，成了“红管家”；有的被选拔到农村各级领导岗位，成为受农民爱戴的带头人。在农村的各条战线上都涌现出一批先进模范人物。而更多的人以普通农民的姿态，默默地耕耘，用自己辛勤的汗水浇灌出来的农产品，支援着祖国的社会主义建设。

更令人崇敬和怀念的是那些为抢救国家和集体财产而英勇牺牲的知青，他们将自己的全部青春生命，献给了为之奋斗的土地和那里的人民。历史永远不会忘记他们。

特殊的历史时代塑造了上山下乡知识青年这个特殊的群体。他们从城市到农村，从学生到农民，是人生道路上一大转折，经历了一场极为艰难的磨炼，从思想上、体能上、生活上、感情上都发生了很大的变化。正是在这种艰苦磨炼的过程中，他们才逐步地对中国的国情有了比较接近实际的认识，尤其是对中国人口占绝大多数的农民有了更为真切的了解，正是基于这种认识的提高，才产生了强烈的变革农村的愿望和责任感，全心全意地投入到改变农村贫困面貌的艰苦斗争中去。也正是由于经历了比较长期的艰苦磨炼，他们才真正懂得珍惜国家和个人今天来之不易的发展和变化。在知青群体中有一笔最为宝贵的财富，就是他们的爱国热情、奉献精神和坚韧不拔、吃苦耐劳的品格。这是社会上对他们客观公正的评价。正是因为具有了这种品质，在他们中间，那些走上领导岗位的，能保持艰苦朴素、密切联系群众、清正廉洁、身体力行的好作风；那些继续上学深造的，能够珍惜时间，勤奋学习，努力做到学有所成；那些进入商界的，也能凭借自己扎实的根底和孜孜以求的敬业精神，获得显赫的成就。此外，在各行各业，也都不乏表现突出的工作者。如今，他们已是共和国的中坚，发挥着承前启后的作用。

当然，这些不能成为历史错误的辩解。“十年动乱”造成的恶果，使上山下乡成了知识青年无可选择的出路，使许多有志青年更高的理想化为乌有。一大批本来可以成为专家、学者的苗子，被淹没在上山下乡的洪流之中，造成我国科学界的人才断层，这对我国经济建设的影响是长远的。

随着时代的前进，随着改革的潮起，大多数上山下乡知青找到了展现自己才华的位置，生活得比较充实和富裕。但是，我们也应该看到一些处境不顺、生活拮据的老知青，在其求知的最好年华时，却失去了求学的机会。当他们回到城市时，已经年龄偏大，又无一技之长，更无专业学历可言，因此可供他们选择的工作面是十分狭窄的，生活的挫折与烦恼依然撞击着他们心灵。有些已经在工矿企业就业的人，或因优化组合而下岗，或因生产不景气而重新待业。因此，他们的生活仍处于较为艰难的境况之中，这不能不说是上山下乡带来的后遗症。值得欣慰的是，如今躬逢盛世，在经济腾飞年代，施展个人才能的机会很多，我们相信，所有老知青都是可以凭借那种自强不息、坚韧不拔的精神，激发奋进，为创造美好的明天，找到自己合适的位置。

四、解决就业问题的根本途径在于改革旧的经济体制，解放和发展社会生产力

在过去的年代里，动员城市知识青年上山下乡，是在我国国民经济困难时期作为调整国民经济的一项应急措施，是为了克服困难、维护大

局，不得不迈出的一步。这是广大人民群众能够理解的。但是，绝不能也无必要把知识青年上山下乡作为长远的国策。这已为实行改革开放政策以来的实践所证明。

中共十一届三中全会以来，在邓小平同志建设有中国特色的社会主义理论指引下，确立了经济建设为中心的基本路线，实行“两种生产”一齐抓。一方面要坚持计划生育这一长远国策，严格控制我国人口膨胀；一方面大力调整所有制结构和产业结构，改革不适应生产力发展的经济制度，包括劳动制度，进一步促进生产力的发展，为广开就业门路创造条件。

从1980—1994年年末，我国并没有走城镇知识青年上山下乡这条路。而在这一期间，不仅较快地解决了几百万返城知青的就业问题，还陆续安排了城镇几千万新成长起来的待业者就业，近几年又出现几千万农村劳动力进城打工，城乡经济呈现快速发展的好形势，这不能不归功于邓小平同志倡导的实行改革开放的好政策。15年来，在我国劳动就业政策方面，有两次大的改革：

第一次是1980年，中共中央、国务院提出了由劳动部门介绍就业、组织起来就业和自谋职业的“三结合”就业方针，改变了长期以来实行统包统配的办法，使我国劳动者开始有了一定的选择职业的自由，也减轻了国家对劳动就业实行统包统配所造成的沉重负担。

第二次是1992年，随着社会主义市场经济的体制的推行，通过劳动力市场实现就业开始提上日程。由实行“三结合”就业方针进一步转向规范化、市场化的竞争就业，完全改变那种用计划和行政的手段配置劳动力的传统作法，推动劳动力合理而有序的流动。与此相适应，建立一套完善的以养老保险和失业保险为中心的社会保障制度，为实行市场化就业创造外部环境。

可以预见，随着社会主义经济的蓬勃发展，劳动制度的进一步改革，今后城镇劳动力的主要流向不是上山下乡，而是农村劳动力向城镇特别是向小城镇有序地转移，由第一产业继续向二、三产业合理地转移。

农民脱离农业，走出家门，走南闯北，不仅增强了商品意识，获得劳动所得的物质利益，加速了资金的原始积累，而且学到了生产技能，增长了见识和本领，从而有利于改变农村的闭塞状态，加快农村摆脱贫穷落后面貌。河南省林县在总结他们的发展史时说：修红旗渠是第一次原始积累，10万民工走出太行山是第二次原始积累。有了这两次原始积累，才能遍地开花地办起乡镇企业。林县经验证明，把剩余劳动充分利用起来，可以作为替代资本，是资本积累的一个重要途径。通过劳动积累，发展乡镇企业，带动农业现代化的发展，其着眼点仍然在农村，是立足于结合发展小城镇，就地消化剩余劳动力。因为，根据我国国情，把农村富余劳动力的出路全都寄托于向大中城市转移是绝对行不通的。

当然，社会主义市场经济条件下形成的劳动力合理流动，也包含部分城镇知识青年和各种有技能的人才自愿到农村去就业。据1994年10月15日《北京晚报》转引新华社一则消息说：

毕业于江南大学的江苏省江阴市青年徐建忠，自愿到本市村办企业公司工作。如今越来越多的城镇青年在走这条就业之路，全国到乡镇企业上班的城镇青年已达300万人。其中广东省超过40万，江苏省有30万，山东为20多万，浙江、辽宁、四川、福建、湖北等省也在10万人以上。据统计，在乡镇企业就业的城镇青年每月收入都超过400元，高于城镇就业的工资。

农村经济的日益发展，对城里人产生很大的吸引力。如今这方面见诸报端的新鲜事很多。有的全家放弃城市户口，回到原籍农村落户享受比城市优厚的待遇；有的丢开城市的低工资收入，到农村搞承包经营，发展高技术农业；有的带专业技术下乡，支援乡镇企业，帮助农民科学种田。更可喜的是，在大专毕业生中，已有越来越多的人志愿到农村中去，到偏远山区去，到边疆和少数民族地区去，奉献自己的才华。这些新鲜事反映出新时期上山下乡的新趋势。

当今，不论是农村劳动力流入城市，还是城市的劳动者流向乡村，都很自然地受价值规律和比较效益的驱使。近些年来，由于国民经济的迅速发展，城市青年选择职业的期望值越来越高，像装卸、运输、翻砂、纺织、建材、修理、环卫等一些行业，已很难在城里招收到工人。于是一些低收入地区的农村劳动力便乘虚填补了这些行业的劳动力空缺。据北京市政府以1994年11月10日为标准时间的一则统计：外省（主要是农村）来京打工的人员达286.7万人，其中建筑工人42.9万，宾馆、饭店、旅馆、招待所及机关事业单位雇用的服务员、勤杂工等达63.7万人。至于城市下乡就业人员则大都具有一定科学技术和经营管理才能，他们到农村去，增加了那里的科技力量，促进了乡镇企业效益的提高，推动了高科技农业的发展，还给农村建设在财力、物力等多方面的支援。同时，他们自己也得以施展才华、获得较高的收入。这种现象，同当年的上山下乡是有明显区别的：第一，他们没有受到任何政治上的压力或政策上的限制，自愿下去，来去自由；第二，他们带技术知识、带管理才能下乡，既有英雄用武之地，能够实现自身的价值，又给农村以最为实惠的支援，农民欢迎；第三，通过辛勤劳动，可以取得较为优厚的回报，生活越过越富裕。

城乡劳动力合理有序地流动，已是市场经济发展的历史必然。在我们这个人口众多、地域辽阔、经济和社会发展极不平衡的国度里，“到农村去、到边疆去、到祖国最需要的地方去”的口号，依然是豪迈而光辉的。在社会主义崭新的时代里，人们会更好的继续发扬这个优良的传统精神，激励有志者在自觉自愿的原则下，以多种多样的形式去那里大显身手，创造更美好更幸福的明天。

1969年中苏边界冲突：缘起和结果

李丹慧

中苏边界问题是长期存在于中苏两国之间的历史悬案。中华人民共和国成立之后，由于中国“一边倒”外交政策的确定以及中苏同盟的建立，中国和苏联都一直不曾触及边界问题，两国边境地区的天空始终晴朗少云。50年代末60年代初，中苏之间裂痕不断扩大，边界争端也即肇启，并且随两国关系的恶化，边界冲突不断升级。面对苏联强大的军事、政治压力，以及美国对华政策的缓和迹象，毛泽东愈益明确了对中国的威胁究竟来自何方。由此，在他提出建立反帝、反修两条统一战线和两个拳头出击的总体战略的同时，已经开始考虑继续调整中国的对外战略。特别是在苏联不断挑起边境流血事件，导致中苏边界冲突升级后，毛泽东便将中苏边界问题纳入其对外战略之中，作为松动对美关系、联合世界一切政治力量重点反对苏联霸权主义的一个重要斗争手段，进而充分发挥边界问题的制衡作用，掌握对苏外交的主动权。1969年中国在中苏边界进行的自卫反击战即是在这种背景下产生的，其结果直接促成了毛泽东新的对外战略的建立。

一、中苏边界问题的由来

中苏边界的划分始于17世纪。沙皇俄国于16世纪中叶向东扩张，至17世纪下半叶开始与中国发生边界问题。1689年中俄签订了第一个边界条约《尼布楚条约》，规定了中俄两国的东段边界；1727年又签订了《布连斯奇条约》，规定了两国的中段边界；中俄西段边界当时无条约规定，中国的西部疆界大约在巴尔喀什湖北岸。这样，在19世纪40年代以前，中俄两国在基本平等的基础上，通过协商初步确定了两国边界的走向。

鸦片战争以后，中国逐步沦为半殖民地。沙皇俄国与西方列强勾结，迫使中国签订了一系列涉及边界问题的不平等条约。在中俄东段和西段边界，通过中俄《瑷珲条约》（1858年）、中俄《北京条约》（1860年）、《勘分西北界约记》（1864年）、中俄《伊犁条约》（1881年）及几个勘界议定书，将150多万平方公里的中国领土并入了俄国版图；在中俄中段边界，19世纪末叶以来，沙俄政府除通过控制中东铁路，进一步向中国内地扩展其势力范围外，还把当时属于中国的外蒙古看作是自己拥有特殊利益的地区，策动外蒙古与中国分离，并武装侵占了外蒙古唐努乌梁海地区。1917年以后，中国历届政府曾就外蒙古问题与苏俄、苏联政府反复谈判、交涉，至1946年1月5日国民党政府正式承认外蒙古独立，原中俄中段边界大部分成为蒙苏边界。至此，在沙俄利用一系列不平等条约对中国进行了近一个世纪的蚕食鲸吞之后，中俄之间7300余公里的边界基本确定下来。

俄国十月革命后，1919年7月25日，列宁的苏俄政府发表了对华政策纲领性文件“第一次对华宣言”。宣言中提出废除的中俄条约仅指19世纪末至十月革命前夕沙皇政府单独与中国政府订立的中俄密约（1896年）、辛丑条约（1901年）和俄日签订的侵华条约[①]，并不包括19世纪50年代至80年代订立的不平等的中俄条约。1920年9月27日，苏俄政府又发表了“第二次对华宣言”，明确宣布“以前俄国历届政府同中国订立的一切条约全部无效，放弃以前夺取中国的一切领土”[②]。从字面上看，这

① 薛衔天等编：《中苏国家关系史资料汇编（1917—1924）》，中国社会科学出版社1993年版，第58页。

② 薛衔天等编：《中苏国家关系史资料汇编（1917—1924）》，中国社会科学出版社1993年版，第87页。

一次对待中俄历史遗留问题的立场似乎较第一次宣言又前进了一步，但事实却并非如此。在以后的中俄磋商和谈判中，苏方代表始终坚持维持旧的不平等的中俄界约的立场，只是在“不坚持江左64屯归俄国保有”上表现出唯一的一次让步[①]。1923年，苏联政府表示要以“完全承认中国在其领土上的主权”为重新签订条约的基础，但这里的“领土”指的只是中东铁路沿线地区及中国政府向旧俄政府提供的租界[②]。面对中方代表提出的“取消中国与旧俄帝政时代各约”的要求，苏方代表表示赞成，但其中有关中俄界务的应予除外[③]。1924年2—3月，中苏两国草签解决中俄悬案大纲协定时，在中方提案和苏方修正案中，有关废止中俄条约一项，都注明是“通商”条约、公约等等，只是在正式签订的《协定草案》文本中删去了“通商”二字；关于边界一项仍同前议：将重行划定彼此疆界，未划定之前，维持现有疆界[④]。在1924年3月的中苏谈判中，北洋政府要求立时废弃旧约，而苏方拒绝。苏方代表认为，旧约对于两国疆界极有关系，若即废止，则疆界无所依据。提出：“数百年来中俄所订之条约何能一旦概行取消？”只是同意在新约未订以前，旧约中有违反1919、1920年两次宣言精神及有损中国主权的概不实行。致使中方代表在给北洋政府国务会议的报告中指出：关于废弃中俄旧约问题，苏方代表“态度甚为强硬，甚至于决裂而不肯让步”[⑤]。这实际上即表明，苏俄第二次对华宣言中废除一切中俄旧约的声明并未超过第一次对华宣言所提出的条约范围，将中俄界约也纳入废止之列。1924年5月31日，中苏正式签订

---

① 薛衔天等编：《中苏国家关系史资料汇编（1917—1924）》，中国社会科学出版社1993年版，第241页。

② 薛衔天等编：《中苏国家关系史资料汇编（1917—1924）》，中国社会科学出版社1993年版，第198页。

③ 薛衔天等编：《中苏国家关系史资料汇编（1917—1924）》，中国社会科学出版社1993年版，第206页。

④ 薛衔天等编：《中苏国家关系史资料汇编（1917—1924）》，中国社会科学出版社1993年版，第212、215、218页。

⑤ 薛衔天等编：《中苏国家关系史资料汇编（1917—1924）》，中国社会科学出版社1993年版，第242、244、247、248、249页。

了《中苏解决悬案大纲协定》。其废止旧约与划定疆界两项均同于草案。此后至1926年，中苏双方举行会谈，商议重新划界，订立新约。囿于当时的历史条件，谈判无果而终。这样，两国疆界未能重新划定，两国平等新约未能签订，中苏边界问题作为历史遗留问题，成为悬案保留下来，民国历届中国政府都没有再正式提出这个问题。但是，苏联政府却在20年代末至40年代期间，乘中国国内混乱之机，又超越沙俄时代不平等条约的规定和公认的国际法准则，在乌苏里江和黑龙江地段，把主航道中心线中国一侧的700多个中国岛屿划去600多个，面积达1000多平方公里；中苏两国还在1929年由于中东铁路利益冲突的加剧，爆发过一次中东路战争。是年10月，苏军攻陷中国边陲重地同江，11月，又猛攻札兰诺尔和满洲里，中国军队连连败北。12月，南京政府与苏联政府签署《中苏伯力会议议定书》，几乎全部采纳了苏方的意见。其后中东铁路恢复原状，苏方停止了军事行动并撤军。中东路事件虽是此期中苏边境的第一次大规模武装冲突，但其缘起于中东铁路问题，还不是中苏双方由边界争端而导致的边界事件。1931年“九·一八”事变爆发，日本帝国主义对中国东北的侵略导致远东国际关系发生重要变化，1932年12月中苏恢复邦交。时至第二次世界大战结束，在1945年《中苏友好同盟条约》缔结的过程中，中苏双方虽在东北、外蒙、中东路等问题上发生重大分歧，但未涉及两国边界问题。总之，在中华人民共和国成立以前，虽然中苏边界呈现中俄界约线、两国地图线、实际控制线交错并存的复杂状态，但是边境形势尚属稳定。

二、中苏边界问题的重新提出与边界冲突的升级

新中国成立以后，实行向以苏联为首的社会主义阵营“一边倒”的外交政策，在政治、经济、技术等各方面倚重苏联的支持和援助，为新中国的建设赢得了相对稳定的国际环境和物质基础。特别是1954年至1956年苏共二十大前，苏联对华政策的基础发生根本性转变，开始纠正斯大林在苏联与新中国关系中的某些错误做法，基本解决了斯大林时期遗留

的问题，使中国得以在平等的基础上与苏联进行合作，中苏关系愈益密切，中苏边界问题自然也被搁置。50年代末，中苏两党在社会主义革命和建设的方针政策及对外战略的方针政策上发生了全面的和根本的分歧，这种分歧造成中苏在国家利益上的严重对立。赫鲁晓夫为迫使中国就范采取了撤走技术专家、撕毁经济合同等极端措施，先行迈出了破坏国家关系的第一步。此后，中苏边境纠纷随之肇始，搁置了几十年的边界问题被重新提出。

1959年9月初，苏联外交部远东司司长米哈伊尔•齐米亚宁为赫鲁晓夫进行访华而准备的题为"中华人民共和国的政治、经济和国际地位"的长达30页的绝密报告中谈到："苏共二十大后不久，中国展开了反对教条主义和被称为'百花齐放'的运动"，"右派分子""对苏联提出了大量的领土要求"。齐米亚宁认为，"很难确认在反右斗争中公开发表这一类言论的目的，即使考虑到我们的朋友们的战术意图也仍然不易理解"。但他还是指出："尽管有过右派分子的叫嚣，中国朋友却从未在正式出版物中公开提出过所谓'对苏联的领土要求'"[①]。这是目前发现的苏联官方文件中第一次对新中国在中苏边界问题上的态度的反映。尽管当时中苏关系已趋向恶化，齐米亚宁对中国重提旧案也是满腹疑团，但还是客观地未将"右派言论"视为中国官方的态度。9月末，赫鲁晓夫访美后赶到北京参加新中国建国十周年庆祝活动。10月2日，在同毛泽东等中国领导人进行的长达7小时的会谈中，赫鲁晓夫就中印边境事件对中国进行无理指责。周恩来则反驳说：你们领土问题处理得也不好，你想证实一下吗？示意中苏之间也有领土归属问题尚待解决。这是自"中苏蜜月"以来中苏两国领导人在内部会谈中最激烈的一次相互指责。边界问题已经提到了中苏关系的议事日程上。

1960年8月，苏联在中国新疆博孜艾格尔山口附近地区挑起了第一次边境事件，1962年4月，又在新疆伊犁、塔城地区策动6万余中国公民

① 马克•克莱默：《苏联外交部对分裂前夕中苏关系的估计》（The Soviet Foreign Ministry's Appraisal of Sino—Soviet Relation on the Eve of the Split），"冷战在亚洲"香港国际学术研讨会论文（1996年1月）。

越境逃往苏联，并于5月策动了伊宁暴乱事件。中苏边境地区的平静和安宁从此不复存在。是年12月，赫鲁晓夫在苏联最高苏维埃会议上讲话，就中印边界冲突攻击中国说：苏联完全不认为印度想同中国打仗，中国单方面停火后撤当然很好，但是中国部队当时不从原有阵地前进岂不更好？[①]与此同时，赫鲁晓夫还针对中国与印度的边界冲突，指责中国为什么没有兴趣收回澳门和香港，而与印度纠缠。为了回击苏联，1962年12月至1963年3月，《人民日报》和《红旗》杂志先后发表了七篇社论或评论员文章，其中3月8日的社论《评美国共产党声明》公开提出《瑷珲条约》、《北京条约》和《伊犁条约》是沙皇俄国政府强迫中国政府签订的不平等条约。声明重申中国政府在新中国成立时就宣布，对于历史遗留下来的历届中国政府与外国政府所订立的条约要按其内容承认、废除、修改或重订。对一些悬而未决的历史遗留问题，中国政府一贯主张经过谈判和平解决，在未解决前维持现状。声明质问说：你们提出香港、澳门这一类问题，“是不是要把所有不平等条约问题通通翻出来，进行一次总清算呢”？此后，1963年9月27日，中国外交部照会苏联政府，正式提出了不平等条约问题。11月19日，中国外交部的照会又进一步明确指出“整个中苏边界有很多问题需要讨论”[②]。

此后，边界问题便正式提到中苏两国的外交谈判桌上。1964年2月至8月，中苏双方在北京举行边界谈判。在谈判中，中方要求苏联肯定俄国沙皇政府与中国清政府签订的边界条约是不平等条约，而苏方拒不承认那些条约的不平等性质。双方立场对立，谈判因此未获结果。在此期间，4月26日，《人民日报》发表文章评1963年12月31日赫鲁晓夫就和平解决领土和边界争端致世界各国政府首脑的信，认为“放弃使用武力解决领土争端和边界问题”是“为帝国主义利益效劳的新骗局”。毛泽东等中国领导人还指责这份文件是修正主义的、反马列主义的文件。7月10日毛泽东在接见日本社会党人士佐佐木更三等人时提出：“大约一百年前，

① 周琪文等编：《特殊而复杂的课题——共产国际、苏联和中国共产党关系编年史（1919—1991）》，湖北人民出版社1993年版，第534页。

② 普罗霍罗夫：《关于苏中边界问题》，商务印书馆1977年中文版，第210、212页。

贝加尔湖以东地区才成为俄国领土，于是，海参崴、伯力、勘察加等地就是苏联的领土了。这笔账我们还没有算。”[①]这是中国最高领导人首次对外提出中苏边界问题，引起国际上重大反响。9月10日毛泽东又对法国客人解释此事，说明这并不是一定要苏联把一百多万平方公里的土地归还中国，而只是说这是不平等条约，关于这样的问题还多呢。这就充分表明了中国在中苏边界问题上的根本立场。两个月后，苏联对此作出了反应。赫鲁晓夫在9月15日与日本议员的谈话中强调：“苏联的领土是历史形成的”，“苏联的边界是神圣的”，“谁胆敢破坏它，谁就会遭到苏联各族人民的最坚决的反击”。赫鲁晓夫还提出：“中国的历代皇帝是不次于俄国沙皇的掠夺者”，他们“夺取了蒙古、西藏和新疆”[②]。10月，毛泽东在分别会见崔庸健和巴卢库时又进一步提出了苏联违犯中俄不平等界约而侵占的中国领土问题。毛泽东指出：中国现在是“采取攻势，说些空话”，使赫鲁晓夫“紧张一下”，“其目的是达到一个合理的边界状态、边界条约”。短短三个月时间里，中苏两国最高领导人各自利用同外宾谈话的机会，相互“放空炮”、“做文章”，都想争取在边界谈判中掌握主动。但值得注意的是，苏联在“放空炮”的同时，开始向中苏边界地区增兵，继1963年7月苏蒙签订“关于苏联帮助蒙古加强南部边界的防务协定”，苏军再度进驻蒙古之后，1966年1月，苏蒙又进一步签订了具有军事同盟性质的“友好合作互助条约”，苏联由此将武力威胁推进到了距中国首都北京只有几百公里的地方，这样就使中国感觉受到了直接的军事威胁。随着苏联对中国军事压力的逐渐加强，苏联开始在中苏边界不断制造事端。从1964年10月至1969年3月，由苏方挑起的边境事件达4189起，比1960年至1964年期间增加了一倍半[③]。中苏边境的紧张局势进一步加剧了。

1966年中国的“文化大革命”开始后，在中苏边界东段界河乌苏里

---

① 普罗霍罗夫：《关于苏中边界问题》，商务印书馆1977年中文版，第211页。

② 《特殊而复杂的课题——共产国际、苏联和中国共产党关系编年史（1919—1991）》，第541页。

③ 1969年5月24日中国政府关于中苏边界问题的声明，见1969年5月25日《人民日报》。

江上，苏边防军一再挑起严重的边界纠纷，中国的珍宝岛和七里沁岛又成为边境冲突的焦点。1966年至1968年初，中苏双方在这一地区的冲突由口头争辩发展到相互推搡和斗殴，直至苏军以棍棒殴打中国边防人员。1968年1月，苏军又进一步动用装甲车在七里沁岛上冲撞中国边民，撞死、压死中国边民4人，制造了第一起严重的流血事件。到1968年末1969年初，苏边防军频繁出动装甲车、卡车运载携带武器的军人登上珍宝岛，拦截、殴打巡逻的中国边防军人；1969年2月7日还发生了苏军用冲锋枪向中国巡逻队方向点射的严重挑衅事件。中苏边界事件不断扩大，终于在1969年3月爆发了珍宝岛地区的较大规模的武装冲突。中国军队通过珍宝岛自卫反击战保卫了国家领土主权的完整，有力地抗击了勃列日涅夫政府的霸权主义政策。

三、中苏边界冲突升级的缘起

中苏边界冲突逐步升级，演化为珍宝岛较大规模的武装冲突，有其特定的历史背景，是两国之间长期以来存在的控制与反控制斗争日趋尖锐的必然反映。在这个大背景下，面对苏联日益严重的军事威胁，特别是不断在中苏边境地区挑起的事端，毛泽东从维护国家安全利益出发，自60年代初即开始着手对中国的对外战略进行调整，并将中苏边界问题也放入其对外总体战略中去思考，从而把边界问题作为对美关系缓和、联合世界各种政治力量重点反对苏联霸权主义的一个重要突破点，通过充分发挥边界问题的制衡作用，完成对外战略目标的转移。

60年代初，在美苏夹击的严峻形势下，毛泽东改变了联苏抗美“一边倒”的外交政策，逐步把“苏联修正主义”也确定为中国反对的对象，提出了建立“反帝反修”统一战线的外交战略。在“反帝”和“反修”力量分配上，毛泽东虽然仍将侧重点放在反帝统一战线上，明确提出主要斗争对象是美国，但是对美帝国主义对中国构成威胁的看法已开始发生变化。在毛泽东看来，美国是帝国主义国家中最强的，也是最弱的，因为它“手伸得太长”，占的地方太多，力量分散，就如同“十个手指按住了十只跳蚤，一个也抓不住”[①]。1961年5月，美国对越南南方进行“特种战争”以后，1962年，毛泽东在对越南国防部长武元甲分析形势时就指出，在东南亚进一步出兵，美国也没有出路，把中国、北越和其他东南亚国家都闹起来了，他吃不消。“北部湾事件”发生，美国对越武装干涉升级之初，1964年8月13日，毛泽东就在对越南领导人黎笋分析美国攻打越南北方的问题时谈道：看来美国、越南和中国几家都不想打，所以打不起来。并赞同越共中央政治局作出的采取巧妙办法，不去惹美国的决定。在对美国是否会打中国这一问题的认识上，毛泽东针对有人提出的“在当前，在短期内，苏联是（美国的）主要敌人，从长期来看，中国是主要敌人”的说法指出：帝国主义是实用主义，“长期”对他们来说不那么重要，太久了。美国要打中国就得拉日本等国，日本不参加，美国就不敢打[②]。1965年3月，美国进一步扩大越南战争，同时不断派遣飞机入侵中国领空，对中越边境等地区投掷炸弹、发射导弹，构成了对中国的战争威胁。4月2日，周恩来请巴基斯坦总统阿尤布·汗向美国总统约翰逊转达中国政府的四点立场：中国不会主动挑起对美国战争；中国说话是算数的；所承担的国际义务要履行；中国是做好了准备的。中国的这些政策既是谨慎的，又是有准备的；如果美国把战争强加于中国，不论来多少人，用什么武器，包括原子武器在内，它将进得来，出不去[③]。对此，虽然由于美方推迟了阿尤布·汗的访问，中国未能直接从约翰逊处获得答复，但是约翰逊关于在越战升级中美国无意侵犯和轰炸中国，无意侵犯和推翻北越政权的意思，却通过中美华沙大使级会谈中的美方代表明确

① 毛泽东与安娜·路易斯等人的谈话（1964年1月7日），《毛泽东外交文选》，中央文献出版社1994年版，第513页。

② 同上。

③ 《当代中国外交》编委会编：《当代中国外交》，中国社会科学出版社1988年版，第160页；中国外交部外交史研究室编：《周恩来外交活动大事记（1949—1975）》，世界知识出版社1993年版，第445页。

地传达给了中国[1]。与此同时，美国国内要求弱化同中国对抗的舆论也愈益广泛，反战情绪不断高涨。在勃列日涅夫政权趁美国陷入越战困境之机加紧向外扩张，形成与美争霸的咄咄逼人的形势下，美国认识到苏联是对其自身安全的最大威胁，也开始考虑联华抗苏，从而对中国作出了种种松动国家关系的姿态。这些迹象都受到毛泽东和中国领导人的密切关注。

另一方面，自60年代初以来，中国重点反对赫鲁晓夫集团的反修统一战线的分量不断加码。面对苏联构筑的对华战略包围以及中苏边界地区苏方的军事重压，毛泽东在提出建立反帝反修统一战线的国际战略策略的同时，实际上就已经开始注意将中苏关系与国家安全利益、与维护国家主权和领土完整结合到一起进行思考，着手在对两条战线的作战中将主要矛头逐渐转向苏联。毛泽东在1963年和1964年会见外宾的谈话中，一是反复强调赫鲁晓夫的苏联有核武器，又是大国，又是社会主义国家，大批大批的原子弹在美国和苏联，"它们经常拿在手上晃着吓唬人"，而中国即使研制出原子弹，同美苏比，还是十个指头中一个指头也不到[2]；一是不断提出苏联攻打中国的问题，指出苏联在压中国屈服的各种措施都不能奏效之后，"还有打仗"这一条。毛泽东还多次在会见外宾时提出："赫鲁晓夫会不会打我们"？"派兵占领新疆、黑龙江，打进来，甚至内蒙古"，"有可能没有可能"？并表示对此"我们要准备"[3]。中共中央在1964年便针对越南战争升级作出了准备打仗和加强三线地区建设的重大决策。1965年9月2日，国家计委重新草拟了以备战为中心的"三五"计划安排情况汇报提纲，9月18日至10月12日，召开的中共中央工作会议批准了"三五"计划以"国防建设第一，加速三线建设，逐步改

① 麦克法夸尔：《文化大革命的起源》（The Origin of the Cultural Revolution）第三卷（手稿），第16章第490页。麦克法夸尔教授这部新作的英文版最近将由牛津大学出版社出版。

② 毛泽东与法国议员代表团的谈话（1964年1月30日），《毛泽东外交文选》，中央文献出版社1994年版，第520页。

③ 1964年2月27日毛泽东与金日成、10月7日与崔庸健、10月9日与巴卢库的谈话。

变工业布局”的基本方针[①]。由此，中国经济建设的中心便从解决吃穿用转变为备战。但事实上，这种变化并非只是对美国升级越战的反应，其中已含有极大的对苏备战的成分。在毛泽东看来，苏联与美国一样也是一只大纸老虎，吓唬不了人，中国从来就不接受强大力量的威胁[②]。毛泽东要与苏联的霸权主义政策抗争到底。

对于中国国内和中共党内的形势，毛泽东也作出了更为严峻的估计。他认为党内已经有了赫鲁晓夫的人，他们等待时机，总是想复辟，而全国想复辟的地主资产阶级已有3500万人。随着反对修正主义斗争的深入，毛泽东已经开始把阶级斗争的重点转向党内，提出了中央出修正主义的问题。他还特别强调“要警惕赫鲁晓夫那样的野心家，防止坏人篡夺党和国家各级领导权”，并提出四清运动的重点是整党内走资本主义道路的当权派[③]。于是，在对外战略的重点从反对美国帝国主义转向反对苏联修正主义的同时，毛泽东也把国内阶级斗争的重点从防止美国的和平演变战略转向防止赫鲁晓夫修正主义在中国的重演，并在这样的理论基础上发动了“文化大革命”。

在中苏关系继续恶化的过程中，1968年苏联出兵入侵捷克斯洛伐克，中国立即指出苏联已经走上了社会帝国主义的道路。苏联霸权主义的行径引起毛泽东的警惕，在他看来，苏联对中国的威胁不只是“放空炮”的问题了，苏联社会帝国主义已经取代了美国帝国主义的位置，成为中国及全世界各国的头号敌人。这样，中国与美国在国家安全利益方面就有了共同的语言，有了可以联手抗衡苏联的基础。此后不久，苏联在中苏边境地区制造的边界冲突自然就促使毛泽东在重新划分世界政治力量、对反帝反修战略策略思想进行重大调整时，把中苏边界问题也列入其中，并开始考虑如何充分发挥边界问题的制衡作用。实际上，1964

① 马齐彬、林蕴晖等编：《中国共产党执政四十年（1949—1989）》，中共党史资料出版社1989年版，第262页。

② 毛泽东与法国议员代表团的谈话（1964年1月30日），《毛泽东外交文选》，中央文献出版社1994年版，第521页。

③ 《中国共产党执政四十年》，第250、255页。

年，在边界问题上“放空炮”，不过是毛泽东利用边界问题的紧张空气，在中苏外交谈判中争取主动权的策略。而至60年代末，面对苏联对中国领土主权的频繁挑衅，边界冲突的不断升级，毛泽东提出苏联社会帝国主义的侵略性问题，其考虑就更加深远了：就解决国内“文化大革命”的问题而言，有利于稳定混乱的局面；就国际斗争而言，则更有利于让全国人民认清对中国的威胁究竟来自何方[①]，有利于引起世界各国对苏联的侵略性及中苏关系现状的关注，有利于在国际紧张局势的压力下调动国内一切积极因素，造成反对苏联霸权主义的巨大声势。正是在这个时刻，1968年10月，中共八届十二中全会决定在适当的时候召开中国共产党第九次全国代表大会，并在1969年春着手筹备召开九大[②]。鉴于中国共产党的历次代表大会都要制定和宣布新的大政方针，提出新的任务和方向，因此召开“九大”所选择的时机就显得特别重要。显然，毛泽东关于国内国际战略的调整方向已经确定，而且即将公诸于世了。如此看来，珍宝岛事件发生在中共九大召开之前，即已说明这不是一次单纯的边界冲突事件，而是有着重要历史背景的。

中国对于苏方不断挑起的边界事端，的确有一个忍让、准备和反击的过程。反击是必定的，问题就在于时机的选择。七里沁岛流血事件之后，1968年1月24日，中央军委电示沈阳、北京等有关军区，加强中苏边界东段边防警戒的重点部署，边防部队要严格遵守针锋相对，后发制人和有理、有利、有节的原则，并要求边防部队注意选择政治上有利的时间、地点和情况，事先做好准备，多设想几种可能，拟定行动方案，有重点、有计划地打击苏军的挑衅，力争做到“不斗则已，斗则必胜”。同时强调边防斗争主要是搞好政治、外交斗争，边防上每一行动都要考虑全局，按政策办事，严格执行请示报告制度[③]。这样，从1968年初到1969年初，

---

① 1989年5月16日邓小平在同戈尔巴乔夫谈话时指出：“确切地说是近三十年，中国人感到对中国的威胁从何而来。”见《邓小平文选》第3卷，人民出版社1993年版，第292页。

② 中共中央在1967年末就已经开始考虑召开“九大”（参见1967年11月5日“毛泽东关于‘九大’和整党问题的谈话”），问题只在于时机的选择。

③ 李可、郝生章：《“文化大革命”中的人民解放军》，中共党史资料出版社1989年版，第318页。

在中共中央、中央军委对冲突程度的严格控制及调整下，中国边防军在苏联挑起的一系列事端中只是作出有限的反应，始终采取了忍让和克制的态度。直到1969年1月25日，黑龙江省军区才提出了珍宝岛地区反干涉斗争的方案，设想以3个连左右的兵力参加该地区的斗争，以一部兵力上岛潜伏，并在珍宝岛附近的公司边防检查站设立指挥所。对此，沈阳军区基本同意。2月19日，总参谋部、外交部也予以同意。总参在给沈阳军区和黑龙江省军区的复电中要求要选择重点，预有准备地坚决予以自卫还击，速斗速决，不予纠缠。周恩来还强调对苏边防斗争“既要掌握好进行政治斗争的边防政策，又要准备好重点进行自卫反击斗争以为后盾”。中共中央同意选择珍宝岛作为自卫反击的重点①。这样至2月末，中国方面已对在珍宝岛地区进行自卫反击问题做了周密的安排。3月2日，中苏珍宝岛武装冲突终于爆发。

事件发生后，苏共给东欧党发出的内部情况通报反映出，苏方对中方行动的最初反应是目瞪口呆，而且满腹狐疑。通报还说，情况表明此事件之前中国政府已做了长时间的准备②。尽管苏联的这个通报不乏消除东欧各国在苏侵捷后产生的恐惧感的成分，但苏联军方对中国的反击缺乏准备还是事实③。然而，根本的问题并不在于冲突的双方在这次事件中哪一方有所准备，也不在于谁先开了第一枪。毕竟，珍宝岛事件不是一次孤立的事件，而是中苏边界长期冲突的继续，是中国对苏联不断挑衅的反击，而且事件发生在中国的领土上。作为历史研究的着眼点，关键问题在于这次事件选择的时机，在于一次小小的边界事件在中国和国际

---

① 李可、郝生章前引书，第319、320页。

② 该通报说，据对苏方死亡士兵尸体的检查，伤口来自于近距离的枪击或刀扎。见前东德统一社会党档案馆档案第1号：1969年3月8日“苏联就1969年3月2日中苏边界冲突给德意志民主共和国领导的报告”，引自华盛顿特区伍德罗·威尔逊国际学者中心编：《冷战国际史项目公报》（CWIHP），第6—7辑，1995/96年冬季号，第189、190页。

③ 在3月15日凌晨开始的战斗中，苏联边防军根据当时情况要求指挥部派坦克和炮兵进行增援时，苏方却由于勃列日涅夫和国防部长格列奇科的出访而无人能作出相应的决定，直至中午与最高领导人联系上以后，苏军才向边防军派出增援部队。见叶利扎维金：《柯西金与周恩来北京机场会谈》第一部分，“导言”作者乌索夫对苏方“达曼斯基岛事件”参加者的采访记录。引自《远东问题》1992年第5期，第44、62页。

上引起的轰动效应，它表明中苏边界争端已成为中国对国际战略问题考虑的一个重要因素，构成了中国调整对外战略策略的一个关键性环节。

四、珍宝岛事件的后果

既然毛泽东已经把中苏的边境冲突纳入了中国调整对外战略的整体思路和策略安排，那么珍宝岛事件的后果也就直接促成了70年代毛泽东对外战略的调整。

1969年，中苏边界冲突升级对于历史研究的重要性还不在于事件本身，而在于事件的后果，在于中国对这次事件所做出的异乎寻常的反应。第一，珍宝岛战斗之后，中国在首都北京和全国城乡组织了大规模的群众示威游行，强烈抗议苏联侵犯中国领土珍宝岛。在3月4日至12日不足十天的时间里，参加示威游行的军民已达4亿人次以上[①]。第二，在全国范围内掀起了针对苏联的战备高潮。1969年3月15日，毛泽东在"中央文革"碰头会上听取珍宝岛地区战况汇报时指出：让他打进来，就使我们动员起来。大敌当前，动员准备一下有利。我们是后发制人。还说，让敌人沾点面子，他占了牡丹江，外国人就知道了。4月1日至24日，中国共产党第九次代表大会在北京召开，林彪在代表中央作的政治报告中指出：决不能忽视美帝、苏修发动大规模侵略战争的危险。强调要做好充分准备，准备他们大打，早打，打常规战，打核大战。4月28日，毛泽东在九届一中全会上提出"要准备打仗"，并说：小打就在边界上打，大打，我主张让出点地方来。他进来了，我看比较有利，使他陷在人民包围中间。这也就通过党的代表大会向全国人民发出了"准备打仗"的号召。此后，苏联继续扩大中苏边境地区的挑衅活动，并于8月13日在中国西部边境新疆裕民县列克提地区制造了带有报复性质的严重流血事件。面对中苏边境持续紧张的局势，中国的战备工作开始进一步超出常备规模，从政治、军事上进入了突击性临战阶段。第三，毛泽东针对苏联的举动是做给美

① 见1969年3月13日《人民日报》。

国看的。毛泽东看完一份关于珍宝岛事件的报告后说，中苏交战“给美国人出了个题目，好做文章了”。还说由于中苏分裂，美国由打“两个半战争”缩减到打“一个半战争”了，美国将根据与中苏各方的利益来考虑并决定自己的外交取向[①]。“九大”以后毛泽东就交给陈毅、叶剑英、徐向前、聂荣臻等四位元帅一项研究国际形势的任务。四位老帅在周恩来的安排下，从6月7日至10月进行了近20次战略务虚讨论，向中央提交了《从世界看一棵珍宝树》、《对目前形势的看法》等书面报告。报告全面分析了中美苏三大力量之间的矛盾斗争，提出中美都各以苏修为敌，苏修不敢同时进行两面作战，不会发动大规模侵华战争。陈毅还提出了从战略上利用美苏矛盾，打开中美关系的设想[②]。第四，1969年初以来，美国也开始向中国发出缓和关系的信号，中国对此不失时机地作出了积极反应；1969年末至1970年初中美华沙会谈翻开了新的一页；1970年10月1日，毛泽东在北京天安门城楼接见美国作家埃德加·斯诺，让他站在自己身边一起检阅游行队伍，翌日，《人民日报》发表了毛泽东与斯诺在一起的巨幅照片，向美国传递了缓和的信息。毛泽东作出了打开中美关系僵局的重大决策。

中国对珍宝岛边界冲突的反应，一方面是对苏联的大规模军事威胁及核威胁作出的必然而且必要的姿态；另一方面，也是向全世界特别是美国公开显示中苏两国已经走到战争的边缘，双方关系的恶化已无法挽回，通过利用国家关系中最敏感的边界问题，公开表明中国与美国已具有了共同的国家安全利益。这即为中美联合抗衡苏联的对外战略调整做了充分的铺垫。

苏联对于这次边界冲突，特别是对中国在冲突后的举措的反应也是颇值回味的。珍宝岛冲突硝烟初散后，苏联随震惊而来的是满腹疑团，开始怀疑中国的动机、目的何在。他们认为毛泽东已抱有向西方寻求援助的意图。可见，苏联已对中美联手抗苏的趋向忧心忡忡。故此，苏联

---

① 吴旭君：《毛泽东的心事》，见中央文献研究室编：《缅怀毛泽东》（下），中央文献出版社1993年版，第644、645页。

② 熊向晖：《打开中美关系的前奏》，《中共党史资料》第42辑，第72、87页。

一方面对中国实施核威胁，一方面又表示愿意同中国恢复协商，积极谋求缓和双方关系。而苏联的核威慑虽然吓不倒中国，但既然中国在边界冲突问题上的政治目的本就大于军事目的，珍宝岛事件的政治意义本就大于军事意义，那么，使两国处于战争边缘的紧张关系缓和下来并摸清苏联对中国发动战争的意向也即对中国更有利。于是，毛泽东批准了柯西金提出的来京会谈的要求。

1969年9月11日，周恩来与柯西金举行了“机场会谈”，双方达成了签订一个关于维持边界现状、防止武装冲突、双方武装力量在边界争议地区脱离接触等四点临时措施的协议[①]。会谈中柯西金还提出了在铁路和航空交通、高频电话通信等方面联系正常化；建立和发展双方的经济联系，扩大贸易往来，签署当年并次年的贸易议定书，确定目前五年计划（1970—1975）期间双方经贸合作方式；以及研究互派大使等建议。周恩来答复说，将就这些建议向中共中央政治局汇报。柯西金同时还以苏联政府的名义请周恩来向毛泽东转达希望两国关系正常化的愿望[②]。表露了与中国缓和关系的迫切心情。9月18日，周恩来秘密致函柯西金，建议双方都承担互不使用武力、包括不使用核力量进攻对方的义务。26日，柯西金即密函答复周恩来：建议“实行严格的监督以遵守苏中两国间的空中界线”，并建议签订一个互不侵犯、互不使用武力国家间的专项协定[③]。这就等于在两国关系最紧张的时候，向中国作出了不会发动大规模侵华战争的正式保证。显然苏联从中央到地方都试图缓和中苏之间的紧张关系，摆脱处于中美联合压力之下的被动局面[④]。然而，苏联领导

---

① 《当代中国外交》，第126页。

② 叶利扎维金前引文，第二部分，《远东问题》1993年第1期，第117、118页；前东德统一社会党档案馆档案第3号：“苏联关于1969年9月11日柯西金—周恩来会谈的报告”，见《冷战国际史项目公报》，第6—7辑，1995/96年冬季号，第192页。

③ 叶利扎维金前引文，第一部分，第57页。

④ 1969年9月22日苏共哈巴罗夫斯克（伯力）区、市委员会召开领导干部会议，与会者一致拥护苏共中央关于使苏中关系正常化、巩固并发展两国关系的方针。会上七名发言人的主调是，对苏共正在寻求巩固苏中关系途径的做法表示高兴和赞同。见1969年9月22日苏共哈巴罗夫斯克区、市委员会领导干部会议发言速记及哈巴罗夫斯克市委上报苏共中央组织部的会议纪要。见《冷战国际史项目公报》，第6—7辑，1995/96年冬季号，第194—198页。

人的口头保证并不能消除苏联在中苏边界陈兵百万的实际压力，更无法消除对中国进行“核手术”的威胁，何况毛泽东也不可能仅凭与苏联的一纸协议就更改刚刚开始调整的对外战略方针，从而造成国内和国际间认识上的混乱。因此，1969年9月11日晚7时柯西金刚飞离北京不久，中国外交部就电话通知苏联驻华使馆：次日将发表的经双方商定的关于两国总理会谈的消息文稿须作一些改动，删去“会谈是有益的”一句。不久，苏驻华使馆参赞叶利扎维金就此向外交部副部长乔冠华询问缘由，乔向上一指，暗示没有最高层的同意，就是国务院总理也不能处理这样的问题[①]。对于柯西金提出的诸项建议，中国方面也基本没有响应。全国对苏备战的紧张气氛依旧持续升温。10月中旬，全军各部队进入一级战备，从中央到地方都处于临战状态。中苏边境地区的中国军民更是剑拔弩张，不可能再谈及对苏缓和问题。10月20日，中苏边界谈判开始后，苏方拒绝讨论“机场会谈”达成的协议草案，不承认中苏边界存在“争议地区”[②]，甚至否认双方所达成的谅解，中国认为苏方态度有所后退。此后至1978年6月，由于双方在边界问题立场上的分歧，谈判虽然持续未断，但也没有任何实质性进展。

中苏双方在会谈、谈判上的交手从另一个方面表明，苏联担忧中美联合抗苏，从而在保证不会对中国发动进攻之后，想避开边界问题上的争执。但是长期存在的苏联对中国的强大压力已经使毛泽东选择了联合美国、抗衡苏联的新战略，对于苏联方面的种种建议自然就不会、也无须再加以注意。毛泽东已经用边界问题在对苏政治斗争中作足了文章，使中国得以在国际战略大格局的变动中把握住了外交上的主动权。

1970年毛泽东打破了中美20年长期交恶的局面，1971年展开对美“乒乓外交攻势”，1972年2月毛泽东与美国总统尼克松“第一次握手”。

---

① 叶利扎维金前引文，第二部分，第119页。

② 见叶利扎维金前引文，第二部分，第113—115页。但中国有材料说，柯西金在会谈中同意了这个概念。见《当代中国外交》，第242页。另外，柴成文在《周恩来领导我们进行边界谈判》一文中介绍说：经对此概念反复探讨，最后柯西金讲：“争议地区，就是你们说是你们的，我们说是我们的地区。”见《党的文献》1991年第3期，第47页。

在中美联合抗衡苏联威胁的态势初步形成后，1973年2月和1974年1月毛泽东又提出了“一条线”、“一大片”的思想[①]。最后完整地提出了“三个世界划分”的战略策略，明确了通过划分三个世界，建立最广泛的国际反霸、首要是反对苏联霸权主义统一战线的主旨，最终完成了对中国国家安全战略策略的调整。毛泽东从维护中国国家安全利益出发，以高瞻远瞩的战略目光和灵活机智的策略技巧，动一子而活全局，促动了国际政治力量的重新组合，打开了中国与西方国家的关系，改善了中国的国际环境，提高了中国的国际威望，取得了中国外交的突破性进展。

① “一条线”是指从中国、日本经巴基斯坦、伊朗、土耳其、欧洲到美国；“一大片”是指这条线周围所有的国家。

九大评述

金春明

《关于建国以来党的若干历史问题的决议》指出："党的九大使'文化大革命'的错误理论和实践合法化，加强了林彪、江青、康生等人在党中央的地位。九大在思想上、政治上和组织上的指导方针都是错误的。"只要回顾和研究九大召开的历史背景、会议经过和会议的主要内容，就可以充分证明，《决议》的论断是完全符合实际的、恰如其分的。

一

党的九大是在"文化大革命"的特殊历史条件下召开的。从1966年5月开始的全国性的"文化大革命"，是党内以关于社会主义社会阶级斗争的错误理论和实践为主要特征的"左"倾思潮发展的顶点，是毛泽东的个人专断作风逐步损害党的民主集中制、个人崇拜现象严重发展的结果；也是林彪、江青、康生这些野心家别有用心地利用和助长毛泽东的"左"倾错误的结果。

在"无产阶级专政下继续革命"的错误理论指导下，"文化大革命"从一开始就是采取大规模的急风暴雨式的群众运动的形式，把斗争的矛头指向根本不存在的所谓"刘少奇资产阶级司令部"。林彪、江青、康生之流乘机大肆煽动、造谣、蛊惑，掀起"踢开党委闹革命"的浪潮，"打倒一切"的极左思潮泛滥成灾，"罢官"之风刮遍全国城乡。党和国家各级组织中的领导干部，上至国家主席、党的总书记，下至支部书记、生产队长，纷纷被当作“走资派”打倒；一大批革命功臣、建国元勋横遭迫害；许多有才能、有成就的知识分子，被当作所谓“反动学术权威”遭到揪斗批判。全国党政组织基本上陷于瘫痪状态，广大党员被迫停止组织生活，全国陷入一片混乱之中。

1967年初，在张春桥、姚文元、王洪文等策划指挥下，夺取了上海市的党政大权，掀起所谓“一月风暴”。由于得到毛泽东的赞同和支持，夺权之风迅速吹遍全国。虽经老一辈革命家的奋起抗争和广大干部群众的抵制反对，也未能扭转局势。在夺权斗争的过程中，派别对立日趋严重，武斗遍于各地，造成“全面内战”的局面。

由于毛泽东号召实现“革命的大联合”，并采取命令人民解放军介入地方“文化大革命”，实行“三支两军”等措施，局势渐趋缓和。到1968年9月，经过20个月的曲折复杂的争斗，全国29个省、市、自治区都经过夺权之后建立起新的政权机构——革命委员会，实现了所谓“全国山河一片红”。

“文化大革命”的过程，也就是九大的准备过程。在1966年8月党的八届十一中全会上，毛泽东写出“炮打司令部”的大字报，并领导开展了对刘少奇的批判之后，就明确提出了准备召开九大的问题。这件事后来就委托给中央文革小组去办。1967年11月，中央文革小组以群众要求的名义整理了一份通报，发向全国。这份通报着重提出：（1）要把关于社会主义社会阶级斗争的“左”倾错误理论写入九大党纲；（2）要写一本党内两条路线斗争史，作出新的历史决议以代替所谓有错误的1945年通过的《关于若干历史问题的决议》；（3）九大要大力宣传“林副主席”是毛主席的亲密战友和接班人，并写入九大的报告和决议；（4）要把“文化大革命”中涌现的所谓“新生力量”，即造反起家的分子，选入党的中央委员会；（5）要把被诬陷为“叛徒、特务、反革命修正主义分子”的大批领导干部，“统统清除出去，以根除隐患。”《通报》强调的这五条，实际上成为各地准备九大、修改党章的指导思想。

1968年10月召开的扩大的八届十二中全会，为九大作了直接准备。

这次全会主要解决三个问题：（1）全面肯定“文化大革命”，赞同毛泽东关于“这次无产阶级文化大革命，对于巩固无产阶级专政，防止资本主义复辟，建设社会主义，是完全必要的，是非常及时的”错误结论，为九大定下了政治上的基调。（2）在极不正常的情况下，通过了江青、康生、谢富治等人制造伪证写成的《关于叛徒、内奸、工贼刘少奇罪行的审查报告》，作出撤销刘少奇党内外一切职务，并永远开除出党的错误决议，为席卷全国的历时两年多的炮打所谓资产阶级司令部的错误斗争，从政治上和组织上作了结论。这是召开九大的最重要的准备。（3）讨论和修改了党章草案，通过了九大代表的产生办法。这样，十二中全会就在公报中正式宣布：“全会认为：经过无产阶级文化大革命的风暴，已经从思想上、政治上、组织上为召开党的第九次全国代表大会，准备了充分的条件。”

二

中国共产党第九次全国代表大会1969年4月1日至24日在北京举行。出席代表1512人，代表党员2200万人。

大会的主要议程共三项：（1）林彪代表中国共产党中央委员会作政治报告，（2）修改中国共产党章程，（3）选举党的中央委员会。

正式会议开始前，陆续到京的代表按大区组成代表团，讨论了毛泽东关于加强战备问题的指示，初步议论了党章草案，并酝酿通过了大会主席团名单。

4月1日，大会正式开幕。毛泽东主持，通过大会主席团名单，并致开幕词。他说：“我希望这次代表大会开得好，开成一个团结的大会，胜利的大会。大会以后，在全国取得更大的胜利。”接着，林彪作政治报告。报告的中心内容按照大会秘书处新闻公报的概括是：“根据毛主席关于无产阶级专政下继续革命的学说，总结了无产阶级文化大革命的基本经验，分析了国内外形势，提出了党的战斗任务”。

从4月2日至13日，分组讨论政治报告和中国共产党章程的修改草案，并结合进行所谓“斗私批修”。

4月14日，召开全体大会。先进行大会发言。陈伯达说：“在无产阶级文化大革命中，在毛主席领导下，摧毁了刘少奇修正主义集团、资产阶级司令部，这是一个灿烂辉煌的胜利。”他胡说：“从来没有一个会议像我们这个大会引起全世界的注意和震动。世界共产主义者和革命人民都为我们而欢欣鼓舞，帝、修、反、蒋匪帮却为之胆战心惊。”康生恬不知耻地瞎吹说，新党章明确规定林彪是毛主席的接班人，是关系我们党和国家前途和命运的大事，关系世界革命的前途和命运的大事。在解放军、工人、农民、妇女、干部等各方面代表作了表态性发言后，大会一致通过了政治报告和党章。

从15日开始，大会进入第三项议程，酝酿、提名和选举中央委员和候补中央委员。在提名过程中，林彪、江青一伙极力把他们的党羽塞进党的中央领导机构，而把正派的老干部排斥在外。经过错综复杂的斗争，通过了候选人名单。24日，召开大会正式选举。列入候选名单的中央委员170人、候补中央委员109人，全部当选。其中原八届中委和候补中委只有53人。很多久经考验的有威望的老干部被排除在外，而相当数量的林彪、江青两个反革命集团的骨干和党羽却进入了中央委员会。林彪成为党中央的唯一副主席，陈伯达、康生成为政治局常委，江青、叶群、李作鹏、黄永胜、吴法宪、张春桥、邱会作、姚文元等都成了政治局委员，大大加强了他们在党中央的势力。选举结束并合影后，由林彪宣布大会闭幕。

这次大会的突出特点，是从始至终为强烈的个人崇拜和“左”的狂热气氛所笼罩。代表们一到北京就为“来到伟大领袖毛主席的身边，而感到无比的幸福和激动”。毛泽东在《东方红》的乐曲声中一登上主席台，立即“全场欢声雷动，掌声震耳”。毛泽东一开口讲话，便不断地为“万岁”声所打断。会议的基调就是大赞大颂大批，大赞大颂的中心是毛泽东、“文化大革命”，兼及林彪和江青，大批的主要对象是所谓刘少奇的反革命修正主义路线。在这次大会上不允许有任何稍微不同的声音，也看不到任何认真的正常的研究和讨论。在这样情况下，九大当然不可能承担起完成一次党代表大会的重大历史使命。

三

九大通过的政治报告和新党章是政治上、思想上、组织上的“左”倾错误指导方针的集中体现，是需要认真加以剖析的。

政治报告是对毛泽东晚年“左”倾错误观点的集中体现——所谓“无产阶级专政下继续革命理论”的系统全面论证。以这个错误理论为指导分析“文化大革命”的准备和进行过程，极力肯定“文化大革命”的必要性和重要意义，并在此基础上规定了全党和全国人民的任务。报告的主要错误表现在以下几个方面：

第一，对马克思主义的一些基本原理作了错误解释或教条化的搬用。

政治报告中接连引用马克思和列宁的六条语录，企图使人认为“无产阶级专政下继续革命的理论”是有充分依据的。而实际上却是对马、列论述的歪曲或错误解释。例如，把从资本主义到社会主义之间需要一个过渡时期的正确原理，误解为从资本主义到共产主义之间都是过渡时期。把列宁在十月革命后初期关于过渡时期无产阶级同资产阶级之间存在着尖锐激烈的阶级斗争，小生产每日每时自发地大量地产生资本主义，无产阶级专政是新形式下阶级斗争的继续等论述，搬用到已经消灭了剥削阶级的社会主义社会。断言在整个社会主义历史阶段始终存在着阶级、阶级矛盾和阶级斗争，存在着资本主义复辟的危险性。并以此作为在社会主义社会中仍应“以阶级斗争为纲”，并发动一次比一次更猛烈的政治运动的理论根据。这当然是完全错误的。

又如，误解和混淆了各种不同含义的革命。资产阶级革命以夺取政权而结束，而无产阶级夺取政权不过是革命的开始，这是马克思主义的一条重要原理。但是，对于夺取政权前后革命含义的不同，革命导师一直是十分注意的。可是，九大报告中只强调夺取政权后要继续革命，却混淆了革命的不同含义和原则界限。错误地认为，在社会主义制度已经确立十年后的中国，仍要搞一个阶级推翻一个阶级的政治大革命。这种革命性质上的根本错误，必然导致敌我关系的颠倒，革命动力和对象的颠倒，造成灾难性的后果。

再如，片面地强调无产阶级专政的镇压剥削者反抗的职能，而忽视它的组织社会主义建设的主要职能。政治报告中，把阶级斗争作为无产阶级专政的第一位的重要任务，大讲特讲；而对应如何领导组织社会主义经济建设和文化建设，却一字不谈。这样就背离了马克思主义关于无产阶级专政的根本任务的原理，违背了全国人民的要求和愿望。

第二，按照两条路线斗争的模式和需要，歪曲篡改了党的历史。

中国共产党的历史，本来是为民族解放和人民幸福而前仆后继、英勇奋斗的历史，是马克思列宁主义普遍原理同中国革命具体实际经过反复实践而日益结合的历史，是党内正确纠正错误、光明面战胜阴暗面的历史，因而，也是经过无数艰难曲折走向胜利的历史。可是，在九大报告中全部党史却被概括为："就是毛主席的马克思列宁主义的路线，同党内右的或左的机会主义路线斗争的历史。"党史的其他主要内容、都被一笔勾销了。

特别严重的是，报告中用较大篇幅对刘少奇妄加罪名，说"他有一条妄图在中国复辟资本主义，使中国变为帝国主义、修正主义殖民地的政治路线。他又有一条为他的反革命政治路线服务的组织路线。"这不仅是对一个人的政治诬陷，而且歪曲了整个党的历史。以这样毫无事实的捏造为依据，去论述"文化大革命"发生的必要性和必然性，是完全经不起实践检验的。

第三，错误地估量了国内形势，夸大了资本主义复辟的危险性。

对于一个执政的无产阶级政党来说，警惕资本主义的滋长和复辟，警惕敌人的颠覆和破坏，当然是应该的。但是，在我们保持警惕注意防止的情况下，这种可能性是很小的。九大报告却完全背离了实事求是的马克思主义思想路线，把资本主义复辟的抽象可能性夸大成为现实的危险性。报告并没有对党内和国内形势作出全面的有说服力的分析，而是歪曲事实乱加罪名，作出一些错误的臆断。如说刘少奇"急不可待地要复辟资本主义”，“在他们控制的各部门向无产阶级进行疯狂的反革命专政”，“为推翻无产阶级专政作舆论准备”等等。并由此引申出一个吓人的结论：“毛主席已经把资本主义复辟的危险性，更加鲜明地提到全党和全国人民面前了！”“中国无产阶级、贫下中农、人民解放军、革命干部和革命知识分子，对刘少奇一伙的复辟活动，已经忍耐不住了，一场阶级大搏斗是不可避免的了”。但是，“文化大革命”十年的历史实践，却无可辩驳地证明，上述一切论断都是违反事实的，是根本不能成立的。

第四，确定的任务是不符合客观需要的。

九大是在经历了三年史无前例的大动乱之后召开的。当时全党和全国人民迫切要求结束混乱局面，恢复正常的社会秩序和社会主义经济文化建设。可是，九大报告中为全党和全国人民规定的任务，却是所谓“认真搞好斗、批、改”。搞什么“大批判、清理阶级队伍、整党、精简机构、下放干部”等等。其目的，据说就是要把“上层建筑领域中的社会主义革命进行到底”，把领导权掌握在无产阶级手中。采取的主要方法是“必须高举革命大批判的旗帜，用毛泽东思想批判资产阶级，批判修正主义，批判各种违反毛主席革命路线的右的或左的错误思想，批判资产阶级个人主义，批判‘多中心即无中心论’。”再一个是“深入开展活学活用毛泽东思想的群众运动……把我们全国真正办成毛泽东思想的大学校。”一个批，一个学，就是九大规定的完成“斗、批、改”任务的主要方法。这显然是违反客观实际的，和全党全国人民的愿望背道而驰的。

此外，对国际形势的分析方面，也有一些“左”的东西，如夸大世界大战爆发的现实危险性等等。

九大党章，同样是在“无产阶级专政下继续革命”的错误理论指导下制定的，充塞着“左”的错误论点，是我党历史上最不好的一个党章。

党章对作为党的行动指南的毛泽东思想作了不符合实际的阐述。毛泽东思想是马克思列宁主义在中国的运用和发展，是被实践证明了的关于中国革命和建设的正确的理论原则和实践的总结，是对马克思主义理论宝库的丰富和发展。任何忽视和否认毛泽东思想的重要历史地位的观点都是错误的。但九大的党章却说："毛泽东思想是在帝国主义走向全面崩溃，社会主义走向全世界胜利时代的马克思列宁主义。"是"把马克思列宁主义提高到一个崭新的阶段。"这样的定义显然是夸大的，不恰当的。特别严重的是，党章把所谓"基本路线"全文写入总纲，并明确肯定"文化大革命""是在社会主义条件下，无产阶级反对资产阶级和一切剥削阶级的政治大革命"。这样，毛泽东晚年的"左"倾错误论点，就被作为毛泽东思想的最重要组成部分，作为把马列主义发展到新阶段的标志，写入党纲，成了全体党员必须遵守并为之终身奋斗的最高法规。因此，其危害是极为严重的。

党章明文写上谁是党的领袖，谁是领袖的接班人。这种作法从根本上违反了党的根本的组织制度民主集中制，破坏了党的群众路线，是国际共产主义运动中所罕见的。

党章对党的性质、任务和党的建设中其他一些基本问题，也作了一些不适当的规定。如把党的任务只限于搞阶级斗争，全部砍掉党员的权利，取消新党员的预备期等，这些都对党的建设产生了很不好的影响。

总之，九大的政治报告和党章，都是在"左"的理论指导下，对"文化大革命"的一套错误纲领、方针、政策作了系统论证和全面肯定，并通过党的全国代表大会的权威使之进一步合法化，成为必须遵守的指导思想和党规党法，使全局性的"左"倾错误巩固和继续下去。因此，九大在党的历史上不可能有任何积极意义。

略论党的九大后的整党

金春明

整党，是中国共产党在革命实践中总结创造的进行自我改造的一种重要形式，也是对马克思列宁主义建党学说的重大丰富和发展。党在60多年的历史发展过程中，曾进行过多次整党。其中，多数是成功的，收到了应有的巨大成效；但也有个别次的整党，由于种种原因而未能达到预期的效果，甚至产生严重的不良后果。党的第九次全国代表大会之后，主要于1970年进行的整党，就是属于后者。经验只有既包括成功的，又包括失败的，才是全面的、深刻的。因此，认真分析总结这次整党失败的原因及其经验教训，作为历史的借鉴，对于搞好当前的整党和加强今后党的建设工作，会是有益处的。

一

党的九大后的整党，是在“文化大革命”当中进行的。这种特殊的社会历史条件决定了这次整党有许多非正常的特点。

“文化大革命”是党内以对社会主义社会的阶级和阶级斗争的错误认识为特点的极左思潮恶性发展的产物。这种极左思潮的完备理论形态，就是所谓“无产阶级专政下继续革命的理论”。在这个“左”倾错误理论指导下，对整个国内状况的估计是完全违反实际的，对党的状况的估计也是完全违反实际的。当时误认为，一大批资产阶级的代表人物、反革命的修正主义分子已经混入党里、政府里和军队里，他们在党中央形成了一个资产阶级司令部，在各省、市、自治区和中央各部门都有代理人，党权已经被他们控制了。从这种不符合实际的错误估量出发，在“文化大革命”中对党的组织采取了完全错误的方针。

“文化大革命”一开始就把斗争的矛头指向各级党委。在“踢开党委闹革命”的荒谬口号下，从中央各部委，省、市、自治区党委到基层党支部，普遍受冲击，被夺了权。广大党员（除人民解放军系统外）也被停止了组织生活。

这样的特殊历史条件决定这次整党不能不具有特殊的性质。第一，这次整党既是“文化大革命”的一个组成部分，它的指导思想必然要服从于“文化大革命”的全局性“左”倾错误指导方针，以所谓“无产阶级专政下继续革命的理论”为思想基础。因此，整党的指导方针必然是“左”的、错误的。第二，整党的指导机构很特殊。不是党的各级委员会和根据党的决定组成的特定机构，而是军代表、核心小组、联席会等不正常的机构。甚至某些非党的群众组织，也在“群众评议”的名义下，发挥了不应起的重大作用。第三，整党同广大党员恢复组织生活结合在一起。同时，又突击“纳新”，把一批造反派吸收入党。因而这次整党在一定意义上带有“重建党”的性质。这是过去历次整党中都没有的。

二

这次整党经历了很长时间的酝酿过程。从1967年起，毛泽东同志就在几次讲话中提出整党和重建党组织的问题。1967年10月，中共青海省核心小组向党中央请示，已经成立革命委员会的单位是否可以恢复党的组织生活？10月27日，中共中央发出《关于已经成立革命委员会的单位恢复党的组织生活的指示》。指示中有毛泽东同志的一段批示：“党组织应是无产阶级先进分子所组成、应能领导无产阶级和革命群众对于阶级敌人进行战斗的朝气蓬勃的先锋队组织。”11月5日，毛泽东同志在一次谈话中又谈了整党问题。他提出：整个什么样的党，老党员怎么一分为二，新党员入党问题，恢复组织生活又不要恢复老样子等问题，要中央文革小组去研究，并搞出一套办法。在这次谈话中他说：“一个人有动脉，静脉，通过心脏进行血液循环，还要通过肺部进行呼吸，呼出二氧化碳，吸进新鲜血液，这就是吐故纳新。一个无产阶级的党也要吐故纳新，才能朝气蓬勃。不清除废料，不吸收新鲜血液，党就没有朝气。”

1967年12月2日，以中共中央和中央文革的名义，下发了《关于整顿、恢复、重建党的组织的意见和问题》的文件，要求各地在整党中，“虚心听取无产阶级革命造反派的意见”，并且“要吸收那些朝气蓬勃、富有无产阶级革命造反精神，勇于在阶级斗争中冲锋陷阵的无产阶级先进分子入党”。

1968年元旦，《人民日报》、《红旗》杂志、《解放军报》联合发表社论：《迎接无产阶级文化大革命的全面胜利》。社论首次公开发表了毛泽东同志的五十字批语，称它是“我们整党建党的伟大纲领”。并号召：“在新的一年里，我们要结合革命的大批判和本单位的斗、批、改，深入学习几十年来党内两条路线斗争的历史，深入学习毛主席的无产阶级建党路线，彻底批判中国赫鲁晓夫的修正主义建党路线，纯洁和整顿党的组织。”同年秋，在《红旗》第4期社论《吸收无产阶级的新鲜血液》中，又公开发表了毛泽东同志关于吐故纳新的一段话。社论强调：“当前整党工作中一个需要引起注意的问题，是吸收无产阶级新鲜血液的问题”。要求各地认真贯彻。

但是，当时的中国还处于“全面内战”、“天下大乱”的局势下，虽然有了“最高指示”，报刊上也作了不少鼓动宣传，整党建党工作还是难以提上议事日程。除在个别单位进行了整党试点外，根本不具备普遍进行的条件。1968年9月，各省、市、自治区革命委员会普遍建立后，武斗逐渐停息，局势趋于稳定。1969年4月，党的第九次全国代表大会正式举行，才可能实际进行一次全国范围的整党。

在九大政治报告的第六部分，专门谈了党的整顿和建设问题。报告首先引述了毛泽东同志上述的两段批示，说它们“确定了我们整党建党的政治方向”。“是今后进行整党建党的根本指导思想。”要求各地认真学习和贯彻。接着，用“左”倾观点歪曲地概括了党的历史，说“中国共产党的历史，就是毛主席的马克思列宁主义路线，同党内右的和‘左’的机会主义路线斗争的历史。”报告硬说刘少奇同志有一条什么“从根本上背叛了马克思列宁主义的无产阶级专政学说和党的建设的理论”的所谓“修正主义建党路线。”宣称其主要内容是所谓“黑六论”，即“阶级斗争熄灭论”、“驯服工具论”、“群众落后论”、“入党作官论”、“党内和平论”、“公私溶化论”。要求各级党组织“继续开展革命大批判，彻底肃清它的恶劣影响”。报告说：“这次无产阶级文化大革命，是我们党的历史上一次最广泛、最深刻的整党运动”。强调：“必须向广大党员进行阶级、阶级斗争、两条路线斗争和继续革命的教育。必须在党内外进行反对修正主义的斗争，把叛徒、特务和代表剥削阶级利益的分子清除出党，把大风大浪中经过考验的真正的无产阶级先进分子吸收入党。必须努力使各级党组织的领导权真正掌握在马克思主义者手里。”这次大会还通过了以“左”倾错误理论为指导的包含很多错误规定的新党章。

在接着召开的九届一中全会上，毛泽东同志说，进城以后，我们这个党不那么好了，所以要整党建党。他强调要有群众参加整党，“每一个支部，都是要重新在群众里头进行整顿。要经过群众，不仅是几个党员，要有党外的群众参加会议，参加评论。”

按照党的九大的要求和规定，会后全国各地陆续开始了重建党的各级委员会，恢复党员的组织生活，整顿和重建党组织的工作。

三

1970年两报一刊元旦社论：《迎接伟大的七十年代》，传达了党中央的要求：“在清理阶级队伍的基础上，要抓紧整党建党。”并说：“用毛主席关于无产阶级专政下继续革命的伟大理论建设我们的党，是发展无产阶级文化大革命伟大胜利的根本保证，是进一步巩固无产阶级专政的百年大计。”

同年4月，党中央召开了整党建党座谈会。会议由九大政治局候补委员纪登奎主持，九大政治局常委康生、陈伯达都到会讲了话。会上宣布，这次整党由康生、张春桥、谢富治三人组成的小组负责领导，纪登奎、郭玉峰、曹轶欧等分管整党的各项具体工作。会上交流了各地整党试点的情况和经验，并推荐和确定以所谓“毛主席亲自指导”的“六厂二校”的经验作为各地整党的“样板”。各地区和各部门便一体照办。因此，只要对这些所谓典型经验加以剖析，这次整党的实际情况便可知一般了。

最早在《人民日报》上公开发表的典型经验，是北京新华印刷厂的整党建党调查报告。这个厂的做法和经验主要有三条：第一条，“从思想整顿入手，普遍提高党员的阶级觉悟和两条路线觉悟”。第二条，“在‘清除废料’的同时，加强对犯错误党员的教育”。第三条，“积极慎重吸收新鲜血液，健全党的组织，实现一元化领导。”这是工矿企业部门整党的典型。接着，《人民日报》又对清华大学的经验作了长篇介绍。这个经验，据他们自己宣称，集中到一点，就是用所谓“无产阶级专政下继续革命的理论”武装党员的头脑。具体说也是三条：第一条，“思想上的整顿和建设贯穿于整党建党的全过程”。第二条，“引导党员集中解决阻碍继续革命的主要问题”。第三条，“使组织上吐故纳新的过程，成为思想上吐故纳新的继续。”所谓“六厂二校”的经验，大同小异。看了上边的一厂一校的经验，其他也就可以类推了。

仅仅看了那些空洞抽象的标题，还很难知道葫芦里到底装的什么货色。所以最好还是看一下这些所谓经验中举的具体事例。思想上吐的什么“故”呢？新华印刷厂举了两个具体事例：一个是原代理厂长。他的主要罪名是：“长期没有很好学习毛主席著作，阶级斗争和路线斗争的觉悟不高，在工作中执行了修正主义路线。”第一个罪名是任何人都可以戴的空帽子，在当时的条件下，哪一个干部敢说自己毛主席著作学好了呢？第二句话，无非是讲这个厂长认真抓了生产，参加政治运动不太积极，没有“以阶级斗争为纲”。厂长的主要职责就是抓好生产，因此这个厂长在这个问题上并没有错。至于所谓“执行了修正主义路线”，无非就是注意贯彻了物质利益原则，给超产者发奖金，使企业获得利润等，而这正是社会主义按劳分配原则的体现，又何罪之有？很显然，这些所谓错误都是在“左视眼”的歪曲折射下人为制造的罪名，是完全不符合事实的。把正确的东西当作“故”吐掉了，装进去的“新”是所谓“无产阶级专政下继续革命”的那一套“左”的东西，又怎么可能提高真正的无产阶级革命觉悟呢？

新华印刷厂经验中举的另一个具体事例是一个党员。他的主要错误是：“长期以来受到刘少奇黑《修养》毒害较深，缺乏革命朝气，在政治上有些死气沉沉。”刘少奇同志的《论共产党员的修养》是一部好书，是把马克思列宁主义关于党的学说同中国革命实际相结合，对党的建设起了积极作用的重要文献。这样的书读了只会更朝气蓬勃，怎么可能“死气沉沉”呢？他没有跟着当时的造反派去胡闹，倒可能是真的。

知识分子党员当中要吐的“故”主要是什么呢？清华大学的整党经验说：主要是“不同程度存在重业务、轻政治，读书作官，追求个人名利的资产阶级思想”。具体表现是什么样呢？经验中举了一名党员教师为例子。据说他在“文化大革命前是万里挑一的一个万字号的业务尖子”。“他一心追求成名成家。”这位努力钻研业务，要为新中国建设“埋头划船”的同志，却被批判为受了刘少奇“业务党”的修正主义毒害，走上了错误的道路。批判得到什么样的结果呢？“过去是业务业务不离口，现在是革命宝书不离手，过去是一心追求成名成家，现在是废寝忘食为革命。”像这样“左”到荒唐可笑程度的错误做法，当时却被当作成功的经验，到处大肆宣扬。

这里需要提到的是，当时的许多典型事例并不是真有其事。例如，清华大学曾被当作“成名成家”典型的基础课讲师赵静安的具体事例，就完全是“四人帮”的干将迟群一伙假造的。他们在一份材料中说，赵静安有“‘三十成名，四十成家，五十威震天下’的资产阶级个人主义思想”。本人知道后立即声明，这不是他的事。当时清华大学军工宣队负责人迟群怕露马脚，派人对他围攻，压他承认确有其事。最后给赵静安规定了两条：第一，“三十成名，四十成家，五十威震天下”这话你虽未讲过，但和你的资产阶级思想实质是一样的，必须承认。第二，从此以后，此事不准向任何人讲。否则，就是无组织、无纪律，就是给毛主席脸上抹黑，就要开除党籍[①]。典型就是这样被炮制了出来。

组织上的所谓“吐故纳新”，经验中举的事例不多。不过，当时的报刊社论和文章中是写得比较清楚的。要被当作“故”或“废料”清除的是什么人呢？名义上是说：“必须把证据确凿的叛徒、特务、一切反革命分子、顽固不化的走资派、阶级异己分子、蜕化变质分子坚决清除出党”[②]。而在“文化大革命”那种人妖颠倒的年代里，字面含义和实际内容是根本不同的。被叫作“故”或“废料”要清除的，实际上是被妄加罪名的党政各级领导干部、有才能和成就的知识分子、社会主义事业的骨干力量等。要纳的又是什么“新鲜血液”呢？上述《红旗》社论说：“吸收一批优秀的造反派，首先是产业工人中的先进分子入党”。这样的造反派，由于九大党章取消了新党员的预备期，所以往往一入党马上就进领导班子，成为所谓“双纳新”。

在这次整党中，全国吐了多少“故”，又纳了多少“新”，目前尚没有找到全面的统计资料。河南省某县一个公社统计，开除党籍、劝退、取消预备党员资格的，占全公社党员数的3.4%，受其他党纪处分的占1.8%，合计略超过5%。不敢说普遍如此，但这样的比例总是可以参考的。全国党员人数，从1969年4月党的九大到1973年8月党的十大，4年多的时间总共增加600多万人。其中无疑是包括了相当一部分在“纳新”中入党的造反派。

总之，这次整党的种种做法，实践已经证明，效果是不好的。

四

从上边对这次整党的粗略分析中，可以吸取一些什么样的经验教训呢？初步考虑到以下四点：

第一，整党必须从实际出发，解决党内存在的主要矛盾，而不是同

① 《人民日报》1978年10月19日。

② 《红旗》1968年第4期社论：《吸收无产阶级的新鲜血液》。

主观臆想的阶级敌人作战，这是整党能否成功的前提。

整党的主要任务是解决党内矛盾还是敌我矛盾，是解决广大党员普遍存在的问题还是少数混入党内的“阶级敌人”的问题？这是必须首先搞清楚的。这个问题，毛泽东同志在1942年延安整风时就讲得很明确，他说：“我们是共产党，我们要领导人民打倒敌人，我们的队伍就要整齐，我们的步调就要一致，兵要精，武器要好。如果不具备这些条件，那末，敌人就不会被我们打倒。”因此，“我们要完成打倒敌人的任务，必须完成这个整顿党内作风的任务。”[①]这就是说，整党的主要任务是整顿党内作风，以便使党的队伍更整齐，步调一致，目的是为了更好地领导人民群众去打倒敌人。对于混入党内的极少数敌对分子和坏分子，当然是必须清除的。但是，绝对不应该颠倒主次，把整党的重点放到对于所谓同“阶级敌人”作战的方面，更不应把什么“清除废料”作为整党的主要任务。

整党所要解决的矛盾，必须是党内确实存在的，而不是主观虚构的。1942年的整风，由于准确地抓住了当时党内存在的极其严重的矛盾，即党内无产阶级思想和非无产阶级思想（其中有小资产阶级、资产阶级甚至地主阶级的思想，而主要是小资产阶级思想）之间的矛盾；抓住了它的主要表现形态，即主观主义、宗派主义和党八股，有针对性地进行了一次普遍的马克思主义教育运动，所以成效很大。经过整风，党就能够在思想上、政治上、组织上空前统一的大踏步前进了。又如，1947年的整党，由于抓住了党的地方组织，特别是在农村的基层组织存在的成分不纯和作风不纯问题，进行了认真的整顿，使党组织能够同广大的劳动群众站在一个方面，保证了解放区土地改革的胜利完成，有力地支援了解放战争。可见，准确地分析和抓住党内存在的主要矛盾，对搞好整党是非常重要的。

可是，九大后的整党却不是这样。它根本不顾我国剥削阶级早已消灭，无产阶级和资产阶级的矛盾已经基本解决，不再是国内主要矛盾的

---

① 《毛泽东选集》第3卷，第833—834页。

客观情况，一味主观地夸大阶级斗争，强调两个阶级、两条道路斗争的极端严重性和修正主义复辟的现实危险性，要求每个党员都要用“无产阶级专政下继续革命”的“左”倾错误理论武装头脑，提高所谓阶级斗争、两条路线斗争和继续革命的觉悟，去同阶级敌人作战。这样一种党内状况和矛盾的估量，显然是不符合党内实际情况的。

当时讲的“阶级敌人”是指谁呢？就是所谓的“反革命修正主义分子”、“党内走资本主义道路的当权派”和其他各种名称的分子。十年内乱的实践证明，这些所谓的“阶级敌人”大都是根本不存在的，纯属主观虚构。当然不能说党内没有混入极少数坏人，但对这极少数坏人采取正常的方法是完全可以解决的。根本不需要大动干戈，搞得天下大乱。结果，除自伤肌体而外，没有任何好的效果。

所以，对党内状况和主要矛盾的错误估量，是九大后的整党不可能成功的一个重要原因。

第二，整党应从执政党的特点出发，绝不能离开执政党的主要任务，即社会主义经济建设，去空喊什么“继续革命”。

这次整党的指导思想，就是毛泽东同志的“五十字建党大纲”和“吐故纳新”的指示。这两段话的根本缺欠，就是完全脱离了执政党的特点和主要任务，脱离了中国社会主义经济建设的实际。

党的主要任务在执政前后是有根本区别的。执政之前，共产党的主要任务是发动群众，进行阶级斗争，推翻剥削阶级的统治，夺取政权，打碎旧世界。而在已经夺取政权，成为执政党之后，党的主要任务就起了变化，中心是要建设一个新世界。“领导无产阶级和革命群众对于阶级敌人进行战斗”，当然仍是需要的，但已经不能继续放在革命主要任务的地位了。早在一百多年前，《共产党宣言》中，就已明确指出：“无产阶级将利用自己的政治统治，一步一步地夺取资产阶级的全部资本，把一切生产工具集中在国家即组织成为统治阶级的无产阶级手里，并且尽可能快地增加生产力的总量。”

列宁给共产主义下了一个经典式的定义：“共产主义就是利用先进技术的、自愿自觉的、联合起来的工人所创造出来的较资本主义更高的劳动生产率。”“劳动生产率，归根到底是保证新社会制度胜利的最重要最主要的东西。”[1]要提高劳动生产率，主要不是靠大搞阶级斗争，而是要把主要精力放在经济建设方面，一心一意搞四化。所以，党的八大决定，我们党的主要任务是发展社会生产力，实现国家工业化，满足人民的物质和文化生活的需要，是抓住了执政党任务的特点、符合中国社会客观需要的实际的。而“文化大革命”中批判党的八大路线方向不对，只能证明当时是从根本上背离了马克思主义。

实践证明，实现四个现代化是执政党的最主要任务，也是今后革命的主要内容。正如邓小平同志说的：“实现四个现代化是一场深刻的伟大的革命”[2]。它代表了最广大人民群众的强烈愿望和根本利益，是今日中国的最大的政治和最根本的实际。十年内乱的经验告诉我们，离开实现四个现代化去大谈什么“继续革命”、“突出政治”，只能是脱离实际的“左”倾空谈，有百害而无一利。九大后整党的指导思想所以错误，关键也正在这里。

第三，要正确理解思想整顿，绝不能用“革命大批判”等简单粗暴的办法代替深入细致的思想教育工作。

当时的一些典型经验都引用毛泽东同志的一段话：“为要从组织上整顿，首先需要在思想上整顿，需要展开一个无产阶级对非无产阶级的思想斗争”[3]。这是1942年整风时，毛泽东同志针对当时延安文艺界的思想状况而作出的一个论断。它在当时是正确的，而且具有一定的普遍意义。不能单纯地从组织上整顿党，而应该首先从思想教育入手，这是党长期经验的总结，也是吸取了国际共产主义运动的一些经验教训。这样做，实践证明效果是较好的。

但是，思想整顿是否一定就是“展开一个无产阶级对非无产阶级的思想斗争”呢？并不一定。这需要根据实际情况决定，需要因时、因地、因人而异。决不能不分清红皂白地上来就先搞一番“思想斗争”。党的

① 《列宁选集》第4卷，第16页。

② 《邓小平文选》第2卷，第152页。

③ 《毛泽东选集》第3卷，第397页。

十二届二中全会通过的《中共中央关于整党的决定》指出：“这次整党的基本方法是：在认真学习文件，提高思想认识的基础上，开展批评和自我批评，分清是非，纠正错误，纯洁组织。在整党过程中，自始至终都要加强思想教育，着眼于提高广大党员的思想觉悟。”这是既正确地总结了党的历史上正反两个方面的经验，又紧密结合现实需要进行思想整顿的正确方法。

可是，九大后的整党，在“左”的指导思想支配下，却把思想整顿片面地简单地变为一条，叫“革命大批判”。当时有一个口号叫“在大批判的火线上整党”。而所谓“革命大批判”，实际上是专横粗暴地扣帽子、打棍子，断章取义，无限上纲，并常常伴随着种种难以忍受的人身污辱和迫害。这种所谓“革命大批判”，又集中批判所谓“刘少奇的反革命修正主义建党路线”。事实已经充分证明，刘少奇同志根本没有一条什么“修正主义建党路线”。恰恰相反，刘少奇同志对马克思列宁主义建党学说是有重大贡献的。这种根本违反事实，混淆是非的所谓“大批判”，只能使人们在“左”倾错误的浊流中越陷越深，而不可能丝毫提高共产主义觉悟。对这种所谓“革命大批判”的一系列错误做法，都应该彻底否定，永远引以为戒。

第四，整党要依靠群众，走群众路线，但决不能搞那种所谓“群众评议”，甚至由非党群众决定党员的命运。

群众路线是党的基本路线，整党当然也不例外。不过贯彻群众路线的方式是多种多样的，应该依不同的具体情况而采取不同的方式方法，不能千篇一律；更不能把群众路线同群众运动等同起来，事事大搞群众运动。在整党中贯彻群众路线，历史上曾采取过不同的做法。例如，1947年的整党，因为是结合土地改革进行，重点在农村基层组织，所以曾采取广泛听取贫下中农意见方式。1957年的整党，是成为执政党后的第一次整党，当时是由党组织指派专人有计划地征求非党群众的意见，作为审查党员之参考，这些都是从实际出发，采取不同方式贯彻群众路线的成功事例。

可是，九大后的整党却不是这样，叫做“放手发动群众，实行开门整党”，采取的是大搞群众运动的方式。名义上是说，由党组织领导整党，但是由于下列种种原因，使各级党组织很难实现领导。一是，“文化大革命”中党的各级组织普遍瘫痪了，因而使上级党组织不可能对下级党组织的整顿实行有力的领导。二是，在所谓“群众自己解放自己”的错误思想指导下，“文化大革命”中各种名目的群众组织数量众多，声势很大。又流行着“踢开党委闹革命”的无政府主义思潮，各地区和各部门往往是“多中心”，党委很难成为统一的坚强核心。三是，林彪一伙鼓吹的“群众运动天然合理论”盛行一时，影响很深，打着群众的名义做出的各种错误举动，都被称作是“革命行动”。四是，毛泽东同志发表了一条“最高指示”，要求“每一个支部，都是要重新在群众里头进行整顿”。对此可以有不同的理解。因此，在这次整党过程中，非党群众的作用空前的加大了，以致发生了种种不应有的现象。如某一派群众组织实际上决定着整党的局势；党委的人选、党员能否恢复组织生活，都要受他们的决定性影响；个别单位甚至发生由非党群众表决开除某个党员的党籍或吸收某人入党的怪事，产生了很坏的结果。这些都是应当引为鉴戒的。

中国共产党是领导十亿人口的大国进行社会主义建设的执政党。把这样一个党整顿好、建设好，是十分艰巨、复杂而又意义重大的任务。今天，当我们经过拨乱反正，已经从极左思潮中解脱出来的时候，痛定思痛，认真从过去的失误中汲取教训，一定会把我们的党整顿得更好，建设得更好！

“斗、批、改”运动与一种社会主义模式

郑 谦

“斗、批、改”运动是“文化大革命”前期一个非常流行的口号，又是一个重要的目标和阶段。它提出于1966年，于1968年至1969年达到高潮，1971年以后，以不了了之而告终。现在，引起我们注意的不是这个阶段所出现的各种令人目不暇接、规模巨大的事件和活动，而是在这个被称作是“大立无产阶级新生事物”的阶段中，自觉或不自觉地表现出来的对社会主义的某种认识，以及依据这些认识去实践着的某种社会主义模式。

一

“斗、批、改”的概念，最早出现于“文化大革命”的发动时期。1966年7月25日，在一次谈话中，毛泽东把学校里的运动概括为“一个叫斗，或者叫批判，一个叫改”。几天后，在8月1日下午党的八届十一中全会开幕会上，毛泽东在发言中批评工作组时，用了“一不能斗，二不能批，三不能改”的提法。在8月8日八届十一中全会通过的《关于无产阶级文化大革命的决定》中，进一步提出：“我们的目的是斗垮走资本主义道路的当权派，批判资产阶级的反动学术‘权威’，批判资产阶级和一切剥削阶级的意识形态，改革教育，改革文艺，改革一切不适应社会主义经济基础的上层建筑，以利于巩固和发展社会主义制度。”这一段文字

比较完整、准确地表达出了当时毛泽东对整个“文化大革命”目标和过程的设想。同年12月下旬，毛泽东曾经预言，1967年将是一斗、二批、三改取得决定性胜利的一年。但是，“文化大革命”的实际进程很快就超出了他的预计和设想。随着1967年1月上海夺权引发的“全面夺权”、“全面武斗”和“天下大乱”，“斗、批、改”不仅不得不一再往后推移，而且其内容也发生了较大变化。

从1968年起，由于认定“人类历史上第一次无产阶级文化大革命，已经在1967年取得了决定性的胜利”，夺取“文化大革命”“全面胜利的伟大斗争已经开始了”①，所以要求“在已经成立革命委员会的地方，必须领导群众进行本单位的斗、批、改。”②在1968年至1970年间，毛泽东思考的重点是稳定形势，落实政策，并通过“斗、批、改”巩固和发展“文化大革命”的胜利。1968年9月7日，两报一刊在庆祝全国（除台湾省外）省级革命委员会全部成立的社论中指出：“全国山河一片红……标志着整个运动已在全国范围内进入了斗、批、改的阶段”，“毛主席最近向全国发出了认真搞好斗、批、改的伟大号召”，“明确地指出了各级革命委员会面临的中心任务。”社论进一步指出：“搞好本单位、本部门的斗、批、改，是社会主义革命、社会主义建设的‘基本功’，是防止资本主义复辟、巩固和发展无产阶级专政的百年大计。”同年10月13日，在党的八届扩大的十二中全会上，毛泽东在发言中预计，“文化大革命”到1969年夏季“差不多了”，“斗、批、改的主要任务可以基本完成”。1969年4月28日，毛泽东在党的九届一中全会上表示，“文化大革命”还有些事没有做完，现在还要继续做，比如讲斗、批、改。

不难看出，“斗、批、改”的口号从1966年正式提出到1968年、1969年成为全国性的大规模实践，其内容已发生了很大的变化。其中最明显的在于，它已不是“文化大革命”的全部内容和目标，而成为一个在“全面夺权”之后，在革委会领导下的、区别于“大乱”的“大治”阶段。毛泽

---

①② 《人民日报》、《红旗》杂志、《解放军报》1968年元旦社论：《迎接无产阶级文化大革命的全面胜利》。

东希望通过这一运动达到“天下大治”，并胜利地结束“文化大革命”。这是他继1958年之后，建立理想社会的又一次重要尝试。当时，人们也都普遍地把“斗、批、改”当作“文化大革命”的“扫尾阶段”，都在企盼着那个美好、公正、纯洁但却又陌生、迷惘的“新世界”的降临。

二

无论从哪方面来看，毛泽东对“斗、批、改”的重视程度，都不亚于他对发动“文化大革命”的重视。

1967年初，当最初几个省级革委会成立后，毛泽东就已经开始考虑党的整顿、教育革命等问题了。只是因为接踵而至的“全面武斗”和“天下大乱”，他的这些设想才暂时搁置。1967年底，形势稍有安定，他又立即提出了“斗、批、改”的某些具体内容。从1968年起，随着全国省级革委会陆续建立，形势逐渐趋于稳定，他开始把“斗、批、改”当作紧迫的主要任务，一项紧接着一项提到了全党和全国人民面前。如果把当时毛泽东发出的有关指示，以及根据这些指示撰写的重要社论、文章或编者按等按发出或发表的时间加以排列，那么，我们便不难看到毛泽东当时建立一个理想社会的基本思路，不难感受到他的迫切心情。

——“革命委员会的基本经验有三条”，“革命委员会要实现一元化的领导，打破重叠的行政机构，精兵简政，组织起一个革命化的联系群众的领导班子。”①

——批示转发《北京新华印刷厂军管会发动群众开展对敌斗争的经验》②。

——根据毛泽东关于革委会的指示，《人民日报》发表《灵宝县革委会实行领导班子革命化，精兵简政，密切联系群众》的报道，并配发重要编者按③。

① 《人民日报》、《红旗》杂志、《解放军报》社论：《革命委员会好》，1968年3月28日。

② 1968年5月19日。

③ 《人民日报》1968年7月11日。

——“大学还是要办的”，“但学制要缩短，教育要革命，要无产阶级政治挂帅，走上海机床厂从工人中培养技术人员的道路。要从有实践经验的工人农民中间选拔学生，到学校学几年以后，又回到生产实践中去。”①

——“认真搞好斗、批、改。”②

——“要充分发挥工人阶级在文化大革命中和一切工作中的领导作用。”③

——“实现无产阶级教育革命，必须有工人阶级领导，必须有工人群众参加，……工人宣传队要在学校中长期留下去，参加学校中全部斗、批、改，并且永远领导学校。在农村，则应由工人阶级的最可靠的同盟者——贫下中农管理学校。”“凡是知识分子成堆的地方，不论是学校，还是别的单位，都应有工人、解放军开进去，打破知识分子独霸的一统天下”。“吸收一批在运动中涌现出来的积极分子参加党组织，使党增加新鲜血液。”“建立三结合的革命委员会，大批判，清理阶级队伍，整党，精简机构，改革不合理的规章制度，下放科室人员，工厂里的斗、批、改，大体经历这么几个阶段。”④

——对一份反映北京二七机车厂领导班子问题的材料作出批示，要求“写成一个整党文件，以便督促各地执行”，并再次提出吸收造反派优秀分子参加党组织的问题。

——提出“实行由贫下中农为主，结合学校师生管理学校。”⑤

——“对过去大量的高等及中等学校毕业生早已从事工作及现正从事工作的人们，要注意对他们进行再教育，使他们与工农结合起

① 《人民日报》：《从上海机床厂看培养工程技术人员的道路》，1968年7月22日。

② 1968年8月毛泽东对《人民日报》、《解放军报》社论《团结起来，共同对敌》的批改。

③ 《人民日报》、《解放军报》社论：《热烈欢呼云南省革命委员会成立》，1968年8月15日。

④ 姚文元：《工人阶级必须领导一切》，《红旗》杂志1968年8月25日。这两段话是文章中公布的毛泽东的最新指示。

⑤ 1968年8月对《营口县水源公社开展教育革命的经验》的批改。

来。”[①]

——“现在需要规定一些具体政策。”[②]

——“工人阶级必须领导一切。”[③]

——提出由工农兵给“从旧学校培养的学生”以“再教育”[④]。

——“广大干部下放劳动，这对干部是一种重新学习的极好机会”，“在职干部也应分批下放劳动。”[⑤]

——“一个无产阶级的党也要吐故纳新，才能朝气蓬勃。不清除废料，不吸收新鲜血液，党就没有朝气。”“共产党基本的一条，就是直接依靠广大革命人民群众。”[⑥]

——提出讨论“城市小学及中学是否可以归工厂办和街道联合起来办的问题”[⑦]。

——“对反革命分子和犯错误的人，必须注意政策，打击面要小，教育面要宽，要重证据，重调查研究，严禁逼、供、信。对犯错误的好人，要多做教育工作，在他们有了觉悟的时候，及时解放他们。”[⑧]

——“知识青年到农村去，接受贫下中农的再教育，很有必要。”[⑨]

——“在犯过走资派错误的人们中，死不改悔的是少数，可以接受教育改正错误的是多数，不要一提起‘走资派’，就认为都是坏人。”[⑩]

---

① 《人民日报》1968年9月5日转载《红旗》杂志文章《从上海机械学院两条路线的斗争看理工科大学的教育革命》编者按，编者按为毛泽东所写。

② 1968年9月4日在北京市《关于召开工人和解放军毛泽东思想宣传队负责人会议情况报告》上的批示。

③ 《人民日报》1968年9月10、14日、10月5日。

④ 同上。

⑤ 同上。

⑥ 《红旗》杂志，1968年10月14日。

⑦ 1968年11月对《人民日报》关于合作医疗制度编者按的批示。

⑧ 1968年12月1日对《北京市革命委员会转发新华印刷厂在对敌斗争中坚决执行党的“给出路”政策的经验的报告》的批示。

⑨ 《人民日报》：《我们也有两只手，不在城里吃闲饭》编者按，1968年12月22日。

⑩ 1968年12月毛泽东对中共中央、中央文革关于对敌斗争的宣传中应注意掌握政策的通知的批改。

1969年上半年，毛泽东在多次谈话中，反复强调了“无产阶级文化大革命的斗、批、改阶段，要认真注意政策”[①]他希望全党全国团结起来，总结经验，落实政策，在比较安定的形势中，通过各条战线，各个领域里全面的斗、批、改，“大立”他心目中的理想社会。

为了把自己的设想和指示具体化，在这一段时间里，毛泽东还亲自抓了北京的“六厂二校”作为“大立”的典型[②]。1968年至1970年间，“六厂二校”几乎提供了“斗、批、改”运动所有方面的典型经验。与此同时，《人民日报》等发表了大量社论、文章、调查报告、典型经验，解释和宣传毛泽东的各项指示。这些指示和“六厂二校”经验以及舆论宣传，实际上向人们展示了一种社会主义模式的蓝图，虽然这个蓝图对大多数人来说，仍然是若隐若现，将信将疑。

三

从全国范围来看，尽管具体形式和过程有所不同，但“斗、批、改”主要集中在1968年至1970年的三年中。在这三年中，各地、各部门先后进行了建立各级革委会、清理阶级队伍、精简机构、落实政策、整党建党、整团建团、教育革命、知识青年上山下乡、干部下放劳动、下放城镇居民、工厂改革各种规章制度、文艺革命、医疗卫生革命、农村商业革命、农村人民公社分配制度改革及扩大所有制规模等等一系列活动。在进行所有这些活动的过程中，都要贯穿“革命大批判开路”和“活学活用毛泽东思想”，原因在于它不仅为建立一个新世界提供了源源不断的精神动力，而且也使人们掌握了具体的措施和方案。

相对于“文化大革命”第一阶段的“天下大乱”和极左思潮泛滥来说，“斗、批、改”的本意，是想稳定形势，着力于“大立”。当时，尽管已经有了毛泽东的许多指示，但是，由于种种原因，整个“斗、批、改”运动

① 《人民日报》1969年2月21日。

② “六厂二校”即北京针织总厂、北京新华印刷厂、北京化工三厂、北京北郊木材厂、北京二七机车车辆厂、北京南口机车车辆机械厂，清华大学和北京大学。

表现出非常复杂的局面。这里，既有毛泽东建立一种新型社会主义的不懈努力，也有林彪、江青集团利用毛泽东的错误煽动极左思潮继续制造大规模的动乱和破坏，还有党内外逐渐发展起来的抵制“文化大革命”的思想和实践；既有毛泽东的一般号召和中央下发的各种文件、树立的各种典型，也有各级领导依据自己的理解从不同方面各有增减的发挥。总的来说，前期的“斗、批、改”仍然为“左”的或极左的错误所支配，但在后期，虽然“左”的错误仍占据着主导地位，但其势头已明显削弱，一种比较务实的，带有“复旧”色彩的实践普遍地开展起来。

1968年至1969年间，许多地方的农村出现了撤区并社和扩社并队，把生产队核算改为大队核算。因“割私有制尾巴”、“挖私根”而部分或全部收回自留地、自留树，因批判“物质刺激”取消定额记工制度。一些农村以各种名目程度不同地取消或限制集市贸易。一些社队为“扭转自留地商品化，防止产生资本主义倾向”，规定自留地只能种粮食作物、猪饲料和自给的蔬菜，而不准种收入高的经济作物。1968年间，一些地方为扩大“共产主义因素”，又开始推行“吃粮不要钱”，并将合作医疗改为公费医疗。

在工厂企业“斗、批、改”初期，“改革不合理的规章制度”被理解为基本废除“文化大革命”以前“对工人进行‘管、卡、压’的各项规章制度”，而代之以准军事性质的组织体制和各式各样的政治学习、评改以及革命大批判。由于认定“利润挂帅”、“物质刺激”、“生产第一”是“修正主义企业管理制度的灵魂”①，而要把“以阶级斗争为纲”“作为建立社会主义管理制度的根本原则”②。奖金制度被取缔，成本利润等经济核算也变为无足轻重。从1969年起，将企业综合奖改为附加工资，实行按职工标准工资总额的一定比例提取职工福利基金，并实际上取消了计件工资③。

根据“一元化”原则建立起来的革委会体制，完全取消了党、政、企

① 《红旗》杂志：《改革不合理的规章制度是一场革命》，1969年第6、7期合刊。

② 同上。

③ 《当代中国的经济体制改革》，中国社会科学出版社1984年版，第147页。

事业单位之间的起码分工，使之成为党政机关及一切工厂、企业、学校、商店、医院、人民公社领导机构的代名词。为了“精兵简政”，刚成立的革委会都不切实际地将工作人员减少到根本无法维持正常工作的程度。例如1968年上半年成立的武汉市革委会，工作人员仅90人。

为使知识青年接受“再教育”，1968年9、10月间，全国掀起了知识青年上山下乡的高潮。从1968年底至1970年，各地不顾具体条件，在缺乏各种必要准备和长远规划的情况下，或依靠革命热情，或借助行政命令，将400余万知识青年下放到农村、边疆。与此同时，为了使广大干部“重新学习”，密切联系群众，克服官僚主义，数百万干部、教师、医务人员、文艺工作者及其家属，也被下放到农村和各种“五·七干校”。为了将医疗卫生工作的重点放到农村去，大批城市医院也被下放，有些地方甚至提出一座城市只留一座医院。根据“我们也有两只手，不在城里吃闲饭”的口号，在这一段时间里，还有大批被认为是“长期脱离劳动”的城镇居民，也“纷纷奔赴社会主义的新农村，在那里安家落户”[①]。

在整个“斗、批、改”中最先被提出的“教育革命”，首先要求工宣队、贫宣队要“永远领导学校”。对以往“统治学校”的“资产阶级知识分子”则采取“给出路”的政策。“分数挂帅”的“修正主义”教育制度、招生制度被彻底否定，而代之以取消考试的教育制度和“群众推荐、领导审批”的招生制度。学生在学校里的主要任务不再是学习文化知识，而是进行各种阶级斗争和从事各种生产劳动，上大学的工农兵学员还被赋予了“上大学、管大学、改造大学”的使命。循序渐进的系统学习被认为是“脱离实际”的“繁琐哲学”，“干啥学啥”、“以干代学”取代了学校的基础教育。1969年至1970年《人民日报》上发表的一些文章中，提出中学可以取消物理、化学课，原因是其内容“陈腐不堪”，“崇拜死人、洋人”，“向学生散布大量毒素”，顶多“拣实用的学学就可以了”[②]。

在文化艺术领域，经过“文化大革命”初期的扫荡后，到“斗、批、

① 《人民日报》1968年12月22日。

② 《人民日报》1969年9月22日、7月21日。

改”阶段，这个领域除了几个样板戏以及“忠字舞”、“语录歌”外，几乎是一片荒芜。1968年5月，样板戏的创作原则被概括为“三突出”。这个原则不仅成为以后文学艺术创作的唯一根据，而且成为人们思维必须遵循的一个重要模式。

最后，按照“抓革命，促生产”的基本思路，在1968年、1969年的“斗、批、改”高潮之后，紧接着便是1970年的经济“跃进”。“随着斗、批、改的深入发展，一个工农业生产的新高潮正在出现”[①]。工业生产的新发展“来势比人们预料的要快，它的基础比过去任何时候更深厚”[②]。这种理论逻辑与时间顺序上的高度重合，向人们完整地展示了一种发展战略和模式，一种对“什么是社会主义”的认识和理解。

整个“斗、批、改”运动内容庞杂，形式纷繁，其中包含的各种运动或前后相接，或互相重叠交叉，多项内容同时进行，使人眼花缭乱，应接不暇。但一俟历史尘埃落定，整个运动的特征便鲜明地呈现在人们面前。首先，它是以阶级斗争支配一切，以行政权力和群众运动进行一切，以上层建筑和意识形态领域的反作用主宰一切的。在这里，对“唯生产力论”的批判实际上确立了上层建筑和意识形态领域里阶级斗争的主导地位。社会发展的动力不再是其基本矛盾和人们的物质需要，而是上层建筑等领域里一次又一次尖锐的阶级斗争。人们仍然必须从阶级斗争中寻找各种问题的终极根源和答案，从生产组织到经济运行，从邻里纠纷到夫妻龃龉，从意见分歧到性格缺陷……这些本应求助于现代经济学、管理学、组织学、心理学以及各种法律和组织的问题，统统被归结为阶级斗争，诉诸于行政权力。社会生产和一切经济活动都失去了自己的独立地位，其自我调节和组织的功能，已多数交给了“以阶级斗争为纲”的政治运动和各种行政权力。一切事情都变得简单明了，一切问题又都难以正常解决。

强烈的社会平等、公正的价值取向。例如，用群众代表参加革委会

---

① 《人民日报》、《红旗》杂志、《解放军报》1970年元旦社论：《迎接伟大的七十年代》。

② 《人民日报》社论：《抓革命促生产，夺取工业战线的新胜利》，1969年2月21日。

以实现群众对政权的参与，用干部下放去实现干部与群众的平等，以大队核算来填补贫富生产队之间的差距，以取消自留地的方法消灭农民之间因自留地经营好坏而产生的差别，以取消奖金和一些特殊津贴的方式实现工人在分配上的公正，以大量减少规章制度的方法使工人成为工厂里的主人，用取消考试来消灭学生在分数面前的不平等，用“上、管、改”来实现学生与教师在教学关系上的平等，用“知识分子与工农划等号”去消灭脑力劳动与体力劳动之间的差别，以“医护一条龙”消灭“旧社会遗留下来的”医生与护士之间的分工，用大规模下放城镇人口来填平城乡差别，如此等等。这种平等和公正的要求是如此之强烈，以至我们几乎在“斗、批、改”中的每一项活动中都可以听到它的大声疾呼，尽管它在实际上使人们感受到的往往是苦涩和虚幻。

还有纯洁。这是“以阶级斗争为纲”的必然需要，也是“斗、批、改”所追求的一个重要目标。这种纯洁首先表现在思想道德领域之中。在这里，一切都被简洁明了地划分成无产阶级和资产阶级两个绝对对立的部分。人们都被要求通过“灵魂深处爆发革命”、“狠斗私字一闪念”之类的修炼，以实现道德净化。此外，还有通过取缔个体经营，提高公有制程度以求得所有制的纯洁。通过“清理阶级队伍”保持阶级队伍的纯洁，通过“整党建党”保持党组织的纯洁，将“四类分子”下放农村以保持城市的纯洁，如此等等。人们被告知这种纯洁的境地将最有利于生产的发展，但人们却不知道——甚至没有想到——这种纯洁需要以一种什么样的生产力为基础。

如果理性的思考再深入一步，我们便不难发现，“斗、批、改”阶段的几个鲜明特点又是与对商品经济及其相应的观念形态的忧虑和限制密切相关的。当时，一种非常普遍的看法认为，社会主义条件下的商品经济虽然是一种暂时必须加以利用的“手段”，但它增长了人们的私心，刺激了人们的物欲，腐蚀着人们的革命意志和理想情操。它不但破坏了平等、公正和纯洁，而且是社会主义条件下产生资本主义、资产阶级的重要土壤，是社会主义时期阶级斗争的一个主要根源。“斗、批、改”期间，取消限制集市贸易、取缔长途贩运、削弱价值规律作用的事例比比皆是。

1968年11月中央发到全国的一个通知中，要求公社、大队、生产队、社员"一律不准经商"，合作商店、个体商贩、手工业合作社要接受社会主义改造，机关、学校等不得到农村社队采购。1970年以后，在全国范围内，通过简化税收制度、银行信贷制度等，一再缩小商品差价，大大削弱了税收、价格杠杆对经济的调节作用①。与经济领域里这些活动相适应，在意识形态领域里，人们看到，在样板戏（反映社会主义时期内容的）以及当时极少数仍被认可的文艺作品中，反面人物大多都姓"钱"。经过一段时间的实践和思考后，1974年下半年，毛泽东又进一步发展了这一观点。他认为，我国"现在还实行八级工资制，按劳分配，货币交换，这些跟旧社会没有多少差别。所不同的是所有制变更了。""我国现在实行的是商品制度，工资制度也不平等，有八级工资制，等等。这只能在无产阶级专政下加以限制。"②这些观点不仅可以看作是对"斗、批、改"的某种深层次的总结，也可以看成是对一种社会主义模式的高度概括。

四

"斗、批、改"从一开始便处于两对矛盾的支配之下。一对矛盾是，虽然"斗、批、改"的基调是"左"的错误，但相对于"文化大革命"初期的"天下大乱"来说，它又具有落实政策、安定形势、走上正轨的愿望。另一对矛盾表现在"斗、批、改"进行的过程中，即它一方面是"左"的错误"普及"。落实到各基层、各领域的过程，另一方面也是"左"的错误不断遭到党内外各方面的抵制并不断自我否定的过程。

从1970年初起，随着各级党组织的恢复，曾被当作"斗、批、改"中最大的新生事物、实行党政不分一元化领导体制的革委会，很快地就开始了职能的分化和形式的变化，分解为党的领导机构与政府、行政领导机构两个部分。除了名称外，革委会体制已在相当大程度上恢复到"文

① 《当代中国的经济体制改革》，第144—147页。

② 王年一：《大动乱的年代》，河南人民出版社1988年版，第534、535页。

化大革命”以前的状态。与此同时，在1968年被当作是“斗、批、改”重大举措的“工宣队”、“军宣队”的作用也在不断下降，到1971年后已形同虚设。从1970年起，“工人阶级必须领导一切”的口号也被反复强调“党是领导一切的”原则所取代。革委会的“精兵简政”实际上不到一年就变成了新一轮的膨胀，人员、机构增加之多甚至超过了“文化大革命”以前，陷入了“精简——膨胀”的怪圈之中。在农村，随着1970年北方地区农业工作会议的召开，又开始重申《六十条》中各项政策规定的有效性，自留地、自留树等又相继恢复。1970年9月中央发出的宪法修改草案中，再次肯定了“三级所有、队为基础”的农村人民公社体制，否定了急于过渡的错误做法。此后一段时间里，农村中许多地方都恢复了劳动定额管理，开始强调生产队的自主权。继1968年底至1970年的下放高潮之后，从1970年起，又开始大量从知识青年和农民中招收工人和其他方面的工作人员，以至于1971年全民所有制单位职工较之1969年增加了983万人，超过了计划的两倍多。国务院不得不从1972年起采取措施控制职工人数和吃商品粮人口。在教育领域，自1971年起，许多地区在高校招生中以不同形式部分地恢复了文化考核，各种学校中“以学为主”的倾向逐渐明确起来。在一些生产、科研部门及医院、文艺单位，党委领导下的业务主管负责制也开始出现。在工厂企业，一些已被废除的规章制度以及奖金制度也逐步被小心翼翼地恢复起来。1970年开始的“跃进”到年底就因导致各方面的严重失衡而难以为继，到1971年便开始为周恩来领导的调整所取代。

总之，在一种巨大的、无形的、无所不在的力量的作用下，“斗、批、改”运动“深入”的过程，实际上也就是它自我否定、逐渐走向反面的过程。它所提倡的许多东西被否定了。它所否定的许多东西又复活了。这种巨大的力量不是别的，就是当代中国生产力发展的内在需要和当代中国社会主义基本制度的深厚基础，以及它们在人们观念上的反映——不论这种反映是自觉的还是不自觉的。“斗、批、改”的结局不是“文化大革命”的深入和巩固，而是各种抵制“文化大革命”的力量的发展；不是它所许诺的那个公正、平等、纯洁的理想社会的到来，而是使全世界为之震惊和愕然的“9·13”事件。

“9·13”事件使毛泽东陷入了巨大的痛苦之中。如果说在此之前他对“文化大革命”的进程还有着某种计划和构想的话，那么，在此之后，除了被动的应付外，他已没有多少章法可定了。作为“文化大革命”的发动者，他已经越来越难以驾驭这个使他感到越来越陌生的运动了。整个“斗、批、改”运动除了教育革命等几项内容外，其中多数内容已不再被提及，以不了了之而告结束。与此同时，在周恩来等的领导下，在“斗、批、改”阶段初步发展起来的抵制和纠正“左”的错误和极左思潮的斗争，则更深入、更广泛地开展起来。

“斗、批、改”的错误理论和实践已被历史地否定了。但是，如果我们把它看作是毛泽东对探索中国社会主义道路的一种尝试，对世界现代化进程中一些弊端的回应，那么，就应该承认，尽管解决的方法甚至问题提出的方式都是错误的，但是问题本身却是深刻的，是今天我们仍然必须给以认真思考和严肃对待的。例如，如何最大限度地实现广大人民群众对社会管理的广泛参与，如何使广大干部始终保持与人民群众的密切联系，如何防止国家机关的官僚主义化倾向和腐败现象，如何保持党组织的纯洁、充分发挥其无产阶级先锋队作用，如何使学生在德、智、体三方面都得到全面发展而不是成为分数的奴隶，如何造就一代全面发展的社会主义新人，如何防止和补救商品经济的负面影响……再大而言之，毛泽东所提出的一些问题，在世界现代化迅猛发展的今天，也仍然具有某种普遍的意义。例如，在市场经济的条件下，如何实现社会的平等与公正，在高技术的社会里，如何坚持社会的人文价值和标准，在物质充裕的环境中，如何追求高尚的人生理想，维护良好的道德规范，如此等等。总之，人类的智慧的确面临着一个富裕起来后应该怎么办的问题。

五

1985年，邓小平在总结我国社会主义建设的经验教训时指出，“什么是社会主义，如何建设社会主义”，“我们的经验教训有许多条，最重要的一条，就是要搞清楚这个问题。”①

建国之初，作为一位思想活跃、富于创新精神的革命领袖，毛泽东就已经觉察到了苏联模式的一些弊端，并开始为寻找一条适合中国国情的社会主义现代化道路进行了多方面的探索。在探索的过程中，依据不同时期对国情和经典作家理论的理解（这种理解有连贯的一面，也有不连贯的一面），以及对实践经验的总结，在什么是社会主义、如何建设社会主义这个基本问题上，他形成了一些理论，放弃了一些设想，坚持和发展了一些观点。落后国家社会主义建设的特殊规律和问题，有些已被毛泽东正确地认识和解决，有些则未能得到正确的解决或仍在他的视野之外。而且越到后期，失误显得越多。在“斗、批、改”阶段，他所依据的就是这样一些几经变化仍然坚持下来或发展起来的有关社会主义的基本认识和理论。

例如，在“斗、批、改”运动中，我们就不难看到1957年“反右”运动后对知识分子的估计；不难看到1958年“大跃进”运动中有关政治与经济、物质与精神相互关系的理论，有关城乡关系、工农关系的观点，有关一切都要大搞群众运动的思想和实践，以及有关商品经济的思想；不难看到他在1960年前后读苏联《政治经济学教科书》谈话中所阐发的一些重要观点，如关于让工农群众广泛参与国家政治、经济管理的思想，关于强调政治挂帅、“靠精神起作用”的论述，关于计划第一、价格第二、价格规律是计划的工具的观点，关于反对“物质刺激”以及“人愈穷，才愈要革命”的论点，关于在社会主义公有制建立后最重要的是不断变革人们在生产关系中的相互关系的思想；不难看到1962年八届十中全会上提出“阶级斗争要年年讲、月月讲、天天讲”的深刻烙印；不难看到1963年以后关于要求干部参加集体生产劳动，坚决反对官僚主义以至提出“官僚主义者阶级”概念的基本思路；不难看到1963年以后意识形态领域里不断升级的批判的后果，关于教育革命一系列重要讲话的影

① 《邓小平文选》第3卷，人民出版社1993年版，第116页。

响；不难看到中苏论战中已经比较系统地提出的一些重要判断，“四清”运动中总结出来的一些经验，以及在1966年“五·七”指示中所勾勒出的那个理想社会的轮廓，等等。从这种发展脉络及“斗、批、改”的实践中，我们看到了对社会主义的一种理解、认识和实践，看到了“什么叫社会主义，什么叫马克思主义？我们过去对这个问题的认识不是完全清醒的。”[①]

在本世纪开始陆续走上现代化历程的“后发——外生”型国家，鉴于资本主义发展过程中因私有制和商品经济所暴露出来的罪恶和弊端，都希望在实现现代化、工业化、都市化的同时，“防止出现与资本主义利润动机相关联的极端不平等”以及“资本主义所造成的剥削现象”[②]。因此，这些国家独立后，几乎不约而同地把以非资本主义方式实现现代化作为自己的首要选择。随着世界现代化进程的迅猛发展，特别是它在西方发达国家的高度成熟，它的缺失与弊端也越来越明显地展现在人们面前。这种被称作是“现代文明与人的困境”的时代病，已经受到了来自各方面的关注和批判。从西方“后工业社会”、“后现代化”的崛起到第三世界“原教旨主义”的复兴，从日本的“山岸主义”到美国的“梭罗哲学”，都在不同程度上，以不同形式接触到了问题的某一方面。毛泽东实际上已经敏锐地觉察到了这一深刻的矛盾，并希望以自己的方式解决它。从某种意义上说，“斗、批、改”便是这些努力中的一种，“文化大革命”及“斗、批、改”之类运动是荒谬的，但却不是无的放矢。正如一些西方学者所指出的那样：可以把“文化大革命”理解为一场更大的、更雄心勃勃的运动，这就是在追求现代化的同时保持某些革命目标，防止因技术进步和经济发展而导致道德退步和社会腐化。

众所周知，在生产力十分落后的基础上实现社会主义并开始现代化进程的国家，却不得不在大大低于资本主义发展水平的基础上，在发展

① 《邓小平文选》第3卷，第63页。

② （美）海伦·德斯福瑟丝等：《第三世界的社会主义》，商务印书馆1983年版，第9—11页。

生产力的同时，消灭或避免资本主义的弊端。这样，马克思所设想的社会主义的人文指标与它本应具备的生产力基础是不对应的。这既是一个巨大的历史进步，同时也隐藏着发生诸如夸大反作用、忽视生产力地位、否定或轻视商品生产等失误的很大可能。

这样，几乎所有“后发型”国家——特别是社会主义国家，在其发展过程中的每个阶段上，都面临着价值观念与物质水平、人文标准与生产力标准、公平与效益、增长与发展等一些十分重大的矛盾和选择，我们可以把这些问题的实质概括为应当如何看待商品生产和市场经济，应当把生产力标准摆在一个什么样的位置上？如何正确地对待资本主义创造的文明成果，在避免工业主义的弊端时，如何防止“后工业主义”与前资本主义文明的奇妙联姻？在毛泽东有关“斗、批、改”的理论和实践中，我们似乎可以隐约地感觉到他在上述问题前的巨大困惑。

毛泽东对商品经济的疑虑和担心不是没有根据的。这在马克思主义经典著作和当代社会主义实践中都不是一个特殊或个别的问题。毛泽东的特殊之处只是在这个问题上走得更远。在对待商品经济的问题上，当代所有社会主义国家几乎都经历了一个由排斥到有所发展而又有所限制的过程。一些社会主义改革的理论先驱在充分肯定了商品经济对社会主义的重大意义时，也明确地提出了它必然带来的某些负面影响。商品经济将导致“人的孤立化倾向”，“削弱团结互助的精神”，造成一部分企业与国家计划的矛盾，以及一部分个人利益与社会利益的对立，助长“市场投机倾向”和“人际关系的商业化倾向”，等等。所以，他们的结论是：即使完全肯定在社会主义一定发展阶段上扩大商品关系的必要性，“也决不允许去掩盖可能带来……令人失望的这一方面的后果”[①]。毛泽东也在一定程度上看到了商品生产对于社会主义的意义，但与同时代的绝大多数人一样，他并未把商品经济与私有制和资本主义加以区分。而且，他比别人更加忧虑商品经济的负面影响。在发展与代价之间，他似乎更

① 布鲁斯：《社会主义的政治与经济》，中国社会科学出版社1983年版，第49—53页。

看重代价。这些想法虽然还谈不上系统，但却是他在社会主义问题上许多重要思想的出发点。

毛泽东迫切地希望中国尽快地实现现代化。他希望留给后人的，不仅仅是一个解放了的中国，而且是一个繁荣富强的现代化中国。“然而他有一个重大的缺点，就是忽视发展社会生产力。”[①]这种忽视突出地表现在他过分地强调了上层建筑、意识形态里阶级斗争的反作用，而把生产力的作用放在从属的位置上，认为只要前者的问题解决了，生产力的发展便是一个自然而然的过程了。我们在“斗、批、改”运动中，不难看到这一思路的完整表现形态。

反作用被绝对化的原因很多，这里引起我们注意的有两点。一是低估了商品经济对于现代经济生活的意义和作用，而过分看重了它的消极影响。这样，便很容易对社会主义社会中的阶级斗争作出不切实际的严重估计，而希望通过上层建筑领域里的阶级斗争来反对商品经济中产生的小生产和资本主义，通过政治、行政手段倡导的公正、平等来抵消商品经济所必然产生的差别，而忽视了商品经济对于平等、公正的意义。由于对商品经济的“限制”和经济杠杆的萎缩，整个社会本应由它们调节和驱动的部分便纷纷交给了政治、行政和阶级斗争。前者的衰微与后者的膨胀几成正比。再者，依据“穷则革命”的历史与经验，毛泽东对富裕一直存在着一种隐忧。他担心由于生产力的发展和人民生活水平的提高，将会导致人们革命精神的衰退、贪图享乐思想的滋长以至修正主义的产生。这种隐忧无疑影响了他对发展生产力的态度，使他在这个问题上处于一种深刻的矛盾之中。生产力是必须发展的，但生产力发展后又增加了产生修正主义的危险，解决这一两难矛盾的一个重要方法，便是以上层建筑特别是意识形态领域的阶级斗争纯洁人们的思想，高扬公正、平等的旗帜，抵消起码是平衡富裕社会中的物欲、私念和差别。

毛泽东已经敏锐地感觉到了落后国家社会主义现代化过程中一些重要的问题，但却未能全部正确地解决它们。在一定意义上可以说，毛

---

① 《邓小平文选》第3卷，第116页。

泽东关于“斗、批、改”的理论和实践，便是试图解决这样一些矛盾的努力，虽然这些努力已经偏离了正确的方向。邓小平则在一个新的高度上，以建设有中国特色的社会主义的理论，奠定了解决这些“世纪难题”的科学基础。

1969年前后党对外交战略的重大调整

张保军

邓小平曾指出："'文化大革命'期间，外事工作取得很大成绩。尽管国内动乱，但是中国作为大国的地位，是受到国际上的承认的。中国的国际地位有提高。"[①]那么，在"文化大革命"那样严重内乱的大背景下，外事工作为何能排除干扰，一枝独秀，成为别开生面，继往开来的领域呢？这与1969年前后党对国际形势的重新思考和外交战略的重大调整有密切关系。而这种调整经历了一个渐变的过程，有其特定的历史背景和必然性。

一、"文化大革命"初期"左"倾错误

对外交工作的严重干扰1965年，毛泽东把世界形势概括为"大动荡，大分化，大改组。"在毛泽东看来，世界局势的剧烈动荡使战争和革命的可能性都大大增加了，中国对此应该有所准备、有所反应、有所作为。1965年4月，鉴于美国侵越战争的不断升级，中共中央发出了《关于加强备战工作的指示》。随后，在重新制定的第三个五年计划的安排中，备战工作被放在非常突出的位置。与此同时，批判苏联修正主义的斗争也在如火如荼地进行着。中国还加强了对全球革命形势的宣传和"世界

① 《邓小平文选》第2卷，人民出版社1994年版，第305页。

革命”的召唤。这种宣传和号召不仅停留在口头上，而且在中国当时重大的外交行动中不断地有所反应。这种过激反应与当时国内政治气氛的变化互为促动，成为“文化大革命”爆发的一个重要原因。

“文化大革命”的发动，为林彪、江青、康生等人进一步鼓吹和煽动极左思潮，插手外交事务提供了可乘之机。他们大肆抹煞建国17年的外交成就，攻击17年来的外交路线。他们大力鼓吹“打倒帝、修、反”的“世界革命”，宣称：“对世界革命说来，现在的中国是一个起决定因素的国家……多数地方都修了，都黑了，我们还可以影响它重新光明起来，重新由黑的颜色变为红的颜色”[1]。这类极左的煽动与“文化大革命”初期国内特定的政治氛围相呼应，对党在对外关系方面工作的指导思想产生了严重影响。1966年8月召开的中共八届十一中全会重申反对帝国主义、现代修正主义和各国反动派的方针，并把无产阶级国际主义作为我国对外政策的最高指导原则，矢口不提过去一贯坚持的和平共处五项原则。在这些思想的影响和指导下，中国外交一时处于四面树敌，无所作为的状态。

政治运动和夺权斗争也波及外交领域。从1966年9月起，中国驻外大使除驻埃及大使外，先后全部奉调回国参加“文化大革命”。中国驻外使馆的正常工作陷入停顿。在中央文革小组某些人的直接煽动下，造反派还把斗争矛头对准外交部领导，提出“打倒陈毅”的口号，图谋篡夺中央的外交大权。从1967年1月起，陈毅和外交部其他几个主要领导先后数次被揪斗示众，无法进行正常工作。这样，在国内一派狂热的夺权气氛中，中央一时对外交工作处于失控状态。正是在这个时期，对印度、缅甸、印度尼西亚驻华使馆和英国驻华代办处的“三砸一烧”的严重事件发生了；在中国对外交往中不顾政策，斗字当头，疏远当权派，亲近反对派的事件出现了；高喊武力收回香港的事情发生了；在群众大会上公然呼喊打倒外国现政府的现象出现了。

“左”倾错误的肆意蔓延严重地损害了中国的国际形象，破坏了中

---

① 《林彪在军以上干部会议上的讲话》，1967年3月20日。

国同许多国家的外交关系，导致中国同一些周边国家的关系恶化和中国在国际社会中的处境日益孤立。中国退出了几乎所有的国际组织和国际会议，与外部世界的政治、经济、文化等方面的联系几近中断。中国与各国的元首和政府首脑级的互访急剧减少，中国的贸易进出口总额大幅度下降。对外文化交流和合作几乎中断，在外留学的人员全部被召回国，同时停止接受外国留学生达7年之久[①]。

二、排除干扰，修复中国同周边国家的关系

对外宣传和对外交往中的种种极左行径，决非党和国家政策的正常产物。面对1967年夏秋之交国内动乱局势的急剧升级，联系到中国外交的现实困难和一系列严重事件的发生，毛泽东感到必须采取一系列紧急措施，迅速控制住局势失控的势头，并在一定程度上恢复内政、外交的某种秩序。1967年8月底，中央宣布对煽动外交部夺权的王力等人实行隔离审查。随后，中央还采取了恢复外交部正常工作，保护外国驻华使馆和外国侨民的措施。以此为起点，外事领域中的极左思潮和无政府主义倾向开始受到一定程度的批评和遏制。

毛泽东对对外宣传工作中的极左倾向提出了批评。1967年11月27日，毛泽东对中共中央对外联络部外宾简报上刊登的《安斋等人认为日本不能走农村包围城市的道路》一文作批示，认为安斋的意见是正确的，实际上批评了康生等人把中国革命经验绝对化的错误倾向。1968年3月间，毛泽东先后对“拟在援外飞机上喷刷毛主席语录”等强加于人地宣传毛泽东思想的做法提出批评。5月16日，毛泽东批评“世界革命的中心——北京”的提法“是所谓‘以我为核心’的错误思想”。5月29日，毛泽东又对外交部关于加强宣传主席思想和支持西欧、北美革命群众斗争的建议作出重要批示：“第一，要注意不要强加于人；第二，不要宣传外国的人

① 转引自石志夫主编：《中华人民共和国外交史》，北京大学出版社1994年版，第193—194页。

民运动是由中国影响的，这样的宣传易为反动派所利用，而不利于人民运动。”毛泽东还多次强调，“对外（对内也如此）宣传应当坚决地有步骤地予以改革”，主张对外宣传稿件“把离开主题的一些空话删掉，不要向外国人自吹自擂”[①]。毛泽东还批评了那种不分对方是中国对外关系中的主要对手还是一般对象，一概“斗字当头”的做法，指出应区分主次，“豺狼当道，安问狐狸”。毛泽东的这些批示，遏制了对外宣传和外交工作中“左”倾狂热倾向的继续发展，敦促人们重新重视我党一贯倡导的实事求是的作风，由此成为党对外交工作进行调整和整顿的思想先导。

长期领导外交工作的周恩来总理，对外事领域的混乱状态和一系列外交事件的发生深感焦虑。但在“文化大革命”风起云涌，外交工作又受到种种责难的情况下，周恩来也无力阻挡“左”倾错误对外交工作的全面冲击。他只有运用高超的斗争技巧，以毛泽东曾经讲过的一些比较正确的思想和战备、援越等无可辩驳的理由为依托，斥责极左分子煽动的夺权狂热，减轻外交领域所遭受的损失，并相机扭转外交工作的混乱状态。随着全国动乱局势相对地趋于缓和，周恩来抽出更多的精力关心外事部门的工作。他还亲自抓外事部门的“解放干部”和机构整顿工作，使一大批熟悉国际问题的干部重返外交工作，促进外事部门的工作秩序较快地得以恢复。

九大以后，毛泽东认为党的重建工作已经初步解决，转而开始把考虑重点放在政府的重建方面，外交部的工作受到进一步重视。在此前后，中苏边境冲突进一步加剧，促使中央认真考虑苏联发动侵华战争的危险性问题。形势的新变化为外交工作重新活跃、有所作为提供了历史契机。1969年“五一”国际劳动节，毛泽东主席在天安门城楼会见一些外国驻华使节，同他们进行了友好的谈话，转达中国愿意同世界各国改善和发展关系的信息[②]。不久，中国开始重新派出一批又一批驻外使节，结束了自“文化大革命”以来中国各驻外使馆的大使等主要负责人长期出

① 毛泽东：《关于对外宣传工作的批示》，1967年3月—1971年3月。

② 转引自《当代中国外交》，中国社会科学出版社1988年版，第211—212页。

缺的局面，也增强了党中央了解和分析国际事务的能力。与此同时，中国党和政府开始采取切实措施，逐步消除“文化大革命”所造成的外交纠纷，缓和与修复中国同周边国家的关系。

毛泽东亲自向有关外宾解释，出现“三砸一烧”的1967年7、8两个月，中央对外交部是“大权旁落”，使有关各国了解当时出现的一些不正常的现象并非中国党和政府的意愿。中国政府通过公开场合或内部接触，对于过去由于中方原因而损害同邻国关系的事件向有关国家承担责任，主动修复或进一步加强同周边国家的睦邻友好关系。

就是对当时同中国关系仍显紧张的苏联和印度，中国也作了缓和关系的努力。中苏两国继政府首脑北京机场会见之后，于1969年10月在北京恢复了边界谈判。1970年5月1日，毛泽东在天安门城楼上对参加中苏边界谈判的苏联代表团副团长甘科夫斯基说：我们应当好好谈判，谈出个睦邻友好关系来，要有耐心，要文斗不要武斗。同日同地，毛泽东对印度驻华使馆临时代办说：“印度是一个伟大的国家。印度人民是一个伟大的人民。中印两国人民总是要友好的，不能老是这么吵下去嘛!请问候你们的总统和总理。”不久，印度政府表示准备开始同中国对话，中印关系一度出现有所好转的征候①。

同周边国家关系的缓和与修复，初步纠正了自“文化大革命”以来“四面出击，打倒一切”的错误，使中国的周边环境和国际形象得到改善。此后，中国同非洲及东欧一些国家的关系也有了新的发展。外交调整的这些最初成果促动着中国外交进一步排除“文化大革命”的干扰，迈向灵活务实、开拓创新的新境界。

三、审时度势，启动中美关系正常化进程的战略决策

“文化大革命”初期，在“反帝反修”的斗争中，党中央仍是把侧重点放在反帝方面。60年代末到70年代初，党中央对国际形势的最新变化

① 转引自《当代中国外交》，第241—242、252页。

进行了审慎的分析，对中国的外交战略适时地作出了重大调整。

60年代末，国际形势发生了重大变化。一方面，美国称霸世界的企图与其力量不足的矛盾日益暴露，不得不开始实行战略收缩；另一方面，苏联却利用美国陷入越南战争之机，加紧发展自己的军事力量，并日益走上霸权主义道路。与此同时，欧洲共同体的形成和扩大，日本经济大国地位的确立和亚、非、拉人民民族解放运动的兴起，不断地冲击着旧的世界秩序。世界格局开始从两极向多极化方向发展。

1968年8月，以苏联为首的华约部队突然袭击社会主义国家捷克斯洛伐克。11月，在波兰党代表大会上，苏联领导人勃列日涅夫公然提出社会主义国家"有限主权论"。这种肆无忌惮的霸权主义行径，给社会主义国家之间的关系投下了浓厚的阴影。1969年3月，发生了苏联入侵中国领土的"珍宝岛事件"，把中苏关系推到战争的边缘。

与苏联咄咄逼人的气势相对应，美国在越南战场的攻势并无减弱，中国南部边境的压力仍未解除。虽然1969年1月上台的尼克松新政府声称要从亚洲收缩力量，"体面地结束越南战争"，但其确切的政策含义及以后的行动走向犹待观察。在这种严峻复杂的国际形势面前，党中央展开了调整中国国际战略的研究和实践。

苏军侵捷和"珍宝岛事件"的发生，使中国领导人对国际形势的看法开始发生变化。中苏主要分歧已不再被视为意识形态之争，而是反对苏联"社会帝国主义"的斗争了。在中央领导层看来，苏联不断在中苏边境大量增兵，并挑起冲突，而同时又积极宣传"欧洲缓和"和苏美战略武器谈判，很显然有发动侵华战争的企图。面对中国国家安全面临的现实威胁，毛泽东和党中央提出"要准备打仗"。此后，全国掀起大规模的备战高潮。

党中央强调战争的危险性并为此积极准备的时候，并没有把战争的危险绝对化。中央一方面密切注视苏联方面的新动态，相机缓和紧张的战争气氛。另一方面，在中央领导层内部，展开了对战争问题和国际局势的研究探讨。

在珍宝岛事件发生后不久，苏联领导人表示了要同中国领导人通话的意愿。毛泽东当即指示外交部用备忘录形式答复苏方："从当前中苏两国关系来说，通过电话方式联系已不适用，如果苏联政府有什么话要说，请通过外交途径正式向中国政府提出。”1969年9月8日，苏联方面又提出在柯西金赴河内吊唁返回时会见周恩来的要求，毛泽东当即召开中央政治局会议，决定由周恩来同柯西金在北京机场会晤。经过会晤，中苏双方达成了维护边界现状，避免武装冲突的临时协议，并决定恢复中苏边界谈判。1969年10月20日，中苏边界谈判在北京举行。此后，中苏边境的紧张气氛有所缓解，再没有爆发大规模的武装冲突。

尽管党的九大对国际形势和战争问题进行了大量的分析和讨论，毛泽东和党中央仍认为有进一步深入研究的必要。就在以林彪为首的军委办事组认定战争必然爆发，并以此为各项工作的指针的时候，毛泽东却委托自“二月逆流”以来一直靠边站的陈毅、徐向前、聂荣臻和叶剑英四位老帅座谈国际形势，并从战略上向中央提出建议。毛泽东还请周恩来转告四位老帅，要密切注意世界战略格局的发展变化，脑袋里不要有框框。意思是不要被九大政治报告关于国际形势的分析和报刊上的宣传动员所框住。经过认真的研究和讨论，四位老帅向中央提出了《对战争形势的初步估计》、《对目前局势的看法》等报告。这些报告认为：在世界范围内，中苏矛盾大于中美矛盾，美苏矛盾大于中苏矛盾。苏美矛盾比较集中在欧洲和中东，反华大战不致轻易发生。四位老帅建议，应从战略上利用苏、美矛盾，举行中美高级会谈，打开中美关系①。无疑，老帅们的这些分析和建议引起了毛泽东的深沉思考。

1969年前后，毛泽东十分注意观察美国国内政局的变化和美国新政府的战略调整动向。他以战略家特有的敏感，收集尼克松本人和美国政府松动对华关系的一些信息，并请中央其他领导同志予以注意②。在毛泽东看来，美国由于陷入越南战争，内外交困，力量日益衰落，开始在苏美争霸中处于不利形势，必然要寻求新的出路。1968年11月底，尼克松当选美国总统不到三周，中国驻华沙代办奉命向美国驻波兰大使递交了

① 参见熊向晖：《打开中美关系的前奏》，《中共党史资料》第42辑。
② 参见罗青长：《毛泽东优良作风之我见我闻》，《党的文献》1993年第3期。

一份建议双方1969年2月20日在华沙重开中美大使级会谈的照会。1969年1月，毛泽东指示中国的官方报纸转载了尼克松的就职演说。周恩来也多次指示有关部门加强研究美国的政策动向，探讨同美国接触的可能性[①]。正是在这一背景下，中共九大的政治报告重提“在相互尊重领土完整和主权，互不侵犯、互不干涉内政、平等互利、和平共处五项原则的基础上，争取和社会制度不同的国家和平共处”这一自“文化大革命”以来从未被重视过的重要政策。

1969年7月21日，美国国务院宣布将从23日起放宽对美国公民来中国旅行的限制。7月25日，尼克松在关岛举行的记者招待会上提出了从亚洲收缩力量的战略意图，并在中苏政府首脑机场会晤后指示加紧与中华人民共和国缓和关系的步伐。12月12日，中国驻波兰代办雷阳同美大使斯托塞尔在中国使馆进行了自中美大使级会谈中断两年后的首次接触。12月19日，美国国务院发表声明，宣布部分取消对中国的贸易“禁运”，并称“希望这些步骤能改善同共产党中国的关系”。12月底，美国第七舰队开始减少在台湾海峡的船只和巡逻活动。尽管此时美国的政策还不时有自相矛盾之处，但其缓和对华关系的意向已是昭然若揭了。

中国方面密切注视着美国对华政策的微妙变化，并不失时机地予以回应。1969年12月6日，中国政府宣布释放两名因游艇误入中国海面已被拘捕数月的美国游客。1970年1月，在毛泽东和周恩来的批准和亲自指导下，中美大使级会谈在华沙正式举行。会谈中，中方代表表示：愿意考虑和讨论美国政府根据和平共处五项原则提出的任何意见和建议。如果美国政府愿意派部长级代表或总统特使到北京进一步探讨中美关系的根本原则问题，中国政府愿意接待。美方表示，美国政府愿意改善同中华人民共和国的关系。对中苏分歧，它无意站在哪一方，无意参加反对中国的联盟，也不支持勃列日涅夫主义。中美立场的日益接近，使中美和解的前途变得“柳暗花明”。

---

① 转引自裴坚章主编：《研究周恩来——外交思想与实践》，世界知识出版社1989年版，第203页。

在中美接触正在紧锣密鼓地进行当中，中国并不放弃对美国侵略政策的批评。1970年5月20日，毛泽东发表庄严声明，强烈谴责美国扩大侵越战争，声明指出：“新的世界大战的危险依然存在，各国人民必须有所准备，但是当前世界的主要倾向是革命。”按照周恩来的解释：“这里所讲的革命是广义的，主要是指争取和维护民族独立，反对外来侵略和干涉。”[①]所以，很显然，从1970年开始，随着中国所处的国际环境的相对缓和，党中央实质上认为“革命”的形势大于战争的可能，从而改变了一个时期以来关于发生侵华战争危险性的过高估计。与此相联系，从1970年初开始，大规模地对苏备战活动逐渐从临战型向常备型转化，中国的报刊宣传中也逐渐更多地出现“中国应当对人类作出贡献”，“促进世界和平和人类进步”等内容。中国突出对美国扩大印支战争和加剧朝鲜半岛紧张局势的谴责，也主要是从道义、立场方面作宣传动员，并不是像1969年对苏备战那样富于实质内容。

尽管中美两国在唇枪舌战，但双方的战略意向并没有由此而改变。1970年9月，尼克松在接见《时代》周刊记者时明确表示希望有生之年能到中国。10月1日，毛泽东引人注目地在天安门城楼亲切接见美国友人斯诺，并与他一起检阅国庆游行队伍。11月和12月间，中美双方通过“巴基斯坦渠道”和“罗马尼亚渠道”进行了进一步的沟通和讨论。12月18日，毛泽东接见斯诺，明确表示愿意同“代表垄断资本家”的“右派”尼克松商谈解决中美关系问题，欢迎尼克松来华访问。为了使全党能够理解和支持中美和解，毛泽东的讲话后来被一直转发到基层党支部。

在中美关系面临重大转折的时刻，毛泽东和周恩来当机而断，于1971年4月作出邀请美国乒乓球代表团访华的决策。“乒乓外交”的消息轰动了世界，并大大推动了中美和解的步伐。4月下旬，中美双方终于最后商定了美国总统特使来华事宜。5月26日，中共中央政治局召开会议，全面讨论预定在6月中旬举行中美预备性会谈的问题。会议对美国的革命形势作出了实事求是的分析，对会谈中可能出现的各种情况作出了充

① 《周恩来外交文选》，中央文献出版社1989年版，第467页。

分的分析和估计，并拟定相应对策。至此，党中央启动中美关系正常化进程的战略决策终于全面地、正式地确立起来。

四、外交战略调整的历史促动因素及其简评

1969年前后中国国际战略和外交决策的演变，主要是党中央对客观现实的变化不断进行观察、估计和判断的结果，反映了党对国际形势认识的不断深化。同时，这些认识之所以能够逐渐比较正确地反映客观现实的变化，其主要原因在于在外交政策的酝酿和实践中，党能够不断排除“左”倾干扰，及时地跟踪世界形势的新变化。纵观这一时期党中央外交决策的演变，有五个因素起了重要的推动作用：

第一，国际反霸斗争新形势的要求。60年代末到70年代初，美国力量的衰落和苏联实力的迅速崛起，使苏美争霸开始出现苏攻美守的局面。在美国实行战略收缩，重新评估对华政策之时，苏联却奉行侵略扩张的政策，对中国的国家安全构成严重的威胁。国际反霸斗争的现实促使中国领导人相机调整国际战略，由“反帝反修”转变为“联美遏苏”①，以更好地维护世界和平。

第二，维护中国国家安全的需要。60年代末中国南北边境的严峻态势，特别是苏联在中国北部边境集结重兵，不断挑起边境冲突，促使中国领导人重新审视民族因素、国家利益与意识形态的关系，把原则的坚定性和策略的灵活性结合起来，通过调整外交的努力，寻求减缓外部压力的途径，以维护中国的国家安全。

第三，内部安定的考虑。“文化大革命”狂飙突起，使中国陷入全面的政治内乱。为了集中精力领导好国内的“政治大革命”，实现晚年的“宏伟抱负”，毛泽东需要一个比较安全的国际环境。周恩来则希望通过调整，改变对中国不利的外交形势，并“以外促内”，逐步消除“左”倾错误的干扰，促进国内局势向好的方向转化。因此，缓和对外关系成

---

① 转引自迟爱萍：《毛泽东国际战略思想的演变》，《党的文献》1994年第3期。

为中国内外政策的重要一环。

第四，党的指导思想中正确和比较正确的发展趋向的作用。如《中国共产党的七十年》书中所述，党的指导思想中一直存在着正确和比较正确的趋向与错误趋向的斗争。“文化大革命”的发动，固然是错误趋向的发展压倒了正确和比较正确趋向发展的结果。但是，正确和比较正确的趋向终究没有被完全抛弃、摧毁，它的相当一部分在“文化大革命”中仍然在发生着作用。1969年前后外交调整的展开及其成功，正是长期以来党在外事工作中积累起来的一些正确和比较正确的思想和作风重新起作用的结果。也正是这种正确和比较正确的趋向在外事工作中持续起作用，中国外交在70年代开创了新局面，成为“文化大革命”中独具活力，继往开来的一个领域。

第五，打开中国外交新局面的战略着想。基于对国际关系结构发生的重大变化的全面把握，中国领导人认为适时地调整对外关系，必将进一步推动中国恢复和扩大对外交往，开创中国积极参与世界事务的新局面。毛泽东后来在会见外国领导人时一再强调“国际局势才是重要问题”。可见，中国领导人调整外交的动机，并不仅着眼于国家安全和短期效应，而有其广阔的国际视野和长远的战略着想。70年代初中国取得恢复在联合国合法权利斗争的胜利，打开与日本、西方国家及部分第三世界国家关系的新局面，都无不与1969年前后中国国际战略的调整有密切关系。也正是在这个意义上说，1969年前后国际战略和外交政策的重大调整是70年代中国外交工作打开新局面的前奏和准备。

当然，1969年前后党中央对外交战略的重大调整毕竟是在“文化大革命”严重内乱的背景下进行的，不可避免地带有时代的痕迹和局限性。党中央对国际形势的分析、判断和决策经历了一个渐变的历史过程，中间也存在着一些失误和偏差。比如对战争形势和第三世界的革命形势估计偏高，对现代资本主义的新特点、新技术革命的兴起和世界经济的发展了解注意得不够，对外交中的经济因素重视不够等。但是，我们对此不应苛求。总的说来，主流是好的，成绩也是显著的。这是无可置否的历史事实。

九大至九届二中全会前夕毛泽东与林彪的分歧和矛盾

刘志男

1970年8、9月，中共九届二中全会在庐山召开。林彪集团抓住设国家主席和称天才两个问题，制造了妄图分裂党的严重事态。毛泽东对陈伯达进行了严厉的批判，挫败了林彪集团的阴谋活动。

九届二中全会上发生如此尖锐、激烈的政治斗争，并不是偶然的。中共九大以后，毛泽东与林彪在政治、外交、军事等领域内，围绕着“接班人”问题、国际形势问题、军队领导权问题、国家主席问题、个人崇拜问题等等，产生了一系列分歧，矛盾日益激化。

本文以九大筹备期间至九届二中全会前夕以毛泽东和林彪对有关的重大事件的态度和处理为研究对象，通过分析、比较，概述这一时期内毛泽东与林彪的分歧和矛盾，试图指出形成九届二中全会斗争的原因。

1.关于“接班人”问题。

中共八大时，中共中央就开始采取组织措施解决“接班人”的问题，并且曾经形成了比较理想的领导集体。九大是第二次解决这一重大问题了。九大党章指出：“林彪同志是毛泽东同志的亲密战友和接班人。”如此解决“接班人”的问题在国际共产主义运动和我党历史上是没有先例的。

八大党章曾经规定“中央委员会认为有必要的时候，可以设立中央委员会名誉主席一人”。这是因为毛泽东曾向中央建议，他准备到适当的时候不再担任中共中央主席，他说：“要是马克思不请我，我就当那个名誉主席。”九大党章取消了设立名誉主席的规定，这表明毛泽东已经改变了八大所安排的解决“接班人”问题的一些措施和原则，表明只要毛泽东在世，林彪不可能通过毛泽东退居二线的形式直接“接班”了。林彪显然意识到了这一点。

林彪年轻时“性格基本上是内向的，平时不大讲话，与他推心置腹地交换意见很困难”①，在战争年代，林彪就注意防备毛泽东②。建国以后，尽管林彪在公开场合竭力吹捧、颂扬毛泽东，但他口是心非，言行不一。林彪被定为“接班人”之后，反而更加不信任毛泽东，他曾经说过：“我这个接班人是不保险的，不可靠的，现在是没有人。刘少奇不也当过接班人吗？”③

刘少奇在“文化大革命”中遭到诬陷并被打倒，林彪起了重要作用，并因此从“老六跳到老二”④。这说明了，领袖与“接班人”、“接班人”与非接班人的关系并不是固定的、永久的，即使成为“接班人”，仍然可能出现变化。这不能不深深地铭刻在林彪心里。

九大党章虽然指定了林彪为“接班人”，但毕竟只是一种规定、一个决议。事实上，毛泽东与林彪在很多问题上认识并不一致，行动也多有不同。就在九大筹备期间，据林彪秘书回忆：1969年2月的一天下午，林彪对他说：“主席让我作政治报告，并说，这次报告不用事先写成稿子，叫我口头讲，然后整理一下；如果需要对外发表，就摘用记录稿。我提出，在党代表大会上正式作报告，最好请中央文革给写个稿子。……主席同意了，最后决定由陈伯达、张春桥、姚文元三个人组成一个小组，起草

① 《聂荣臻回忆录》，解放军出版社1984年版，第845页。

② 见肖思科：《超级审判》，济南出版社1992年版，第77、84页。

③ 见赵文魁：《林彪反革命集团的形成》，《林彪1959年以后》，四川人民出版社1993年版，第209页。

④ 见肖思科：《超级审判》，济南出版社1992年版，第77、84页。

政治报告。”[①]毛泽东一反由他主持重要会议（如七大和八大）的做法，只要求林彪作口头的政治报告，并且先不决定这个报告是否公开发表。仅仅从这一点来看，已经表现出了毛泽东对林彪的特殊考虑。一波稍平，一波又起。起草政治报告的陈伯达与张春桥、姚文元公开分裂，张、姚批评陈伯达按林彪意见撰写的报告是在鼓吹“唯生产力论”，不能用。毛泽东决定另由康生、张春桥、姚文元起草报告，报告稿出来后，毛泽东作了多次修改。林彪却对这个报告稿根本不看，一字不改，陈伯达更置毛泽东肯定张、姚报告稿的态度于不顾，激烈地指责它是“伯恩施坦式的文件——主张运动就是一切，目的是没有的”。毛泽东为此严厉地批评陈伯达说：“帝国主义本性是不会改的，你陈伯达的本性也是不会改的，你陈伯达脚踏两只船……”[②]毛泽东改组报告起草小组，张春桥等人起草的报告与陈伯达起草的在内容上有着很大的不同，这些不仅表明毛泽东很不满意陈伯达，还反映了毛泽东与林彪对当时的主要矛盾和主要任务存在着不同的认识。周恩来在中共十大政治报告中指出：“九大以前，林彪伙同陈伯达起草了一个政治报告。他们反对无产阶级专政下的继续革命，认为九大以后的主要任务是发展生产。……林彪、陈伯达的这个政治报告，理所当然地被中央否定了。对毛主席主持起草的政治报告，林彪暗地支持陈伯达公开反对，被挫败以后，才勉强地接受了中央的政治路线，在大会上读了中央的政治报告。”

对主要矛盾和主要任务存在着认识上的分歧，是党内生活所允许的。但毛泽东严厉指责陈伯达“脚踏两只船”，则蕴涵着复杂的内容，明里是在揭露陈伯达，但其矛头则是指向林彪的[③]。讨论修改党章时，毛泽东还两次删去了由林彪提出的赞颂毛泽东发展了马克思列宁主义的“天才地、创造性地、全面地”三个副词。毛泽东的一系列言论和行动，不能不使作为“副统帅”和“接班人”的林彪耿耿于怀。

九大期间，使林彪焦虑和猜疑的问题更多。在推举大会主席时，会

---

① 见张云生：《毛家湾纪实——林彪秘书回忆录》，春秋出版社1988年版，第209—210页。

② 见周国全、郭德宏：《动乱中的陈伯达》，安徽人民出版社1993年版，第184页。

③ 见吴德：《庐山会议和林彪事件》，《当代中国史研究》1995年第2期。

场上曾经出现过非常耐人寻味的一幕，毛泽东突然说：“我推荐林彪同志当主席。”林彪毫无准备，但他立即说：“伟大领袖毛主席当主席。”毛泽东随即提出了更新的建议，他说：“林彪同志当主席，我当副主席，好不好？”[①]虽然毛泽东继续担任了大会主席，但他这一极其特殊的举动，对林彪、也对会议的全体代表产生极其复杂的政治影响。九大期间，毛泽东就“接班人”的问题与林彪谈过话，毛泽东对林彪谈到，你年纪大了以后谁来接班，曾提到张春桥的名字[②]。

毛泽东关于张春桥也可以接班的话，林彪绝不会对此无动于衷。叶群曾经说，九大以后，“在苏州，他转氨酶高，我们俩人都哭了。他哭政治上的，我哭主要是政治上的，加上责任上的”[③]。林彪虽然在毛泽东面前没有表示对“接班人”的看法，但叶群所说“他哭政治上的”的话，已经相当深刻地表现出了林彪对自己在未来的政治生活中的地位有可能改变而惶恐不安的精神状态。林彪的身体“和毛主席比，差得很远，拖不过毛主席”[④]，叶群的这句话真正说出了他们认为林彪难以接班的另一点认识。

林彪要实现接班，首先必须通过各种途径巩固和提高自己已有的地位，这就成为林彪集团在九大以后的战略目标和一切行动的出发点。

2.关于国际形势问题。

九大以后，毛泽东与林彪在外交、战争等问题上产生了明显的分歧。1969年，苏联在珍宝岛与我边防部队发生流血冲突以后，继续在中苏边境制造紧张局势。毛泽东开始考虑要改变腹背受敌的状况，他在一次谈话中说：“中苏发生交战了，给美国人出了个题目，好作文章了。”他从战争和战略的高度提出：“美国的全球战略理论不是已经提出了信号吗，他要打‘两个半战争’，如果他缩减到了一个半战争，你联系起来想

① 见席宣、金春明：《文化大革命简史》，中共党史出版社1996年版，第203页。
② 见王年一：《大动乱的年代》，河南人民出版社1988年版，第388页。
③ 见《“571工程”纪要》，《林彪1959年以后》，第263页。
④ 见肖思科：《超级审判》，第143页。

想他们会怎么样？”[①]毛泽东同意陈毅、徐向前、聂荣臻、叶剑英四位老帅的建议，认为国际上两大阶级的对抗，集中地表现为中苏美三大力量之间的斗争；一方面美苏均以中国为敌，另一方面它们又互相为敌，而现实的威胁是在它们之间；美苏矛盾高于中苏、中美矛盾，中苏矛盾又高于中美矛盾；中国可以利用美苏矛盾，打开中美关系僵局，抵制苏联的严重威胁。他经过深思熟虑，毅然决定调整我国外交战略。9月11日，周恩来与柯西金在北京机场举行会晤，这次会晤促成10月20日开始的中苏边界谈判，把中苏关系从战争边缘拉了回来。而这时，林彪仍坚持战争不可避免、要与苏坚决对抗的观点。9月27日，林彪指示：“用打仗的观点观察一切，检查一切，落实一切。”10月18日，林彪借口“加强战备，防止敌人突然袭击”，毛泽东向黄永胜下达了调动全军各部队立即进入一级战备状态的“紧急指示”，该指示随即以“林副主席指示第一号令”下达全军执行。由于中国军队大幅度调动，中苏、中蒙边境的苏军也进入了戒备状态，部队频繁调动。驻在太平洋地区的美军，也奉命开始全面戒备。全球战略空气紧张。

就在中苏珍宝岛武装冲突前夕，尼克松当选美国总统。针对世界的战略形势和美国国内的实际矛盾，尼克松将原来针对苏联和中国的打“两个半战争”的军事战略改变为“一个半战争”，即改变为仅仅打一场对付苏联的大战的战略[②]。他首先考虑了结束越南战争的问题，他说：“我得尽早并尽可能体面地结束战争”。基辛格则直言不讳地说：“向中国开门可能帮助我们结束那场战争的苦难”[③]。美国全球战略的被迫调整，使得美国对中国的威胁有所减少。毛泽东在调整对苏战略的同时，深入研究了尼克松竞选中和就职以后企图缓和中美关系的种种迹象，采取了若干有别于从前的措施。正因为如此，毛泽东在会见尼克松时才说：“我的问题是哲学问题，就是说，你当选，我是投了一票的。”而尼克

---

① 见吴旭君：《毛主席的心事》，《缅怀毛泽东》下册，中央文献出版社1993年版，第644页。

② 见资中筠：《战后美国外交史——从杜鲁门到里根》，世界知识出版社1994年版，第646页。

③ 见韩念龙主编：《当代中国外交》，中国社会科学出版社1988年版，第217页。

松则心领神会地回答：“我想主席投我一票，是在两个坏东西中间选择好一点的一个。”[①]但是，对于是否允许美国真正从越南脱身，怎样消耗美国的政治、军事力量，林彪则有不同的看法。据林彪秘书回忆：“范文同与武元甲约见林彪的愿望实现了。事后，我看过林彪与他们谈话的记录。林彪所谈的内容，中心是一个‘熬’字。林彪对他们说：‘面对强大的美国，你们的办法就是熬，熬就是胜利。’”[②]林彪叛逃后，毛泽东在一次接见越南外宾时说：我们过去党内意见也不统一。一派人（指林彪）就是劝你们把美国抓住不放，一个字，叫作“熬”，就是只能打游击战，不要打大仗。而我是劝你们要集中兵力打大仗。你不打败敌人，不打痛他，他是不那么舒服的呀!不是这样，你们谈判桌上得不了这样的结果。1970年，美国入侵柬埔寨，在全面分析美国的政策之后，中国的反应是审慎的，声明“举行中美大使级会谈第三次会议已不适宜”。毛泽东在一次谈话中说：他（指林彪）是讲打的。林彪马上就解释说：讲道理讲不清楚，就只有打。林彪的认识与世界的战略形势存在着距离，也多少不同于毛泽东的战略。1972年尼克松访华时，毛泽东明确指出在外交政策调整方面与林彪存在分歧，林彪反对中国与美国往来。毛泽东说：“我们国内有一派也反对我们跟你们往来，结果坐一架飞机跑到外国去了。”[③]

3.关于军队领导权问题。

“文化大革命”前夕，林彪就诬陷罗瑞卿要夺军权而将罗打倒，“文化大革命”爆发后，林彪的野心有了极大的发展，他利用毛泽东重用军队、重用军队领导人来支持和控制“文化大革命”的时机，打倒与他意见不一致的军队领导干部，形成和巩固了林彪集团。1969年，林彪对其亲信黄永胜、吴法宪、李作鹏、邱会作说：军队的权力就集中在你们几个人身上，不要把权交给别人。九大时，黄、吴、叶、李、邱均进入政治局，并且把持了军委办事组，林彪集团在事实上控制了军委的领导权。

10月18日，林彪的“第一号令”下达后的第二天，林彪办公室才以电

---

① 见熊向晖：《试析1972年毛泽东同尼克松的谈话》，《党的文献》1996年第3期。

② 见张云生：《毛家湾纪实——林彪秘书回忆录》，第329页。

③ 见熊向晖：《试析1972年毛泽东同尼克松的谈话》，《党的文献》1996年第3期。

话记录传阅件送中共中央、毛泽东。毛泽东审读传阅件后异常不满，指示烧掉这个“第一号令”[①]。由于执行“第一号令”，全国许多大中城市进行防空演习和紧急疏散人口；海军、空军和11个大军区的部队和重型装备、物资紧急疏散，全军共疏散95个师、94万人，疏散4100余架飞机和600余艘舰艇。整个国家处于临战状态。这些重要情况竟被黄永胜扣发封锁和删改[②]。

毛泽东是中共中央主席、中央军委主席，是中国人民解放军的领导者，他在苏联对中国发动战争问题上的认识与林彪不一致，但问题的严重性是，林彪不报经毛泽东的批准，擅自调动全军进入战备状态，这一行动已经从根本上破坏了人民军队建设的基本原则，而且可能给国家以至世界带来极为严重的后果，这就必然引起毛泽东的高度警觉。

几十年领导和指挥军队的经历，使毛泽东对军队问题异常重视。“文化大革命”前夕，他与汪东兴谈话时说：“我们军队里也不那么纯，军队里也有派嘛!军队里有要闹事的，历史上也经常有闹事的。不知你们信不信？你们不信我信。我们军队几十年经常有人闹乱子”[③]。九大期间，他特别指出：军队我不相信就那么太平无事。那么太平吗？太平只能太平一个时候。

毛泽东与林彪的分歧以及黄永胜等人支持和执行林彪违背军队指挥原则的“第一号令”的行动，使毛泽东对党内产生另外的权力中心的危险性更为警惕。九大期间，毛泽东很重视外界对“文化大革命”造成的军人权力得到不正常加强、并扩展到社会生活各个领域的反应。4月23日，毛泽东说：“苏联不会写文章，还不如王明哩，他说我们革命委员会搞军事化。”4月28日，毛泽东又说：“说我们搞一元化，回到了过去根据地那个时代，就是讲倒退了。什么叫一元化呢？他们说就是军事、官僚体制，按照日本人的话叫体制，按照苏联的话叫做‘军事官僚专政’。他

① 见苏采青：《“文化大革命”党史辨误三则》，《中共党史研究》1989年第5期。

② 见《汪东兴日记》，中国社会科学出版社1993年版，第232页。

③ 见李可、郝生章：《文化大革命中的人民解放军》，中共党史资料出版社1989年版，第125页。

们一看我们这个名单里头，军人不少，这就叫‘军事’；……所以叫做‘军事官僚专政’。”毛泽东公开批驳苏联的攻击，以及他在九大期间提出的“军队要谨慎”的告诫，的确反映和说明党内已经出现了某种不正常的现象。

1970年6月11日、6月19日和6月24日，毛泽东在谈话中又反复谈到此问题。

8月29日，即庐山会议的前夕，毛泽东在上海会见外宾时说：他们说你们还算社会主义，我们不算了。算什么主义呢？托洛茨基主义、教条主义，那还算社会主义？还有什么军阀官僚专政，这还算社会主义？大概不能算了吧。我们都是这样的一些人，又有军阀，又有官僚。

正当毛泽东注目党内有“军阀”“专政”的问题时，1970年7月，在起草纪念“八一”建军节的社论时，针对“人民解放军是毛主席和林副主席缔造和指挥的”和“人民解放军是毛主席缔造的、林副主席指挥的”两种表述又产生了激烈的争论。7月29日，毛泽东与周恩来、黄永胜谈话，他明确地指出：两种意见，我都不赞成。缔造者不能指挥，能行吗？缔造者也不光是我，还有许多人。

然而，两报一刊在8月1日发表的社论，并没有按照毛泽东的意见对军队的历史和现状进行实事求是的概括，仍说“伟大领袖毛主席亲自缔造和领导的、林副主席直接指挥的中国人民解放军”。毛泽东对此极为不满。1971年，毛泽东在南巡时，多次谈到1970年的“八一”社论和两种意见的争论，他认为关于军队的缔造者与指挥者的争论，关键在于指挥权的归属。毛泽东一针见血地说：“缔造的就不能指挥呀！”

毛泽东发动“文化大革命”，导致了内乱。为了限制它造成的危害，就需要依靠军队的积极参与，将“乱”控制在一定的程度之内。在“文化大革命”前期，军队既要承担稳定国内政治形势，又要抵抗苏美军事威胁，这就导致绝大多数地方的领导职务由军人担任。在29个省、市、自治区的负责人中，军人居绝大多数，在国务院各部委负责人中，军人也占有相当的比例。中国的政治生活中出现了“地方党委已经决定了的事，还拿到部队党委去讨论”的不正常状况，这就是所谓“军事官僚专政”说法的由来。

事实表明，绝大多数军队领导人与林彪集团没有牵连。但是，在“文化大革命”中军人权力过重的不正常现象，势必在客观上加强林彪集团的地位，使得林彪集团有机可乘。

林彪调动全军进入战备状态的命令在全军得到贯彻执行，正是因为林彪具有“副统帅”和“接班人”的军事和政治地位。也正是这一命令的贯彻执行，才清楚地表明在军队内已经出现了林彪集团公然无视毛泽东领导权威的严重形势。1970年5月，毛泽东在一次谈话中指出：什么叫政权？什么叫力量？什么叫权力？没有别的，只有军队。林彪的行动在毛泽东看来，是矛盾性质发生了变化的表现。毛泽东反复坚持不设立国家主席、他不担任国家主席的建议，甚至提出不要“因人设事”的告诫，就发生在林彪不报告毛泽东而调动全军进入战备状态的举动之后，这很说明毛泽东对林彪的信任程度已经发生了变化。

4.关于国家主席问题。

1970年3月7日，毛泽东提出了筹备第四届全国人民代表大会的建议，并且具体地提出了在宪法中不设国家主席、他不当国家主席的意见。此后，毛泽东和林彪展开了激烈的斗争。

1970年以前，我国的历次宪法都有设立国家主席的条款。1959年以前由毛泽东担任国家主席。此后，根据毛泽东的建议，全国人民代表大会选举刘少奇担任国家主席。毛泽东在1961年针对中共中央主席与国家主席的关系发表过重要谈话。他说：“前年，中华人民共和国主席改名换姓了，不再姓毛名泽东，换成姓刘名少奇，是全国人民代表大会选出来的。以前，两个主席都姓毛，现在，一个姓毛，一个姓刘。过一段时间，两个主席都姓刘。要是马克思不请我，我就当那个名誉主席。”[①]这一谈话表明由刘少奇担任国家主席，同设立中共中央名誉主席一样，是将最高权力平稳过渡到“接班人”手中的重要措施。

---

① 见熊向晖：《毛泽东主席对蒙哥马利谈“继承人”》，《新中国外交风云》，世界知识出版社1990年版，第55页。

因此，1970年毛泽东决定不设国家主席，说明他要改变“接班人”先担任国家主席职务的这样过渡办法。这一建议更为直接地改变了应该由“接班人”林彪担任国家主席的安排。

即使在叶群眼中，林彪也是“一个专门仇恨人，轻视（友情、子女、父兄——无意趣）人，把人想得最坏最无情，终日计算利害，专好委过于人们，勾心斗角互相倾轧的人”[①]。取消国家主席职务，不仅仅意味着取消了林彪未来接班的过渡手段和法律保障，还意味着毛泽东对林彪判断的不确定性。叶群曾说过：“如果不设国家主席，林彪怎么办？往哪里摆？”在林彪看来，取消国家主席的建议再次证明了“我这个接班人是不保险的，不可靠的”的分析。林彪毕竟是一位战略家，经过长时间思考之后，他一反“主席拥护的你就拥护，主席反对的你就猛反对”的“处世方法”[②]，于4月11日向政治局建议：毛泽东兼任国家主席，“这样做对党内、党外、国内、国外人民的心理状态适合。否则，不适合人民的心理状态”。

毛泽东于林彪建议的第二天即12日就予以批示：“我不能再作此事，此议不妥。”

但是，因为有林彪支持，政治局内有人继续赞成设立国家主席、由毛泽东担任国家主席。4月下旬，毛泽东第三次提出他不当国家主席的意见。他说：孙权劝曹操当皇帝。曹操说，孙权是要把他放在炉火上烤。我劝你们不要把我当曹操，你们也不要做孙权。毛泽东这一次坚持他的意见，已经与前两次有了很大的不同，带有指出存在分裂危险的深刻含义了。

毛泽东的谈话，对林彪思想上形成的冲击，绝不亚于听到张春桥也可以接班时产生的震动。叶群在1970年5月赋词一首，内有“相将奋起卫红旗”一句。她说：“这是警句。我们有相也有将，相就是陈伯达，将就

① 见王年一：《大动乱的年代》，河南人民出版社1988年版，第376页。
② 见肖思科：《超级审判》，第84页。

是黄、吴、李、邱。现在相和将要一起奋起，保卫林副主席。”[1]

叶群提出这一“警句”，是有所指的，是有着确切的含义的。以林彪当时“副统帅”和“接班人”的地位，除了毛泽东可以批判和揭露外，还有谁能有合法的名义和政治上的能力来与林彪斗争呢？叶群的讲话，既说出了林彪集团已经面临某种危机的形势，也说明了林彪集团的确已经形成为一股势力，这股势力绝不是一般的力量，而是“有相也有将”。

叶群这一讲话还提出了林彪集团一项新的任务：即将九大以后巩固和提高林彪地位改为在设立国家主席问题上与毛泽东对立，用斗争的形式来保卫林彪未来的政治地位。这是林彪与毛泽东尖锐对立的一个重要标志。

5月中旬，林彪与吴法宪谈话，继续坚持设立国家主席的主张，他说：不设国家主席，国家没有一个头，名不正言不顺。林彪此时的理由，已经改变了以前“不适合人民的心理状态”的说法，而具有了对抗性，其实质是指责毛泽东正在制造“名不正言不顺”的政治局面。

7月中旬，毛泽东第四次提出不设国家主席的意见，更为明确地指出了设国家主席是“形式”，不要“因人设事”。8月初，林彪通过叶群对吴法宪说：“林彪的意见还是要坚持设国家主席，你们应该在宪法工作小组提议写上这一章。”到九届二中全会前夕，形成了双方都不退让的态势。

5.关于个人崇拜问题。

就在毛泽东提出不设立国家主席的建议之后，毛泽东与林彪的矛盾又在另一个问题上突出起来。4月3日，毛泽东在审阅《列宁主义，还是社会帝国主义？》一文时作了一个重要的批示，指示说：“关于我的话，删掉了几段，都是些无用的，引起别人反感的东西。不要写（这）类话，我曾经讲过一百次，可是没有人听，不知是何道理，请中央各同志研究一下。”毛泽东删掉若干内容，基本上是一些吹捧性的文字，如：“毛泽

---

① 见钱钢：《反革命野心把林彪一伙拴在一起》，《历史的审判》，群众出版社1981年版，第425页。

东同志全面地总结了无产阶级专政的正反两个方面的历史经验，天才地创造性地运用唯物辩证法，……”这些内容曾经在九大党章草案上出现过，但因毛泽东本人反对，有些已被删掉了。九大以后，由于林彪的提倡，类似的内容又以稍稍变化的文字在社会上广泛使用。这个批示表明毛泽东对“没有人听，不知是何道理”的状况极为不满。其实“一百次”“没有人听”，是因为林彪的提倡和鼓吹。毛泽东是知道这一原因的，所以他要求“请中央各同志研究一下”。

林彪是以“一贯高举毛泽东思想伟大红旗，最忠诚、最坚定地执行和捍卫毛泽东同志的无产阶级革命路线”而著称的，但毛泽东却指责他的赞颂之词“都是些无用的”。毛泽东这一批示，虽然没有点林彪的名字，但却极为鲜明地表现了对林彪赞颂毛泽东真实目的的怀疑。

毛泽东审阅文章时还补充了一段重要的内容。毛泽东写道：“但是历史是有曲折的。正如恩格斯逝世以后产生了伯恩斯坦——考茨基的修正主义一样，在斯大林逝世以后，又产生了赫鲁晓夫——勃列日涅夫的修正主义。从在赫鲁晓夫掌权11年之后，修正主义内部发生分裂，勃列日涅夫取代了赫鲁晓夫，他又经历了五年多的时间，现在在苏联正是由这样一个人主持纪念列宁诞辰100周年。”

如果将这些补充和批示与毛泽东提出的修改宪法、不设立国家主席的意见联系起来，毛泽东不仅仅是指明苏联已经出现了修正主义，而且更重要的是，在中共已经明确了“接班人”之后，毛泽东主要思考的仍然是如何避免、解决在中国出现“赫鲁晓夫”这样的问题。

林彪集团已经知道自己的对立面是毛泽东，他们的策略和活动就从两个方面展开：一个方面是直接反对毛泽东；另一个方面是打击对林彪构成直接威胁的张春桥等人，以此来间接削弱毛泽东的力量，这在“文化大革命”的条件下，在人民对江青集团的不满与日俱增的情况下，是完全有可能被党内外所接受的。据林彪的秘书回忆：“1970年夏天，毛家湾的待客热有一个很窄的范围。说来说去就是这些人：从陈伯达到黄、吴、李、邱。他们相聚的时间大都在晚上，力图避开钓鱼台方面的注意。例如陈伯达到毛家湾来，通常是从钓鱼台出发后，先在市内其他地方兜兜圈子，然后再转向毛家湾。……这类事情多起来以后，我们在旁看热闹的工作人员们也就慢慢明白了：九大前夕开始形成的两个新的营垒，已经阵线分明了。……”7月的一天，叶群从外边开会回来，趾高气扬地在秘书们面前流露说：“政治局开会讨论四届人大问题，争论可激烈啦！我站在多数一边，那个少数孤立了。”从我们接触到的一些蛛丝马迹中可以判断出，所争论的问题中心是如何对待毛主席的问题[①]。8月13日和14日，吴法宪在不同的会议上，与康生、张春桥发生了激烈的争吵，制造政治局内“有人利用伟大领袖毛主席的伟大谦虚贬低毛泽东思想”的严重形势。吴法宪与张春桥激烈争吵之后，叶群打电话对吴法宪说：“林总说，吴胖子（指吴法宪）抓住了眼镜（指张春桥）的辫子，放了一炮，说得对，干得好，有功。”[②]

林彪说过：“善用兵者隐其形”。制造政治局内存在反对“贬低毛泽东思想”的尖锐斗争，既可以扭转毛泽东针对林彪的斗争矛头，还可以打击、打倒康生和张春桥，更可以树立林彪在新的形势下继续“最忠诚、最坚定地执行和捍卫毛泽东同志的无产阶级革命路线”的形象。

就在吴法宪与张春桥激烈争吵的十天之后，中共九届二中全会开幕。林彪集团按照坚持设立国家主席、建议毛泽东担任国家主席，打击康生、张春桥的既定方针，全面出击。全会出现“大有炸平庐山，停止地球转动之势”。

历史是在矛盾中发展的。从井冈山认识林彪为起点，直至“文化大革命”爆发，毛泽东对林彪的信任是与日俱增的。建国以后，尤其是毛泽东不满意刘少奇、认为刘少奇是修正主义之后，毛泽东更加倚重林彪，对林彪是寄予了极大的希望的。那时，毛泽东曾说：希望林彪多活20年，因为林有马列主义[③]。“文化大革命”爆发后，中共召开八届十一中全会，刘少奇、周恩来、朱德、陈云的中共中央副主席职务不再提及了，林彪排名在毛泽东之后，成为毛泽东的“接班人”。毛泽东虽然信任林彪，但他

---

① 见张云生：《毛家湾纪实——林彪秘书回忆录》，第382—385页。

② 见邵一海：《林彪9·13事件始末》，四川文艺出版社1996年版，第57页。

③ 见黄瑶、张明哲：《罗瑞卿传》，当代中国出版社1996年版，第541页。

对林彪仍然是一分为二的，他曾一针见血地指出过林彪“5·18”讲话的目的是：“我猜他们的本意，为了打鬼，借助钟馗。我就在20世纪60年代当了共产党的钟馗了”。他还说：“在重大问题上，违心地同意别人，在我一生还是第一次。”

九大以后，如何巩固林彪“接班人”的地位成为林彪集团的首要问题。他们知道，九大以后，国内的政策即将调整，动乱初期的巨大压力已经减轻，作为毛泽东发动“文化大革命”的依靠力量，林彪的作用和地位有可能改变。林彪因此感受到了压力，他要设法摆脱这种危机。林彪知道他没有能力来阻止政治上的不利形势的发展。然而，如果国际上存在着紧张形势，如果苏美发动战争的威胁始终迫在眉睫，林彪就能以军队领导人的地位和身份，牢固地保证自己地位的稳定。因此，林彪既不赞成缓和中美关系，更不支持采取让美国从越南脱身的政策。林彪集团采取的策略是有着极大的利己性的。

从表面上看，林彪与毛泽东在对外政策和对战争等问题上的分歧是认识判断的不同，但历史的发展说明了，林彪与毛泽东的分歧和矛盾的实质是“接班人”的问题。

林彪坚持在重大问题上与毛泽东对立、并使这种对立具有对抗性，这种对抗除去个人的因素之外，还决定于“文化大革命”这一特定的历史条件。正因为这样一场内乱，才给林彪这样一些投机分子、野心分子、阴谋分子以可乘之机，才使得林彪等人处在重要的以至非常重要的地位。

同样，正因为“文化大革命”运动，毛泽东在重用林彪集团的同时，还信任和依靠了江青集团，并且在他察觉林彪集团的所作所为之后，认为江青集团与他的思想更为接近。这样，他在领导粉碎了林彪反革命集团的斗争之后，就不可避免地继续信任和重用江青集团。

应该指出的是，江青集团与林彪集团之间的斗争，根本就不是什么保卫真理、捍卫真理的行动。两个集团的目的都是一样的，即攫取更多的权力地位。这与毛泽东同林彪集团之间的分歧与斗争，是性质完全不同的两回事。

关于林彪的“第一号令”

苏采青

1969年10月间下达全军的林彪的“第一号令”（原来的全称是“林副统帅一号战斗号令”，后来有关中央文件的全称为“林副主席指示第一号令”），与同时间内疏散中央党政军领导人离京到外地、外埠一事，以及在此前后下放广大知识分子干部一事究竟有什么关系呢？若干年来，某些报刊文章乃至某些“文化大革命”的文史专著，对于以上几桩重要史事之间的关系，都在因袭着一种似是而非的因果论，近期内更出现了一种近乎荒诞离奇的说法。因此，对以上三则史事进行必要的考辨订正，还历史事实以本来面目，实属必要。

为了便于澄清事实，这里不得不列举出一些不够准确的或完全错误的说法：

例一：1980年12月5日至8日，在《工人日报》连载的《胜利的鲜花献给您——怀念我们的爸爸刘少奇》一文的第十九节，有这样的记述：“一九六九年十月十七日，根据林彪‘一号命令’，将爸爸送往开封。”

此处，林彪的“第一号令”被提前了一天。

例二：1984年8月22日，《人民日报》载《在江西的日子里》一文，在第二段开头这样写道：“人们不会忘记林彪反革命集团那罪恶的‘一号命令’。我的父亲，自从被加罪为‘全国第二号最大的走资派’后，关押隔离已历时两年。这时他突然接到通知，要被疏散转移到江西”。

此处，误将林彪的“第一号令”与疏散中央领导人一事混为一谈。

例三：1984年，解放军出版社出版的《聂荣臻回忆录》（下），在第862页中，对林彪的“一号命令”与疏散中央领导人的关系，提出了如下的推测性分析：“因为军队的老同志们还在，这些老同志在长期的革命斗争中有自然形成的威信，有历史形成的所谓‘山头’，许多老部下仍然支持拥护他们，所以，林彪想通过第一个‘号令’，以战备疏散为名，把军队的老同志赶出北京，为实现他篡党夺权的阴谋扫清障碍。”“接着，他们发出通知，要这些老同志疏散到外地，而且要马上离开北京。”

此处的结论与历史事实不符。

例四：1986年，天津人民出版社出版的《“文化大革命”十年史》一书的第309页，作者根据推测得出了一个结论：“1969年林彪的‘一号通令’成了驱赶人们离开城市的最后通牒。”

此处，作者作了一个不能自圆其说的武断的结论。

例五：1989年4月，在几家报纸刊出的回忆文章《耀邦同志二、三事》写道：“一九六九年五月，按照林彪的‘一号通令’，团中央机关和各直属单位两千多人，一锅端地迁移到河南省潢川县黄湖农场，办起了‘五·七’干校。”

此处，林彪的“第一号令”被提前了五个月之久，于是，数月后发生的另一件事，荒谬地成为数月前那件事的直接原因。

类似以上任意夸大林彪“第一号令”作用和影响的错误提法，还可以举出许多。笔者认为这些错误说法的产生及其流传，大都是因为有关作者和出版者，受到条件的限制，难以弄清有关复杂情况所致（因为作出有关决策的当事人已大多过世，“文化大革命”档案材料的查阅又受到极为严格的限制）。在这种情况下，从事“文化大革命”史研究的专业工作者理应对诸如此类的重要史事的误解，担负起认真进行考辨和澄清的责任。

那么，历史的实际情况究竟是怎样的呢？可以分三点来说。

第一，林彪的“第一号令”不包含疏散中央领导人这项内容。

证据之一：1971年12月11日，《中共中央关于组织传达和讨论〈粉碎林陈反党集团反革命政变的斗争〉（材料之一）的通知》（以下简称《通知》)称:“一九六九年十月十八日,林彪趁毛主席不在北京,擅自发布所谓‘林副主席指示第一号令’,调动全军进入了战备状态。这样的大事,竟不请示毛主席、党中央,实际上是一次篡党夺权的预演”。

《通知》的这段话讲明了林彪“第一号令”的内容和结果是“调动全军进入了战备状态”,其性质“是一次篡党夺权的预演”。显然,疏散中央党政军领导人一事不属“第一号令”范围之列。不然,如此重要的中央文件怎么会只字不提呢?何况,这份文件是经过毛泽东指示‘照发’的。这意味着与此事有着最高直接关系的毛泽东本人对上述断语的确认。因此,也赋予了这份文件的有关论断以重要的价值。

证据之二:据有关调查材料证实,林彪从中共九大以后就专门研究战备问题。林彪让黄永胜调阎仲川到总参任作战部长,后又提升阎仲川为副总长,专门负责战备工作,管理作战、通讯、情报、机要等工作。1969年10月18日下午,林彪背着中共中央、毛泽东主席,借口“加强战备,防止敌人突然袭击”,让其秘书张云生向总参谋长黄永胜传达了所谓“紧急指示”。黄永胜于18日下午,布置阎仲川向下传达。阎仲川将林彪的“紧急指示”定名为“林副主席指示第一号命令”,要前指作战组立即用电话向全军传达。

证据之三:当时担任林彪办公室值班秘书的张云生,在《毛家湾纪实》一书中专门写了一节“‘一号命令’发出前后”,比较翔实地记述了他亲历的一些情况。那是1969年10月8日,即林彪从北京疏散到苏州的第二天下午,林彪叫张云生给当时的总参谋长黄永胜打个电话,同时,口授了六条电话内容。大意是:苏联谈判代表团将于10月20日来北京,对此应提高警惕。为了防止苏联利用谈判作烟幕,对我进行突然袭击,全军各部队要立即疏散。各种主要装备、设备及目标要进行伪装和隐蔽。通讯联络要经常畅通。国防工业要抓紧武器、弹药的生产。二炮部队也要做好发射准备等等。当晚7点左右,张云生用电话把林彪口述的六条指示传给了在北京的黄永胜。过了几天后,张云生从军委的收电中得知,黄永胜通过总参作战部向全军传达的林彪指示,只剩下了四条(有关二炮的一条,不向其他单位传达,另一条是关于武器生产的,也不向部队传达),

并冠之以一个十分显眼的标题：林副统帅一号战斗号令。由此，全军各部门立即进入一级战备状态。

值得注意的是，当时叶群只让张云生向黄永胜传话，而向毛泽东等中央领导同志请示报告的事则由她办理。叶群是要先斩后奏，以售其奸。黄永胜在18日当晚下达了林彪的“紧急指示”，而叶群于19日才以“电话记录传阅件”向中共中央毛泽东等领导人报送。此件送到毛泽东处，阅后即在烟灰缸里付之一炬，只留下了一个有着传阅号的信封。

以上中央文件及知情人记述证明：林彪的“第一号令”仅限于对全军各部队所发，是一个“战斗号令”。由此可以断言：疏散中央党政军领导人一事，非“第一号令”所能涉及，两者之间不存在直接的因果关系。所有视林彪的‘第一号令’为疏散领导人原因的说法，都是没有事实根据的，是对“一号命令”所包含的内容及其作用的任意夸大，应该加以纠正。何况，如例一所说，刘少奇于10月17日疏散到开封；同日，林彪也疏散到了苏州。“第一号令”于18日晚才形成并下达。显然，两者的因果之论是不能成立的。因此，疏散领导人一事，需要另找原因，才能得出符合实际的解释。

第二，疏散中央党政军领导人是由毛泽东决策、经周恩来主持安排的。

中共中央、毛泽东关于实行战备疏散的决策及关于疏散中央党政军重要领导人离京分赴外地、外埠的安排，均基于对当时国际形势有可能发生突发事件的判断。

当时的主要背景是中苏两国关于边界问题的副外长级谈判定于1969年10月20日在北京举行。

在此之前，毛泽东在中共九大前夕就发出了“要准备打仗”的号召。5月上旬，中央召开过战备工作座谈会。6月下旬至7月上旬，召开了“三北”地区作战会议。8月27日，中央作出成立全国性人民防空领导小组和各省、市、自治区人民防空领导小组的决定，从此，开展了群众性的“深挖洞”活动。9月上旬，召开了全军战备工作会议。9月26日，毛泽东批示：“军队不要松劲”。次日，林彪指示：“用打仗的观点观察一切，检查一切，落实一切"。到中苏边界谈判前夕，"党中央根据苏联当时的战略动向和一些情报资料，怀疑苏联把谈判作为向我发动突然袭击的一种烟幕"。因此，党中央讨论决定，在10月20日前必须将在京的中央党政军主要领导人疏散完毕。

疏散中央领导人的工作是在周恩来主持下进行的。为此，周恩来让汪东兴暂时留在北京协助其事。关于疏散安排的报告是由当时的中央办公厅主任汪东兴和副主任王良恩签名上报的，由周恩来指示后下达执行的。该项报告包括了以下的内容：中央集中到北京某地办公，由周恩来留在北京主持工作。毛泽东、林彪都在疏散之列。毛泽东到武汉（已去）。林彪到苏州。刘少奇、徐向前到开封。朱德、李富春到广东从化。陈云、邓小平到南昌。陶铸到合肥。董必武到广州。叶剑英到长沙（后辗转于岳阳、湘潭、广州等地）。陈毅到石家庄。刘伯承到汉口。聂荣臻原计划疏散到郑州，后接受本人意见改到邯郸。列入疏散计划的还有一些领导人。

综合当时的某些文字记载以及有关参与其事者事后的回忆，可以得出一个确定的结论：1969年10月，中央党政军重要领导人迅速疏散到外地，是由中共中央毛泽东作出的决定，而不是林彪的"第一号令"的直接结果。这是在同一国际形势背景下发生的两件事，必须弄清这些实际情况，加以区别，这才是对重要史事的实事求是的态度。同样，在澄清这一基本事实的同时，决不能否认当时在执行疏散计划过程中客观存在的根本性的区别，以及由此产生的许多问题。除了都用了一个战备疏散的名义外，差不多同时离京的林彪的待遇与刘少奇、陶铸的遭遇有着天壤之别。林彪、江青两个集团的主犯及其在各地的骨干分子，乘机对疏散到各地的老一辈无产阶级革命家如刘少奇、陶铸，进行了种种惨无人道的人身迫害，罪恶昭彰，理所当然地受到了人民的彻底清算和历史的公正审判。

第三，下放广大知识分子干部和许多文教单位一事，是根据毛泽东关于"认真搞好斗、批、改"的空想进行的。

关于下放干部问题。早在1968年9月7日《人民日报》、《解放军报》

向全国宣布各省、市、自治区完成了夺权任务的同时，就宣布这“标志着整个运动已在全国进入了斗、批、改阶段”。同时发表的毛泽东关于工厂里“斗、批、改”的几个阶段的设想中，有一条就是“下放科室人员”。当时人们都知道，毛泽东的上述设想并不仅仅限于工厂。

同年10月5日，《人民日报》发表了《柳河“五·七”干校为机关革命化提供了新的经验》的编者按语，说“黑龙江‘五·七’干校关于干部下放的经验很好”。按语还用黑体字发表了毛泽东发出的“广大干部下放劳动”的号召。从此，“各地普遍开办‘五·七’干校，把原党政机关、高等学校的绝大部分干部教师，送到干校劳动、学习。”前面提到的例五《耀邦同志二、三事》一文所述的团中央机关于1969年5月下放到河南“五·七”干校，就是在这种背景下进行的。因此，所谓林彪的“第一号令”导致团中央机关下放的说法是不能成立的。

同样，《“文化大革命”十年史》关于“1969年林彪的‘一号命令’，成了驱赶人们离开城市的最后通牒”的断语，也是不能成立的。因为，林彪的“一号命令”，仅限于全军各部队，所以根本谈不到是对干部下放的“最后通牒”。从词义上说，如把“最后通牒”一词理解为是对某件事情的“最后的话”，那么，对“第一号令”下达8天以后，中央才发出《关于高等学校下放的通知》又作何解释呢？前者还能算作是“最后通牒”吗？颇具说服力的倒是这个专讲下放问题的《通知》，竟丝毫没有“第一号令”的蛛丝马迹。10月26日发出的这个《通知》说：为了“认真搞好斗、批、改，加强对中央各部门所属高等院校的无产阶级文化大革命和教育革命的领导”，决定将国务院各部门所属的高等院校，凡设在外地或迁往外地的，交由各地省、市、自治区领导；与厂矿联合办校的，交由厂、矿领导。教育部所属的高等院校，全部交给所在省、市、自治区领导。此后，中央所属的高等院校，包括北京大学、清华大学在内，便全部下放地方管理。

当然，事物发展过程中一事物与他事物的联系是不容忽视的。否定了林彪的“第一号令”与下放干部问题之间的直接因果关系，并不能忽略战略疏散的紧张气氛，客观上对当时仍在进行的干部下放起了催促加快的影响作用。但是，客观影响与直接原因在这里是不能相互替代的。在对待重要的历史问题上，坚持具体问题具体分析的方法并没有过时。

总而言之，在弄清了林彪的“第一号令”所包含的具体内容，弄清了疏散中央领导人一事是中共中央、毛泽东的决策，周恩来主持安排并经中央讨论决定的，弄清了干部及文教单位下放的原委之后，对于多年来不断被一些文章、专著重复着的那种错误说法，也就不难澄清了。结论是：林彪的“第一号令”与疏散中央领导人到外地以及下放干部到“五•七”干校或基层单位这两件事，不存在直接的因果关系。

庐山会议和林彪事件

吴　德

中共中央《关于建国以来党的若干历史问题的决议》中指出："一九七〇年至一九七一年间发生了林彪反革命集团阴谋夺取最高权力、策动反革命武装政变的事件"，"毛泽东、周恩来同志机智地粉碎了这次叛变"，毛主席"领导了粉碎林彪反革命集团的斗争"。

庐山会议和林彪事件，就我所经历的情况，记忆可及者，谈一下。

1970年以前，我是处在被当做叛徒嫌疑暗中审查的。虽说是背靠背的审查，但我也能感觉到，总是有些事情不大对劲，别别扭扭，例如市里的有些会议没让我参加，中央的一些重要决定也不告诉我。虽然在当时我不知道是什么原因，但在那个年代，怀疑一切、打倒一切，党的生活极不正常，我一方面思想有所准备，另一方面则泰然处之，相信党、相信人民总是会分清是非的。

1970年8月，九届二中全会前夕，我突然接到通知，要我带着北京市的中委和候补中委去庐山开会。这种正常的通知，反倒使我有如获意外的感受，舒了口气，心中真有些激动。我记得同我一起去的，有吴忠、杨俊生、黄作珍、倪志福、刘锡昌、张世忠、聂元梓等。

初到庐山，气氛并不紧张，我万没有料到会有一场巨大的风波。

大会编组是按六个大区来混合编的。华北组的组长是李雪峰，我是副组长，其余的副组长还有天津的解学恭，山西的陈永贵，内蒙古的吴涛，军队的郑维山。编在华北组的还有陈伯达、汪东兴等。

九届二中全会的议程是两个内容，讨论修改宪法和国民经济计划。毛主席会前又提出了讨论形势的问题，大会结束时还通告了关于战备问题的报告。

为了修改宪法，中央成立了一个宪法起草委员会，毛主席是主任，林彪是副主任，委员会下设有一个小组，成员可能是康生、陈伯达、吴法宪、张春桥等政治局和军委办事组的人员。宪法中有一条重要的修改就是改变国家体制，不设国家主席。改变国家体制，不设国家主席的建议，最早是毛主席向中央政治局提出来的。毛主席以后为此又打过招呼，提出过意见。我记得最清楚的是两次，一次是汪东兴传达的，毛主席说不设国家主席，他不担任国家主席，具体时间记不清了；一次是在林彪提出还是要设国家主席，要毛主席当国家主席之后，毛主席有一个批示，认为“此议不妥”。汪东兴传达的时间是在林彪坚持提出设国家主席之前。

8月23日下午3点，毛主席宣布九届二中全会开幕，林彪讲话。

林彪是党中央的副主席、副统帅，是毛主席的接班人，我当时认为林彪是代表中央讲话的，没有感觉出林彪的讲话有什么特别的意思。

8月24日上午，政治局通知我们听林彪的讲话录音，反复听了两遍。

8月24日下午，华北组开第一次小组会，讨论林彪讲话。这个会我没有参加。好像是林彪办公室通知让几个省、市分别整理出一份学习毛主席著作、毛泽东思想的材料，北京市也在被通知之列。因为催得很急，要求限时送到，我对情况又不了解，市委秘书长黄作珍提出由几个人凑一凑，整理出一个材料来。于是，我和黄作珍，还有我们带到庐山去工作的市委办公厅主任陈一夫，一起凑材料。

8月24日下午的华北组讨论会，陈伯达迫不及待首先发言，说：在宪法中肯定毛主席的伟大领袖、国家元首、最高统帅的地位，非常重要，是经过很多斗争的。他讲了一通“天才论”和设国家主席问题，并闪烁其词地提出有人反对毛主席，“利用毛主席的谦虚，妄图贬低毛泽东思想”。并且说有人听说毛主席不做国家主席了，就高兴得手舞足蹈了。这个讲话很有煽动性。

汪东兴跟着讲了话，主要的意思是设国家主席，由毛主席担任国家主席，他也讲了有人反对毛主席的问题。

当时，陈伯达讲话，大家还有疑惑，汪东兴一讲就不同了，他是毛主席身边的人，别人更多地是相信他的讲话。

散会后，吴忠告诉我发言的情况，他说陈伯达、汪东兴讲了话，提出有人反对毛主席。

我急忙问，是谁反对毛主席。

吴忠说，他们没有点名，不知道是谁。

这时，大家已经议论纷纷了。

晚上，我和李雪峰在会场碰到了汪东兴，我问汪东兴：有人反对毛主席，是什么人。

汪东兴说：“有人。枪杆子、笔杆子。”

我问李雪峰，李雪峰说他也不清楚。

我更不明白这是指什么人了。

晚上11点多钟时，我和李雪峰、解学恭吃夜餐，李雪峰的秘书黄道霞在华北组的简报组，他参加了整理简报的工作，他把整理好的简报稿子拿来送审。简报的内容就是陈伯达和汪东兴的讲话内容。解学恭拿着稿子看了一遍，改了几个字。我没有参加会，发言的具体情况也不了解，我对李雪峰说，印发简报你们签字就行了，我就不签字了。

李雪峰说，简报是本着有文必录的原则整理的，签字付印是照例工作，你就签个字吧。

这样，我也就在要付印的简报稿子上签了个“吴”字。

我们签完字后，简报就送中央办公厅了，很快印好就发了。这个简报就是华北组的第2号简报，全会的第6号简报。

8月25日上午，华北组继续开会。经过一夜的沸沸扬扬，人们的发言都集中到了所谓有人反对毛主席的问题上。部队同志的发言更激动更气愤。连陈毅同志也说，不论在什么地方，就是有人在墙旮旯里反对毛主席，我陈毅也要把他揪出来。

当时，北京组的聂元梓又显示出了“造反派”的能量，极其活跃，到处串联，她找了河北的同志、找了军队后勤部门的同志，一直串联到了吴忠。她对吴忠说有人反对毛主席，要把反对毛主席的人揪出来。吴忠问她是谁反对毛主席，聂元梓也不说具体人。吴忠对聂元梓其人是有警惕的，他说他不清楚情况，也不清楚是什么人反对毛主席，表示不愿意与聂元梓谈这样的问题。吴忠随即把这个情况告诉了我，说聂元梓在串联。

这时，一些工人中选出来的中委和候补中委也找我说，别人都表态了，他们也要发言表态。

我对这些同志说：这个态你们怎么表呢？假如问题涉及中央的负责人，按照党的原则，应该先报告毛主席，毛主席就在庐山啊。

这时，叶群、吴法宪、李作鹏、邱会作也分别在中南组、西南组、西北组发了言，到处点火，气氛相当紧张。我还发现王洪文和上海组的人在到处探听消息。

8月25日，我给周总理写了一封信，是我和陈一夫同志商量后由他起草的。信的内容是反映聂元梓在到处串联，揪所谓反对毛主席的人，会议有些不正常。我把这些情况报告周总理后，还请示周总理以后的会议怎样开下去。

8月25日下午，华北组继续开会。李雪峰接到通知，到毛主席处开会去了，华北组的会议改由我主持。河北省四名劳动模范出身的候补中委先后发言，对新宪法不设国家主席问题提出质疑，认为宪法起草小组和委员会有问题，点了康生的名字。他们的发言，口径完全一致。

他们讲完后不久，李雪峰就回来了。李雪峰告诉我，会议立刻停止。我问他为什么要停止，李雪峰说这是中央的决定，详情以后再谈。李雪峰当场宣布会议停止。

在散会回来的路上，我又问李雪峰出了什么事情，会议为什么停止了。

李雪峰说毛主席召开了政治局常委扩大会议，他在会上批评了天才问题、设国家主席问题，是毛主席提出中央全会分组会议立即停止的。

我对李雪峰说：毛主席早就讲过不设国家主席的意见，他打过招呼。你们河北为什么还有四位同志发言反对宪法不设国家主席？他们点名批判宪法起草委员会，是怎么回事?

李雪峰说：这是中央全会，中央委员和候补委员有什么意见，可以自由发言。

8月25日晚上，我正在看电影，周总理派人找到我，要我去谈话。

周总理说：我已把你的信在政治局传阅了。

周总理指示我回去以后，组织代表中的工人同志开个会，批评聂元梓，解决她串联的问题。

我向周总理汇报了河北省几位同志发言批评宪法起草委员会的情况。

周总理说：可能是关于三个副词（天才地、创造性地、全面地）的问题，在纪念列宁诞辰100周年发表的社论上，毛主席删去了这个内容。我已经要北京查一下档案。对这个问题，你为什么不在会场上对他们进行反驳?

我说：我不了解情况，不好发言。

周总理说：不是很好讲的吗？宪法起草委员会的主任是毛主席嘛！副主任是林彪嘛！你们反对宪法起草委员会，不是反对毛主席吗？你为什么不讲?

周总理批评了我。

我向周总理提出小组会如何开下去的问题，周总理说，照原计划继续开。

我从周总理处回来，就开了批评聂元梓的会。会上批评了聂元梓的非组织活动。

我们把批评聂元梓会议的情况，手写了一份情况简报，报送给周总理。周总理批示政治局传阅了。我记得林彪还在简报上划了圈。后来出现了林彪问题，我才意识到我们写的这个简报有多大风险。

这时听到他们说反对毛主席的是张春桥，也是对着江青、康生等人的。

停止小组会后，政治局作了一个决定，要陈伯达、吴法宪、李作鹏、邱会作、汪东兴检讨，还决定收回6号简报。

开检讨会时，周总理、康生主持，各大组组长参加了。我不是组长，但周总理通知让我听他们检讨。陈伯达是第一个检讨的，吴法宪、李作鹏等也检讨了。陈伯达等人的检讨很不像样子。

汪东兴找李雪峰和我谈过一次，他说是毛主席让他找华北组的几个组长谈一谈的，他犯了错误，毛主席讲过不设国家主席和他不当国家主席的意见，这个意见还是他传达的，但在这次会上，他又提出了与毛主席相反的意见。汪东兴还在华北组检讨过一次。

汪东兴讲话的内容与陈伯达讲话的思想有所不同，他是听了陈的讲话说有人反对毛主席，一时愤激的发言，是被人利用了。后来调查，也没有发现他参与林彪集团的活动。

毛主席对汪东兴一直是保护的。汪东兴回北京后在机关检讨了几次后就不再检讨了。

8月31日，毛主席发表《我的一点意见》，批判了陈伯达。这以后，宪法问题不讨论了，计划问题也不讨论了，大家都转到学习毛主席的《我的一点意见》。

9月6日，九届二中全会闭幕。毛主席讲了话，讲话着重强调了对干部进行路线教育、学习马列、团结等问题。周总理和康生也讲了话。周总理是部署批陈整风的工作，康生是从理论上分析“天才”论等问题。中央宣布了对陈伯达进行审查。会议通过了《中华人民共和国宪法修改草案》，批准了国务院关于全国计划会议和1970年国民经济计划的报告，批准了中央军委关于加强战备工作的报告。

9月，毛主席从外地回到北京。我被通知同纪登奎、陈先瑞、吴忠到丰台车站去，等候毛主席与我们谈话。

我们到丰台时，毛主席的专列已经到达，毛主席在火车上与我们谈了话，汪东兴也参加了。整个谈话内容，总的意思基本上是《我的一点意见》上的内容。我记得最清楚的有两点：一点是说共产党要搞唯物论，不能搞唯心论；另一点是说陈伯达是船上的老鼠，看见这条船要沉了，就跑到那条船上去了。

毛主席这么说，使我意识到了陈伯达后边还有人，不仅是吴法宪、李作鹏、邱会作这些军委办事组的人，而是地位更高的人。我想到了林彪。

毛主席的谈话进行了两个小时。我记得谈话结束时，陈先瑞还高喊了毛主席万岁、万万岁的口号。毛主席继续坐火车回北京。我们是坐汽车回来的。

从庐山回来后很久，周总理把我找去，他把我写给他的信和那份批评聂元梓的简报交给我，他要我把它处理掉。我一回来就把这两个材料处理掉了。这时，我更意识到了这里边的问题，周总理想得周到。

1970年12月，召开了华北会议。召开华北会议，表明问题越趋严重了。华北会议好像是由黄永胜、李作鹏、纪登奎主持的。会前，周总理找我们几个人谈话，他先谈了毛主席对三十八军报告的批示，然后要我、李雪峰、解学恭、郑维山检讨，揭批陈伯达。

我们几个人在会议上检讨了，华北组在庐山时有两个问题，一个是6号简报，一个是跟着陈伯达起哄。吴忠等人也在华北会议上检讨了在庐山上的错误表态等问题。

华北会议开得好紧张!江青在会上点了李雪峰的名字，还说他把河北省会由保定搬到石家庄是个阴谋。

李雪峰调任河北省委书记、省革委会主任时，陈伯达与他一起去了河北。陈伯达在唐山发表了诬陷中共冀东党组织的讲话，使很多人受到迫害，一些人死亡，制造了一起大冤案。

陈伯达问题株连到李雪峰、郑维山。李雪峰紧张极了，派他的秘书回石家庄去烧有关的文件、档案。李雪峰派秘书回去的情况，不知怎么被人知道了，他的秘书还没把文件、档案销毁，就被紧跟而来的人将这些材料全部没收并把李雪峰的家也抄了。事情更闹大了。

周总理让我们去帮助李雪峰，我到京西宾馆去看了他，这是我在“文化大革命”中最后一次见李雪峰。

华北会议上说李雪峰与陈伯达有关系。根据当时情况，我认为李雪峰与陈伯达没有特殊关系，他在北京市工作不到七十天，他的思想状态我知道一些，他与陈伯达为首的中央文革小组在有些问题上有对立情绪。

李雪峰后来被撤销了职务，关到安徽的农场去了，后来又被开除了党籍，整得很惨。郑维山也被免职了。

粉碎“四人帮”后，我在一个招待所见过李雪峰。后来，他的党籍也恢复了，先任政协委员，后又到中央顾问委员会任委员。

在华北会议前期，我主要是检讨了我被陈伯达的讲话所迷惑和在6号简报上签字等问题。因为我没有参加8月24日的小组会，我也没有在8月25日的小组会上表态，所以也检讨不到更多的问题。后来从抄李雪峰家的材料中发现了李雪峰写的一本庐山会议日志，他在日志上记叙了8月25日他与我在河北的几位同志发言一事上有不同意见。

纪登奎告诉我发现李雪峰的日志后，中央认为我和陈伯达、李雪峰这些人没有关系，也没有参加8月24日的小组会。这样，周总理找我谈话了，周总理批评我没有参加会议为什么要在简报上签字，他要我在大会上做一个发言，揭批陈伯达，要我不必再作检讨。

我对周总理说我不很清楚陈伯达的问题，只能根据中共中央准备发出的《反党分子陈伯达的罪行材料》批判陈伯达，然后也还检讨一下我的错误。

再谈一下“九一三”事件前后的情况。

毛主席在每年的国庆节前出巡各地然后回北京是有规律的。1971年这一次南巡是经津浦路回来的，在途中到达济南时通知李德生、纪登奎、我和吴忠到丰台谈话。

1971年9月12日下午，我们在丰台上了毛主席的专列。毛主席与我们谈话时，汪东兴也参加了。谈话开始，李德生向毛主席汇报了他去阿尔巴尼亚的情况。李德生汇报时，我们就看出毛主席显得很不耐烦。毛主席说霍查“他是左派，我是右派”。这样，李德生不再汇报了。

毛主席的谈话，内容很多，讲了党的历史上历次路线斗争的情况；讲了去年庐山会议的问题；还讲了庐山会议后的甩石头、掺沙子、挖墙脚等措施，以及华北会议问题。

毛主席讲过党的历次路线斗争后说，我们这个党已经有五十年的历史了，大的路线斗争有过十次，张国焘搞分裂后，党内多次有人搞分裂，但都未能把党分裂了。毛主席说路线决定一切，党的路线正确，就有一切；路线不正确，有了也可以丢掉。

毛主席说庐山会议是搞突然袭击，五个常委隐瞒着三个，出简报煽风点火，大有炸平庐山，停止地球转动之势。庐山会议显然是一次有计划、有组织的行动，他们的纲领就是设国家主席、“称天才”。毛主席说：什么“顶峰”啦，“一句话顶一万句”啦，你说过了头嘛！不设国家主席，我不当国家主席，我讲了六次，他们都不听嘛，半句也不顶，等于零。毛主席还说：庐山会议的事情还未完结，黑手不只陈伯达一个，陈伯达后面还有人。毛主席还问我们说，这第十次是不是路线的问题。

毛主席说他在陈伯达搞的论天才的材料上加批语，在济南军区、三十八军的报告和其他文件上加批语是甩石头；从中央和各大军区调人参加军委办事组是掺沙子；派李德生、纪登奎到北京军区是挖墙脚。

毛主席批评了把自己的老婆安排为自己的办公室主任的做法，虽然没有点名，但完全可以听出是指向林彪的。

毛主席还点名批评了黄永胜。

在谈话中，毛主席说庐山会议的6号简报是反革命简报。

我一听毛主席这样说，就赶紧检讨。我说：主席，我还在6号简报印发前签了名字。6号简报是反革命简报，我犯了政治错误。

毛主席挥着手说：没你的事，吴德有德。

毛主席随后的谈话好像是说这是个反革命集团或是个反革命的行动这样一类的话，因为紧张，没有听得很准。这时，吴忠说：主席，可能有坏人吧？

毛主席说：你讲得对，吴忠有忠。

毛主席还询问了北京市批陈整风的情况，我们简要地汇报了一下。

毛主席反复地说：我们要搞马列主义，不要搞修正主义；要团结，不要分裂，不要搞宗派主义、山头主义；要光明正大，不要搞阴谋诡计。

毛主席最后说：要抓路线教育，方针还是“惩前毖后，治病救人”，团结起来，争取更大的胜利。

毛主席是坐火车回北京的。我们坐汽车回北京，下车时，纪登奎禁不住跟我说：这个问题大了！我们都感到很紧张。

从丰台回来后，我到吴忠家谈了很长时间。我和吴忠交换了意见。我们讨论了对毛主席提出的第十次路线斗争应该怎样认识等问题，还考虑是否把毛主席说的十次路线斗争的问题传达一下。我提出虽然毛主席没有点林彪的名字，但提陈伯达后边是谁已经很明白了，这样，是不是需要将毛主席的谈话先给市委常委或者市委书记们吹吹风，以免将来问题出来了，大家没有思想准备。但是，怎么传达呢？毛主席终究没有点林彪的名字啊！

我们俩人商量到后半夜1点多钟，也没有考虑好怎么传达毛主席的讲话。我说，今天恐怕议不出来妥善办法了，明天再说吧。

回到家，我就吃了安眠药休息了。

可躺下不久，3点多钟，电话突然响起来，是周总理通知我立即到人民大会堂。我迷迷糊糊地穿上衣服就去了。

我到大会堂时，可能是政治局会议刚散，我看见黄永胜等人都急匆匆上车走了。我碰见了纪登奎，就问他总理找我有什么事，纪登奎用手遥指着东大厅旁边的一个小房间说：你去找总理吧。

我进到周总理的房间，看见他正在用保密电话给各大军区打电话。周总理示意我坐下来，我看见周总理很紧张，听见他对电话中说：庐山会议第一次全体会议上第一个讲话的那个人，带着老婆、儿子，坐飞机逃向蒙古人民共和国方向去了。周总理要求各大军区紧急备战。当时，有的大军区的负责人还听不明白是谁飞到蒙古去了，还在电话中提问，周总理着急地说：你们还不懂吗？

我听到周总理这样说，立刻就明白是怎么回事了。

周总理打完电话后告诉我，林彪外逃了，曾经对山海关机场做了一个决定，没有周总理、黄永胜、吴法宪、李作鹏四个人共同签署的命令，飞机不准起飞。但林彪还是在山海关机场坐三叉戟飞机向蒙古人民共和国方向飞去了，雷达跟踪飞机进入到蒙古人民共和国境内的二百多公里处，飞机不见了。

我说：哎呀，怎么不把它打下来？

周总理说：不能打，打下来问题就说不清楚了。

周总理对我说：北京军区要紧急备战。另外，还有一架直升机从沙河机场起飞了，这架飞机是周宇驰等人乘坐的，方向也是蒙古人民共和国。准备迫降它。你们要把北京市郊区各县民兵紧急动员起来，监视飞机的降落地点。周总理还说：让卫戍区派部队控制北京郊区的几个机场，防止再有飞机外逃。

我向周总理提出，战备问题，只跟我一个人谈不行，是否让北京军区和卫戍区的负责人来一起谈。

周总理同意了。由总理办公室的人立即打电话通知北京军区政委陈先瑞、北京卫戍区司令吴忠立即赶到人民大会堂来开会。

在陈先瑞、吴忠还没来的当儿，周总理给我讲了一些情况。林彪逃走的迹象及山海关机场有一架三叉戟飞机是林豆豆向驻北戴河8341部队报告的，林豆豆和她的爱人在一起。驻北戴河部队立即将此情况报告北京，周总理让吴法宪给山海关机场打过电话，通知飞机调回，吴法宪打完电话后对周总理说飞机出了故障，暂时飞不回来。

陈先瑞、吴忠到人民大会堂后，周总理又讲了发生事件的情况，并传达了毛主席、党中央的决定，首都立即处于紧急备战状态，指定吴德、吴忠负责执行，对林彪外逃事件要严格保密。

我和吴忠商量后向周总理提出，卫戍区的杨俊生政委应该同我们一起参加工作。周总理询问了杨俊生的情况，我们说杨是可靠的、可以信任的同志，他参加工作便于执行任务。周总理表示同意，指示北京紧急备战工作由吴德、吴忠、杨俊生三个人负责，除此之外，现不允许向任何人透露林彪外逃的消息。

随后，周总理布置了几项应急措施：

一、要监视和搜索外逃被迫降的直升机，要人、机并获，将情况直接报告中央，也就是直接报告毛主席、周总理。

二、派卫戍区部队封闭控制北京郊区的几个机场，没有命令，任何飞机不准起飞，也不允许任何飞机降落。在没有接到允许飞机起飞的命令或通知时，发现有飞机起飞，要将其击落。

三、卫戍区要加强对新华社、广播电台、人民日报社等警卫目标的警卫工作，对中南海、人民大会堂等附近地区也要增派部队，加强警卫。

四、各部队进入一级战备，并部署北京地区防空降的作战任务。

我和吴忠回到卫戍区时，天已经快亮了。我们把杨俊生找来，一起布置了任务。首先布置动员民兵监视天空，卫戍区准备好了一部分摩托部队，随时可以出发行动到飞机降落的地点。之后，我们派出卫戍区的部队封闭了北京的西郊机场、南苑机场、沙河机场、良乡机场、东郊机场共五个机场。我们命令部队进驻机场后，全都真枪实弹，对没有周总理的命令，强行起飞的飞机立即开枪、开高射炮；第二要在机场跑道上设置障碍物，阻止飞机起飞；第三要将所有飞机上的油料全部抽掉，同时加派部队看好油库。进入机场的部队在机场空军的配合下，完满地完成了任务，后来在向周总理汇报时，周总理很满意。

13日，直升机被迫降在怀柔县沙峪，当地民兵马上报告了县武装部，县武装部长报告了驻在那里的警卫三师，三师立刻派部队包围了这个地区，对沙峪周围进行了严密戒严。上午10点，北京卫戍区办公室接到了警卫三师从怀柔渤海所打来的电话，报告说三师的七团和当地的民兵已经在怀柔沙峪找到了迫降的直升机，并包围了。

飞机在降落前，民兵们看到直升机在天上摇晃。后来知道，那是陈修文驾驶飞机在天空中兜圈子，陈修文与周宇驰进行了搏斗，他在抢周宇驰的手枪时，周宇驰开了枪，陈修文牺牲了。以后李伟信供称，陈修文、陈士印和周宇驰坐在前边，于新野、李伟信坐在后边。于新野在后边听到枪声，就慌里慌张向前边打了一枪，这一枪打到周宇驰的手腕上了。

陈士印把飞机降落下来后在直升机中躺下装死，周宇驰、于新野、李伟信飞快跑下来。周宇驰一边走一边撕林彪的政变手令、林给黄永胜的信和安排黄、吴、李、邱去广州的飞机号码、人员表。周宇驰、于新野、李伟信跑了一阵，意识到跑不了，就商量自杀。周宇驰说我先把你们两个人打死，然后我再自杀。于新野、李伟信说还是自己死吧。他们就在玉米地中，一人站在一垄上，各自开了枪。周宇驰、于新野倒下了，李伟信的枪是向天空放的，没有自杀。

卫戍区部队保护好现场，进行了仔细搜索。

当时还出现了一个小插曲。9月13日当天，空军来了一支武装的小部队到现场，可能是空军的警卫部队，他们找到卫戍区的人，提出要把人、直升机和直升机上的一切物品都交给他们带回空军，这个部队说他们是奉了命令来的。

林彪叛逃后，中央派李德生处理空军问题，坐镇空军司令部。但我们未接到这个命令，这次来的又是武装部队，卫戍区要不要按他们提出的要求执行，吴忠与我进行了商量。当时，我们不了解武装部队的人是些什么人，我说：空军出的事情，这些东西再交给空军处理，很显然是不妥当的。而且，我们也没有得到周总理的指示，人和东西我们不能交。我还说要告诉卫戍区戒严的部队，没有周总理的指示，无论任何人、任何单位都不允许进入戒严区，更不允许取走任何物品。

后来，吴忠让人好好招待这个部队，但把这个武装部队的枪都收缴了。他们回去时把枪还给了他们，他们是在卫戍区的武装监视下离开的。这个情况及处置的办法，吴忠后来都报告了周总理，周总理同意。

当天，把飞机上的物品和李伟信、陈士印都送到卫戍区了。地上被撕碎的纸片当天能找到的也都送来了。

我们看了拉来的物品，有一些中央文件，其中一部分是国防科委关于导弹、原子弹方面的机密文件；有一些信件，包括有广州部队空军参谋长顾同舟写的信；有一个录音带；还有三万美元。

飞机上还有一些材料，我们都看不懂，这些材料写了一些类似“B-52”、“眼镜蛇”那样的暗语。

当天晚上，吴忠审问了李伟信。李伟信交代说他们有一个《“571工程”纪要》。吴忠听不懂，他当时只是想审清楚李伟信为什么要叛逃的问题，根本想不到他们还有个滔天大阴谋。吴忠拍着桌子骂李伟信说：你他妈的瞎胡说，什么工程不工程的！

我们那时都在卫戍区，吴忠审完李伟信后对我说，这小子他妈的不老实。

9月13日，我们一天都没有睡觉。我、吴忠、杨俊生连夜听了录音、拼对已撕碎了的信。录音机放出来的声音都是吱吱哇哇的，怎么听也听不出个名堂来。我和杨俊生对信，对了很长时间才发现有个用红铅笔写的“林彪”两字的纸片，然后又对出来个“永胜”，这个“胜”字的“月”字边是第二天才从现场找回来的。周宇驰共撕碎了三张信纸。

晚上，周总理打来电话询问收缴了些什么东西。

我报告周总理说，录音，我们听不懂；信，我们也没有对出来。我向周总理提出，我们不懂这方面的技术，工作很慢。

周总理指示：你告诉公安部，由他们派人解决。

公安部李震、于桑来了，经过公安部的技术处理，我们再听录音就很清楚了，信也经技术处理后很快就对出来了。李伟信交代：这个录音，是叶群与黄永胜通话时林立果偷录的。公安部的同志后来告诉我，林立果在录音时，对录音的速度进行了变换，录音是分别用几种速度录的。

信拼对出来了，一件是林彪的那个政变手令；一件是林彪写给黄永胜的信，要他有事和王飞接洽。林彪的这个手令和给黄永胜的信在周宇驰的手里，周宇驰是否见过黄永胜，黄永胜的态度是怎么样的，黄永胜后来矢口否认他知道这件事，拒不坦白。

另有一张纸也被对出来了，是林、叶、黄、吴、李、邱等人南下时乘坐飞机的安排表。后来知道，林彪曾有南下广州、另立中央、分裂党和国家的阴谋。他们得知了毛主席南巡讲话后，曾阴谋在杭州、上海及主席返京途中谋害主席，由于主席警觉，提前回到北京。他们惶恐惊惧，不敢南去广州而仓皇叛国北逃，这一阴谋遂告破灭。

这些证据在林彪专案中都会找到。

我们把所有的东西登记起来，开出了一张清单。我和吴忠、杨俊生、于桑等人在清单上签字后，就报送中央了。林彪事件发生后，中央成立了林彪专案组，组长是周总理，日常工作由纪登奎、汪东兴负责。中央指定我和吴忠参加了专案组的工作。

9月14日，周总理打电话来，要求把整理出来的主要材料送给他。

过了一两天，我和公安部商量，先把对出来的几件重要材料报送周总理。我记得一共报送了五件：第一件是林彪的手令；第二件是林彪写给黄永胜的信；第三件是“小舰队”的名单；第四件是南下飞机的号码、人员安排表；第五件是广州部队空军参谋长顾同舟写的一封信，信的内容是刘兴元传达毛主席南巡时和他们的谈话，顾同舟还在信上表忠心，说他在继续观察情况，后来知道这封信是顾同舟派他的老婆送给林立果的。

《“571工程”纪要》是在以后的几天才发现的，它不在直升机上。林立果他们走时很慌张，《纪要》被丢在空军学院的据点里了，是公务员在打扫房子时捡起来的。林彪叛逃后，李德生动员空军学院人员揭发情况，这个公务员就把写有《“571工程”纪要》的本子上交了。

《“571工程”纪要》刚交上来时，纪登奎和我都看了，纪登奎认为《纪要》的很多内容是骂毛主席的，不能印发。后来是毛主席指示印发政治局的，毛主席看了《纪要》后，他说：这一件最重要，必须下发。

我们把五件材料报送周总理后，政治局开了一次会议，黄永胜、吴法宪等人都参加了，也通知我列席了。我去时，就看见周总理拿着几份东西在看。然后，周总理拿出林彪给黄永胜的那封信让黄永胜看，黄永胜看完后很紧张，坐在沙发上一言不发，没有说他是否看见过这封信。

周总理又拿出一个名单给吴法宪看。这时，吴法宪也紧张了，手直哆嗦，他看完后说这些人都是空军的。这张信纸的下角上写了一个江字，吴法宪说这个名单的字迹是江腾蛟写的，他认识。周总理拿着名单很仔细地一个名字一个名字地问，问他们的职务、家庭住址等情况。当时，我想总理为什么要给他们看这些材料呢，我担心这样会出问题。事实上，周总理走着很稳妥的步骤和作着很及时的调查，把重要情况都立即掌握起来，他们逃不出周总理的掌心。

以后，这些“小舰队”的人都被抓起来了。大概有一个人没抓，他是人民日报社鲁瑛的弟弟，叫鲁珉。林立果他们商量让他驾驶飞机去炸桥，然后轰炸毛主席的专列，鲁珉接到“小舰队”的命令后，让他当医生的老婆用盐水把他的眼睛擦红肿了，进了医院，以此来应付林立果等人。

这些人被逮捕后，我们把他们的口供与李伟信的口供进行了对证，这样，我们才知道有一个“小舰队”，《“571工程”纪要》就是他们搞的，才看懂了这个《纪要》。“571”就是“武装起义”的谐音，“571工程”也就是要搞反革命武装暴乱、计划谋害毛主席的行动方案。

林立果他们在京有五个据点，西苑机场有两个，空军学院有一个，东交民巷空军招待所有一个，沙河机场有一个。我去查看过西苑机场、空军学院和东交民巷的据点，吴忠对全部据点都查看了。林立果这些人政治上反动，生活上也十分糜烂。据点是“小舰队”进行反革命活动的场所，也是他们吃喝玩乐的地方。据点里有一些从日本进口的录音、录像器材，当时，我们都没见过这样先进的器材。还有很多录音带、录像带、唱片等东西，录像带里有一些是为林立果选“妃子”时一些被选上的人在小据点里的录像。还有一箱子被选“妃子”的照片。

13日，根据中央的指示，为加强北京地区的战备力量，北京军区命令三十八军的三个机械化师、坦克一师、坦克六师和炮兵六师共六个师，归北京卫戍区统一指挥。这样，卫戍区的兵力，原有的四个师加上新配的六个师，就有十个师了。我们感觉到责任很重，也很紧张，不知道要出什么事。经过研究，确定了重点防御区域，北至南口，东到首都机场一带，南达保定以北。在13日或14日，部队就进到了预定位置。15日，在卫戍区召开了作战会议，我和吴忠、杨俊生都到场，各个师的负责人全参加。当时我们只有一个想法，就是要全力对付内外勾结的阴谋颠覆社会主义祖国的敌人。

14日或15日，我们还给卫戍区开过一次会。“九一三”事件后，因为卫戍区要执行一些任务，当时强调保密，下边又不知道情况，执行任务时，遇到一些问题，也老有人问，很不好办。报经周总理同意，我们开了卫戍区的师以上的干部会议，我讲了一下林彪叛逃的情况和传达了中央的指示。参加会议的人听到林彪叛逃了，都大吃一惊，不知道是怎么回事，林彪是副统帅啊!

我还要说明一个问题，“九一三”事件中，周总理的指示和卫戍区执行的一系列应急措施，我们认为实际上是内防政变，外防侵略，对外就是对着苏联的。像这样的重大部署，按常规必须向中央军委、各总部请示报告的。但是那时已不能按常规来办事了。我和吴忠做了分析，认为黄、吴、李、邱都是军委、总部的负责人，是军委办事组的成员，他们跟林彪的关系可以说是一伙的。我们认为，对黄、吴、李、邱等人，中央虽然没有采取措施，但不等于他们就没有问题了。当时的具体情况很特殊，我们商量后决定，根据中央的指示精神，必须确保卫戍区的部队置于党中央、毛主席、周总理的直接指挥下。我们指示卫戍区的机关、部队对来自军委、总部的电讯只收听，不汇报，就是只接收来的电话、电报，但不汇报卫戍区根据中央布置的应变措施的情况。当时，卫戍区的副政委邹平光极尽职守，昼夜在作战室值班，保证了这一指示的落实。

9月16日，周总理告诉我说：蒙古人民共和国向我们提出了抗议，抗议我们的武装飞机进入他们的国境。这架飞机已在蒙古境内坠毁。

周总理指示中国驻蒙古人民共和国大使向蒙古方面道歉，说明是中国民航飞机误入蒙古境内的，要求把死亡人员的尸体运回来。蒙古方面当时不知道是什么人坐的飞机坠毁了，由于我们已经道歉了，也没有再多为难我们，但他们不同意把尸体运回中国，提议就地安葬。周总理考虑，苏联当时还不知道林彪叛逃的情况，怕因运回尸体问题同蒙古发生争执会提醒苏联，就同意了蒙方的建议。尸体埋葬前，中国大使馆派人到现场察看和进行了拍照。尸体都烧焦了，认不出面目了。照片很快送回国内。周总理还让我们到人民大会堂去看过，叶群还能看得出来，她有长头发，林立果在腰上插着两支手枪也能看出来。

后来知道，林彪出逃时非常狼狈，连为林立果选好的对象张宁都没带上，林彪的侍卫长不跟林彪跑，从车里跳出来了，好像他还挨了一枪。林彪到飞机场后，把驾驶员潘景寅（空军一师长）等人叫上，不管三七二十一，立即上了飞机。林彪慌慌张张，来不及从飞机扶梯上，而从到飞机驾驶舱的小爬梯上强登，林彪的帽子都丢在地上了，叶群还喊：快、快、快。飞机起飞时翅膀还碰了一下加油车，飞机就是在这样的情况下起飞的。最大的问题是飞机上的联络员没带上，没有联络员，通讯联络不上，飞机到了温都尔汗找不到乌兰巴托了，可能还有油也不够了，温都尔汗是一个草原，飞机就迫降了。

使馆的同志回来后说，飞机的翅膀在飞机降落时，折断了一个，以后飞机冲出了一千多米，机身因此破裂、着火。人可能是被猛烈的冲击甩出来的。草地上一片狼藉。

开始，苏联没有发觉。后来听说苏联怀疑到有问题，就把死尸挖出来锯下头骨弄回苏联，林彪曾在苏联治过病，从他口腔的牙齿可以判明是否是林彪。当时，好像还甩出来一个空军什么人的证件。这样，苏联鉴定出死者就是林彪，传说勃列日涅夫连说：可惜呀，可惜！

有人怀疑飞机是被打下来的，不是。我们没有打，蒙古方面也没有打。

周总理说，如果林彪不摔下来，可能要到苏联发表广播讲话。

林彪叛逃后，空气很紧张，还要保密。那时，街上贴有如“林副主席永远健康”的大标语，我们提出清除一下，都不让动。

林彪事件发生后，中央等待黄永胜等人悔过自新，向党作出认真交待，但黄永胜他们什么都不坦白，他们住在西山，烧毁文件、搞串联、统一谈问题的口径。

9月23日的晚上，周总理通知让我到人民大会堂，是什么厅我记不住了。我进去时，看见汪东兴、杨德中在那里，汪东兴和杨德中都说，黄、吴、李、邱这些人是军权在握，再不动他们很危险，这个事应该处理。我们正说着，周总理来了，汪东兴向周总理讲了要处理黄永胜等人的意见。杨德中说黄永胜在烧材料。周总理说，你们先等一等，说完他就同汪东兴一块出去了。

过了不长时间，半个多小时的光景，周总理回来了。周总理告诉我们，毛主席已经批准了，把黄、吴、李、邱逮捕起来。

我们研究了怎么逮捕黄永胜这些人的办法，周总理对我说，明天早上李先念同志要去越南访问，周总理去送，邱会作也去送，让我也去，从机场回来时，对邱会作说有毛主席的指示要传达，这样就可以先抓邱会作。

周总理说，另外再通知黄永胜、吴法宪、李作鹏来人民大会堂开会，会议是听毛主席的指示的传达，黄永胜等人来后，先跟他们谈话，然后再逮捕。

周总理让我回去同吴忠商量，由卫戍区落实逮捕、押送、关押地点等问题。

我们对卫戍区是这样布置的，黄永胜、吴法宪、李作鹏来后，周总理和叶帅、纪登奎先与他们谈话，然后把他们带走。黄、吴、李分别由卫戍区的司令员、副司令员、副政委陪同，关押地点安排在卫戍区的第三师。

布置好卫戍区的准备工作后，我到人民大会堂汇报，周总理、叶剑英、纪登奎在场。我记得是在东大厅的小房子里边，我们四个人坐在一张方桌旁。

第二天早上，我们在飞机场送先念同志时，周总理镇定自然，谈笑风生。我是很紧张的，心里老觉得绷着。邱会作从机场回来后，周总理、叶帅和纪登奎跟他先谈话，然后有人把他带走了。

通知黄永胜等人到人民大会堂开会后，他们过了半小时的时间都没来，周总理、叶剑英、纪登奎和我坐在那里焦急地等。叶帅问卫戍区有没有部队在黄永胜等人住地附近。

我打电话问了吴忠，然后向叶帅报告说，有一个团在附近。

叶帅说，如果他们不来，或者抵抗，就用硬办法把他们逮捕。

又过一段时间，黄永胜等人来了。周总理、叶帅、纪登奎到福建厅去与他们谈话、宣布决定，周总理让我和吴忠等候在东大厅，招呼卫戍区的人。

周总理与他们的谈话谈了很久，我听到黄永胜在嚷嚷，说他们冤枉等等。

我们又等了很久，怕出意外，我让吴忠到会场上看一看情况，吴忠进去后又等了一段时间，他们才出来。黄永胜是第一个出来的，吴法宪好像是第二个，他们依次被带走了。

黄永胜、吴法宪、李作鹏被带走后，在人民大会堂东大厅召开了中央军委、各总部、各军兵种的会议，会议由周总理、叶剑英主持。

周总理让我参加这个会议，我对周总理说，还有一个问题，就是黄永胜、吴法宪、李作鹏、邱会作等人的秘书、警卫、司机怎么处理。当时，把这些人的枪、公文包都缴了，他们坐的汽车也都搜查了。

周总理说，卫戍区找一个地方，农场或者别的什么地方，把他们弄到那里去办学习班，让他们学习、揭发，不要让他们太紧张了，黄、吴、李、邱有问题，并不等于他们有问题。

我对周总理说，这个问题过去没考虑到，现在需要布置一下，我得去卫戍区一趟。

吴忠等卫戍区的负责人陪着黄永胜等人走了，卫戍区只留下邹副政委在，我向他作了布置。黄永胜等人的秘书、警卫、司机被拉到团河附近的一个农场去了，邹副政委亲自到农场去安排的，这个农场有一个连的部队。

这个问题解决后，时间已经很晚了。周总理通知让我回人民大会堂。我回到人民大会堂后，周总理交待让我守在电话机旁，了解黄永胜等人是否已押送到关押地点、到达后怎样布置等情况。当时，卫戍区从师里、团里专门调了一些干部去看管他们。

不久，这些人顺利到达关押地点的情况先后报告上来，我都立即报告了周总理，让他放下心。

这时我已有两天一夜没有睡觉了，眼睛熬得通红，脑子都发木了。

应该再补充一个情况，说明完全是林彪自绝于毛主席、自绝于党、自绝于人民的。1971年10月，埃塞俄比亚皇帝海尔•塞拉西要到中国访问。之前，周总理要求组织二十万群众，从机场一直到天安门、国宾馆，进行夹道欢迎。我们发愁了，怕“小舰队”还有一些什么人漏网，进行破坏活动。我担心在当时的形势下夹道欢迎会不安全，就提出只在飞机场欢迎的建议。周总理说，不行，还是要组织夹道欢迎。我意识到周总理的这一布置，是表示中国政局是稳定的。

我们就布置了，有组织地安排了人员，在主要的地点都安排了公安局、卫戍区的人员。

10月6日，外宾到北京时我们都到机场去接了，没有出现问题。塞拉西皇帝来后，周总理对我说：“毛主席接见时，除我以外，萧劲光和你一起陪同参加接见。”

10月8日，毛主席接见塞拉西皇帝。我和萧劲光同志提前到达接见地点等候。外宾来访之前，我们进去见毛主席，发现他老人家满脸倦容。毛主席缓慢地说：治病救人嘛，有病也不让治。他说原来准备在三中全会时解决这个问题，并且准备安排林彪的工作的。毛主席还说：高岗不自杀，也准备安排他的工作。显然，关于林彪的事情，他到这时还没有撇下，甚至还困扰着他。

毛主席与我们正谈着，周总理陪着外宾来了。塞拉西皇帝很健谈，他讲一阵，毛主席只答复他两三句。谈了很久，周总理看毛主席太疲乏了，就对外宾说两国之间的问题，我们具体再谈。这样，皇帝才告辞。

毛主席与我和萧劲光同志的谈话，再一次反映了毛主席对林彪“治病救人”的思想态度。

毛主席曾经认为“文化大革命”会在两三年内得以结束。九大召开后，他对党和政府的重建问题予以重视，并作了一系列指示。整党建党活动中，虽然整个建党的方针不能说是正确的，但重建了从中央到地方的各级党组织，恢复了大多数党员的组织生活，稳定了经济、政治、社会的局势；1970年3月，毛主席又提出了召开四届人大和修改宪法的建议，要想解决政府重建的问题，但他又多次明确说宪法不设国家主席，他不担任国家主席。

九大时，林彪被确定为毛主席的接班人。同时，林彪集团的黄永胜、吴法宪、叶群、李作鹏、邱会作进入了中央政治局。在“文化大革命”中形成的这个集团，这时已经把召开四届人大和修改宪法看成是他们篡党篡国阴谋活动的重要时机，他们妄图利用这一时机，实现由林彪担任国家主席的企图，以便在更多的领域内夺取权力。表面上看，是林彪一反一贯紧跟毛主席的做法，建议毛主席担任国家主席；但实际上，叶群才说出了他们的真实意图，叶群说：“如果不设国家主席，林彪怎么办，往哪里摆？”

“文化大革命”中还有更为复杂的一面。在“文化大革命”中还形成了另一个集团——江青集团（以后的“四人帮”）。林彪集团与江青集团均由野心家组成，他们分别图谋夺取党和国家的最高权力。“文化大革命”初期，他们因为在打倒党和国家各级组织中的某些领导干部时有着共同的利益，曾经结成过短暂的联盟。互相勾结，相互利用，以排除异己，企图乘机夺权。但庐山会议前，林彪意识到江青、康生、张春桥等人的势力发展有超越自己的趋势，夺取党和国家的最高权力的野心，又使得他们之间爆发了尖锐的冲突。在庐山会议上，林彪、陈伯达及林彪集团的其他成员就是企图借打击江青、康生、张春桥等人，阴谋篡党篡国。

林彪集团在九届二中全会上的阴谋失败后，一再拒绝毛主席对他们的教育、批评和挽救，反而决心铤而走险。林彪加紧了夺取党和国家最高权力的准备工作，1971年3月，《“571工程”纪要》制订完成，《纪要》提出准备策动反革命武装政变，阴谋杀害毛主席。林彪反革命集团由此走上了历史上一切野心家、阴谋家所走过的自取灭亡的道路。

林彪的野心在庐山会议上暴露以后，毛主席立即采取了措施，在庐山上就宣布对林彪集团的主要成员陈伯达进行审查。1970年9月毛主席从庐山回来时与我们的谈话，虽然没有点林彪的名字，但已经是在教育我们对庐山的矛盾要进行更深的思考。从这以后，毛主席领导党中央，采取一系列措施，解决由庐山会议暴露出来的问题。1970年10月，毛主席分别在吴法宪、叶群的检讨上批示，严厉批评了吴、叶及军委办事组林彪集团的成员。11月，中央成立了组织宣传组，组员中没有林彪集团的成员；同月，中央发出高级干部要学习马列著作的通知，提出高级干部“只有读一些马、恩、列、斯的基本著作，才能识别真假马列主义”。12月，毛主席在中共三十八军委员会《关于检举揭发陈伯达反党罪行的报告》上批示，要求北京军区开会讨论解决“为何听任陈伯达乱跑乱说”，“是何原因使陈伯达成了北京军区的太上皇”的问题；同月，毛主席在与美国记者斯诺的谈话中说“四个伟大”是形式主义，讨嫌。1971年1月，毛主席指示改组北京军区，任命李德生任北京军区司令员，谢富治任北京军区第一政委，纪登奎任第二政委，谢富治任北京军区党委第一书记，李德生任第二书记，纪登奎任第三书记，这就是毛主席在南巡谈话中所说的“挖墙脚”。2月，毛主席严厉批评军委办事组召开的军委座谈会“根本不批陈。”4月，毛主席指示派纪登奎、张才千参加由黄永胜、吴法宪把持的军委办事组，这就是毛主席在南巡谈话中所说的“掺沙子”；同月，中共中央召开“批陈整风汇报会”，周总理在总结讲话中说黄永胜、吴法宪、叶群、李作鹏、邱会作在政治上犯了方向路线错误，组织上犯了宗派主义错误，希望他们实践自己的申明，认真改正自己的错误。

这一系列重要指示、措施的贯彻执行，一方面意在提高广大高级干部识别问题的能力，教育、批评和挽救林彪集团的成员改正错误；另一方面也从实际出发，削弱了林彪反革命集团的势力。

林彪事件后，我认真学习了毛主席在庐山会议后的一系列讲话、指示，使我受教育最深的就是毛主席在领导粉碎林彪反革命集团阴谋这一惊心动魄的斗争中，始终相信我们的人民、始终相信我们的党、始终相信我们的军队。毛主席多次指挥唱《国际歌》和《三大纪律八项注意》，他说天才就是比较聪明一点，天才不是靠一个人、靠几个人，天才是靠一个党，党是无产阶级的先锋队，天才是靠群众路线、集体智慧。他说《国际歌》里面包括了马克思主义全部的立场、观点，奴隶们起来为真理而斗争，从来就没有什么救世主，也不靠神仙皇帝，全靠自己救自己，是谁创造了人类世界，是我们劳动群众。毛主席说苏联的党分裂过，分裂成布尔什维克和孟什维克，中国没有，有人要分裂我们的党是困难的，陈独秀、王明、张国焘等人，曾经多次要分裂党，都没有得逞。我们这个党五十年的经验，中国人不喜欢分裂，我们党内十次路线斗争，没有一次把党分裂了的，这个问题值得研究，这么个大国，这样多人不分裂，只好讲人心、党心，党员之心不赞成分裂。毛主席曾满怀信心地说：“我觉得我们的军队很有希望。”他说听说打锦州的时候，部队住在苹果园里，不摘苹果，这样的部队有希望，只吃酸菜，又能打仗，这就很有希望。毛主席多次说，我就不相信黄永胜能调动军队会造反，你调动军队搞坏事，听你的？

1972年7月，毛主席在会见法国外长舒曼时自信地说：我们开了那个庐山会议，一九七〇年八月二十三号一天，二十四号一天，二十五号半天。第三天下午，我就说不行了，不能干了，下了一滴酒精。一滴酒精下去，细菌就不活动了。

毛主席就是这样，在他老人家的一生中，对我们党内和国家生活中存在的各种问题、缺点、错误、困难，始终予以高度重视，并相信我们的党只要依靠群众就会有力量解决这些问题，就会有能力领导我们的国家继续前进的。

毛主席他老人家之所以能够识破、战胜我党历史上从所未有的林彪反革命集团，我想除了他老人家领导党、军队在几十年浴血奋战过程中积累的丰富的斗争经验之外，还由于我们的社会主义制度的根基仍然在“文化大革命”中保存着，我们的党、军队、国务院没有被摧毁并且还能维持统一，尤其重要的是我们的人民坚信社会主义制度，毛主席亲手缔造和领导的党和军队，他所创建、领导下的中华人民共和国的亿万人民，始终把毛主席看作是自己敬爱的伟大领袖。

毛主席在粉碎林彪反革命政变阴谋的日子里

汪东兴

一

毛主席身体健康的时候，每年都要外出巡视工作，返程时间一般在9月底。1971年8月15日13点，我们陪着已经78岁高龄的毛主席又出巡了。16日到武昌。在武汉，毛主席同武汉军区兼湖北省负责人刘丰谈话一次；同刘丰及河南省负责人刘建勋、王新谈话一次；同已调国务院工作仍兼湖南省负责人的华国锋谈话一次。离武汉前，还同刘丰谈话一次。28日到长沙。在长沙，毛主席同华国锋和湖南省负责人卜占亚谈话一次；同广州军区兼广东省负责人刘兴元、丁盛、广西壮族自治区负责人韦国清谈话一次。后又同华国锋、卜占亚、刘兴元、丁盛、韦国清集体谈话一次。31日到南昌。在南昌，毛主席同南京军区兼江苏省负责人许世友、福州军区兼福建省负责人韩先楚、江西省负责人程世清谈话两次。毛主席沿途的历次谈话，我都参加了。在湖南，毛主席还同我单独谈话一次。一路上，毛主席在谈话中多次强调："要搞马克思主义，不要搞修正主义；要团结，不要分裂；要光明正大，不要搞阴谋诡计。"他反复讲：我们这个党已经有五十年的历史了，大的路线斗争有十次。这十次路线斗争中，有人要分裂我们这个党，都没有分裂成。这个问题，值得研究。1970年庐山会议，他们搞突然袭击，搞地下活动，为什么不敢公开呢？可见心里有鬼。他们先搞隐瞒，后搞突然袭击，五个常委瞒着三个，也瞒着政治局的大多数同志，除了那几位大将以外。那些大将，包括黄永胜、吴法宪、叶群、李作鹏、邱会作。他们这样搞，总有个目的嘛！我看他们的突然袭击、地下活动，是有计划、有组织、有纲领的。纲领就是设国家主席，就是称"天才"。有人急于想当国家主席，要分裂党，急于夺权。林彪那个讲话，没有同我商量，也没有给我看。他们有话，事先不拿出来，大概总认为有什么把握了，好像会成功了。可是一说不行，就又慌了手脚。这次庐山会议，只提出陈伯达的问题。保护林副主席，没有作个人结论，他当然要负一些责任。对这些人怎么办？还是教育的方针，就是"惩前毖后，治病救人"。对林还是要保。回北京以后，还要再找他们谈谈。不过，犯了大的原则的错误，犯了路线、方向错误，为首的，改也难。

当时，我意识到毛主席的这些谈话，是要帮助一些地方的党、政、军负责同志，提高对1970年发生在庐山九届二中全会上斗争的认识，争取团结和尽力挽救在庐山会议上犯了错误的人，其中也想挽救林彪和黄永胜等人。

9月3日，毛主席到达杭州。下车之前，毛主席同浙江省的党、政、军负责人南萍、陈励耘、熊应堂谈话。在40分钟的谈话中，毛主席询问了他们几个对庐山会议的认识，并对他们说："你们有什么错？吴法宪在庐山找陈励耘等人谈了他们搞的那一套，上庐山在空军8个中央委员内部有通知啊！"陈励耘说："在庐山吴法宪找我谈时，阴一句、阳一句，这个人说话是不算数的。"毛主席说：过去我讲过，一个倾向，掩盖着另一个倾向，谁知掩盖着一个庐山会议的主要倾向！接着，毛主席说明了他们是受骗，受蒙蔽的；并说明党对犯错误的人，还是采取"惩前毖后，治病救人"的方针，不能抓住辫子不放。毛主席说，庐山会议，主要就是两个问题，一个是设国家主席问题，一个是称"天才"问题。说反天才就是反对我。那几个副词，我圈过几次了[1]。毛主席又说，庐山这件事，还没有完，还不彻底，还没有总结。

不出毛主席所料，在庐山会议上遭到挫败的林彪一伙不但不思悔改，反而开始了谋害毛主席、策动反革命武装政变的阴谋活动。

1971年2月，林彪、叶群和林立果在苏州密谋后，派林立果到上海，召集“联合舰队”的主要成员周宇驰、于新野、李伟信在秘密据点开会，从3月21日至24日，制订了反革命武装政变计划——《“571工程”纪要》。3月31日深夜，林立果在上海召开了有江腾蛟、王维国、陈励耘、周建平参加的所谓“三国四方会议”，指定南京以周建平为头，上海以王维国为头，杭州以陈励耘为头，江腾蛟“进行三点联系，配合、协同作战”。

在毛主席此次南巡期间，林彪一伙千方百计刺探毛主席的行踪和毛主席同沿途各地负责人的谈话内容。9月5日，广州部队空军参谋长顾同舟听到毛主席在长沙谈话内容的传达后，立即密报给林立果。9月6日，武汉部队政委刘丰违背毛主席的叮嘱，把毛主席在武汉的谈话内容告诉了陪外宾到武汉访问的李作鹏。李作鹏当天回到北京就告诉了黄永胜。当晚，黄永胜又将毛主席的谈话内容密报给在北戴河的林彪和叶群。

林彪、叶群、林立果等人接到顾同舟、刘丰的密报后，感到自己暴露无遗了，决计铤而走险，对在旅途中的毛主席采取谋害行动。

9月7日，林彪指示林立果，向“联合舰队”下达“一级战备”的命令。

9月8日，林彪写下手令：“盼照立果、宇驰同志传达的命令办。”

---

① 1968年9月，《人民日报》为纪念1962年9月18日毛泽东给日本工人的题词，发表了《世界革命人民胜利的航向》的社论。毛泽东删去了社论草稿中的“毛泽东同志天才地、创造性地、全面地继承、捍卫和发展了马克思列宁主义，把马克思列宁主义提高到了一个新的阶段”等文字。1969年，毛泽东删去了九大《政治报告》初稿和提交九大通过的《党章》初稿中“天才地、创造性地、全面地”三个副词等文字。1970年4月，毛泽东在修改纪念列宁诞辰100周年的两报一刊社论《列宁主义，还是帝国主义？》的初稿时，删去了“毛泽东同志全面地总结了无产阶级专政的正反两个方面的历史经验，天才地创造性地运用唯物辩证法，分析了社会主义的矛盾”等文字。

这样一来，危险便时刻向毛主席逼近。当时，陈励耘掌握着杭州的警备大权，直接指挥毛主席住所的警卫工作。我们住在杭州，无异于进了虎穴。

在九届二中全会上，毛主席已识破了林彪的阴谋。这次南巡，毛主席从北京到杭州沿途同当地负责人的谈话中又了解到叶群、林立果阴谋活动的一些情况。9月8日晚上毛主席又得到新的消息说：杭州有人在装备飞机；还有人指责毛主席的专列停在杭州笕桥机场支线碍事，妨碍他们走路。这种情况过去是从来没有的。一些多次接待过毛主席的工作人员，在看望他老人家时反映了一些可疑的情况。毛主席当机立断，采取措施，对付林彪一伙的阴谋，首先把我找去，提出要把专列转移。

我问毛主席，专列是向后转移，还是向前转移？向后是转到金华，向前是转到上海。我还建议，也可以转向绍兴，即转向杭州到宁波的一条支线上。

毛主席说："可以。那样就可以少走回头路了。"

当时，毛主席还不知道林彪有个手令，也没掌握林彪一伙进行武装政变的计划。但是，毛主席根据了解到的种种情况，思想上、行动上已有了充分准备。

我从毛主席住地出来，马上就打电话找当时负责毛主席在杭州警卫工作的陈励耘。接电话的是陈励耘的秘书。他接到电话后，马上就跑到我的办公室来，说："陈政委有事，您有什么事请跟我讲。"

我说："专列要转移，这个事对你讲，你能办成？"

秘书说："能。"

我就说："你可以试着办一下，不过还是要找到陈政委。"

我得到这个情况后，就找张耀祠交代："赶快去找专列乘务组同志。将火车马上开走。"当时，天气太热，我还要求在专列转移到新的停车地点后，给毛主席的主车和餐车上面搭个棚子，以便防晒。张耀祠很快就落实了。

这些情况，我都报告了毛主席。毛主席同意这么办。并说这个办法好。

毛主席的专列9日凌晨转到靠近绍兴的一条专线上。

10日中午，毛主席对我说：“走啊!不要通知陈励耘他们。”

我说：“主席，不通知他们不行。”

毛主席问：“为什么呀？”

我说：“不通知不行，您不是一般人。来的时候，都通知了；走的时候，不通知不好。路上的安全，还是要靠地方保卫。”

毛主席又说：“那就不让陈励耘上车来见，不要他送。”

我说：“那也不行，会打草惊蛇。”

毛主席考虑了我的建议，接着又问我：“你的意见是……”

我说：“您看，是不是请南萍、陈励耘……”

我刚说到这里，毛主席打断我的话说：“还有一个，就是空五军的军长白宗善，这个人也请来。为什么这次没有请他见面？”

我回答说：“马上就通知他。”

南萍等人被请来以后，毛主席在自己休息的房间里又同他们谈了一次话。当毛主席见到白宗善，同他握手时便问：“你为什么不来看我!”陈励耘连忙解释说：“他那天在值班。”

这次谈话，讲了庐山九届二中全会的问题，党的历史上几次路线斗争的问题，军队干部的团结问题，战备问题。谈话中，毛主席还说：不要带了几个兵就翘尾巴，就不得了啦。打掉一条军舰就翘尾巴，我不赞成，有什么了不起。三国关云长这个将军，既看不起孙权，也看不起诸葛亮，直到麦城失败。毛主席在谈话中，再一次批评了林彪、黄永胜。他还针对当地领导人闹不团结，讲了一个春秋时代齐鲁两国长勺之战的故事，寓意深长。他说，齐国和鲁国打仗，我是帮鲁国，还是帮齐国啊？鲁国小，人少，只是团结的好。齐国向鲁国进攻，鲁国利用矛盾，把齐国打败了。

在他们谈话的时候，我就布置专列做开车的准备。毛主席同他们谈了半个小时。谈完后，我请他们到我的房间里休息。

我回到毛主席那里，请示说：“到上海后停在哪里？”

毛主席说：“停在上海郊外虹桥机场专用线，顾家花园就不进去了。”

我说："上海那边的通知，是不是通知王洪文？"

毛主席说："是。这个电话由你们打。"

当时，陈励耘在我的房子里，我就只好在毛主席那里给王洪文打了一个电话。

10日13点40分专列由绍兴返回，14点50分抵达杭州站。在离开杭州去上海的时候，我们没有通知其他的人送，陈励耘却来了。陈励耘到车站后，不敢同毛主席握手，也不敢接近毛主席。他心里有鬼，当时神情很不自然。

他跟我握手时问我："车开后，要不要打电话通知上海？"

我说："你打电话给王洪文或者王维国，这两个人都可以，就说我们的车出发了，还是在那个支线上停住。"以后我了解，陈励耘确实打电话通知了王洪文。

后来据陈励耘交代：8日晚上他有事，就是因为于新野到了杭州。于新野是找陈励耘布置任务的，但于新野有一些疑惑，不知道出了什么事。于新野还追问毛主席到底在杭州讲了些什么话，陈励耘就把毛主席同他们的谈话内容报告了于新野。当时，于新野告诉陈励耘，要在杭州、上海、南京之间谋害毛主席。据我们后来了解到的情况，陈励耘在接待于新野的房子里，挂着一张毛主席像，陈励耘一看到毛主席像就发愁。

从后来"联合舰队"成员的供述和我们调查得到的材料看，他们准备采用多种办法来谋害毛主席：

第一种办法：如果专列停在上海虹桥机场专用线上，就由负责南线指挥的江腾蛟指挥炸专用线旁边飞机场的油库，或者向油库纵火。据王维国交代，他们安排由王维国以救火的名义带着"教导队"冲上火车，趁混乱的时候，先把汪东兴杀死，然后杀害或绑架毛主席。

第二种办法：是准备在第一种办法失败后采用的。就是在毛主席的专列通过硕放铁路桥时炸桥和专列，制造第二个"皇姑屯事件"。然后他们再宣布是坏人搞的。硕放桥在苏州到无锡之间，他们已经到那里看了地形，连炸药怎么安放，都测量和设计好了。

第三种办法：如果硕放炸桥不成，就用火焰喷射器在路上打火车。

周宇驰讲，火焰喷射器可以烧透几寸厚的钢板。朝火车喷射，很快就会车毁人亡。王维国、周宇驰等人也到铁路沿线看过地形了。他们准备从外地调火焰喷射器部队。由于我们行动提前，这个部队没有来得及调来。

第四种办法：是要陈励耘在杭州用改装的伊尔-10飞机轰炸毛主席的专列，由陈励耘负责在飞机上装炸弹。据陈励耘后来供述：于新野找他布置任务时，他曾提出杭州没有可靠的飞行员，于新野答应回去向领导上汇报，派一个飞行员来。他们准备派谁呢？派鲁珉。鲁珉当时是空军司令部的作战部部长。陈励耘说：“那就好，那就干！”陈励耘还说，用飞机轰炸专列的办法是可靠的。9月9日，于新野在上海对王维国说：“我们这次出动飞机炸，除飞机上的武器外，还要再加配高射机关枪，用来扫射从火车上跑下来的人。”

从这几种办法可以看出。林彪一伙谋害毛主席的手段是何等阴险毒辣！

当于新野同王维国一起策划时，王维国又提出，如果毛主席下车住在顾家花园怎么办？于新野说，他看了地形，如果毛主席住在顾家花园，可以把王维国的“教导队”带上去，在住地附近埋伏好，用机枪把前后堵死，先把警卫部队消灭，再冲进去。王维国还向于新野表态说：“首长（指林彪）的命令，我一定执行。”于新野、王维国都认为，在上海动手，地形比杭州要好，对他们更有利。9日下午，于新野坐飞机回北京前，王维国同他一起看过一次地形，他们决定就在上海谋害毛主席。

于新野一回北京，就到西郊机场向林立果汇报。林立果在西郊机场的平房和它旁边的空军学院里都有办公室，那里是他的据点。林立果马上将谋害毛主席活动的进展情况报告给了在北戴河的林彪和叶群。这时，林立果和周宇驰对江腾蛟说，北线由王飞指挥，南线由你指挥，你要赶快回南方去。

王飞当时是空军司令部的副参谋长，是“联合舰队”的骨干成员。他们在北线预谋的行动，是要把在京的周总理、朱委员长、叶帅、聂帅、徐帅、刘帅等人都害死，也包括江青、张春桥、姚文元。王飞等人把钓鱼台、中南海的地形都看了。周总理当时就住在中南海。他们打算用坦克冲中南海。王飞说，北京上空是禁飞的，用坦克可以把中南海的墙撞开。在他们密谋的过程中，还有人提议用导弹打中南海。他们说来说去，找不到一个合适的方案。

林彪知道搞政变的行动已经全面展开了，他有带兵的经验，怕单靠“联合舰队”这几个人没有把握，他要亲自指挥一个大“舰队”，他通过叶群把黄永胜、吴法宪、李作鹏、邱会作都调动起来了。那几天，他们的电话联系十分频繁，常常两三部电话机同时讲话，一讲就半个小时、1个小时。据调查：9月10日，黄永胜同叶群通话5次。其中两次通话时间竟长达90分钟和135分钟。同日，林彪给黄永胜写信说：“永胜同志：很惦念你，望任何时候都要乐观，保护身体，有事时可与王飞同志面洽。”他们称毛主席为“B-52”。当叶群给吴法宪打电话问B-52的情况时，吴法宪向她报告了毛主席在杭州同陈励耘等人谈话内容。

现在想来，那时的形势是极其危险的。但毛主席并没有把他掌握的危急情况全部告诉我，他老人家沉着地伺机而动。当时，我也发现有些现象不正常，我们不能再在杭州住下去了，便转往上海。由于我们行动快，使得陈励耘、王维国等人措手不及。10日15点35分，我们从杭州发车，18点10分就到了上海。这次随毛主席外出，我带着中央警卫团干部队100人，前卫、本务列车都上了部队。专列一到上海，我就把当地的警卫部队全部撤到外围去了，在毛主席的主车周围全换上中央警卫团。离我们的专列150米远的地方是虹桥机场的一个油库，要是油库着火了，专列跑都跑不掉，所以特别派了两个哨兵在那里守卫。

到上海安排好后，我去见毛主席。毛主席说，要南京部队司令员许世友来上海谈话。我们就打电话找许世友，不巧，许世友下乡去了。

10日晚上，毛主席同上海负责人王洪文见面，但没有谈几句话。王洪文住在车下的房子里，他还要我也搬到车下来住，我谢绝了。

第二天上午，许世友来了。毛主席与许世友、王洪文和我，谈了两个小时的话。毛主席说：犯点错误是不要紧的，有的属于认识问题。现在有的同志有些认识不到嘛，那就等待，而且要耐心地等待嘛。毛主席又说：要争取主动，有了错误，不认识，不改正，在那里顶着不好，这会加重错误，包袱越背越重，甩掉包袱，轻装上阵，人就舒服了。他还指出：有人在搞阴谋诡计，不搞光明正大；在搞分裂，不搞团结。许世友表示，庐山会议问题，按毛主席的指示办。

谈到中午，毛主席说：“到吃中午饭的时间啦！今天，我就不请你们在车上吃饭了。王洪文，你请许世友到锦江饭店去吃饭，喝几杯酒。”

许世友说：“汪主任，你也去。”

我说：“不去了，谢谢。”

毛主席当着他们的面对我说：“汪主任，你把他们送走以后，再回来一下。”

我送许世友、王洪文下车时，看到王维国也来了，他一直在休息室里等着毛主席召见，然而毛主席没有找他谈话。王维国见我们时，表情异样。王洪文把他拉上车，与毛主席在车厢门口握了一下手，就被我送下了车。

我下车送走许世友、王洪文、王维国等人后，马上回到车上去见毛主席。

毛主席问：“他们走了没有？”

我说：“走了。”

毛主席马上说：“我们走，你立即发前卫车。”

我说：“不通知他们了吧？”

毛主席说：“不通知。谁都不通知。”

我们执行毛主席的命令，立即发了前卫车。13点12分，我们的车也走了。

专列开动时，车站的警卫员马上报告了在锦江饭店吃饭的王洪文。王洪文小声告诉许世友说：“毛主席的车走了。”

许世友很惊讶地问：“哎呀！怎么走了？”

王洪文对许世友说：“既然走了，我们还是吃饭吧。”

王洪文、许世友、王维国等人吃了两个多小时的中午饭，吃完饭时已经是下午了。许世友便乘一架伊尔-14赶回南京，然后到车站接我们。

我们专列18点35分到南京，在南京站停车15分钟。许世友在南京站迎接，毛主席说："不见，什么人都不见了，我要休息。"

我下车见了许世友，我跟他说："毛主席昨天晚上没睡，现在休息了。毛主席还说。到这里就不下车了。"

许世友说："好!"他接着问我："路上要不要我打电话？"

我说："不用了，我们打过了。"

许世友又问："蚌埠停不停？"

我说："还没有最后定。一般的情况，这个站是要停的，但主席没定。"

专列从南京开出后，到蚌埠车站是21点45分，停车5分钟。9月12日零点10分到徐州，停车10分钟。到兖州时是2点45分，没有停车。到济南时是5点，停车50分钟。在济南车站，我打电话给中办值班室。要他们通知纪登奎、李德生、吴德、吴忠到丰台站，毛主席要找他们谈话。专列到德州时是7点40分，停车20分钟。11点15分到天津西站，停车15分钟。

12日13点10分，专列在丰台停车。毛主席与纪登奎、李德生、吴德、吴忠和我谈了话，一直谈到下午3点多钟才结束。在谈话中，毛主席谈了党史上历次路线斗争，谈了1970年庐山会议上的斗争，以及庐山会议后采取的甩石头、掺沙子、挖墙脚的做法，谈了华北批陈整风汇报会及黄、吴、叶、李、邱等人的检讨。继续强调：要搞马克思主义，不要搞修正主义；要团结，不要分裂；要光明正大，不要搞阴谋诡计。要坚持"惩前毖后，治病救人"的方针，要"团结起来，争取更大的胜利。"

过去，毛主席从来没有白天到北京站下车的，这次是个例外。下午15点36分，专列由丰台开出，16点5分到北京站。毛主席下火车后坐汽车回到中南海。

从杭州动身到这时，毛主席已经3天没有休息好了。到中南海，我对毛主席说："您睡吧。"

毛主席对我说："你也睡一睡吧。"

我说："我也回去睡一睡。"

回来后，我打电话给周总理，周总理还不知道出了什么问题，感到诧异。他问："你们怎么不声不响地就回来了，连我都不知道。路上怎么没有停?原来的计划不是这样的呀。”

我回答总理说:“计划改了。”我还说,电话上不好细说,以后当面汇报。

这时,林立果等人正在加紧策划和实施谋害毛主席和党中央其他领导同志的阴谋,突然接到王维国从上海打来的电话,报告毛主席的专列已经离开上海。这帮家伙被吓坏了,林立果连声说:“糟糕!糟糕!”

林立果探听到毛主席确实于9月12日下午回到中南海的消息后,深感谋害毛主席的阴谋已经破产。他在惊恐之余,给北戴河的叶群打电话,说情况紧急,两小时以后飞往北戴河,并说,他走后北京由周宇驰指挥。林立果还对周宇驰等人说,现在情况变了,我们要立即转移,赶紧研究一个转移的行动计划。

他们要转移到哪里去呢?他们要按照早在《“571工程”纪要》中密谋的方案,即谋害毛主席不成,就转移到广州去另立中央政府,分裂国家。这就是审判林彪反革命集团时所说的“两谋”:一个是阴谋杀害毛主席;另一个是阴谋带领黄永胜、吴法宪、李作鹏和邱会作南逃广州,另立中央政府,分裂国家。

为了转移,他们安排了5架飞机飞往广州:一架256号三叉戟,是林彪的专机;另外再安排一架三叉戟给黄永胜等乘坐;第三架是伊尔-18;第四架是安-12运输机,可以装汽车;第五架是安-24,也可以装防弹车。此外,他们还打算为林彪再准备一架伊尔-18。林立果在电话中把这些安排都报告了林彪。林彪说:“立即转移。”随后,林立果传达给王飞说:“你这样安排对。林副主席决定立即去广州。”

据后来调查得知,林彪他们有一个先谈判、后动武的计划,他们想到了广州以后,先提出条件同北京谈判。但他们估计谈判成功的可能性小。这样,他们就计划在广州立即召开师以上干部会议,进行动员,并宣布成立中央政府。要动武,就联合苏联,南北夹击。林立果要求通知广州部队空军参谋长顾同舟,要他安排好车辆和房子。林立果还对于新野说,马上打电话给上海的王维国,通知他9月13日早上有一架伊尔-18飞机在上海着陆,把警卫团二中队换下来,让王维国的空四军“教导队”和上海的“联合舰队”成员做好准备，搭乘这架飞机去广州。林立果还要求于新野给空军军务部打电话，通知马上准备好30支手枪，2支冲锋枪，并多准备一些子弹。这些策划布置下去后，于新野立即去空军大院协助江腾蛟、王飞组织人员转移。周宇驰挥着胳膊对江腾蛟和王飞说：“他妈的，成败在此一搏!”

12日晚8点钟左右，周宇驰在空军学院召集王飞、于新野一伙开了一个秘密会议。会上确定，由王飞、于新野负责组织人员，保护林彪一伙南逃。他们计划：13日早晨8点钟，林彪由山海关机场直飞广州；13日早晨7点钟，黄永胜、吴法宪、李作鹏、邱会作等人则由北京西郊机场直飞广州。

然而，事与愿违。玩火者必自焚。历史无情地证明：林彪的“两谋”，不过是一伙阴谋家的垂死挣扎而已，他们是逃不脱失败的命运的。

二

离北戴河西海滩两公里处的联峰山松树丛中，有一栋两层小楼，这就是当时林彪、叶群住的中央疗养院62号楼（原为96号楼）。1971年9月12日天色渐黑时，林彪、叶群在这里正忙着调兵遣将。可表面看来，62号楼却是十分平静。林彪、叶群在接到林立果马上要飞到北戴河的电话后，还耍了一个花招，宣布当天晚上要为他们的女儿林立衡与她的恋爱对象张清霖举行订婚仪式。叶群指示秘书和工作人员说，不请人吃饭，但要准备好烟、糖果、茶等，另外再准备两部电影招待大家，他们这样做，显然是要转移工作人员的注意力，掩盖他们的阴谋活动。

晚间，叶群看电影，电影的名字叫《甜甜蜜蜜》。8点多钟，林立果乘专机飞到山海关机场，9点钟到了林彪住地。林立果送了一束鲜花给林立衡，表示祝贺。林彪、叶群搞阴谋的事，林立衡当时不知道。林立衡与叶群平时就有矛盾，叶群有事总是背着她。林立衡是个很聪明的人，她看出林立果到这里后，家里好像有事不让她知道。叶群一退场，她也从电影室出来，到林彪的房间外边去听。她听到林彪、叶群、林立果三个人在一起谈话，隐隐约约地说要去什么地方。林立衡听到这些话，心里很紧张。她马上去向当时在北戴河保卫林彪的8341部队的副团长张宏和二大队的队长姜作寿报告。

晚上9点20分左右，张宏、姜作寿听到林立衡的报告，姜作寿立即打电话将情况报告给在北京的中央警卫局副局长张耀祠。张耀祠立即赶到我的办公室，说：“情况很紧急，怎么办？”我马上打电话找周总理，周总理当时正在人民大会堂福建厅开会，主持讨论将在四届全国人大会上作的《政府工作报告》的草稿。

我将林立衡报告的情况向周总理报告后，周总理问我：“报告可靠吗？”

我回答说：“可靠。”

周总理还对我说：“你马上打电话通知张宏，如果有新的情况，立即报告。”

我和张耀祠当时都守在我的办公室里。这时，张宏又来电话说：“林立衡还报告，她听接林立果的汽车司机讲，林立果是乘专机从北京来的，这架专机现在就停在山海关机场。”我马上又将这个情况报告给周总理。

这时，周总理已经不能继续主持开会了，他来到东大厅的一间小房子里处理北戴河的问题。他打电话要我别离开电话机。我说，不会离开，我就在电话机旁边等着。周总理随后打电话把正在大会堂参加《政府工作报告》稿讨论会的吴法宪找来，问他知道不知道有一架飞机到北戴河去了，吴法宪说不知道，并说他要问一问空军调度室。周总理要求吴法宪立即去问。吴法宪就到另一个房间打电话去了。周总理这时又打电话给我，让我立即转告北戴河的张宏，让张宏去查一查，山海关机场是不是有一架专机？并要求我如果有什么新情况，马上向他报告。我从张宏那里很快就得到答复说，他已问过山海关机场，确实有一架专机，专机的机组人员正在休息，这个机场归海军管理。我立刻将这一情况报告了周总理。

晚上11点半钟，周总理亲自打电话给叶群，周总理问叶群：“林副主席好不好？”

叶群说：“林副主席很好。”

周总理问叶群知道不知道北戴河有专机，叶群一开始时骗周总理说她不知道。

稍微停一下，叶群又说：“有，有一架专机，是我儿子坐着来的。他父亲说，如果明天天气好，要上天转一转。”

周总理又问叶群：“是不是要去别的地方？”

叶群脑子反应很快，回答周总理说：“原来想去大连，这里的天气有些冷了。”

周总理说：“晚上飞行不安全。”

叶群说：“我们晚上不飞，等明天早上或上午天气好了，再飞。”

周总理又说：“别飞了，不安全，一定要把气象情况掌握好。”

周总理还说：“需要的话，我去北戴河看一看林彪同志。”

周总理提出要去北戴河，这一下子叶群警觉了，她慌了。周总理要是一来，林彪南逃广州，另立中央政府的阴谋也就破产了。叶群劝周恩来不要到北戴河来，她说：“你到北戴河来，林彪就紧张，更不安。总之，总理不要来。”

这时，周总理在人民大会堂，我在中南海南楼，都忙得不可开交。周总理派李德生到空军司令部作战值班室去协助他临时负责指挥，还派杨德中陪吴法宪去了西郊机场。

林彪听了叶群的汇报，得知周总理要来北戴河。他说：“我也不休息了，今晚反正睡不着觉了，你们赶快准备东西，我们马上走。”此时，叶群更加惊慌，他说：“越快越好。”

这样的命令一下，62号楼的人就忙开了，但是他们都不知为什么要走得这样快。林彪的汽车立刻被调到了他的住房门口。林彪快要上车时，叶群派人找过林立衡。

林立衡自从报告了林彪要去外地的情况后已经不敢再回去了。这时，二大队执勤的哨兵也向大队部报告，说林彪住地很乱，搬东西的人来来往往。

林彪和叶群、林立果先后上了汽车。林彪问林立果和警卫秘书：“去伊尔库茨克要飞多少时间？”

林立果说：“很快就到。”

林彪问完后，汽车就开动了。林彪的警卫秘书坐在前座上，后边是林彪、叶群、林立果等人。汽车冲过岗哨时，哨兵拦阻，叶群命令司机冲过去。警卫秘书突然改变主意，叫一声“停车”，司机没有听，只是将车速稍微慢了一下，警卫秘书就打开车门跳下车。汽车里有人向他开了枪。张宏、姜作寿等看到这些，坐车追上去。

林彪的红旗牌轿车时速开到100公里左右，张宏他们乘坐的吉普车根本追不上，等追到山海关机场的时候，林彪已经上了飞机，由于紧张和慌乱，林彪的帽子和叶群的围巾都掉在地上。飞机还未加完油就起飞了，专机的两个驾驶员，只上去一个，领航员、通讯报务员都没有来得及登上飞机。

张宏他们在机场上把林立果找对象选来的几个“美女”拘留了。这些“美女”当时都领了枪，她们拿着枪不让我们警卫战士进屋。张宏对他们说：“你们这是干什么!我们是保卫林副主席的，你们怎么这个样子!”警卫战士一进去就把她们的枪缴了。

13日零点32分左右，我接到张宏从山海关机场打来的电话，说林彪等强行登上飞机，已经起飞了。

与此同时，林立衡也打电话对我说：“听到飞机响了，好像是上天了。”

我对她说：“你报告得迟了一点。”

她对我说：“刚听到飞机声。”

我对她说：“我现在没有时间接你的电话。”就把电话挂了。

我立即打电话给周总理，说：“毛主席还不知道这件事，您从人民大会堂到毛主席那里，我从中南海南楼到毛主席那里，我们在主席那里碰头。”我叫张耀祠同我一起去，我说：“你要去主席那里守电话。”我们和周总理几乎是同时到了毛主席那里。

我们正向毛主席汇报时，吴法宪从西郊机场打电话找我，说林彪的专机已经起飞30多分钟了，飞机在向北飞行，即将从张家口一带飞出河北，进入内蒙古。吴法宪请示，要不要派歼击机拦截？我说："我立即去请示毛主席，你不要离开。"

当时，毛主席的房子里没有电话，电话在办公室里，离我们向毛主席作汇报的房间还有几十米远。我马上跑步回去，报告毛主席和周总理。毛主席说："林彪还是我们党中央的副主席呀。天要下雨，娘要嫁人，不要阻拦，让他飞吧。"周总理同意毛主席的意见，让我马上去传达给吴法宪，我又跑回值班室，只告诉了吴法宪一句话，就是不要派飞机阻拦，没有告诉他其他内容。

这时是9月13日凌晨1点12分。林彪专机从起飞时算起，已经飞了40分钟，快要飞出国境了。把这架专机放过去，这是毛主席、周总理的意见。这个意见是对的。要是把这架专机拦截下来，那可不得了!会在全国造成不好影响。林彪是党的副主席，我们当时并不知道他要飞到哪里去，做什么事，拦截专机，我们怎么向全国人民交代!后来才知道，当时的实际情况是林彪、叶群经过长期策划，认为只要毛主席健在，无论是威望，还是文的、武的方面，他林彪都不是对手。所以林彪想出三个计策，即：上策是谋害毛主席，夺取党和国家最高领导权；中策是南逃广州，另立中央政府；下策是北飞叛逃国外。

9月13日凌晨3点多，我们还没有离开毛主席住地，空军司令部又打来了电话，说调度室报告，北京沙河机场有一架直升机飞走了，机号是3685，机上有周宇驰、于新野、李伟信和正副驾驶员共5人，直升机向北飞行。我马上将这个情况报告毛主席和周总理，毛主席和周总理异口同声地说："下命令，要空军派飞机拦截。"空军的歼击机升空以后，由于天空很黑，直升机又没有开航行灯，歼击机没有找到目标。

驾驶直升机的飞行员是陈修文。这个同志很好，后来被追认为烈士，他当时装着很焦急的样子，喊叫说没有油了，要降落下去加油。其实油是够的。周宇驰说不能降落，降落下去，大家就都别想活了。周宇驰还谎称，林副主席已经坐三叉戟专机在乌兰巴托降落了，你们不要害怕，出了国境就行。

陈修文听周宇驰这样一讲，便操纵飞机摇晃了一下，然后利用飞机晃动的机会改变了航向。这时，天已经发亮，陈修文看到头顶上的歼击机了。周宇驰他们也看到了，很紧张，陈修文这时开始往回飞，并将罗盘破坏了。周宇驰发现后，问陈修文为什么改变飞机的航向？陈修文说，头上有歼击机，如果不机动飞行的话，可能要被打下来。周宇驰又问陈修文，罗盘怎么不对？陈修文说罗盘早就出了故障。这样一来，周宇驰只能感觉航向有变化，而不知道飞机往哪里飞。陈修文知道方向，他驾驶飞机经张家口、宣化等地又飞回北京。直升机在怀柔沙峪的一个空地上空盘旋了5圈后，开始降落。当直升机降落在离地还有20米时，周宇驰开了两枪，把陈修文打死了。陈修文旁边的副驾驶员陈士印，将陈修文身上流出来的血抹在自己的脸上，躺在飞机上装死，否则他也被害了。

周宇驰、于新野、李伟信从直升机上爬下来后，就往山上跑，一直跑到累得跑不动时才停下来。周宇驰说：“这样不行，早晚都是死，跑是跑不了的，咱们今天就死在这里吧。”他还说：“有两种死法，第一种是如果你们怕死，我就先把你们打死，然后我再自杀；第二种是如果你们不怕死，那就自己死。”说完这些话，周宇驰就把带在他身上的林彪的手令和林彪给黄永胜的亲笔信撕了。这两个被撕的罪证，后来都找到了。

于新野说：“我们还是自己死，不用你打，你喊‘一、二、三’我们同时开枪。”当周宇驰喊过“一、二、三”后就听“砰!砰!砰!”三声枪响，可是倒下的只有两具尸体。李伟信怕死，他把枪弹射向了天空。看到周宇驰和于新野两个人都躺在地上死了，李信伟爬起来就跑。这时，民兵已经赶到，就地把李伟信抓起来了。当时，李伟信还喊：我要找卫戍司令。

9月14日上午8时30分，蒙古人民共和国外交部打电话通知中国驻蒙古大使馆，说副外长额尔敦比列格约见中国驻蒙古大使，要通报一架中国喷气式飞机在蒙古失事的情况。中午12时20分，中国驻蒙古大使将飞机失事的情况报告中国外交部。外交部在代外长姬鹏飞主持下召开了党组会，并将这个情况很快报告给党中央。当时，我们都在人民大会堂东大厅开会，是中央办公厅副主任王良恩接到的报告。

周总理看到报告后，在会场上对我说：“得到了一个重要消息，你是不是马上去报告毛主席。”

我说：“我马上就回去报告毛主席。”随后，我就把这个消息报告了毛主席。

毛主席想了一下，问我：“这个消息可靠不可靠？为什么一定要在空地坠下来？是不是没有油了？还是把飞机看错了？”

我说：“飞机到底是什么情况，现在不清楚，大使准备去实地勘察。目前还不知道飞机是什么原因坠落下来的。”

毛主席又问我：“飞机上有没有活着的人？”

我说：“这些情况都不清楚，还要待报。”

这个消息虽然很不具体，但它却使毛主席、周总理和参加会议的中央政治局大多数同志心里的石头落了地。

我国驻蒙古大使后来到飞机失事的现场去了解了情况，飞机坠毁在蒙古温都尔汗附近肯特省贝尔赫矿区南10公里处，是中国民航256号三叉戟飞机，机上8男1女，全部死亡。关于飞机坠毁的情况和外交部交涉的情况，大使和经办的外交官已都有文章发表，是可靠的。

不久，我们把降落在怀柔的直升机上缴获的林彪的一些文件，如林彪的手令、给黄永胜的信等调出来看时，在场的黄永胜、吴法宪、李作鹏、邱会作等都惊呆了。

林彪叛逃后，就如何处理同林彪有密切关系的黄永胜、吴法宪、李作鹏、邱会作等人的问题，毛主席对周恩来说：“看他们十天，叫他们坦白交代，争取从宽处理。老同志，允许犯错误，允许改正错误，交代好了就行。”

但是，黄永胜这些人，在十天中既不揭发林彪的罪行，又不交代自己的问题，什么都不坦白。十天后，毛主席把我找到他的住处说：“黄永胜他们怎么处理了？你去问一问总理。”

于是，我马上赶到人民大会堂新疆厅向周总理汇报，说毛主席催问对黄永胜等人的处理情况。

周总理让我等一下，待他接见完外宾后，同他一起乘车去见毛主席。当我同周总理到达中南海毛主席住所后，周总理向毛主席报告说，他们在拼命烧材料。

毛主席说：“是啊，那是在毁灭证据嘛。这些人在活动，是要顽抗到底了!”

周总理对毛主席说：“我马上办，今天晚上办不成，明天早上一定办成。”

周总理和我从毛主席那里出来后，周总理对我说：“你不能离开中南海，要严加保卫毛主席的安全。我们有事时可以找张耀祠、杨德中，必要时找你。”我当时向周总理建议不要在集体开会时解决，要分开来，一个人、一个人地办。

后来是在人民大会堂福建厅，向黄永胜等人宣布中央对他们实行隔离审查的决定的。当时，怕他们反抗，把福建厅的烟缸、茶杯都端走了。周总理对他们宣布说：“限你们十天坦白交代，争取从宽处理，你们不听。这个事还小呀，还有什么事比这个事更大!你们对党对人民是犯了罪的。现在宣布对你们实行隔离审查。”

一场阴险狠毒的反革命政变就这样被彻底粉碎了。人民们终于将这伙野心家、阴谋家押上了审判台，永远钉在历史的耻辱柱上。

中共中央在1981年所作的《关于建国以来党的若干历史问题的决议》中指出：“1970年至1971年间发生了林彪反革命集团阴谋夺取最高权力，策动反革命武装政变的事件。”“毛泽东、周恩来同志机智地粉碎了这次叛变。”历史的事实确实是这样的。

毛主席在与林彪反革命集团的斗争中，以他异常丰富的斗争经验，成功地识破、挫败了林彪集团在庐山九届二中全会上阴谋夺取最高权力的宗派活动。此后，他采取了一系列措施，逐步削弱了林彪集团的势力。1971年南巡期间，毛主席又以其伟大的政治家、战略家的胆识，成功地挫败了林彪反革命集团策划的暗杀、分裂等一系列阴谋，在与林彪反革命集团策动的反革命武装政变与分裂活动的殊死搏斗中，夺取了全面胜利。中国共产党没有被分裂，中华人民共和国没有被分裂，中国的历史避免了一次大倒退。

“九·一三”后周恩来领导的批判极左思潮的斗争

安建设

“九·一三”后周恩来等领导的批判极左思潮的斗争，自1971年12月批林整风运动开始，到1973年下半年被迫中断，持续近两年之久。它是十年“文革”中党和人民抵制左倾错误，反对林彪、江青反革命集团伟大斗争的不可分割的组成部分。批判极左思潮的斗争的实质是：在可能的条件和范围内，努力纠正“文革”中的错误，阻止和减少它的破坏，逐步恢复党和国家的正常工作，使国民经济在相对稳定的局势下摆脱困境，有所发展，安排好人民的生活。当然，由于多种复杂的因素，这场斗争也不可避免地带有历史的和自身的局限性因而最终遭到挫折。

一

1971年底到1972年上半年，随着批林整风运动的深入，批判极左思潮的斗争全面展开。这一段的斗争，集中表现在落实党的经济政策和干部政策方面。其主要特点是，周恩来自“文革”发动以来所致力于发展生产、保护干部的一贯努力，正逐步转变为党的具体政策，并开始在实际工作中实施、生效。

1970年党的九届二中全会以来，周恩来就多次提出：要全面贯彻

“抓革命、促生产”的方针，努力完成和超额完成国家计划。林彪事件之后，各地各条战线都把加强企业管理，恢复和建立合理的规章制度，理直气壮地抓生产、学业务、钻技术，作为联系实际、批判林彪一伙所散布的谬论的具体步骤，着重批判了空头政治的反动观点。

1971年12月至翌年2月召开的全国计划会议，是联系经济工作实际、批判林彪一伙干扰破坏的一次重要会议。会前，周恩来在听取国家计委汇报时指出：现在我们的企业乱得很，要整顿。首次提出整顿的意见。会后，国务院主持起草了《1972年全国计划会议纪要》，明确规定企业要恢复和健全岗位责任、考勤、技术操作规程、质量检验、设备管理和维修、安全生产、经济核算等七项制度，要抓好产量、品种、质量、原材料燃料动力消耗、劳动生产率、成本、利润等七项指标。这个文件的制定，体现了周恩来长期以来力求恢复和发展生产，坚持又红又专，反对空头政治和无政府主义的强烈愿望。这个会议纪要，虽然后来被张春桥以种种借口加以否定，但其中贯穿着的整顿的指导思想却在实际工作中得到体现，成为落实党的各项经济政策的未成文的“依据”。

1971年底至翌年5月，周恩来进一步从产品质量入手，解决企业无人负责、无章可循的混乱局面。1971年12月26日，他同叶剑英、李先念等一起听取了有关航空工业产品质量问题的汇报，明确提出质量问题是个路线问题，要恢复合理的规章制度，批判无政府主义和极左思潮。之后，周恩来又对飞机和汽车生产质量问题多次批示，一再告诫质量问题须“提起警惕”，要“放在议事日程来解决”[①]。

1972年4、5月间，周恩来连续抓了出口罐头、衬衣、照像机等日用工业品和广交会展品的质量问题，指出：现在“我们出口数量不大，质量却这么差!这怎么向国家交待、向人民交待、向领袖交待？”“为什么台湾能搞，我们搞不了？过去能搞的，现在搞不出来？我对此非常难过。”“我们只能基本自给，哪能说完全自给呢？需要进口的还得进口。”他又说，“产品质量不稳定，就是规章制度执行不好，要遵守好的规章制度、好

① 《周恩来选集》(下卷)，人民出版社1984年版，第463页。

的工艺流程”；“现在是不敢管，无政府主义泛滥，领导机关不敢讲话”。根据他的指示要求，国务院对有关产品的质量问题专门发出通报，召集有关人员进行研究，查找、分析存在问题的原因。通过大力整顿，使一些产品质量得到明显改进。

“文革”中，极左思潮也严重地影响了农村经济的发展，广大农民生产的积极性受到极大挫伤。为此，党的九届二中全会后，根据周恩来的多次讲话精神，国务院曾先后召开北方地区农业会议、全国棉花、油料、糖料生产会议和全国林业会议，决定适当放宽农村经济政策，在保证集体经济“占绝对优势”的前提下，允许农民个人经营少量自留地和家庭副业，允许生产队拥有因地制宜种植的灵活性。国家还通过调高部分农产品的收购价、降低支农产品的出厂价和销售价以及实行粮食征购一定五年等政策，鼓励农民发展生产、改善生活。这是对农村长期搞“一平二调”、“割资本主义尾巴”等“左”的作法的初步纠正。

1971年12月，党中央又作出关于农村人民公社分配问题的指示，重申农村人民公社分配必须兼顾国家、集体和个人三者利益，坚持各尽所能、按劳分配的原则；同时，指示还要求各地不要硬搬照套大寨经验，要全面发展，不能把党的政策允许的多种经营当作资本主义去批判①。这就在许多根本问题上纠正了过去“左”的错误，受到广大农民的欢迎。

在“文革”中，林彪、江青集团煽起的“怀疑一切、打倒一切”的极端作法，使得各级领导干部普遍被打倒、挨批斗，许多老同志遭到非法监禁、隔离。不肃清这一极左思潮在干部问题上的影响，一大批好干部就站不出来，就不能在各条战线上发挥他们的重要作用。

1971年10月，林彪事件刚过不久，周恩来即指示公安部对监狱情况

---

① 在这个指示发布之前，周恩来曾在许多场合讲过：学习大寨经验有三条，一是实事求是，二是自力更生，三是先公后私；目前还是提“先公后私”，不宜提“大公无私”，因为“发展生产的结果要对国家、集体和个人三者都有好处”，如果只讲“公”，不讲“私”，就不符合实际，也不科学；“我们希望每个省、县都有自己的‘大寨’，不要认为非到千里之外才能求得仙方”。此外，周恩来还对“发扬共产主义大协作精神”的口号提出异议，他说：“这样提不好。现在我们是搞社会主义，应当提‘社会主义大协作’，讲共产主义风格还可以，共产主义什么样子我们还都未经过嘛！”

作一次全面检查，并亲自审阅公安部关于检查情况的报告。对在看管人员中存在的宁“左”勿右等错误思想认识，周恩来提出了严肃的批评，要求他们切实改正，从而使一时不能解放仍被监禁的许多老干部受虐待的状况有所改善。同时，在毛泽东的过问下，周恩来想方设法，使相当一批老同志解除了囚禁。根据他多次指示，有关部门还对这些老同志进行了及时治疗和妥善安置。对在“文革”中不幸去世的老同志，周恩来也尽一切努力，以挽回损失。如这一年11月间，他亲自派人在贵州找到薛明，要她将贺龙遭林彪一伙迫害致死的情况及早报告中央，为贺龙平反做好准备。

1972年1月，陈毅逝世。出于对老战友的悼念以及对所谓“二月逆流”表示公开否定，毛泽东亲自参加追悼会，并慰问了陈毅的家属和子女。毛泽东此举无异是在向全国发出信号：广大老干部、包括对“文革”有严重抵触情绪的干部都是好的，都应一律解放、平反。这一信号，也正是周恩来为进一步保护和解放更多老干部所急待看到的。就在这次追悼会上，周恩来曾暗示陈毅的亲属将毛泽东关于邓小平是属于人民内部矛盾的评价传出，以扩大影响，广造舆论。在此之前，周恩来曾利用各种场合让一些在“文革”中遭受打击迫害的老同志公开露面。这一年的1月下旬，他在一次谈话中还严肃批评了某地仍把斗争矛头对准犯错误的老同志的作法是“犯了方向、路线的错误”，强调不能混淆两类不同性质的矛盾。指出，林彪一伙就是要把邓小平搞成敌我矛盾；听说有的地方还在讲“二月逆流”，现叶剑英副主席已主持军委工作，对再讲“二月逆流”的话，要进行批驳。

同年4月，陈正人、曾山两位老同志因医疗条件所限救治不力，十天内相继去世。这一情况，使周恩来认识到党的干部政策在实际工作中仍未完全落实。于是，他一面要求卫生部尽快解决老干部的医疗问题，同时指示人民日报社起草一篇题为《惩前毖后，治病救人》的社论，经他修改后发表。在这篇社论中，重申了毛泽东一贯倡导的“惩前毖后，治病救人”的方针，强调经过长期革命斗争锻炼的老干部是党的宝贵财富，要求排除干扰，正确执行党的干部政策。之后，其他报刊也相继发表文章，对党的干部政策作出专门论述，在党内外产生了广泛影响，对加速解放和使用广大老干部起到了扫除思想障碍的作用。

在周恩来的持续努力下，自1972年以来，有越来越多的老同志站出来，有的重新担任了中央和地方的领导职务，成为不断纠正“左”的错误的重要力量。

同时，周恩来还亲自指导文化、卫生、体育等战线加紧肃清极左思潮的影响。他反复强调：过去，林彪造成了极左思潮、形式主义，只搞那个“突出政治”，不搞业务，不抓训练；现在是要提倡为革命刻苦钻研业务技术，提高质量，勇于攻关。针对文艺界万马齐喑、百花凋零的局面，周恩来尖锐指出，“极左思潮不肃清，破坏艺术质量的提高”[①]，“现在要提倡毛泽东思想指引下的百花齐放”[②]。周恩来的这些指示，有力地推动了各条战线批判极左思潮斗争的开展。

在周恩来领导下，各地各条战线联系实际批判林彪的过程，实际上也是肯定“文革”前的成绩、纠正“文革”中的错误、恢复党和国家正常工作的过程。这不能不引起与“文革”命运攸关的江青集团的极端仇恨。1972年初，张春桥对《全国计划会议纪要》百般刁难，阻挠下发。党内坚持与否定“左”的错误的斗争也必然更加激烈。

二

1972年下半年是周恩来领导的批判极左思潮斗争深入发展的时期，也是党和人民同江青集团斗争异常激烈的时期。此前，周恩来领导的批判极左思潮的斗争虽然取得了一定成绩，但党内外广大干部群众的思想认识的顾虑和障碍不可能在短期内得到解决。这是因为：在纠正“文革”种种错误的东西和肯定并恢复许多合理、正确的东西的同时，又要求人们从指导思想上去维护“文革”的正确，继续批判所谓“反革命修正主

① 《周恩来选集》(下卷)，人民出版社1984年版，第471—472页。

② 《建设社会主义的光辉思想——学习〈周恩来选集〉下卷论文集》，中央党校出版社1985年版，第237页。

义路线”，这就必然造成混乱，使得实际工作中出现许多自相矛盾的情况，最终使人们无所适从。

例如，在联系实际批判林彪的过程中，许多部门提出要排除来自“左”的和右的两方面的干扰，既要反对“生产第一”、“业务挂帅”，又要批判空头政治和技术无用；既要反对“修正主义的管、卡、压”，又要批判“撒手不管”的无政府主义，强调要反对把革命和生产、政治与业务相对立的错误倾向[①]。这些认识，在林彪事件后的特定历史条件下，虽然可以说是一种“进步”，但在极左思潮仍然存在、其恶劣影响亟待肃清的情况下，就不能不说是未抓住问题的实质和要害，因而使反倾向斗争失去重点。这在一定程度上反映出当时人们思想认识上的一种局限性。在这种情况下，周恩来提出了要进一步批判极左思潮的意见。

1972年8月1日、2日，周恩来连续两天在人民大会堂向回国述职大使和外事单位负责人发表长篇讲话，系统阐述对国际形势、内外政策、批林整风、政治与业务关系等重大问题的看法，讲话贯穿了“要批透极左思潮”这一鲜明主题。他说：“极左思潮是有世界性的。中国也有极左思潮，在我们的鼻子下面也有嘛，外交部也有，驻外使领馆也有。”“实际上各单位的极左思潮都是林彪放纵起来的”，“就是空洞、极端，形式主义空喊无产阶级政治挂帅，很抽象，这是违反毛泽东思想的”。“关于这个问题，如果我们不好好做工作，还要犯错误。极左思潮不批透，右倾又会起来”。“如果在驻外使领馆现在还有搞极左，就把他们调回来学习，不要妨碍我们的对外工作。”他明确指出：“运动就是要落实在政策和业务上。无产阶级的政治挂帅挂在什么地方呢？就是要挂在业务上。……如果真正考察一个干部，说这个干部运动好，但业务不好，说明还没有落实。”“各部门应该把老干部解放出来”。

以上周恩来关于内政外交的重要讲话，十分清楚地表明他力主深入批判极左思潮(即周恩来多次使用“批透”一语)的意图。他启发人们的思想认识，反复强调极左仍是当前各项工作的首要危险，引导各条战线

① 参见1972年1月3日《人民日报》。

批判极左思潮的斗争向纵深发展，而不是像前一阶段那样，一些单位反倾向斗争没有突出批“左”重点，仅停留在一般水平上。

在推动各条战线深入批判极左思潮的同时，周恩来还不畏险阻，亲自从“文革”的重灾区教育、科技界入手，具体帮助广大干部和知识分子排除干扰，解决思想认识，尽快恢复教育科技界的正常工作。

1972年7月14日，根据美籍科学家杨振宁的建议[①]，周恩来当面叮嘱北京大学副校长周培源要认真清理教育科研工作中的极左思潮，提高基础理论水平，把综合大学的理科办好，并强调：“有什么障碍要拔除，有什么钉子要拔掉。”[②]

7月20日，周培源致信周恩来，提到在北大传达了总理讲话后，广大教师都心情激动，深感党中央的亲切关怀。同时，信中也反映了多数教师的思想顾虑，主要是觉得“搞科研工作反复性很大，一会儿这样，一会儿那样”，“来一次运动首先受到冲击的是基础理论研究”，造成“老中教师普遍的思想情况是不愿搞也怕搞基本理论研究”，“怕挨‘理论脱离实际’的批评”[③]。该信真实地反映出当时广大知识分子欲罢不忍、欲教不成的心情。这些也正是周恩来所指出的“障碍”所在。

7月23日，周恩来在就周培源的来信写给国务院科教组和中科院负责人的批语中提出，要以该信“作依据”，将此问题“在科教组和科学院好好议一下，并要认真实施，不要如浮云一样，过了就忘了。”[④]

9月5日，周恩来在接见巴基斯坦总统科学顾问萨拉姆时，再次强调开展自然科学理论研究的重要性，指出：现在在理论方面我们作得很差，不仅在原子能方面，就是一般科学也是如此，一句话，许多经验，没有理论，忽视理论，这是我最不满意的。9月11日，他又写信给张文裕和

---

① 同年7月2日，周恩来在会见杨振宁时谈到，杨先生说我们的理论太贫乏了，而且我们也不跟人家交流，恐怕这话有道理，你看到我们的毛病了；你有好的意见我们应该听取，不要还是自高自大，听不进去你提的意见，要是听了当耳边风就很危险，我生怕我们老一代的科学工作者这样。

② 1977年1月13日《人民日报》。

③ 《周恩来教育文选》，教育科学出版社1984年版，第253页。

④ 《周恩来教育文选》，教育科学出版社1984年版，第236页。

朱光亚，对二机部某所18位科学工作者来信中提到的发展高能物理研究的建议[①]表示“很高兴”，并提醒“这件事不能再延迟了”，“科学院必须把基础科学和理论抓起来，同时又要把理论研究与科学实验结合起来。”[②]之后，周恩来即对北大、清华草拟的关于在教学和科研中加强基础理论的初步意见作出修改、讨论、上报的批示，督促尽快加以落实。在抓紧基础理论研究工作的同时，周恩来还提出了中学毕业生直接上大学的意见。

10月6日，根据周恩来一系列指示精神，周培源在《光明日报》上发表题为《对综合大学理科教育革命的一些看法》一文，提出“工和理、应用和理论都必须受到重视，不能偏废”；“要批判‘理论无用’的错误思想”，“充分认识到科学实验和自然科学理论的重大意义”；“在学校中，基础课的教学工作一定要做好，综合大学理科要对基本理论的研究给予足够的重视。”这篇冲破江青集团设置的重重阻力的文章的发表，使得在“两个估计”禁锢下倍受压抑的广大知识分子受到极大鼓舞和启发。

周培源的文章发表后，张春桥、姚文元等公然宣称：“不管周培源来头多大”，都要追查、反击；“那些口口声声说要重视基础理论的人，其实最不懂得马克思主义”。他们在北大的一个亲信直言不讳地供认：“他们要拔掉钉子，就是拔掉我们。”随后，张、姚等还指使《文汇报》连续发表文章，对周培源的文章进行围攻，把矛头指向周恩来。

同时，《人民日报》社根据周恩来关于极左思潮要批透的讲话精神，组织了一版批判无政府主义的文章，于10月14日发表[③]。这些文章的

① 8月18日，二机部401所一部张文裕等18人致信周恩来，表示“越来越对我国高能物理工作的落后和缺乏领导的现状感到不安”，该所“大部分同志没事干，人心动荡不安”，“这样下去，对我国高能物理的发展将极为不利”。信中建议应尽快成立高能物理研究所。1973年1月，周恩来指示同意成立中科院高能物理所。

② 《周恩来书信选集》，中央文献出版社1988年版，第617页。

③ 即龙岩的《无政府主义是假马克思主义骗子的反革命工具——学习笔记》，纪众言的《坚持无产阶级铁的纪律——读〈共产主义运动中的“左”派幼稚病〉的一点体会》和李定的《一个阴谋家的丑史——读〈巴枯宁〉》。

矛头所指十分清楚，对准了极左思潮的最突出表现——无政府主义，这是自林彪事件以来在党报上首次集中批判极左思潮。姚文元看了这些文章后即提出：“当前要警惕的是右倾思潮抬头”，“不能说什么都是无政府主义，不要批到群众头上，不要混淆两类矛盾”[①]。江青更是露骨地说：这版的文章“就是要在全国转移斗争大方向。”江青一伙还一再查问文章的“背景”。在张春桥、姚文元的授意下，这一年11月间，《文汇报》内部刊物《文汇情况》连续两期登载批驳文章，江青集团借机在《人民日报》社大搞所谓“反右倾回潮”运动，由此逐步控制了原由周恩来掌握的《人民日报》。这样，在坚持批极左与反对批极左问题上，以周恩来为代表的党内健康力量同江青集团之间的对立开始变得明朗化、公开化。

同年11月底，双方的斗争终于发展到彼此“摊牌”的程度。11月28日，中联部、外交部在关于召开外事会议写给周恩来的请示报告中提出：鉴于林彪反党集团煽动的极左思潮在外事部门还没有得到彻底的批评和肃清，拟召开一次全国外事工作会议。任务是联系外事工作实际，彻底批判林彪反党集团煽动的极左思潮和无政府主义，以便更好地贯彻执行毛主席的革命外交路线。11月30日，周恩来即对报告作出“拟同意”的批示。然而，次日张春桥却在送“总理再阅”的批语中明确表示反对批极左。他一方面诡称“不了解外事工作的全面情况”，另一方面又提出，“当前的主要问题是否仍然是极左思潮？批林是否就是批极左和无政府主义？我正在考虑”。12月2日，江青在对报告的批语中更进一步提出，应批林彪卖国贼的“极右”，“同时也应着重讲一下无产阶级文化大革命的胜利”。江青一伙故意避开问题的要害，即林彪集团正是“文革”的产物，是“文革”中煽动极左思潮的罪魁祸首。他们侈谈什么“文革”的“胜利”，也是要把“文革”与林彪一伙分开，以免深入批林会牵连他们这另一伙“极左派”，进而导致否定“文革”，于是演出了这场掩耳盗铃、以进为退的把戏。

① 1972年11月14日姚文元对《人民日报》负责人的谈话。

由于张春桥、江青的反对，12月3日中央政治局就此事进行讨论。根据政治局讨论意见，外交部重新修改起草《关于召开外事工作会议的请示报告》，其中删去了原报告写的批判“极左思潮和无政府主义”等语。但仍强调“主要学习毛主席最近一两年来关于对外工作的批示”、“总理今年8月1、2日接见驻外使节的谈话(纪要)”。12月4日，周恩来批示同意外交部的修改报告。

周恩来与张春桥、江青对外事会议报告所作出的观点针锋相对的批示，表明党内健康力量同江青集团的斗争已达到白热化程度，成为1972年前后这场斗争的最高潮。

三

当斗争处于胶着状态之际，人民日报社出于对江青集团大反“右倾回潮”、把矛头对准周恩来等一系列作法的不满，于12月5日写信给毛泽东，表示“很同意”周恩来关于人民日报社等单位要批透极左思潮的意见，认为批极左不仅适合机关内部的实际情况，在舆论宣传方面也同样适用。信中还反映了张春桥、姚文元反对批极左的情况。这封信在客观上促使毛泽东出面，对激烈交锋的两种不同意见进行最后裁决。

作为在指导思想上仍坚持“文革”错误的毛泽东，此时是不可能赞同周恩来的意见的。12月17日他在对张春桥、姚文元的谈话中明确表示反对批极左思潮，认为来信中的观点不对，当前应当批林彪的修正主义、分裂、阴谋诡计、叛党叛国的“极右”[①]。在这里，毛泽东同样回避了林彪集团产生的原因和条件，而仅是用其覆灭前的某些集中表现及其覆灭的最终结果，去抽象地概括这个集团一贯行为的特点和内容，因而不能抓住问题的要害。当然，这也是毛泽东不愿从根本上推翻自己“左”的理论和实践，担心批极左将导致否定“文革”所得出的必然结论。

---

① 《中共党史大事年表》(修订本)，人民出版社1987年版，第383页。

毛泽东的结论，成为自“九·一三”之后周恩来领导的批判极左思潮、纠正“文革”中错误的一个转折点。早就对周恩来心怀不满的江青一伙，这时更是有恃无恐，公开向周恩来发难。此后，批判极左思潮的提法便从各种宣传中消失了，取而代之的是批判林彪的“反革命的修正主义路线”、“极右实质”等词。1973年“两报一刊”元旦社论更明确提出，要严格区分两类不同性质的矛盾，始终把批判的矛头对准林彪一伙，“牢牢掌握这个斗争的大方向”①。就是说，在运动中，只能批判林彪，不许涉及其他。这样，就等于给江青集团在批林中免被揭露上了“保险”，为其实现后来进一步反扑开了“绿灯”。

尽管斗争的形势发生了根本性变化，但却没有改变周恩来继续批判极左思潮的决心。1973年，在周恩来的领导下，批判极左思潮的斗争采取含蓄、迂回的方式(即不公开使用“批极左”一词)，仍在继续进行。

1973年2月，周恩来在听取国家计委汇报时，历数无政府主义在企业中的种种表现，再度尖锐地批判了“文革”中给国民经济带来破坏性后果的极左思潮，指出：“林彪一伙破坏经济所造成的恶果这两年表现出来了”，国民经济“现在根本没有比例”，在计划工作上也“没有‘王法’了”，“一定要批透，把破坏性后果消除掉”。他同时还强调，要把“整顿的方针”写清楚，要实行按劳分配和必要的奖励制度②。

根据周恩来的指示，在同年年初召开的计划会议上，讨论了国家计委起草的《关于坚持统一计划，加强经济管理的规定》。这个文件同1972年计划会议纪要相似，仍以纠正生产管理中存在的极左思潮和反对无政府主义倾向作为指导思想，提出了加强统一计划和整顿企业管理的十条规定，其中特别强调要反对各行其是、严格各项规章制度、加强劳动纪律、遵守党纪国法、坚持按劳分配原则等等，并重申了政治挂帅要挂到业务上的观点。这一文件表明了周恩来坚持在经济工作中继续纠正“文革”错误、努力消除其破坏性后果的果敢精神。全国二十八个省市

---

① 1973年第3期《红旗》杂志发表的甘文《抓住实质才能深入批修》一文写道：“如果只看到表面现象(即林彪的极左)，那就不但打不中要害，分不清是非界限，而且会偏离斗争大方向。”

② 《周恩来选集》(下卷)，人民出版社1984年版，第464—465页。

均对文件表示赞成，唯独上海市反对。张春桥宣称：这是“拿多数压我们，我坚决反对，我们是光荣的孤立”，并强令把文件收回①。张春桥的蛮横态度，表现出在周恩来批极左的正确意见遭否定后，江青集团得志猖狂的嚣张气焰。

同时，在全国外事工作会议上，外事干部学习了毛泽东几年来有关对外宣传的一系列指示(主要是批评“以我为核心”、“强加于人”等极端作法)，排除江青一伙的干扰，批判了极左思潮和无政府主义及其给对外工作造成的恶劣影响和破坏。这在实际上支持和贯彻了周恩来批准同意的批判极左思潮的主张，否定了江青、张春桥一伙的谬论。

3月4日，周恩来在召集一些外事单位负责人的谈话中，针对不少单位在对待外国专家方面仍存在的排外主义、民族歧视等错误倾向提出批评，指出“林彪、陈伯达、王、关、戚干扰破坏正确方针政策落实，引起专家对我不满、隔阂，不能与中国人交朋友”，“一定要批判这些错误，自我批判后，我们就主动”；“要向外国专家公开承认错误，不要怕这样做又要犯右的错误”。3月8日，周恩来在邀请外国专家及其家属参加的国际劳动妇女节纪念会上，严厉批判了林彪、陈伯达、王力一伙给予外事工作的干扰破坏，对遭错误批判和被迫离开我国的外国专家表示歉意，并当场率先作出自我批评，他说：“这个责任我们要负，我作为政府的负责人，我应该负更多的责任。”他还代表我党和政府宣布：欢迎现在外的专家重回中国工作，以弥补当时未照顾好他们的过失。

在解放干部和平反冤假错案方面，周恩来同样进行着不懈的努力。1972年12月18日，周恩来就明确提出：谭震林“是好同志，应该让他回来”；对当时“大闹怀仁堂”一事解释为“是林彪故意造成打倒一批老同志的局势所激成的”，意在说明事实真相，以保护谭②。此外，周恩来还

---

① 《中共党史大事年表》(修订本)，人民出版社1987年版，第384页。

② 《周恩来书信选集》，中央文献出版社1988年版，第620页；同日，周恩来又向毛泽东提出让王稼祥“做外事调研工作”的意见，获准。1973年党的十大前后，周恩来先后指示解除对廖志高、曾希圣、叶飞、蒋南翔等人的监护，并设法让董必武、朱德、陈云、邓小平、李富春、徐向前、聂荣臻、乌兰夫、谭震林、李井泉等一批老同志多在一些公开场合露面。

再次提出要改善监狱待遇，废除“法西斯式的审查方式”[①]。对已经解放的老干部，他则提出应让他们参加领导班子，以调动他们的积极性，发挥他们应有的作用。1973年3月10日，周恩来致信毛泽东，建议抓紧解放干部和平反冤假错案的工作，并具体提出先易后难的方案，送政治局讨论。待中组部提出了一个三百多人的名单后，他又亲自主持政治局会议逐一研究、通过。同时，根据毛泽东指示[②]，党中央决定恢复邓小平党的组织生活和国务院副总理职务，成为周恩来领导的这场斗争中的一个重要事件，对后来党和人民的斗争产生了意义深远的影响。

四

自1971年底以来，周恩来领导的这场持续纠正“左”的错误的斗争，符合全党和广大人民群众的心愿，得到了绝大多数人的支持、拥护，但同时也遭到江青集团的愈来愈凶猛的反扑。1973年下半年起，江青一伙又从教育界开刀，连续制造了张铁生白卷、批《园丁之歌》、批“师道尊严”、突袭考教授、马振扶公社中学等事件，在全国掀起一股股所谓批修正主义“回潮”、“复辟”的恶浪，其矛头无一不是对准周恩来及其代表的党内健康力量。对此，周恩来等虽然坚持斗争[③]，但毕竟已力不从心，致使这场批判极左思潮的斗争不得不因连连受阻而开始进入尾声。

这一年8月间在党的十大上势力得到加强的江青集团，向周恩来等进行反扑的一个最有代表性的事件，就是迟群一伙在清华大学搞的所

---

① 此语为毛泽东原话，周恩来在关于改善监狱待遇问题的一封信中加以引用，见《周恩来选集》(下卷)，人民出版社1984年版，第457页。

② 3月9日，周恩来致信毛泽东：“关于恢复邓小平同志的国务院副总理职务问题，政治局几次讨论过，并在主席处开会时报告过”，“政治局认为需要中央作出一个决定，一直发到县团级党委。”毛泽东同日在信上批：“同意”。

③ 1973年8月，在一次中央政治局会议上，主持会议的周恩来否定了江青提出的把“儒法斗争”写入党的十大政治报告的要求。9月，江青因一迎宾专场演出会上演奏了一支“文革”前的歌曲(此曲为周恩来提名演奏的)而大发雷霆，批示责难“这是为林彪一伙翻案的行为”；之后，又批示，“建议今后少接待或不接待资本主义国家的文艺团体，其后果是严重的”。对此，周恩来均据理予以驳斥。

谓“三个月运动”。迟群连续发表讲话，把广大教职员工对“文革”的不满和对“教育革命”、“两个估计”的抵制，统统说成是在教育界“出现了一股翻案风”，是“搞反攻倒算”；提出知识分子队伍中“暴露了一小撮右派”，要“毫不留情地揭露批判”、进行“反击”等等[①]。从10月至12月间，清华园内出现了上揪“资产阶级复辟势力代表人物”、下扫“复辟势力的社会基础”的“反回潮”运动。运动中，迟群一伙挥舞“裴多菲俱乐部”、“自由论坛”、“反对工人阶级领导”、“反对教育革命”、“反对‘七•二一’指示”的棍棒，对广大知识分子进行打击迫害。同时，派人进驻学校教研组和一些“重点单位”，大搞所谓“揭盖子”、“夺权”和“占领阵地”。这场运动，严重地影响到北京和外省市的许多院校，使周恩来呕心沥血恢复教育系统正常工作的努力遭到破坏。

在此基础上，经毛泽东批准，江青一伙于1974年初发起全国性的批林批孔运动，对周恩来进行极其露骨的诬蔑、中伤，周恩来陷于更加困难的境地，终使他领导的持续近两年之久的批判极左思潮的斗争被迫中断。

“九•一三”后周恩来领导的批判极左思潮的斗争，虽然最终遭到挫折，但作为党和人民在“文革”中所进行的长期战斗的一个重要组成部分[②]，对于当时以及后来的政治、经济形势，都产生了深刻的影响。1975年，以邓小平为代表的党内健康力量，在这一斗争的基础上，同“左”倾错误和“四人帮”一伙展开了一场更大规模的战斗。

---

① 迟群的这些讲话，经他本人修改后，分别以《巩固和发展无产阶级文化大革命的成果》和《再论巩固和发展无产阶级文化大革命的成果》为题，在《教育革命通讯》上发表，见1973年第12期《教育革命通讯》和同年第78期《清华战报》。

② 《关于建国以来党的若干历史问题的决议》指出：“1972年，在批判林彪的过程中，周恩来同志正确地提出要批判极左思潮的意见，这是1967年2月前后许多中央领导同志要求纠正‘文化大革命’错误这一正确主张的继续。”

十大评述

谭宗级

1971年9月，林彪反革命集团被粉碎以后，周恩来在毛泽东支持下，主持中央日常工作。他受命于危难之际，以超人的毅力和卓越的领导才能，在力所能及的范围内对“文化大革命”的“左”倾错误作了纠正：平反一些冤案，落实党的干部政策和知识分子政策；重申党的各项行之有效的经济政策，加紧整顿国民经济，强调要把工农业生产搞上去；在批林整风运动中力主批判极左思潮。同时，在外交工作方面也打开了新的局面，取得了显著成绩。这些正确的政策和措施，反映和代表了人民群众的愿望。广大干部和群众从“文化大革命”的实践中也汲取了一定的经验教训，对林彪、江青一伙煽起的极左思潮和无政府主义深恶痛绝，对“打倒一切，全面内战”强烈不满，人心思治，渴望安定，他们积极工作，努力生产。因此，在周恩来主持中央日常工作的1972年、1973年间，全国工农业生产逐步回升，各方面的工作曾一度好转，社会秩序和生产状况都向好的方面发展。在全国各方面工作有所好转的形势下，中共中央决定召开第十次全国代表大会。

为了筹备召开十大，1973年5月20日至31日，在北京举行中央工作会议，确定了关于十大代表的产生办法以及修改党章的原则和方法。按照五月中央工作会议的部署，各省、市、自治区党委，各大军区党委和中央直属单位的党组织，都成立了党章修改小组，征求了党内外群众的意见，向中央报送了41份党章修改稿。与此同时，这些党委召开扩大会议，协商选出十大代表1249名，报送中央批准。由张春桥、姚文元、王洪文负责起草的《在中国共产党第十次全国代表大会上的报告(草稿)》、《关于修改党章的报告(草稿)》、《中国共产党章程修改草案》都已完成，经过中央政治局7月会议讨论修改，然后于7月上旬报请毛泽东审阅，得到“原则同意”的批示。8月12日至19日，十大代表按所在地区、单位分成34个组就地分别举行预备会议。在预备会议上，大多数代表根据毛泽东的指示，除在文字措词方面提出一些修改意见外，表示同意中央认可的以坚持“文化大革命”的“左”倾错误为基调的三份十大文件草稿。8月20日，中央政治局通过决议，批准中央专案组《关于林彪反党集团反革命罪行的审查报告》，永远开除林彪、陈伯达、叶群、黄永胜、吴法宪、李作鹏、邱会作、李雪峰等8人的党籍。当天晚上至8月23日，由王洪文任主任的十大选举准备委员会开会，通过十大主席团名单草案、第十届中央委员会候选人名单草案。至此，筹备召开十大的文件准备和组织工作的准备都已完成。

中国共产党第十次全国代表大会，于1973年8月24日至28日在北京举行。出席大会的代表1249人，代表全国2800万党员。大会的议程共有三项：周恩来代表中国共产党中央委员会作政治报告；王洪文代表中国共产党中央委员会作关于修改党章的报告，并向大会提出《中国共产党章程草案》；选举中国共产党第十届中央委员会。毛泽东主持了这次大会。

8月24日，大会举行第一次全体会议。大会选举了由148名代表组成的主席团。大会通过毛泽东为主席团主席，周恩来、王洪文、康生、叶剑英、李德生为主席团副主席，张春桥为主席团秘书长。由毛泽东宣布请周恩来同志作报告。周恩来随即向大会宣读报告。报告分为三个部分：关于九大路线；关于粉碎林彪反党集团的胜利；关于形势和任务。报告仍然肯定九大路线、党在整个社会主义历史阶段的基本路线和政策，强调整个社会主义阶段中始终存在着阶级、阶级矛盾和阶级斗争，强调党内两条路线斗争将长期存在，还会出现十次、二十次、三十次。实践证明，根据毛泽东坚持“文化大革命”的“左”的错误方针作出的这些论断，都是完全错误的。

但报告中批判林彪反革命集团的内容也有正确的东西。它深刻指出林彪及其一小撮死党是一个“语录不离手，万岁不离口，当面说好话，背后下毒手”的反革命阴谋集团，这实际上也就是指出了林彪是以极左的面目出现的进行反革命活动的两面派。报告指出，粉碎林彪反党集团的胜利，是对国内外阶级敌人的沉重打击。“九·一三”事件以后，全党、全军、全国各族亿万人民进行了认真讨论，对资产阶级野心家、阴谋家、两面派、叛徒、卖国贼林彪及其死党，表示了极大的无产阶级义愤。

报告还分析了国际形势的特点和发展趋势，并阐述了我国正确的对外政策。报告指出，我们仍然处在帝国主义和无产阶级革命的时代。当前国际形势的特点，是天下大乱。第三世界的觉醒和壮大是当代国际关系中的一件大事。它在反对超级大国霸权主义和强权政治的斗争中加强了团结，在国际事务中起着越来越大的作用。报告强调第三世界同欧洲、北美、大洋洲人民的正义斗争，互相支持，互相鼓舞。国家要独立，民族要解放，人民要革命，已成为不可抗拒的历史潮流。在报告中，当周恩来讲到“时代没有变，列宁主义的基本原则没有过时，仍然是我们今天指导思想的理论基础”时，毛泽东插话说：“哎，不错。”这是因为毛泽东从林彪事件中记取了教训，他认为马克思主义、列宁主义、毛泽东思想这三个里程碑的提法不妥，不同意林彪把毛泽东思想说成是“在帝国主义走向全面崩溃、社会主义走向全世界胜利的时代的马克思列宁主义”，“是马克思主义发展的顶峰”这一不科学的评价。

大会第二项议程是王洪文向大会作关于修改党章的报告，并宣读了党章修改草案的总纲。修改党章的报告仍然继续九大的“左”倾错误，肯定九大的政治路线和组织路线的正确。王洪文说，党章“修改草案和九大党章比较，主要是充实了两条路线斗争经验的内容”，强调“全党同志都要十分注意路线问题，坚持无产阶级专政下的继续革命，加强党的建设，保证党在社会主义历史阶段的基本路线的实现”。这就说明了这个党章总纲基本内容的错误。

8月25日至27日，大会分为34个小组进行讨论。在讨论中，许多代表愤怒地声讨了林彪反革命集团的罪行，表示坚决拥护中央8月20日作出的永远开除林彪、陈伯达等党籍的决议。

8月27日下午和晚上，大会主席团和各代表组开会酝酿、讨论新的中央委员会的候选人名单。28日，大会举行第二次全体会议，通过了中央委员会的政治报告和修改党章的报告，通过了《中国共产党章程》，还选出了195名中央委员和124名候补中央委员，组成了新的中央委员会。

8月30日，中国共产党第十届中央委员会举行第一次全体会议。毛泽东继续当选为中央委员会主席，周恩来、叶剑英、李德生当选为副主席，王洪文、康生也被选为副主席(名列周恩来之后)；朱德、董必武当选为政治局常委，张春桥也名列政治局常委；除此以外，韦国清、刘伯承、许世友、华国锋、纪登奎、吴德、汪东兴、陈永贵、陈锡联、李先念等当选为政治局委员，吴桂贤、苏振华、倪志福、赛福鼎等四人当选为政治局候补委员。而江青、张春桥、姚文元、王洪文则在政治局内结成了以江青为首的“四人帮”反革命集团。

如上所述，十大的筹备和召开是十分仓促和草率的。按照马克思主义党的学说和我们党的选举中央委员会、决定重大问题的权力，它的召开是一项极其严肃的政治任务。因此，需要由党的最高领导机关中央委员会召开全体会议来商讨筹备工作，进行认真准备，精心组织；大会代表应由省、市、自治区党委召开代表大会或代表会议经过充分酝酿、严格审查、民主选举产生。而十大却不是这样，所有代表都是通过所谓“民主协商”，由党委扩大会议选举产生的；在大会召开之前，并未举行九届三中全会，仅在1973年5月召开中央工作会议来研究筹备工作，从5月中央工作会议到8月十大召开，前后不过3个月时间。要在这样短促的时间里完成繁重的各项准备工作，势必草率从事。不仅如此，问题还在于，那时对参与林彪反革命集团阴谋活动的人和事尚未彻底查清，特别是同林彪集团互相勾结、狼狈为奸的康生、江青、张春桥、姚文元一伙仍在台上，他们掌管着全党的组织、宣传大权①，主宰一切，为所欲为；更为严

① 1970年11月6日，设立了在中央政治局领导下的中央组织宣传组，以实施对全党的组织宣传工作的统一管理，由康生任组长，江青、张春桥、姚文元、纪登奎等为组员。

重的是，紧跟林彪、江青一伙的造反派的头子王洪文已被选作“接班人”调到中央，列席中央政治局会议并参加工作，又被任命为中央党章修改小组负责人、十大选举准备委员会主任，而周恩来却只担任副主任；张春桥、姚文元这两个反革命文痞成了十大文件的起草人。由张春桥、姚文元、王洪文一伙来起草文件，修改党章，确定中央领导机构的人选，主持大会秘书处的工作，这样的党代表大会的根本方向的错误也就不问可知。事实上，林彪集团的一些骨干分子在他们的庇护下，得以随机应变，未下贼船又上帮车；许多造反起家的人，帮派思想严重的人，打砸抢分子，在“提拔新生力量”的名义掩护下纷纷乘机混入各级领导班子和要害部门，掌握实权。在十大期间，江青、张春桥、姚文元、王洪文一伙利用职权，滥施淫威，扼杀民主，使代表们不可能敞开思想，发表意见，行使自己的民主权利。例如，云南组在讨论十大候补中央委员候选人名单时，有的代表不同意朱克家做候选人，张春桥便大肆吹嘘朱克家是上海到云南插队落户、支援边疆建设的知识青年“优秀代表”，强行通过，终于使这个造反派头头当上了十届候补中央委员。十大一反常规，既不设立代表资格审查委员会，也不对代表逐个进行严格的政治审查，完全听凭张春桥、王洪文摆布。在他们操纵把持下，公然践踏党章，把河北省一个还未入党的造反派头头封为十大代表，其理由是这个人“在组织上虽未入党，但在思想上和行动上却早已入党”。非党员竟然可以当党的全国代表大会代表，这岂非咄咄怪事！一个出席十大的老干部，在参加四川组讨论时，对“文化大革命”中“戴高帽”、揪斗“走资派”等许多错误做法提出批评，张春桥等便认为这是否定“文化大革命”的异端邪说，立即整成“情况反映”印发，责令这个代表“正确对待文化大革命”，否则“还会犯错误”。在预备会上，海军组、江苏组有些代表认为，在军队中不能开展“大鸣、大放、大字报、大辩论”，不同意把经常运用“四大”武器写入党章，主张党章应当强调严格保守党和国家的机密；青海组的代表建议在党章中把在“文化大革命”中产生的造反组织“红卫兵”、“红小兵”删去；第四机械工业部的代表认为，“实际生活中没有死不改悔的走资派”，建议在党章中把第四条所作的这一规定删去。王洪文、张春桥对这些正确意见十分恼怒，便以中央党章修改小组的名义印发“通报”，指斥这是“几个值得注意的意见”，对代表们施加压力，压制不同意见，箝制言论，践踏民主竟至于此!

在这种气氛下召开十大，不可避免地只能是延续九大的“左”倾错误。

反映在指导方针上，十大仍然强调坚持“无产阶级专政下继续革命的理论”，坚持“党在整个社会主义历史阶段的基本路线”，坚持“文化大革命”。十大把“天下大乱，达到天下大治，过七八年又来一次。牛鬼蛇神自己跳出来”，当作所谓社会主义社会阶级斗争的规律，并且预言党内的两条路线斗争，“还会出现十次、二十次、三十次”。因此，进行“文化大革命”这样的“政治大革命”，不仅“是完全必要的，是非常及时的”，而且“今后还要进行多次”。十大在“巩固和发展无产阶级文化大革命的成果”的口号下，重申了“修正主义仍然是当前的主要危险”的“左”倾论点，强调必须开展对“修正主义”的批判和抓紧上层建筑包括各个文化领域的“阶级斗争”。这些理论、路线和政策，都是背离马列主义、毛泽东思想的。按照马克思主义的观点，革命是一个进步阶级推翻一个反动阶级，一种进步的生产关系取代一种反动的、落后的生产关系的暴力行动。在我国，在人民民主专政的国家政权建立以后，特别是在对生产资料私有制的社会主义改造基本完成以后，剥削阶级作为阶级已经被打倒、被基本消灭以后，虽然我们的社会主义生产关系和上层建筑还要为适应生产力发展的要求不断变革和完善，还要正确处理社会上仍将在一定范围内作为残余形态长期存在的阶级斗争，这些仍然属于社会主义革命的任务的一部分。但是，这种革命的性质和内容已经根本上不同于存在阶级对抗的社会中的革命。无视社会发展和历史条件的这种根本变化，在社会主义社会条件下，在无产阶级专政下，还要继续进行所谓“一个阶级推翻一个阶级的政治大革命”，这种所谓“革命”就必然既没有经济基础，也没有政治基础。如果说在事实上剥削阶级已经被消灭的社会主义社会的整个历史阶段始终存在着作为社会主要矛盾的阶级斗争，是“文化大革命”或“无产阶级专政下继续革命”的基础，那末，这种论断本身的逻辑就是自相矛盾的，因此是完全站不住脚的。列宁多次强调指出：“社会主义就是消灭阶级。”①如果说在社会主义社会里，阶级和阶级斗争始终存在，那无异于说，这个社会根本就不是社会主义的，也无异于说，社会主义和共产主义是永远不可能实现的。这种论断的完全不合事实、完全不合逻辑，并且完全背离马克思主义，是显而易见的。“文化大革命”被说成是同修正主义路线或资本主义道路的斗争，这种说法也根本没有事实根据，并且在一系列重大理论和政策问题上混淆了是非。“文化大革命”中被当作修正主义或资本主义批判的许多东西，实际上正是马克思主义原理和社会主义原则，其中很多是我们党和毛泽东自己过去提出和支持过的。这样批判“修正主义”，只能是颠倒是非，混淆敌我。

反映在组织建设上，十大通过的《中国共产党章程》是九大党章的继续。当然，也有一些差别。例如，在总纲中，把九大党章中颂扬林彪的一段谀词，说“林彪同志一贯高举毛泽东思想伟大红旗，最忠诚、最坚定地执行毛泽东同志的无产阶级革命路线。林彪同志是毛泽东同志的亲密战友和接班人”，完全删除了；原来的第十二条中“高举马克思主义、列宁主义、毛泽东思想伟大红旗，突出无产阶级政治”这段明显带有林彪痕迹的语言，也删去了。除此以外，十大党章的内容与基本精神和九大党章并无二致。正如王洪文所承认的：“修改草案的总纲部分，保留了九大党章关于我们党的性质、指导思想、基本纲领、基本路线等规定，结构和内容作了一些调整。条文部分改的不多。”这就是说，一仍其旧，基本未改。例如，用毛泽东论述革命接班人的五项条件来取代八大党章规定的党员十条义务(第三条)；取消党员权利的条文；取消新党员预备期的规定；取消设置中央书记处的规定；取消设置党的纪律检查机关的规定；规定党的基层组织的基本任务是只抓“阶级斗争”(第十二条)，而对党员的教育、监督、管理则语焉不详，对充分发挥党员的先锋模范作用，组织党员认真学习科学、文化和业务知识等任务也只字不提。所有这些，十大党

① 《列宁选集》第4卷，第89页。

章都完全沿袭了九大党章的错误规定。不仅如此，十大党章在“左”倾错误方面还有新的发展，如把“批判修正主义”列为加强党的思想建设的长期任务(第十二条)；规定“反潮流”是一个原则，强调“反潮流”的重要性，要求党员具有“反潮流”的精神。这些都是原来九大党章中所没有的。这样，就便于江青、张春桥、姚文元、王洪文等野心家打着“反潮流”的旗号，煽惑鼓噪，蒙骗群众，以售其奸。

迫于粉碎林彪反革命集团以后的形势，并经过周恩来等的努力争取，在第十届中央委员会中，虽然也选进了一些久经考验的、在“文化大革命”中备受打击迫害的老干部，如邓小平、王稼祥、谭震林、乌兰夫、李井泉、李葆华、廖承志、秦基伟等同志。但是，像王洪文这样的造反派头头、野心家居然窃据了党中央副主席的高位，使他和江青、张春桥、姚文元在中央政治局内结成了以江青为首的“四人帮”，不可一世。他们拉帮结派，以“提拔新生力量”为名，把许多头上长角、身上长刺的“造反派”头头封为十大代表，塞进各级领导班子和要害部门，还把王秀珍、徐景贤、马天水、于会泳、金祖敏、周宏宝、祝家耀、唐歧山、刘湘屏、谢静宜等江青反革命集团的一批亲信和骨干拉入中央委员会，使江青反革命集团的势力大为加强，从而能变本加厉地继续制造动乱，祸国殃民。

1972年，在批判林彪反革命集团的过程中，周恩来多次正确地提出要批判极左思潮，指示和支持《人民日报》发表了《无政府主义是假马克思主义骗子的反革命工具》等三篇批判极左思潮的文章。这是1967年1、2月间，谭震林、陈毅、叶剑英、李富春、李先念、徐向前、聂荣臻等许多中央领导同志要求纠正“文化大革命”的错误这一正确主张的继续和发展。然而，周恩来的正确主张不但得不到采纳，反而被认为是“右倾回潮”。1973年7月4日，毛泽东在对王洪文、张春桥谈话中，批评周恩来主管的外交部，说：“结论是四句话：大事不讨论，小事天天送。此调不改动，势必搞修正。”[①]这一批评又写入十大报告中：“有不少党委，埋头日常具体的小事，而不注意大事，这是非常危险的。如果不改变，势必走到

---

① 《中共党史大事年表》，第200页。

修正主义道路上去。”当周恩来在十大作报告讲到这段话时，毛泽东连连点头称是，用意是十分清楚的。因此，周恩来在这期间不得不忍辱负重，抱病坚持工作，力求在可能的范围内，克服或减少“文化大革命”的危害，并且力争让坚持党的正确路线和优良传统的那些老同志，尽快地能重新走上领导岗位。正如邓小平在1980年8月下旬会见意大利记者奥琳娜·法拉奇的谈话中所指出的：周恩来“在文化大革命中，他所处的地位十分困难，也说了好多违心的话，做了好多违心的事。但人民原谅他。因为他不做这些事，不说这些话，他自己也保不住。也不能在其中起中和作用，起减少损失的作用。他保护了相当一批人。”也正如陈云所说：“没有周恩来同志，文化大革命的后果不堪设想。他保了很多同志下来，我们这些人就是他保的嘛！”[①]

十大是在粉碎林彪反革命集团以后，由周恩来主持中央日常工作，全国各方面的工作有了好转的形势下召开的。林彪反革命集团阴谋夺取最高权力、策动反革命武装政变事件的发生，是“文化大革命”推翻党的一系列基本原则和破坏党的优良传统的结果，客观上宣告了“文化大革命”的理论和实践的失败。这次大会的任务，本来应当是因势利导，结束“文化大革命”，总结“文化大革命”失败的经验教训，拨乱反正，恢复党的第八次全国代表大会制定的路线、方针、政策，使党的工作重新回到马克思列宁主义、毛泽东思想的正确轨道上来。遗憾的是，毛泽东并未认识到“文化大革命”这一全局性的、长时间的严重错误，而坚持认为“九大的政治路线和组织路线都是正确的。以毛主席为首的党中央的领导是正确的。”（经毛泽东审定的《在中国共产党第十次全国代表大会上的报告》）这种错误的结论，促使毛泽东在理论上和实践上继续犯错误。自己选择林彪当自己的接班人，本来是违反民主集中制和集体领导原则的错误作法，甚至可以说，“领导人自己选择自己的接班人，是一种封建主义的作法”（1980年8月21日和22日邓小平会见意大利记者奥琳娜·法拉奇的谈话）。但是，毛泽东并没有从林彪事件中认识到这个重大错误，

---

① 《三中全会以来重要文献选编》上册，第47页。

从而汲取应有的教训。在林彪折戟沉沙、葬身异国以后，他又继续个人一槌定音，选中王洪文作接班人，赞扬王洪文出身贫农，当过兵，年纪轻，经过工农兵三条战线的考验，一个人就决定让他参加中央政治局的工作，把他擢升到周恩来之上，然后又通过十大让王洪文当上党中央副主席，并在周恩来患病期间一度让他主持中央日常工作。这就说明，“毛泽东同志的‘左’倾错误的个人领导实际上取代了党中央的集体领导”（《关于建国以来党的若干历史问题的决议》），“他的个人专断作风逐步损害党的民主集中制”（同上）。事关党和国家命运的大事（如十大代表的选举，文件的起草，党章的修改，中央领导机构人选的确定等），不是经过党中央集体认真讨论决定，而是由他个人决定，或由他指定张春桥、王洪文、姚文元等讨论决定，这就不能不被野心家、阴谋家江青、张春桥等所大肆利用，使他们得以有恃无恐地继续作恶。总之，错误的主要来源是“左”的指导思想。在“左”的错误思想指导下，也不可能认真总结经验教训，拨乱反正，改弦更张。结果这次大会只能是沿袭九大的“左”倾错误，未能完成它所担负的给党的工作带来转机的历史使命。

必须指出，毛泽东虽然“重用过”“林彪、江青等人”（同上），但是，他领导了粉碎林彪反革命集团的斗争，对江青、张春桥等人也进行过重要的批评和揭露，不让他们夺取最高领导权的野心得逞。毛泽东的错误终究是一个伟大的无产阶级革命家所犯的错误，他的错误基本上是思想上认识上的错误。他的过失和他的功绩相比是第二位的。他在长期的革命斗争中，为中国人民的解放事业、为世界被压迫民族的解放和人类进步事业作出了伟大的贡献，是他一生的理论和实践活动的主要的方面，他的功绩远远大于他的过失。

“批林批孔”运动

王海光

1974年初，在全国范围内开展的“批林批孔”运动，是在“文化大革命”客观上已经破产的情况下，再度强制推行“文化大革命”的错误理论和实践的一场政治运动。运动的直接目标，是对1972年以来周恩来纠“左”工作的否定。江青集团利用毛泽东继续从整体上维护“文化大革命”的错误，力图把运动发展成为反对周恩来、叶剑英等党政军一大批领导干部的“第二次文化大革命”，使全国再次出现严重的动乱局面。但是，运动的开展引起广大干部和群众的强烈不满。毛泽东批准开展这场运动的初衷也不是为动乱重现，因而对江青等人乘机另搞一套提出严厉的批评，限制了运动的危害范围。

“批林批孔”的缘起

“批林批孔”运动是一度“轰轰烈烈”“势不可挡”的“文化大革命”已经走向下坡路，而毛泽东又在全局上坚持“文化大革命”错误方针的复杂历史背景下发动的。

1971年，惊心动魄的“九·一三”事件发生。显赫一时的“副统帅”，党章规定的“接班人”林彪竟要谋害毛泽东，叛国出逃，这不能不引起中国社会的震动，客观上宣告了“文化大革命”理论和实践的失败。在全国范围内，不少群众从盲目追随的狂热中清醒过来，开始对5年的“文化大革命”的必要性、合理性、灾难性后果进行认真的反思，对“文化大革命”怀疑、厌倦、责难的情绪，日逾一日地发展起来。

在严峻的政治现实面前，陷入极大痛苦和失望中的毛泽东，也从“九·一三”事件中意识到“文化大革命”的某些错误，汲取了一些教训。他在思想感情上和受到排斥的一些老同志重新靠拢，认为还是这些老同志更可靠，在政治上重新依重周恩来等老战友。他亲自抓了干部政策的落实，为部分冤假错案平反，解放了一大批干部，并使相当一批原党政军负责干部重新恢复工作。他明确周恩来全面主持中央日常工作，“二月逆流”主要成员叶剑英负责军委日常工作。政治局势的这一骤然变化，为纠正“文化大革命”的某些“左”倾错误，提供了有利的机缘。

主持中央日常工作的周恩来，把批判林彪和批判极左思潮正确地结合起来，从各条战线的各项具体工作抓起，循序渐进地纠正“左”倾错误，逐步消除“文化大革命”的某些灾难性后果。经过两年的艰苦纠“左”工作，全国各方面工作都有了起色。在1973年，国民经济主要指标都完成或超额完成了任务。

这一时期周恩来领导的纠“左”虽然带有不可避免的局限性，但是它的深入发展必然要导致对“文化大革命”的否定。靠“文化大革命”和煽动极左思潮起家的江青一伙，对纠“左”有着本能的恐惧，不断地进行阻挠。毛泽东虽然意识到“文化大革命”某些具体错误，但在全局上仍然坚持“文化大革命”的错误方针。他容不得批林发展成对“文化大革命”的怀疑和否定。1972年底，当周恩来等一批领导干部同江青集团在批判极左思潮的问题上发生尖锐对立的时候，毛泽东出面支持了江青等人的意见，断言批林整风的方针是批林彪的“极右”实质，强行统一了全党的口径。批林整风运动没能收到预期的效果。

周恩来主持的批林纠“左”工作，得到广大干部、群众的拥护和支持，突然转向批林彪的极右实质引起人们的极大困惑，阻力很大。毛泽东意识到否定“文化大革命”之风正在全国上下悄然兴起，深深地担忧“文化大革命”被否定，修正主义重新抬头，感到有必要进一步开展意识形态领域的革命，使人们重新理解和拥护“文化大革命”

的理论和实践。1973年，他多次重提抓路线方向，防止出修正主义的问题，对周恩来、叶剑英等同志进行批评。毛泽东认为使广大干部、群众重新认识“文化大革命”的必要性，需要进一步开展意识形态领域的革命。在毛泽东限定批林彪的极右，抓路线方向的同时，提出了批孔批儒的问题。

“文化大革命”前期，孔子是作为封建文化的象征和批判刘少奇联系在一起的。1967年3月，毛泽东批判刘少奇《论共产党员的修养》是孔孟之道。1968年10月的八届十二中全会上，毛泽东讲话中说到过杨荣国、赵纪彬反孔，郭沫若、冯友兰、范文澜尊孔。但又说：“这是古董，我不劝同志们研究这一套。”到1973年，毛泽东从路线斗争的角度，提出了批孔问题。

1973年5月的中央工作会议上，毛泽东提出了批孔问题，说只注意生产，不注意上层建筑、路线，不对。要批判孔子。

同年7月4日的一次谈话中，毛泽东又说：“郭老在《十批判书》里头自称人本主义，即人民本位主义，孔夫子也是人本主义，跟他一样。郭老不仅是尊孔，而且是反法。尊孔反法，国民党也是一样啊！林彪也是啊！我赞成郭老的历史分期，奴隶制以春秋战国为界。但是不能大骂秦始皇。”

7月7日，《人民日报》发表了毛泽东批发的中山大学教授杨荣国的文章《孔子——顽固地维护奴隶制的思想家》。

9月23日，毛泽东会见埃及副总统沙菲时又说到：秦始皇是中国封建社会第一个有名的皇帝，我也是秦始皇，林彪骂我是秦始皇。中国历来分两派，一派讲秦始皇好，一派讲秦始皇坏。我赞成秦始皇，不赞成孔夫子。

毛泽东此时提出批儒扬法，是以历史题材作现实文章，是要从历史发展的大背景中说明“文化大革命”的重要性和必要性。他认为，“文化大革命”是一场深刻的历史变革，与历史上法家坚持变革和儒家反对变革有相似之处；通过批孔和肯定法家的进步作用，可以进行一次“思想政治路线方面的教育”，对防止“右倾翻案”，肯定“文化大革命”，对“反修防修”都有普遍的意义。毛泽东的这些思想为江青一伙所运用。

“十大”以后，他们掀起了“反右倾回潮”，“批孔批儒反复归”的恶风。

“批林批孔”的开场

1973年8月，中国共产党召开第十次全国代表大会。十大肯定和继续了九大的政治路线和组织路线，继续坚持“无产阶级专政下继续革命的理论”。江青集团的一大批骨干分子进入了中央，并在政治局中结成了“四人帮”。

十大以后，江青集团对1972年的纠“左”进行了凶猛的反扑，开始了大张旗鼓的批孔批儒，揭开了批林批孔运动的序幕。

8月24日，迟群把持下的国务院科教组电话通知12省市教育部门，要求他们转告各高等院校，“在深入批林整风过程中组织力量开展对孔子的批判”。9月8日，“四人帮”指使迟群，以国务院科教组名义，擅自召开教育战线批判孔子问题座谈会，抢先打出“批孔”旗帜。杨荣国作了《儒法两家的斗争和孔子反动思想的影响》的报告。迟群提出：要把批孔作为贯彻党的“十大”精神、深入批林整风的一项大事来抓，各类学校都要批孔。10月，迟群在理工科院校教育革命座谈会上又说：反对批孔，就是复辟。

从9月起，江青一伙直接控制的御用写作班子纷纷登台亮相，在报刊上发表了一系列重头批孔文章。

9月5日，北京大学、清华大学大批判组的《儒家和儒家的反动思想》一文在《北京日报》发表。两校大批判组即梁效，它名义上属北京大学和清华大学，实际上是江青亲自指挥、直接控制的写作班子，“四人帮”的喉舌。梁效除享有《红旗》、《人民日报》优先发表文章的特权外，还直接把持了《北京大学学报》，并一度控制《历史研究》。此文是它第一次公开亮相。

9月15日，上海市委写作组(即罗思鼎)直接控制的《学习与批判》创刊。写作组以石仑的笔名在该刊创刊号上发表《论尊儒反法》一文。这个写作组是“四人帮”特别是张春桥、姚文元直接指挥的写作班子，成立于

1971年7月。

9月27日，中央党校写作班子以唐晓文的笔名在《人民日报》发表《孔子是“全民教育家”吗？》一文。这也是它第一次发表文章。唐晓文是听命于康生、江青等人的御用舆论工具，与梁效关系密切，配合默契。

这些写作班子有十几个至几十个笔名，直接秉承江青集团的意图炮制批孔文章，摇唇鼓舌，南北呼应，一时造成了相当大的声势，左右了全国的舆论。他们还给江青集团起草文稿，搜集情报，编印各种黑材料，是江青集团政治活动的“炮队”。

10月1日，《红旗》杂志转载了经姚文元亲自修改的《论尊儒反法》一文。文章称：“要不要批判尊儒反法思潮，也是党内两条路线斗争的一个重要内容。”这就开了“儒法斗争继续到现在”的先声。

11月1日，由罗思鼎炮制经姚文元修改的《秦王朝建立过程中复辟与反复辟的斗争——兼论儒法论争的社会基础》一文，在《红旗》杂志第11期上发表。该文在“反复辟”上大做文章，捏造了三次复辟事件，还特意选择吕不韦作靶子，批宰相，批折衷主义，影射攻击周恩来。此文是“四人帮”的得意之作，发表后掀起了一股批“宰相”的恶风。12月26日，他们又在《学习与批判》炮制了另一篇批宰相的文章《汉代的一场儒法大论战——读〈盐铁论〉札记》。文章歪曲历史，借批大司马霍光和丞相田千秋，影射攻击周恩来。

在炮制批孔文章的同时，江青还指使迟群、谢静宜率领梁效写作班子到毛家湾林彪住宅，收集整理林彪的所谓“尊孔”言论，以便把批林和批孔结合起来。

江青集团一方面在意识形态领域掀起批儒扬法的浪潮，另一方面又利用毛泽东对周恩来的不满，掀起了一场针对1972年纠“左”的“反右倾回潮”运动。从1973年下半年起他们以文教战线为突破口，接连制造了一系列事件。

1973年7月，毛远新在辽宁制造了“白卷英雄”张铁生事件，反对上大学进行文化考查。江青等人立即把它推向全国，批判文化考查是“旧高考制度的复辟”，在全国刮起了否定学习文化的歪风。

10月，迟群一伙在清华大学开展了历时3个月的“反右倾回潮运动”，把教职员工对“文化大革命”的不满说成是翻案风，“反攻倒算”，进行打击迫害。

11月，张春桥利用上海的报刊和高校，掀起批判“智育第一”的大讨论，持续3个月之久。同月，江青集团针对周恩来恢复文艺政策的工作，从上海发难，发起“无标题音乐”的全国性的大批判活动。同月，江青集团炮制了否定基础理论学习，“社来社去”的“朝农经验”[①]。

12月，迟群、谢静宜制造“小学生日记”事件，把一个12岁的小学生树为“反师道尊严”、“反潮流”的典型，并在各地中小学掀起了“批判修正主义教育路线回潮”的风浪，学校正常的教学秩序遭到否定。同月，江青集团利用毛泽东在大军区司令员对调会上的讲话，采取突然袭击的方式，对北京17所高校教授、副教授进行数理化考试，并大肆宣扬。辽宁、上海、天津等地也先后组织“考教授”。事后，又竭力扩大“考教授”的政治影响。同月，国务院科教组召开9省市中小学教育座谈会，提出：在教育领域“修正主义仍然是当前主要危险”，要“打退资产阶级右倾势力的猖狂进攻”。

江青集团利用毛泽东晚年思想上的矛盾，重新活跃起来，喧闹于一时。短短几个月时间里，他们一方面利用批孔，酝酿以批林彪极右的运动形式取代批林整风。另一方面又对各条战线批极左的措施进行反攻。一场新的全国性运动的热身活动已结束，新的暴风雨来临了。

“批林批孔”运动的全面开展

1974年的两报一刊元旦社论提出：“批孔是批林的一个组成部分”，“要继续开展对尊孔反法思想的批判。”这就规定了本年度思想政治领域的新内容，即批林要和正确对待“文化大革命”相结合。

① 朝农：即辽宁农学院朝阳分院。

1月12日，王洪文、江青写信给毛泽东，建议转发北京大学、清华大学大批判组汇编的《林彪与孔孟之道》(材料之一)，在全国开展批林批孔运动，得到批准。中共中央转发这份材料的通知(即1974年1号文件)说：林彪是“一个地地道道的孔老二的信徒。他和历代行将灭亡的反动派一样，尊孔反法，攻击秦始皇，把孔孟之道作为阴谋篡党夺权，复辟资本主义的反动思想武器”。此后，批林批孔作为一场政治运动在全国范围正式开展起来。

《林彪与孔孟之道》(材料之一)，以林彪的言论与孔孟的言论相对照，编了8个部分，重点是第一部分：“效法孔子‘克己复礼’，妄图复辟资本主义”。它生搬硬套了一些孔孟的语句，注解定为反动没落的思想，作为立论前提。以为数不多的林彪摘录的古代哲人言论和其他言论笔记相对照，作为根据，通过批判“克己复礼”把批林与批孔贯连起来，说明林彪搞的极左那一套，只是“克己”的韬略，实质是极右的“复礼”，即复辟资本主义，搞倒退。

同年2月1日，《红旗》杂志发表短评，《广泛开展批林批孔运动》；2月2日，《人民日报》发表社论《把批林批孔的斗争进行到底》；2月20日发表社论《批“克己复礼”——林彪妄图复辟资本主义的反动纲领》；3月15日又发表社论《再批克己复礼》。这些文章的中心在于说明，只有通过批孔孟之道，才能把林彪的极左与“文化大革命”区分开来，才能认识林彪搞复辟倒退的反动极右实质，“解决正确对待无产阶级文化大革命的问题”，“巩固和发展无产阶级文化大革命的伟大成果。”很明显，这是从理论上否定批林纠“左”的。

与“文化大革命”休戚与共的江青集团，在“批林批孔”运动中，打着毛泽东的旗号，积极推波助澜，制造声势，扩大规模。同时，他们又企图借机在酝酿中的四届人大和国家权力分配中摄取更多的实际利益。他们沆瀣一气，抱成团伙，利用指导运动之便，背着毛泽东和大多数政治局委员另搞一套，进行反对周恩来、叶剑英等一大批党、政、军领导干部的阴谋活动，竭力想把“批林批孔”搞成第二次文化大革命。

“批林批孔”运动全面开展，是和批“走后门”的“三箭齐发”与搞乱军队的“放火烧荒”联系在一起的。

江青等人以运动的指导者自居，利用毛泽东对周恩来、叶剑英的错误批评，背着政治局和中央军委另搞一套。1974年1月24日，江青等人擅自召开驻京部队批林批孔动员大会，传达中央1号文件和江青写给军委的一封信，污蔑攻击军委领导。在次日举行的中央、国务院直属机关批林批孔动员大会上，江青俨然以批林批孔主要负责人的身份出场，颐指气使，不可一世。迟群、谢静宜按照事先商定的内容，发表了煽动性的长篇讲话。他们大讲批孔是批林的深入，批孔孟之道才能揭露林彪“克己复礼”的极右实质；指责有人要翻文化大革命的案，含沙射影地攻击主持会议的周恩来等中央领导。他们还突出讲了批林批孔联系批走后门的问题。江青一伙提出的批走后门，并不是真诚的，而是别有用心地利用人民群众对走后门之类不正之风的不满情绪，攻击党政军的领导干部。会后，江青、姚文元对讲话录音进行了修改，准备发到全国、全军，被毛泽东制止。

在1、2月间，江青以个人名义到处写信，送材料，煽风点火。她先后给空军、海军、军委、国务院文化组、20军防化连、南京军区、广州军区、外交部、中联部、中国科学院、四机部设计院、河南“广阔天地大有作为”人民公社等10几个单位写信，鼓动批孔。1月25日，中央转发了南京军区党委关于学习江青来信的报告和20军党委、20军防化连给江青的信。

由于军队对“反右倾回潮”的错误做法没紧跟，军队中的老同志对“文革”怨气较大，它本身的性质又要求稳定，江青一伙就认为军队不听他们话。批林批孔一开始，他们就处心积虑地插手军队，鼓动“放火烧荒”。他们不但以个人名义直接给军队的许多单位写信，还派出一些帮派骨干到总参等领导机关，以学习组的名义操纵运动。他们还选派一些记者到各军区机关和部队，搜集领导动向和运动情况。王洪文、张春桥利用职务之便，在会议上多次指责部队右倾，要揭盖子，并指名批评部队的一些领导干部。江青指使亲信在驻京部队5次“放火烧荒”。1月17日，《解放军报》发表了一篇短文《既讲批评又要讲谅解》，被江青一伙指责为离开批林批孔的大方向，搞中庸之道，组织人围攻。3月下旬，又令军报停发自己的稿件，军报变相停刊。3月5日，江青、张春桥召集文化部于会泳、总政陈亚丁等人开会，宣称就是要整一整军队，指使陈等回总政“放火烧荒”。陈亚丁回总政后擅自召集会议，传达江青“三•五”讲话，布置“放火”、“夺权”，在总政和驻京军队高级领导机关中造成了混乱。

江青集团的御用写作班子梁效、罗思鼎、唐晓文，以各种笔名抛出大量的“批孔”文章。如：《从王安石变法看儒法论战的演变》、《秦统一六国起决定作用的是什么？》、《柳下跖痛骂孔老二》、《略论秦始皇的暴力》、《孔子和林彪都是政治骗子》、《孔丘其人》、《评〈吕氏春秋〉》、《从〈乡党〉篇看孔老二》、《读〈盐铁论〉》等。这些文章大都是江青、姚文元、康生点题授意，按他们的意图撰写的，并经他们修改审查。文章借古讽今，一方面大批“宰相儒”、“周公”，影射攻击周恩来等党政军领导；一方面又鼓吹“法家”，吹捧“四人帮”。其中影射史学的代表作《孔丘其人》，虚构情节，恶毒地对周恩来进行政治陷害和人身攻击，被江青称之为“写得生龙活虎”。他们以史喻今，把落实党的干部政策和其他正确政策，歪曲为“兴灭国、继绝世、举逸民”。

“批林批孔”运动的开展，使全国再度陷入动乱，已走上正常化的社会秩序、工作秩序迅速恶化。派性斗争再度兴起，许多地方重新拉起了战斗队之类的组织，甚至又开始武斗；一些领导机关受冲击，许多干部被炮轰、批斗，各级党委的工作又陷入半瘫痪状态；许多已恢复的合理规章制度又遭否定，经济急剧滑坡，不少企业陷入停产、半停产状态；运输上压船压港情况严重，铁路阻塞，运输量锐减；学校教学秩序混乱，教育质量下降；文化专制主义再度抬头，文化虚无主义再度兴起，大批判恶风又起。

毛泽东虽然发动批林批孔运动，但并不希望重新出现动乱局面，当江青一伙超出范围另搞一套时，他又予以制止。1974年1月30日，叶剑英给毛泽东写信，述说了自己对批林批孔批走后门的看法。2月15日，毛泽东在信上批道，现在，形而上学猖獗，片面性。批林批孔，又夹着批走后门，有可能冲淡批林批孔。小谢、迟群讲话有缺点，不宜向下发。后来毛泽东又把批林批孔又夹着批走后门，称之为“三箭齐发”。毛泽东的批示，及时制止了江青一伙以批走后门为题，企图打倒一大批党政军干部的阴谋，说明了毛泽东发动运动的着眼点是解决对“文化大革命”思想认识，而不是整人。这使中央的领导同志对江青一伙借机另搞一套的阴谋有所警惕。2月20日，中央发出通知，指出对走后门问题应进行调查研究，确定政策，放在运动后期妥善解决。3月20日，毛泽东致信江青，告诫说过去多年同你谈的，你有好些不执行，多见何益？有马列书在，有我的书在，你就是不研究。……你也是个大事不讨论，小事天天送的人。针对江青阻挠邓小平率团出席联合国大会一事，毛泽东3月27日致江青的信说邓小平同志出国是我的意见，你不要反对为好。小心谨慎，不要反对我的提议。毛泽东对江青等人的批评，使他们大为恼火，又不得不有所收敛。3月21日，张春桥、王洪文把传达江青“三•五”讲话的陈亚丁召去，委过于他，算是收回了“放火烧荒”的讲话。

经毛泽东批准，为了阻止“批林批孔”运动演化成新的动乱，中共中央在4月10日、5月18日接连发出通知，对运动的政策作了具体的规定：强调运动要在党委领导下进行；要团结95%以上的干部群众，不要搞扩大化；不搞战斗队，不搞串连。通知对消除江青等人造成的混乱局面起了积极的作用。

“评法批儒”，“组阁斗争”，“批林批孔”运动走上穷途

江青集团在“批林批孔”中另搞一套，制造新动乱，打倒一批党政领导干部的企图受到了毛泽东的批评，也受到广大干部、群众的抵制，运动实际上被限定于意识形态领域。从1974年6月起，批林批孔运动被迫转入评法批儒阶段。

6月12日，江青、王洪文、姚文元在人民大会堂接见梁效、唐晓文等写作班子成员，座谈如何使批林批孔运动更深入、更普及、更持久的问

题。江青提出儒法斗争继续到现在的荒谬观点，并要御用班子把儒法斗争一直弄下来。6月14日，江青在人民大会堂举行的批林批孔座谈会上作了长篇讲话，为批林批孔转入评法批儒的儒法斗争史定了调子。她说：“批林批孔要深入、持久、系统、普及，必须把批林批孔放在儒法斗争中来批才能深入”，“单纯批儒，没有对立面，不能从路线高度来看，看不到路线斗争的规律。”会后，江青、姚文元留下写作班子，授意要批“现代的儒”。15日，江青以“特急”件送发《人民日报》转载北京大学编的《法家人物介绍》。18日，《人民日报》发表社论《在斗争中培养理论队伍》，提出：“两千多年来的儒法斗争，一直影响到现在，继续到现在，还会影响到今后。”为评法批儒定了调子。6月17日至28日，江青带着梁效和唐晓文两个写作班子的成员到天津，宣讲“儒法斗争史”。散布“儒法斗争继续到现在”的谬论，煽动“揪现代大儒”。她露骨地称：“这次运动的重点是批党内的大儒”，并暗示周恩来就是“大儒”。7月5日到8月8日，在京召开了法家著作注释出版会议。会议由江青集团策划、控制，以落实毛泽东关于注释法家著作的名义贯彻江青一伙把儒法斗争“顺下来”的意图，适应他们篡党夺权的现实需要。会后，他们调用大批人力、物力注释法家著作。7月，迟群根据江青的一个批示，用国务院科教组的名义下发通知，在中小学以至幼儿园开展批《三字经》、《弟子规》、《神童诗》、《改良女儿经》、《闺训千字文》等旧书的活动。

江青集团的御用写作班子梁效、罗思鼎，进一步大造舆论，连篇累牍地抛出伪造历史、影射现实、尊法反儒的文章。如《有作为的女政治家武则天》、《赵高篡权与秦朝灭亡》、《论爱国主义者王安石》、《坚持古为今用，研究儒法斗争》、《研究儒法斗争的历史经验》、《论秦汉之际的阶级斗争》、《论李斯》、《论北宋时期爱国主义与卖国主义的斗争》等等，不胜枚举，影响极为恶劣。

“批林批孔”进入评法批儒阶段后，江青集团在意识形态领域的活动与前期不同：

第一，大肆宣传儒法斗争继续到现在的观点，把历史上的儒法斗争与党内路线斗争联系起来。江青在6月12日的讲话中说：“为什么要批林批孔，林彪就是尊孔，就是儒。有一个批判继承问题。复辟和反复辟，前进和倒退的斗争，从奴隶社会到封建社会，一直到社会主义社会，都贯穿这个。现在还有人搞复辟。”这表明他们评法批儒的目的是以反复辟为名，打击那些抵制“文化大革命”的干部和群众。这个口号引起了思想理论界极大的混乱，曲解历史成为一时的风尚。同时，这个口号也为江青集团在各地的帮派分子自封为“法家党”，大反“儒家党”，制造动乱提供了依据。

第二，煽动“揪现代大儒”，矛头指向周恩来等中央领导。江青集团鼓吹儒法斗争至今仍有的观点，在于继续他们批林批孔批周公的阴谋。江青多次暗示，周恩来就是“党内大儒”，授意御用班子写文章批。不久就写出了一批以批“现在的儒”为名，影射攻击周恩来的文章。

第三，妄列法家标准，鼓吹“法家领导集团”，为江青等人夺权大造舆论。在江青“古为今用”，大胆地发掘法家，肯定法家，继承法家的口号下，御用写作班子开列出了一大堆乱七八糟的法家标准。诸如：法家爱国、儒家卖国；得天下的都是法家，有作为的政治家是法家，亡国之君和顽固的反动派是儒家；法家革新，儒家守旧等等不一。用这些和法家本来意义毫不相干的标准，拼凑出了无中生有的法家阵营，把两千年的历史搞成一笔糊涂账。他们狂热地吹捧法家，实际上是为了吹捧自己，为了给以“现代法家集团”的领袖自诩的江青掌权的阴谋作舆论宣传，一时间，报刊上出现了大量吹捧吕后、武则天的文章和资料。1974年10月以后，“四届人大”的筹备工作进入最后阶段，为配合江青集团的“组阁”活动，报刊上鼓吹法家领导集团的文章纷纷出笼，出现了一个小高潮。

1974年6月周恩来积劳成疾，癌症侵体，病重住院。谁来主持“四届人大”的筹备工作和国家机关的人事安排，成为中国政局的焦点。江青集团加紧活动，企图“组阁”，以争夺更多的国家实际权力。他们一方面利用掌握的意识形态大权，以评法批儒为题，竭力吹捧自己，影射攻击周恩来等人；另一方面又制造事端向周恩来、邓小平等人发难。10月，江青集团制造“风庆轮事件”，并以此在政治局会议上向邓小平寻衅滋事，会后又派王洪文到长沙向毛泽东“告状”，企图阻挠邓小平出任第一副总理，由他们来组阁。

批林批孔运动造成的新的社会动乱和生产下降，引起了广大干部和群众对运动的抵制和厌倦，使毛泽东再度清醒地认识到中国社会的需要，他思想上的健康层面又渐居主导地位。10月11日，中央为召开“四届人大”发出通知，转述了毛泽东的意见：“无产阶级文化大革命，已经八年，现在，以安定团结为好。全党全军要团结。”11月，他又指示说：“要把国民经济搞上去。”毛泽东深知江青等人搞生产不行，又积怨甚多，不能掌握国家实际权力，同时，对他们的小宗派活动也产生反感，多次提出严厉的批评。7月17日，他在政治局会议上批评江青、张春桥、姚文元、王洪文搞帮派活动，并批评江青说，不要设两个工厂，一个叫钢铁工厂，一个叫帽子工厂，动不动就给人戴大帽子，你也是难改呢。毛泽东还当着与会者的面声明：她不代表我，她代表她自己。并告诫：你要注意呢，不要搞四人宗派呢!第一次提出了“四人帮”问题。10月18日，毛泽东在长沙当即批评前来告状的王洪文说，你回去要多找总理和剑英同志谈，不要跟江青搞在一起，你要注意她。20日，他又指示说，总理还是总理。并提议邓小平任党的副主席、第一副总理、军委副主席兼总参谋长。这就确定了邓小平接替周恩来的格局。毛泽东还让人转告王洪文、张春桥、姚文元，不要跟在江青后面批东西。11月12日，毛泽东在江青插手人事安排的信上批示，不要多露面，不要批文件，不要由你组阁(当后台老板)。你积怨甚多，要团结多数。至嘱。人贵有自知之明。11月19日，江青写信给毛泽东伸手要官，又遭毛泽东批评。江青不听劝诫，又托人向毛泽东提出要王洪文当全国人大副委员长。毛泽东立即尖锐指出：“江青有野心”。12月23日，周恩来、王洪文到长沙向毛泽东汇报工作，毛泽东再次告诫王洪文不要搞四人帮，提醒他们不要搞宗派，搞宗派要摔跤的。在讲话中，毛泽东再次批评江青有野心，说批林批孔是第二次文化大革命是不对的。毛泽东还高度评价了邓小平，认为他人才难得，柔中有刚，等等。

毛泽东对“四人帮”的批评和对周恩来、邓小平的工作的支持，对于挫败“四人帮”的组阁阴谋，保证“四届人大”的顺利召开起了关键性的作用。

毛泽东的主导思想转而走到务实的方面来，在维护党内团结，保护社会安定的情况下，把国民经济搞上去。虽然这也是在维护“文化大革命”正确性的大前提下的转变，但毕竟是有利于人民的。“四届人大”的顺利召开，虽然是他思想矛盾中的选择，但客观上标志着“批林批孔”运动的名存实亡。

对“批林批孔”运动的认识

“批林批孔”运动是坚持“文化大革命”“左”倾方针的又一次错误实践。江青集团利用毛泽东的错误，推波助澜，节外生枝，猖狂作乱，造成了极为严重的后果。但批林批孔运动遭到了党和人民的反对与抵制，运动的目的基本未能达到。

首先，“批林批孔”运动更加引起人民群众对政治运动的厌恶和对“文化大革命”的不满。本来“文化大革命”就是“左”，林彪也是靠搞“左”飞黄腾达的，反而又批他的极右，广大干部群众难以接受。“批林批孔”由于缺乏人们的心理配合，运动开展后造成了新的动乱，和1972年纠“左”取得的成绩形成鲜明对比，加深了人们对搞“左”的政治运动的憎恶和对安定团结的向往。对于江青集团树的“反潮流”典型，人们普遍从心底里鄙视他们，许多人写信投诸报章表示反对，更多的人嗤之以鼻。有些志士仁人公开贴出大字报反对江青一伙的倒行逆施，反对批林批孔。这种结束“左”倾动乱，把生产建设搞上去的愿望，构成了邓小平1975年整顿的深厚群众基础。

其次，“批林批孔”运动并没达到批周公的目的。批林批孔运动对周恩来的影射攻击，不但没能诋毁周恩来，反而使广大干部群众看到了一位忍辱负重，兢兢业业，鞠躬尽瘁，死而后已的好总理的光辉形象。“四人帮”的奸险阴毒的行径反衬出周恩来的伟大，使人民把周恩来当作自己意志和愿望的体现者，更加爱戴。1974年9月30日晚，周恩来抱病出席国庆招待会。当他步入大厅时，立即全场鼎沸，掌声雷动，中外来宾争相上前致意。周恩来短短几分钟的祝词，被全场热烈掌声打断十几次。这一激动人心的场面，充分显示了当时的党心、军心、民心所向。

第三，“四人帮”攫取更多的党和国家实际权力的目的没能达到。“四人帮”推动“批林批孔”运动，既是为了维护他们相依为命的“文化大革命”，也是为了在“四届人大”的权力分配中捞取更多的实利。批林批孔运动虽然使他们捞取了更多的政治资本，但也使他们在党内外结怨更深。毛泽东对他们在运动中另搞一套，在政治局内搞宗派活动进行了多次批评，终于没交给他们更多的权力。“四届人大”的顺利召开，大批老干部进入国家领导机关，宣告了江青等人组阁阴谋的破产，也为1975年邓小平主持进行的全面整顿准备了干部条件。

第四，“批林批孔”的运动形式已承载不了它的内容，迅速走向了它的反面。批林批孔开始时提出的批走后门，还算触及到人们普遍关心的社会公正问题。而批孔批儒评法则严重脱离了人们的知识水平和文化水平。尽管报刊上连篇累牍地登载大块讨孔批儒文章，人们却如雾中观花，难知所云。虽然也经常出现工、农、兵署名的文章，但都是秀才的捉刀之作。另外，以为现行政策作历史诠释的“古为今用”，造成影射史学的泛滥，使理论上相互矛盾，漏洞百出，也为正直的知识分子所不齿。整个运动仅仅靠秉承“四人帮”意图的御用写作班子支撑着门面，难以深入下去。当时流传的“小报抄大报，大报抄梁效”，正说明了运动的尴尬局面。毛泽东似乎也感到这个问题，于1974年12月又提出学习无产阶级专政理论的问题，以一种替代批林批孔的新形式来维护“文化大革命”。因此，虽然批林批孔作为未了的形式在以后的报刊、文件中时常可见，但就运动本身而言，到“四届人大”就结束了。

“批林批孔”虽然没能达到运动的目的，但它的开展造成了极为严重的后果。

首先，“批林批孔”歪曲了历史的本来面目，广为宣传了封建专制主义，否定了中华民族的优秀文化成果，造成了民族思想文化的巨大污染。

其次，“批林批孔”大肆鼓吹斗争哲学，进一步破坏了人与人之间的关系准则，“闹而优者仕”，“反潮流”的歪风在全国蔓延，社会风气进一步败坏，造成社会伦理道德的大沦丧。

再次，“批林批孔”使刚刚趋向稳定的政治局面又遭到破坏，许多已恢复的有成效的管理措施再度被批判。派性斗争烽烟又起，国民经济重新陷入混乱，生产急剧下降。

但是，“文化大革命”毕竟走到了末路，江青集团虽然猖獗一时，意识形态领域也着实地喧闹了一番。但虚妄的言辞是无力左右历史的，只能给历史留下荒诞的记录。毛泽东通过这一折腾，也更务实地看待中国的现实问题，思想上健康的层面有所上升。他对“四人帮”的批评，客观上帮助了党内健康力量的聚集。党和人民经过“批林批孔”中与江青集团的斗争，更加成熟和坚定。这一切都为新的更大的斗争做好了思想上和组织上的准备。

围绕“风庆轮问题”的一场斗争

苏采青

发生在1974年的风庆轮事件，是“四人帮”妄图实现其在第四届全国人大组阁的阴谋而蓄意制造的一起政治事件。

风庆轮事件从1974年年初开始，一直闹到年尾，从上海一直闹到北京，闹到中央政治局会议上江青逼迫邓小平表态，迫使邓小平不得不与江青面对面进行抗争。会后又把这件事报给病中的周恩来总理和远在湖南的毛泽东主席。这一事件，虽然随着“四人帮”组阁阴谋的失败成为“四人帮”政治阴谋棋盘上的一个七彩肥皂泡，但是，直到1976年“批邓”时，江青又祭起风庆轮事件，欲将邓小平置之死地而后快，结果，又被毛泽东主席制止。这些事实都说明，无论从哪方面看，风庆轮事件都不能算作一件小事，而是一件小中见大或由小及大的政治事件。

本文拟对风庆轮事件的前因后果，特别是关系国策的情况进行评述。

一、风庆轮事件的序幕

远洋运输事业，在我国社会主义建设中占有举足轻重的地位。党和国家领导人从50年代起就十分关注这项事业的发展。由于我们从国民党手里接收下来的是一个烂摊子，在经济恢复和社会主义建设有计划地开展后，为了解决海洋运输方面的急需，在相当长的一段时间内不得不租用外轮，这不仅需要国家付出可贵的外汇，而且受雇于外轮的我国职工，常常在经济上受盘剥，在政治上受屈辱。

那时我们还只能在迫不得已租用外轮的同时，尽快发展我国的造船工业。但是落后面貌的改变决不能一蹴而就。直到60年代末、70年代初，交通部组织上海造船大会战时，我们仍然没有一个万吨级船台和必需的大型设备。广大干部职工就是在这样困难的条件下自力更生、群策群力克服困难自行造船的。据国家计委于1970年12月上报的计划执行情况称：即将建成的9艘万吨级客货轮，相当于以往20年所建造的万吨轮的一倍半。

风庆轮就是当时我国自行设计制造的9艘万吨轮中的一艘远洋货轮。是由上海江南造船厂为交通部上海远洋运输分公司承造的。江南厂于1973年完成了这项光荣任务。随后，在上海远洋分公司的参与下，前后进行了轻载和重载试航，并在1974年春季根据交通部的决定执行了远航欧洲的任务。

风庆轮完成建造，本来是一件大好事。但是，这件大好事却被“四人帮”及其党羽当成了浑水摸鱼的天赐良机。

最初的问题发生在风庆轮轻载试航的过程中。在正常情况下，上海远洋分公司在接收风庆轮之前，就试航中发现的质量问题提出意见和要求是天经地义的，完全正当的。江南造船厂在完成移交使用之前，应该尊重公司方面的意见，采取改进措施，提高质量。本着对工作对国家负责的态度，这种分歧本来是不难解决的。正如毛泽东后来所说的：“风庆轮问题本来是件小事。”但是，“四人帮”及其党羽却把事情越闹越大，直至闹出了一个风庆轮事件。

问题的症结就是因为当时发生了极不正常的情况。当时在全国批判所谓右倾回潮的余音未了，批林批孔——批周公运动即将启动。“四人帮”及其党羽，正凭借他们的反革命嗅觉寻找时机，兴风作浪，这时发生了关于风庆轮部件质量问题的分歧，“四人帮”党羽控制下的上海市工交组便蓄意歪曲事实，扩大矛盾，以求一逞。

具体情况是：当时公司方面指出，风庆轮主机汽缸套磨损达0.15毫米，质量尚不过关，需要采取改进措施。但是，“四人帮”的党羽却说：风庆轮主机汽缸套的“磨损仅为0.08毫米，完全属于正常。”实际情况是他们玩弄了一个花招，把单边磨损0.15毫米平均到两边，即把0.15毫米磨损值除以“2”，再用“4”舍“5”入法，得出了磨损仅为0.08毫米的虚假结论。然后以这个弄虚作假的结论为根据对交通部进行污蔑攻击，说交通部的人对国产船如何地百般挑剔刁难，是“崇洋媚外”的典型等等。

1974年1月，姚文元为准备发动批林批孔——批周公，回到上海进行活动，收集材料。1月17日，在锦江饭店小礼堂召开的上海市总工会常委会，金祖敏说：闵行地区的几家工厂生产任务吃不饱，而北京“部里的人”却从苏联进口发电设备。有些设备明明可以自己解决，但是喜欢进口，包括电机厂、造船厂出的产品。可见，“最近崇洋媚外思想有所抬头。”马天水也说：“有一股进口风”。姚文元一听，如获至宝，立即说：“在生产问题上，经济领域的斗争是不断的”。“搞几个材料给我。”

1974年初姚文元的上海之行，为上海党羽们的反革命活动撑了腰，打了气，加了油。

陈阿大跑到江南造船厂煽动说：你们这个厂是王洪文做过工宣团长的，现在你们求稳怕乱，是倒退。对有些人要敢批敢斗，你不向他进攻，他要向你进攻，等等。经陈阿大点火，江南厂的一些人贴出了题为《远洋公司还是崇洋公司》的大字报。

《文汇报》急忙要来了大字报原文，登在该报内部刊物《文汇情况》上。马天水看后立即批示让远洋分公司革委会将全文照抄成大字报，在公司的重要地方张贴出来。同时，马天水还令上海市工交组发上海各船厂职工“一起议论”。

之后，工交组又派人到远洋分公司，指责公司领导对大字报不表态，污蔑交通部及远洋公司“拜倒在洋人脚下”，“靠买船过日子”等等。

在马天水批示后，上海各船厂也纷纷前往上海远洋分公司张贴大字报。一时，公司院内四处贴满了批判“崇洋公司”的大字报。

与此同时，远在大连的红旗造船厂，也在“四人帮”辽宁死党的指挥下遥相呼应贴出大字报，攻击交通部天津远洋运输分公司是“天字号崇洋公司”。

金祖敏根据姚文元指示，让江南造船厂写了一个“典型材料”，题为《从万吨机的制造看造船工业的两条路线斗争》。该材料列举了上海机电一局系统的电机、机器制造等行业的例子。重点之一是就风庆轮试航过程中质量问题的分歧，攻击交通部执行的是“刘少奇的造船不如买船的路线”。金祖敏于1974年春节大年初一写信给姚文元，报送了这份材料。

下面是金祖敏于1月26日致姚文元信的节录：

> 在本月十七日您接见市总工会常委时，我汇报了前一段到工交系统所听到的一些反映，即在当前工业战线上崇洋思想又有所抬头，这次我又作了进一步了解，现将我所听到的一些情况和自己对这些问题的看法报告如下：
>
> 遵照毛主席“洋为中用”的教导，进口一点技术先进的样品、样机，作为借鉴是可以的。而有些可进可不进的设备、原材料，应自力更生，立足于国内。但当前出现一种什么都依赖进口的倾向值得注意。
>
> 对于这问题，我觉得在社会主义事业建设中，是贯彻执行毛主席“独立自主，自力更生”的方针，还是推行爬行主义，洋奴哲学，这是一个大是大非的问题，是一个路线问题……
>
> 以上……请张春桥、王洪文同志阅示。

姚文元在金祖敏的信上批道：这是“崇洋卡国产的典型例子”，“相当尖锐地揭露出经济工作中的路线斗争”。姚文元还要王洪文、张春桥考虑是否印出来给政治局的同志看看。说“简报上是完全看不到这类材料的”。

之后，金祖敏的信和材料果然以《金祖敏的一封信》为题印发。姚文元还寄了一份给上海的金祖敏，所附便条上写着：“信已经印出，寄给你一份。”

马天水立即让上海市革委会办公室翻印了此件，并补拟一个通知，发到上海市工交系统。同时，又报送给张春桥、姚文元。

在张春桥、姚文元的直接操纵下，上海全市立即展开了借风庆轮问题批判“崇洋媚外”的造势行动。一时间，接二连三地召开了各种联合批判会、现场批判会。批判会上攻击买船是“崇洋媚外”、“依赖进口”，是“投降卖国”，是“曾国藩、李鸿章一伙制船不如买船的洋奴哲学”，“卖国贼的衣钵后继有人”等等。最为别出心裁的是搞了一个全市性的歌咏大会。组织者指定上海远洋运输分公司的同志们去唱《自力更生造船好》的歌，同时，让公司领导作为对立面到会接受“唱歌批判”。被徐景贤请去大会的文化部死党于会泳在会上说：“中远公司的人自己唱《自力更生造船好》，这是给领导的一张很好的大字报。”实际上，中远公司被指定参加唱歌的同志思想上很抵触，组织者却说：“这不碍你们的事，路线问题主要是指上头的。”可见他们的矛头所向了。

二、风庆轮事件的背景

那么，“四人帮”及其党羽为什么要利用风庆轮大作文章呢？这就要联系风庆轮事件的背景进行分析。

风庆轮事件的大背景是正准备召开第四届全国人大会议。

自从1969年开过九大以后，召开四届人大会议就提上党和国家政治生活的重要日程。就在筹备大会期间，在修改宪法过程中，发生了林彪反革命集团妄图抢班夺权的问题及“九·一三”事件，所以推迟了四届全国人大会议召开的时间。直到批林整风大致结束的1974年，才把这件事再次提到重要日程上来。

由于“四人帮”在十大攫取了重要权力，他们利令智昏，认为羽翼已丰，妄图在四届人大由他们组阁。为此，从1973年十大开过之后，他们就紧锣密鼓地行动起来。对“四人帮”来说在其党羽中选拔拼凑一套班子并不难，难的是必须排除组阁的障碍，而最大的障碍莫过于周恩来和已经恢复副总理职务的邓小平以及国务院所属主管部门那些恢复了领导工作的老同志。

出于以上政治需要，“四人帮”在1974年新年伊始便大张旗鼓地造起了批林批孔——批周公的声势。然而他们并不满足于影射史学的效用，他们极力企图在现实生活中寻找利器对付政敌。他们曾利用批判走后门，以求一逞，但是很快被毛泽东揭穿予以否定。不过，姚文元年初的上海之行却带回来他们认为可用作重磅炸弹的风庆轮问题。

背景之二便是抓住风庆轮问题大作文章，被“四人帮”认为是对他们最有利，也最有效的突破口。一则，他们具有地利的优势，这颗“炸弹”的制造者是上海的死党爪牙，在他们眼中上海当时乃是他们的“帮天下”，借风庆轮继续兴风作浪，上下窜通十分方便。二则，抓住风庆轮大作文章可以由小及大，从中引出一个关系国家建设的方针问题，可以对政敌上纲上线到方向路线上去。正如“四人帮”死党爪牙已经作的那样，可以用“崇洋媚外”、“洋奴哲学”、“刁难国产船、依赖进口船”等等罪名，从下往上追，往上批，直至打倒政敌，为他们组阁让路。

这里有必要追述一下被“四人帮”抓住不放的外贸进口及利用外汇买船的实际情况。

关于对外贸易情况是这样的：“九·一三”事件后，周恩来总理领导批极左，让国务院有关部门抓计划、抓管理，使我国的经济工作在短时间内取得了较为显著的进展，其中又以扩大外贸的成果为最。当时，国务院利用尼克松访华后，中美关系开始解冻的有利时机，开展外贸工作。1973年党中央、国务院任命李强担任外贸部长，并请陈云进行指导和协助。李强部长常常亲临外贸第一线，亲自领导和操作，在黄金买卖、期货贸易方面收获甚丰，外贸部门在短时间内就赚回了30亿美元[①]。同年，在引进国外大型设备等方面也采取一些大动作。比如，1973年初，国家计委根据周恩来总理指示，上报了《关于增加设备进口，扩大经济交流的请示报告》一份，报告提出从国外进口13套大化肥设备、4套大化纤设

① 参见《无愧无悔的人生——记李强同志》，原文载中国工人出版社1995年5月出版《献给后代的报告》。

备、3套石油化工设备、1个烷基苯工厂设备、43套综合采煤机组、3个大电站、武钢1.7米轧机以及透平压缩机、斯贝发动机等，总计43亿美元成套设备和单机。如果加上以前确定和后来追加的项目，共计用外汇51.4亿美元。这份报告经毛泽东、周恩来批准后付诸实施。后来的事实证明，上列引进项目，对我国经济生活发生了积极作用。

然而，“四人帮”及其党羽，出于他们的本能总是对国务院工作的成就切齿痛恨，总是要在鸡蛋里挑骨头。这就是他们所攻击的所谓“进口风”的实质。

关于利用外汇买船的实际情况又是怎样的呢?

首先，党中央、国务院对于发展我国的远洋运输事业历来是十分关注的。早在1956年，毛泽东主席就对交通部门提出一个重要任务：我们要发展一、二千万吨的海上运输力量。1958年，毛泽东主席再次提出要建立起“海上铁路”。1963年，周恩来总理根据当时有利条件，提出在积极发展国内造船工业的同时，也可利用香港中国银行可提供的外汇贷款从国外购买船只，以加快发展我国远洋运输船队。1970年全国计划会议期间，周恩来总理又明确指示：在远洋运输方面，要力争在1975年基本改变租用外轮的局面。之后，国家计委便制定了一个计划，即：在1972年至1974年三年内利用外汇贷款买船，以加快发展我国的远洋船队。国务院批准了这个计划。

风庆轮问题就是发生在这个计划执行期间。但是，事实本身正好说明，我国在买船的同时，也在积极造船，不然怎么会有万吨级的远洋货轮风庆轮的诞生呢? 交通部的人在轻载试船后提出质量方面的某些不足，正是为了使国产船性能更臻完善。这里“四人帮”及其党羽蓄意制造事端的险恶用心已经昭然若揭了。

值得注意的是，利用外汇买船的方针，本来就是经毛泽东批准的。可见“四人帮”并不真正遵照毛泽东的指示行事。

针对“四人帮”在造船与买船问题上蓄意捣乱破坏的行径，李先念副总理于1974年3月8日作了针对性很强的指示：

(一)“独立自主，自力更生”的方针，必须坚决贯彻执行，决不能有丝毫动摇。应当充分发动群众、依靠群众、尊重群众的首创精神，努力加快我国造船工业的发展。

(二)主要依靠自己的力量发展我国的造船工业，这是根本的。但并不排除在有利条件下从国外适当购买一些船只。因为我们现在的船舶太不够了，每年花掉的运费就要三亿多美元，数目太大。为了加强我国海上运输的能力，适当购买一些船只还是必要的。特别是对东欧一些国家，生意还可以多做些，从他们提出的贸易货单当中，进口一些船舶，可能对我们有利。……

(五)广东、上海以油为原料的大化肥厂，一旦建成就需要有较大的油船，如五万吨的或更大一些的。建议早点筹办。否则，只靠火车运油，是不能解决问题的。另外，我们也在进口矿石，装运矿石万吨船不行，吨位要大，也要考虑解决。

李先念副总理的指示，既是对“四人帮”的回击，也是对国务院既定的既要积极造船，也要利用有利条件买船这个方针大计的坚持。

据统计，截止到1974年年底，我国的远洋船只发展到304艘，共计450万载重吨。

不过，“四人帮”是决不善罢甘休的。

三、风庆轮远航及远航途中的斗争

就在风庆轮问题闹得沸沸扬扬的那段日子里，风庆轮结束了重载试航并移交给交通部上海远洋运输分公司使用。接着，交通部分析了风庆轮建造情况以及轻载、重载两次试航的技术状况，批准了远洋运输总公司要求风庆轮远航的报告，决定在近期内让风庆轮远航欧洲，并向国务院作了报告。

在对待风庆轮远航的态度方面，“四人帮”的党羽表现出前后矛盾，反复无常。他们既想捞一张反党“王牌”，又没有把握。起初，他们曾大叫大嚷要求让风庆轮远航，那时他们以为交通部不会批准，他们却可给交通部罪加一等。结果却出乎他们意料。于是马天水污蔑说：“有人故意下令远航，是要整整上海，想要我们好看”。叫喊远航最凶的黄涛这时也变了腔调。黄涛说：“交通部倒来将我们一军了。”黄涛还说：“风庆轮远航不该一下跑这么远，风险太大，该先跑几趟近洋。”

不过，在交通部已经下令让风庆轮远航欧洲的情况下，他们只好召集上海一、二百家工厂，为风庆轮远航赶制备件，而且实行了包干责任制，谁家提供的产品，由谁家负责，如果出了问题，就要唯谁是问。原来有争议的部件也偷偷地换了下去，而且备件数量之多，是前所未有的。他们认为，风庆轮远航胜利了，就可以捞到一张反党“王牌”。用黄涛的话说，他们就是要“同党比输赢，争高低”。在他们的心目中，他们的“帮”就是要同我们的党“比输赢”，为此才要下这笔大赌注。

此处还应该提到的是在对待风庆轮远航的胜败、输赢问题上，老谋深算的张春桥的看法比他们的党羽更为高明。张春桥说：“风庆轮即使沉了，也是个胜利。”这显然是因为让风庆轮远航这件事，是交通部决定并得到国务院批准的。即使在远航途中沉到大西洋或者印度洋里，其责任当然在交通部和国务院。所以，这对“四人帮”来说，也是胜利。

交通部为了保证风庆轮远航的安全，做了许多细致的准备工作：特地安排了一艘远洋船与风庆轮结伴航行；还特许风庆轮必要时可在国外进行修理；派了远洋运输总公司的一位负责同志前往上海对风庆轮远航作具体安排；指派中国远洋运输总公司组织处副处长李国堂和宣传干事顾文广上风庆轮协助首次远航工作。李国堂同志任副政委，顾文广同志任实习三副。

李国堂、顾文广（以下简称李、顾）两同志奉命于1974年4月17日上风庆轮工作。但是，李、顾两位同志的到来被“四人帮”的党羽认为是交通部“不怀好意”，“来者不善”。马天水、黄涛让船上爪牙“在航行中密切注意”李、顾的“动态和表现”。被委任为风庆轮政委的朱栋（上海远洋分公司党委委员、航运组负责人，当时已投靠了“四人帮”上海死党）上任伊始就布置人盯住李、顾。

风庆轮于1974年5月9日从上海港启航，同年9月30日返抵上海港。在将近5个月的远航往返途中，围绕着要不要批判进口船舶就是崇洋媚外等问题，朱栋与李、顾二人之间的斗争从未间断。

航行于大洋中的风庆轮上的斗争是当时中国政治斗争的缩影。

最初的斗争发生在研究风庆轮党支部工作计划时，朱栋遵照“四人帮”死党旨意主张继续批判“崇洋媚外”。李、顾二同志认为这是把矛头指向国务院领导同志，表示坚决反对。

风庆轮到达罗马尼亚后，在船上进行单航次总结时，朱栋竭力主张把风庆轮远航说成是“争来的”，是“批出来的，斗出来的”，是批“崇洋媚外”的结果。而李、顾则主张单航次总结应主要谈胜利完成单航次任务的情况，肯定成绩、克服缺点，为胜利返航做好准备。朱栋则诬蔑李、顾代表一条修正主义路线，说李、顾要搞的是技术总结，他则要搞“政治总结”。李、顾坚决反对这种反革命的“政治总结”是完全正确的。

接着是返航到大西洋时，朱栋又以工会名义举办船员脱产学习班，要大家学习“四人帮”帮刊《学习与批判》上的《批“崇洋有理”》的文章。顾文广同志据理反驳，指出买船是根据国家外贸和援外运输发展的需要，考虑到长期租用外轮太受制于人，每年还要花一大笔外汇。在国内造船一时不能满足需要的情况下，买进一些船只有何不可？而且买船都是经过国务院批准的。顾文广同志还指出，《批“崇洋有理”》的文章强词夺理，不能使人信服。顾文广同志义正词严的发言博得了船员们的热烈支持。可见，李国堂、顾文广同志是并不孤立的。

在风庆轮远航期间，大约在1974年6月间，王洪文曾在一个报告上批示，诬蔑买船是“假洋鬼子”。8月间，当张春桥得知风庆轮通过好望角到达罗马尼亚的消息时，认定借风庆轮大作文章的时机已到，他严厉指责《人民日报》为什么要把这个消息登在报缝里？并下令：风庆轮“回来后要开排炮”、“要登头版头条”、“要搞连续报导”、“进行大宣传”、“要组织欢迎”，“因为这是路线问题”。上海的马天水和朱永嘉立即向上海宣传部门作了部署，定了基调：“要把洋奴哲学好好批一批”。解放日报社立即通过上海远洋分公司发了一封约稿信给风庆轮，要风庆轮组织几篇文章“回击洋奴哲学”。接着，“四人帮”的黑指示也传到风庆轮上，朱栋更加肆无忌惮地大搞批判，并对李国堂、顾文广两同志进行政治陷害。

1974年9月9日，风庆轮离开毛里求斯在印度洋航行时主机增压器故障，不得不停下来修理47个小时。期间漂离航线52海里。美国军用飞机三次飞临风庆轮上空盘旋。鉴于情况严重，李国堂建议向公司发电报，如实报告情况。船长也按制度规定起草了电报。但是，朱栋公然违反规定强行压下电报不准上报，并反诬李国堂同志“胆小怕死”，“强迫船长发求救电报”，还指使人在黑板上辱骂李是“假洋鬼子”。顾文广同志严厉指出这样做违反了在船上不搞“四大”（即大鸣、大放、大字报、大辩论）的规定。朱栋却在第二天亲自在黑板上写出：“你们这些假洋鬼子，跳海去吧!”在风庆轮快到新加坡时，顾文广同志利用总结支部工作的机会，就黑板报问题再次提出质问时，朱栋恼羞成怒，跳了起来，拍着桌子说：“你们的问题现在不说，到上海再给你们弄清楚。”

实际上，当时朱栋已经布置人把平时监视李国堂、顾文广的记录，假借群众来信的名义整成诬告材料。

后来才知道，当时接受监视任务的至少有4人。诬告材料共罗列8大问题，54条，共万余字。其内容完全是颠倒是非的，且许多都是歪曲事实的污蔑不实之词。

这些材料将被用来作为攻击交通部和国务院的炮弹。

四、风庆轮事件的高潮

风庆轮事件从1974年初揭开序幕之后，伴随着该轮远航，斗争也从上海转移到了大洋上、下。直至返沪，斗争已持续达9个月之久。

不过，风庆轮事件的高潮还在后头。

“四人帮”必然要选择一个最重要的时机才向最高层抛出这张“王牌”。

时机终于到来了。

风庆轮返抵上海港时正逢1974年国庆25周年前夕。当时，第四届全国人大会议筹备工作正进入最后确定国务院领导人选的阶段。这是“四人帮”篡夺政权能否得逞的关键时刻。

9月30日，“四人帮”在上海的党羽倾巢出动，借欢迎风庆轮胜利荣归的名义，向中央、国务院、交通部示威，抢尽了远航头功的风头。当时，朱栋迫不及待地把诬告陷害李、顾的材料交给了《解放日报》记者，并交代说：“请赶快转交市委，是很重要的问题。”

《解放日报》立即以党委办公室名义编了简报，题目是：《发生在风庆轮远航途中的尖锐斗争：群众来信揭发副政委李国堂的错误言行》，还附上朱栋炮制的所谓群众来信。

“四人帮”的上海死党马天水、徐景贤、王秀珍见到了材料后说：“是交通部派来搞破坏的，是特务。”于是，这份材料很快送到北京。姚文元看后立即批交新华社登《国内动态清样》，这样，“四人帮”就可以把事情闹到政治局去了。

国庆25周年纪念活动很快就过去了。10月4日，毛泽东就国务院组成人选第一次表态。他提议邓小平任国务院第一副总理。在周恩来因病住进医院已经四个多月的情况下，毛泽东的这项提议意味着什么是不难理解的。

当晚8时，王洪文向江青、张春桥、姚文元传达了毛泽东提议邓小平出任第一副总理的指示。这个消息对“四人帮”的组阁阴谋来说，乃是当头一棒。

野心勃勃的“四人帮”必然要制造事端反对毛泽东让邓小平出任第一副总理的提议。而所谓风庆轮问题，这时便成了他们认为已导演成熟的一出好戏。于是“四人帮”一个接一个赤膊上阵，把这个问题闹到了最高层。

“四人帮”首先借10月13日新华社《国内动态清样》刊登的诬告李国堂、顾文广的材料大做批判文章，把问题闹到政治局委员面前。

10月14日，江青首先写了以下一大篇批示：

我看了一九七四年十月十三日《国内动态清样》有关风庆轮的报导后，引起我满腔的无产阶级义愤！试问交通部是不是毛主席、党中央领导的中华人民共和国的一个部？国务院是无产阶级专政的国家机关，但是交通部确有少数崇洋媚外、买办阶级思想的人专了我们的政。像李国堂这样的人，我不知道他是不是共产党员，但是从反映的材料来看，他连爱国主义者都不是。这种洋奴思想、爬行哲学，不向他斗争可以吗？李国堂是钻进革命队伍的阶级异己分子，装满一脑子买办资产阶级思想，他怎么能够做中华人民共和国风庆轮号这艘万吨英雄轮船的副政委呢？……政治局对这个问题应该有个表态，而且应该采取必要的措施。

以上意见妥否，请指示。

同日，王洪文紧随江青之后，也批了下面一段话：

完全同意江青同志意见。我已在十月十三日告交通部，上海市委先将李国堂留上海发动风庆轮职工进行彻底的揭发批判，然后再搞回交通部进行批判。

交通部必须对李国堂进行严肃的处理。并将处理的情况报告中央。

张春桥批了以下一段话：

同意江青、洪文同志意见。在造船工业上的两条路线斗争已经进行多年了。发生在风庆号上的事是这个斗争的继续。李国堂不是中国共产党的代表，而是买办资产阶级的代表。建议国务院抓住这个事件，在批林批孔运动中进行政治思想路线教育，使毛主席的独立自主、自力更生的方针，在各个战线上进一步确立起来。

姚文元当然表示同意江青、王洪文、张春桥的意见。接下去他还写了下面一段：

根本问题是路线问题。李国堂代表了一条修正主义路线，他仇视社会主义的新生事物，对抗毛主席独立自主、自力更生的方针、反对革命文艺、批林批孔和文化大革命，他的崇洋媚外思想是由他的买办资产阶级的立场决定的。建议交通部和其他经济部门在批林批孔运动中，通过这件事进行路线教育，坚持毛主席无产阶级革命路线，批判修正主义路线，使我国造船工业和整个社会主义工业能够沿着毛主席的革命路线多快多省地发展。

以上文件经政治局传阅后，退给江青。江青于10月25日再作批示如下：

总理、康老：

这三份传阅件毛主席都看了。现送上请阅。

退江青

（周总理批示）：已阅。

康生则于10月25日批了下面的话：

同意江青同志在各份材料上的批示，同意洪文、春桥、文元同志的批示。我长期以来感到交通部有问题。应通过查处李国堂的问题，对交通部进行彻底检查整顿。

应该说明的是，江青说的“三份传阅件毛主席都看了”，是指毛主席已经“圈阅”。也就是在名字上划过圆圈了。

当时，邓小平也圈阅了上述传阅件。但是，“四人帮”绝不让邓小平以圈阅了事。

10月17日中央政治局开会，在会议末尾，江青蓄意挑衅，质问邓小平：“你对风庆轮是什么意见。”邓小平说：“我已经圈阅了。”江青以命令的口吻说：“你要表态。”邓小平气愤地说：“那我还要调查。还要调查。”这时，李先念就把邓小平劝走了。可是，张春桥却心怀叵测地说：“我早就知道邓小平要跳出来，果然跳出来了。”

散会后，江青召集张春桥、王洪文、姚文元到钓鱼台17号楼密谋对策。江青对张、王、姚说，她之所以发火是因为“邓小平对文化大革命不满意，对文化大革命从来不表态。邓小平不支持新生事物。风庆轮船虽不大，毕竟是中国造的，邓小平为什么不表态？……”当晚，“四人帮”密谋决定让王洪文抢在10月20日毛泽东会见外宾之前，先到长沙去告状。

10月18日上午，王洪文瞒着周恩来等在京主要领导人，乘专机到达长沙。湖南省委第一书记张平化接他到毛泽东处。

王洪文恶人先告状，说：“北京现在大有庐山会议的味道”（实际上是“四人帮”正如当年林彪一伙在庐山会议那样搞阴谋）。王洪文还说：“总理现在虽然有病，住在医院还忙着找人谈话到深夜，几乎每天都有人去。经常去总理那里的有小平、剑英、先念等。他们这些人在这时候来往的这样频繁，和四届人大的人事安排有关。”王洪文还说：“邓小平出来工作，一直对文化大革命不表态。这次在政治局会议上与江青发生争吵，吵得很厉害。邓小平情绪那么大，与最近在参谋长人选和总政主任人选问题上，江青与邓小平意见分歧有关。”王洪文还想说风庆轮问题，当即被毛泽东叉开了。当王洪文讲到叶剑英利用矛盾挑拨他和江青的关系时，毛泽东却向他提问国内经济形势情况。王洪文见毛泽东对他想讲下去的事没有兴趣，只好把经政治局讨论过的国务院副总理人选名单和人大常委会副委员长人选名单交给毛泽东，同时提出：董必武、朱德谁当委员长？毛泽东没有表态，随即把名单退给了王洪文。

最后，毛泽东告诫王洪文：“你回去多找总理和剑英谈。不要和江青搞在一起，你要注意她。”

形势比人强。不久后的事实说明，王洪文长沙之行可以说是一无所获，但却被毛泽东发现了“四人帮”企图组阁。

江青像热锅上的蚂蚁一样，急切等待王洪文告状的结果。但是，江青毕竟做贼心虚，她惟恐王洪文此行难以如愿。10月18日中午，江青迫不及待地把王海容、唐闻生召到钓鱼台17号楼。这是因为王、唐两同志即将陪同丹麦首相哈特林和夫人前往长沙会见毛泽东。江青要王、唐把17日晚政治局会议上的斗争以及“他们国务院那些人借谈工作搞串联”的情况向毛泽东报告。并让王、唐在当晚九时再来钓鱼台见她。

10月18日晚，王洪文当即向江青、张春桥、姚文元汇报了他的长沙之行。

在王洪文长沙碰壁的情况下，“四人帮”一起会见如约前来的王海容、唐闻生。这次唱主角的是张春桥，他首先说：邓小平“跳出来不是偶然的”。这次会议上邓小平与江青争吵是“二月逆流”的重演。接着，张春桥还诽谤说：国内财政收支对外贸易中的逆差，都是由国务院领导人“崇洋媚外”造成的。江青再次让王、唐把这些情况报告毛主席。

10月19日，周恩来把王海容、唐闻生两同志找去305医院。周总理对他们讲了政治局会议的真实情况。指出：江青已经不是第一次这样问邓小平，邓小平已经忍了很久了。看来，他们是事先计划好的。周总理还说，已告邓小平“这次陪外宾见主席时不要为此事干扰主席，回来后慢慢解决。”周总理问王、唐：这次你们去长沙有没有向主席汇报此事的任务？王、唐两同志回答说：我们没有接受这方面的任务。

10月20日，王海容、唐闻生向毛泽东报告了“四人帮”及周总理同他们谈话的全部情况。毛泽东听后很生气，说：风庆轮问题本来是一件小事，而且李先念、纪登奎同志已经在办，江青不应该那样做。毛泽东让王、唐两同志带话给王洪文、张春桥、姚文元不要跟着江青批文件，不要江青批一个，他们也跟着批一个，否则，其他人不好办。毛泽东还让王、唐转告周恩来和王洪文：总理还是总理。四届人大的筹备工作和人事安排问题要总理和王洪文一起管。建议邓小平任党的副主席、第一副总理、军委副主席兼总参谋长。

毛泽东的上述指示，是对“四人帮”组阁阴谋的粉碎性打击。尽管“四人帮”并未就此罢休，但已经步步被动、次次挨批。他们只能利用上海这个阵地继续捣乱了。

五、风庆轮事件的落幕及问题的实质

风庆轮事件的落幕，包含了以下三个方面的情况：对李国堂、顾文广两同志的批判和处理；朱栋进入“四人帮”组阁名单及其结局；上海的舆论攻势及其落幕。

在王洪文的指令下，李、顾被扣留上海，并从10月15日起接受批斗。在此后一个月内，他们被200人参加的大会批斗3次；被10人至20人参加的小会批斗22次。加给他们的罪名有“假洋鬼子”、“洋奴”、“汉奸”、“孔老二的徒子徒孙”、“交通部派来的特务”、“风庆轮上的错误路线代表”、“攻击中央首长”（指对“四人帮”）等等。在批斗期间，强迫李、顾交出了文件和工作笔记本，查抄了他们的房间，规定不准他们写材料上报，还在房门口暗设了看守人员。

11月14日，李、顾被押解回到北京。第二天，远洋运输总公司宣布：李国堂停职审查、交代问题、接受批判；顾文广回宣传处交待问题、暂不工作、接受批判。回京后接受大会批判2次，小会批判3次。直到事隔3年以后的1977年10月7日，才在交通部党组直接过问下彻底平反昭雪，恢复名誉。他们的正义斗争终于得到肯定的评价。

在李、顾遭到“四人帮”党羽迫害的日子里，风庆轮上的许多船员给了他们极大的支持和安慰。例如，当组织者动员副水手长邬中由揭发李、顾时，邬中由明确回答：“对总公司派来的两位同志没有意见，他们在船上和我们一起做了很多工作，这样的干部我们是欢迎的。”在大、小批斗会上，邬中由就是一言不发，最后坚决要求提前公休，一走了之。有的船员抽空到房间说：“不要怕，要顶住”。也有的船员迫于形势不得不参加批判，却在半夜去敲李、顾房门，说：“明天又要批斗了，你们看我讲些什么比较好？”可见，公道自在人心。

当李、顾遭受诬陷批斗之时，害人者朱栋却被列入“四人帮”的组阁名单。在上海党羽密谋上报组阁名单时，马天水提出：“要派人到交通部去。”黄涛说：“就是要派人到交通部掺沙子。”王秀珍则说：“朱栋在风庆轮与李国堂斗争表现很好，让朱栋去”。马天水、黄涛都说：“他和交通部斗争有经验了”，“他到交通部能起作用”。于是，朱栋就成了“四人帮”组阁名单中的16个部长之一。不过，随着组阁阴谋的破产，篡夺交通部大权的梦想也成了一枕黄粱。

1974年10月到11月间，“四人帮”在中央政治局挑起风庆轮事件时，上海党羽也卖力地展开了一场超大规模的“成套宣传”攻势。他们组织朱栋等人四处作报告达上百个场次；组织20多万人上风庆轮参观，借机批判所谓“崇洋媚外”的“卖国主义”；还组织《歌唱风庆轮》的专场歌咏大会。

在此之前，文化部的“四人帮”死党还打紧急电话令上海电影制片厂在年内拍一部风庆轮问题的电影，并作为文化部直接抓的“重点片”之一。徐景贤授意他的秘书赶到上影厂文学剧本创作组交底说：“风庆轮要重点搞”，“这个题材如一般地反对崇洋媚外就搞偏了”，“这个剧本要敢于触及中央的部，部的背后有中央的人，要写中央的两条路线斗争，要写高级走资派。”“剧本的主题是回答中央出了修正主义怎么办？”“不能只反贪官，不反修正主义的皇帝。”此事后来未见下文。

在报纸宣传方面，由徐景贤、朱永嘉直接指挥，在1974年10月至11月两个月内，《文汇报》共发44篇文章（其中有9个是整版）；《解放日报》共用20个版，发表各类文章66篇（其中有画8幅），共约13万字。上海两报使尽浑身解数，既有通讯报导，也有评论、访问记、座谈会纪要，还有照片、图片、杂文、小说，他们称之为“全套宣传”，“连锁宣传”。上海两报的这种超大规模的举动，在上海造成十分恶劣的影响而且流毒全国。

“四人帮”及其党羽所以要这样兴师动众，朱永嘉有个说法：“风庆轮不是一条船的问题。风庆轮的远航是整个政治斗争的一个组成部分。造船的斗争和整个路线斗争是紧密联系的。”因此，“风庆轮的问题要把文章做足”，“要一直宣传到四届人大的召开。”

朱永嘉视为重大无比的所谓路线问题，也就是我们所讲的关系我国社会主义建设的重大方针政策问题。在前面提到的关于风庆轮事件的背景时，已经接触到了这一问题的实质。党中央、国务院的老一辈无产阶级革命家关于通过国际经济往来和扩大外贸加快发展我国远洋运输事业的决策本是利国利民之举，也是符合“自力更生为主、争取外援为辅”的国策的。

邓小平正是在这个关系国策大计的问题上挺身而出与“四人帮”进

行面对面的抗争的。这种抗争是完全必要的和正确的。

第一，就风庆轮事件本身而论，这是“四人帮”及其党羽出于篡夺最高领导权的反革命政治需要而制造的一起政治事件。他们使用的手段，无非是歪曲事实，编造虚假情节以混淆视听。他们不仅借风庆轮制造假象，还公然伪造历史，于4月20日在《朝霞》第4期登了一篇《李鸿章出洋》。该文编造了李鸿章出洋购买洋船洋舰的情节，以此影射攻击国务院及其主管部门领导人“崇洋媚外”。而且威胁说：“如果执迷不悟，甘当洋人走狗，定必痛惩不贷”。这些捣鬼伎俩虽然可以蒙骗不明真相的人于一时，但是许多领导同志却洞若观火，因为他们知道真实情况。以至后来毛泽东也赞赏说，邓小平的钢铁公司开得好。

第二，“四人帮”当时所以能够借买船大做文章，把买船同“洋奴哲学”、“崇洋媚外”、“爬行主义”、“卖国主义”等等罪名划上等号，大批特批，这是与泛滥全社会的极左思潮有密切关系的。

在对外经济关系方面，我们是走了一段弯路的。建国初期，我国在第一个五年计划期间也是对外开放的，只不过限于当时国际环境，美国等国家对我国实行封锁禁运，我们只能对前苏联和东欧国家开放。后来由于客观情况变化，也由于我们主观上陷入“左”倾错误，热衷于批判资本主义，我国一度几乎处于完全封闭的状态下搞建设，使我们错过了50年代和60年代两次世界性的产业结构大调整的机会，丧失了使我国经济得到更快发展的良机。到70年代初，随着中美关系的解冻，我国实行了扩大外贸进出口的政策，这本是审时度势后的正确决策，但是“四人帮”却在这个节骨眼上掀起了这股反对进口的恶浪。这只能说明他们除了玩弄政治阴谋之外，对社会发展规律实在一窍不通。他们既无视我国从明、清以来数百年闭关锁国造成贫穷落后的教训；更不懂世界已进入开放时代，任何一个国家要发展，孤立起来是不可能的，不加强国际间的交往是不行的。如果按照“四人帮”的主张行事，那才是真正的爬行主义。所以说，“四人帮”的愚蠢无知实属世界之最。

“四人帮”还常以马克思主义理论的捍卫者招摇于市，实际上他们对马克思主义十分无知。就以社会主义和资本主义的关系来说，马克思主义观点是：二者除了对立的关系之外，还存在一种继承的关系。正如胡绳同志在研读了马克思、恩格斯的有关著作后写的《社会主义和资本主义的关系——读书笔记》[①]一文中所说：“在生产关系以及保护生产关系的国家政权方面，社会主义社会对于资本主义社会是对立的关系，在生产力方面是继承的关系。”然而，这种马克思主义的观点却被“左”倾论者视为反动观点，“四人帮”正是利用了这种错误观点以售其奸的。从这个意义上说，“左”倾错误观点扮演了“四人帮”的护身符的角色，使他们得以在“左”倾观点掩护下进行反革命政治活动。

在这个关系国策的重大理论和实践问题上，邓小平不但在“风庆轮事件”中对“四人帮”采取了不妥协态度，在随后领导的1975年全面整顿工作中，又针对“四人帮”所搞的那套闭关锁国的政策，明确提出“引进新技术、新设备，扩大进出口”，还强调说“这是一个大政策”。后来，邓小平还说过：“中国的经济开放政策，这是我提出来的。”

或许我们可以认为，1974年邓小平与“四人帮”在风庆轮事件中的斗争——这场涉及实行对外开放还是坚持闭关锁国的原则性斗争，对他后来提出经济开放政策并不是毫无关系的。

风庆轮事件早已成为一个历史问题了，但是，就这个问题的实质而言却具有深远的意义。而今，经济开放政策已成为我国基本路线的重要组成部分，并在我国现代化建设事业中结出了丰硕的果实。历史的发展就是这样不以“四人帮”的意志为转移，江青也只能以绝望自杀而终其一生了。

---

① 原载《人民日报》1992年4月10日。

“组阁”之争

力　平

1974年4月以后，周恩来的病情日益沉重。6月1日，他作了第一次大手术，此后就住在三〇五医院里了。

这时候，各地的批林批孔运动正在进行。周恩来想了一系列办法来限制这个运动，包括要内外有别、大字报不能上街、不要开群众大会等。他强调“一定要在各级党委领导和同意下”来进行。

6月14日，江青召集会议，授意她的写作班子“要批现代的儒”，说是“写老的儒有问题，不然只是刘、林”，对“现在的儒应写文章”。不久，她在天津又讲“批现代的儒”、要“批党内的大儒”，这是重点。她甚至给一个农村社员改名“周克周”，露骨地说要“用我们这个周去克他那个周”。她们极力攻击周恩来等，妄图为自己夺权创造条件。

这年10月，毛泽东正式提出，建议邓小平任国务院第一副总理。“四人帮”千方百计要排除邓小平。10月17日，江青等在政治局会议上利用“风庆轮”事件围攻邓小平，矛头指向周恩来。所谓“风庆轮”事件是这样的：1974年9月底，我国自行设计、制造的万吨级远洋货轮风庆号远航欧洲回到上海，“四人帮”等借此污蔑国务院、交通部不支持国内造船，热衷于买船，是“崇洋媚外”。实际上，1964年，为了尽快发展我国的远洋运输业，周恩来作出造船和买船并举的决定，是毛泽东同意的。1970年，周恩来又指示力争在几年内基本结束主要依靠租用外国轮船的局面，把立足点放在国内造船上；在国内造船一时还不能满足需要时，可以适当地买一些船，以便把远洋运输的主动权掌握在自己手里。当时，我国外贸租用外轮一年要花几亿美元，而70年代初世界性的石油能源危机使运输业萧条，一艘万吨级的轮船用原价的百分之二十多就可以买来，周恩来提出的用买船代替租船，可以加强我们的运输力量，买一条船过几年就能连本带利赚回来。现在我们国家的商船队运输能力居世界第六位，这同周恩来当年这个英明决策是分不开的。但是“四人帮”却捏造了一个“造船不如买船，买船不如租船”的观点来批判。交通部派了两个干部去风庆轮担任政委、政治干事，“四人帮”的党羽要他们批国务院、交通部在造船问题上的“洋奴哲学”、“崇洋卖国”，被他们拒绝了。“四人帮”的亲信就在上海整理了诬告材料，江青一伙在北京就借此定为“反动的政治事件”，扬言要揪后台。他们在政治局会议上发难，遭到邓小平的批驳。然后，江青一伙背着周恩来和政治局，派王洪文到长沙向毛泽东诬告周恩来、邓小平等，说什么“北京现在大有庐山会议的味道”，说周恩来“虽然有重病，但昼夜都忙着找人谈话，经常在总理处的有邓小平、叶剑英、李先念等”。

后来王洪文是这样交代的：10月12日之前，约一个星期，政治局开会后，江青把我留下来对我讲，她去看了周总理，她向总理提出关于四届人大的人选问题，主要讲了总参谋长的人选问题。总理不表态支持她。她就向我声明说：“我保留我的提名观点。”并且说周在医院里经常找人谈话，经常到周那里说话的有叶、邓、李。

王洪文说：“目的就是在毛主席面前搞臭邓小平同志，使他不能工作，当然更不想让他当第一副总理了……这次去长沙告状……主要是恶人先告状，抢在邓小平同志陪外宾去前……实际上是诬蔑陷害邓小平同志的一次阴谋活动。”

毛泽东听了王洪文的报告后，批评了王洪文，叫他不要跟江青搞在一起。

碰壁后，江青并没有罢休。王海容、唐闻生在审判“四人帮”的特别法庭上作证说：1974年10月18日白天和晚上，江青两次找她们到钓鱼台，要她们陪外宾到长沙时，把“四人帮”诬告周恩来、邓小平的话转达给毛泽东。晚上谈话时在场的还有江青召集的王洪文、张春桥、姚文元。这时，王、唐才知道王洪文已偷偷地去过长沙，在毛泽东那里碰了壁。后来，在毛泽东会见外宾后，她们根据周恩来的意见，把情况向毛泽东作了报告。

周恩来在医院里得知“风庆轮”这事后，同纪登奎、华国锋、李先念、邓小平等谈话，了解事件经过，然后他通过王海容、唐闻生把情况反映给毛泽东，说明这事情不像江青她们所说的那样，而是她们预先计划好要整邓小平；小平同志已经忍耐很久了。毛泽东听了之后，说：总理还是总理，四届人大的筹备工作和人事安排由总理负责。

11月上旬，周恩来在医院里约中央政治局成员分三批开会，解决了“风庆轮”事件的问题。

周恩来住院后，本来是由王洪文主持党中央日常工作的，四届人大的筹备工作也由他负责。这以后，由周恩来主持四届人大的筹备工作了。周恩来不顾病情的发展，为了主持开好党的十届二中全会和四届人大，他靠输血维持，紧张地工作着。由于得到毛泽东的支持，他挫败了江青反革命集团在四届人大的人事安排上夺权的阴谋。

病中的周恩来同叶剑英商量，要去长沙见毛泽东。叶剑英考虑此时正是筹备四届人大的关键时刻，如果周恩来能去，对于挫败“四人帮”的组阁阴谋是十分有利的，他同医疗专家商议，制定了保护治疗方案，并且向随行医疗小组叮嘱：“要采取一切措施，保证总理的安全，这是政治任务。”

12月23日，周恩来以重病之躯，不顾自己两次大手术后身体十分衰弱的状况，远行千里，飞赴长沙向毛泽东汇报四届人大的筹备情况。这次去，周恩来带了要在四届人大提出的人大常委会委员长、副委员长；国务院总理、副总理，国务院各部部长备选名单。

周恩来拖着病体辛劳奔波到外地，对健康是很不利的，会使病情恶化。医生曾经这样劝告他。周恩来说：既然把我推上历史舞台，我就得完成历史任务。他考虑的是政治需要，以国事为重，个人安危置之度外[①]。

① 吴阶平：《终生难忘的教诲》。

这一次，周恩来在长沙逗留五天，同毛泽东四次交谈。两个人促膝长谈，确定了四届人大、国务院的人事安排。周恩来对毛泽东说，怀疑江青、张春桥历史上有严重政治问题。毛泽东表示已经知道了。这次谈话，铁定了毛泽东不可能把党和国家的大权交给“四人帮”一伙。

周恩来回京后在政治局常委会上传达说：我向毛主席提出了是否可“补邓小平同志为中央政治局常委或中央副主席”？主席说可以“为中央副主席兼政治局常委”。“在报告叶剑英以军委副主席兼国防部长、小平以第一副总理兼总参谋长时，主席说小平要担任第一副总理、军委副主席和总参谋长三个职务。”在谈话中，毛泽东称赞邓小平“人才难得，政治思想强”。还对周恩来说，不要老闷在医院里，可以出来走走，告诉邓小平在京主持工作。

周恩来回到北京下飞机后，坚持叫秘书搀着到驾驶舱看望机组人员，同他们一一握手告别。他已经意识到这是他最后一次乘坐飞机。这时，他的癌症已经转移到肠部。

这一次，周恩来在毛泽东的支持下，以坚定而策略的斗争，在党、政府、军队的领导人事安排上，取得了决定性的胜利。

1975年1月1日，周恩来主持中央政治局会议。会议通过了邓小平起草的关于国务院的部委设置和各部部长、委员会主任、最高人民法院院长拟定人选报告。4日，周恩来致信毛泽东，提出把在“文化大革命”中被撤销的文化、教育两部恢复起来，周荣鑫任教育部长，否定了“四人帮”提名的迟群。8日到10日，他亲自主持中共十届二中全会，通过了四届人大的人事安排，并选举邓小平为中共中央副主席、中央政治局常委。

13日到18日，第四届全国人大在北京召开。周恩来在会上作政府工作报告，重申了要实现农业、工业、国防和科学技术现代化的目标。他是多么希望实现他从青年时代以来一直抱有的愿望，使中华崛起呀!建国二十多年来，社会主义制度使中国迅速向前发展着，但“文化大革命”带来了极大的破坏，“四人帮”则利用“文化大革命”，抛出一种又一种谬论来搞乱人们的思想，为夺取权力制造舆论。周恩来的重申目标，不啻是拨开浓雾见晴天，使人们认清了方向，坚定了信念，看到了前途。

这次会议，选出了以朱德为委员长的人大常委会，任命了周恩来为总理、邓小平等为副总理。1月下旬，周恩来连日在医院里主持中央政治局会议，讨论国务院副总理的分工问题。他嘱咐国务院核心小组副组长吴庆彤转告邓小平，请邓小平把分工列出，“他不好讲，由我讲”。2月1日，周恩来主持了由总理、副总理13人出席和中央军委副主席叶剑英、科学院院长郭沫若列席的国务院常务会议，审定了国务院副总理的分工。同一天，召开了国务院各部、委一百多负责人的会议，传达了毛泽东对邓小平的“人才难得，政治思想强”的评语，说：四届人大后的国务院，“今天是开始，恐怕我也只能完成这个开始的任务”了，“以后的事情还要副总理们多做”，“以小平同志为首”，“将来这样的会，请小平同志主持”。第二天，他写信给毛泽东，报告了副总理的分工情况，说“邓小平：主管外事，在周恩来总理治病疗养期间，代总理主持会议和呈批主要文件”，“李先念：常务，主管财政、贸易”。毛泽东圈阅了这封信。

周恩来的这些安排，遭到“四人帮”的恶毒攻击。1975年3月1日，张春桥在全军各大单位政治部主任会议上讲话，提出要以反对经验主义为“纲”，实际是影射攻击周恩来等老同志。同日，姚文元写文章提出“现在，主要危险是经验主义”。江青、王洪文分别找政治局成员谈话，鼓吹“经验主义是当前大敌”。邓小平当时就表示反对，说：这是在政治局内一个一个动员反总理。4月5日，江青对北大、清华两校大批判组（笔名梁效）的人谈话说：“党的现在的最大危险不是教条主义而是经验主义。”随后，“四人帮”把持的一些报刊纷纷发表影射攻击周恩来和其他一些领导人的所谓批“经验主义”的文章。江青在中央政治局会议上布置反经验主义，要政治局讨论，受到邓小平的抵制。后来，邓小平借陪同毛泽东接见外宾的机会，向毛泽东反映了这个问题，表示不同意说经验主义是当前主要危险。毛泽东同意邓小平的意见。毛泽东在姚文元送去的一个报告上作了批示：“提法似应提反对修正主义，包括反对经验主义和教条主义，二者都是修正马列主义的，不要只提一项，放过另一项。”还说“我党真懂马列的不多，有些人自以为懂了，其实不大懂，自以为是，动不动就训人，这也是不懂马列的一种表现。”

1975年4月底，毛泽东从湖南回到北京。5月3日，周恩来抱病参加了毛泽东召集的对中央政治局委员的谈话。会上，毛泽东批评了江青等人，叫她们不要搞“四人帮”。会后，又经毛泽东、周恩来商定，由邓小平主持批评“四人帮”的会议，并主持中共中央的日常工作。

1975年是斗争十分尖锐的一年。上一年，1974年1月24日，江青背着中央政治局、中央军委召开驻京部队“批林批孔”动员大会，以后，江青多次置中央政治局于不顾，到处写信，送材料，甚至以个人名义给部队写信，煽风点火，企图再次制造“大乱”，并且常常在会议上搞这样那样的突然袭击。周恩来1974年底会见毛泽东后从长沙回北京，随即向政治局传达了毛泽东的指示，其中指出了“说批林批孔是第二次文化大革命是不对的。”毛泽东在1975年5月3日批评了江青等人以后，5月4日至5日，周恩来写了一个书面意见，讲了在中央的“工作和手续问题”，针对江青胡作非为指出：“凡要议大事，先在政治局常委会谈一谈”，“个人交换意见，不能以个人或机关名义下达下送文件”，“个人通信，不能以指示口气写信和通电”，“政治局同志有意见（除小事急事外）需提交政治局讨论的，请先向主持人在两三天前提出”，“个人除自己管辖的单位外，其他需下达的事，必须经过政治局常委会或主管部门同意后以机关名义下达”。针对江青一伙提出的“反经验主义”，周恩来写道：“强调反修正主义的一项经验主义，放过另一项教条主义，有些地方甚至连反修正主义主题都不提了，这不能不是一个错误。”“这不能不引起一部分地区、部队和一部分机关、学校，弄得争论不休，或者老干部又不敢负责工作，因为有文章上说，资格老，能打仗人就背上经验主义包袱的。”

这期间，周恩来与张春桥还有一次直接的交锋：

5月21日，周恩来写了一封致王洪文转政治局传阅后给毛泽东的信，讲“四人帮”发动反对经验主义的经过。信中说，王洪文讲到“现在主要危险是经验主义”的话是在姚文元文章中，而不在张春桥文章中，但实际上，是张春桥在3月1日总政治部召开的各大单位主任会上提出的，小平同志向毛主席反映的是这个讲话，这在各大军区政治部向总政反映的讨论情况中也可看出来。这封信传阅到邓小平处时，邓小平加了注：当时还提到江青在政治局会议正式提出了这个问题。这封信传到张春桥时，张春桥批道：“总理的信，有些话不确切。但我不反对报主席。”这封信经过传阅退到周恩来处，5月27日，周恩来给张春桥写了一封信，指出：“你在3月1日总政召开的各大单位主任座谈会上片面地强调经验主义的危险。”周恩来在信中讲了经过情况，然后说：“我这段回忆的文字，不知是否较为确切。如果仍不确切，请你以同志的坦率勾掉重改或者批回重写。”

在周恩来严肃的质问下，在事实面前，一向狡诈虚伪、造谣歪曲的张春桥只好写道：“不再改了。”

5月27日和6月3日，邓小平两次主持中央政治局会议，对“四人帮”进行了批评，批评了江青、张春桥等人大反经验主义的错误，以及在1973年11月政治局扩大会上提“第十一次路线斗争”，在批林批孔运动中以个人名义送材料和搞“四人帮”宗派等问题。江青被迫作了检讨。毛泽东和中央政治局其他成员对“四人帮”的批评，使他们稍有收敛，从而为当时各项工作的整顿，创造了比较有利的条件。

邓小平主持工作后，召开了军委扩大会议和解决工业、农业、交通、科技等方面问题的一系列重要会议，着手对许多方面的工作进行整顿，形势有了明显的好转。

但是，“四人帮”是不肯甘休的。1975年8月，毛泽东同北京大学一位教师谈到对《水浒》这部书的看法，说“宋江投降，搞修正主义”，“屏晁盖于一百〇八人之外”。“四人帮”认为有机可乘，就借此大做文章。他们召集于会泳、浩亮、刘庆棠等开会，说什么“主席对《水浒》的批示有现实意义。评论《水浒》的要害是架空晁盖，现在党内有人架空毛主席”。9月17日，江青在全国“农业学大寨”会议上讲话，离开会议主题大讲评《水浒》，说“宋江架空晁盖。现在有没有人架空主席呀？我看是有的”。她还要求大会印发她的讲话稿，并在全国放她的录音。毛泽东得知后，严厉地批评她：“放屁，文不对题”，并且明确指示“稿子不要发，录音不要放，讲话不要印”，制止了江青的无理取闹。

1975年9月7日，周恩来不顾病情严重恶化和医护人员的劝阻，会见了罗马尼亚党政代表团。这是他最后一次会见外宾。会谈中，他坦然说：“马克思的请帖，我已经收到了。”他说：“现在，副总理已经全面负起责任来了”，向外宾介绍了邓小平。10月以后，周恩来病情继续恶化，卧床不起。24日，再次进行手术。在进入手术室前，周恩来躺在手推车上，向周围的政治局委员们询问小平同志来了没有，并握住走上前来的邓小平的手说：“你这一年来的工作，证明比我强得多。”表示了对邓小平的支持。

曾任柬埔寨驻联合国大使的秀浦拉西说：1975年8月我陪宾努亲王去医院，看望周总理。那时他病已很重，但尚能走路，对我们还是殷勤款待。“他还称赞邓小平副总理，并说有邓代替他，他就感到放心了。”秀浦拉西说：“我在中国五年，我感到中国有周恩来是幸运的。”

实际上，对于邓小平，周恩来心中是早有考虑的。就以1973年来说，周恩来在会见加拿大友好人士郎宁等人时，就让他们见一下邓小平，说：“我要你们会见一位将成为很重要的人物的人——邓小平副总理。”

邓小平与1975年的全面整顿

张沱生

1975年初，“文化大革命”进入了第9个年头。当时，“批林批孔”运动的开展再次造成了全国形势的严重混乱。“四人帮”加紧进行篡党夺权活动，我国的政治局势十分严峻。然而，由于党和人民的斗争，也由于毛泽东态度的某种变化，在1月召开的四届人大上“四人帮”“反周组阁”的阴谋遭到了失败。这次大会不仅选出了以周恩来、邓小平为核心的国务院人选，而且在时隔10年之后重新提出了实现四化的宏伟目标，受到全国人民的热烈欢迎。四届人大后周恩来病重，邓小平在毛泽东支持下主持中央日常工作。正是在这样的情况下，邓小平等同志挺身而出，开始对全国各方面的工作进行整顿，为消除“文革”动乱，与“左”倾错误和“四人帮”进行了一场坚决的斗争。这场斗争大致经历了三个阶段，一度使全国形势明显好转。

一、整顿的开始（2月—5月）

1975年的全面整顿是从工交部门开始的[①]，而铁路运输的整顿又是工交整顿的起点。当时，全国铁路运输严重堵塞，已危及了工业生产和

① 1975年1月19日，邓小平在各大军区负责同志座谈会上就提出了军队要整顿的问题。此后中央军委开始为整顿做准备工作。但军队整顿工作的正式展开却是以6月底召开的军委扩大会为标志的。

一些城市的生活。邓小平等经过分析，决心首先解决这一突出的薄弱环节，以此为突破口，推动整个国民经济的发展。经过紧张的准备，2月25日至3月8日，中央召开了解决铁路问题的全国工业书记会议，并于3月5日作出《关于加强铁路工作的决定》（即当时著名的中央9号文件）。同日，邓小平到会讲话，他开宗明义地提出，全党要以四化为大局，全党全国都要为实现这一伟大目标而奋斗。接着，他尖锐地指出，当前工业生产的形势不好，值得引起严重注意，并批评有些同志“只敢抓革命，不敢抓生产”，“这是大错特错的”[①]。根据中央的决定，邓小平着重强调了加强集中统一领导，建立必要的规章制度和坚决反对派性等三条整顿方针。会后，以万里为部长的铁道部在有关省、市委的配合下，立即开始对全国铁路系统进行整顿。他们在大力宣传和发动群众的基础上，通过调整班子，逮捕一小撮坏人，调离一批坏头头，平反错案，恢复和健全规章制度，使全国铁路运输的形势迅速好转。至4月，严重堵塞的路局全部疏通，全国二十几个路局除南昌局外都超额完成了国家计划。铁路运输连接东西、贯通南北，铁路的整顿立即对全国发生了重要影响。当时主管交通的副总理王震在一次讲话中深刻地指出：9号文件在各地引起的强烈反应，表明了党心所向、人心所向。

3月下旬，邓小平召集国务院会议，专门检查研究了9号文件的贯彻情况。这次会议明确指出：9号文件的精神，除体制问题外，也适用于一切工业部门。此后，整顿迅速在整个工交部门展开。随着整顿的开展，全国工业生产开始打破停滞不前的局面。

5月8日至29日，中央又召开钢铁工业座谈会，着手解决1974年以来严重欠产的钢铁工业的问题。5月21日邓小平在国务院会议上就整顿钢铁工业发表了重要意见。5月29日，邓小平、叶剑英、李先念等到会讲话。邓小平的两次讲话提出了整顿钢铁工业的4条方针：第一，必须建立一个坚强的领导班子。这样的领导班子就是作战指挥部，要一不软，二不懒，三不散，要找不怕被打倒的人参加。第二，必须坚决同派性作

① 《邓小平文选》第2卷，第4页。

斗争。对坚持闹派性的人要寸土必争，寸土不让。该调的就调，该批的就批，该斗的就斗。第三，必须落实政策。不仅要解决戴上帽子的那些人的问题，而且要解决他们周围受牵连的人的问题，还要特别注意那些有经验的干部、老工人、技术骨干、老模范，要把这一部分人的积极性调动起来。第四，必须建立必要的规章制度。过去一个时期根本谈不上什么规章制度，现在执行规章制度宁可严些。正是在5月29日的讲话中，邓小平首次提出了同“四人帮”作斗争的那个著名口号“三项指示为纲”。他说：毛主席最近三条重要指示，关于理论问题的指示，关于安定团结的指示，还有把国民经济搞上去的指示，这就是我们今后一个时期的纲。这三条是互相联系的，不能分割的，一条都不能忘记。邓小平关于钢铁工业整顿的讲话概括了初步整顿的经验，明确提出了进行整顿的指导思想和基本方针。

在此期间，“四人帮”曾施展新的阴谋。他们以学习理论为名，提出“经验主义是当前主要危险”的口号，再次把矛头指向周恩来和邓小平。邓小平同他们进行了坚决而有策略的斗争。4月，他就张春桥等人提出“反经验主义为纲”的问题向毛泽东请示，提出自己的看法，引起了毛泽东的重视。4月23日毛泽东在对新华社一个请示报告的批示中批评了这一提法。接着，5月3日他又召集在京的中央政治局委员谈话，对江青等人搞“四人帮”和他们搞“反经验主义”的活动提出了严厉批评。根据毛泽东的批示和指示，4月27日、5月27日、6月3日，政治局召开会议对江青等人进行了严肃的批评，邓小平主持了后两次会议。邓小平、叶剑英、李先念在发言中批评“四人帮”1973年底以来多次违背毛主席指示另搞一套；批评他们闹宗派、搞小圈子、突击发展党员；还坚决驳斥了“四人帮”所谓会议是对他们的“突然袭击”和“围攻”的说法，明确指出，你们的问题40%也没有讲到，有没有20%也难讲。像这样政治局连续开会对江青一伙进行严肃批评，在“文革”以来还是第一次。这对长期以来骄横跋扈的“四人帮”来说是个沉重的打击，此后，他们的活动不得不有所收敛。

邓小平等在政治局内与江青一伙进行的这场政治较量，挫败了

“四人帮”的阴谋，保证了整顿的初步开展，并为整顿的全面展开打开了通路。

二、整顿的全面展开（6月—10月）

在此阶段，工交部门的整顿向深入发展。6月初，中央先后批转了江苏省委关于徐海地区贯彻中央9号文件情况的报告和冶金部关于迅速把钢铁工业搞上去的报告。这两个文件有力地推动了全国工交整顿的深入发展。6月底，经过近1个月的整顿，钢铁生产的形势有了好转，全国钢的平均日产量超过了全年计划平均日产水平，开始补还欠账。7月，中央转发国务院关于上半年工业生产情况的报告，报告指出：“三月以来，工业生产和交通运输一月比一月好，原油、原煤、发电量、化肥、水泥、内燃机、纸及纸制品、铁路货运量等，五、六月份创造了历史上月产的最高水平，军工生产的情况也比较好。”

7月20日至8月4日，经中央批准，又召开了国防工业重点企业会议。军工企业自3月起已在国防工办领导下进行整顿并取得初步成效，这次会议后，生产情况更明显地全面好转。8月3日，邓小平、叶剑英、李先念等到会讲话。邓小平在讲话中除再次强调要建立敢字当头的领导班子外，又提出发挥技术人员的作用，坚持质量第一，关心群众生活等重要意见。他深刻地指出：“群众对生活方面的议论是相当多的，不要以为都是讲怪话。我们党和国家一定要关心群众生活，现在应该提出这个问题了。”[①]叶剑英的讲话指出，现在有大野心家、小野心家，他们争权夺利，搞得党不安宁。这个讲话事实上是不指名地批判了江青一伙。李先念在讲话中提出要建立和健全总工程师、总会计师的责任制，保证企业的正常生产秩序。他们的讲话在全国引起了强烈反响。

为了从根本上解决整个工业的问题，在国务院计划工作务虚会（6月16日至8月11日）决定制定一个全面整顿工业的文件。7月中旬国家计委开

① 《邓小平文选》第2卷，第27页。

始起草《关于加快工业发展的若干问题》。邓小平对此极为重视，他在8月国务院讨论这一文件时提出了7条具体意见。其中，他大胆地提出，要把引进新技术、新设备，扩大进出口作为一个大政策。他还针对当时所谓“限制资产阶级法权”，对按劳分配原则的批判，明确指出，必须坚持按劳分配的原则，“不管贡献大小、技术高低、能力强弱、劳动轻重，工资都是四五十块钱”，“这怎么能调动人们的积极性？”[①]这个文件最后写成20条。它体现了1975年以来邓小平等中央领导人一系列讲话和国务院务虚会的精神，概括了工业初步整顿的经验，提出了发展工业和许多正确或较为正确的方针政策，是一个力图在经济战线上治“文革”之乱的文件。这个文件当时曾在较大范围内征求意见，得到普遍的赞同，并对当时工业的整顿发生了直接的积极的影响。

在工交整顿深入开展的同时，整顿工作迅速在其他方面展开。

军队整顿。6月24日至7月15日，中央军委召开扩大会议，着重讨论了酝酿已久的军队整顿问题。这是继首先解决铁路问题之后，邓小平等走出的又一步具有战略眼光的棋。当时“四人帮”一伙极力插手军队，对军队的争夺成为双方斗争的一个焦点。

7月14日邓小平在军委扩大会上讲话，他尖锐地提出，军队建设要解决“肿”、“散”、“骄”、“奢”、“惰”5个字，军队领导班子要解决“软”、“懒”、“散”的问题。为此，必须实行精简整编；加强组织纪律性；加强军政、军民和军队本身的团结；恢复我党我军的优良传统；并且要首先自上而下地调整好领导班子。他还提出，整顿和准备打仗是军队工作的纲，在没有战争的条件下要把训练放在战略问题的一个重要位置上。7月15日叶剑英作总结讲话，就军队整顿问题作了具体部署。邓小平、叶剑英的讲话为军队整顿指明了方向。尤其重要的是，这次会议还向部分军队高级干部传达了毛泽东对“四人帮”的多次批评，严肃指出，决不容许任何野心家插手军队，搞阴谋活动。从而为最终解决“四人帮”反革命集团的问题做了重要的准备。

---

① 《邓小平文选》第2卷，第30、31页。

这次军委扩大会议受到全军上下的热烈拥护，会议精神经短时期贯彻就取得了明显成效。其中最主要的成果，一是对军队各大单位的班子迅速、果断地作了调整；二是在落实干部政策方面取得了很大进展，从而有效地稳定和巩固了军队。1977年叶剑英在谈到这段历史时指出，正是这两方面的成果对于我们后来顶住“四人帮”的篡权阴谋起了重大作用。

科技整顿。“文革”以来，我国的科技事业受到严重摧残，许多科研机构长期处于瘫痪、半瘫痪状态。邓小平提出必须尽快改变这种状况，把科技工作搞上去。

早在5月下旬，邓小平就指出，七机部现在两派这样闹，不要说社会主义，连爱国主义也没有。对七机部的问题要限期解决，只等一个月。6月30日，中央批发了国防科委关于解决七机部问题的报告。此后，国防科委主任张爱萍率工作组对七机部采取果断措施进行整顿，使这个当时有名的“老大难”单位出现了较为正常的科研、生产和工作秩序。

7月，中央批准了国务院关于中国科学院要整顿、要加强领导的报告，随即派胡耀邦等到科学院工作。胡耀邦到科学院后鲜明地提出：“科研机关不搞科研怎么成”，“科学院就是搞科学研究”，“这个风要吹起来”，“刮8级不行，得刮12级台风”①。“实现四个现代化是我们伟大的新长征。”②“四个现代化实现不了，我们的子孙会骂，……行政工作、政治思想工作，都要围绕这个转。”③在对科学院进行调查研究和初步整顿的基础上，根据邓小平的多次指示，9月胡耀邦主持写出了《科学院工作汇报提纲》。这个文件力图系统地阐述毛泽东的正确科研思想，澄清党的科技政策和知识分子政策，提出了在科技界纠正“左”倾错误的许多重要意见。9月底，邓小平等国务院领导在听取汇报时充分肯定了这一文件。与此同时邓小平又进一步指出：（1）科研要走在国民经济的前面，现在是拖整个经济的后退。（2）要从保证时间、配备班子、专业对

① 胡耀邦在部分科学家座谈会上的讲话（1975年8月19日）。

② 胡耀邦在科学院纪念红军长征胜利40周年大会上的讲话（1975年10月24日）。

③ 胡耀邦在听取科学院遗传所党委汇报时的讲话（1975年10月15日）。

口、生活上照顾、政治上关心等多方面创造条件发挥研究人员的作用。现在是不务正业，少务正业，少数人秘密搞，像犯罪一样。(3) 要又红又专。“白专”，只要对中华人民共和国有好处，比只占茅房不拉屎的、闹派性的、拖后腿的人好得多。(4) 科技事业要后继有人，中心是办好教育。我们有个危机，可能发生在教育部门。(5) 教师地位问题。只挨骂，几百万教员怎么能调动积极性？科技人员叫生产力，就是劳动者。会后，《汇报提纲》经进一步修改就送交毛泽东，准备在他同意后下发全国执行。毛泽东在听取汇报时提出他没讲过科学技术是生产力这个话，邓小平立即提出马克思这样讲过，坚持了这一历史唯物主义的基本观点。后来，这一文件由于毛泽东事实上不满意而未能下发。

农业整顿。9月15日至10月19日，国务院召开全国农业学大寨会议，同时提出了对农业进行整顿的任务。邓小平代表党中央和国务院在开幕式上讲话。他着重强调了搞好农业的重要性，提出实现四化，更加费劲的是农业，如果搞不好，很可能拉国家建设的后腿。当邓小平讲到我们不能吹牛，我们现在积了多少粮？全国还有部分县、地区的粮食产量还不如解放初期时，江青插话说：不能那么说，那只是个别的！邓小平马上把她顶了回去，说：就是个别的，也是值得很好注意的事。此外，他还提出要配备好农村领导班子、落实农村干部政策等重要意见。在这次会议上，邓小平首次明确地向全党提出了要进行军队、地方、工业、农业、商业、文化、教育、科技、文艺等9大方面整顿的任务，给予与会者极大的鼓舞。

根据这次会议的精神，全国各地区很快抽调了上百万干部到农村帮助社队进行整顿，开始掀起农业生产的高潮。为了调整党在农村的经济政策，当时中央还下发了关于发展养猪业的文件，强调不能把社员正当的家庭副业当作资本主义去批判。所有这些，调动了农民的生产积极性，对农业生产起到了促进作用。但应指出的是，农业整顿当时强调的是学大寨，虽然就其重视农业，坚决要把农业搞上去这一面来讲，具有重要的意义，但这一主题毕竟是“左”的，再加上农业整顿起步不久即为“反击右倾翻案风”所打断，因而未能像工交、军队等方面的整顿那样取得更明显的成效。

教育、文艺整顿和争夺宣传理论阵地的斗争。这三方面是“文革”的“重灾区”，又主要为“四人帮”所把持，斗争条件更为艰巨。然而随着形势的发展，对这些方面的整顿也以不同的方式逐步展开。

早在四届人大期间，周恩来、邓小平等就同“四人帮”进行了坚决而机智的斗争，终于否定了“四人帮”对其骨干分子迟群的提名而任命老干部周荣鑫为教育部长。随着整顿在各方面的开展，周荣鑫在教育部门根据中央进行整顿的精神做了许多工作，他反复强调要全面研究马列和毛泽东的教育理论，重提两年前周恩来纠“左”时关于教育提出的许多重要意见，还对当时教育界存在的老师挨骂、学生不读书的现象提出了严肃的批评，但在较长的时间里一直没有公开提出对教育进行整顿。9月邓小平明确提出要对各个方面进行整顿并特别点了教育的问题后，教育部门也公开地加入了整顿的行列。10月，教育部开始起草教育工作汇报提纲，准备经中央批准后对教育进行彻底整顿。与此同时，周荣鑫在许多讲话中尖锐地批评了教育中存在的一些问题。这些讲话一时广为流传，受到广大教师和学生家长的欢迎。

7月上、中旬，毛泽东在两次谈话中提到要调整文艺政策的问题。邓小平抓住时机，开始对文艺工作进行整顿。他一面重提“百花齐放”的方针，一面不动声色地组织人对文艺界的状况进行调查，并鼓励文艺界知名人士向中央反映情况。7月底，毛泽东先后对文艺界的两封来信作了批示。根据这两个批示，政治局立即解放了被江青一伙禁演的电影《创业》和《海霞》，给了“四人帮”迎头一击。在这种情况下，文艺界许多干部群众开始起来对文化部提出尖锐的批评，甚至公开提出文化部是一个有后台支持的“大行帮”。与此同时，有关江青等人挨批的消息开始在群众中传播，很快形成了一种特殊的强大舆论。以后，在中央的支持下，《万水千山》、《长征组歌》等有影响的节目也陆续重新公演，10月底还举行了聂耳、冼星海音乐会。所有这些，打击了江青一伙独霸文艺阵地的嚣张气焰，使文艺领域开始出现了新气象。

为了打破“四人帮”在宣传理论领域的一统天下，邓小平采取了另起炉灶的办法。6月，根据他的建议，国务院设立了政策研究室，主要成员为胡乔木等老的理论工作者。8月，根据国务院决定，长期停止工作的中国科学院哲学社会科学学部恢复业务活动，军、工宣队撤出，成立临时领导小组。两者都迅速开始了工作。特别是国务院政研室，当时进行了许多调查研究，参加了《毛选》编辑工作①并主持和参加了许多重要文件和文章的起草，包括后来被“四人帮”诬为“三株大毒草”的《论总纲》（即《论全党全国各项工作的总纲》）、《工业20条》和《汇报提纲》等，很快成为邓小平进行宣传理论斗争的得力助手。其中《论总纲》一文是根据邓小平多次讲话的精神和当时的斗争形势自8月开始起草的，10月上旬写出初稿，以后从斗争策略考虑，又作了较大修改。这篇文章以实现四化为出发点和归宿，把三项指示作为实现四化的纲领，并对其中每一项指示赋予新的含义，尽量作了较为正确的解释。文章集中地概括了整顿的指导思想、方针政策和工作作风，斗争矛头直指“四人帮”。邓小平当时并没有看过这篇文章，后来，他在1977年的一次谈话中说：“‘三株大毒草’中的《论总纲》确实最近才看到。文章写得好，针锋相对，很尖锐，是个香花，不是毒草。”②此文原准备在哲学社会科学学部筹办的刊物《思想战线》的第一期上发表。而筹办这个刊物本身就是同“四人帮”争夺宣传理论阵地的重要斗争。10月6日，胡乔木在谈到这一刊物的办刊方针时讲得非常明确，他说：现在主席的指示在刊物上得不到反映，这是个严重的问题。我们的刊物就要反映。这个刊物无论从任务和内容上说，都不单单是学部的刊物，它是面向全国、面向广大群众的刊物。这是中央交给我们的任务，要尽一切努力把它办好。

对于争夺宣传理论阵地的斗争，最有意义的是邓小平明确地提出了要正确宣传毛泽东思想的问题。9月底，他在农村工作座谈会上说：“我

① 邓小平对整理《论十大关系》一文极为重视。7月上旬文稿由胡乔木主持整理出来后，他致信毛泽东说：“这篇东西太重要了，对当前和以后，都有很大的针对性和理论指导意义。”“希望早日定稿，定稿后即予公开发表，并作为全国学理论的重要文献。”毛泽东表示同意，但提出暂时不要公开。

② 邓小平1977年5月24日的一次谈话。

总觉得现在有一个很大的问题，就是怎样宣传毛泽东思想。林彪把毛泽东思想庸俗化的那套做法……是割裂毛泽东思想。”“这个问题，现在实际上并没有解决。”“恐怕在相当多的领域里，都存在怎样全面学习、宣传、贯彻毛泽东思想的问题。毛泽东思想紧密联系着各个领域的实践，紧密联系着各个方面工作的方针、政策和方法，我们一定要全面地学习、宣传和实行，不能听到风就是雨。”[①]这个问题的提出，一针见血的点破了多年来存在于我国政治生活中的症结，打中了“左”倾错误的要害，实际上已涉及到党的思想路线这个最根本的问题。

党的整顿。随着各方面整顿的开展，邓小平还自7月起提出并越来越突出地强调了党要整顿的问题。他明确指出，现在党的领导削弱了，有些地方甚至没有党的领导，因此，必须对党的领导、党的思想、党的组织和党的作风等各方面加以整顿。9月，他在农村工作座谈会上进一步提出了整顿要抓住整党这个中心环节，以整党为核心，整党主要是整顿各级领导班子的思想。根据中央的精神，当时各地区、各部门在整顿中突出了对领导班子的整顿，加强了对党员的教育，对一部分“突击入党”、“突击提干”的人作了处理，并对一大批“火箭干部”采取了挂职下放的措施。党也要整顿的任务的提出，表现了斗争的深化，预示了反对“左”倾错误和“四人帮”斗争的进一步发展，对各方面的整顿起到了促进作用。

6月到10月，各方面的整顿接连展开，迅速连结成一个整体。《论总纲》、《工业20条》、《汇报提纲》三个文件的制定，以整党为核心的九个方面整顿任务的提出，特别是要全面地学习、宣传和贯彻毛泽东思想的提出，清楚地表明，邓小平等进行的全面整顿不仅是要恢复起码的生产和社会秩序，也不仅是同“四人帮”斗争的问题，而且是要力图系统地纠正“文革”的“左”倾错误。当时，邓小平等尽了最大的努力，希望毛泽东能同意《工业20条》、《汇报提纲》等纲领性文件，以便在1976年据此进行更深入的整顿。

在此期间，“四人帮”一度在政治上处境十分狼狈，但是，他们为了

① 《邓小平文选》第2卷，第36、37页。

摆脱困境，很快又加紧活动，进行反扑。8月底，他们利用毛泽东关于《水浒》的谈话，经毛泽东同意，开始在报刊上掀起一场“评《水浒》运动”。接着，一段时间内销声匿迹的江青又在农业学大寨会议上重新露面，她大谈所谓评《水浒》的问题，公然提出：“《水浒》的要害是架空晁盖，现在政治局有些人要架空毛主席。”她还说什么她在北京受迫害，政治局有些人专门造她的谣，她现在要大反攻。特别是在10月毛远新当了毛泽东同政治局之间的联络员以后，他们更加紧了对邓小平的攻击。整顿的全面开展和日益深入已使斗争趋向白热化。双方都在争取毛泽东的支持。当然，邓小平等是力图用毛泽东的正确方面来纠正他的错误方面，而“四人帮”则是要把毛泽东的错误推向极端。

三、整顿被迫中断（10月底—11月底）

9月底到11月初毛远新的几次汇报对毛泽东发生了重要影响。毛远新说：感觉到一股风，比1972年借批极左而否定文化大革命时还要凶些。我很注意小平同志的讲话，感到一个问题，他很少讲文化大革命的成绩，很少批判刘少奇的修正主义路线。文化大革命怎么看，批林批孔运动怎么看，肯定还是否定？现在阴暗面讲了一大堆。教育革命、文艺革命还对不对？三项指示为纲，其实只剩下一项指示，即生产搞上去了。我担心中央，怕出反复。此外，毛远新在汇报中还竭力否定工农业、教育、文艺等方面整顿取得的成绩。毛远新的汇报当然是挑拨性的，但根本的问题在于，毛泽东在全局上始终坚持“文革”的基本方针，因此，他在不断听到毛远新等人的汇报，并经过自己的思考后，感到邓小平的全面整顿确有否定“文革”之嫌，他的态度就逐渐地发生了变化。

10月20日前后，他对邓小平转送的清华大学刘冰等批评迟群、谢静宜的信作出指示，说信的矛头是对着他的，还说邓小平偏袒刘冰。根据这一指示，11月初由清华大学发起，教育界开始“反击右倾翻案风”。与此同时，毛泽东指示在政治局内对邓小平展开批评。起初，他仍希望统一认识，要邓小平主持对“文革”作一个决议，总的评价是“三分错误，七分成绩”。但邓小平却提出：由我主持写这个决议不适宜，我是桃花源中人，“不知有汉，何论魏晋”。表明自己不赞成作这样一个决议的态度。在政治局会议上，邓小平还曾对毛远新的攻击给予严正驳斥，指出：说中央搞了个修正主义路线，这个话不好说。我是从今年9号文件开始抓工作的，从那以后是什么路线，全国的形势是好一点，还是坏一点，实践可以证明。邓小平坚持正确立场的态度导致对他的批评逐渐升级。

11月底，根据毛泽东的指示，中央召开打招呼会议，正式对全国提出了“反击右倾翻案风”的问题。至此，持续9个月的整顿工作被迫中断。不久，邓小平受到公开批判，在他饱经磨难的革命生涯中第三次被错误地打倒了。

1975年邓小平等对各方面工作进行的整顿，使全国形势明显好转。当年国民经济由停滞下降迅速转向回升，工农业总产值比上年增长11.9%，与1974年仅增长1.4%的状况形成鲜明对照。其中，1974年生产严重下降的钢、原煤、棉纱及铁路货运量等都有较大幅度的增长。与此同时，科学、教育、文艺等领域开始打破严重沉寂混乱的局面，出现了新气象。整顿中，各级党的领导，尤其是党对军队的领导得到加强，各条战线的生产、工作秩序逐渐好转，许多地区的严重派性和武斗受到抑制，落实干部政策及其他方面政策的工作取得较大进展，全国的社会秩序逐渐趋向安定团结。整顿带来的明显变化，充分证明了邓小平等实行的方针政策的正确，使长期遭受“文革”苦难的广大干部群众看到了希望，看到了光明，精神为之一振，使人心归向四化，归向邓小平为代表的党的正确领导。

正因为这样，“批邓”遭到了全国人民的普遍反对。此后，不仅“四人帮”人心丧尽，对毛泽东的个人崇拜也在人们的心中渐渐消失，广大干部群众与“左”倾错误特别是“四人帮”的矛盾急剧激化，终于酿成了以天安门事件为代表的强大的人民抗议运动，预示了“四人帮”的最终覆亡。全面整顿为粉碎“四人帮”、结束“文革”做了政治上、思想上和组织上最重要的准备。

在1975年邓小平等进行全面整顿提出的基本方针及其实践中，有一个一以贯之的东西，这就是马克思主义的求实精神和革命者为了人民的利益义无反顾的斗争精神。这是最珍贵的精神财富。在四化建设和改革、开放中，继承和发扬这种精神，将是我们的党和社会主义事业战胜艰难险阻，不断走向胜利的根本保证。

当代中国文艺史上特殊的一页

——1975年文艺调整述论

夏杏珍

以评《海瑞罢官》引燃的“文化大革命”，对当代中国文艺事业说来，是一场巨大的灾难。它的悲剧性后果是给当代中国文艺史造成了十年的黑暗。但是，在长夜中，也曾露出过曙色，这就是1975年的文艺调整。这次文艺调整是在毛泽东、邓小平直接领导下，由胡乔木等具体筹划、推动开展起来的。由于调整文艺政策，1975年的7、8、9月，荒芜沉寂了八九年的文艺园地开始苏醒过来，重新显露出生机与活力。令人痛惜的是，文艺调整同工业、农业、交通、财贸、教育、科技等各条战线上的整顿一样，中途夭折了。不过，1975年的文艺调整为时虽然短促，但力度很强，影响很大，为当代中国文艺史写下了具有特殊光彩的一页，值得加以回顾与总结。

毛泽东指示调整文艺政策

1975年初邓小平主持中央常务工作以后，在毛泽东和周恩来的支持下，不失时机地对军队的整顿作了部署，雷厉风行地领导了铁路和钢铁的整顿，并挫败了“四人帮”企图以“反经验主义”来打击、陷害周恩来、邓小平等党政军领导人的阴谋。江青、王洪文被迫检讨。这就为整顿的全面展开，提供了“文化大革命”以来未曾出现过的机遇。

整顿的全面铺开和深入发展，势必要进入从“文化大革命”一开始就被“四人帮”控制的文艺领域。而使整顿之风直接吹进文艺领域的，恰恰就是毛泽东本人。

1975年7月初，毛泽东就调整文艺政策发表谈话，作出批示。

一，7月初，毛泽东与邓小平谈话，批评百花齐放都没有了。他说：

样板戏太少，而且稍微有点差错就挨批。百花齐放都没有了。别人不能提意见，不好。

怕写文章，怕写戏。没有小说，没有诗歌。

二，7月2日，毛泽东对林默涵给他的一封信写了批语：

周扬一案，似可从宽处理，分配工作，有病的养起来并治病。久关不是办法。请讨论酌处。

毛泽东7月初的一次谈话和一件批语，包含了调整文艺政策的互相关联的两个重要内容。其一，批评“百花齐放都没有了”，重申文艺工作要贯彻百花齐放的方针。这是从创作方面说的。其二，对周扬一案从宽处理，批评“久关不是办法”。这是从文艺队伍和干部队伍方面来说的。

“文化大革命”初期，批“文艺黑线专政”论，从30年代批到60年代，周扬是主要代表人物，被视为“阎王”打倒。中宣部、文化部和文艺界各协会、团体，许多人都被牵连进去，成为面广量大的“周扬一案”中人。原中宣部副部长林默涵即是其中重点人物。1975年3月党中央、毛泽东决定对绝大多数关押、监护或在原单位立案审查者予以释放，未作结论的先释放再作结论。其中属于周扬一案和文艺界受审查的大多数人在5月份分别获得释放或解除监护，恢复自由。据访问查询，有萧望东、徐平羽、林默涵、陈荒煤、石西民、钱俊瑞、张致祥、于伶、金山、郁风、穆欣、黄稻、谢和赓、沙汀、张庚、吕骥、赵寻、华君武、张光年、周巍峙、马彦祥、任桂林、石羽、唐瑜、吴祖光、新凤霞、凤子、苏灵扬、戴爱莲、丁玲、艾青、金紫光、司徒慧敏、周而复、叶浅予、程季华、周立波、阿英、陈白尘、孟超、黄苗子、袁文殊、舒强、阿甲、陈企霞、徐懋庸、葛琴等人。但周扬、夏衍、阳翰笙三人仍继续关押审查。毛泽东1975

年7月2日对林默涵来信写的批语，进一步指示对周扬一案可从宽处理，并重申三种办法。一是释放周扬，“久关不是办法”，显然是针对继续关押的周扬、夏衍、阳翰笙说的。二是分配工作。这是对林默涵来信提出的要求的答复，适用于大部分人。三是有病的养起来并治病。这件批语，在实际上指明了对整个文艺队伍和干部队伍都要放宽政策。1975年7月14日傍晚，毛泽东又同江青当面谈文艺调整问题。第一次十分明确地提出：“党的文艺政策应该调整一下”。毛泽东再次对文艺现状表示不满，概括言之是“缺少诗歌，缺少小说，缺少散文，缺少文艺评论”。对久关周扬，毛又一次提出批评：“鲁迅在的话，不会赞成把周扬这些人长期关起来。脱离群众。”他还进而批评干部问题上的极左政策，说：“处分人要注意，动不动就要撤职，动不动就要关起来，表现是神经衰弱症。”

针对当时的实际情况，毛泽东提出了这次调整党的文艺政策的目标，毛说：“已经有了《红楼梦》、《水浒》，发行了。不能急，一两年之内逐步活跃起来，三年、四年、五年也好嘛。”

对文艺政策应该进行哪些调整呢？毛泽东着重指出三点：一、扩大文艺节目。二、对作家要帮助。毛说：“对于作家，要惩前毖后、治病救人，如果不是暗藏的有严重反革命行为的反革命分子，就要帮助。”这就分清了敌我，指明绝大多数作家都是我们的同志，是人民内部问题。三、重申“文艺问题是思想问题”。文艺问题是政治问题还是思想问题，这个问题至关重要。长期以来，特别是“文化大革命”中，把文艺问题看作政治问题，从而混淆了两类不同性质的矛盾，使大部分作家受到打击、迫害。就文艺界而言，“百花齐放，百家争鸣”的方针，就是建立在毛泽东在这次谈话中重新指明的“文艺问题是思想问题”这个理论观点的基础之上的。这就回到了毛泽东思想的正确轨道上来。

邓小平组织领导文艺的整顿

邓小平同志说过：“文艺政策要调整，调整其实也是整顿。”（《邓小平文选(1975—1982)》第32页）那么，整顿文艺应该从何入手呢？他决定从调查研究入手。靠谁来具体实施呢？他把这个任务交给了刚刚成立的国务院政治研究室。

国务院政治研究室是6月下旬正式成立的。负责人为胡乔木、吴冷西、胡绳、熊复、李鑫、于光远、邓力群。1975年7月9日，邓小平同志召集政研室负责人开会。他向到会者传达了7月初毛泽东同他谈话时对文艺工作的意见。要求政研室作些调查研究，收集一些文化、科学、教育、出版方面不执行双百方针的材料，因为政治局将讨论这个问题。

传达后第二天，7月10日，胡乔木就召集政研室负责人开会，讨论了调查研究、收集材料的题目、分工和工作方式，立即分头开展。仅半个月，取得两项重大成果。一项迄今还鲜为人知，是整理出一份“四人帮”在报刊宣传中砍掉“百花齐放”的材料；一项当时就轰动全国，就是毛泽东对《创业》作者张天民信作了批示。这是邓小平组织、领导文艺调整最初的两声号炮。

抓住“四人帮”砍掉“百花齐放”的罪证

在7月10日政研室负责人会议上商定，调查文艺状况的工作主要由于光远、邓力群负责。7月11日，于、邓就召集理论组的王子野（组长）、郑惠、苏沛、滕文生等传达并布置调研任务。邓力群提出了关于“三突出”这个题目。他说，现在一些文艺评论文章把京剧“革命样板戏”的“三突出”说成是适用于一切艺术形式的创作原则，是不妥当的，不利于百花齐放。他请王子野翻阅报刊文章，把有关“三突出”的论述，摘抄整理成一个材料。

王子野带领理论组几位同志从1969年“九大”以后查起，集中查了自那时直到1975年6月北京、上海的几种主要报刊。他们在整理关于鼓吹“三突出”的材料的同时，发现了另一个更为严重的问题：好多篇文章，对毛主席关于文艺方针的四句话，都只引“古为今用，洋为中用”、“推陈出新”三句话，而有意不引“百花齐放”这一句。从1969年11月到1975年

6月，在《红旗》杂志、《人民日报》、《文汇报》这三种"四人帮"直接控制的报刊上，在"四人帮"的写作班子和样板戏剧组写的18篇文章，砍掉"百花齐放"的有19处之多。王子野从中选出12处，也整理成一份材料送给胡乔木、邓力群。他们看了感到材料很重要。"四人帮"把"三突出"原则拔高为"无产阶级文艺创作的基本规律"、"普遍规律"，把肯定还是否定"三突出"创作原则，说成是政治路线上复辟与反复辟斗争的直接反映，是用他们的片面性、绝对化来扼杀文艺创作的"百花齐放"。"四人帮"在文章中公然砍掉"百花齐放"，不仅赤裸裸地暴露了他们实行文化专制主义的本质，而且表现了他们从理论到实践抗拒毛泽东的文艺方针、割裂毛泽东思想的本来面貌。王子野整理的这份材料抓住了罪证，提出了一个重大原则问题，说明正是自称"旗手"的江青及其同伙，公然反对毛泽东文艺方针，阉割毛泽东思想，持续时间长达六年之久，他们感到这份材料特别值得送给邓小平看。

邓小平同志看了政研室报送的调查材料，对胡乔木说，这个材料能够说明一些问题。1975年10月4日，邓小平在农村工作座谈会上讲话，就运用政研室上报的这个材料，对"四人帮"割裂毛泽东思想进行了有力的揭露和批评。他说："割裂毛泽东思想这个问题，现在实际上并没有解决。比如文艺方针，毛泽东同志说，要古为今用，洋为中用，百花齐放，推陈出新。这是很完整的。可是现在百花齐放不提了，没有了，这就是割裂。"（《邓小平文选（1975—1982年）》，第34页）

由于毛泽东提出"百花齐放都没有了"等批评意见，邓小平又揭出了他们割裂和篡改毛泽东思想的罪证，这就迫使"四人帮"在"百花齐放"口号等问题上作暂时的表面的退却。在张春桥授意下，文化部创作办公室于1975年12月12日向出版机关发出了一个《样板戏剧组文章若干提法的修改方案》，第一段"关于文艺方针的提法"说："69年以来，所有样板戏剧组文章，大都是提贯彻执行毛主席的'古为今用，洋为中用'、'推陈出新'的方针，未提'百花齐放'。根据目前情况，应加上'百花齐放'，改为'古为今用，洋为中用'、'百花齐放，推陈出新'方针的完整提法。"

揭露江青一伙扼杀电影《创业》

在邓小平向胡乔木等布置调查研究任务之后没有几天，胡乔木收到一份揭露江青一伙扼杀电影《创业》的材料。送材料的是贺龙元帅的女儿贺捷生。贺捷生对“四人帮”早就恨之入骨，听说毛主席7月初同小平同志谈话，批评“百花齐放都没有了”，又得知邓小平同志等正要了解情况，遂约人一起商量写了近三万字的揭发材料，尖锐、辛辣地揭批了江青。胡乔木看后指出，要抓住《创业》问题集中写，并转告中央领导的指示：“材料要注意写事实，为了斗争的需要，现在不要急着去点那个人的名。那个人的情况，政治局的同志都知道。”后来，便由张锲执笔写了《〈创业〉问题的前前后后》，仍由贺捷生交胡乔木。这份材料，将《创业》在1975年春节公映后如何备受群众欢迎，江青一伙又怎样竭力压制，横加指责，下令禁演等情况，详尽写出。

胡乔木认为贺捷生送的材料反映的情况很充分，很有代表性，能够成为揭露“四人帮”文化专制主义的突破口，但从效果出发，不适于拿它送给毛泽东。胡乔木希望贺捷生同剧本执笔者张天民联系，由张上书。贺捷生很快就同张天民联系上。就在7月18日这一天，张天民分别给毛泽东和邓小平写了内容相同的信。张天民向毛、邓申述：我和文艺界不少同志对十条意见有不同看法，我觉得这不仅是一部影片的问题，而是关系到今后创作怎样搞的问题。说明从实践、从效果来看，《创业》是部好影片，它不是毒草，恳切地提出：“我建议应该重新上演。”

7月22日，贺捷生把致邓小平的一封信交给胡乔木，把致毛泽东的一封信交给王海容。胡乔木很快把信送给了邓小平。邓小平及时把这封信送给毛泽东。7月25日毛泽东写下批示：

此片无大错，建议通过发行。不要求全责备。而且罪名有十条之多，太过分了，不利调整党的文艺政策。

毛泽东的这个批示，支持了《创业》的作者，批评了江青及其控制的文化部，实际上对近半年来围绕《创业》展开的争论作了结论，为受指责的《创业》翻了案。加之毛泽东在批示上注明要将张天民致邓小平的信“增发文化部及来信人所在单位”，这样，“四人帮”想要封锁也封锁不住。毛泽东的《创业》批示引起一连串连锁反应，形成一个又一个冲击波。自“文革”以来一直专横跋扈的江青一伙，第一次处在被文艺工作者和公众批评、揭露的地位。

《创业》批示引起连锁反应

从《创业》批示中人们知道了两个重要信息：一是毛泽东对江青等人有所不满，提出批评，江青一伙不能一手遮天，独霸文坛；一是毛泽东要求调整文艺政策，改变样板戏一花独放的现状，扩大文艺节目，使文艺逐步活跃起来。在《创业》批示的鼓舞下，7月下旬至8月，在文艺界形成了一种揭发、批判“四人帮”及其在文化部的亲信的态势。广大文艺工作者的斗争得到周恩来、邓小平的支持，也继续得到毛泽东的认可。其间有两件事影响最大：一件是毛泽东支持电影《海霞》作者的申诉，一件是邓小平重视中央音乐学院青年教师的大字报。

一、毛泽东支持电影《海霞》作者的申诉。

在胡乔木与贺捷生商量怎样把江青一伙扼杀《创业》的事向毛泽东反映的时候，北京电影制片厂《海霞》摄制组的编剧谢铁骊、导演兼摄影钱江、摄影李晨声、副导演陈怀皑、王好为等也正在为《海霞》的被扼杀而多方抗争。

邓力群当时分工负责调查文教情况。他从张鳃（张瑞芳的大姐、王好为的母亲）那里听说《海霞》挨整、谢铁骊写信给周总理等情况，表示关切，约李晨声、王好为夫妇到他家去谈《海霞》问题。邓力群向他们建议：“我给你们出个主意，你们给毛主席写封信，我给你们送上去。只要主席批下来，你们的日子就好过了，你们敢不敢啊？”

王好为夫妇得到邓力群的支持，回厂后即与军代表惠宏安商议，决定上书毛主席。但是认为还是由谢铁骊、钱江出面，效果比较好。于是找到谢铁骊，讲述了详情，谢慨然允诺。信由李晨声执笔，第二天交邓力群审阅。邓力群建议将信稿中大好形势之类的虚文全部删去，又指出："要讲策略，先不要点江青、张春桥的名。要强调主席的'六条标准'和'双百方针'，主席的话更有说服力。"

7月25日，谢铁骊、钱江把写好的信交邓力群。第二天邓力群通过胡乔木转交给邓小平。邓小平即送到毛泽东那里。信中写道："于会泳等同志的审查意见和多次批评都是无限上纲，把艺术处理问题夸大到政治问题"，"这实际上是把《海霞》当作毒草对待"。"目前北影厂气氛很紧张，在高压手段下，很多同志不敢说话，不能发表不同意见。""有些同志气愤地说：'在首都北京，在党中央身边，竟然发生这样践踏党章的事情，使人不能容忍。'"最后指出："我们认为于会泳、刘庆棠等同志的做法是背离毛主席革命路线的，是违背百花齐放方针的"，"我们急切盼望您老人家在百忙中过问这件事，给予我们指示"。

7月29日，毛泽东对谢、钱的信作了批示："印发政治局各同志。"7月30日晚，邓小平、李先念等八位政治局委员审看了《海霞》的两个版本（最初送文化部审查的片子和修改后的片子）。谢、钱参加。江青称病没有去看影片。当晚，政治局讨论作出决定，《海霞》按作者修改过的影片公映。这是对"四人帮"一伙在文艺领域实行文化专制主义的又一次打击。

二、邓小平重视中央音乐学院青年教师的大字报。

8月2日和4日在中央音乐学院作曲理论系的学习讨论会上，青年教师李春光先后发了三次言，得到好评。会后，他将发言整理成文，于8月8日以《在学习会上的发言》为题贴出大字报。这张大字报大胆泼辣地揭发批判"文化部头头"们的种种悖理行为，实质上矛头直指江青。大字报被争相传抄，"四人帮"及其党羽则竭力封锁。

作者尖锐地批判他们对毛主席7月25日批示的消极抵制和扼杀《创业》的罪行。大字报写道："主席的《七·二五批示》惊天动地。我和许多同志一样，心里很激动。《批示》说出了我们的心里话。""主席批示是一把火。伟大的马克思主义真理之火。谁想扑灭是办不到的。""正如《创业》是一部政治上、艺术上都不可多得的好作品一样，《十条》也是一篇内容上，乃至语言上都不可多得的奇文。”“我认为《十条》在理论上是荒谬的，逻辑是混乱的，作风是霸道的，政治上是有害的，不利于安定团结，是和安定团结唱反调、唱对台戏的。”“你们搞这个《十条》，一不要马克思主义，二不要民主集中制，三不要群众路线，四不要无产阶级纪律，你们是目无王法。”大字报直截了当地质问文化部头头：“你们文化部头头有没有行帮？你们有没有‘哥儿们义气’？”大字报还相当深刻地谈到解放干部、落实政策的问题。

政研室负责人邓力群看到这张大字报抄件后，认为这是毛主席关于《创业》批示传达后第一个比较强烈的反响，应该向上面反映。即写了二三百字的简要情况，连同大字报抄件一起，第二天交胡乔木送邓小平。邓小平很快就转送给毛泽东。毛泽东看后作了批示，谓“此件有用，暂存你处”，将大字报印件退给了邓小平同志。

逐步扩大文艺节目的举措

毛泽东对《创业》的批示和对《海霞》的批示，为“逐步逐步扩大文艺节目”树立了典型，打开了闸门。此后，为使文艺活跃起来，又采取了若干重要的举措。

一、一批电影、戏剧重上银幕、舞台。

毛泽东对《创业》、《海霞》作了批示之后，邓小平同志立即抓住机遇，开禁了一批电影，第一批有：音乐舞蹈史诗《东方红》，历史歌舞片《洪湖赤卫队》，故事片《霓虹灯下的哨兵》等，以后陆续、分批开禁了一些故事片。与此同时，反映红军长征的话剧《万水千山》和长征组歌《红军不怕远征难》，也在1975年10月纪念中国工农红军长征四十周年的日子里，重新登上了舞台。

二、举办纪念人民音乐家聂耳、冼星海音乐会。

在江青一伙的控制下，“文化大革命”中，以前的歌曲都不准唱，连聂耳、冼星海的歌曲，都基本上不能唱了。国歌（《义勇军进行曲》）只能奏曲，不能唱词。冼星海的歌只有《救国军歌》和《到敌人后方去》允许唱，但也都被改了歌词。毛泽东作出调整文艺政策的指示后，音乐界就想改变这种极不正常的局面。正好，9月中旬冼星海夫人钱韵玲因公自杭州来北京。中央人民广播电台的陈莲受《创业》批示启发，建议钱韵玲给毛主席写信，钱韵玲同意。李焕之、李德伦也十分赞成。他们议论到，7月17日，聂耳逝世40周年，国内没有表示，日本倒开了纪念会；10月30日，星海逝世30周年，如国内再无表示，苏联借此做文章，对我不利。议论中认为，从这点着笔，上书毛泽东，提出希望在10月30日星海逝世30周年时开展纪念活动，最为有力。他们又同政研室负责人于光远商量，得到于光远的支持。于是，由陈莲代为拟稿，给毛泽东写信。

9月27日，钱韵玲致毛主席的信写成了。这封信很快由胡乔木、于光远转邓小平送毛泽东。毛赞成演出，10月3日批示将钱韵玲的信“印发在京中央各同志”，让中央委员们都知道这件事。

毛泽东批示下达后，李德伦等积极组织纪念音乐会的排练。首都音乐界人士兴高采烈，中央各音乐团体争相参加，北京市专业音乐工作者和业余音乐爱好者也表现了极大的热情，民族乐队的人数达到100多人。国务院政研室的负责人邓力群参与了整个音乐会和纪念活动的准备工作。

纪念聂耳、冼星海音乐会确定在10月25日举行，李德伦事先写信邀请邓颖超出席。邓颖超回电话说，总理因为身体不好，音乐会不能到场，但她同总理要一起通过电视看演出实况。

与周总理、邓大姐的态度完全相反，江青、张春桥等竭力刁难纪念音乐会，作出所谓“不提纪念”、“不要请人”的指示，文化部头头于会泳、刘庆棠等执行他们的意旨，给纪念音乐会设置重重障碍。已经印好的音乐会的节目单，上面印了毛泽东的题词手迹“为人民音乐家冼星海同志致哀”，文化部头头竟下令全部废弃，另换一张没有题词的节目单。

10月25日晚上，纪念人民音乐家聂耳、冼星海的音乐会如期举行。在当时举行这个音乐会本身就是斗争的胜利。民族文化宫一派节日景象，大家喜气洋洋，气氛特别热烈。宋任穷、王震、陈丕显、周建人等出席，政研室胡乔木等七位负责人也都出席。在“文革”中被打倒的音乐界人士几乎都来了。真是“文革”九年多来第一次盛大的聚会!演出大受欢迎。民族文化宫剧场实在容纳不下要共享战斗胜利欢乐的各界观众。所以，演出两天后，又移到首都体育馆演了三天。到这时，张春桥、王洪文等也不能不把“纪念”接过去装潢门面，从10月30日起上海照北京的样子开音乐会，在人民广场演出了六七场，广州、沈阳、天津也都开了音乐会。

“人民音乐家聂耳、冼星海音乐会”，是1975年文艺调整中形成的又一个高潮。

三、支持历史小说《李自成》一书的写作和出版。

1966年8月中旬毛泽东在一次中央政治局常委扩大会上对王任重说，你告诉武汉市委，对姚雪垠要予以保护。他写的《李自成》第一卷，分上下两册，上册已看完，写得不错，让他继续写下去。王任重当时是中央文革小组副组长，列席会议。第二天一早，王任重就给（武汉市委书记）宋侃夫传达了毛泽东的指示，作出了不批斗，不游街，不抄家等“予以保护”的规定。这样，姚雪垠得以在动乱中继续写作，于1973年完成了《李自成》第二卷的书稿。但何时能够出版，甚为渺茫。

毛泽东7月调整党的文艺政策的一系列指示给姚雪垠带来了希望。10月6日，姚接到《李自成》一书责任编辑江晓天来信，建议他上书毛主席。

10月8日，姚雪垠给宋一平写去一封长信，“汇报稿子的进行情况以及出版问题”，说明“我想给主席写一封简短而诚恳的信”，并详细叙述了内容要点，希望宋设法“通过什么渠道，将我的信转到主席手中。”宋一平接读姚信，即向胡乔木作了汇报，很快复信表示支持，并嘱咐给毛主席的信要用毛笔书写，并且字要写大些。这时，毛泽东左眼已动过手术，能够看大字本的文件了。

10月19日，姚雪垠写好了给毛主席的信，寄给宋一平设法转呈。信中汇报了《李自成》的写作计划，请求毛主席“将《李自成》的出版问题（包括第一卷的修改本重印），批交中央主管部门解决，或直接批交人民文学出版社处理。”宋一平把姚雪垠给毛主席的信交给胡乔木时，已是10月下旬。这时，毛对邓小平转交的刘冰等人的信已有批评，整顿形势已露不利的端倪。胡乔木与吴冷西等商量之后，姚信就没有通过邓小平转送，而由胡乔木直接转呈。为此，胡于10月23日写了一封短简，扼要地说明此事原委，并将姚雪垠10月8日、10月19日致宋一平的两封信一并附奉。

毛泽东11月2日批示："印发政治局各同志，我同意他写李自成小说二卷、三卷至五卷。"由于毛泽东亲自关怀，姚雪垠于1975年冬调至北京，《李自成》第二卷得以发排。在粉碎"四人帮"后的1976年12月，《李自成》第二卷终于付型。第一卷修订本也于1977年二三月出版（8月出书）。中国青年出版社由此复业，在当代中国文化史上留下了一本书救活一个出版社的富有特殊光彩的一页。

四、排除障碍，支持鲁迅著作的出版、研究工作。

在"文化大革命"初期，围绕鲁迅书信手稿的保管等问题，曾发生过一场惊心动魄的斗争。鲁迅夫人许广平因担心手稿遗失而猝发心脏病逝世。北京卫戍区司令员傅崇碧追查手稿下落被江青诬为"武装冲击中央文革"，遭陷害蒙冤七年。多年来江青集团制造种种借口，不让出版书信集，不让出版选本，反对进行注释，使得鲁迅著作的出版工作迟迟不能落实，鲁迅研究工作不能正常开展。1975年7月以来，文艺界出现了"文革"以来未曾有过的有利形势，周海婴和叔父周建人等商量，感到应该乘这个时机，给毛主席写信，反映长期没有解决的问题，请求他的支持和帮助。

10月下旬，周海婴到胡乔木家里，把有关情况和向毛主席写信的想法对胡乔木讲了一遍，请胡乔木予以指点。胡乔木支持周海婴给毛泽东写信，并对信的写法，详细地谈了意见。周海婴给毛主席的信写成后，又交给胡乔木转呈毛泽东。

由于出版一部收入现存鲁迅全部书信的集子，是斗争的焦点，多年来，姚文元等以所谓有的收信人后来成了坏人等为借口，百般阻挠，不让出版，所以，周海婴的信把出版新的鲁迅书信集放在最重要的位置，并有理有据地对他们设置的障碍予以批驳，还特意点出毛泽东引用过的

“鲁迅痛斥变质者的一封信”，亦即1934年11月17日鲁迅致萧军、萧红斥责姚蓬子（姚文元之父）的信，给姚文元以有力的反击。周海婴还请求毛泽东指示出版局组织人力“编辑出版一部比较完善的新的注释本鲁迅全集（包括书信和日记）”，对于开展鲁迅研究方面也提出了看法和建议。毛泽东阅信后，即于11月1日批示：“我赞成周海婴同志的意见，请将周信印发政治局，并讨论一次，作出决定，立即实行。”

毛泽东的批示，使“四人帮”百般阻挠鲁迅书信集出版的倒行逆施无法再继续下去，《鲁迅全集》的整理和注释也一变过去“一直无人过问”的状况。1976年鲁迅诞辰95周年之际，一部包括1381封书信的新的《鲁迅书信集》终于问世。在1981年纪念鲁迅100周年诞辰时，一部由胡乔木主持、林默涵具体负责、全国许多高等学校和研究单位参加编注的新的16卷本的《鲁迅全集》也终于由人民文学出版社出版了。

落实“周扬一案，似可从宽处理”的指示

在文艺调整中，解放干部、落实政策是与扩大节目、活跃文艺同时展开的。

毛泽东7月2日在林默涵来信上写下“周扬一案，似可从宽处理”一段批示以后，邓小平同志立即贯彻执行。周扬、夏衍、阳翰笙三人分别在7月12日、14日释放出来。遵照党中央的指示，有关方面在7月16日即向党中央、毛主席提交了关于“周扬一案”处理情况的报告。报告中对周扬，定性为“问题性质严重”，因而采取的处理办法也用了“拟分配适当工作”这样的不很确定的语言，生活待遇也不是“原工资照发”，而是“工资照发”。显而易见，这是政治局内部对解放周扬还有不同意见的表现，说明7月14日毛泽东对江青就这个问题反复说明教育没有解决问题。

这份报告于7月27日送毛泽东审批。毛泽东听机要秘书读了这份报告以后，对周扬的定性作了重要修改。他命秘书把“问题性质严重”圈掉，改为“人民内部问题”。7月28日，邓小平接到毛泽东对周扬定性作了重要修改的这一文件，又听了毛机要秘书关于修改过程的报告，立即要办公

厅主任送中央政治局委员传阅。

为了给文艺界解放出来的干部分配工作做准备，从1975年8月14日起在原文化部留守处办了一个学习班，主要学习1970年九届二中全会以来的文件，每周四个半天。参加的人员有：吕骥、周巍峙、徐平羽、黄稻、赵寻、张光年、张庚、吴祖光、马彦祥、凤子、郁风、华君武，还有不属“周扬一案”中的司徒慧敏、袁文殊、马少波、丁聪。这个学习班是“文革”九年以来文艺界各协会、各方面人士的第一次聚会。

9月，国务院政治研究室按照安定团结、落实政策的方针，向党中央、国务院开列了邀请出席1975年国庆招待会的科技教育界、文化艺术界、新闻出版界人士的名单，这个名单相当广泛，其中就有周扬。但“四人帮”仍然把周扬拽住不放，不让周扬公开露面。由于他们的阻挠，毛泽东亲自解放出来的周扬未能在国庆招待会上露面。

国庆招待会后，哲学社会科学部政工组把学部出席招待会的吕叔湘、任继愈、俞平伯、顾颉刚、冯至、何其芳、丁声树、吴世昌、贺麟、韩幽桐、傅懋勣、严中平等人的反映整理成材料上报。胡乔木看到这份《简报》后，即送给小平同志一看，并请他考虑要不要转送主席和政治局各同志。邓小平于10月15日报送毛泽东。10月16日，毛泽东在这份简报第一页留下的空白处写下了批语：“打破‘金要足赤’，‘人要完人’的形而上学错误思想。可惜未请周扬，梁漱溟。”这是毛泽东继7月三次直接过问周扬问题以后第四次谈到周扬。显然是针对“四人帮”阻挠周扬出席招待会的错误行为的批评，而且把问题提到了是坚持唯物辩证法还是搞形而上学的哲学高度。

1975年的文艺调整，从7月初开始启动，进展迅速。到7月下旬就出现了以《创业》重新上演为标志的第一个高潮。经过七、八、九三个月，到国庆节前后，无论在批判“四人帮”的文艺专制主义方面，还是在开放文艺节目、解放文艺干部方面，都取得了具有突破意义的成绩。10月，继话剧《万水千山》公演之后，又成功地举办了纪念人民音乐家聂耳、冼星海音乐会，形成了这次文艺调整的第二个高潮。广大文艺工作者正抖擞精神，要使沉寂多年的社会主义文艺逐步活跃起来，广大人民群众也重新抱有希望，荒芜多年的文艺园地将重新呈现百花齐放的景象。但是，从1975年11月起，一场“反击右倾翻案风”的斗争突然发动起来，形势陡转，文艺调整也就此中断。人们从这一次反复中，深切地体会到，真正搞翻案复辟的是高喊反复辟的“四人帮”。“庆父不死，鲁难未已”。“四人帮”不倒，中国的动乱没有尽头，中国的文艺没有希望。所以，1975年的文艺调整，不仅带来了文艺的一度复苏，而且起到了动员群众、提高群众的作用，为1976年的四五运动作了一定的思想准备。在百花齐放的春天，回顾二十年前的这段历史，我们应该肯定文艺调整的积极作用，不应该忘记它在当代中国文艺史上的特殊地位。

1975年整顿中的三个著名文件

程中原

在1975年整顿中，产生了《论全党全国各项工作的总纲》、《关于加快工业发展的若干问题》、《科学院工作汇报提纲》三个著名文件。这三个文件，是邓小平同志领导全面整顿的纲领性文件。“四人帮”对这三个文件深恶痛绝，在1976年“反击右倾翻案风”的高潮中，把它们打成“三株大毒草”。粉碎“四人帮”后，这三个重要文件再现辉煌。但是，对这三个文件的意义却还缺乏深入的探讨，对这三个文件的形成过程，不单有的人物传记写来错漏很多，就是相当严肃的历史著作所述同事实也有不小出入。这同三个文件的历史地位是极不相称的。在这里，笔者据研究所得，论述如下。

关于《关于加快工业发展的若干问题》

1975年1月，周恩来总理在四届人大《政府工作报告》中重申了分两步走建设中国社会主义现代化的宏伟蓝图。四届人大后，周恩来病重，邓小平主持国务院日常工作。他紧紧抓住毛泽东关于学习理论、反修防修，安定团结，把国民经济搞上去这三项重要指示，雷厉风行地领导了铁路的整顿和钢铁的整顿。短短三个月时间，铁路面貌为之改观，钢铁工业扭转欠产局面，并带动了煤炭等行业的恢复和发展。与此同时，落实干部政策的工作取得重大进展。绝大多数关押、立案审查者在4、5月间都已经释放。对地方的整顿也已提上日程，5、6月间开始研究处理浙江“双突”（突击入党、突击提干）问题。总之，国内形势出现了由乱而治的转机。在政治上和思想理论上，3、4月间周恩来、邓小平在毛泽东的支持下挫败了“四人帮”企图以“反经验主义”来打击党政军领导人的阴谋。毛泽东几次批评江青等人，又一次告诫他们“四人帮”不要搞了。根据毛泽东的意见，邓小平于5月27日、6月3日连续主持中央政治局会议，专门对江青等人进行批评。王洪文、江青被迫作了检讨。此后，王洪文暂离北京去浙江、上海，从7月初起党中央日常工作由邓小平主持。这是自“文化大革命”以来从未有过的局面。

邓小平抓住有利时机，把整顿全面铺开和引向深入。他提出，前一段解决铁路问题、钢铁问题，都是一个一个地解决，光这样不行，要通盘地研究。按照邓小平的战略部署，整顿将进入总体战阶段。不仅工业要整顿，交通运输要整顿，而且农业要整顿、财贸要整顿；不仅经济战线各行各业要整顿，而且科学技术、文化、教育也要整顿；不仅军队要整顿，而且地方要整顿，党也要整顿。《关于加快工业发展的若干问题》（简称《工业二十条》）就是邓小平领导整顿总体战的产物。它和稍后的《科学院工作汇报提纲》（简称《汇报提纲》）体现了邓小平全面整顿的指导思想与策略。邓小平抓住了两个环子：一是在经济领域，以《工业二十条》带动经济各部门各行业的整顿；一是在科技领域，以《汇报提纲》来指导和推动科技以及教育、文化各部门的整顿。“四人帮”也不能不佩服邓小平的策略，在后来的一篇批判文章中说，这两个文件就像围棋上的两只“眼”，抓住了这两点，全局就都活起来了。这两个文件在七八月间分别由国家计委和中国科学院起草，嗣后，在邓小平指导下，由国务院政治研究室协助修改，使之成为比较成熟的文件。

1975年6月至8月，国务院召开了计划工作务虚会，为编制第五个五年计划和十年长远规划作准备。会议认为，当前经济工作中的主要问题是乱和散，必须狠抓整顿，强调集中。会上提出，要搞一个关于工业整顿的文件，认真总结铁路、钢铁整顿的经验，对整个工业中存在的问题提出切实的解决办法，作出一些必要的规定。这个文件由计委起草，于7月底8月初写成，就是《关于加快工业发展的若干问题》。这时国务院政研室在邓小平指示下也已对有关问题进行调查研究。8月8日，邓小平同政研室胡乔木、吴冷西、胡绳、熊复、李鑫、于光远、邓力群七位负责人谈企业领导体制和企业管理问题。胡乔木向邓小平汇报了关于企业领导体制的调查材料，并说：从计委一些同志反映，现在很多企业里实际上实行的是“党委书记一长制”。邓小平听后说：现在需要解决企业的体制问题。如果将来工代会的制度健全后，革命委员会是否还存在？那时恐怕还是要实行党委领导下的厂长负责制。邓小平还提出：事事都集中到党委也不行，必须还有各种职能机构和指挥系统。8月8日谈话后，邓小平要求政研室参加工业条例的修改。

8月18日，国务院开会讨论国家计委起草的这个文件（共十四条），政研室负责人胡乔木、于光远、邓力群出席。会上，邓小平发表重要谈话。他指出，计委起草的文件提出了相当多的问题，需要有这样一个文件。毛主席历来主张什么事情都要有个章程，这个文件就是工业问题的章程。过去的《工业七十条》，基本上是好的。这次文件修改后，可以先拿出来讨论。总的精神是加快速度。要搞长远计划，出大政策。邓小平谈了加快工业发展的许多重要思想和重大政策。他首先强调企业要整顿，要考虑今后11、12两个月集中整顿一下企业管理秩序。他还指出：一、确定以农业为基础、为农业服务的思想。二、引进新技术、新设备，扩大进出口。要争取多出口一点东西，换点高、精、尖的技术和设备回来，加速工业技术改造，提高劳动生产率。三、加强企业和科学研究工作。四、抓好产品质量。五、恢复和健全规章制度。关键是建立责任制。六、坚持按劳分配原则。

8月18日讨论会后，加快发展工业条例的修改即在胡乔木主持下进行，邓力群、于光远参加。按邓小平的谈话，同计委的房维中等同志，对计委起草的条例作了修改。从原稿的十四条增为十八条，增加了以农业为基础、采用先进技术、增加工矿产品出口、按劳分配等条，对整顿企业管理、加强责任制、严格管理制度等条作了充实。如“企业管理”这一条，就建立强有力的生产管理指挥系统加写了一段话，以后几经修改，在最后一稿中作如下表述：“在党委统一领导下，建立和健全强有力的能够独立工作的生产管理指挥系统和精干的职能机构，同群众管理结合，搞好计划管理、技术管理、劳动管理、物资管理、财务管理。党委的集体领导，不应当妨碍负责生产的领导干部行使职权，相反，一定要反对无人负责，反对无政府状态。”

第二稿于9月2日写成。9月5日起，即请在北京出席二十个企业座谈会的北京、上海、武汉、杭州、洛阳、兰州、长沙等地的企业负责人进行了多次座谈讨论。与会者认为文件基本内容可以，这十八条都很必要，许多规定是符合实际情况的。同时提出，要把整顿党的组织问题突出写出来，还要写一条全心全意依靠工人阶级。10月，又拿到北京出席农村工作座谈会的十二个省、市委书记中征求意见，也得到普遍赞同。工业和农村两个座谈会的同志都要求把这个文件搞好，并且尽快发下去。政研室同计委一起又对9月2日的“讨论稿”作了修改，吴冷西也参加修改。“修改稿”于10月25日完成，共二十条。从这时开始，这个条例简称《工业二十条》。

在讨论修改的过程中，胡乔木按照毛泽东的一贯思想和邓小平的一系列指示精神讲过不少意见。他强调《工业二十条》要讲清楚毛泽东的工业路线，把毛的有关论述，作为加快工业发展的思想理论基础。要把《工业二十条》搞成带思想性理论性的文件。文件一开始要大讲加快工业发展速度的迫切性。要迫切陈词，同外国比，我们落后几十年，一定要争时间，抢速度，浪费时间是犯罪；说明加快发展既是经济任务，也是政治任务。要把现存问题的严重性摆出来，使人不能容忍，感到非整顿不可。整个文件要以现代化为红线，拿二十五年实现现代化的红线贯串起来。胡乔木还针对在“文化大革命”中被搞乱了的一些突出问题指出，要把加快资金积累同加快速度联系起来，放在文件最前面讲，说明这不是“利润挂帅”；学习外国才能加快速度，这个道理也要放在文件开头讲；整顿企业一条，要增加内容，要批判无政府状态，要针对企业中的情况从理论上讲清楚无政府主义的问题，说明搞无政府主义就是搞资本主义；在体制方面，强调反对党委书记一长制，强调建立工业中独立的生产指挥系统；关于按劳分配、劳动竞赛等问题，要理直气壮地说明一定要实行；工业学大庆要有几条具体标准，说明怎样才是大庆式企业；等等。

10月25日完成的“修改稿”拟定交给10月26日起在北京召开的全国计划会议讨论。10月29日国务院会议讨论时，有人提出这个“修改稿”有二万字篇幅太大，且没有引用毛泽东“文化大革命”中的语录。会后，胡乔木对这个条例又作了一次修改，仍为二十条，个别标题稍有调整，篇幅压缩了一半多，于11月3日完成。这是文件的第四稿，也是比较成熟的稿子。二十条的标题分别是：一、加快工业发展是全党全国人民的迫切任务。二、深入进行党的基本路线教育。三、加强党的领导。四、依靠工人阶级。五、整顿企业管理。六、工业学大庆。七、统一计划。八、发挥两个积极性。九、以农业为基础。十、以钢为纲。十一、立足于挖潜，革新，改造。十二、把质量、品种、规格放在第一位。十三、增加积累，厉行节约。十四、基本建设要打歼灭战。十五、加强社会主义协作。十六、尽量采用先进技术。十七、又红又专。十八、各尽所能，按劳分配。十九、关心职工生活。二十、工作方法。

这个文件是在当时历史条件下对1961年邓小平主持修改定稿的《国营工业企业工作条例（草案）》（即《工业七十条》）的继续和发展。它集中了邓小平1975年初主持中央工作以来一系列讲话的精神，概括了国务院务虚会讨论的成果和工交战线初步整顿的经验，批判了“四人帮”散布的一些谬论，提出了整顿企业、加快工业发展的方针、政策和措施，是解决“文化大革命”在经济上造成的混乱和灾难的纲领性文件。这个文件虽然由于不久就开始发动的所谓“反击右倾翻案风”的干扰破坏而未能交付全国计划会议讨论，也终于未能形成正式文件，但它的主要精神已经在整顿中逐步得到贯彻执行，并得到广大干部、科技人员、工人群众的拥护，对经济战线的整顿与工业的发展产生了一定的积极的影响。粉碎“四人帮”以后，中共中央于1978年4月20日作出的《关于加快工业发展若干问题的决定（草案）》（即《工业三十条》），指导了工交战线的拨乱反正，同1975年的《工业二十条》是一脉相承的。

关于《科学院工作汇报提纲》

科学院《汇报提纲》的起草比《工业二十条》稍迟一点。1975年六七月间，国务院提出了中国科学院要整顿、要加强领导的报告。7月中旬中央决定派胡耀邦、李昌、王光伟到中国科学院主持工作，要求他们提出整顿科学院工作的意见。他们于7月18日到任后，花了二十多天时间，作了认真的调查研究，参考1961年制定的《关于自然科学研究机构当前工作的十四条意见（草案）》（即《科研十四条》），起草了《关于科技工作的几个问题（讨论稿）》。8月11日草成的第一稿，经科学院内座谈讨论，又经出席计划工作务虚会的科学技术规划小组会讨论，广泛征求意见后作了修改，于8月15日印出“第二次讨论稿”。再次征求意见修改成第三稿，于8月17日由胡、李、王三人联名上报，文件名称为《关于科技工作的几个问题（汇报提纲）》。这三个稿子结构相同，分六个部分：（一）关于肯定科技战线上的成绩问题。（二）关于科技工作的组织领导问题。（三）关于力求弄通毛主席提出的科技战线的具体路线问题。（四）关于科技战线知识分子政策问题。（五）关于科技十年规划轮廓的初步设想问题。（六）关于科学院院部和直属单位的整顿问题。

国务院政研室这时对科技界的情况也按邓小平布置的任务，进行了一些调查研究。在前面提到的8月8日邓小平同政研室七位负责人的会上，科技与人才也是谈话议论的一个重点。会前，胡乔木向邓小平送了首都和鞍钢技术人员情况的汇报材料。会上，邓小平告诉胡乔木，这个材料已看过，不必转送主席了。科学家张文裕有个很短的谈话，讲科研工作赶不上生产发展的需要，这个谈话好，已送主席。邓小平还说到，现在许多专门人才都有后继无人的现象。北京大学有个搞半导体的专家，现在学校让他改行了，很可惜。早在5月下旬，邓小平就亲自过问了七机部的整顿，到七八月间，整顿科技，已经是他注视的一个重点了。

8月26日，邓小平找胡乔木，专门商谈修改科学院汇报提纲问题。胡乔木谈了对提纲草案的意见，主要是提纲全文太长，思想性不够，文字陈旧等。邓小平说，耀邦、李昌他们的稿子涉及问题太多，不必要地太锋利，站不稳。这个文件很重要，要加强思想性，多说道理。但不要太尖锐，道理要站得住，攻不倒。邓小平要胡乔木同胡耀邦他们一起议论一下，并要乔木亲自动手修改。在此之前，胡耀邦也在8月18、19两日在科学技术规划小组内召集两次会议，听取有关部门对汇报提纲的意见。

8月26日谈话后，胡乔木就亲手主持修改《汇报提纲》。他先约胡耀邦、李昌、王光伟等一起商量修改方案。政研室负责人吴冷西、胡绳参加了讨论。胡乔木传达了邓小平的指示，谈了他设想的修改方案。最主要的是单独增加一部分，把科学院讨论稿上引用的毛泽东关于发展科学技术工作的指示，重新加以编排，并补充征引几条，使之成为较有系统的十条，作为科学院和整个科学技术工作的指导方针。把肯定“二十六年”放到突出的位置，以肯定“文革”前十七年的成绩，并明确科学院和科技工作的发展方向与任务。其他部分大加压缩，以整顿来统率。

按照这个方案，胡乔木于9月2日就将《汇报提纲》改好。这一稿是第四稿，改题为《科学院工作汇报提纲》，把原来的六部分改为三部分：（一）中国科学院科研工作的方向任务。肯定“二十六年来”中国科学院“取得了很大成绩”，指出科研工作如不加快赶超世界先进水平的进程，就会影响整个国民经济和国防建设发展的速度，提出作为我国自然科学研究的综合性中心，中国科学院今后十年根本任务的三个方面：协同各有关部门，积极承担国民经济和国防建设中若干重大科研任务；开辟一批新兴的科学技术领域；大力发展基础科学研究。（二）坚决地、全面地贯彻执行毛主席的革命科技路线。这一部分从十个方面引用毛泽东关于科学技术工作的论断和指示。还辩证地分析了政治与业务、群众路线与专业队伍、理论与实际、对知识分子的教育与使用、哲学与自然科学等五个方面的相互关系，说明必须系统地、准确地宣传毛主席的革命科技路线，防止和克服任何偏离、割裂或曲解。（三）关于科学院的整顿问题。提出整顿的五项内容：1. 结合实际，认真学习，揭露矛盾，开展批评和自我批评。2. 认真落实党的知识分子政策和干部政策。3. 增强无产阶级党性。批判和消除资产阶级派性。4.调整和健全领导班子。5.整顿机构。

9月3日邓小平同政研室七位负责人一起读《毛泽东选集》的选篇时，胡乔木把修改后的这一稿面交邓小平。邓看了表示满意，并说：这文件很重要，不单管科学，而且可以适用于文化教育各部门。由此谈到教育工作，邓小平指出：教育方面存在不少问题，现在教师积极性不高，学生也不用心学，教学质量低，这样下去怎么能实现四个现代化。

这次会后，即将《科学院工作汇报提纲》（9月2日修改稿）印发有关同志征求意见，准备讨论。邓小平对这件事抓得很细致。他在山西昔阳出席全国农业学大寨会议回到北京后，听到有一位负责同志对《汇报提纲》中有关哲学与自然科学关系的那段论断有些意见，立即在9月25日早上把胡乔木找去，要他搞一个毛泽东和马、恩、列关于这方面论述的语录，作为《汇报提纲》的附件，以说明《汇报提纲》的论断理论上是有根据的。胡乔木急忙要政研室理论组同志负责组织学部专业人员，连夜编印好一份题为《必须用哲学指导自然科学的研究，但不是用哲学代替自然科学》的材料，9月26日下午开会时发到每个与会者手里。9月26日早上，邓小平又找胡乔木，要他先去找那位对哲学与自然科学关系问题有些意见的负责同志面谈一次，交换意见，以免下午开会讨论时出现不必要的分歧。

9月26日下午，邓小平主持国务院会议，听取胡耀邦等的汇报，讨论《科学院工作汇报提纲》。政研室负责人胡乔木、吴冷西、于光远参加。会上，邓小平讲了许多重要意见。他强调科研工作要走在国民经济的前面。他说：“如果我们的科学研究工作不走在前面，就要拖整个国家建设的后腿。”他引用马克思关于科学技术是生产力的论点，说：“科学技术叫生产力，科技人员就是劳动者！”他指出，“科研工作能不能搞起来，归根到底是领导班子问题”，“领导班子，特别要注意提拔有发展前途的人。”班子要有管党的、科研的、后勤的三部分人。“科研人员中有水平有知识的为什么不可以当所长？”“要让党性好的组织能力强的人搞后勤工作。”他指出，“要给有培养前途的科技人员创造条件，关心他们，支持他们，包括一些有怪脾气的人。首先要解决这些人的房子问题，家庭有困难的也要帮助解决。”邓小平还论述了教育整顿，强调“后继要有人，这是对教育部门提出的问题。”他还特别提到“要解决教师地位问题”。他还对办好科技大学，办好各种刊物等具体问题作了指示。邓小平要求对《汇报提纲》作一些修改，写清队伍，把国防工业包括进去；把哲学与自然科学的关系写清楚；具体问题增补一点。先送毛主席，印发政治局，批准后用这个文件充分发动群众。

按照9月26日邓小平的谈话，胡乔木等又对《汇报提纲》修改了一遍。如：队伍，写明全国各专业科研机构五个系统共约二十五万人；明确要选拔科研人员（特别是中年）担任正副所长等职；哲学与自然科学的关系写得更加准确、全面；写上了科技大学应从应届优秀高中毕业生中直接招生；整顿的内容还增加了“整顿科技出版工作”一项。9月28日稿子修改好，这是第五稿，即报送毛泽东审定。

毛泽东在审阅时表示，《汇报提纲》中引用的“科学技术是生产力”这句话，他不记得曾经说过。邓小平即向胡乔木作了传达。胡乔木一面继续查核（对其他语录的出处也进行了核对），一面要学部编《马、恩、列论述科学技术是生产力》的材料。10月中旬学部编的材料上报毛泽东。随后查出，毛泽东听取聂荣臻汇报十年规划谈话是在1963年12月16日，当时在场的韩光、张劲夫、范长江、于光远均有笔记，惟“科学技术是生产力”这句话笔记本上失记，但有“科学技术这一仗一定要打，而且必须打好。不搞科学技术，生产力无法提高”等语。胡乔木即把经过核查的《汇报提纲第二部分中所引用的毛主席关于科技工作指示的出处》（共26处）印出报毛泽东。关于这一处，引了两句话：“科学技术是生产力。”“科学技术这一仗一定要打，而且必须打好。不搞科学技术，生产力无法提高。”并引马克思关于这一论点的论述（引自马克思《政治经济学批判大纲》第三分册第369页）作为“科学技术是生产力”这句话的注释。以便让毛泽东审定。

毛泽东于10月24日将《汇报提纲》退给邓小平，邓即找胡乔木要他照毛主席的意见再修改一次。乔木遵嘱又修改一遍送邓。这是《汇报提纲》的第六稿。这时，邓小平已经受到错误批判。他就没有再把这份《汇报提纲》送给毛泽东。而后来“四人帮”拿到公众面前大张挞伐的，不过是最初的8月11日讨论稿，而且只是六个部分中的第三部分。

《汇报提纲》虽然因邓小平主持的1975年整顿中断而没有批准下发，但这个文件所根据、所论述的邓小平关于整顿与发展科技事业的指导思想和方针政策反而因为受到错误的批判而格外显露出它的光芒。粉碎“四人帮”以后，邓小平刚开始恢复工作，就立即紧紧抓住科学和教育这两个环节，旗帜鲜明地继续1975年被中断的事业，使新时期科技与教育得到蓬勃发展，取得丰硕的成果。应该说，1978年全国科学大会制定的《1978年至1985年全国科学技术发展纲要（草案）》是《汇报提纲》在新的历史条件下的发展，而1975年整顿中的《汇报提纲》正是后来科技、文化、教育部门拨乱反正的一个先导。

关于《论全党全国各项工作的总纲》

1975年9月18日，胡乔木在政研室内提出要写一篇全面宣传三项重要指示的文章。他把这个任务交给了邓力群。邓力群欣然同意，找了几个人研究、讨论，到10月7日他就拿出了初稿，这就是《论全党全国各项工作的总纲》（简称《论总纲》）。写这篇文章并不是由于邓小平直接授意，但引起胡乔木、邓力群写作动机的，确实是邓小平关于三项指示不可分割的思想和全面整顿的部署。

邓小平一贯主张要全面宣传毛泽东思想。对于林彪把毛泽东思想庸俗化的那套做法，邓小平和罗荣桓一起早就进行过斗争。在1975年整顿中，邓小平针对“四人帮”对毛泽东思想和毛泽东的指示“各取所需”、片面宣传的做法，又多次提出要全面宣传贯彻毛泽东思想，反对“割裂”毛泽东思想。当时在这个问题上斗争的焦点是怎样全面地学习、宣传、贯彻毛泽东关于学习理论反修防修、安定团结、把国民经济搞上去三项重要指示。邓小平5月29日在钢铁工业座谈会上讲话，首次提出毛主席最近三条重要指示“就是我们今后一个时期各项工作的纲”，指出：这三条重要的指示，是互相联系的，不能分割的，一条都不能忘记[①]。7月4日对中央读书班第四期学员讲话，又说："前一个时期，毛泽东同志有三条重要指示：第一，要学习理论，反修防修；第二，要安定团结；第三，要把国民经济搞上去。这三条指示互相联系，是个整体，不能丢掉任何一条。这是我们这一时期工作的纲。"[②]9月10日，邓小平同胡乔木、邓力群等政研室七位负责人谈话，尖锐地批评了"四人帮"控制的宣传、舆论。邓小平说：要全面宣传毛泽东思想。现在的宣传有很大的片面性。现在对毛主席的思想各取所需，把毛泽东思想割裂了。只有基本路线还不够，还要有各项具体路线和政策，不然，基本路线是空的。又说：现在只讲斗争，不讲团结。团结—批评—团结的公式丢掉了。毛主席在"七大"报告中讲的三大作风，延安整风报告讲的反对主观主义，反对宗派主义，反对党八股，都仍然有重大现实意义。要重新宣传毛主席这些思想，用来反对修正主义，反对派性，反对新八股。七届四中全会的决议有重要现实意义，要大讲增强党的团结，加强党的统一领导。邓小平要求政研室抓紧写文章。文章不要光讲现话，要讲点新话，要摆事实讲道理。

这次谈话触发了胡乔木要写一篇全面宣传三项指示的文章的动机。他想到，与正在写的评《水浒》的文章比较起来，全面宣传三项指示的文章更具有现实性，一定要把它写好。不几天，又读到邓小平9月15日在全国农业学大寨会议开幕式的讲话。讲话中邓小平公开、明确地提出了全面整顿的任务。他依据毛泽东讲过军队要整顿、地方要整顿的意见，提出工业、农业、商业、文化教育、科学技术、文艺都要进行整顿。这样，胡乔木就决定抓紧时间写这篇文章。

9月18日，胡乔木把这篇文章的任务布置给邓力群负责时，讲了文章的题旨和布局，要求从理论与实际的结合上讲清每项指示的意义，三项指示之间的相互关系，最后落实到全面贯彻三项指示，集中精力进行全面整顿，促成安定团结，把国民经济搞上去，以巩固无产阶级专政。他又

① 转引自《中国共产党执政四十年》，第391页。

② 《邓小平文选》第2卷，第12页。

嘱咐邓力群把小平同志这方面的讲话收集研究一下，把小平讲的意见组织到文章里去。邓力群对当时报刊宣传的片面性，对安定团结和把国民经济搞上去宣传得太少，也很不满。他和胡乔木都想改变报刊宣传三项指示的状况，所以他很乐意接受这项任务。

9月19日，胡乔木向邓小平报告拟写一篇关于全面宣传三项指示的文章，简要地讲了题旨和布局。邓小平听了很赞成，说：文章很重要，要抓紧写出来。他还表示，如果文章写得好，可以约几位副总理研究一下，再送毛主席审阅。毛主席同意了，可以作为《人民日报》社论发表。9月20日，胡乔木把邓小平赞成写这篇文章的意见告诉邓力群和政研室其他负责人。邓力群立即研究材料，讨论提纲，还请有关单位的同志就全国贯彻执行三项指示情况和文章应该怎样写法，开了两次座谈会，然后由四人分两组平行作业，各写出一份草稿。邓力群对两份草稿都不满意，决计重写。这次写作，由邓力群口授，苏沛、滕文生笔录整理，然后由邓改定。10月7日完成文章初稿，题目也由邓力群确定为《论全党全国各项工作的总纲》。

这篇文章的主要论点是依据邓小平在几次会议上的讲话、1975年中央一系列正式文件以及中央和国务院其他领导同志的讲话中的观点形成的。这些讲话和文件是：邓小平在铁路会议（3月5日——指讲话日期，下同）、钢铁会议（5月29日）、接见中央读书班（7月4日）、军委扩大会议（7月14日）、国防工业会议（8月3日）、农业学大寨会议（9月15日）等会议上的讲话；1975年中共中央就加强铁路工作、努力完成钢铁生产计划、江苏解决徐海地区问题的经验、浙江处理“双突”问题、军委扩大会议、上半年工业生产情况等发的文件；1974年中共中央关于处理内蒙古问题的文件；国防工业会议上几位负责同志的讲话；纪登奎关于处理浙江问题的讲话，以及浙江处理“双突”问题的材料；《工业二十条》9月2日的稿子，以及北京、上海等二十个企业党委书记讨论《工业二十条》的三期会议简报。所以，《论总纲》这篇文章确实比较集中地传达了1975年中央一系列文件的精神和要点，集中地传达了邓小平1975年全面整顿的思想。

《论总纲》以实现四个现代化为出发点和归宿，全面论述了三项指示的内涵及其相互关系，阐述了进行全面整顿，促进安定团结，把国民经济搞上去等方面的问题，同时又相当尖锐地揭露了“四人帮”的反革命策略及其本质，具有强烈的批判精神和战斗力量。文稿开头就提出实现四个现代化是“我国今后二十五年国民经济发展的宏伟任务”，指出“毛主席的这三项重要指示，不仅是当前全党、全军和全国各项工作的总纲，而且也是实现今后二十五年宏伟目标的整个奋斗过程中的工作总纲。”文章结尾又强调，“只要我们以毛主席的三项重要指示为纲，做好各方面的整顿工作，继续坚持独立自主、自力更生的方针，我们就一定能够实现在本世纪内把我国建设成为一个社会主义强国的宏伟目标”。文稿提出，学习理论成绩的好坏、大小，“检验的唯一标志”，“就看我们在应用中，是否有利于把无产阶级专政的任务落实到基层，是否有利于促进安定团结的政治局面，是否有利于促进国民经济更快地发展。”文稿还指出，“革命就是解放生产力，革命就是促进生产力的发展。”是束缚生产力还是解放生产力，这是区别真马克思主义和假马克思主义、正确路线和错误路线、真干社会主义和假干社会主义，以及干部工作好坏成绩大小的标准。假马克思主义的政治骗子，反马克思主义的阶级敌人，总是打着反修正主义的旗号搞修正主义，打着反复辟的旗号搞复辟。要彻底揭露他们在“造反”、“反潮流”的旗帜下，煽动资产阶级派性，破坏党和人民的团结，破坏社会主义生产建设。文稿指出，“我们的国家现在还是发展中的社会主义国家”。为了把国民经济搞上去，必须学会搞生产斗争和科学实验，必须用心研究并遵循我国社会主义建设的客观规律，必须建立以责任制为核心的严格的规章制度，必须关心并逐步改善群众的物质生活。文稿还指出，三项重要指示“是互相联系的不能割裂的统一整体”，必须“用这个工作总纲和各项政策来指导各方面的工作，整顿各方面的工作。工业要整顿，农业要整顿，交通运输要整顿，财政贸易要整顿，科学技术要整顿，文化教育卫生要整顿，文学艺术要整顿，军队要整顿，党也要整顿。”并指出，“在各方面的整顿中，党的整顿、党的工作的整顿是重点”，其关键在于加强各级党委的领导班子，克服“软、懒、散”，清除个别坏人，调离长期闹派性者；同时要在全党范围内整顿党的作风。

文稿尚在修改之中。胡乔木认为此文应从正面讲道理，不宜用批判与论争的格调，所以后来又写了两稿，拟在《思想战线》创刊号上发表。但第三稿还没有来得及送胡乔木看，所谓“反击右倾翻案风”的运动就开始了。《思想战线》被扼杀在摇篮里，《论总纲》也就无法发表了。

对三个著名文件的历史评价

在叙述三个著名文件的形成过程中，对它们的内容、意义、作用、影响，我们已经分别作了若干评论。这里再总括起来，对这三个著名文件作如下历史评价。

一、这三个著名文件是1975年整顿的产物，也是指导全面整顿的纲领。

为全面整顿的展开从理论到具体方针政策作准备的《论总纲》、《工业二十条》、《汇报提纲》，既是对由点到面、由经济部门到意识形态部门已经进行的初步整顿的理论概括，又是对即将全面铺开、逐步深入的全国各方面的整顿的全面部署和具体指导。《论总纲》比较全面地阐述了从经济基础到上层建筑进行整顿的方针政策，探索了在当时形势下摆脱动乱局面、建设社会主义的道路，称得上是邓小平进行全面整顿的政治纲领。《工业二十条》和《汇报提纲》则分别抓住工业和科技这两个实现四个现代化宏伟目标的关键，针对这两个领域存在的问题，提出了加快发展的具体目标、任务、方针、政策和办法，作出了相应的、必要的规定，成为各方面进行整顿的具体纲领。“四人帮”强加给这三个文件许多诬蔑不实之词，但说这三个文件《论总纲》是“主体”，《工业二十条》和《汇报提纲》是“两翼”，倒是说对了。

二、这三个著名文件以独特的、异常的方式在“文化大革命”的历史进程中发挥了积极作用。

如上所述，《工业二十条》与《汇报提纲》这两个文件当时都未能正式下发，《论总纲》还没有定稿，也未能公开发表。但是，他们都在1976年“批邓、反击右倾翻案风”的特定条件下公之于世。1976年2月，姚文元对《论总纲》下了四十七处批语，把《论总纲》断为“一篇复辟资本主义的总纲”。妄图抓住《论总纲》这篇文稿，大做文章，作为打倒他们所仇视的邓小平同志和其他中央负责同志的口实。从1976年4月起，“四人帮”通过他们控制的舆论工具发动对这三个文件的公开批判，给《论总纲》安上“邓小平复辟资本主义的政治宣言”、“赫鲁晓夫秘密报告式的大毒草”等罪名。还说什么《论总纲》是“文拳头”，丙辰清明天安门事件是“武拳头”。诬蔑《工业二十条》是“工业战线上复辟资本主义的黑纲领”；“《汇报提纲》是《二月提纲》在新形势下的变种”，是“一条黑线”上“两个并蒂的毒瓜”。他们不仅在报刊上连篇累牍地竭力诋毁，而且还编了三本小册子，由张春桥、姚文元亲自改定“前言”，于1975年8月向全国发行。他们诡称这是“不用中央名义的中央文件”。图谋在全国范围内发动一场对“三株大毒草”的“围剿”，为他们篡夺党和国家的最高权力制造舆论。

然而历史却同“四人帮”的倒行逆施开了一个大玩笑。本来还没有来得及同广大党员、干部和群众见面的三个文件，却通过这种特殊的方式走到了人民中间。如果说人们从1975年整顿的实践中已经感觉到、体会到邓小平的正确，那么，恰恰是在“批邓”的高潮中，人们又从这“三株大毒草”把原来的感性认识提高到理性阶段，理解并认定邓小平所主张的路线、方针、政策真正反映了人民的意志和愿望，真正代表科学社会主义，而发动这种“反击”的“四人帮”完全是站在中国人民和社会主义的敌对方面的一小撮。如果说“四五”运动为后来粉碎“四人帮”奠定了伟大的群众基础，那么对“三株大毒草”的“大批判”则同发动者的愿望恰恰相反，反而从思想上、理论上巩固了这个基础。

三、这三个著名文件在探索社会主义道路的历史进程中具有承接递嬗的重要意义。

历史学家已经指出，在“文革”前十年社会主义道路的探索中，党的指导思想有两个不同的发展趋向，正确的和比较正确的趋向的发展与积累，为新时期纠正“文革”错误，实行指导思想上的拨乱反正，做了一定的准备[①]。研究了这三个著名文件，对这个论点有必要作出补充。应该指出，邓小平主持的1975年整顿和这三个文件，正是在“文革”发展到那一时刻的特殊条件下，对前十七年发展与积累起来的正确和比较正确的理论、方针、政策的运用和发展。同时，这三个文件又具有强烈的现实针对性，对“四人帮”那一套极左的理论和方针、政策进行了尖锐的批判，实际上具体地否定了“文化大革命”，并正面阐述了毛泽东关于学习理论、反修防修，安定团结，把国民经济搞上去的三项重要指示，相当全面地表述了邓小平提出的一系列理论、方针、政策、措施，所以，这三个著名文件又是新时期拨乱反正和改革开放的前奏。较之“文革”前十年的探索，应该说，为新时期的拨乱反正和改革开放作了更为直接的准备。邓小平同志后来回顾这段历史时说得好：“说到改革，其实在1974年到1975年我们已经试验过一段。……那时的改革，用的名称是整顿，强调把经济搞上去，首先是恢复生产秩序。凡是这样做的地方都见效。”他还说，1976年的四五运动“证明，1974年到1975年的改革是很得人心的，反映了人民的愿望。粉碎‘四人帮’以后，十一届三中全会重新确立了实事求是的思想路线，确定了发展生产力为全党全国的工作中心，改革才重新发动了。”[②]综观中国社会主义建设道路的探索历程，不难看出，1975年的整顿和在整顿中产生的三个著名文件，是连接“文革”前十年和新时期的重要一环；对于建设有中国特色的社会主义理论的形成来说，这三个著名文件也是一次重要的酝酿。

① 详见《中国共产党的七十年》，第418—420页。

② 《邓小平文选》第3卷，第255页。

共和国历史性转折的发端

——从全面整顿走向十一届三中全会

张　化

把全党工作的着重点转移到社会主义现代化建设上来，是十一届三中全会作出的一项战略决策。此后，长期在党内占据主导地位的“以阶级斗争为纲”的“左”倾方针得以结束，中国的社会主义建设实现了历史性转折，党对有中国特色社会主义道路的探索由此开始。

从中国社会主义建设的历程看，这一历史性转折不是偶然的、适应一时政治需要而产生的，而是70年代以来国内外形势发展的必然，有着深刻的历史原因和思想渊源。这一历史性转折的发端，从严格意义上讲，始于1975年的全面整顿。正如邓小平后来所说：“拨乱反正在一九七五年就开始了”。“改革，其实在一九七四年到一九七五年我们已经试验过一段。”“那时的改革，用的名称是整顿，强调把经济搞上去，首先是恢复生产秩序”①。考察1975年全面整顿的过程，可以看出，全面整顿是在“文化大革命”条件下试图把工作重点转向经济建设的一次努力，虽然由于历史条件的限制被迫中断，但是，对于党后来实现历史性的转折，把工作中心转移到现代化建设上来具有深远影响。

---

① 《邓小平文选》第3卷，第81、255页。

第一、在“左”倾错误势头低落、国际环境趋向缓和时，重申四化建设的宏伟目标，提出实现四化是大局的思想，是试图在社会主义建设中改弦易辙的重要标志，为后来实现历史性转折确定了奋斗目标，奠定了理论基础。

（一）重申四化建设的宏伟目标，是以周恩来、邓小平为代表的党内力量适应国内外形势变化，试图使中国转入经济建设轨道的重要举措。

进入70年代后，随着1971年林彪叛国外逃事件的发生，经历了九年“文化大革命”的中国社会开始出现以下变化：一是，对毛泽东的个人崇拜由盛到衰，人民群众普遍对“文化大革命”产生怀疑，要求经济发展和生活改善的愿望更加强烈。林彪叛国外逃事件的发生，使干部群众不同程度地从个人崇拜的狂热中觉醒，对毛泽东发动“文化大革命”必要性的怀疑扩展到整个社会，盛行一时的毛泽东著作“天天读”从此中断。九一三事件的发生，还为人们认识林彪鼓吹的“突出政治”的危害营造了难得的社会环境。在“批林整风”中，人们普遍把“突出政治”概括为“空头政治”。周恩来、张闻天等人在不同条件下，对极左思潮和“政治决定论”作出了批判[①]。这些认识反映了党内一批头脑清醒的人士对“文化大革命”的初步反思。把被耽误、破坏的经济建设提上党和国家的议事日程已成为不容忽视的社会要求。二是，初步的纠“左”整顿一度扩展到全国，抵制、反对“文化大革命”的人不断增多。1972年前后，在周恩来领导下，全国开展了对极左思潮的批判，各条战线开始了初步整顿。这次纠“左”整顿虽然很快受到批判，但是，随着“批林批孔”运动的展开，对“文化大革命”持抵制态度的人更多了，批判“文化大革命”、斥责“四人帮”的信件和大字报接连出现在各地。三是，一度紧张的国际环境趋向缓和，“解放全人类”的“世界革命”思想得到扭转，有利于

① 周恩来指出的：极左思潮“就是空洞、极端、形式主义，空喊无产阶级政治挂帅，很抽象”。处于隔离审查状态的张闻天动笔撰写《无产阶级专政下的政治和经济》一文，指出：无产阶级的政治，必须反映无产阶级和人民群众的利益和愿望，“不能促进、推动经济发展的政治，不管表面上装潢得如何好看，听起来如何悦耳，终究是空洞的，甚至只能给人民群众和国家建设事业带来灾难的东西。”

经济建设的外部环境开始出现。随着中国外交的恢复和扩大，中国的国际环境趋向缓和。这一时期，毛泽东、周恩来、邓小平、叶剑英、陈云等都从世界格局的大环境着眼，谈到了中国的国际地位和建设问题：1、中国是经济落后的社会主义国家，属于第三世界。2、中国面临着实现“工农业现代化”的任务，要“为早日摆脱贫穷落后状态，铺平道路”①。3、在战备问题上，不要从以前的教条出发，说什么迟打不如早打好，要推迟战争的时间，使国家建设得更好一点②。4、要研究资本主义③，开展经济交流，学习、引进资本主义国家的资金、技术和管理经验。自力更生决不是关起门来，排斥外国援助④。

进入70年代后，毛泽东也对实现社会安定和经济发展表现出一定愿望。1974年下半年，他先后在不同场合分别作出学习理论反修防修、要安定团结和把国民经济搞上去三项指示，多次对江青等人的帮派活动进行批评。在筹备召开四届人大的过程中，他抑制了江青组阁的野心，确立了以周恩来、邓小平为核心的国务院领导机构，为邓小平主持国务院工作创造了条件。虽然，这时毛泽东仍在全局上坚持“文化大革命”；“四人帮”及其帮派势力继续在各地制造混乱，但是，上述变化仍为遭受严重破坏的中国社会带来了转机和希望。

在这种情况下，1975年召开的四届人大前后，周恩来、邓小平抓住历史机遇，重申四化建设的宏伟目标，迈出了促使局势向有利方向发展的重要一步。邓小平主持起草四届人大《政府工作报告》时，突出强调了这个报告的落脚点，他说：“整个文章最后归结到团结起来，为实现现代化而奋斗，要落到这个上头。”⑤四届人大《政府工作报告》重申了四化建设的宏伟目标，展示了三届人大提出的从第三个五年计划开始我国国民经济发展按两步设想的蓝图，号召全国人民为在本世纪内把我国建

① 1974年4月邓小平在联合国第六届特别会议的发言。

② 1972年9月叶剑英在全军军事训练座谈会上的讲话。

③ 《陈云文选》第3卷，人民出版社1995年版，第218页。

④ 《周恩来年谱》下卷，中央文献出版社1997年版，第587—588页。

⑤ 大型电视文献纪录片《邓小平》，中央文献出版社1997年版，第105页。

设成为社会主义的现代化强国而奋斗。可以说，这是在“文化大革命”的“左”倾错误势头低落、国际环境趋向缓和时，以周恩来、邓小平为代表的党内力量对党和国家奋斗目标、根本任务的重新确定，是试图使中国转入经济建设轨道的一次努力。

（二）邓小平提出四化建设是大局的思想，把现代化建设提升到政治高度，是试图纠正“以阶级斗争为纲”的错误、把工作中心转向经济建设的开端。

如何处理政治与经济的关系，是“文化大革命”发动前后党内多次发生争论，被林彪、江青等人搞得极为混乱的一个问题。“文化大革命”的发动和发展，是“以阶级斗争为纲”的“左”倾方针压倒党内正确的、或比较正确的发展趋向，占据主导地位的结果。从此，经济建设和其他工作处在从属于“革命”的次要地位，不断遭受到政治运动的冲击和破坏。

整顿工作开始后，提出四化建设是全党全国工作的大局，是邓小平反复强调的问题。他说，四化建设是大局，“全党全国都要为实现这个伟大目标而奋斗。”[①]他批驳“抓革命保险，抓生产危险”的说法，指出：“这是大错特错的”[②]。针对“四人帮”只讲学习无产阶级专政理论，却不提毛泽东关于安定团结和把国民经济搞上去这两条指示，邓小平也使用了“三项指示为纲”的提法。他说：毛主席的三条重要指示，就是我们今后一个时期的纲。这三条是互相联系着的，不能分割的，一条都不能忘记[③]。把毛泽东的三项指示联在一起，特别是把毛泽东虽然说过、却没有突出的后两项指示提升到“纲”的高度，对经济发展给予“文化大革命”以来从未有过的重视，是邓小平在整顿中一个高明的作法。“三项指示为纲”，不仅使“四人帮”暂时难于对整顿进行攻击，也是淡化“以阶级斗争为纲”的影响、把经济建设提上党和国家工作日程的重要举措。

① 《邓小平文选》第2卷，人民出版社1994年版，第4—7页。

② 《邓小平文选》第2卷，人民出版社1994年版，第4—7页。

③ 5月29日钢铁会议上邓小平讲话。

值得注意的是，提出四化建设是大局，把实现四化规定为全党全国的根本方向、根本任务、本世纪全国人民的奋斗目标，肯定为实现四化而奋斗是最大的政治，这是邓小平从指导思想上确立四化建设的地位，反对用“革命”冲击经济，建构以经济建设为中心的新的理论框架的起点。在邓小平主持起草的《关于加快工业发展的若干问题》（简称《工业二十条》）中提出：工业的发展速度问题，是一个重大的尖锐的政治问题。我们的国家还是发展中的社会主义国家，没有社会生产力的强大发展，社会主义制度是不能充分巩固的。这些渗透着对我国社会主义实践深刻反思的认识，不同于党过去偏重于从生产关系角度对社会主义的理解，突破了以政治革命为中心的思想框架，把生产力的发展与社会主义制度联系在一起，经济建设不再处于从属于“革命”的次要地位，而被提到与社会主义息息相关的高度，这实际上是否定了那种把政治与经济对立起来，“突出政治”、“以阶级斗争为纲”的认识。

把四化建设提升到政治高度，是以邓小平为代表的党内力量在什么是社会主义，怎样建设社会主义问题上的一个突破，也是牢固地把经济建设确立为党的工作中心的关键。这种思想理论的影响，一直贯穿在党实现工作中心转移的过程中，在十一届三中全会召开后仍是这样。十一届三中全会虽然决定停止使用“以阶级斗争为纲”的口号，但却没有明确宣布这个口号是错误的，没有对其从理论上进行清理，致使相当多的同志存在着“以阶级斗争为纲”和以现代化建设为中心可以统一的认识。他们仍然认为以阶级斗争为纲，才能把生产建设搞得更好，并提出要三大革命运动一起抓。针对这种情况，邓小平于1979年3月再次指出：“我们当前以及今后相当长的一个历史时期的主要任务是什么？一句话，就是搞现代化建设。能否实现四个现代化，决定着我们国家的命运、民族的命运。在中国的现实条件下，搞好社会主义的四个现代化，就是高举马克思主义，就是高举毛泽东思想伟大旗帜。”“社会主义现代化建设是我们当前最大的政治，因为它代表着人民的最大的利益、最根本的利益。”他还明确地指出：目前和今后的阶级斗争，显然不同于过去历史上阶级社会的阶级斗争[①]。这对于澄清思想，确立以经济建设为中心的思想起了有效作用。

由此可见，1975年重申四个现代化的宏伟目标，提出四化建设是全党全国工作的大局，是以周恩来、邓小平为代表的党内力量在“文化大革命”的错误发展到极端时，试图在社会主义建设中改弦易辙的重要标志。邓小平所说从1974年到1975年已经试验过一段的改革，便是这种在“文化大革命”条件下以重新确定国家的奋斗目标、根本任务为基础，试图扭转政治方向的改革。三年后，十一届三中全会实现的历史性转折，其奋斗目标和理论基础均源于全面整顿之中。

第二、全面整顿对“左”倾错误有限度的拨乱反正，加快了历史性转折的实现，为其奠定了政治基础。

（一）全面整顿有力地冲击了“左”倾错误，是“文化大革命”结束后全面拨乱反正的先导。

针对“文化大革命”给中国社会造成的严重破坏，整顿工作开始不久，邓小平就提出了要全面整顿的问题。他说：“当前，各方面都存在一个整顿的问题。农业要整顿，工业要整顿，文艺政策要调整，调整其实也是整顿。要通过整顿，解决农村的问题，解决工厂的问题，解决科学技术方面的问题，解决各方面的问题。”[②]在邓小平的领导下，以铁路整顿为突破口，先后对工交、军队、科技、文艺、教育等方面进行整顿，或开始整顿的部署，或提出整顿的任务。由于整顿突破口的正确选择和各项纠“左”方针的坚决贯彻，对于在一些重要领域解决关键性的问题起了有效作用，全国形势明显好转，正常的社会秩序和工作秩序得到恢复。

值得注意的是，虽然整顿在各条战线开展的时间有先后，整顿的程度深浅不一，但是整顿的思路不是局部的、分散的，而是相互联系的整体。具有以下几个特点：一是在政治上明确以四化建设为目标的指导思想，提出四化建设是大局和“三项指示为纲”，代替“以阶级斗争为纲”。

① 《邓小平文选》第2卷，人民出版社1994年版，第162、182页。
② 《邓小平文选》第2卷，人民出版社1994年版，第35页。

二是在组织上提出四条纠“左”方针：整顿领导班子、反对派性、落实政策、建立健全规章制度。明确提出要敢字当头，横下一条心，把局面扭转过来。三是在思想上，在一定范围内开始了有限度的思想整顿。为了澄清“文化大革命”以来被搞乱了的思想理论是非，在工交战线和科技战线整顿的过程中，还起草了《关于加快工业发展的若干问题》（简称《工业二十条》）和《科学院工作汇报提纲》（简称《汇报提纲》）。这两个文件驳斥了“四人帮”的极左谬论，规定了工业管理和科技工作的方针政策，成为工交、科技战线上进行有限度拨乱反正、促进经济发展的重要文件。四是整顿的思路是全方位的，不仅包括工交、军队、科技、文化、教育等各条战线，而且由经济领域向上层建筑领域发展，形成了相互联系、相互配合的发展态势，从而使“文化大革命”条件下批判极左思潮，扭转混乱局面的斗争达到前所未有的深度和广度。

自“文化大革命”发动以来，党内对这场运动的抵制连续不断。由于各种原因，这些抵制在较长的时间里迂回曲折，“时而公开地、更多的是默默地自行其是”，主要表现在对局部问题、某些具体作法的不满，而未能提出一种比较正确的思想与“以阶级斗争为纲”的错误相抗衡。随着“文化大革命”危害的不断暴露和党内斗争的几次反复，到1975年，在全面整顿的过程中，党内对“文化大革命”的抵制，“才公开出现在舞台的正前方，为党内外的公众所周知”[①]。全面整顿有力地冲击了“左”倾错误，使“文化大革命”的发展势头再度低落，已经很难恢复到几年前的状况。这种全方位、有限度的拨乱反正，无疑是中国社会主义建设中走向重要历史转折的开始，预示着使中国转入经济建设轨道，已是大势所趋，为时不远。

（二）全面整顿加速了“文化大革命”走向终结的进程，在一定程度上为历史性转折的到来铺平了道路。

全面整顿沉重打击了“四人帮”的帮派势力。以江青为首的“四人帮”，是“文化大革命”中崛起的最大帮派之一，是鼓吹极左思潮，制造

① 《胡乔木文集》第2卷，人民出版社1993年版，第246—247页。

社会动乱的主要根源。邓小平在整顿中与“四人帮”进行了坚决斗争，除公开批判极左思潮外，还抓住“四人帮”大反“经验主义”的问题，争取毛泽东的支持，在政治局会议上对江青一伙人作了严肃批评，有力打击了“四人帮”的嚣张气焰。此后，原主持中央日常工作的王洪文不再担负主要工作。毛泽东在对江青、王洪文表现出明显失望的同时，看到了广大干部群众对“四人帮”的反对，最终也没有把领导权交给“四人帮”。另外，在各级领导班子中清除“四人帮”的帮派分子，把他们在“批林批孔”运动中突击发展的党员和突击提拔的干部清除出去；加紧落实干部政策，把被关押的干部释放出来，对一些人分配工作，也有力地打击了“四人帮”的帮派势力。针对“四人帮”企图插手军队、搞乱军队的阴谋，叶剑英、邓小平在军队整顿中采取了坚决措施，对重要部门的领导班子、北京及其附近战略要地的部署进行了调整，使军队的领导权牢牢掌握在叶剑英等老革命家手中。这对于抵制“四人帮”抢班夺权的阴谋、以至粉碎“四人帮”起了重要作用。

邓小平提出的整顿措施深得民心，人民群众从整顿中看到了形势的好转，把国家发展的希望寄托在邓小平身上，形成了反对“左”倾错误和“四人帮”的广泛社会基础。党内外反对“四人帮”和“左”倾错误的力量迅速积聚，不断成熟，逐渐汇成了强大的历史潮流。这种影响在“批邓、反击右倾翻案风”运动兴起后表现得更为明显。这期间，虽然整顿受到批判，但是邓小平的思想主张，却随着为“批邓”而下发的“三株大毒草”[①]进一步扩大到民间，“批邓”遭到普遍的抵制和反对。从此，反对“文化大革命”和“四人帮”的斗争更加激烈，规模不断扩大，周期也在缩短，终于在1976年的四五运动中达到高潮。四五运动虽然又一次受到压制，但是，人民群众与“四人帮”和“左”倾错误的矛盾却迅速激化了。人民对以邓小平为代表的党的正确领导的拥护，对“四人帮”和“左”倾错误的反对，加速了“文化大革命”走向终结的进程。

---

① 即：《关于工业发展的若干问题》、《关于科技工作的几个问题（汇报提纲）》、《论全党全国各项工作的总纲》三个文件、文章。

不妨设想，如果没有全面整顿对“四人帮”帮派势力的沉重打击，对人民思想觉悟的进一步唤醒，粉碎“四人帮”、结束“文化大革命”的困难可能要大得多。全面整顿无疑为加速结束“文化大革命”，加快历史转折的到来，减少了障碍和阻力。一年半以后，在党内舆论的强烈呼吁下，邓小平又一次恢复领导职务；三年后，当十一届三中全会决定把工作中心转移到现代化建设上来时，得到党内外绝大多数人的拥护。可以说，这些重要的变化与1975年全面整顿的影响有着直接关系。

第三、全面整顿开始总结社会主义建设中正反两方面的经验教训，在一定程度上为“文化大革命”结束后迅速清除“左”倾错误的影响，实现历史的转折奠定了思想基础。

（一）提出反对割裂毛泽东思想，是准确地完整地理解毛泽东思想的最初表述。

在整顿中，邓小平多次批评“四人帮”控制的宣传舆论把毛泽东思想割裂了。他列举大量事例，说：“割裂毛泽东思想这个问题，现在实际上并没有解决。”“恐怕在相当多的领域里，都存在怎样全面学习、宣传、贯彻毛泽东思想的问题。毛泽东思想紧密联系着各个领域的实践，紧密联系着各个方面工作的方针、政策和方法，我们一定要全面地学习、宣传和实行，不能听到风就是雨。”[①]这里，针对“四人帮”在思想理论上造成的混乱，实际上已经涉及到党的思想路线问题。“文化大革命”结束后，针对“两个凡是”，1977年4月10日，邓小平给中共中央及华国锋、叶剑英写信，进一步提出：“我们必须世世代代用准确的完整的毛泽东思想来指导我们全党、全军和全国人民，把我们党的事业、社会主义的事业和国际共产主义运动的事业推向前进。”[②]从反对割裂毛泽东思想，到准确地完整地理解毛泽东思想体系，我们不难看到二者之间的联系。正是通过反对割裂毛泽东思想，到提出准确地、完整地理解毛泽东思想体系，“左”的思想藩篱才从根本上被动摇，这为党解放思想，实事

① 《邓小平文选》第2卷，人民出版社1994年版，第37页。

② 《邓小平文选》第2卷，人民出版社1994年版，第42页。

求是，从“左”的精神枷锁下挣脱出来起了不可估量的作用。

（二）全面整顿中，邓小平的多次讲话和主持起草的文件、文章，为“文化大革命”结束后的拨乱反正提供了思想和理论的借鉴。

一是，整顿中提出的要加以澄清的思想是非问题，是“文化大革命”结束后各条战线拨乱反正，从思想理论上分清是非的重点。在邓小平的多次讲话和主持起草的文件和文章，虽然没有直接触及“文化大革命”的根本性问题，但是针对“文化大革命”以来一些影响较大的观点进行了反驳。如：抓生产是“唯生产力论”、“反潮流”和“造反”是“大方向正确”、规章制度是“管、卡、压”、按劳分配是“物质刺激”、对外引进是“洋奴哲学”、学习科学文化是“白专道路”等。“文化大革命”结束后，上述问题逐渐扩展为经济战线的“十个要不要”、军队方面的“十个该不该”的讨论重点，以及后来全国范围内深入批判“四人帮”、肃清极左思潮影响的主要问题。二是，整顿中形成的关于社会主义建设的一些主张，成为后来各条战线拨乱反正，迅速走上建设轨道的依据。在科技、教育战线，《科学院工作汇报提纲》在一定程度上为1978年春天全国科学大会和全国教育工作会议的召开奠定了思想基础。关于科学技术是生产力，科技人员是劳动者的问题，邓小平作了肯定的回答。他指出，实现现代化，关键是科学技术要能上去，要尊重知识，尊重人才，承认知识分子是劳动者①。与此同时，长期压在知识分子头上的“两个估计”②被彻底推翻，肯定知识分子是工人阶级的一部分，是我们依靠的主要力量。这些措施极大地改变和提高了知识分子的社会地位，激发了广大知识分子的积极性。在工交战线，全面整顿时制定的《关于加快工业发展的若干问题》（《工业二十条》），在1978年经修改、扩充为《关于加快工业发展若干问题的决定》（《工业三十条》），正式下发到工交企业。《工业三十条》对企业的任务、基本制度和工作方法作了具体规定，对企业整顿提出了明确要求，各工业部门很快恢复了正常的生产、工作秩序。1975

① 《邓小平文选》第2卷，人民出版社1994年版，第40—41页。

② 即1971年全国教育工作会议提出：“文化大革命”前十七年教育战线是资产阶级专了无产阶级的政，是“黑线专政”；大多数知识分子的世界观基本上是资产阶级的。

年整顿时提出的要坚持按劳分配，并要在待遇上有所差别的思想，在企业整顿中得到进一步贯彻，奖金制度开始恢复。在全面整顿中提出的引进外国先进技术设备的思想，后来发展为扩大对外交流的政策，中国的对外交流越来越广泛。

（三）全面整顿中孕育的关于社会主义建设的设想，是后来形成党的“一个中心、两个基本点”基本路线的思想萌芽。

在全面整顿有限度地拨乱反正的过程中，关于摆脱动乱、加快经济发展的思路也在孕育之中。这主要体现在邓小平主持工作以来的一系列讲话和由他主持制定的文件中。大致有以下几点：1、社会主义国家必须发展生产力。2、社会主义建设要坚持党的领导，分清敌我矛盾和人民内部矛盾，落实各项政策，形成安定团结的社会局面。3、要把扩大对外交流作为一个“大政策”，“引进新技术、新设备，扩大进出口”，“要争取多出口一点东西，换点高、精、尖的技术和设备回来，加速工业技术改造，提高劳动生产率”[①]。还提出，可以采取补偿贸易政策，促进外贸发展。4、要加快科技教育事业的发展，提出“科学技术也是生产力，科研要走在前面，推动生产向前发展”[②]；“科学技术叫生产力，科技人员就是劳动者！”[③]还提出科技事业要后继有人，中心是办好教育。5、坚持按劳分配原则，根据“贡献大小、技术高低、能力强弱、劳动轻重”，在待遇上有所差别，以调动人们的积极性。6、改革企业中存在的革命委员会领导体制，改变党委包揽一切的状况，建立强有力的能独立工作的生产管理指挥系统，以及以责任制为核心的生产管理制度。

这些认识虽然由于时代的限制，没有从根本上触及“文化大革命”的“左”倾错误，在一些问题上也还没有完全摆脱“左”倾错误的影响，但是却指出了极左思潮的危害，在一定程度上否定了“以阶级斗争为纲”的指导思想和方针政策，肯定了遭到“文化大革命”否定的、党积累的正确的和比较正确的思想成果。尤其值得注意的是，这些认识中还包含着党

① 《邓小平文选》第2卷，人民出版社1994年版，第29页。

② 《科学院工作汇报提纲》。

③ 《邓小平文选》第2卷，人民出版社1994年版，第34页。

以往的思想成果中没有的、或没有明确提出的一些新内容。在怎么搞社会主义的问题上，一种与60年代以来不同的思想胚胎正在孕育之中。这种孕育中的思路的大致轮廓是：把党的工作中心转向经济建设，坚持党的领导，保持社会安定，并从扩大对外交流、加快科技发展、改变管理制度等方面推动现代化目标的实现。

联系到后来党进行拨乱反正，把工作中心转移到现代化建设上来的发展过程，可以看到与全面整顿相联系的一系列政策措施：把经济建设放在首要位置，作为全党全国工作的大局；在大规模平反冤假错案、解决历史遗留问题的过程中，着眼于为四化建设创造一个安定团结的社会环境；改革原有的经济管理体制，建立以生产责任制和经济责任制为核心的经济运行机制；对科技、教育给予高度重视，使之迅速发展；把扩大对外交流，确定为对外开放的基本国策，在各个领域里加强与世界的交流和联系，等等。这些政策措施均可以从1975年的全面整顿中找到思想渊源。

由此可见，1975年对“左”倾错误有限度的拨乱反正，不仅为历史性转折的到来铺平了道路，而且是“文化大革命”结束后全面拨乱反正的前奏。可以说，“文化大革命”结束后，党在确定把工作中心转移到经济建设上来不久，就彻底抛开“以阶级斗争为纲”的思想影响，坚定地沿着改革开放的道路，毫不犹豫地把现代化建设由一个阶段推向另一个阶段，与1975年全面整顿中邓小平等领导人对“文化大革命”经验教训的总结有着重要关系。

综观中国从全面整顿到十一届三中全会的发展过程，可以得出以下结论：

第一、结束“文革”，走向改革，不是像国外一些人所认为的是党内上层少数人政治行为的结果，也不仅仅是适应一时政治需要作出的决定，而是历史发展的必然，反映了中国人民的意愿。

第二、结束“以阶级斗争为纲”的方针，把全党全国工作的中心转移到现代化建设上来，经历了一个较长的阶段才得以实现。其间，从全面整顿到“批邓、反击右倾翻案风”；从粉碎“四人帮”到反对“两个凡是”。几经反复，斗争激烈。经过了这种艰难的、较长的阶段，十一届三中全会一旦作出实现工作中心转移的决定后，中国改革的潮流就如开闸之水奔涌而出，进展迅速，成效显著。这是中国改革在短期内取得辉煌成就的一个原因。

第三、从“以阶级斗争为纲”转向以现代化建设为中心，是中国共产党探索社会主义道路过程中，总结了20年正反两方面的经验教训，包括“文化大革命”的严重失误在内，党内正确发展趋向最终战胜错误发展趋向的结果。由于这种长期曲折的实践过程，中国的历史性转折一经实现，便具有强大的生命力。中国走上的以现代化建设为中心的改革之路，具有鲜明的中国特色。中国一旦走上这条道路，就会坚定地走下去，直到实现下世纪的奋斗目标。

四五运动述评

金春明

1976年清明前后，从南京的雨花台到首都的天安门广场，从古老的西安钟楼到美丽的杭州西子湖畔，掀起了一场全国范围的有众多群众参加的悼念周总理、反对“四人帮”的强大抗议运动。好像在被十年内乱的阴霾笼罩的神州大地上，点燃了一支闪着耀眼光华的火炬，指引着方向，鼓舞着信心，在各方面发生巨大的反响。在中国现代的革命历史进程中写下了光辉的篇章。

一

1976年春天，整个中国处于一场严重的政治危机之中。“文化大革命”已经进入第十个年头了。连年的动乱和不断降临的灾难，彻底剥掉了“文化大革命”华丽的外衣和曾经一度使不少人迷惑的虚幻的光环。应该说，到了这个时候，除了深受“左”倾思想毒害和趁乱获得某种既得利益的极少数人之外，在全国各族绝大多数人民的心目中，“文化大革命”已经声誉扫地，彻底破产了。广大群众对“文化大革命”的种种作法，特别是江青一伙的倒行逆施，深感憎恶，强烈不满，迫切要求纠正严重的“左”倾错误。

1975年，邓小平同志领导进行的全面整顿，使各条战线的情况出现明显好转，给在苦闷和焦虑中的全国人民带来很大的振奋和希望。群众盼望着能够真正实现"安定团结"、"把国民经济搞上去"。可是，毛泽东同志错误发动的"批邓、反击右倾翻案风"，像一阵夹带着冰雹的狂风，把人们心中刚刚升起的希望和信心的火焰扑灭了。

就在这样一个阴沉和极端困难的时刻，受到全国人民衷心爱戴的周总理，又离开了人世。伟大的马克思主义者、杰出的无产阶级革命家周恩来，始终是同广大人民群众生活在一起，战斗在一起，和人民群众心连心的。特别是在十年内乱期间，他更成为人民愿望、意志、要求和美好品德的化身。人民群众把党和国家的前途命运，寄托在周恩来、邓小平等老一辈无产阶级革命家身上。但是，正当群众感到最需要他的领导和支持的时候，他却过早逝世了。这不能不使全国各族人民感到极大的悲痛。

天惊一声雷，地倾绝其维。
顿时九州寂，无语皆泪水。
相告不成声，欲言泪复垂。
听时不敢信，信时心已碎！[①]

这可以说是1月8日全国人民听到周总理逝世消息时悲痛心情的真实写照。

周恩来，这位人民的好总理不在了。人们寄予重大希望和热情支持的邓小平同志，被毫无道理地打下去了。党的领袖毛泽东同志年事已高，重病在身，很多事情已经管不了。江青一伙借"批邓"之名肆意横行、为非作歹。面对这样严峻的局势，广大群众不能不认真地思考：中国的前途和希望在哪里？出路何在？

神州欲变，风雨已迷天。
昏星暗月，红日当空已难显。
……
妲已想统赤县，自称武则天。

① 《天安门诗抄》，第15页。

长江日夜向东流，
聚义群雄在人间。[①]

这就是说，当时的广大群众是被深深植根于亿万人民心中的深刻危机感所召唤，为了民族的安危，为了中国的光明前途，为了亿万人民的幸福，而奋勇地走上全国很多城市的街头，汇集于首都天安门广场的。这是四五运动发生的根本原因。

马克思主义教导我们：“任何地方发生革命震动，总是有一种社会要求为其背景。任何革命运动的爆发，都“不是少数人活动的结果，而是人民的要求和需要的自发的不可遏止的表现”[②]。尽管由于时代的不同，革命发生的政治因素和经济因素是各不相同的，但作为“人民的要求和需要的自发的不可遏止的表现”则是共同的。

二

以天安门事件为总爆发的广大人民群众的抗议运动，是从零星的、个人的战斗开始的。人们的怒吼和抗议之声，来自祖国各地，来自四面八方。

1976年1月上旬，中国轻工业品进出口总公司哈尔滨分公司汽车司机何庆华，发出《致北大、清华大批判小组的一封公开信》。指出他们是“一小撮假马克思主义分子”，“把自己伪装成百分之百的布尔什维克，打着红旗反红旗”。宣告他们已经“遭到了全国人民的唾弃”。

1月14日，《人民日报》奉命在周总理追悼会前夕以头版头条刊出《大辩论带来大变化》一文，胡说全国人民最关心的问题，竟是清华大学的所谓教育革命大辩论。这种强奸民意的作法，引起广大群众的强烈愤慨。有人在街头撕毁当天的《人民日报》，不少人打电话责问报社：“你们是什么感情？”

---

① 《天安门诗抄》，第274页。

② 《马克思恩格斯选集》第1卷，第500、501页。

2月中旬，北京市出现一份传单。尖锐指出："张、江、姚是林彪式的小舰队，是陈伯达式的政治骗子，他们欲把大批老同志置于死地而篡党夺权"。传单号召："全国人民紧急行动起来，以实际行动向叛徒、野心家、阴谋家张春桥、江青、姚文元之流进行坚决斗争。"这份传单的作者是中央广播事业局的一位共产党员，名叫窦守芳。2月24日，他被逮捕了。

2月23日，福建省机械局的刘宗利，在福州市贴出大字报：《"阿斗"的呼声》，根据当时的情况，历数"四人帮"及其党羽的六大罪状。许多工人、学生、战士在大字报上留言，表示赞同和支持。3月8日，王洪文下令追查。

2月26日，福州大学教师厉海清，在福州市东街口贴出词一首《天仙子·葬志》。表达了对周总理的深切悼念和对林彪、"四人帮"的切齿仇恨。人们争看、传抄，在当地影响较大。

3月7日，杭州市贴出《马天水想干什么？》的大字报，署名"冯火"。3月21日，他们又贴出《马天水在干什么？》4月2日，又贴出《马天水贩卖政治谣言必须彻底追查》。这三份点马天水之名而实指"四人帮"的大字报，在杭州产生较大影响。作者是《浙江日报》的记者，李力和潘旭。

3月10日，贵州市中心紫林庵贴出一份3万多字、长达80多张的大字报，题为《对目前形势和新的历史任务的几点看法》。它勇敢地宣传和捍卫了四个现代化的宏伟目标，斥责了"四人帮"攻击污蔑四化的谬论，预言"更加光辉灿烂的新时期不可避免地必然到来"。作者是几家工厂的普通工人：李洪刚、郭成望、王大卫、陈明云、叶忠源、黄维鸣、卢炎。这七名青工，把大字报印刷300份，自费前往长沙、郑州等地散发。张春桥接到《学习与批判》送给他的这份大字报摘要后，立即批示："看来修正主义已后继有人"。搞四个现代化竟是"修正主义"，这就是张春桥的反动逻辑。"四人帮"在公安部的亲信下令，要贵州公安部门对这份大字报立案追查。

3月11日，福建省三明市贴出一份点名批判张春桥的大字报，题目叫：《扩大共产主义思想宣传——批判党内走资本主义道路的当权派张春桥》。作者是三明市农机公司的赵大中。作者说：“我把他的罪行公诸于众，可以唤起人们的注意，张春桥是个坏人!万一他的阴谋得逞，也要叫他的日子不好过。这样，我杀头也甘愿。”

3月20日，广东顺德大良轧钢厂工人杨振汉写信给毛主席，批判张春桥。

厦门大学政治理论课讲师、共产党员林德忠，是一位归国华侨。他先后向党中央、《人民日报》、校党委等，寄出揭发批判“四人帮”的信和文稿16件。他5月11日被逮捕，打成“现行反革命”。但他坚信“四人帮”必将在群众的一片欢呼声中下台。

“山雨欲来风满楼”。上述不完整的情况足以说明，1976年春，祖国大地上已经到处点燃反对“四人帮”的烽火。从黑龙江到贵州，从杭州到武汉，到处都有先行者勇敢地吹响了战斗的号角。这表明广大群众胸中的怒火积酝已久，对人民好总理的无比热爱和对江青一伙的无比憎恨，这种强烈的爱与憎之火，终究必将爆发。而其直接的导火线，则是被人们视为“四人帮”喉舌的上海《文汇报》制造的两次反总理事件。

3月5日，新华社播发了沈阳部队指战员学习雷锋的报道，其中全文引用了周总理为学习雷锋写下的四句题词。全国报刊大都原文转载，而《文汇报》不仅把这一消息挤至四版，而且把周总理的题词全部砍掉了。隔了20天，3月25日，《文汇报》又一次作了丑恶表演。在第一版的一篇题为《走资派还在走，我们就要同他斗》的稿子中，含沙射影地污蔑周总理是“党内走资派”。

在那样一种关系到党和国家前途命运的紧要关头的日子里，人民群众的政治警觉性是极高的。《文汇报》的两支毒箭一出，群众立即认为这是一个严重的信号，是对全党和全国各族人民热爱周总理的神圣感情的一个严重挑衅。质问、抗议的电话、电报和信件，连珠炮般地射向《文汇报》。人们胸中积酝已久的怒火终于被它引发了。

“国家和民族到了生死关头，人民的忍耐已到了极限，再也不能沉默了”。“一月，人民在悲痛；二月，人民已睁开哭肿的双眼；三月，人民已经怒吼；四月，人民起来开展了一场决死的战斗。”一本叫《四五运动纪实》的小册中的这种形象的描写，是符合当时的历史情况的。

三

四五运动的洪流，是从南京开始而汇总到北京的。

江苏省是周恩来同志出生之地，南京是他出生入死战斗过的地方，人民群众对周总理有深厚的感情。在《文汇报》制造的反周总理事件发生后，南京的青年学生带头奋起战斗了。3月24日，原江苏新医学院的师生首先行动，他们到雨花台给周总理敬献花圈。接着，有更多的花圈送到了雨花台。3月28日，南京大学数学系的400多名师生，抬着周总理的遗像和用洁白的玉兰花制成的花圈，特意绕道最繁华的街道，去梅园新村悼念周总理。许多工人、学生、干部自动加入行动，游行队伍越走越长。紧接着，许多工厂、机关、学校成千上万的人出动了。梅园新村和雨花台烈士纪念碑淹没在花圈的海洋之中。3月29日，南京大学300多名学生分成20多个小组，走上街头刷写大字标语。晚上到了南京火车站。在车站职工的支持下，“谁反对周总理就打倒谁!”“警惕赫鲁晓夫式的人物上台”，“揪出《文汇报》的黑后台!”等大字标语，写在火车车厢上，随着南来北往的列车而传向祖国的四面八方。第二天，当学生们得知开往上海的列车上的标语均在进入市区前被冲洗掉的消息后，便又用柏油和油漆在车厢上书写了更多的标语。31日，在南京中山路的一幢大楼上贴出了“打倒大野心家、大阴谋家张春桥”的大标语，受到观众的热烈鼓掌欢迎。

南京人民的这些活动，深深地刺痛了“四人帮”。他们利用当时窃据的合法权利和地位，污蔑南京人民的革命行动是“对着中央”的，是“分裂中央”的错误行为。4月1日，以党中央的名义发出了关于南京问题的电话通知。于是，南京人民遭到了残酷的镇压。

“四人帮”的本意是要杀一儆百，用对南京人民的镇压使全国人民不敢有所举动。但实际效果恰恰相反。不仅南京人民没有屈服，继续贴出“同打着白旗反对周总理的人血战到底!”等大标语，而对全国人民则不啻火上浇油，使天安门广场上的革命烈火更加熊熊地燃烧起来。

在北京，从3月19日，朝阳区牛坊小学的红小兵在天安门人民英雄纪念碑前敬献第一个花圈之后，花圈越来越多。3月30日，出现了由北京市总工会工人理论组曹志杰等29人署名的悼词，表示决心要继承周总理的遗志，“同野心家、阴谋家血战到底!”人民悼念周总理，并不仅仅是为了寄托哀思，还包含着声讨“四人帮”，拥护以邓小平同志为代表的党的正确领导，决心冲破一切阻碍实现四个现代化等深刻的政治内容。这在很多人的思想深处是酝酿已久，日趋明确的。现在有人公开带了头，于是大量的悼词、诗文等，便像冲决堤坝的洪水，汹涌而出。

> 昔日悼总理，悲痛若断肠。
> 今朝想总理，浑身是力量。
> 豺狼何所惧，虎豹咱敢降。
> 识破假马列，怒斥妖婆娘。[1]

4月2日，北京出现了第一支大的游行队伍，这是中国科学院一〇九厂的职工。他们用四辆卡车开道，抬着四个大花圈（两个献给周总理，一个献给陈毅，一个献给杨开慧）和四块巨型诗牌。牌上写着：

> 红心已结胜利果，碧血再开革命花。
> 倘若魔怪喷毒火，自有擒妖打鬼人。

他们穿过北京最繁华的王府井大街，走进天安门广场，把诗牌放在人民英雄纪念碑十分显眼的高处。这火一般的诗句在北京城飞快流传。

也就是这一天，北京各单位普遍传达了中央关于南京问题的电话通知。并胡说什么：“清明节是鬼节”，“送花圈是四旧”，“天安门是有反革命分子捣乱”，要求人们不要到天安门广场去。这道禁令不仅没有吓住群众，反而起了在更大规模上动员群众的作用。

4月3日，一大早就有成千上万人从四面八方涌进天安门广场。有些单

① 《天安门诗抄》，第18页。

位列队浩浩荡荡而来，根本不把禁令放在眼里。早上7点多钟，北京广播器材厂的职工就集合出发了。队伍中不仅有青工，有老师傅，还有不少小孩跟随父母去悼念周爷爷。他们在纪念碑前举手宣誓，然后把30多个大花圈放在碑前。中午，中国科学院半导体研究所近千人，抬着12个大花圈走进天安门广场。其横幅上写着：

“巨星陨落，神州内外赞光明正大，痛悼英烈；挥泪操戈，举国上下恨阴谋诡计，怒斥妖魔”。在这些天里，“妖魔”、“鬼怪”、“豺狼”、“白骨精”、“阴谋家”、“野心家”等，都成了“四人帮”的专用代名词，大家都心里有数。这一天，到广场去的人，估计达100万人次。

这一天已出现一些针锋相对地驳斥“四人帮”谬论的诗词。如：

谁说清明是四旧，谁说清明习惯臭？
年年奠祭我先烈，今发禁令何理由？！
紧急通知二三遍，岂知令出违人愿。
首都群众何所惧，谁是阿斗再受骗？
谁言献花是旧俗，明朝她死定无花。[1]

4月4日，清明节又是星期日，天安门广场上的活动达到高潮。估计这一天到过广场的人达到200万人次。整个广场到处是精制的花圈，张贴的诗词，成了一片花山诗海。由纪念碑往南的两排柏树墙上，挂满了人们留下的白花。连旗杆、灯柱和华表上，也吊满了条幅、花篮和花圈。其中包括北京重型电机厂为了抗议“四人帮”对花圈的偷毁而全部用金属制作的直径4米的大花圈。据有关部门统计，花圈总数在2000个以上。

上午8时，曙光电机厂的2000多名职工在东单整队集合，排成8路纵队，抬着34个大花圈，最前边是周总理的巨幅画像，录音机放着哀乐，气势雄伟地走进天安门广场。绕场一周后，在纪念碑前排成整齐的方阵，举行了隆重的悼念仪式。

这一天广场上出现很多可歌可泣的事迹。一位北京铁路分局的青

① 《天安门诗抄》，第39页。

年工人，在一块白绸子上用自己的鲜血写下：“敬爱的周总理!我们将用鲜血和生命誓死保卫您!”20个字。首钢的一位青年工人，在广场上发表了激昂的演说。当他说到：“我们发现有那么一小撮人，把矛头对准周总理，这是我们绝不允许的。谁反对周总理就打倒谁!”这时，上万的群众跟着他一齐高举手臂，发出了震天动地的吼声。

七机部写的一首诗《叫人怎么干？》公开称赞1975年邓小平同志领导的整顿“面貌大改变”，“任务明确方向对，群众心里好喜欢。”这首诗被广为朗诵传抄。诗中点出：“三人十只眼，阴谋篡大权，惟恐天下还不乱。同志们，怎么办？我们就是要和他们顶着干，把他们的阴谋来揭穿!”一个青年在朗诵时，故意高声发问：“为什么三个人有十只眼？”其实大家都明白，却故意不说，而把目光集中到挤在人群中的一个警察身上。这位警察被看得满脸通红，他竟不顾一切地大声说：“三个人中有两个戴眼镜的，加起来不就是十只眼”。激起了群众的一片喝彩声。说明“四人帮”在人民警察的多数中也是不得人心的。

当夜幕降临的时候，出现了一篇题为《第十一次路线斗争大事记》的传单。点名揭露江青利用“批林批孔”反对周总理，“接见外国传记记者”，企图“争当总理”等罪行，并鲜明提出：“邓小平同志重新回到了中央工作，取得了斗争的初步胜利，全国人民欢欣鼓舞”。这样毫不隐讳、一针见血地说出了人们思酝已久的话，令人十分痛快，立即吸引了成千上万的人。不少人自告奋勇地站出来高声朗读，每读完一条，听众都不约而同地高声叫好。读了一遍又一遍，听抄的人换了一批又一批，成为表达群众情绪的高潮。

这一天在全国很多地方，都出现群众性的自发悼念周总理的高潮。在南京的梅园和雨花台，在郑州的二七纪念塔，在杭州的西子湖边，在古老的西安钟楼，……到处都表达了一个共同的意志：悼念人民的好总理，声讨万恶的“四人帮”。

但是，也就是在这一天晚上，中央政治局开会，作出了收缴花圈、禁止群众悼念活动的错误决定。当夜出动5000民兵和3000公安人员，200辆卡车，洗劫了天安门广场上的全部花圈、诗词和条幅、标语，连柏树墙上的小白花也未能幸免。还抓走57个夜里自愿看花圈的人。并布置了警戒线，从5日起，不许人们进入天安门广场。正是这些错误决定，把矛盾激化了。

4月5日清晨，人们一到天安门广场就被惊呆了：花山诗海不见了，白花消失了，诗文悼词被撕毁了，看花圈的人也不见了，到处是一片被践踏后的凄惨景象。人们立即明白了这是怎么回事，怒不可遏地纷纷提出质问和斥责，但是，不得要领。这时一七二中学送来一个小花圈，愤怒的群众强行冲开了封锁线，把这个花圈安放在纪念碑的浮雕上边。有些人以为花圈藏在人民大会堂的地下室里，所以高呼着“还我花圈”、“还我战友”的口号，拥到人民大会堂东门口。

这时，两辆广播车奉命出动，在马路上来回行驶，广播什么：“清明节已过，悼念活动已经结束，请革命同志赶快离开天安门广场，要警惕一小撮阶级敌人的破坏活动”等等。这种论调群众是太熟悉了，于是拦住了广播车进行质问：“谁组织过我们悼念周总理？”“悼念活动何时开始的，到什么时候结束？”“阶级敌人是谁？谁破坏捣乱？”一辆广播车在理屈辞穷之后，接受群众的要求，通过高音喇叭喊了“周总理万岁!”，被放走了。另一辆对群众的质问置若罔闻，一再重复“警惕阶级敌人破坏”的滥言，结果被愤怒的群众推翻在地砸扁了。

后来，有一个青年当众揭露了洗劫花圈的经过，并指着广场东南角的小灰楼说，那里就是民兵、警察和卫戍区的联合指挥部。于是，一些群众自动排成横排，手挽着手，高唱国际歌，冲向小灰楼。上万的群众推选了四位代表（两位工人、一位中学生、一位大学生）进楼谈判。代表们提出了三项要求：

（1）归还全部花圈，

（2）释放被捕的保护花圈的群众，

（3）保障人民悼念周总理的权利。

但是，这种应该说是合理的平和的要求，却没有得到满足。得到的回答是：不知道花圈在哪里，也不知道看花圈的人在哪里。这样的回答好比火上浇油。于是，愤怒的群众把北京市工人民兵副总指挥的小汽车烧掉了，把给民兵送饭的面包车也推翻点着了。这时，有几个爬上高处的青年，发现小灰楼的后院堆放着一些花圈，于是人们开始冲击。经过一番搏斗，终于抬出了五六个大花圈。这些花圈在人们的热烈掌声和欢呼声中被抬进广场，安放在纪念碑上。这时已是下午5点多钟，小灰楼被怒火填胸的人们点火烧着了。

下午6时半，天安门广场上所有的高音喇叭一齐开放，反复播送北京市委第一书记吴德的讲话。他说：“近几天，极少数别有用心的坏人利用清明节，蓄意制造政治事件……妄图扭转批判那个不肯改悔的走资派的修正主义路线、反击右倾翻案风的大方向……今天，在天安门广场有人进行破坏捣乱，进行反革命破坏活动，革命群众应立即离开天安门广场。”

9点29分，联合指挥部下达了镇压的命令。突然，天安门广场上所有的照明灯全部开亮了，手持木棍、皮带的警察、民兵等从四面八方包围了广场。这天实际出动的民兵是1万人（准备3万人）、解放军5个营（准备9个营）和3000公安人员。因为各路出动的快慢不一，从夹缝中又跑掉了一些人，最后被包围在纪念碑周围的只有200多人。这些人都遭到了毒打、拘捕和审查。人民的鲜血流在庄严的天安门广场，洒在人民英雄纪念碑的汉白玉栏杆上。

随后，在全国范围内进行了一次大审查和大镇压。许多四五运动的积极参加者受到了残酷的迫害。

四

我国是一个人民当家作主的社会主义国家。以天安门事件为集中代表的四五运动，反映了亿万人民内心深处的真实要求，代表了人民的心愿。它本身是正义的、革命的、合理的。这样的群众运动本应受到党和政府的支持和保护，但却受到了完全相反的对待。这是为什么？除了它是发生在“文化大革命”这一极不正常的特殊历史条件下这一根本原因外，有下边三个重要的原因：

（一）江青一伙恶意歪曲事实，欺骗中央，蓄意打击陷害是造成天安门事件性质被错定的主要原因。

江青一伙是利用“文化大革命”的时机，打着“坚决支持群众运动”的旗号发家的。但是，他们的反动本性决定了他们是最害怕群众的。因为广大群众的真正觉悟之日，也就是这一小撮野心家、阴谋家灭亡之时。因此，南京事件一发生，王洪文立即对他们在《人民日报》的心腹鲁瑛说：“南京事件的性质是对着中央的”。姚文元也对这个心腹说：“南京事件会很快影响到北京，你们要注意一下北京的情况。”“现在天安门前纪念碑送花圈悼念周总理，和当前批邓精神不相适应，是针对中央的，是破坏批邓的。清明节是旧习惯，这样的行动是违反中央大方向的。这股反革命逆流这样猖狂，是没落阶级的表现。”4月3日，姚文元还特地在自己的笔记上写：“为什么不能枪毙一批反革命分子？专政究竟不是绣花”。可见，他们早已下了镇压群众、杀害人民之心。

为此，他们积极策划了两手。

一曰，伪造情况，歪曲事实，欺骗中央。按照“四人帮”的指示，《人民日报》每天都派出一些记者到天安门广场，混在人群中刺探各种情况，然后择其所需编写成《情况汇编》。这期间突击编写的十多期《情况汇编》，都是经过姚文元审查修改定稿的，在欺骗中央方面起了十分恶劣的作用。例如，有一首《满江红，敬周试作》，原文是：“志同者，团结紧，捍卫咱，周总理。拿起火与铁，准备决战。”姚文元把“捍卫咱，周总理”一句删掉，然后上纲说：“这类反革命言论表明，幕后策划者是在言论之后，还想搞行动的。”又如一篇小字报说：“历史将无情地宣判那些竟冒天下之大不韪而翻总理案、损坏磨灭总理伟大光辉形象的人不得人心。这些人民的败类，社会的渣滓，必将成为中国和世界人民的千古罪人和公敌。”这话明白无误地是斥责“四人帮”的。可是，姚文元却在下边批上：“从这里可以看出，这股猖狂的逆流，完全是有组织、有计划的反革命政治行动。”

他们不仅加各种歪批，还肆意删改原文。“扬眉剑出鞘”本是一首单独的五言诗，可是姚文元却把它同另一首新诗中的几句：“秦皇的封建社会已一去不返了”等拼凑在一起。并把“洒泪祭雄杰”的“泪”字改为“血”字。然后说，这是“丧心病狂地把矛头指向伟大领袖毛主席，分裂以毛主席为首的党中央。”如此等等。

这些不择手段编造的假情况，为“四人帮”欺骗中央、镇压群众立下了汗马功劳。姚文元在事后曾赞赏说：“小报有时比几百万张报纸的作用还大”。张春桥夸奖鲁瑛说：“你们提供了很重要的情况，我们很高兴。”4月7日，“四人帮”还在人民大会堂专门设宴款待写《情况汇编》的记者，说他们是“有功人员”。姚文元把他们逐个介绍给江青。江青说：“我们胜利了，祝贺你们。”并亲自给他们敬酒。这是用笔杆子杀人的一面。

二曰，调集力量，准备武力镇压。天安门广场上的悼念活动一开始，他们就布置在北京市公安局的心腹刘传新等，派便衣到广场去监视群众的活动，照像、撕取诗词，并拘捕了几十个人。4月2日，正式成立了公安、民兵、卫戍区的联合指挥部，抽调组织机动力量，准备随时出动镇压群众。同日，北京市公安局在刘传新主持下拟定了《对天安门广场出现的各种问题的处理办法》，为镇压群众制定了方案。3日深夜，王洪文到天安门广场，打着手电看花圈和诗词，并打电话给在公安部的亲信，下令组织人到天安门广场拍照。“不拍下来怎么行!将来都要破案的呀!否则，到哪里去找这些人呢？”

从上述情况可以清楚地看到，江青一伙是早就给群众运动定了性，戴上“反革命”的帽子，积极准备镇压的。这是造成错定运动性质的主要原因。

（二）华国锋同志等党中央领导人，受“左”倾思想支配，轻信“四人帮”制造的假情况，屈服于他们的压力，是造成错定运动性质的重要原因。

华国锋同志当时是国务院代总理兼公安部长，主持党中央的日常工作。他在“左”倾错误思想支配下，听信了一些假汇报，作出了错误的判断。他主持了4月4日晚召开的政治局会议。在京的政治局委员除邓小平和叶剑英外都参加了。会议一开始，华国锋同志就说：“一批坏人跳出来了，写的东西有的直接攻击主席，很多攻击中央”，“很恶毒的”。他的这个错误论断，对政治局错定天安门事件的性质，当然是有影响的。

吴德同志在会上作了主要发言。他介绍了天安门广场上送花圈和诗词的情况，点了中央和北京市一些单位的名。他说，送花圈多的单位，都是问题多的单位。他认为这是“一次有计划的行动”。“今年出现这件事是邓小平搞了很长时间的准备形成的”。“性质是清楚的，就是反革命搞的事件”。华国锋和吴德对天安门事件性质的看法，同江青一伙的观点是没有根本区别的。

据说，会上在采用什么具体措施的问题上有不同意见。吴德同志主张采取比较和缓的办法，拖几天，再逐渐收花圈，江青等反对。正在会议讨论这个问题的时候，姚文元接到人民日报社鲁瑛的电话，说记者在天安门广场上找到一份《第十一次路线斗争》的传单，点了江青的名。姚文元听了大声叫好，马上告诉了江青。江青借机在会上大吵大闹，说什么“中央的人身安全都没有保证了”，压别人表态，马上收花圈抓人。在“四人帮”的压力下，政治局会议决定立即采取措施。4月4日深夜的行动就是这样决定的。而这个错误决定，直接导致了4月5日天安门广场上群众的某些激烈行动。

所以，《关于建国以来党的若干历史问题的决议》中指出：“当时，中央政治局和毛泽东同志对天安门事件的性质作出了错误的判断”。把中央政治局放在前边，这是准确地反映了当时的实际情况。

（三）毛泽东同志脱离实际，受了假汇报的欺骗而作出错误判断，对天安门事件最后的错误定性起了关键性的作用。

如前所述，对天安门事件的错误定性是首先由中央政治局作出的，但在当时的特定历史条件下，需要得到毛泽东同志的批准。作为毛主席个人联络员的毛远新参加了这次政治局会议，并向毛泽东同志报告说：中央政治局认定，“这次是反革命性质的反扑”，“看出存在一个地下的‘裴多菲俱乐部’，有计划地在组织活动。”因而决定，从当日（4日）晚，清理花圈、标语和抓“反革命”。这个报告得到了毛泽东同志的圈阅批准。

4月6日，毛远新又把6日凌晨中央政治局讨论天安门事件的情况向毛主席作了汇报。他说：政治局认为，敌人烧了房子、汽车，打了人，进行了反革命宣传，充分暴露了，5日晚的镇压，振奋了革命群众的士气。正是根据这样一个错误的判断，毛泽东同志作出错误的决策：撤销邓小平同志党内外一切职务，把天安门事件作为反革命事件公开报道；同时，决定由华国锋同志任国务院总理、中共中央第一副主席。这就最后铸成了第一重大冤案。

这三个方面原因互相影响的结果，造成了天安门事件性质的错定。孤立地只强调其中的某一方面，是不够全面的。

五

以天安门事件为中心的这次全国性的群众运动，具有深远的意义和影响。

第一，这是一次在特殊条件下的最真实的民意测验，充分反映了全国人心的向背。

社会主义中国的报刊，特别是党报、党刊，本来是人民自己的舆论工具，应该反映广大人民的意志和要求，表达人民的心声。但是，在“文化大革命”的特殊历史条件下，特别是由于江青一伙掌握了宣传大权，使报刊和广播背离了自己的本性。当时的报刊广播中充塞着“批邓、反击右倾翻案风”的叫嚣，“小报抄大报，大报抄梁效”，帮腔帮调臭不可闻，人民群众十分厌恶。

这些报刊广播不能反映人民群众的意志，人们就创造出自己的舆论工具，用以表达自己的思想、感情和意志。天安门广场上的诗词、散文和悼词等等，就构成了在特殊条件下的人民自己的重要舆论阵地。天安门广场和全国其他各地的一些诗词文章，虽然发行量极少，少到只有一份，多的也不过百十份，但却被人们争相传抄，广为流传，拥有最广大的读者。这是当时那些发行量成百万份的大报、大刊所不可比拟的。

在这难以计算的大量诗词文章中，没有一份是支持当时报刊上疯狂宣传的“批邓、反击右倾翻案风”的。众口一词，几乎都是悼念人民的好总理，赞扬邓小平同志领导的全面整顿，愤怒斥责江青、张春桥之流的。这可以说是，人民开动自己的舆论工具对“四人帮”反动宣传的一次大反击。事实充分说明，“四人帮”在群众中极端孤立，人民已经对他们作出了公正的历史判决，宣告了他们的必然灭亡。

第二，这次群众运动显示中国人民具有高超的斗争艺术和无穷的创造力。

这次群众运动，选择的时间好，正是清明节，充分运用了中华民族扫祭先人和烈士的传统习惯和心理；地点好，在首都的心脏天安门广场，在人民英雄纪念碑前，这正是表达人民情感和意志的最合适的场所；采取的形式好，是人民群众喜闻乐见的民族传统形式。有诗有词，有散文、快板、顺口溜，有传单、标语、呼吁书、倡议书，有誓词、悼文，还有歌曲和政治笑话。

诗以言志。强烈的爱和憎，产生了许多真挚动人的不朽诗句，充分发扬了中华诗国的优秀历史传统。而且充分运用了各种隐喻和比拟的方法。即使人们一看就清楚所指，赞扬什么、反对什么一目了然，给人们以巨大的鼓舞和精神力量，又使敌人难以抓住把柄，这正是斗争艺术的巧妙所在。天安门广场的革命诗词，必将在中国现代文学史中，占有崇高而重要的地位。

第三，表达了中国人民要捍卫社会主义民主，作历史主人的坚强信念。

这是很多诗词文章中的一个重要内容。

“总理形象真伟大，人民敬仰敌人怕。
为何生怕死更怕？只因人民力量大。”①

“历史，在太空逝去，也在太空永存。
历史有纪念碑，历史有斩妖台，历史是裁判员。
谁是历史的主人？我们——无产阶级劳动人民。
历史将把人民的忠臣，敬在纪念碑上——永远怀念。

① 《天安门诗抄》，第31页。

历史也将把人民的奸臣押上斩妖台——怒斩。”①

“如果有人想重新充当‘天才’、‘天马’，爬到人民头上，欺压人民，想当‘秦始皇’、‘武则天’，重建‘蒋家林氏王朝’，他一定被人民唾弃，摔得粉碎”。“历史的总趋势是不可改变的，人民是创造历史的真正主人。”②

……

“这是党心、军心、民心所向，是社会主义事业发展的不可避免的趋势，是一个历史的法则，是任何力量、任何人都不能扭转的。千百万群众用时代的最强音表现出这个历史法则，正是铭刻在天安门事件这座历史纪念碑上的一个不朽的功绩。”《人民日报》为天安门事件平反而写的一篇特约评论员文章《人民万岁》中的这段话，代表了历史的公正评价。

以天安门事件为代表的群众运动，由于被错误定性而暂时被镇压下去了。“四人帮”以为这是他们的胜利。可是，当他们举杯祝贺“胜利”的时候，正是铲掉了自己脚下的最后一块土，为自己挖好了坟墓。他们误认为，天安门事件宣告了邓小平同志政治上的死刑，而其实，真正被人民宣告了政治上死刑的却是他们自己。仅仅过了六个月，历史的审判官就严格地执行了人民对“四人帮”的判决。

人民是历史的主人，反人民者必亡，这就是四五运动给我们的最大启示和教训。

---

① 《天安门诗抄》，第354页。

② 《天安门诗抄》，第350页。

“四人帮”覆灭记

范　硕

粉碎“四人帮”这一重大历史事件，曾经震惊中外。当时南斯拉夫一家报纸称之为“人类近代史上最巧妙最漂亮的一仗”。邓颖超前几年对日本诗人、作家清岗卓行谈论这场斗争，认为“粉碎‘四人帮’等于打开了中国人民的‘痖门’”。可见，这场斗争胜利的意义何等重大！如今这个惊心动魄的斗争已经跨过十二个年头，然而人们回首往事，仍然不时提出这样的问题：当年这场“无声的战斗”究竟是怎样打响的？中央政治局和叶剑英等老一辈无产阶级革命家是怎样酝酿这场斗争的重大决策，又是怎样付诸实施，获得一举成功的呢？这些，在人们心目中还是个“谜”，而社会上种种传说又使它带上了神秘的色彩。因此，对我们党史上这个重大历史性事件的真相，有必要按照可靠的材料予以准确地说明。现在，我们根据叶剑英在生前谈及与“四人帮”斗争的情况，以及到目前为止查阅有关历史文献档案和调查访问有关同志时所掌握的资料，对粉碎“四人帮”这一历史事件的始末作个简要的叙述。

“洒泪祭雄杰，扬眉剑出鞘”

马克思、恩格斯在《神圣家族》中有句名言：“历史上的活动和思想都是‘群众’的思想和活动。”发生在中国70年代中期的粉碎“四人帮”的历史事件，毫不例外，也是一次群众的思想和活动。正如《中国共产党中央委员会关于建国以来党的若干历史问题的决议》所指出的：1976年4月，“在全国范围内掀起了以天安门事件为代表的悼念周总理、反对‘四人帮’的强大抗议运动。这个运动实质上是拥护邓小平同志为代表的党的正确领导，它为后来粉碎江青反革命集团奠定了伟大的群众基础。”

1976年1月8日，周恩来总理与世长辞。在巨星陨落、奸凶当道的现实面前，全国人民震怒了，奋起了。丙辰清明，首都连日来从全国各地汇集上百万群众走上天安门广场，举行悼念周恩来和缅怀革命先烈的活动，愤怒声讨祸国殃民的“四人帮”。人民英雄纪念碑前，草坪围栏上面，苍松翠柏枝头，摆满了花圈，挂满了悼念总理的洁白花朵。“欲悲闻鬼叫，我哭豺狼笑。洒泪祭雄杰，扬眉剑出鞘。”万众传抄的一首首诗词像匕首和投枪，直刺向“四人帮”；像誓词和号角，表达了人民要扫除奸佞，建设祖国的心声。

老一辈革命家的心和千千万万人民的心是息息相通的。叶剑英极为关注天安门广场的悼念活动，每天派人去了解情况，抄录诗词，倍加赞赏。他还曾亲自乘车去天安门广场看群众抄录诗词，了解事态的发展。天安门广场的悲壮场面、庄严气氛深深地感染了这位老革命家，他坚信：党心、军心、民心是向着光明的，一切违背人民意志的行为终究是要失败的。在北京举行悼念活动的同时，南京、杭州、郑州、太原等地也爆发了悼念周恩来、反对“四人帮”的声势浩大的群众运动。在全国范围内掀起的这场运动反映了人民群众拥护以邓小平为代表的党的正确领导的强大呼声，成为叶剑英等老一辈无产阶级革命家顺应民意、铲除妖孽的坚强后盾和力量源泉。以天安门事件为集中代表的四五运动，在阴霾笼罩的神州大地上，点燃了亿万群众心底的仇恨火焰，发出巨大的震慑力量，使“四人帮”胆战心惊，慌恐万状。他们疯狂地进行破坏、镇压、反扑，气急败坏地追查运动的“根源”，妄图迅速扑灭这场熊熊大火。

“四人帮”原来就把邓小平、叶剑英看作是他们篡夺党和国家最高权力的巨大障碍，现在更加制造口实，要揪出“天安门反革命的政治事件”的“总代表”、“黑后台”，疯狂地迫害邓小平，同时把矛头指向叶剑英。

顺应党心民意，酝酿锄奸除害

在中国上空卷起的政治乌云，越来越暗。然而，革命火焰是扑不灭的。在“四人帮”咄咄逼人的气焰下，叶剑英和其他许多老同志早将个人荣辱进退置之度外，对党和国家的前途和命运，忧心如焚。何以解忧？唯有除害。他们在思考和酝酿除害救国的战略决策。

然而，面临的形势是异常严峻的。当时，毛泽东的病情继续恶化。自从5月中下旬，毛泽东带病相继会见新加坡总理李光耀和巴基斯坦总理布托之后，中国政府对外发布公告，宣布毛泽东主席今后不在外交场合露面。尽管毛泽东意志坚强，还想支撑着病躯，尽心竭力为国操劳，但已是力不从心了。而丧心病狂的“四人帮”，尤其以“吕后”、“武则天”自居的江青，不断从精神上和肉体上折磨和迫害毛泽东，使他的病势日益严重，危在旦夕。

王震这位久经沙场负有盛名的老将，早在“九·一三”事件之后，就受邓小平、陈云之托，常在老同志之间“串门子”，沟通消息，议论“朝政”。在毛泽东病重期间，他多次到叶剑英那里密谈。一次谈到“王、张、江、姚”的问题时，王震问叶剑英：“为什么让他们这样猖狂？把他们弄起来不就解决问题了吗？”叶剑英不动声色，只是做了一个打哑谜的手势，不让他再往下说。他伸出右手握紧拳头，竖起大拇指，向上晃了两晃，然后把大拇指倒过来，往下按了一按。王震开始有点愣神，想了一会儿，终于会意：毛主席还在世，不宜轻举妄动，等去世以后再做计较，要等待时机。叶剑英在与王震接触中，问他首都附近有什么熟悉的、可以信得过的人。当他了解到中央办公厅主任和主管中央警卫部队的汪东兴曾是王震在延安当警备司令时的老部下后，特意交代王震要同这个“老部下”保持密切联系，做到随时能够讲上话。他还嘱咐王震多到老同志那里走动走动，听听他们的意见。王震说：“我听老帅的，做老帅的联络参谋吧!”他非常尊重和信赖叶帅，凡是叶帅交代的事，都一一照办，并把办理的结果和了解到的情况、意见以及各方面的动向，随时汇报。他还主动到中央警卫部队帮助解决干部转业等方面遇到的困难，以加强联系和交往。

在此期间，聂荣臻也特地从城内搬到西山，靠近叶剑英住处。两位开国元帅，在革命战争年代，出生入死，患难与共，建立了深厚的友谊，此刻又处在逆境险局，朝夕相处，心心相印，无所不谈。他们摒弃左右，从天下事谈到“上海帮”问题，甚为忧虑。出路何在?经过多次密议，得出这样一些看法：“这几个东西闹腾的不得了，一定要设法解决。”“投鼠忌器。特别是那个人，不太好办。但不解决也不行。”“看起来，得想个办法，不能用正常手段解决。”

叶剑英冷静地观察江青一伙的动向及事态的发展。他不只同聂荣臻等同志交谈，也主动走出去，同其他同志接触，交换对形势的看法。他深知“为大于其细”的道理，要办成一件大事，必须明察秋毫。留心每天能看到的各种文件和报刊，还向秘书们打招呼，不但要注意国外的动向，更要注意研究国内问题。他说：“不要只见树木不见森林，也不要只见森林不见树木。”要求办公室的同志全面了解国内每天发生的大事，特别是“王、张、江、姚”的活动情况。不论工作怎么忙，他每天都要听两次汇报，做到全局在胸，了如指掌。

然而，灾难不断降到中国人民头上。7月，德高望重的朱德委员长突然病逝。全国人民正在沉痛地悼念这位伟大的革命家期间，唐山又发生了自古少有的强地震。在天灾人祸的折腾中，毛泽东病重垂危。在弥留之际，中央政治局的委员们守候在他的病房，排着队走到病榻前，一个一个看望老人家，准备最后告别。叶剑英走过来了。他深情地望着这位自己跟随多年的领袖，那样高大魁梧的身躯，变得如此消瘦，那样满面红光的容颜，变得如此憔悴。一阵悲痛袭上心来，有千言万语又无从倾诉。这时毛泽东双目微睁，看到了站在他面前的叶剑英，眼睛突然亮了起来，并且活动手臂，轻轻相招。可是，叶剑英只顾伤心，泪眼模糊，并未察觉。待他走出病房时，毛泽东忽又意识清醒，以手示意，招呼他回去。

一位护士见此情景，马上跑到休息室找到叶剑英说：“首长，主席招呼您呢!”叶剑英立刻转身回到病榻前，聆听最后遗教。只见毛泽东睁开双眼，嘴唇微微张合，想要说什么，只是说不出来。叶剑英握着他的手，又急又悲，凝神注视，伫立良久，只好移动沉重的脚步，离开病房。他陷入了沉思：主席的心脏还没有停止跳动，头脑还在思考。为什么特意招呼我呢？要说什么呢？还有什么嘱托？……他的心情很沉痛，意识到肩上的担子更重了。

1976年9月9日，毛泽东与世长辞。在全国人民沉痛悼念的日子里，“四人帮”更加猖狂地向党进攻，迫不及待地加紧了篡党夺权的步伐。他们认为，邓小平已被打倒，叶剑英靠边站了，华国锋又刚刚上台，政局不稳。这是天赐良机，大权唾手可得。于是，王洪文擅自要秘书米士其在紫光阁架设17部电话，盗用中央办公厅名义，通知各省、市、自治区，要求重大问题直接向他们报告，妄图架空党中央，由他们发号施令，指挥全国。江青布置清华、北大、新华社、人民日报社直接给她送东西，在北大还搞了个联络点，凡是给中央的信件，都要送给她过目。这个带着黑纱的“女皇”，对毛泽东的治丧不感兴趣，在中央政治局会议上大喊大叫：“要开除邓小平党籍!”她每天到毛泽东的机要秘书那里，软磨硬泡，索要毛泽东的文件和档案材料。那个秘书抵挡不住，被她“借”去两份机密文件。结果，不但不退，还涂改得面目全非。

为什么对文件如此感兴趣呢？叶剑英看穿了他们的诡计，一针见血地指出，这伙人拼命抢文件有两个用心：一是心虚，怕那里有涉及他们历史问题的致命东西，比如林彪叛逃时企图带走的江青提级报告就是一个。二是要整人，找打人的炮弹。很显然，“四人帮”一旦把毛主席的文件档案搞到手，就可以任意销毁罪证，任意篡改“最高指示”，为所欲为。有鉴及此，叶剑英就派人给汪东兴打招呼，提醒他注意安全，加强戒备，并亲自打电话给他，严肃地说，毛主席生前，你保卫了他的安全，主席去世了，请你看管好他的文件档案，暂时来不及清理，也一定要好好封存起来，千万不能遗失。这关系到党和国家的核心机密。

挺身而出，勇担重任

面对“四人帮”的横行肆虐，全党全军和全国人民经过巨大创痛之后，更加觉醒了。十年浩劫的“文化大革命”必须结束，祸国殃民的“四人帮”必须清除。人心思治，人心思定。坚持真理、敢于斗争的健康力量正在凝聚、成长和壮大。人们一齐把希望的目光投向北京，投向了党中央，希望有人能站出来，振臂一呼，带动千军万马涤荡妖雾，重整乾坤。

这时，担任党中央第一副主席、国务院总理的华国锋由于历史的原因，难以有力地制止“四人帮”的猖狂活动。而邓小平、陈云等老一辈革命家又正遭到不断的打击、迫害和严密监视、封锁。在这种情况下，人们瞩目于叶剑英。这位老革命家虽然已经靠边站，但他还未被罢掉中共中央副主席、中央军委副主席的职务，在国内外享有重望。因此，粉碎“四人帮”的伟大斗争，把叶剑英推向70年代中期中国历史舞台的中心。这位老革命家意识到肩负责任的重大，毅然挺身而出承担起历史赋予的使命。

处在这场斗争的漩涡里，叶剑英高瞻远瞩，审时度势，分析估量全国的形势和人心的向背，同时想到了毛泽东的嘱托。毛泽东不愧是一位伟大的马克思主义者，尽管他在晚年错误地发动和领导了“文化大革命”，但他毕竟察觉了江青等人阴谋篡权的活动。他在政治局宣布他们一伙是“四人帮”，并进行过严厉批评，表示要加以“解决”。同时，从组织安排上，堵住了他们妄想爬上党和国家最高领导位置的路。叶剑英认为这是毛泽东对付“四人帮”的“两着棋”。毛泽东还多次向老同志讲过汉朝周勃、陈平平吕氏乱、巩固汉室政权的故事。这些都给叶剑英留下了深刻的印象。他联想到毛泽东弥留之际，想托以后事又欲语不能的情形，清醒地意识到，解决“四人帮”问题，也是继承毛泽东的遗志。当然，毛泽东从1974年起对“四人帮”的问题，尽管说过“半年”“一年”“两年”“三年”解决，但在他生前实际上没有解决。现在到了非解决不可的时候了。叶剑英这位跟随党为共产主义事业奋斗多年的老党员、老战士，眼看着党又一次面临生死存亡的危机，在这个严重关头，他不负众望，又一次挺身而出，团结众人，坚持斗争，挽救危局。

就在叶剑英警惕地注视着“四人帮”的动向，苦心思索着在什么时机，采取什么办法来收拾这伙败类的时候，其他的老一辈革命家也在考虑这个关系着党和国家的前途、命运的大事。他们虽然各在一方，受到“四人帮”的监视和“软禁”，但是思想是相通的。他们团结一心，坚如磐石，密商对策，力挽狂澜，决不让历史的车轮倒转，使神州大地再度陷落在痛苦的深渊。有些人在毛泽东治丧期间就个别打招呼，酝酿此事。邓小平、陈云、聂荣臻、李先念、邓颖超等几位老革命家都曾与人商议，并直接找过叶剑英交谈。有一次，王震到邓小平那里去，邓小平向他了解情况，问叶剑英什么时候精神比较好，王震作了回答。第二天，邓小平电话也没有打，就坐车到叶剑英家里。两人谈过之后，叶剑英特意打电话邀请陈云，并派车去接他。陈云见到叶剑英，他们交换了对形势的看法，谈到在这场严重的斗争中要注意合法性。叶剑英有一次与李先念交谈，问他：“你看军队怎么样？”李先念回答：“军队听你的。”其他的一些军队和地方上的老同志，或访问，或探病，或捎口信，采取各种方式，向叶剑英反映情况，提出扭转危局的建议。这充分显示出，粉碎“四人帮”的重大决策是经过较长时间的酝酿，是党和群众集体智慧的结晶，是党和人民意志的产物。

叶剑英经过与党内、军内的许多同志个别接触和交谈，心里有了底，增强了战胜“四人帮”的信心。但是，这位政治阅历和斗争经验非常丰富的革命家在思考这样一个问题：粉碎“四人帮”这场斗争不是个别人的行动，而是在党的最高层组织内部的一场斗争，亦即中央政治局内多数同志与“四人帮”的斗争。他对当时政治局的状况作过这样的分析：“四人帮”在政治局中是少数，但一个是党的副主席，一个是中央政治局常委，一个是假借毛泽东名义作威作福、野心勃勃的阴谋家，一个是掌握全部宣传工具的吹鼓手。他们人数虽少，能量颇大。而在毛泽东病重以后，又来了一个所谓“联络员”毛远新，政治局会议的情况由他上传，毛泽东的指示由他下达。当时政治局的同志为了顾全大局，为了毛泽东的健康，对这种不正常的情况一直采取克制的态度。毛泽东逝世以后，客观形势出现了变化，投鼠已不必忌器，只要政治局团结一致，齐下决心，就可以使"四人帮"遭到毁灭性的打击。但是，这需要做艰苦细致的思想工作和组织工作。

在这项工作中，首先要取得华国锋的支持。华国锋担任党和国家的主要领导职务，是由毛泽东提议，经过中央政治局一致通过的。这是历史，也是现实。从党的组织原则出发，叶剑英很尊重这位党中央主要领导人。毛泽东逝世当天夜里，当江青在政治局会议上大叫大嚷"批邓"不力，干扰毛泽东治丧工作，给主持会议的华国锋施加压力，进行刁难时，叶剑英就曾厉声说："当前最重要的事情是要紧紧团结在党中央周围!"他维护党的团结的举动，大煞了"四人帮"的威风。现在，要解决"四人帮"，更要照顾大局，尊重华国锋，征得他的同意。这是个重大的组织原则问题，也是解决"四人帮"问题的必要条件。叶剑英抱着试探的态度，主动关心他，接近他，多方了解他的处境和主张，亲自到他在史家胡同的住地，找他交换意见。叶剑英向他分析局势，剖陈利害，揭露"四人帮"篡党夺权的阴谋活动，希望他不辜负毛泽东的期望，能够站出来，担负起领导的责任。后来，叶剑英又多次找他谈心，劝他多到老同志那里走走，听听意见。华国锋担心自己资历浅，老同志看不起，不给他支持。叶剑英斩钉截铁地说："请你放心，我支持你，老同志支持你，只要你站出来，大家都会支持你的!"并告诉他想找谁，先打个招呼。华国锋听了，表示只要有老同志撑腰，有军队撑腰，就好办。于是，他主动找老同志交谈，沟通思想，增强了斗争的决心和信心。

这样，叶剑英心里一块石头落了地。他亲自到中南海，几次找汪东兴，做他的工作，并利用在西山的隐蔽住所，同政治局委员和其他一些老同志个别交谈。每次谈话，他都扭开水龙头，或打开收音机，用杂音干扰窃听，防止泄密。有一次李德生从东北来京参加会议，抽空去看望叶剑英。叶帅愤慨地向他谈起江青反革命集团利用窃取的部分权力，打击迫害邓小平。他沉思片刻之后，特意打开身旁的收音机，征求意见说："当前全国形势严峻，到底是抓组织重要，还是抓生产重要?"李德生为了听清他的话，动手把开着的收音机关了。叶帅又故意把收音机打开，压低声音说：“现在斗争很复杂，开着好。”接着自解自答地说：“我看，还是抓组织重要。”李德生终于明白了：叶帅说的“组织”不是别的，而指“中央”，用这种方式暗示他：当务之急，就是要果断解决“四人帮”的问题。

机智果敢，多谋善断

“四人帮”预感到人民力量的威逼，新的打击可能来临。他们争分夺秒，加紧从政治上、组织上进行反革命夺权准备。请看他们的“大事”活动日程：

9月16日，在“两报一刊”社论中抛出了所谓“按既定方针办”的所谓毛主席的临终嘱咐，并连篇累牍地大肆宣扬。

9月19日，江青打电话给华国锋要求中央政治局召开紧急常委会，讨论“重大问题”，但却不要中央副主席叶剑英参加会议，相反地无理提出，她和姚文元、毛远新（三人不是常委）必须列席会议。会议讨论什么问题，江青避而不谈。下午开会，江青一伙提出，毛泽东的文件档案、书籍要交给毛远新清理。经过一番争论，会议否定了他们的无理要求，毛泽东的文件档案决定由中央办公厅封存。

9月21日，张春桥在北京单独接见徐景贤，听取他与南京军区司令员丁盛等一起密谋武装暴乱的情况汇报。上海突击发武器7万多件。这还不算，据上海市财政局的档案材料上统计，此时“四人帮”一伙在上海、湖南、安徽等地还制造和购置了枪支4.84万余支，指挥车10辆、雷达指挥仪10套，步、机枪零件41.8万件。他们计划装备步兵30个团、10个高炮师、1个坦克师、1个摩托师，配备130火箭炮108门，高射炮783门，等等。这些数字虽然尚不能包括全部，但可见一斑。

9月23日，王洪文打电话给王秀珍：要提高警惕，斗争并没有结束。他宣称上海要搞40万民兵，要有40万枪支，还要用大炮武装民兵。实际上，近三年来，上海动用地方经费3000多万元，私造大量武器。得到毛泽东病重的消息，第二天就决定把库存的几十万枪支发到基层民兵手里，加强“第二武装”力量。

9月28日，张春桥又派秘书萧木去上海，通知马天水、徐景贤、王秀珍等人“要提高警惕”，“要准备打仗”，并且说：“看到资产阶级还有力量，问题是谁挂帅？”明目张胆地提出“挂帅”问题，看样子准备动手夺取最高领导权了。

9月29日，“四人帮”大闹中央政治局。这已是“四人帮”的一贯伎俩。每次政治局开会，他们众口一词，总是一人提议，三人拥护，胡搅蛮缠。在这次会上，江青劈头提出：“毛主席逝世了，党中央的领导怎么办？”王洪文、张春桥一唱一和，要求安排江青的工作，实际想让她当党中央主席。他们横生枝节，提出了一个毛远新是否回辽宁的问题。事先经过策划，毛远新为此事给党中央写了信。会上念了这封信。叶剑英、李先念等认为毛远新留在北京已无事可做，要他回辽宁。江青大发雷霆，张春桥跟着说，要毛远新留下处理毛泽东的文件、档案，还提出要他“准备三中全会的政治报告”。实际上是要召开三中全会，公开篡党夺权。这些无理要求，当即遭到多数政治局委员拒绝。江青大吵大闹，要“没有事的都走”，围攻华国锋，搅散会议。会后，江青逼着汪东兴要毛泽东的文件。汪东兴问叶剑英，怎么办。叶帅回答说，要坚决顶住！

形势越来越紧张。“四人帮”和党内健康力量的较量逐步升级，已到了最后阶段。双方都在抓紧准备，和时间赛跑。正如叶剑英所分析的：“毛主席逝世以后，全党全军全国人民，全世界的革命人民，都非常悲伤。正在我们浸沉在悲痛之中的时候，‘四人帮’认为篡党夺权的时机已到，疯狂地开始了篡夺党和国家最高领导权的罪恶勾当。因此，政治局同‘四人帮’的斗争，趋于白热化。”在这样的紧急时刻，犹豫观望就等于自取灭亡。叶剑英在这一期间，除了与华国锋经常接触和交谈之外，继续同老同志们保持联系，酝酿消除党内的隐患。一些党政军负责人，在京的，还有外地的，不断向叶剑英反映情况，希望党中央果断决策，采取行动。也有一些同志从毛泽东治丧开始，就悄悄向华国锋、汪东兴等反映情况，提出建议。特别值得一提的是，已经从西山返回城内住地的聂荣臻，于9月21日派杨成武上山找叶帅，一再嘱咐说：“‘四人帮’一伙是反革命，什么坏事都干得出来的，要有所警惕，防止他们先下手。如果他们把小平暗害了，把叶帅软禁了，那就麻烦了。‘四人帮’依靠江青的特殊身份，经常在会上要无赖，蛮横不讲理，采用党内斗争的正常途径来解决他们的问题，是无济于事的，只有我们先下手，采取果断措施，才能防止意外。”叶剑英听了，很高兴，让杨成武转告聂帅：“告诉老总，请他放心。他跟我想到一起来了，有事随时通报商量。”他还诙谐地说：“狡兔三窟哟，我要立即搬家。你告诉聂总，也要注意安全。”

原来，“四人帮”已经察觉叶剑英的行动，派王洪文跟进西山，靠近叶帅的地方住下，加强监视。叶帅察觉这条猎犬的来意，表现非常镇静，悠闲自在，“游山玩水”，示人以缓。他同身边的同志在山间凉亭一带散步，问那段山路叫什么名字？大家答不出，他就说，叫“好汉坡”吧!又称常去的那个亭子叫“风雨亭”。其寓意是很明显的：反“四人帮”需要做“英雄好汉”，需要经得起风风雨雨的考验，同舟共济。他以后又把“风雨亭”改叫“放鹤亭”，在亭子上低声吟诵：“鹤飞去兮，西山之缺，高翔而下览兮，择所适。……鹤归来兮，东山之阴，其下有人兮……归来归来兮，西山不可以久留。”过了几天，他从容不迫地转移到玉泉山。

玉泉山乃燕山八景之一。洞壑迂回，流泉密布，泉水清澈，晶莹如玉，有“玉泉垂虹”之称。时值秋高气爽，鸟声高唱，景色迷离。可惜叶剑英此时此刻已无意留连于山水美景之间，他在宽敞幽静的9号楼住下。王洪文发觉后，质问汪东兴：“为什么让叶剑英搬到那里去了？”汪东兴告诉他，9号楼是周总理住过的。他生前交代过，剑英同志可以住那栋房子。王洪文跟踪不得，无可奈何。

叶剑英住进9号楼，沉静如常，“眼前近似无聊赖”，探山钓水，吟诗作赋。他行踪不定，频繁地往来于西山、2号楼、玉泉山之间，利用各种条件和时机，继续相约一些老同志个别密商。他秘密接见粟裕、宋时轮等同志，了解外界情况，磋商机宜，要他们加强戒备，注意掌握部队和各方面的动向，防止意外事件的发生。

老一辈无产阶级革命家李先念日夜关心着党和国家的安危。他经过与华国锋和其他一些老同志交谈，9月24日，以参观香山植物园为名，驱车直上西山。为了避人耳目，特绕道登玉泉山来会叶剑英。警卫通报后，叶剑英没有想到此时此地能见到他，迎到走廊里，风趣地说：“哎呀!是哪股风把你吹来了啊？”李先念幽默地说：“是啊，我是无事不登三宝殿。”说着走进屋里坐下。叶剑英打开收音机，在噪音的掩护下，两个人密谈起来。李先念谈了对形势的看法，感到现在情况越来越紧，要赶快想办法。叶剑英说，我们同他们的斗争是你死我活的斗争，要当机立断!彻底解决他们的问题，还要有周密的部署。两位老革命家经过短暂的交谈，对如何解决“四人帮”问题，取得了一致意见。这对于作出粉碎“四人帮”的决策并付诸实施，起到了重要作用。

妖孽覆灭，山河重光

十月，风雷激荡的十月。政治局和“四人帮”之间的斗争达到了白热化的程度。华国锋遭到“四人帮”连日的“逼宫”，处境越来越困难。叶剑英了解到他的困境，彼此之间的来往频繁起来了。他去看望华国锋并邀请华国锋来到玉泉山，进一步密商粉碎“四人帮”的战略决策。有人曾设想召开扩大的中央委员会来解决“四人帮”问题。叶剑英分析党和“四人帮”斗争的形势、性质和特点，认为江青、张春桥、姚文元、王洪文是在中央政治局内结成的“四人帮”，是一个反革命阴谋集团。他们参加领导还不够，还要篡夺最高领导权。他们作恶多端，人心丧尽，极为孤立，极为虚弱。这是由于他们的阶级根源和反动本性所决定的。我们同“四人帮”的斗争是势不两立、你死我活的斗争，已超出党内思想斗争的范围，不宜于采取党内思想斗争的正常手段来解决。但又要尽量做到合法解决，避免引起动乱。叶剑英说，我们要给后人留下一个好榜样，要搞合法的斗争。经过商谈，思想得到了统一。根据前一段同政治局委员和老同志个别酝酿的意见，决定经过充分准备，在适当时机，以召开会议形式对“四人帮”实行“隔离审查”的断然处置。然后立即召开政治局会议，向全会作报告。为了具体部署这一行动，叶剑英又邀请汪东兴上山，进一步商议行动方案，采取具体措施。叶剑英说：“这是一着很险的险棋，又非走不可，必须果断，又要周密。要万无一失地办事。”

“图穷匕首现”。“四人帮”磨刀霍霍，举行武装暴乱夺权的部署已经就绪。张春桥炮制的“怎样巩固政权”的“杀人”纲领，就要实施，人头落地。还有一个迹象，“四人帮”经过策划，阴谋调换北京郊区某装甲兵部两个师参谋长，准备随时指挥坦克兵从东南、西北方向开进北京城，造成犄角夹攻之势。“四人帮”及其在上海的余党一直保持着“一级战备水平的联系”。从1月以来，上海余党与王洪文“热线联系”（电话）102次之多。他们要“稳住上海，搞乱全国，乱中夺权”。国庆节前夕，“四人帮”开了一大批名单，指名要叶剑英等老同志与“工人群众”见面，逼他们“批邓”。叶剑英识破了他们的阴谋，打电话问：“这是什么意思？我身体不好，都是知道的。我哪里也不能去！”断然拒绝参加这一活动。10月1日，江青跑到清华大学讲话，继续污蔑邓小平，并要年轻人宣誓斗下去，准备迎接“盛大的节日”。10月3日，王洪文跑到平谷县叫嚷：“中央出了修正主义，你们怎么办？——打倒！”此间，江青到处游说，跑到景山公园里，站在几棵苹果树下，搔首弄姿，摆着摘苹果的丑态，拍了十几张半身照。王洪文也让新华社记者照了标准像。“四人帮”还特意照了“历史性”的彩色合影。他们的“战士”也纷纷出来“劝进”、“表忠”。10月4日，《光明日报》在头版发表了梁效的《永远按毛主席的既定方针办》的文章，发出要篡夺最高领导权的信号。同时，散布10月7、8、9日有“特大喜讯”。在上海商店，争购鞭炮和大红纸，“准备庆祝”。种种迹象表明“四人帮”就要动手，一场反革命政变，已迫在眉睫。在此千钧一发之际，叶剑英事先得到可靠的情报，他以一个战略家的眼光，断定“这是‘四人帮’篡党夺权的先兆”。他感到不能再等待了。“见而不发，人将先发；发而不敏，人将先收。”如果再推迟下去，不是我们解决他们，而是他们解决我们了，拖得越久越危险。于是，他与华国锋、汪东兴紧急磋商，果断决定：先发制人，“以快打慢”。原先设想的行动方案，计划在国庆节后准备十天再动手。根据情况的变化，提前采取行动。

粉碎“四人帮”，是在非常形势下采取特殊方式进行的一场斗争。为了取得这场斗争的胜利，在采取行动之前，叶剑英等决策人事先考虑到各种可能发生的复杂情况：江青这个头面人物，依仗特殊身份，拉拢与讹诈，软磨与硬抗，撒泼与装死，样样在行，甚难对付；张春桥，摇鹅毛扇子的狗头军师，老谋深算，身兼国务院副总理、总政治部主任数职，眼睛长在头顶上，权力与阴谋具备，他多次到中南海找江青长谈，出谋划策；姚文元，手握“金棍”，横扫文坛，操纵舆论，造谣惑众，随时可以兴风作浪；而王洪文，党中央副主席，号称“文武全才”，家藏十七条枪支，数千发子弹，随身携带武器，大小“兄弟”跟班，扬言“要搞我是不容易的”。还有一层，钓鱼台的警卫工作戒备森严，对付这帮双料“政治流氓”，要慎之又慎，否则会打草惊蛇，酿成大乱。“谋成于秘，败于泄”。根据历史的经验，对“四人帮”采取重大的政治行动，必须严密组织，妥善安排，做起来，人不能过多，越少越好，绝对可靠。否则，稍有疏漏，一招不慎，就会全盘皆输。在这方面，叶剑英是有切身体验的。这位足智多谋的“叶参座”，在长期革命斗争中曾经历过多起类似惊险事件，有经验也有教训。前车之鉴，不可不慎。叶剑英与汪东兴，反复磋商，周密部署，从警卫人员的挑选，到“隔离审查”的方式、场地，每一个细节都不放过，最后由汪东兴负责具体落实。为了防止“四人帮”闹事，加强警卫工作，由中央警卫机关、部队物色对革命事业忠实可靠的同志，分别组成几个执行特殊任务的小组。对小组成员逐个审查、谈话，进行了深入细致的思想工作和组织工作。经过反复检查，慎重敲定，做到精确缜密，万无一失。同时，叶剑英还和军委总部的一位领导同志个别打招呼，要掌握好总部机关、陆空军和海边防，加强战备。

一切准备就绪。10月5日下午，决定按事先设想的行动方案办，于10月6日晚8时在中南海怀仁堂正厅召开政治局常委会议。会议内容，事先发了文件通知，主要是审议《毛泽东选集》第五卷的清样；研究毛泽东纪念堂的方案；商议毛泽东中南海故居的安排等事宜。按照规定，出席会议的只有华国锋、叶剑英和王洪文、张春桥。为了让姚文元参加，以修订文献、改动文字的名义，通知他列席会议。

这一天晚间星河灿烂，金风送爽。北国的秋夜胜似春光。半弯弦月穿透乌云，将一片皎洁洒向人间。天遂人愿。叶剑英按照往常开会从不迟到的习惯，从容不迫地提前出发。临走时告诉一位秘书，今晚可能不回来。他只带警卫参谋一人，悄然从玉泉山乘车来到中南海怀仁堂。这位在战争年代曾经协助毛泽东、周恩来、朱德运筹帷幄、决胜千里之外的元戎，今天，为了处置几个跳梁小丑，为民除害，又一次亲临前线。说是“前线”，却异常的平静。这里没有堑壕，没有炮声，没有两军对垒。怀仁堂像往常一样，灯光闪烁，肃穆安谧。只有少数执行特殊任务的人员，担任着警卫。叶剑英此刻在怀仁堂正厅，正襟危坐，胸有成竹，指挥若定。出现在正厅的，还有华国锋，这位党和国家的主要领导人，焦急地等待着来开会的另外三个人。在正厅的屏风后面，汪东兴紧张地注视着门口，负责“会议”的安全。时针指向8时。张春桥、王洪文、姚文元逐个到来。每走进正厅一个，华国锋就代表党中央严肃地向他宣布所犯下的反党反社会主义的罪行和事先准备好的“隔离审查”的决定：中央认为，你犯下不可饶恕的罪行，决定对你隔离审查。宣布以后，立即执行，由监护人员一个一个送到候审的地方。张春桥听到“决定”，吓成一堆泥，没有反抗。王洪文，企图挣扎，向叶、华坐的位置扑过去，但警卫人员很快跟上来，把他推倒在地。姚文元，住在钓鱼台，属北京卫戍区管辖，原计划把他从钓鱼台调到中南海，如果他不来，便就地解决。结果，他还是来了，陪伴王、张一齐接受隔离审查。同一时间，由另外的执行任务小组对住在中南海的江青、毛远新采取了同样的措施。对迟群、谢静宜等由卫戍区负责解决。曾几何时，猖狂一世，阴谋篡国，恶贯满盈的“四人帮”一伙，落得个罪有应得。一年之后，党的十届三中全会作出了关于王洪文、张春桥、江青、姚文元反党集团的决议，宣布永远开除他们的党籍。三年之后，经过最高人民检察院起诉，最高人民法院特别法庭受理江青反革命集团一案，按中华人民共和国刑法正式判决。当时，为了控制舆论，耿飚同志奉命带领一些人接管了新闻广播等宣传机关。这样前后不到一小时，没费一枪一弹，没流一滴血，就从组织上打垮了“四人帮”反党集团，结束了历时十年之久的“文化大革命”的灾难。这是智慧战胜愚顽、正义战胜邪恶的胜利。

在这场斗争中，叶剑英和中央政治局的其他同志集中了人民群众的集体智慧，在关键时刻，再一次为党为人民作出了巨大贡献。党和人民没有忘记叶剑英的这一历史功绩，在他逝世后的悼词中作了中肯的评述：“1976年，周恩来、朱德、毛泽东同志相继逝世，江青反革命集团加紧夺取党和国家最高领导的阴谋活动。在这个危急时刻，叶剑英同志同中央政治局其他同志一道，根据政治局多数同志的意见，代表党和人民的意志，果断地作出重大决策，粉碎了江青反革命集团，结束了‘文化大革命’这场历时十年的灾难，从危险中挽救了党。在这场斗争中，叶剑英同志起了决定性的作用。”

解决“四人帮”之后，当天夜里，叶剑英回到玉泉山之后，高兴地告诉身边的秘书说：“上海帮搞政变，让我们解决了！”立即通知作战部、情报部等，密切注意国际上的动态和反映，加强戒备。随后出席政治局会议。

玉泉山9号楼的会议室灯火通明。中央政治局会议从晚上10点开到第二天早晨5点，整整开了一个通宵，商议党和国家的大计。会议由华国锋主持，与会同志欢欣鼓舞，听取了华国锋、叶剑英的报告，完全赞同处置“四人帮”反革命集团所采取的果敢行动。对当时不在京政治局委员韦国清、许世友、李德生、赛福鼎等，也向他们电话通告政治局的决定，征求意见。他们都表示拥护。会议刚刚结束，就开始分片分口传达。叶剑英想到的第一件事，就是把粉碎“四人帮”的喜讯迅速透露给一直被“软禁”的邓小平和其他被迫害的老同志。邓小平对这个伟大斗争的胜利，由衷地感到喜悦。聂荣臻、徐向前两位老帅表示完全支持对“四人帮”所采取的果敢措施。陈云高兴地说，叶剑英同志是一个真正的共产党员，做了一个共产党员应该做的事情。胡耀邦和许多老同志激动地说，叶老帅在关键时刻，又一次为我们党和国家立下了不朽的功勋！但是，叶剑英非常谦虚，总是把这场斗争的胜利归功于党和人民。他回顾这场斗争，说：“政治局全体同志除‘四人帮’外，同‘四人帮’的斗争，思想是统一的，认识是一致的，决心是大家下的。”他多次表彰参与这场斗争的默默无闻的英雄好汉，说他们给党、给国家、给人民建立了很大的功劳。他说，后人想问党的这段历史，可以用一句话来回告：“无限风光在险峰!”

制服妖孽，山河重光。“四人帮”的覆灭，使我们党和国家的历史揭开了新的一页。举国欢腾，亿万人民热烈庆祝这一伟大胜利。从此，10月6日，中国又多了一个胜利纪念日。1977年10月，叶剑英在给他在外地的小女儿的信中写道：“十月六日，又看戏，又吃螃蟹，吃三只公的，一只母的，作为纪念胜利。”历史的丰碑上已经铭刻了叶剑英等老一辈无产阶级革命家的功绩。今天，每当我们回忆起“文化大革命”动乱年代的浩劫，就更加深刻体会到粉碎“四人帮”伟大斗争的历史性的重大意义，就更加珍惜今天的安定团结的政治局面和改革开放的大好形势。

后 记

《回首“文革”》是为反映“文化大革命”结束二十多年来国内对这段历史的研究和回忆而选编的。

1976年10月“文化大革命”结束后，国内虽然开始了对“四人帮”的批判和对“文化大革命”的初步反思，但还谈不上对这段历史进行系统的研究。直到1981年党的十一届六中全会通过《关于建国以来党的若干历史问题的决议》后，对这段历史的研究才逐步开展起来。本书选编的是1981年以来，国内发表的有关“文化大革命”时期重大事件的较有代表性的论文、主要亲历者的回忆及少量著作的篇章，这些文章论述问题的角度、方法和结论虽然各异，但在尊重历史事实，坚持党的“一个中心、两个基本点”的基本路线这些基本点上都是共同的。

迄今为止，国内关于“文化大革命”的研究还很不充分，有些问题甚至是空白。不过，正式发表出来的论文也有数百万字了。本书在选择文章时，注意尽量使选题的范围广一些，作者面宽一些，并注意介绍一些不同观点，提供给读者参考。但是，由于条件限制，仍有相当数量的论文未能选入。更全面的选编只有留待21世纪了。

感谢郑惠、李传华同志对我们的指导和支持。感谢杨德宏、董辅文同志在此书酝酿过程中给予我们的帮助。

限于我们研究的功力和水平，本书在选择和编辑方面可能有不当之处，希望得到读者和专家的指教。

编　者

1999年1月